Walter Michler

Weißbuch Afrika

Verlag J. H. W. Dietz Nachf.

Die Abbildungen auf den Seiten 2, 7, 74, 83 (Quelle: Bildarchiv Preußischer Kulturbesitz) und 302 (Quelle: Unicef) sind dem von Jochen R. Klicker im Auftrag der Berliner Festspiele *Horizonte 79* herausgegebenen Buch *Afrika. Texte, Dokumente, Bilder* entnommen, das 1979 im Peter Hammer Verlag, Wuppertal, erschienen ist.

Meinen Eltern

ISBN 3-8012-0123-6

Copyright © 1988 by Verlag J. H. W. Dietz Nachf. GmbH
Berlin · Bonn
In der Raste 20–22, D-5300 Bonn
Lektorat: Martin Rethmeier
Umschlag: Manfred Waller, Reinbek
Satz: Fotosatz Froitzheim, Bonn
Druck und Verarbeitung: Clausen & Bosse GmbH, Leck
Alle Rechte vorbehalten
Printed in Germany 1988

Inhalt

Einführung

Teil 1
Afrika – der Hungerkontinent?

Teil 2
Hunger in Afrika: kein Schicksal, sondern von der Politik gemacht!

Teil 3
Die Entwicklungshilfe staatlicher und privater Geber: Grundsätze, Fakten, Perspektiven

Anhang

Einführung

An den Leser!

Wie dieses Buch entstanden ist

Viele von Ihnen werden sich sicherlich noch an den „Afrika-Tag" im Januar des Jahres 1985 erinnern. Damals appellierten Medien und Hilfswerke gemeinsam an das Gewissen und Mitgefühl der Nation. Die Deutschen waren aufgerufen, in einer historischen Spendenanstrengung das ihnen Mögliche zu tun, um den von der Dürre schwer getroffenen afrikanischen Kontinent vor seinem gänzlichen Untergang zu bewahren.

Die Filmstreifen vom ‚Holocaust des Hungers', die Bilder der vom Tod Gezeichneten verfehlten ihre Wirkung nicht: Die Nation – so schien es – ließ sich wachrütteln. Binnen weniger Wochen gingen über 125 Millionen DM auf den Konten der Hilfswerke ein. Der Jahrhundertkatastrophe bei den ‚unterentwickelten Schwarzen' hatte man mit einer Jahrhundertspende entsprochen. Das Gewissen war beruhigt, die zivilisierte Welt konnte zu ihrem Alltag zurückkehren, glaubte – ganz befangen in ihrem Dritte-Welt-Analphabetismus – mit dem Gegenwert von vier Kampfflugzeugen ließe sich ein ganzer Kontinent erretten. Ebenso kurzsichtige Reporter stellten wenige Wochen später fest, daß dem nicht so war, gaben die Schuld für das Debakel – ihrer Schnellschußlogik folgend – den Hilfswerken.

Doch auch solche, die länger nachgedacht hatten, meldeten sich zu Wort, sprachen von einem Skandal ganz anderer Art: von der Schändung des schwarzen Kontinents durch den Medienapparat der Zivilisierten. Denn der hatte in der Tat die Not in Afrika skrupellos übertrieben (im Sinne der vermeintlich guten Sache), hatte seinem Publikum eine einseitige Ursachenanalyse – „todbringende Dürre" – verkauft. Die Hilfswerke wurden aufgefordert, diesen Schaden im nachhinein zu reparieren: Sie sollten wenigstens ein Prozent des am Afrika-Tag erzielten Spendenaufkommens für eine bessere Information über den angeschlagenen Kontinent zur Verfügung stellen. Einige der auf diese Weise Bedrängten erklärten sich dazu bereit, gaben an, auf brauchbare Vorschläge zu warten.

Spätestens hier beginnt die Geschichte unseres Buches: Ich schlug den Hilfswerken die Herausgabe eines „Hunger-Weißbuches Afrika" vor, eines Kompendiums von 1.500–2.000 Seiten, von den renommiertesten Sachkennern verfaßt, wegweisend für die nächsten beiden Jahrzehnte, mit präzisen und detaillierten Handlungsanweisungen an die Politik, Orientierungsmaßstab für alle, die mit dem Thema Afrika – in welcher Eigenschaft auch immer – beschäftigt sind. Daraus wurde nichts: „Zu groß, zu teuer, das liest niemand, das bleibt wirkungslos, wie der Bericht ‚Global 2000'." Aber eine Version bescheideneren Umfangs, gab man zu verstehen, hätte durchaus die Chance einer Förderung. Erneuter Vorschlag, etliche Verhandlungen, doch alles ohne ein positives Ergebnis: Zu unterschiedlich waren die inhaltlichen Auffassungen, zu unterschiedlich auch die Vorstellungen der Finanzierung eines solchen Buches. Nach monatelangen Verhandlungen war das Projekt damit zunächst ‚gestorben'.

Neubelebung erfuhr es durch den J. H. W. Dietz Nachf. Verlag, der ein solches Weißbuch gerne herausbringen wollte. Doch mit den Verkaufserlösen eines Sachbuches dieses Genres läßt sich kein wissenschaftliches Mitarbeiterteam für umfangreiche Recherchearbeiten finanzieren, die ich für unverzichtbar hielt. Es folgten lange Verhandlungen mit der EG, die auch Projekte der entwicklungspolitischen Bildungsarbeit finanziert. Sie gab schließlich ihre Zustimmung, nachdem sich die Deutsche Welthungerhilfe für eine Förderung ausgesprochen hatte. Damit konnte das Projekt – zwei Jahre nach dem ersten Vorschlag und den hier nur skizzenhaft gezeichneten Stationen – beginnen. Zwar wurde die ursprüngliche Themenstellung (Hunger in Afrika – Ursachen und Zusammenhänge) etwas erweitert, aber das Anliegen ist dasselbe geblieben: umfassende und wegweisende Sachinformationen für einen möglichst breiten Leserkreis zu liefern. Erst durch den Zuschuß der EG war es möglich, ein kleines Team wissenschaftlicher Mitarbeiter für zusätzliche Recherchen einzusetzen. ,Im Namen der Sache' danke ich für diese Unterstützung.

In diesem Sinne gilt auch besonderer Dank meinen wissenschaftlichen Mitarbeitern, die sich weit über ihre vertraglichen Verpflichtungen hinaus bemüht und eingesetzt haben. Dadurch war es möglich, in relativ kurzer Zeit eine Fülle umfangreicher und zugleich aktueller Daten wie Ereignisse zusammenzutragen. Gleichwohl zeichne ich für den Text, die Tabellen und Graphiken allein verantwortlich. Für mich selbst ist dieses Buch eine Zwischenbilanz nach zehn Jahren Berichterstattung über die Dritte Welt und nach 15 Jahren Beschäftigung mit dieser Problematik. Ich verweise mit Nachdruck darauf, daß etliche Daten in diesem Buch von den gängigen Statistiken (z. B. Weltbank, OECD) abweichen. Dies ist nicht durch Übertragungsfehler bedingt, sondern Ergebnis der von uns vorgenommenen eigenen Berechnungen. Besonderer Dank gilt auch dem Verlag, dessen Mitarbeiter mehr als die übliche Geduld und das ohnehin erforderliche Engagement für ein Sachbuch bei diesem Projekt aufbringen mußten.

Was dieses Buch beabsichtigt

Wäre der „Afrika-Tag" nur ein Tag gewesen und nicht ein Symptom dafür, wie unsere Gesellschaft über Schwarzafrika denkt und urteilt, dann könnte man ihn getrost dem Archiv der Geschichte überantworten. Aber da er wesentlich mehr war, vielfältiges Indiz nämlich für die Unwissenheit einer angeblich aufgeklärten Gesellschaft und deren in die Irre geführtes Bewußtsein, Abbild tiefsitzender Vorurteile und andauernder Wirklichkeitsverzerrung, ist eine im umfassenden Sinn des Wortes **therapeutische Informationsarbeit** geboten: Unser seit Jahrhunderten gestörtes, ja zerstörendes Verhältnis zum afrikanischen Kontinent und seinen Bewohnern muß repariert werden; das weiße Ich bedarf der Heilung, seiner Zivilisierung gegenüber dem Schwarzen.
Das ist eine komplizierte und langwierige Aufgabe; eine umfassende Strategie, die den ganzen Menschen erreicht, ist notwendig. Das kann und will dieses Buch nicht leisten, aber es ordnet sich ein in den notwendigen Prozeß, will unserer Vernunft

Fakten und Anstöße für eine Umorientierung liefern. Es geht nicht um idealistische Weltverbesserungsträumerei, sondern um ‚facts and figures', um Tatsachen: Größere Wirklichkeitsnähe soll in unseren Köpfen den rassistischen – mehr oder weniger sublimierten – Ballast zurückliegender Zeiten beiseite räumen helfen.

Die Mißstände in Afrika sind enorm, zweifellos. Aber Afrika ist nicht mehr und nicht weniger chaotisch, als es Europa noch in diesem Jahrhundert gewesen ist. Weltkriege gingen vom ‚Land der Dichter und Denker' aus, nicht jedoch von Afrika. Auch kamen von dort keine Bewohner nach Europa, um uns mit ihren Gewehren zu sagen, wie wir unsere Wirtschaft zu gestalten hätten (Monokulturen) und wer mit wem zusammenlebe müsse (erzwungene künstliche Grenzziehung).

Der Afrika-Tag hat gezeigt, daß es unser milliardenschwerer Medienapparat nicht vermocht hat, sachgerechte Informationen über die Geschehnisse auf dem afrikanischen Nachbarkontinent zu liefern. Deshalb stelle ich dieses entlarvende ‚Lehrstück über uns' der Erörterung der Politik in Afrika voraus.

Selbstverständlich enthält dieses Buch nicht alles, was über Afrika notwendigerweise zu sagen wäre. Es geht darum, Grundlegendes zu erörtern und Exemplarisches aufzuzeigen. Dazu gehört die wichtige Tatsache, daß ‚Wir', die sogenannte entwickelte Welt, für Hunger und Elend in Schwarzafrika mitverantwortlich sind. Auch hier werden die entsprechenden Kapitel Möglichkeiten einer **Kurskorrektur** unserer Politik aufzeigen, einer Kurskorrektur, die für die Afrikaner überlebenswichtig ist. Nach zehn Jahren Berichterstattung über Geschehen und Leben in der ‚Dritten Welt' weiß ich allerdings, daß die Weichen unserer Politik auf alles andere denn auf eine solche Kurskorrektur gestellt sind.

Mir ist ferner bewußt, daß in den komplexen Gesellschaften der ‚Ersten Welt' mit ihren pluralistischen Macht- und Entscheidungsstrukturen **geistige Erneuerung** – die In-Realität-Setzung der proklamierten Grundwerte – ein schwieriges, wenn nicht aussichtsloses Unterfangen ist. Denn wie läßt sich neues Denken – und dies ist eine der zentralen Grundfragen unserer Demokratie – in die Köpfe Abertausender von Entscheidungsträgern und des Millionenheeres von Wählern hineintragen? Einen Mosaikstein will dieses Buch liefern. Es könnten mehr ‚Steine' werden, wenn Sie sich nach dem Studium der Zeilen dieses Buches entschließen würden mitzumachen.

Moral und Religion – die Politik im eigentlichen Sinn: Sie entspringen dem Glauben, daß es bei dem, so wie es ist, nicht bleiben sollte, weder bei uns noch in Afrika. Ein Ziel, das freilich mit dem herkömmlichen Denken und den bisher dominierenden Handlungskonzepten nicht zu erreichen ist, sondern nur durch eine **Neue Vernunft.** Durch eine Vernunft, die sich der Selbstblockade ihres Vermögens durch die Begrenzung auf Erste und Dritte Welt entledigt, die zu ihrem eigentlichen Wesen – Globalität und Universalität – zurückkehrt. Eine derartige **intellektuelle Perestroika** ist das Erfordernis unserer Epoche, ein Gebot an die westliche Welt. Käme es dazu, hätte der Tod der in Afrika Verhungerten eine – wenn auch tragische – Sinngebung erfahren.

Schwalbach/Saar im April 1988   Walter Michler

Wissenschaftliche Mitarbeiter

Alle wissenschaftlichen Mitarbeiter haben zu den jeweils genannten Themenbereichen schriftliche Expertisen und umfangreiche Dokumentationen erstellt. Ferner standen sie dem Autor über die gesamte Zeitdauer des Projektes als Berater zur Verfügung.

Dr. Dieter Anhuf, Wissenschaftlicher Mitarbeiter am Geographischen Institut der Universität Bonn, Studien- und Forschungsschwerpunkte: Klimatologie und Agrargeographie der Tropen, Vegetationsgeographie tropischer Trockenräume. Zahlreiche Arbeits- und Forschungsaufenthalte in Bolivien, Senegal, Sudan und Tunesien. Promotion über Klimageschehen und Ernteerträge nord- und südsaharischer Trockenräume.

Themenbereich: Sahelzone

Dr. Karl-Heinz Dederichs, Dipl.-Psychologe; Promotion über Fragen der Motivationsgenese in Ghana. Mehrjährige Auslandsaufenthalte an Universitäten in Ghana, Nigeria und Peru. Mitarbeiter in mehreren Projekten zum Bildungswesen in der Dritten Welt. Veröffentlichungen auf dem Gebiet der Erwachsenenbildung, der Bevölkerungspolitik sowie zu psychologischen Problemen des sozialen Wandels in den Entwicklungsländern.

Themenbereiche: 1. Bevölkerungsentwicklung
2. Kriege, Rüstung, Staatsstreiche
3. Sonderprogramme für Schwarzafrka aus dem Bereich der Entwicklungszusammenarbeit

Ulrich Delius, Afrikareferent der *Gesellschaft für bedrohte Völker,* Göttingen, Autor verschiedener Buch- und zahlreicher Zeitschriftenveröffentlichungen. Ständiger Mitarbeiter der Zeitschrift *pogrom;* darin langjährige Berichterstattung zu den Entwicklungen am Horn von Afrika.

Themenbereich: Äthiopien

Peter Gabler, Dipl.-Volkswirt; Studienschwerpunkte: Finanzwissenschaft, Theorie der Wirtschaftssysteme (insbesondere der VR China) und der internationalen Beziehungen sowie Politikwissenschaft.

Themenbereiche: 1. Weltwirtschaftssystem
2. Transnationale Konzerne
3. Rohstoffe
4. Entwicklungshilfe der EG

Amady Koné, Licence de Germanistique; derzeit Magisterarbeit zu den entwicklungspolitischen Aspekten der bundesrepublikanischen Berichterstattung über den Senegal. Herr Koné ist Senegalese und studiert zur Zeit an der Universität Saarbrücken.

Themenbereich: Hunger und Unterentwicklung – eine Analyse der Problematik aus afrikanischer Perspektive

Franz Kopp, Bundesbankrat, Sozialwirt; Studienschwerpunkte: Arbeitswissenschaft, Sozialökonomie. Dozent an der Bankakademie Frankfurt; zur Zeit Stellv. Direktor der Landeszentralbank, Hauptstelle Saarbrücken.

Themenbereiche: 1. Weltwirtschaftssystem
2. Verschuldung

Dr. Friedrich Nothdurft, Wissenschaftlicher Mitarbeiter (1975–80) an der Universität Hohenheim, Institut für Pflanzenernährung, und an der University of Sydney, School of Biological Sciences. Von 1981–85 Tätigkeit in landwirtschaftlichen Entwicklungsprojekten (Tansania und Bangladesch) der FAO und des Lutherischen Weltbundes. Freiberufliche Gutachtertätigkeit, u. a. für ländliche Entwicklungsprojekte der Deutschen Welthungerhilfe in Afrika. Studien- und Forschungsschwerpunkte: Pflanzenbau, Kleinbewässerung, Agrarökologie.

Themenbereich: Landwirtschaft

Graphiken

Zeichnung: Ulrike Lohoff, Bonn. Derzeit Studium der Ethnologie und Geographie an der Universität Bonn.

Graphische Beratung: Dipl.-Geogr. Walter Erlenbach, wissenschaftlicher Angestellter am Geographischen Institut der Universität Bonn. Studienschwerpunkte: Klimatologie und Agrargeographie sowie Geographie der Entwicklungsländer. Einjährige Mitarbeit an physisch-geographischen Forschungsprojekten in Südamerika. Zu einzelnen Karten ferner: **Dr. Dieter Anhuf** (s. o.).

Danksagung

Mit Auskünften und beratenden Hinweisen waren in besonderer Weise behilflich:

Dr. Stefan Brüne, Dozent an der Universität Osnabrück (Äthiopien)
Dr. Michael Brzoska, Institut für Politische Wissenschaft der Universität Hamburg (Kriege und Rüstung)
Joice F. Chikara, Zimbabwe Freedom from Hunger Campaign, Harare
Susan Cochrane, Weltbank, Washington (Bevölkerungsentwicklung)
Asit Datta, Autor mehrerer Bücher zu zentralen Problemen des Nord-Süd-Verhältnisses und Dozent an der Universität Hannover
Akin Fatoyinbo, Informationsabteilung der Weltbank, Washington und Paris
Dr. Bernd Groß, isoplan Saarbrücken (Berichterstattung zum Afrika-Tag)
Gerd Hagmeyer-Gaverus, Stockholm International Peace Research Institute (SIPRI)
Helmut Hartmann, Leiter der Presseabteilung des IWF, Washington
Renate Henke, UNO-Informationsdienst, Wien
Prof. Dr. Reinhard Henkel, Geographisches Institut der Universität Heidelberg (Religion)
Dr. Rolf Hofmeier und **Dr. Harald Voss,** Institut für Afrika-Kunde, Hamburg
Jürgen Horlemann, Publizist (Berichterstattung zum Afrika-Tag)
Prof. Dr. Dr. Hans W. Jürgens, Universität Kiel (Bevölkerungsentwicklung)
Dr. Stephan Kinnemann, Kreditanstalt für Wiederaufbau, Frankfurt
François Leonet und **S. Niebel,** OECD-Büro, Paris
Heinrich von Lösch, Informationsabteilung der FAO, Rom
Volker Matthies, Privatdozent (Äthiopien, Horn von Afrika)
Dr. Arndt Müller, Bundesanstalt für Geowissenschaften, Hannover
Harry Neyer, Deutsche Kommission Justitia et Pax, Bonn
Claudia Oberascher, UNICEF-Büro, Köln
Dr. Helmut Orbon, DED-Beauftragter in Simbabwe
Prof. Dr. E. Pausenberger, Universität Gießen (Transnationale Konzerne)
Dr. Eberhard v. Pilgrim, Ifo-Institut München (Rohstoffe)
Pressestelle des Bundesministeriums für wirtschaftliche Zusammenarbeit, Bonn
Günter Schröder, Gießen (Äthiopien)
Prof. Dr. Dieter Senghaas, Universität Bremen
Dr. Teuber und weitere Mitarbeiter der Bundesstelle für Außenhandelsinformation (bfai), Köln
Prof. Dr. Johannes Welcker, Lehrstuhl für Wirtschaftswissenschaft an der Universität des Saarlandes (Datenbank Datastream)

Verschiedene Mitarbeiter folgender Hilfsorganisationen in der Bundesrepublik: Brot für die Welt, Misereor, terre des hommes, Weltfriedensdienst, Aktionsgemeinschaft Solidarische Welt, Menschen für Menschen, Eirene, Arbeiterwohlfahrt, Komitee Cap Anamur – Deutsche Notärzte, Eritrea-Hilfswerk, Hilfsorganisation für Tigray, Deutsche Welthungerhilfe.

Ferner: Informationsstelle Südliches Afrika (issa), Bonn; UNO-Verlag, Bonn; Deutsche Stiftung für internationale Entwicklung, Zentrale Dokumentation, Bonn; Statistisches Bundesamt, Wiesbaden; UNHCR-Vertretung Bonn; Deutsches Institut für Entwicklungspolitik, Berlin.

Tippen des Skriptums:	**Brigitte Hesidenz,** Schwalbach
Korrekturarbeiten:	**Ulli Wagner,** Saarbrücken
	Gerd Colesie, Beckingen
Computerausdrucke und	
Textverarbeitungsberatung:	**Jürgen Tillmanns,** Saarlouis

Es ist nicht möglich alle Personen und Institutionen zu erwähnen, die meinen Mitarbeitern und mir behilflich gewesen sind. Auch diesen Ungenannten gilt mein *ausdrücklicher Dank, besonders meinen zahlreichen afrikanischen Gesprächspartnern und Freunden, von denen ich vieles gelernt habe, was als Grundlage dieses Buch erst möglich machte.

Benutzerhinweise

Schwarzafrika – Informationsschwerpunkt und Terminologie

Schwarzafrika ist ein eigenständiger Kulturbereich und wird mittlerweile auch von der Entwicklungspolitik als eine ‚feste Größe' und eigenständige Staatengruppe behandelt. Nordafrika (Ägypten, Algerien, Libyen, Marokko, Tunesien) gehört mehr zum arabischen Kulturkreis als zum schwarzafrikanischen. Deshalb konzentrieren sich die Erörterungen in diesem Buch auf Schwarzafrika. Gleichwohl enthalten viele Tabellen auch Daten zu den nordafrikanischen Ländern. Zu Schwarzafrika gehören alle selbständigen Staaten „südlich der Sahara" – 45 insgesamt – jedoch nicht die Republik Südafrika. Der Entwicklung in diesem Staat sowie in seinen Nachbarländern ist ein eigenes Kapitel gewidmet.

Kapitelweise lesbar

Lassen Sie sich durch den Umfang dieses Buches nicht abschrecken. Die einzelnen Kapitel sind so verfaßt, daß sie aus sich heraus verständlich sind, d. h. Sie können beispielsweise, wenn Sie sich besonders für Landwirtschaft in Afrika interessieren, mit diesem Kapitel beginnen, ohne die anderen zu seinem Vorverständnis zu benötigen.

Zur Verständlichkeit

Das Buch ist in allen Kapiteln um eine allgemeinverständliche Darstellung bemüht. Auch ohne das dem jeweiligen Kapitel zugehörige Fach studiert zu haben, werden Sie den Text mit Gewinn lesen können, wenn Sie sich dafür etwas Zeit nehmen. Dazu möchte ich insbesondere diejenigen ermutigen, die sich bisher beispielsweise mit der Rohstoff- und Verschuldungsproblematik noch nicht beschäftigt haben, weil ihnen das zu abstrakt und zu theoretisch war. Wir müssen dahin kommen, daß diese für die Dritte Welt schicksalsentscheidenden Themenbereiche nicht allein den sogenannten Experten überlassen bleiben. Trotz der Allgemeinverständlichkeit wendet sich dieses Buch ebenfalls und mit Nachdruck an die ‚Experten' – an Entwicklungshilfepolitiker, an bereits sachkundige Journalisten wie an Wissenschaftler: Auch für sie enthält dieses Buch eine Fülle von Daten, Anregungen und Vorschlägen, die über die Standardliteratur der einschlägigen Fachinstitutionen hinausgehen.

Basisinformationen über einen Kontinent

Das dritte Kapitel von Teil 1 enthält eine Sammlung grundlegender Daten und Entwicklungskennziffern über den afrikanischen Kontinent sowie einige kommentierende Schlüsselinformationen, die zu einem Verständnis der Geschehnisse in Schwarzafrika wichtig sind, in den folgenden Kapiteln jedoch nicht mehr erörtert werden. Somit empfiehlt sich dieses Kapitel einerseits als Fakten-Nachschlageteil und andererseits als komprimierte Darstellung zentraler Probleme.

Zur Gültigkeit und Aktualität der Daten

Die Problematik der Datenlage ist in einem Sonderteil des zweiten Kapitels von Teil 1 dargestellt, dessen Studium ich im Sinne eines grundlegenden Verständnisses dieses Aspektes empfehle. Zur Aktualität: Basisdaten über die Entwicklung in der Dritten Welt sind normalerweise zwei Jahre älter als das jeweilige Veröffentlichungsdatum; differenziertes Zahlenmaterial, z. B. Einschulungsquoten und ärztliche Versorgung, datieren oft fünf und mehr Jahre zurück. Da sich die Situation in diesen Bereichen meist nur in Zehnjahreszeiträumen verändert, sind solche Angaben noch etliche Jahre nach ihrer Erhebung als Trendwerte brauchbar und aussagekräftig. Wir haben uns mit erheblichem Aufwand um größtmögliche Aktualität der Daten bemüht: So haben wir beispielsweise zentrale Publikationen, die bis Mitte März 1988 erschienen, in unsere Tabellenteile noch eingearbeitet und geben durch eigene Hochrechnungen alle Bevölkerungszahlen (und z. T. die daraus folgenden Daten) für Mitte 1988 an.

Literaturhinweise und Quellenbelege

Am Ende jeden Kapitels findet sich eine stark begrenzte und kurz kommentierte Auswahl wichtiger und z. T. weiterführender Literatur zum jeweiligen Thema. Gelegentlich sind dort auch Adressen von Informationsstellen, bzw. Institutionen genannt, die sich in besonderer Weise mit dem dargestellten Problembereich oder einem Teilaspekt beschäftigen. Die bibliographischen Angaben der zitierten oder als Quelle genutzten Literatur finden sich am Ende des Buches. Auf eine alphabetisch geordnete Liste dieser Quellen haben wir aus Platzgründen verzichtet. Darüber hinaus ist im Quellenverzeichnis nur ein Teil der von uns bearbeiteten Literatur – weit über 1.000 Buch- und Zeitungspublikationen – aufgeführt.

An Hinweisen aller Art – Kritik, Zustimmung, weitere Sachinformation, neues oder anderes Datenmaterial – bin ich sehr interessiert und wäre dafür den Lesern dankbar. Adresse:

Walter Michler, c/o Verlag J. H. W. Dietz Nachf. GmbH, Postfach 20 13 52, 5300 Bonn 2.

Afrika –
der
Hungerkontinent?

Wild, primitiv, exotisch – so erschien der Afrikaner in vielen zeitgenössischen Darstellungen aus dem 18. Jahrhundert

Kapitel 1
„Ich bin nicht Du" –
Afrika, der entwürdigte Kontinent

Biologischer Rassismus aus europäischer Dummheit · Deutsche Schulbücher : Hintertreppen-Perspektive und Paternalismus · Es bleibt dabei :
Die Afrikaner – kindisch, aggressiv und animalisch! · Scholl-Latour, oder die
kolonialistische Brille verkauft sich gut

„Der Neger ist ein schwarzes Tier mit Wollhaar auf dem Kopf!" Kaum zu glauben:
Dieser Satz stammt von Voltaire, einem der bedeutendsten Vertreter der ‚Aufklä-
rung', jenem Vordenker abendländischer Zivilisation, der vielfach geradezu als die
Verkörperung des Vernunftzeitalters gilt.
Mit dieser Auffassung stand der französische Philosoph nicht allein, noch hatte er
Neues formuliert. Gut zwei Jahrhunderte vor ihm , also im 16. Jahrhundert,
entdeckten die europäischen Seefahrernationen Afrika für ihre Zwecke. An den
Küsten des schwarzen Kontinents gründeten sie Handelsniederlassungen und
Versorgungsstationen für ihre Schiffe, etablierten die Infrastruktur für das anbre-
chende Zeitalter des transatlantischen Sklavenhandels. Schon diese ersten
Ankömmlinge aus Europa wie auch ihre Auftraggeber blickten auf die Einheimischen mit Spott und Verachtung herab, rückten sie in die Nähe aufrecht gehender
Tiere. „Die Neger sind alle, ohne Ausnahme, listig, boshaft und betrügerisch und
sehr selten vertrauenswürdig; sie sind darauf bedacht, sich keine Gelegenheit
entgehen zu lassen, einen Europäer oder auch einen der ihren zu hintergehen. Ein
redlicher Mann unter ihnen ist so selten wie ein weißer Falke, ihre Treue reicht
kaum je weiter als bis zu ihren Herren, und es wäre höchst erstaunlich, könnten wir
beim Einblick in ihren Lebenswandel einen finden, dessen verderbte Natur nicht
gelegentlich durchbräche, denn in der Tat scheinen sie geborene Bösewichte zu
sein... Im übrigen sind sie unglaublich liederlich und stumpf," heißt es in einem
zeitgenössischen Reisebericht eines holländischen Kolonialbeamten.
Gewiß, es gab auch andere, positivere Berichte, aber diese verhallten ungehört,
konnten die Auffassung des Abendlandes nicht bestimmen. Wenn schon die
Missionare im ‚Neger' einen *durch die Sünde verunstalteten Urmenschen*"
sahen, wie sollten da die Seefahrer, Geschäftemacher, Abenteurer und Auswan-
derer zu einer höheren Meinung über die Einheimischen gelangen?

Biologischer Rassismus
aus europäischer Dummheit

Die in Afrika ihr Glück machen wollten und ihr Geschäft suchten, waren unfähig, die Begegnung mit der fremden Kultur intellektuell zu verarbeiten und zu bewältigen. Vielmehr glaubten sie – ungebildet wie sie waren –, der anderen Hautfarbe müsse auch ein anderes Gehirn entsprechen. Folglich proklamierten sie den *biologischen Unterschied* zwischen Schwarz und Weiß, demzufolge die Minderwertigkeit der Afrikaner genetisch programmiert war; deren angeblich geistige und kulturelle Unterentwicklung wurde somit natürlich erklärt. Eine Auffassung, die auch heute noch nicht nur in vielen Köpfen unserer Bevölkerung herumspukt, sondern die ich auch bei manchen Experten der Entwicklungszusammenarbeit angetroffen habe.

Doch zurück in die Geschichte: Fortan galt der Afrikaner als Untermensch, der erst durch die strenge und unnachsichtige Behandlung seitens der Weißen auf die Stufe des eigentlichen Menschseins gehoben werden mußte. „Wir wiederholen deshalb unsere Bitte, uns in der Erziehung der Eingeborenen nicht die Hände zu binden, sondern die notwendige Prügelstrafe bei denselben gütigst bestehen zu lassen," schrieben um die Jahrhundertwende deutsche Siedler aus Südwestafrika (heute Namibia) an die Reichsregierung nach Berlin. Mit Peitsche und Stockhieben wollten die europäischen Kolonialherren „Faulheit, Rohheit und Stumpfsinn" aus den Afrikanern treiben, durch Züchtigung sollte ihren Seelen Moral eingeimpft und ihre unberechenbare Aggressivität gezügelt werden.

Dieses fünf Jahrhunderte lang herrschende Menschenbild hatte eine wichtige Funktion: Getragen vom Glauben an die eigene Höherwertigkeit und überzeugt von der biologischen Minderwertigkeit der Afrikaner, konnten die Weißen ohne Gewissensbisse darangehen, die Afrikaner zu versklaven, sie skrupellos auszubeuten, ihnen ihr Land wegzunehmen, alles Afrikanische – wenn es sich ihren Interessen entgegenstellte – mit Waffengewalt auszulöschen.

Deutsche Schulbücher:
Hintertreppen-Perspektive und Paternalismus

Noch in den zwanziger und dreißiger Jahren unseres Jahrhunderts präsentierten Standardwerke der Geschichte Afrika als einen Kontinent „tiefer Barbarei", in dem es seit Jahrhunderten keinerlei Entwicklung gegeben habe.[1] Der afrikanische Historiker Joseph Ki-Zerbo bemerkt hierzu: „Daß gebildete Menschen, obendrein Historiker, ohne mit der Wimper zu zucken, derartige Dummheiten schreiben konnten, könnte an dem Wert der Geschichte als bildender Disziplin des Geistes zweifeln lassen … Um Gottes Willen hören wir auf mit dieser Hintertreppengeschichte!"[2] Doch solcherart Hintertreppen-Perspektive – und deshalb erwähne ich sie hier – dominierte im Schulunterricht und selbst in der Ausbildung an der Universität, sie prägte Denken und Bewußtsein nicht nur unserer älteren Generation schlechthin, sondern – und dies scheint mir wichtig, nicht als Vorwurf, vielmehr

4

als Feststellung – die Haltung vieler unserer gegenwärtigen Entscheidungsträger in Politik und Wirtschaft. Eine Erkenntnis, die ich nicht im Soziologie- oder Politologie-Studium gewonnen habe, sondern durch zahlreiche Interviews und während einer jahrelangen Vortragstätigkeit in der Bundesrepublik.

Stellt sich die Frage, ob das beschriebene verstümmelte Menschenbild vom Afrikaner mit dem Ende des Kolonialzeitalters ebenfalls begraben wurde. Verschwand es, wenn schon nicht aus allen Köpfen, dann doch wenigstens aus den Lehrbüchern, aus der veröffentlichten Meinung? „Erdkundebücher, die sich bewußt von rassistischem Denken und von der ‚Primitivität' der Afrikaner distanzieren oder dagegen angehen, sind sehr selten … Bei der Behandlung der afrikanischen Unabhängigkeitsbewegungen … scheint bisweilen eine melancholische Beurteilung durch, die von der Undankbarkeit gegenüber dem weißen Mann spricht … Man verharrt in der Haltung eines naiven Paternalismus. Er *offenbart sich in Erwähnungen wie unverschämte Wünsche der Eingeborenen in bezug auf die Entwicklungshilfe* … Die Superiorität der mit der Entwicklungshilfe eingeführten westlichen Werte wird ohne weiteres postuliert … Das Ziel einer ‚Europäisierung' der Welt scheint der allgemeine Hintergrund aller Entwicklungshilfebemühungen zu sein," resümiert Manfred Paeffgen in seiner Studie über das Bild Schwarzafrikas in der Bundesrepublik, worin er auch die seit dem 2. Weltkrieg bis 1972 erschienenen Schulbücher analysiert hat.[3]

Entscheidendes hat sich in der Zeit danach bis heute nicht getan. *Zwei Beispiele*: Das Lehrbuch ‚Politik und Gesellschaft' gilt als eines der fortschrittlichsten Unterrichtswerke für die Fächer Politik und Geschichte der Sekundarstufe zwei.[4] Laut Verlagsauskunft ist es in allen Bundesländern außer in Nordrhein-Westfalen für den Unterricht zugelassen. Die Autoren dieses Schulbuches beanspruchen, in der Darstellung historischen Geschehens neue Wege zu gehen. Tatsächlich aber widmen sie der Kolonisierung Afrikas eine *halbe* Textseite, wobei sie die Berliner Kongo-Konferenz von 1884/85 nicht einmal erwähnen. Und dies, obwohl jene Konferenz zum schicksalsentscheidenden Datum für Afrika wurde, denn in Berlin beschlossen Europas Großmächte die koloniale Aufteilung des Kontinents und gaben seiner Eroberung einen vermeintlich legitimen Rahmen. Der allgemeinen Darstellung „kolonialer Aktionsraum Afrika" hängt ‚Politik und Gesellschaft' noch *ein* Fallbeispiel an: Die Kolonialisierung der Elfenbeinküste, ebenfalls auf einer *halben* Textseite! Der 2. Band des Unterrichtswerkes (1917 bis heute) kommt auf Afrika nur im Zusammenhang der Entwicklungshilfe der Europäischen Gemeinschaft zu sprechen ; dieses Mal beträgt der Umfang eine knappe dreiviertel Seite von insgesamt 376!

Im ebenfalls zwei Bände zählenden Geschichtswerk ‚Zeiten und Menschen',[5] insgesamt rund 800 Seiten stark, taucht Afrikas eigene Geschichte und Kultur vor Ankunft der europäischen Kolonialherren nicht einmal auf. Folglich *muß* dem Schüler Afrika als eine geschichtliche und kulturelle tabula rasa erscheinen. Unerträglich finde ich auch die Terminologie der beiden Unterrichtswerke. Sowohl ‚Politik und Gesellschaft' wie auch ‚Zeiten und Menschen' suggerieren schon durch ihre Wortwahl, es handle sich beim europäischen Kolonialismus um einen völlig normalen Vorgang in der Weltpolitik und nicht um die Unterjochung ganzer Völker und die Zerstörung ihrer Kulturen: Kolonien sind *erworbene* Gebiete, afrikanische Territorien werden unter *den Schutz* des Deutschen Reiches gestellt, das Deutsche Reich *verzichtet* auf *Rechte* und *Ansprüche* in seinen Kolonien!

Selbst das fortschrittlichere Werk von beiden, nämlich ‚Politik und Gesellschaft', bezeichnet die Afrikaner immer noch als *„Eingeborene".* Und die Schüler wissen auch, was damit gemeint ist, obwohl es unausgesprochen bleibt: ‚Eingeborene' sind nicht-zivilisierte, im Vergleich zu uns noch unterentwickelte Menschen, während der Begriff ‚Einheimischer' eine solche Wertung nicht enthält. Bei einer wirklich veränderten Geisteshaltung gegenüber Afrika müßte ein solches Vokabular längst verschwunden sein. Die schwarzen Bewohner unseres Nachbar-Kontinents sind weder 'Neger' noch ‚Eingeborene', sondern ganz schlicht und einfach Afrikaner oder Einheimische!

Es bleibt dabei: Die Afrikaner – kindisch, aggressiv und animalisch!

Generell sehen die Richtlinien für den Schulunterricht eine eigenständige Behandlung Afrikas nicht vor. Die Schüler, selbst diejenigen der Höheren Schulen, erfahren deshalb über diesen Kontinent nur Bruchstücke; dominierend für ihr Bild von Afrika bleiben damit die Kindheitserfahrungen und die in unserer Gesellschaft kursierenden Vorurteile. Denn im Struwwelpeter haben sie, haben wir alle erfahren, daß Schwarzsein eine Strafe und der Mohr eine Spottfigur ist; bevor wir dem ersten Afrikaner begegneten, hatten wir schon einen ‚Negerkuß' verspeist und mit dem Lied ‚Zehn kleine Negerlein' das Zählen geübt. Wenig später lernten dann die meisten von uns in der Kirche und im Religionsunterricht, daß das Böse schwarz ist und die Engel weiß sind. In der Kinder- und Jugendbuchliteratur wird der Afrikaner vielfach als das treue, anhängliche Naturkind dargestellt, das anschließend in den Abenteuergeschichten zum aggressiven Wilden gedeiht und aus dem im Illustriertenroman der zügellose Liebhaber mit einer sexuellen Superpotenz wird.[6]

Wer hat Angst vorm Schwarzen Mann?

Unterschwelliger Rassismus wie auf dieser Vorlage zum Ausmalen geistert immer noch durch viele Erzeugnisse der Kinder- und Jugendliteratur

Scholl-Latour oder die kolonialistische Brille verkauft sich gut

Von der oben beschriebenen rassistischen Verzerrung, von der Einordnung des Afrikaners zwischen Tier und Mensch ist auch die angeblich seriöse Sachbuchliteratur nicht frei. *„Mord am großen Fluß"* – 1986 bei DVA erschienen – ist mit einer Auflage von 130.000 Exemplaren das kommerziell erfolgreichste Buch der Nachkriegsgeschichte über Afrika. Darin will der nahezu allen Bundesbürgern bekannte und weithin beliebte Journalist Peter Scholl-Latour über – wie es im Untertitel heißt – „ein Vierteljahrhundert afrikanische Unabhängigkeit" berichten. Aufschlußreich ist das Menschenbild, das Scholl-Latours Bilanz über den Werdegang des sich selbst regierenden Kontinents zugrundeliegt, der mit dem afrikanischen Jahr von 1960 – damals wurden 17 Kolonien unabhängig – seine Wiedergeburt, den Anbruch eines neuen Zeitalters feierte. Über einen Führer der antikolonialen Bewegung Kameruns schreibt Scholl-Latour: „Roland Felix Moumié sieht durchaus nicht wie ein blutrünstiger Gewaltmensch aus. Er ist klein und schmächtig. Mit seinem gestutzten Schnurrbart wirkt er nicht ganz seriös. Im Gespräch lacht er viel, das helle, kindliche Lachen der Afrikaner. Er lacht, auch wenn von Vernichtung und Totschlag die Rede ist".[7] Die Minister der Kongo-Regierung findet Scholl-Latour „rührend linkisch", an „Schulbuben" erinnernd. Afrikanische Ereignisse und Menschen sind für ihn unberechenbar; „animalische Unbekümmertheit" zeichnet die Afrikanerinnen aus, und die Politiker des Kontinents stehen bei ihm im Ruf „sexueller Besessenheit". Kann es da verwundern, daß der Augenzeuge Scholl-Latour im Widerstand der Afrikaner gegen die weiße Kolonialherrschaft nichts als ein Spiel „okkulter Kräfte" sieht? Die Führer der Unabhängigkeitsbewegungen verkommen zu „Volkstribunen", die in ihren Landsleuten die „Mächte der Steinzeit entfesseln", eine „Explosion afrikanischer Urgewalt" hervorrufen und damit einen „mystischen Nationalismus" entfachen. Und dies alles in einem Kontinent, dessen Menschen – so Scholl-Latour – in ihren Muttersprachen angeblich nicht einmal ein Wort für Freiheit und Unabhängigkeit besitzen.

Mir geht es nicht darum, einen Kollegen zu schelten. Aber Scholl-Latours Verkaufserfolg, die konzertierte Werbeaktion für diese erneute *Verleumdung* Afrikas sind für mich ein Indiz dafür, daß sich seit Voltaires „der Neger ist ein schwarzes Tier mit Wollhaar auf dem Kopf" nichts Entscheidendes geändert hat. In unserer Gesellschaft lebt jenes verstümmelte Menschenbild über den Afrikaner immer noch fort. Und dieses ist ja nicht eine bloße Auffassung, sondern fast immer vorhanden – kaschiert und sehr sublim –, wenn unsere Politiker über Afrika entscheiden, wenn Journalisten über den Kontinent berichten. Die Geduld des Westens gegenüber der weißen Machtpolitik am ehemaligen Kap der guten Hoffnung ist ein überdeutlicher Beleg dafür. Kein Kontinent ist vom zivilisierten Abendland so entwürdigt worden wie Afrika, keine Andersfarbigen haben die Weißen so umfassend diskriminiert wie die Afrikaner.

„Ein Barbar ist immer auch derjenige, der einen anderen zum Barbaren erklärt" (Claude Levi-Strauss). Dies hat unsere Gesellschaft noch immer nicht ganz begriffen. Die Forderung Afrikas bleibt aktuell: „Ich bin nicht Du – laß mich Ich sein" (Roland Tombekai Dempster).

Literaturhinweise

1. Für *Journalisten* sehr prägnant auf ca. 15 Seiten: Helmut Fritz, *Der eßbare Neger*, Afrika in Büchern, Liedern und Alltagsmythen, im kleinen – von A. Buchholz und M. Geiling herausgegebenen – Sammelband: *Afrika den Afrikanern*, Ullstein Taschenbuch, 1980.
2. Für *Lehrer*: W. Fürnrohr, *Afrika im Geschichtsunterricht europäischer Länder*, Minerva Publikation, München 1982. Besonders zu empfehlen: J. Bernhauser und R. Stach (Hrsg.), *Afrika in der Schule*, Didaktische Beiträge und Dokumente, Verlag Thomas Plöger, Annweiler 1984. In diesem Buch sind zahlreiche Literaturhinweise enthalten. Außerdem: *Misereor-Materialien für die Schule*; zu erhalten bei Misereor, Mozartstraße 9, 5100 Aachen, Tel. 02 41/44 20; das Bildungsreferat von Misereor ist mit Auskünften gerne behilflich.
3. *Allgemein*: Urs Bitterli, *Die „Wilden" und die „Zivilisierten"*, Grundzüge einer Geistes- und Kulturgeschichte der europäisch- überseeischen Begegnung, Beck Verlag, München 1976.
4. Ein ‚neues Afrikabild‘ vermitteln ausschließlich afrikanische Autoren im Sammelband von Rüdiger Jestel (Hrsg.), *Das Afrika der Afrikaner*, Suhrkamp Taschenbuch, Frankfurt 1982.

„Die Kirchenglocken werden läuten, die Postämter bis um 21.00 Uhr geöffnet sein und die Werbespots des Fernsehens über Afrika berichten.
Schon heute steht fest: Der 23. Januar 1985, der deutsche ‚Tag für Afrika‘, wird zu einem bis heute einmaligen Ereignis der Hilfe für die Hungernden.“
(Presseerklärung der Deutschen Welthungerhilfe zum 23. 1. 1985)

EIN TAG FÜR AFRIKA

Gemeinsam gegen den Hunger

23.
Januar
1985

DIAKONISCHES WERK /
BROT FÜR DIE WELT
Sparkassen, Banken, Postgiro Köln **500 500 500**

DEUTSCHES ROTES KREUZ
Sparkassen, Banken, Postgiro Köln **414141**

CARITAS / MISEREOR
Sparkassen, Banken, Postgiro Karlsruhe **202**

DEUTSCHE WELTHUNGERHILFE
Commerzbank Bonn, Sparkasse Bonn, Postgiro Köln **111**

Gemeinschaftsaktion Afrika **123**
Bank für Gemeinwirtschaft Osnabrück

Deutsches Aussätzigen-Hilfswerk,
terre des hommes, Komitee Notärzte,
UNICEF, Menschen für Menschen,
Hermann-Gmeiner-Fonds, EIRENE,
AMREF, Arbeiterwohlfahrt, Care,
Aktionsgemeinschaft Solidarische Welt,
Weltfriedensdienst, Eritrea Hilfswerk,
medico international

„Wir möchten den aufgeklärten Spender. Wir möchten gerne den Spender, der sich nicht an vordergründigen Elendsbildern orientiert; wir möchten vor allem auch nicht, daß derjenige, dem geholfen werden soll, durch eine irreführende Spendenwerbung degradiert wird.“
(Herbert G. Hassold, Pressesprecher von ‚Brot für die Welt‘[23])

Kapitel 2
Afrikas Jahrhundertkatastrophe –
auch eine Katastrophe
des deutschen Journalismus

Dürre in Afrika: Die Reaktion der Medien und Hilfswerke · Dürre in Afrika: Die Katastrophe des Journalismus und die Mutlosigkeit der Hilfswerke · Ein notwendiger Exkurs : Die ständigen Lügen – Zahlen über Afrika oft nur Fiktionen · Hunger und Jahrhundertkatastrophe: Zusammenfassung · Das Lehrstück Jahrhundertkatastrophe: Forderungen an alle Beteiligten.

Dürre in Afrika:
Die Reaktion der Medien und der Hilfswerke

Welternährungsorganisation meldet außergewöhnliche Notlage

Die Welternährungsorganisation der Vereinten Nationen (Food and Agriculture Organization of the United Nations, abgekürzt: FAO, Sitz in Rom) warnte schon Mitte 1983, in Afrika drohe eine Hungerkatastrophe noch nie gekannten Ausmaßes. Schon wenige Monate später, nämlich Ende 1983/Anfang 1984, sprach die FAO dann in einer Sonderdokumentation von 24 Staaten in Afrika, die von einer langjährigen Dürre äußerst schwer getroffen seien. Sie appellierte an die internationale Gemeinschaft, unverzüglich 3,3 Mio. Tonnen Nahrungsmittelhilfe für den Krisenkontinent kostenlos zur Verfügung zu stellen. Sollte dies nicht rechtzeitig und auf unbürokratische Weise geschehen, dann wären die Folgen schlimmer – sprich die Opfer noch größer – als bei der letzten Katastrophe auf dem afrikanischen Kontinent ein Jahrzehnt zuvor, also während der Jahre 1973/74. Dem erwähnten ‚Report über die Notlage in Afrika südlich der Sahara' folgten Sonderkonferenzen, zahlreiche Missionen in die betroffenen Länder, weitere Spezialberichte bis in unsere Tage hinein, die ausschließlich darauf zielten, kostenlose Nahrungsmittelhilfe aus den Überschußbeständen der westlichen Industriestaaten in den ‚Hungerkontinent' zu kanalisieren.[1] Tatsächlich wurden etliche Millionen Tonnen an Getreide seitdem nach Afrika verfrachtet (weiteres siehe Kp. Nahrungsmittelhilfe). Worauf stützte die Welternährungsorganisation damals, worauf stützt sie heute ihre Katastrophenwarnungen?

- Die FAO verfügt über ein sogenanntes Frühwarnsystem, das Satellitenfotos auswertet (in erster Linie des europäischen Wettersatelliten Meteosat und des amerikanischen Satelliten Landsat-5). Zwar lassen solche Satellitenfotos Rückschlüsse auf die ökologischen Bedingungen und Entwicklungen zu, sie liefern jedoch nicht mehr als einen Orientierungsrahmen für Ernteaussichten und bestenfalls vage Informationen über Ernteergebnisse.
- Die Organisation besitzt eigene Mitarbeiter in den meisten Ländern.
- Hauptsächlich aber basieren die Berichte auf Informationen, die die Regierungen der von einer Notlage betroffenen Länder als offizielle Dokumente an die FAO weiterleiten.

Die Schlagzeilen:
150 Millionen vom Tod bedroht – erste Sonderaktionen

Die Medien in der Bundesrepublik griffen die Warnungen der FAO schnell auf. Die Anzahl der Berichte über Afrika stieg sprunghaft an, und schon Anfang des Jahres 1984 lauteten die Schlagzeilen sowie der Tenor der Berichterstattung:

„Aller Voraussicht nach müssen in nächster Zeit 150 Millionen Afrikaner verhungern."
„Jeder dritte Afrikaner vom Hungertod bedroht."
„Jahrhundertkatastrophe – Afrika verhungert. 150 Millionen Menschen bedroht, 700 000 t Getreide notwendig, wenn sie den nächsten Monat noch erleben sollen."
„Ein Kontinent am Tropf der Katastrophenhilfe"[2].

Derartige Horrormeldungen entstammen keineswegs der Boulevardpresse, sondern der seriösen Tagespresse wie beispielsweise der *Frankfurter Rundschau* und der *Süddeutschen Zeitung*. Selbst die ansonsten nicht zu den Schnellschießern gehörenden Agenturen *epd* und *KNA* (Evangelischer Pressedienst, Katholische Nachrichtenagentur) meldeten, daß aller Voraussicht nach mehr als 150 Millionen Menschen in nächster Zeit verhungern müßten. Nach mehreren Berichten brachte das ARD-Fernsehen seine erste große Sondersendung am Karfreitag 1984. Diese war gar per Intendantenbeschluß ins Programm gehoben worden. NDR-Fernsehdirektor Rolf Seelmann-Eggebert, Moderator der Sendung, sagte zu Beginn: „Ein Viertel aller Afrikaner wissen nicht, was sie heute essen sollen. Sofort benötigt werden 700 000 t Getreide, wenn diese Menschen den nächsten Monat noch erleben sollen. Sie sind die Almosenempfänger des 20. Jahrhunderts, und sie werden es bleiben, wenn nicht rasch und dauerhaft geholfen wird. Der Hungertod bedroht in Afrika 150 Millionen Menschen. 24 Staaten haben bis heute Hungerkatastrophen an die internationalen Hilfsorganisationen gemeldet ... Seit Sie, vor Ihrem Fernsehapparat, vielleicht in einem gemütlichen Sessel, vielleicht mit einem kühlen Bier und ein paar Salzmandeln vor sich, diesen Film sehen, seit zweieinhalb Minuten, sind in der Welt schon wieder 67 Kinder verhungert. 1620 in einer Stunde, 40.000 bis morgen abend, wenn die Sportschau anfängt. Soweit meine Damen und Herren der Pauschalüberblick, nun ins Detail."[3]

Das ‚Detail' der Sendung (Einschaltquote 2,2 Mio.) mit dem Titel „Afrika verhungert" besorgten Filmbeiträge der ARD-Korrespondenten aus Afrika sowie eine Diskussionsrunde im Studio, an der Vertreter großer Hilfswerke in der Bundesrepublik teilnahmen. Am Ende der Karfreitagssendung riefen nicht nur der Moderator, sondern auch die ARD ihre Zuschauer zu einer Spendenaktion auf. Seelmann-Eggebert schloß mit den Worten: „Es handelt sich in Afrika um eine Jahrhundertkatastrophe, dieser Befund schließt aus, daß wir uns in Zukunft erneut mit ähnlichen Aufrufen an Sie wenden"[4]. Die ARD wiederholte ihren Spendenaufruf an den folgenden Tagen und löste eine erstaunliche Hilfsbereitschaft aus. Schon wenige Monate später, im Juli 1984, waren 46,8 Mio. DM auf den Konten von Misereor, Brot für die Welt und der Deutschen Welthungerhilfe eingegangen.

Allianz gegen den Hunger: Afrikatag 1985

In den Sommermonaten wurde es in den Medien still um die Hungerkatastrophe, so als ob die 150 Millionen Todgeweihten durch die Spenden gerettet worden wären. Die Lethargie endete abrupt, als im Oktober/November 1984 dramatische Bilder aus Äthiopien die Weltöffentlichkeit erreichten: Tausende ausgemergelter Gestalten, in Lumpen und Stoffetzen gehüllt, Kinder und Säuglinge, die nur noch Knochengerippe waren, warteten in äthiopischen Lagern auf ihren (unweigerlich) bevorstehenden Hungertod. Trotz rechtzeitiger Warnungen der Welternährungsorganisation, trotz der Spendenaktionen war der prophezeite Holocaust Wirklichkeit geworden. Äthiopien, das suggerierten die Fernsehbilder, schien vor seinem Untergang zu stehen. Und da hatte das Mediengewissen plötzlich auch wieder einen Blick fürs übrige Afrika. Dort herrschte die Dürre immer noch, das Massensterben ging weiter; allein aus Mosambik wurden 200.000 Tote gemeldet.
Die erneute Sondersituation verlangte nach ungewöhnlicher Reaktion: ARD und Hilfswerke taten sich zusammen und organisierten einen ‚Tag für Afrika'. Dieses Mal waren nicht nur die großen Organisationen beteiligt, sondern auch die kleineren Hilfswerke, vierzehn an der Zahl, die sich rasch zur ‚Gemeinschaftsaktion Afrika' zusammengeschlossen hatten. Die Organisatoren setzten sich für den ‚Afrikatag' (23.01.85) ein ehrgeiziges Ziel: 100 Mio. DM wollten sie mobilisieren; es sollte die größte Spendenaktion der Nachkriegsgeschichte werden. Ansonsten war es mit der Einigkeit nicht weit her:

– Die Hilfswerke konnten sich, obwohl die ARD darauf drängte, nicht auf eine gemeinsame Kontonummer einigen. Dazu wäre von den Großen lediglich die Welthungerhilfe bereit gewesen. Die übrigen hatten Angst, bei einer gemeinsamen Kontonummer zu wenig abzubekommen und ihre Klientel zu verlieren. Die ARD lenkte ein und präsentierte in ihren Aufrufen fünf verschiedene Konto-Nummern.
– Ebenso war es bei der Information: Statt gemeinsam eine gut recherchierte Dokumentation zu erstellen, den zweifellos vorhandenen Sachverstand zusammenzutragen, verteilte jede Organisation ihre eigenen Faltblätter und Broschüren. So war beispielsweise die zum 23.1.85 ausgegebene Pressemappe ein

Sammelsurium von Global- und Detailinformationen, aus denen kein Journalist einen Bericht zu verfassen in der Lage war, der dem Problem annähernd hätte gerecht werden können.

Ich selbst schlug damals den Hilfswerken vor, bei den Sondersendungen nicht nur Konten einzublenden, sondern auch eine Informationsadresse. Über diesen *Informationskasten'* hätte man dann Journalisten, Lehrer und Dritte-Welt-Gruppen mit zusätzlichen Berichten über die Lage in Afrika versorgen können. Einer der Vorteile hätte darin bestanden, daß die zentrale Informationsstelle in der Lage gewesen wäre, die bei den einzelnen Organisationen vorhandenen Spezialkenntnisse zusammenzutragen, sie aufzuarbeiten und gezielt weiterzugeben. Auch dieser Vorschlag wurde abgelehnt und somit die Chance vertan, möglicherweise tausende entwicklungspolitisch Interessierte nicht nur besser zu informieren, sondern sie bleibend als Multiplikatoren für das schwierige Thema zu gewinnen.

Eines jedoch gelang am Afrikatag: Fast alle Bundesbürger wurden mit dem Hunger in Afrika konfrontiert[5]. Was das Ausmaß der Katastrophe anging, so bemühten sich ARD und ein Teil der Hilfswerke in puncto Zahlen um Zurückhaltung: 10 Millionen – sagten sie diesmal – stünden in Afrika vor dem Hungertod. Doch diese Relativierungen konnten sich nicht durchsetzen, konnten die Schlagzeilen vom untergehenden Kontinent nicht verdrängen. „Afrika – ein Kontinent verhungert" meldete das Deutsche Rote Kreuz in dicker Balkenüberschrift auf der ersten Seite seiner zum Afrikatag herausgegebenen Sonderzeitschrift.

Soweit es ums Spenden ging, ließ sich die Nation tatsächlich wachrütteln. Nur wenige Wochen nach dem 23. Januar 1985 waren 125 Mio. DM auf den Konten der Hilfswerke eingegangen. Rechnet man das Ergebnis der ersten Hilfsaktion hinzu, hatten die Sonderberichterstattung sowie die Aktionen der Hilfswerke insgesamt 170 Mio. DM für Afrika eingebracht! Allerdings war dies lediglich die eine Seite der Medaille: Denn die Katastrophenmeldungen mobilisierten nicht nur die private Spendenhilfe, sondern vor allem diejenige der staatlichen Geber. In den Jahren 1984 und 85 erhielten die von der Dürre betroffenen afrikanischen Staaten rund fünf Mio. Tonnen an Nahrungsmittelhilfe, die zwar aus ohnehin *unverkäuflichen* Überschußbeständen stammte, aber dennoch mit Geldern aus den Entwicklungshilfeetats finanziert wurde. Die staatlichen Geber waren also größtenteils kleinlicher als die Bürger. Sie bestritten die Hilfe aus den *vorhandenen* Haushaltsposten, was vielfach die Mittel für langfristige Maßnahmen reduzierte.

Wieviele Menschen in Afrika trotz der angelaufenen Hilfe sterben mußten, wieviele gerettet werden konnten, darüber läßt sich wirklich nur spekulieren. Was die Effizienz der Hilfsmaßnahmen angeht, ist zu bedenken, daß einerseits die gespendeten 170 Mio. DM nicht annähernd ausreichen konnten, Millionen Menschen zu retten. Dazu hätte es ein Vielfaches dieses Betrages bedurft. Andererseits erreichten die staatlichen Hilfskontingente – die 5 Mio. Tonnen Getreide hätten genügt, 20 Millionen Menschen zu ernähren – die Notgebiete teilweise zu spät. Ich erwähne dies nur, um unseren *Retter-Stolz'* zu mäßigen; fest steht auch für mich, daß ohne die angelaufene Hilfe noch erheblich mehr Menschen verhungert wären.

Dürre in Afrika: Die Katastrophe des Journalismus und die Mutlosigkeit der Hilfswerke

Das tatsächliche Ausmaß

Ohne die dramatischen Warnungen, in Afrika drohten 150 Mio. Menschen zu verhungern, ohne die Hochstilisierung der Not zur Jahrhundertkatastrophe hätte es dreierlei nicht gegeben: Weder die umfangreichen Sonderberichte im Fernsehen, weder den Afrikatag mit seinen Spendenmillionen noch das ,neue' Bild vom Hungerkontinent Afrika in den Köpfen unserer Bürger. All dies macht die Antwort auf die Frage besonders interessant, ob es denn wirklich so gewesen ist: Ob die beschworene Hungerkatastrophe tatsächlich jeden dritten Bewohner des Kontinents an den Rand des Hungertodes brachte. Und ob das Unheil gleichermaßen von oben über den Kontinent hereinbrach, nämlich durch die Dürre, dadurch daß die Natur dem Drittel eines Kontinents den Regen verweigerte. *Hierzu die wichtigsten Fakten*:

1. Tatsächlich waren in den Jahren 1983/84 24 Staaten in Afrika von einer außergewöhnlichen Dürre betroffen. Diese 24 Länder zählen insgesamt eine Bevölkerung von rund 150 Mio. Menschen. *Aber*: Der Regen blieb in den Krisenjahren keineswegs auf der gesamten Fläche dieser Staaten aus. Einige Gebiete erhielten durchschnittliche Niederschläge, andere lediglich geringere als normal, und nur in einigen Regionen fiel so wenig Regen, daß nichts mehr auf den Feldern wuchs. *Konsequenz*: Weil der Niederschlag nur *teilweise* ausblieb, konnte logischerweise *nur ein Teil* der 150 Mio. zählenden Gesamtbevölkerung von den Ernteausfällen betroffen sein. Doch diese zentrale Einschränkung ging in der Berichterstattung verloren.

2. Zwei sehr unterschiedliche Großregionen in Afrika waren von den Regenausfällen oder den unterdurchschnittlichen Niederschlägen betroffen. Die eine lag am Südrand der Sahara (im wesentlichen die Sahel-Zone) und zählte 17 Staaten, die andere machte 7 Länder aus und zog sich im Süden des Kontinents von Angola im Westen bis nach Mosambik im Osten. Richtig wäre also gewesen, von zwei verschiedenen Krisenzonen zu sprechen, in denen es *regional begrenzte Katastrophen* gab.

3. Im März 1984, also kurz vor der ersten Sondersendung der ARD („Jahrhundertkatastrophe"), bezifferte die FAO den fehlenden Jahresbedarf in den Dürrestaaten auf eine Million Tonnen Getreide. Die Welternährungsorganisation hat aber noch nie die notwendige Hilfe als zu gering angesetzt. Folglich läßt der gemeldete Fehlbedarf an Getreide Rückschlüsse auf das Ausmaß der Not zu. Hierzu gibt es eine *Standardformel* der FAO: Würde ein Mensch sich ein Jahr lang nur von Getreide ernähren, dann würde er 180 kg benötigen. Dies bedeutet: Mit einer Tonne lassen sich – rein statistisch gesehen – 5,5 Menschen ein Jahr lang ernähren. *Konsequenz*: Mit dem im März 84 gemeldeten Bedarf von einer Million Tonnen Getreide hätte man 5,5 Mio. Menschen ernähren können. Die Welternährungsorganisation war also zu diesem Zeitpunkt implizit der Auffassung, daß rund sechs Mio. Menschen in allen 24 Dürrestaaten Afrikas akut auf Hilfe angewiesen seien. Hinzu kommt, daß die FAO sich auf Regie-

rungsangaben der betroffenen Länder stützte. Und da Nahrungsmittelhilfe kostenlos gegeben wird, kann man berechtigterweise davon ausgehen, daß diese Regierungen nicht zu wenig Hilfe verlangt haben. Vielmehr ist in der Regel bekanntlich das Gegenteil der Fall. Die Regierungen übertreiben die Notlagen in ihren Ländern, um möglichst viel kostenloses Getreide zu erhalten.

4. Das Deutsche Institut für Entwicklungspolitik (DIE) sprach auf einer Fachtagung, die Mitte 1984 in Bonn stattfand, davon, in Afrika seien 10 bis 12 Mio. Hungernde auf schnelle Hilfe angewiesen[6].

5. Der Unterschied zwischen dem von unseren Medien behaupteten und dem tatsächlichen Ausmaß der Hungerkatastrophe ist aus den Graphiken 1 und 2 deutlich zu ersehen. Diese graphischen Darstellungen machen aber noch etwas anderes klar: Nämlich daß die FAO- und Fernsehkarte anstatt zur Veranschaulichung in Wirklichkeit zur *groben Verzerrung* des Problems beigetragen hat.

6. Aufgrund zahlreicher Gespräche mit unterschiedlichen Experten und eigener Recherchen gehe ich davon aus, daß die vom Deutschen Institut für Entwicklungspolitik genannte *Zahl von 10 bis 12 Mio.* Menschen, die akut gefährdet gewesen sind, *dem tatsächlichen Ausmaß* der Katastrophe am nächsten kommt. Wobei auch diese Zahl eine gewisse Abrundung nach oben enthält!

In diesem Zusammenhang sind für mich zwei Dinge mit verantwortungsvollem und gewissenhaftem Journalismus nicht mehr zu vereinbaren: Einerseits blieb in der Berichterstattung die Tatsache unberücksichtigt, daß nur ein Teil der 24 Staaten von Regenausfällen betroffen war und somit nur ein Teil der 150 Mio. zählenden Gesamtbevölkerung in Mitleidenschaft gezogen war. Andererseits machte sich niemand – jedenfalls nicht die Initiatoren der Sondersendungen – die Mühe, die Getreidebedarfsmeldung der FAO in das ihr entsprechende Ausmaß von Not umzurechnen. Die Behauptungen, jeder dritte Afrikaner sei vom Hungertod bedroht oder gar der gesamte Kontinent verhungere, entsprachen nicht der Wahrheit. Es waren *Falschmeldungen*, die nicht nur die Berichterstattung bestimmten, sondern auch die Sonderaktionen initiierten. Außerdem würdigte der vorherrschende Tenor der Berichterstattung – und dies gegen die Fakten – Afrika zum ausschließlichen Almosenempfänger („Ein Kontinent am Tropf der Katastrophenhilfe") herab.

Die Hilfswerke widersprachen weder der Übertreibung noch der einseitigen Ursachenreduktion auf die Dürre; und wenn sie es taten, dann nicht laut und nicht konsequent genug. Die Organisationen wußten durch ihre vielfältigen Kontakte mit den betroffenen Ländern, daß die Situation in Afrika nicht so war, wie sie in den erwähnten Sondersendungen dargestellt wurde. So wie die Journalisten der Schlagzeile von der Superkatastrophe erlagen, wurden die Hilfswerke von der Verlockung verführt, mehr als jemals zuvor an Spenden sammeln zu können. Ferner glaubten sie sogar, es bliebe ihnen nichts anderes übrig, als sich dem Druck der Medien („Es ist eine Katastrophe!") beugen zu müssen; sie hatten ‚Einsicht‘, daß man in einer derartigen Sondersituation die differenzierte Information nicht leisten könne. Dies ist keine Schlaumeierei im nachhinein, vielmehr habe ich diese Kritik schon vor dem Afrikatag geäußert[7].

Daß die Hilfswerke durch ihre Eifersüchteleien keine solide Dokumentation zustande brachten und keine Pressemappe, die diesen Namen verdient hätte, habe ich oben bereits erwähnt. Und wenn heute die Vertreter dieser Organisationen die damalige Medienberichterstattung über Afrika als ‚oberflächlich‘ und ‚pauschal‘ bewerten, stehlen sie sich aus der Verantwortung.[8] Denn daß es so kam, lag auch an ihnen. Um keine Mißverständnisse aufkommen zu lassen: Die großen Hilfswerke in Deutschland leisten *seriöse* Arbeit, veruntreuen keine Spenden und helfen oft *effizienter* als der Staat. Aber im Umfeld des Afrika-Tages waren sie nicht besser als die Medien. Und dies sollte sie, muß sie beschämen. Wären sie wirkliche Anwälte Afrikas gewesen, hätten sie der erneuten Falschaussage über ihren ‚Mandanten‘ mit ganzer Kraft und nicht halbherzig entgegentreten müssen.

Die Dürre der Hauptgrund des Hungers?

In der gesamten Berichterstattung 1984/85 stand eindeutig die Dürre als Ursache der Katastrophe im Vordergrund. Zu diesem Ergebnis kommt ebenfalls eine Studie des ISOPLAN-Instituts in Saarbrücken, das 706 Zeitungsartikel, die im Umfeld des Afrikatages erschienen, analysiert hat. Darin weisen die Autoren nach, daß alle Artikel – sofern sie sich überhaupt mit den Ursachen beschäftigten – zunächst einmal klimatische Gründe nannten[9]. Die Trockenheit und die unterdurchschnittlichen Niederschläge führten jedoch fast ausschließlich *nur* in solchen Regionen zur Katastrophe, wo gleichzeitig und bereits seit längerem *kriegerische Auseinandersetzungen* herrschten (siehe Graphik 2). Dies gilt insbesondere für Äthiopien, den Sudan, Mosambik und Angola. So sind die Nordprovinzen Äthiopiens, vor allem Eritrea und Tigray, seit Jahren zwischen den Regierungstruppen und den Autonomiebewegungen dieser Regionen heiß umkämpft. Die äthiopische Zentralregierung *leugnet* das Ausmaß dieser Konflikte und reduziert selbst den konventionellen Stellungskrieg in Eritrea auf ‚terroristische Umtriebe‘. Die FAO, die als UN-Organisation zunächst einmal die Position des jeweiligen Mitgliedslandes vertreten muß, schweigt sich daher in ihren Dokumenten ebenfalls zu diesen Konflikten aus. Tatsächlich – wie konnte es anders sein – blockierten die Kriegshandlungen überall die Hilfe auf vielfältige Weise und verschärften die naturbedingte Notlage zur Katastrophe:

– Transportwege wurden unterbrochen, zerstört oder konnten nur mit Militärkonvois befahren werden; letzteres verzögerte die Hilfslieferungen ganz erheblich.
– Hilfslieferungen wurden durch Kampfhandlungen vernichtet; Flüchtlingslager und ausländische Helfer wurden direkt angegriffen bzw. in die Auseinandersetzungen hineingezogen. So mußten beispielsweise zahlreiche Hilfsteams Mosambik wegen der ungenügenden Sicherheitslage verlassen.
– Die regierungsfeindlichen Kräfte und die Regierung selbst verhinderten jeweils die Transporte in die Gebiete ihres Gegners.
– Es waren in erster Linie die kriegerischen Auseinandersetzungen und nicht die Dürre, die während der Dürrekatastrophe zahlreiche neue *Flüchtlingsströme* verursachten. Zehntausende verließen Äthiopien und verelendeten in sudanesischen Lagern. In Angola und Mosambik verursachten die dort herrschenden

Die „Hungerkatastrophe" 1984/85 in Afrika

Graphik 1: Die 24 (bzw. 21) von der Dürre betroffenen Staaten.
Mit dieser (oder einer ähnlichen) Karte operierten die FAO, das deutsche Fernsehen, die Presse und einige Hilfswerke.

© Michler 1988

18

Graphik 2: Diese Karte zeigt das tatsächliche Ausmaß der Dürre.
Auch sie ist nur eine schematisierte Darstellung und enthält Ungenauigkeiten, da es exakte meteorologische Daten nicht gibt.

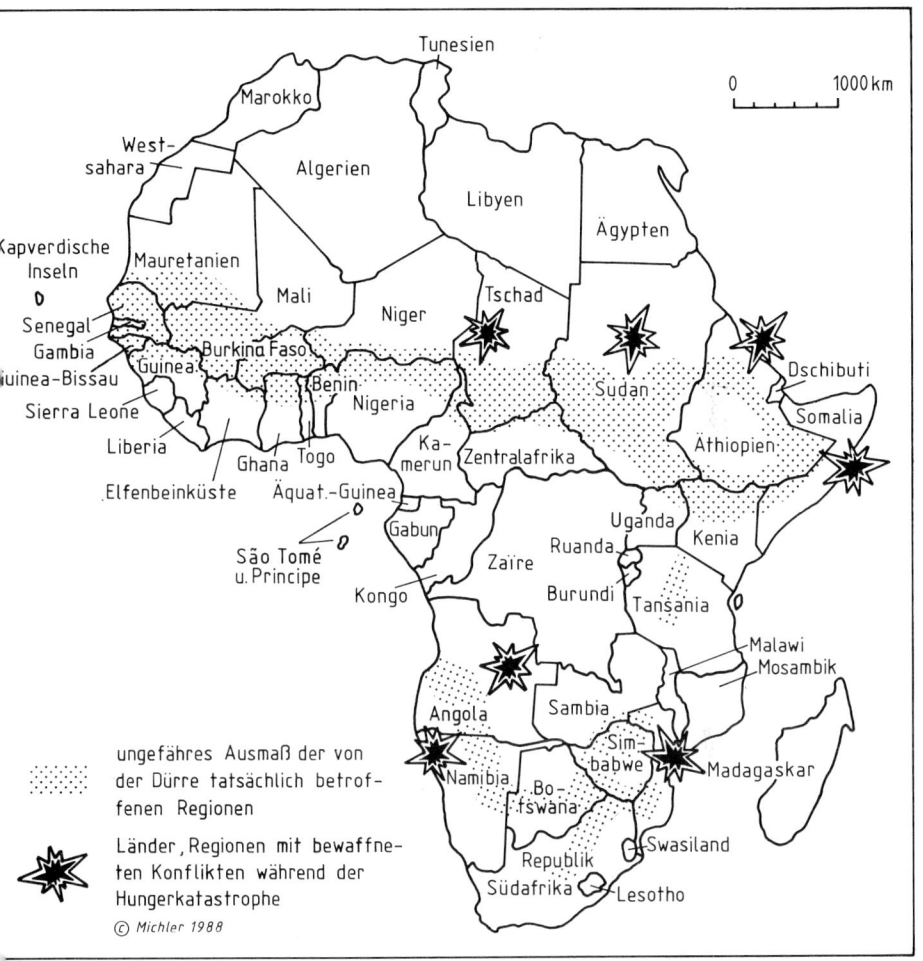

ungefähres Ausmaß der von der Dürre tatsächlich betroffenen Regionen

Länder, Regionen mit bewaffneten Konflikten während der Hungerkatastrophe

© Michler 1988

Rebellenkriege immense inländische Fluchtbewegungen, d.h. die Bevölkerung verließ die umkämpften Landregionen und suchte Zuflucht am Rande der größeren Städte; Hungertote gab es dann, weil diese Inlandsflüchtlinge nur ungenügend versorgt werden konnten und weil andererseits in das Innere dieser Länder keine Nahrungsmittel gebracht werden konnten.

Daß der Krieg der eigentliche Katastrophenfaktor gewesen ist, diese Feststellung hat nicht nur rhetorischen Wert, denn im Falle Mosambiks und Angolas gehen die internen kriegerischen Konflikte ganz wesentlich auf das Konto des weiß regierten Südafrika. Folglich hätte die Not dem Westen geboten, nicht nur Nahrungsmittelhilfe zu gewähren, sondern auf Südafrika mit allem Nachdruck einzuwirken, seine Unterstützung an die Rebellenbewegungen einzustellen. Auch im Falle Äthiopiens hätte der Westen zumindestens den Versuch unternehmen können, einen Waffenstillstand wenigstens für die Zeit der Dürreperiode auszuhandeln. Eine solche Initiative wurde jedoch niemals ernsthaft erwogen, geschweige denn realisiert.

Wie ich in den folgenden Kapiteln noch ausführlich zeigen werde, haben Hunger und Unterentwicklung in Afrika vielfache ökologische, wirtschaftliche und politische Gründe. Von diesen Ursachen erfuhr der Bundesbürger im Umfeld des Afrikatages nur am Rande, und schon gar nicht konnte ihm bewußt werden, daß die Politik der westlichen Industriestaaten eine ganz erhebliche Entwicklungsblockade für den schwarzafrikanischen Kontinent darstellt.

Was außerdem verschwiegen wurde

Die Berichterstattung, die, wie Rupert Neudeck vom ‚Komitee Notärzte' mir versicherte, das Bild eines vom Elend plattgewalzten Kontinents vermittelte, hatte kein Wort dafür, daß es in vielen Regionen der 24 von der Dürre betroffenen Staaten durchschnittliche Ernten gab und daß infolgedessen die Situation dort durchaus normal war. Immerhin produzierten laut FAO die 24 Länder im ersten Krisenjahr 1983/84 noch ca. 16 Mio. Tonnen Getreide, außerdem etliche Mio. Tonnen der Grundnahrungsmittel Kassava und Jams. *Ferner*: Selbst in ‚normalen Erntejahren' importiert die Mehrheit dieser Staaten erhebliche Mengen an Getreide; im Krisenjahr 1984 war dieser Importbedarf um rund 25 Prozent gestiegen.

„Der größte Teil der schwarzen Bevölkerung wird zunehmend in die unfruchtbaren Teile der Republik Südafrika abgedrängt und gerade in diesen Homelands, in diesen Reservaten, herrscht nachweislich ein größerer Hunger, ein größeres Elend, als in vielen Teilen Afrikas," sagte Bernd Dreesmann, der Generalsekretär der deutschen Welthungerhilfe, als ich ihn 1984 für eine Rundfunksendung über den Hunger in Afrika interviewte[10]. Trotz solcher Erkenntnisse fehlte Südafrika nicht nur in der FAO-Liste der vom Hunger betroffenen Staaten, sondern auch in allen Sondersendungen des Fernsehens. Tatsächlich wurde Südafrika bereits 1983 von der Dürre schwer getroffen. Während es im Jahr 1981 noch 15 Mio. t Mais produziert hatte, betrug die Ernte zwei Jahre später lediglich 4 Mio. t, wobei der Eigenbedarf zwischen 7 Mio. und 8 Mio. t liegt. Erstmals in seiner Geschichte mußte Südafrika Mais in großen Kontingenten importieren, da die vorhandenen

Lager den Fehlbedarf nicht ausgleichen konnten. Die Einfuhrmenge belief sich in den Jahren 1983 und 1984 auf insgesamt 4,3 Mio. t, *mehr als Äthiopien importierte!*
Die Auswirkungen der Dürre trafen die schwarze Bevölkerung in den Homelands besonders hart. Die medizinische Fakultät der südafrikanischen Universität Natal gab die Zahl der damals täglich sterbenden Kinder mit 100 an. Allein die private Hilfsorganisation ,Operation Hunger' mußte im August 1984 600.000 unterernährte Menschen mit Lebensmitteln versorgen. Somit stellt sich die Frage, warum über die Hungertoten in den südafrikanischen Homelands nicht berichtet wurde. Und dies, obwohl ARD und ZDF in diesem Land eigene Korrespondenten besitzen, obwohl alle internationalen Nachrichtenagenturen dort eigene Büros unterhalten, was beispielsweise in Äthiopien nicht der Fall ist. Paßte das Verhungern unter einer weißen Regierung nicht in das Afrika- und Welt-Bild unserer Medienverantwortlichen, oder durfte in den Notgebieten am Kap der guten Hoffnung nicht gefilmt werden? Beides war meiner Ansicht nach der Fall.
Über die Katastrophe zu berichten, scheuten die Medien keine Mühen. Hätte man da nicht zu Recht erwarten können, daß sie im Anschluß nicht nur über die Hilfsmaßnahmen berichten würden, sondern auch über das Ende der Dürre und die dadurch mögliche Hilfe der afrikanischen Bauern aus eigener Kraft? Denn mehr noch als die Nahrungsmittelhilfe des Auslands half die Natur der afrikanischen Landbevölkerung. Die Niederschläge 1985, nur wenige Monate nach dem Afrikatag, waren gut, und die Welternährungsorganisation meldete für jenes Erntejahr, in den Krisenstaaten sei die Getreideproduktion um 50 Prozent auf insgesamt 36 Mio. Tonnen gestiegen.
In etlichen Regionen produzierten die afrikanischen Bauern soviel, daß sie nicht nur sich selbst und die Stadtbevölkerung ihres Landes versorgen konnten, sondern daß darüber hinaus noch *ein erheblicher Überschuß* für den Export zur Verfügung stand[11]. Die günstige Situation blieb auch im darauffolgenden Erntejahr 86/87 bestehen. Im April 1987 bezifferte die FAO die in einigen afrikanischen Staaten erzielten Überschüsse auf 4,2 Mio. Tonnen. Erstaunlich war, daß selbst die von der Dürre schwer getroffenen und die ohnehin strukturschwachen Länder wie beispielsweise der Sudan, Burkina Faso und Mali erheblich mehr erzeugten, als sie zu ihrer Selbstversorgung benötigten. Allein im Sudan belief sich die exportierbare Menge auf rund 1 Mio. Tonnen Getreide.
Dem Gesamtüberschuß von 4,2 Mio. t Getreide, der von zehn Ländern erzeugt worden war, stand Mitte 1987 ein Nahrungsmittelbedarf anderer Länder in Höhe von 3,5 Mio. t gegenüber. Der Kontinent wäre also in der Lage gewesen, die Notlage in diesen Staaten (hauptsächlich Äthiopien, Mosambik, Angola, Botswana und Lesotho) *aus eigenen Kräften* zu beheben! Deshalb appellierte die FAO an die internationale Gemeinschaft, Gelder für den Aufkauf und den Transport der afrikanischen Überschüsse zur Verfügung zu stellen. Der Aufruf verhallte nicht gänzlich ungehört: 400.000 Tonnen konnten mit ausländischen Geldern in Afrika aufgekauft werden. Doch das Hauptkontingent der Hilfe, nämlich 3,2 Mio. t kam wie in den Jahren zuvor aus Übersee[12].
Über diesen *Skandal des internationalen Hilfsgeschäftes* wurde und wird nicht berichtet: Die westlichen Staaten sind zwar bereit, einigen afrikanischen Getreide-

Schaubild 1

DIE BERICHTERSTATTUNG DER DEUTSCHEN PRESSE ÜBER DIE „HUNGERKATASTROPHE IN AFRIKA"

(Erscheinungszeitraum: Jan./Febr. 1985)

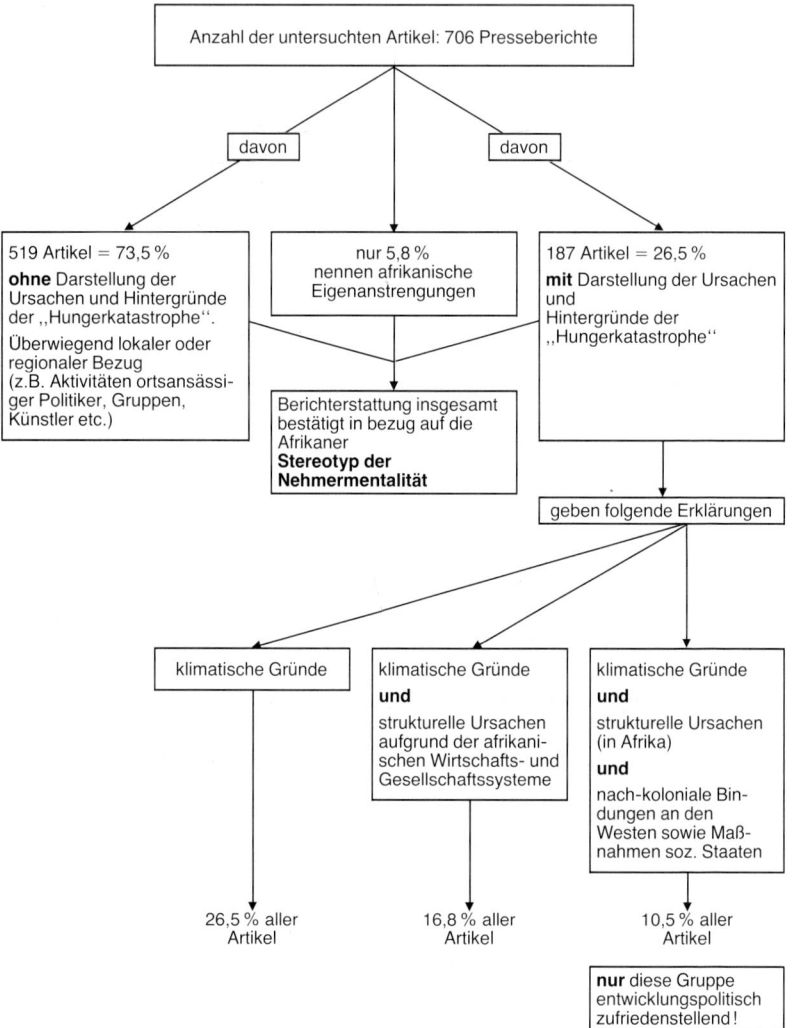

© Michler 1988 modifiziert nach ISOPLAN 1987

Defizit-Ländern zu helfen, aber sie tun dies nicht selbstlos. Nach wie vor kaufen sie mit Entwicklungshilfegeldern ihre eigenen Überschüsse auf und finanzieren ihre Transportindustrie, anstatt die vorhandenen Gelder direkt an den afrikanischen Kontinent weiterzuleiten. *Letzteres wäre eine Entwicklungshilfe im doppelten Sinne:* Einmal könnten damit die vorhandenen afrikanischen Überschüsse vermarktet werden, und zum anderen würden die afrikanischen Bauern ermutigt und gestützt, auch künftig über ihren eigenen Bedarf hinaus für den Markt zu produzieren. Dies soll aber offensichtlich nicht sein! Und während aus Übersee Berge von Getreide nach Afrika gekarrt werden, verrottet dort ein Großteil der aus eigenen spärlichen Kräften produzierten Überschüsse!

Übertreibung – heiligt der Zweck die Mittel?

„Ich weiß gar nicht, was Sie wollen, die Übertreibungen haben doch ein ungeheures Maß an Hilfe bewirkt". So und so ähnlich wurde ich oft bei Vorträgen kritisiert, die ich während der letzten Jahre über das Thema ‚Hunger in Afrika' in der Bundesrepublik gehalten habe. Ich finde es eigenartig, wenn derjenige, der sich um eine der Wirklichkeit nahekommende Berichterstattung bemüht, sich dafür auch noch rechtfertigen muß. Ebenso habe ich bei Journalistenkollegen mit meiner Kritik an der oben beschriebenen Übertreibung der Hungerkatastrophe hitzige Debatten ausgelöst. Aber dies ist nicht das Ausschlaggebende: Ich kritisiere die Übertreibung der Not und deren Reduzierung auf die Ursache Dürre, weil all dies ein völlig falsches Bild über die wirkliche Situation in Afrika vermittelt, ein *Phantom-Bild* im Bewußtsein unserer Bevölkerung entstehen ließ. Durch die geradezu gigantische Übertreibung und durch die Vermarktung des Elends zur Superkatastrophe ist Afrika zu einem Synonym für Hunger und Chaos geworden. Somit bestätigte die konzertierte Medienaktion (Einschaltquote allein der ARD-Sondersendungen rund 34 Mio.) die ohnehin in unserer Gesellschaft vorhandenen Vorurteile gegenüber Afrika. Es war sozusagen erneut und überdeutlich erwiesen, daß auf dem schwarzen Kontinent alles nur schlechter geworden ist seit dem Weggang der weißen Kolonialherren und daß Afrika unfähig ist, sich selbst zu regieren. Weitere Belege für diese Analyse liefert die bereits erwähnte Studie des ISOPLAN-Instituts. Im Auftrag der FAO, der EG und der Deutschen Welthungerhilfe untersuchte das Institut das „Afrikabild der Deutschen"[13]. Im Mittelpunkt der Studie steht eine Auswertung von 706 Zeitungsartikeln, die im Umfeld des Afrikatages erschienen sind. Außerdem unternahmen die Autoren eine Trendanalyse der Frankfurter Rundschau und der WELT, und zwar über einen Zeitraum von neun Monaten. Wichtigstes Ergebnis der Artikelanalyse ist, daß rund Dreiviertel aller Berichte auf die Ursachen und Hintergründe der afrikanischen Hungerkatastrophe überhaupt nicht eingegangen sind. Und obwohl das Anliegen des ‚Afrikatages' allein die Hilfe für einen anderen Kontinent war, standen bei dieser Gruppe von Artikeln *lokale* Ereignisse (z.B. Initiativen ortsansässiger Politiker oder Künstler) im Vordergrund! Weitere Einzelheiten der Auswertung gehen aus dem Schaubild 1 hervor. Die bedeutendsten Ergebnisse der Gesamtstudie lassen sich wie folgt zusammenfassen:

1. Nur 10 Prozent der 706 untersuchten Presseberichten beschäftigen sich so intensiv unter entwicklungspolitischen Aspekten mit der afrikanischen Notlage, wie es von den Hilfswerken mit dem Afrikatag bezweckt werden sollte.

2. Lediglich 5,8 Prozent der Berichte erwähnen die Eigenanstrengungen der Afrikaner, die diese zur Überwindung der Katastrophe unternommen haben. „Daraus folgt, daß die gängige Berichterstattung die afrikanischen Staaten als passive Hilfsempfänger darstellt. Die Vermutung, daß damit das Stereotyp des Afrikaners in seiner ‚Nehmermentalität' verfestigt wird, anstatt Vorurteile abzubauen, wird mit diesem Ergebnis gestützt"[14].

3. Die von ISOPLAN durchgeführte Umfrage unter Schülern und Spendern (Fragebogen-Rücklauf rund 850) brachte ein erstaunliches Resultat. Obwohl die Befragten ein relativ hohes Wissen über entwicklungspolitische Zusammenhänge besaßen, entsprach ihr *inneres Bild* von Afrika exakt dem Bild, das die Medien veröffentlicht hatten: Mehr als 95 Prozent der Befragten assoziierten mit Afrika in erster Linie Hunger und Krankheit.

4. Abschließend kommen die Autoren zu der Auffassung, daß in unserer Gesellschaft eine *Image-Korrektur* über den afrikanischen Kontinent dringend notwendig ist. Sie fordern von den Hilfswerken nicht nur eine verbesserte Kooperation und Strategie in ihrer Öffentlichkeitsarbeit, sondern sie empfehlen ihnen auch, an die Kultusministerkonferenz heranzutreten, um eine Verbesserung des Afrikabildes in den Schulbüchern und im Unterricht zu erreichen.

Zu den gleichen Ergebnissen gelangt auch Jürgen Horlemann, der in einer detaillierten Studie die Fernsehberichte der Jahre 1984/85 untersucht hat (die Arbeit enthält Wort- und Kamera-Einstellungsprotokolle).[15] Die Sonderberichterstattung von ARD und ZDF bot nach Horlemann „keine aufklärerische Darstellung" und hinterließ einen uninformierten Zuschauer, der lediglich Mitleid empfinden konnte, aber nicht merkte, „daß individuell unverschuldetes Elend gesellschaftlich produziert ist und nach gesellschaftlichen Veränderungen verlangt ... Bestätigt wird die traditionelle Ansicht, daß nur karitativ oder kurativ etwas zu verändern sei"[16].

Bedarf es der Übertreibung, müssen Schreck-Bilder Verhungernder her, damit die Menschen in unserem Land spenden oder sich engagieren? „Wenn wir nur von einer krisenhaften Notlage sprechen, wenn wir nur die afrikanischen Bauern in ihrem alltäglichen Überlebenskampf zeigen, dann reagiert doch niemand". Die Macher in den Medien und Hilfswerken trauen ihren Adressaten zuwenig zu und sind offensichtlich von der Mündigkeit ihrer Mitbürger nicht überzeugt. Denn wie sonst läßt sich eine solche Argumentation erklären? Außerdem übersehen sie, daß ihre Übertreibungen die Bevölkerung abstumpfen lassen. Zu welchen Schlagzeilen will der Medienapparat denn greifen, wenn es in Afrika wirklich zur Jahrhundertkatastrophe kommt?

Durch zahlreiche Aktionen im Rundfunk habe ich erfahren, daß sich die Menschen in unserem Land sehr wohl auch anders motivieren lassen. So initiierte ich im Südfunk Stuttgart eine Aktion ‚Saatgut für Mosambik'. In einer Sendung von Radio Drei berichtete ich Mitte 1984, das Ausmaß der Hungerkatastrophe sei längst nicht so groß wie zuvor in den Sondersendungen des Fernsehens behauptet; ich sagte aber auch, der Hunger sei immer noch schlimm genug und es bestünde kein Anlaß, tatenlos zu bleiben. Außerdem vertrat ich die Auffassung, besser – als noch mehr Milchpulver zu liefern – sei es, Saatgut zu finanzieren, damit sich die Bauern mit eigenen Kräften aus ihrer Notlage befreien könnten. Die Spenden sollten außerdem einem Land helfen, das bis zu dem damaligen Zeitpunkt in der Berichterstattung schlecht weggekommen war: dem ‚sozialistischen‘ Mosambik. Die Reaktion der Hörer war erstaunlich: 85.000 DM und fast tausend Briefe gingen beim Sender ein. Nicht nur die hohe Spendensumme, mobilisiert durch ein relativ kleines Hörfunkmagazin, war überraschend, sondern vor allem die ausgelöste Betroffenheit. Schülergruppen starteten Aktionen, Stadtzeitungen stellten kostenlos Anzeigenraum zur Verfügung, andere waren an zusätzlichen Informationen interessiert, entrüsteten sich über unsere Mitschuld an der Unterentwicklung in Afrika.

Ich will gar nicht verschweigen, daß es einigen Kollegen – sehr wenigen zwar – und mir gelang, etliche Berichte in Presse und Hörfunk zu plazieren, die der Katstrophenhysterie entgegentraten und die die komplexen Ursachen der Hungersituation in Afrika erklärten. Aber wir konnten den Tenor der Berichterstattung insgesamt nicht beeinflussen oder gar umkehren. Dem ‚Fiebertaumel‘, den die Superkatastrophe entfacht hatte und dem die Medien und Journalisten erlegen waren, standen wir machtlos gegenüber; die anderen besaßen die nicht mehr überbietbare Schlagzeile, und die mußte der Nation eingetrichtert werden. Und als dieser Katastrophenzug einmal gestartet war, entfaltete er Lawinenkraft, die kein Signal mehr stoppen konnte. Ohnehin entsprach ja die „Jahrhundertkatastrophe‘ dem in unserer Gesellschaft verbreiteten Vorurteil über Afrika als eines chaotischen und unzivilisierten Kontinents: *Warum also noch genauer recherchieren?*

Ein notwendiger Exkurs: Die ständigen Lügen – Zahlen über Schwarzafrika oft nur Fiktionen!

Zur angeblichen Objektivität von UN-Statistiken

Zahlen und Statistiken der Vereinten Nationen sowie ihrer Unterorganisationen (z.B. Welternährungsorganisation, Weltkinderhilfswerk aber auch Weltbank!) genießen bei vielen Journalistenkollegen und mehr noch in der Öffentlichkeit hohe Reputation. Meldet die FAO eine Hungerkatastrophe, steht dies am nächsten Tag – oft millionenfach – in den Zeitungen, nicht nur bei uns, sondern auf dem ganzen Erdball. Die Weltöffentlichkeit glaubt den Angaben ihres höchsten Gremiums, ob es sich um Flüchtlingszahlen, landwirtschaftliche Produktionsdaten, Bevölkerungszuwachsraten oder um Aussagen zum Bruttosozialprodukt handelt. UN-Veröffentlichungen stehen im Ruf, von nationalen Interessen und ideologischen Verzerrungen frei zu sein; sie haben – so der Glaube – das Sieb der weltgemeinschaftlichen Neutralität passiert, und deshalb kommt ihnen *internationale Objektivität* zu. Schön und gut, wenn es denn so wäre; die Realität allerdings sieht anders aus. Wie also kommen sie zustande, die UN-Zahlen und Statistiken? *Zunächst etwas Grundsätzliches*: Die Vereinten Nationen sind zwar eine die meisten Staaten dieser Erde umfassende Organisation, aber diese steht nicht wirklich über ihren Mitgliedsländern, sondern *repräsentiert* sie. *Das heißt*: Im Regelfall stützt sich die UNO in ihren Statistiken und Berichten auf die Angaben der betreffenden Mitgliedsländer; normalerweise muß sie in ihren Publikationen die Auffassung des betreffenden Mitgliedsstaates wiedergeben. Die jeweiligen Informationen sind also nicht von der UNO selbst erarbeitet – gewissermaßen im Stil einer internationalen Wissenschaftlichkeit –, sondern ihre ‚Neutralität' besteht darin, die Position des jeweiligen Mitgliedslandes in der betreffenden Frage nicht zu verletzen. Konkret: Meldet z.B. Äthiopien bei der FAO, bei der Welternährungsorganisation, eine drohende Hungerkatastrophe und infolgedessen einen Bedarf von einer Million Tonnen Getreide an Nahrungsmittelhilfe, dann ist die FAO zunächst einmal gehalten, dies so an die Gesamtheit ihrer Mitgliedsländer weiterzugeben, und zwar unabhängig davon, ob die Anforderung den tatsächlichen Bedürfnissen sowie den eigenen Einschätzungen der Welternährungsorganisation entsprechen oder nicht.

Dies bedeutet: Eine möglicherweise aufgrund einer bestimmten nationalen Interessenlage verfälschte Information gelangt – von der UNO publiziert – zu internationaler Objektivität, wird *rein gewaschen* von der ursprünglichen Manipulation. So tauchen beispielsweise in UN-Publikationen meist solche Tatsachen nicht auf, die dem jeweiligen Mitgliedsstaat ein Dorn im Auge sind. Die Realität wird somit schöner, zumindest anders, als sie wirklich ist. Spielt eine Regierung das Ausmaß eines internen bewaffneten Konfliktes herunter, dann sind diese Auseinandersetzungen auch in den UN-Dokomentationen und Problemanalysen nur ein Randthema! *Also*: Gegenüber UNO-Zahlen ist Vorsicht geboten; sie können stimmen, aber auch ebenso falsch sein.

Bevölkerungsstatistik: Niemand weiß, wieviele Afrikaner es gibt

Zu wissen, wieviele Menschen in einem Land leben, ist von entscheidender Bedeutung. Denn nach dieser Zahl errechnet sich das Pro-Kopf-Einkommen, die Versorgungslage, die Analphabetenquote und vieles, vieles mehr. Ist die Zahl der Gesamtbevölkerung unzuverlässig oder gar falsch, sind auch *alle* anderen Basis-Daten unrichtig, ja unbrauchbar. Die afrikanischen Staaten verfügen nicht über das notwendige Fachpersonal und über die erforderlichen Mittel, Volkszählungen in ihren Ländern durchzuführen, deren Ergebnisse verläßlich wären. Den Volkszählungen in Schwarzafrika kommt in der Regel nur der Wert einer groben *Schätzung* zu. „Viele afrikanische Länder, vor allem im französischsprachigen Afrika, verfügen über keine lange Erhebungspraxis. In einigen Ländern, die Erhebungen vorgenommen haben, wurden die Ergebnisse infolge politischer Meinungsverschiedenheiten nie veröffentlicht. Infolgedessen liegen für Länder wie Äthiopien, Guinea, Nigeria und Zaire keine Angaben vor, die innerhalb vertretbarer Grenzen Aufschluß über den genauen Umfang und das Wachstum ihrer Bevölkerungen geben könnten", heißt es im Weltentwicklungsbericht des Jahres 1984.[17] Nun ist aber Nigeria das mit Abstand bevölkerungsreichste Land des Kontinents (jeder 5. Afrikaner ist Nigerianer), und Äthiopien besitzt die zweitgrößte Einwohnerzahl. Wenn also schon die Fehlergröße bei den Volkszählungen dieser Länder außerhalb „vertret-

barer Grenzen" liegt, dann ist die errechnete Gesamteinwohnerzahl Schwarzafrikas – die Fehler der anderen Staaten kommen ja noch hinzu – ebenfalls unrichtig,
eine mehr oder weniger begründete Schätzung.

Im Klartext: Wir wissen nicht, wieviele Menschen derzeit in Afrika leben. Die UNO-
Angabe von 555 Millionen für den gesamten Kontinent, bezogen auf das Jahr
1985, ist ein Richtwert, in Wirklichkeit könnte Afrika ebensogut 20 Prozent mehr
aber auch 20 Prozent Menschen weniger beherbergen, was einen Unterschied von
rund 220 Millionen Menschen ausmacht! Wir kennen nicht einmal, was ansonsten
bei jeder wissenschaftlichen Statistik üblich ist, die Größe des Fehlerkoeffizienten.[18] Folglich – und dies sage ich mit allem Nachdruck – sind auch alle übrigen
volkswirtschaftlichen Daten über Schwarzafrika unzuverlässig, oft bloße Trendwerte, manchmal aber auch reine Fiktionen. Letzteres auch deshalb, weil in diese
Daten nicht nur die fehlerhafte Gesamtbevölkerungszahl eingeht, sondern noch
zahlreiche weitere Ungenauigkeiten.

Und obwohl allen UN-Organen diese statistischen Ungereimtheiten bekannt sind,
operieren sie dennoch so, als ob es sie nicht gäbe. So werden die Daten der
Weltbank (auch sie ist eine UN-Organisation) über Wirtschaftswachstum etc. von
entwicklungspolitischen Sachkennern, Wissenschaftlern und den Medien als der
Weisheit letzter Schluß gehandelt. Zwar wissen zumindest einige von ihnen, daß
auch die Weltbank-Angaben über Schwarzafrika nur Schätzwerte darstellen, was
sie aber in ihren Publikationen – wenn überhaupt – meist nur in Fußnoten oder
Nebensätzen erwähnen. Der Glaube an die Wahrheit des Gedruckten, unser
Programmiertsein, mit Zahlen die Wirklichkeit erfassen zu wollen, verleitet uns zu
solchen Unaufrichtigkeiten. Der Nicht-Experte Bürger kann das alles ja ohnehin
nicht überprüfen.

Erntestatistiken: FAO meldet reichlich versorgtes Afrika

Die Welternährungsorganisation gibt eine Fülle statistischer Jahrbücher heraus;
eines davon ist das Production-Yearbook (Produktionsdaten). In diesem Buch
werden auch die landwirtschaftlichen Produktionsergebnisse Afrikas aufgeführt;
ich habe die einzelnen Nahrungsmittel, und zwar ohne Exportfrüchte, einmal
zusammenaddiert: Laut dieser FAO-Statistik hat Gesamt-Afrika im Jahr 1985
223.094 Mio. Tonnen an Getreide, Knollenfrüchten, Gemüse, Fleisch etc. produziert.[19] Das heißt, pro Kopf der Bevölkerung standen in jenem Jahr rund 400 kg an
Lebensmitteln zur Verfügung; das sind 1,1 kg pro Tag und pro Person, eine Menge,
die zur Ernährung mehr als reichlich ist. Dabei sind in dieser Berechnung jene
Millionen Tonnen an Getreide noch nicht enthalten, die entweder als Nahrungsmittelhilfe oder kommerziell importiert wurden!

Der Kontinent kann sich also – vorausgesetzt, die FAO-Statistik stimmt – ohne
Importe selbst ernähren, und dies mehr als genug. Aber in Wirklichkeit sind viele
Bewohner des Kontinents unterernährt, kommt es immer wieder zu Hungerkatastrophen. *Was also stimmt nicht?* Die FAO-Angaben? Kann ein Großteil der Ernten
nicht verteilt werden, weil es keine entsprechende Infrastruktur gibt? Kaum anzunehmen, daß mehr als 100 Mio. Tonnen an Nahrungsmitteln verrotten, während

gleichzeitig die Menschen verhungern, so schlecht ist die afrikanische Politik auch wieder nicht. Schlüssig lassen sich diese Fragen nicht klären, einige konkrete Antworten werde ich in den nächsten Kapiteln geben.

Folgendes läßt sich aber hier schon sagen: Wenn wir schon nicht wissen, wieviele Menschen in Afrika leben, wie wollen wir dann Kenntnis davon besitzen, wieviel die Bewohner dieses Kontinents auf ihren Feldern produzieren? Und außerdem: Das Ausmaß der landwirtschaftlich genutzten Fläche in Afrika ist unbekannt. Dieses läßt sich auch mit Satellitenfotos nur ungefähr bestimmen. Da ferner, von wenigen Ausnahmen abgesehen, kein afrikanischer Staat weiß, was exakt und welche Mengen davon seine Bauern produzieren (die statistischen Landesämter funktionieren unzureichend, es gibt keine Vermarktungssysteme, die die landwirtschaftliche Produktion verläßlich registrieren würden), sind alle Angaben über Ernteergebnisse in Afrika grobe Schätzungen. Auch hier läßt sich über die Fehlerbreite nur spekulieren, sie ist mit Sicherheit noch wesentlich größer als diejenige bei der Gesamtbevölkerung.

Noch einige Illustrationen für die Ungereimtheiten in diesem Bereich der Statistik: Mitte 1987 war in einem Bericht der FAO zu lesen, auf den Kapverden stünden 205 kg und in Lesotho 186 kg Getreide pro Kopf der Bevölkerung zur Verfügung[20]. Nun benötigt aber, wie bereits gezeigt, ein Mensch nur 180 kg Getreide pro Jahr für seine Ernährung, gesetzt den Fall, er würde sich nur von Getreide ernähren. Erwähnter FAO-Bericht sagt jedoch, im Falle der Kapverden würden die 207 kg an Getreide lediglich 57 Prozent des gesamten Nahrungsmittelangebotes darstellen und bei Lesotho seien die erwähnten 186 kg Getreide 75 Prozent der insgesamt zur Verfügung stehenden Lebensmittel. Dies bedeutet – Glaube an die FAO-Statistik vorausgesetzt –, es besteht in beiden Ländern ein Überangebot an Nahrungsmitteln. Dem ist aber offenkundig nicht so. Bleibt noch zu ergänzen, daß der erwähnte Bericht noch sieben weitere Staaten aufzählt, bei denen die Daten ähnlich widersprüchlich und fragwürdig sind.

Nahrungsmittelhilfe: Ein Politik-Geschäft, das nicht immer den Hunger bekämpft

Oftmals meldet die Welternährungsorganisation einen dramatischen Bedarf an Nahrungsmitteln für ein bestimmtes Land. Dem folgen dann die Schlagzeilen, daß in dem betreffenden Staat der Hungertod drohe. Doch ist diese Art zu folgern richtig, der Wirklichkeit angemessen? Nein! Denn was die FAO an Nahrungsmittelbedarf meldet, gibt zunächst einmal nur die Auffassung der Regierung des jeweiligen Entwicklungslandes wieder. Da Nahrungsmittelhilfe ein Geschenk für diese Regierungen ist, haben sie ein verständliches Interesse, die Notlage in ihren Ländern zu übertreiben, um möglichst viel von dieser Form ausländischer Unterstützung zu erhalten. Die Regierungen der Empfängerländer brauchen die Nahrungsmittelhilfe, um ihre miserable Politik zu kaschieren; sie haben die Landwirtschaft vernachlässigt und keine Strukturen aufgebaut, damit der ländliche Raum die Städte versorgen könnte. Sie müssen also Nahrungsmittel importieren und wenn sie diese kostenlos bekommen, sparen sie die dafür notwendigen Devisen.

Außerdem können sie die so erhaltene Nahrungsmittel billig auf den einheimischen Markt werfen und der Stadtbevölkerung vorgaukeln, die Regierung hätte eine vernünftige Politik betrieben. Deshalb fordern viele Regierungen Nahrungsmittelhilfe via dem diplomatischen Kanal FAO, auch wenn es in ihren Ländern gar keine Mißernten gegeben hat oder solche unmittelbar bevorstehen.

Einige Beispiele: Die FAO sprach in einer Dokumentation zur Ernährungslage in Schwarzafrika Mitte 1987 davon, im Sudan stünde durch gute Ernten ein Überschuß von 600.000 Tonnen Getreide (2,5 Mio Menschen ließen sich davon ein Jahr lang ernähren) zur Verfügung. Dennoch forderte die FAO Nahrungsmittelhilfe in einem Umfang von 365.000 Tonnen und um den Skandal perfekt zu machen, sagte der Westen sogar 619.000 Tonnen an Nahrungsmittelhilfe zu![21] Letzteres ist keineswegs ein Einzelfall. Auch Kenia verfügte laut erwähntem FAO-Bericht im Jahr 1987 über ein Plus von 500.000 Tonnen für den Export. Trotzdem sagte die internationale Gebergemeinschaft Nahrungsmittelhilfe im Umfang von 175.000 Tonnen zu. *Konsequenz*: Die wirkliche Situation im Land kann, muß aber nicht den Bedarfsmeldungen der FAO und der sonstigen UN-Organisationen entsprechen. Man kann lediglich davon ausgehen, daß die Not nicht größer als der gemeldete Bedarf ist. Die FAO dokumentiert nicht die reale Not in einem Land, sondern hat sich selbst zum Sprachrohr der Interessen der jeweiligen Regierungen gemacht.

Fazit

Ich habe es bereits erwähnt: Aufgrund der völlig unzureichenden Statistiken der Entwicklungsländer sind auch Aussagen über die gesamtwirtschaftlichen Entwicklungen in diesen Ländern äußerst schwierig, und es bleibt das Geheimnis der UN-Organisationen und auch der Weltbank, wieso sie Aussagen über das Wirtschaftswachstum in Schwarzafrika machen, die noch Prozentpunkte hinter dem Komma angeben. All dies gaukelt etwas vor, was wir in Wirklichkeit nicht besitzen: nämlich solides Wissen! Sind also gar keine Zahlen über Schwarzafrika möglich? Doch, und zwar in der Regel über die folgenden Wirtschafts- und Lebensbereiche:

– Export- und Importdaten sind relativ zuverlässig, da diese auch von den statistischen Ämtern der westlichen Industriestaaten erfaßt werden.

– Angaben über die Verschuldungssituation sind meist brauchbar, da diese der Statistik der Industriestaaten entstammen. Allerdings gibt es selbst hier erhebliche Differenzen von Fall zu Fall, da die westliche Kreditvergabe-Statistik nur unzureichend funktioniert.[22] Was bei einem derartig wichtigen Bereich in der Tat verwunderlich ist.

– Einzelne afrikanische Länder besitzen durchaus verläßliche Statistiken: So ist Simbabwe geradezu ein Musterland in diesem Punkt. Einzelne Daten aus diesem gut dokumentierten Land lassen sich als Trendwerte auf andere Staaten übertragen, z.B. Angaben zum Bevölkerungswachstum oder zu Produktionsdaten der Subsistenzwirtschaft.

Meine Mitarbeiter und ich haben versucht, in diesem Buch die Tatsache der ungesicherten Datenlage entsprechend zu berücksichtigen. So haben wir für die Erstellung mancher Tabellen mehr als 14 Tage Arbeitszeit aufgewendet, um beispielsweise durch den Vergleich unterschiedlicher Quellen zu einer fundierteren Gesamtaussage zu kommen. Weiteres zum Statistikproblem berichten wir an zahlreichen Stellen der folgenden Kapitel.

Hunger und Jahrhundertkatastrophe: Zusammenfassung

1. Die Berichterstattung unserer Medien hat, als weite Teile Afrikas während der Jahre 1983 bis 85 von einer außergewöhnlichen Trockenheit getroffen wurden, das Ausmaß der Not in nicht mehr verantwortbarer Weise übertrieben.

2. Bei der Ursachenanalyse stand die Dürre zu sehr im Vordergrund. Die Vernetzung vielfältiger ökologischer, wirtschaftlicher und politischer Faktoren, die Hunger und Unterentwicklung in Afrika bedingen, vernachlässigte die Berichterstattung; daß die Politik der Industriestaaten zur Verarmung und zur Unterernährung ebenfalls beigetragen hat, wurde entweder verschwiegen oder nur am Rande erwähnt.

3. Die Medien der Bundesrepublik haben zwar mit einem bisher nie dagewesenen Aufwand über die Hungerkatastrophe in Afrika berichtet, aber das Ergebnis dieser Anstrengung ist der falsch informierte Büger gewesen.

4. Das wirkliche Ausmaß der Katastrophe sowie deren komplexe Ursachen sind keineswegs ein Mysterium gewesen, d.h. sie waren von den Medien recherchierbar. Und weil sie diese Nachforschungen unterlassen haben, spreche ich von einer Katastrophe des Journalismus.

5. Die Berichterstattung über den Hunger in Afrika während der letzten Jahre hat die in unserer Bevölkerung tiefsitzenden Vorurteile gegenüber unserem Nachbarkontinent und seinen Bewohnern bestätigt und zu ihrer Zementierung beigetragen.

6. Die fehlerhafte Berichterstattung im Umfeld des Afrikatages ist keineswegs ein Unglücksfall in einem ansonsten funktionierenden Informationssystem gewesen. Daten und Situationsbeschreibungen über die Dritte Welt und über Schwarzafrika insbesondere sind oft bloße Fiktionen, mit denen die Politiker und Medien ihr Geschäft betreiben, ohne daß dem Bürger dieses Spiel bewußt ist oder er es gar durchschauen kann.

Das Lehrstück Jahrhundertkatastrophe: Forderungen an alle Beteiligten

1. An die Medien: Wir Journalisten müssen endlich lernen, der Verlockung des Sensationellen zu widerstehen; gerade im Falle Schwarzafrikas müssen wir damit aufhören, unsere Arbeit mit Katastrophenmeldungen zu betreiben. Die in der Tat sehr schwierige Entwicklungssituation dieses Kontinents erfordert mehr Seriosität. Katastrophenmeldungen dürfen nicht, nur weil sie einmal gedruckt worden sind, zu Selbstläufern werden. Im Bewußtsein unserer Öffentlichkeit ist Schwarzafrika zu einem Synonym für Chaos und Unterentwicklung geworden. Weil uns allen nur die Katastrophe und das Außergewöhnliche eine Schlagzeile wert ist, wurde diese ohnehin vorhandene Vorurteilshaltung anstatt abgebaut perpetuiert.

2. An alle, die Berichte verfassen: Wir sind hörig geworden gegenüber den Meldungen von UN-Organisationen; wir müssen deren Zahlen und Behauptungen mehr als bisher prüfen und sie gegebenenfalls als Fehlmeldungen entlarven; das dient den wirklichen Bedürfnissen der Masse der Bevölkerung in Schwarzafrika. Das heißt aber auch: Weg davon, Verlautbarungen afrikanischer Regierungen und Organisationen als Tatsachen zu melden. Wir müssen in diesem Zusammenhang ferner begreifen, daß die Übertreibung ebenso unverantwortlich ist wie die Untertreibung.

3. An die Verantwortungsträger in den Medien: Es müssen mehr finanzielle Mittel als bisher für Recherchen vor Ort zur Verfügung gestellt werden. Millionenhohe Investitionen in moderne Kommunikationsnetze bleiben sinnlos, wenn die Qualität der eingespeisten Information nicht ebenfalls verbessert wird. Das derzeitige Mißverhältnis zwischen Technologie- und Rechercheausgaben ist unerträglich.

4. An die Intendanten der ARD und des ZDF: Bei der dringend notwendigen Image-Korrektur über Afrika und der Beschaffung besseren Datenmaterials haben die öffentlich-rechtlichen Anstalten eine besondere Aufgabe und Verpflichtung. Private Medien verfügen jedenfalls derzeit nicht über die finanziell notwendigen Mittel, die Berichterstattung über die Dritte Welt auf breiter Front zu verbessern. Das Korrespondentennetz bedarf einer Ausweitung. Warum müssen ARD und ZDF in Südafrika jeweils eigene Korrespondenten unterhalten (und der Hörfunk noch einen weiteren), wenn es in ganz Westafrika (wo ein Drittel der Bevölkerung des Kontinents lebt) nicht einen einzigen mit festem Sitz und Büro gibt? Ferner: Kein Korrespondent ist in der Lage, zwanzig und mehr Staaten abzudecken, was bei manchen allerdings ihr Auftrag ist. Trotzdem glaubt der Fernsehzuschauer, seine Anstalten seien auch über die Vorgänge in diesen Groß-Regionen bestens informiert.

5. An die Hilfswerke: Sie müssen lernen, den Medien zu widersprechen, müssen deren Sensationshunger widerstehen, selbst auf die Gefahr hin, wegen einer dann nicht gemeldeten Katastrophe auf zusätzliche Spenden verzichten zu müssen. Außerdem müssen sie ihre eigene Informationspolitik verbessern. Anstatt ihren Eifersüchteleien und ihren Eigenbröteleien zu frönen, sollten sie den vorhandenen Sachverstand in gemeinsam erstellten Dokumentationen über zentrale Probleme zusammentragen.

6. **An die afrikanischen Politiker:** Sie sollten endlich damit aufhören, mit falschen Zahlen und Daten ihren Kontinent und die Anstrengungen ihrer Bevölkerung zu verleumden.

7. **An unsere Politiker:** Sie beteiligen sich am Geschäft mit der Katastrophe; sie stimmen Nahrungsmittelhilfelieferungen zu, auch wenn diese nicht unbedingt benötigt werden. Sie müssen damit aufhören, mit kurativen Mitteln zu helfen, wo langfristige Strukturveränderungen erforderlich sind und wo außerdem eine Korrektur unserer Außenwirtschaftspolitik geboten ist.

8. **An Schulbuchautoren und Bildungsverantwortliche:** 500 Jahre nach dem Anbruch des Kolonialzeitalters sollten sie endlich in der Lage sein, die kolonialistischen Brillen abzulegen. Daß Afrikaner in unseren Schulbüchern immer noch als ‚Eingeborene‘ bezeichnet werden, ist nicht mehr zu entschuldigen. Außerdem sollten sie begreifen, daß die ‚Dritte Welt‘ drei Viertel der Welt umfaßt und daß ihr deshalb mehr Platz in den Schulbüchern und der universitären Ausbildung gebührt. Wenn Afrika in etlichen Unterrichtswerken nur auf einer Seite oder kaum mehr auftaucht, dann ist dies nur mit unserer eurozentristischen Überheblichkeit zu erklären, deren Ergebnis eine bruchstückhafte Information oder genauer eine Verbildung ist.

9. **An den Bürger und Leser:** Nein, Sie sind nicht ohnmächtig. Sie müssen die Medien und Hilfswerke unter Druck setzen. Schreiben Sie! Stornieren Sie Ihre Gebühren, wenn weiterhin so schlecht recherchiert berichtet wird. Und die Hilfswerke werden ohne Druck des Spenders nie zu größerer Gemeinsamkeit in den zentralen Bereichen ihrer Öffentlichkeitsarbeit kommen.

Literaturhinweise

1. *Allgemein und besonders für Journalisten*: Bundesministerium für wirtschaftliche Zusammenarbeit (BMZ), *Dritte Welt und Medienwelt*, Entwicklungspolitik und das Bild der Dritten Welt in Presse, Hörfunk, Fernsehen; als Nr. 72 in der entwicklungspolitischen Materialien-Reihe erschienen, Dez. 1983; die Studie wurde vom Zentrum für Kulturforschung in Bonn erstellt (Autoren: Fohrbeck/Wiesand/Schreinemakers); sie enthält eine umfassende, gut gegliederte Literaturliste. Als *Standardwerk* zu empfehlen. Zu beziehen beim BMZ, Karl-Marx-Straße, 5300 Bonn 1.
2. *Für speziell Interessierte*: J. Horlemann, Zum Thema Fernsehberichterstattung über die Hungerkatastrophe in der Dritten Welt dargestellt am Beispiel von Afrika, Januar 1986; die Studie mit Literaturhinweisen zum Afrika-Tag liegt bisher noch nicht in Buchform vor. Auskünfte: Jürgen Horlemann & Team, Publizistik, 5463 Unkel, Tel. 0 22 24/59 84.
3. Leicht verständlich, anschaulich und spannend geschrieben: R. Neudeck (Hrsg.), *Immer auf Achse*, Auslandskorrespondenten berichten, Bastei-Lübbe Taschenbuch, Bergisch-Gladbach 1985. Vermittelt einen Einblick, wie mühsam die Informationsbeschaffung in der Dritten Welt ist und wie schwierig es dann ist, die endlich gewonnenen Erkenntnisse in den heimischen Medien unterzubringen.

Gesamtafrika

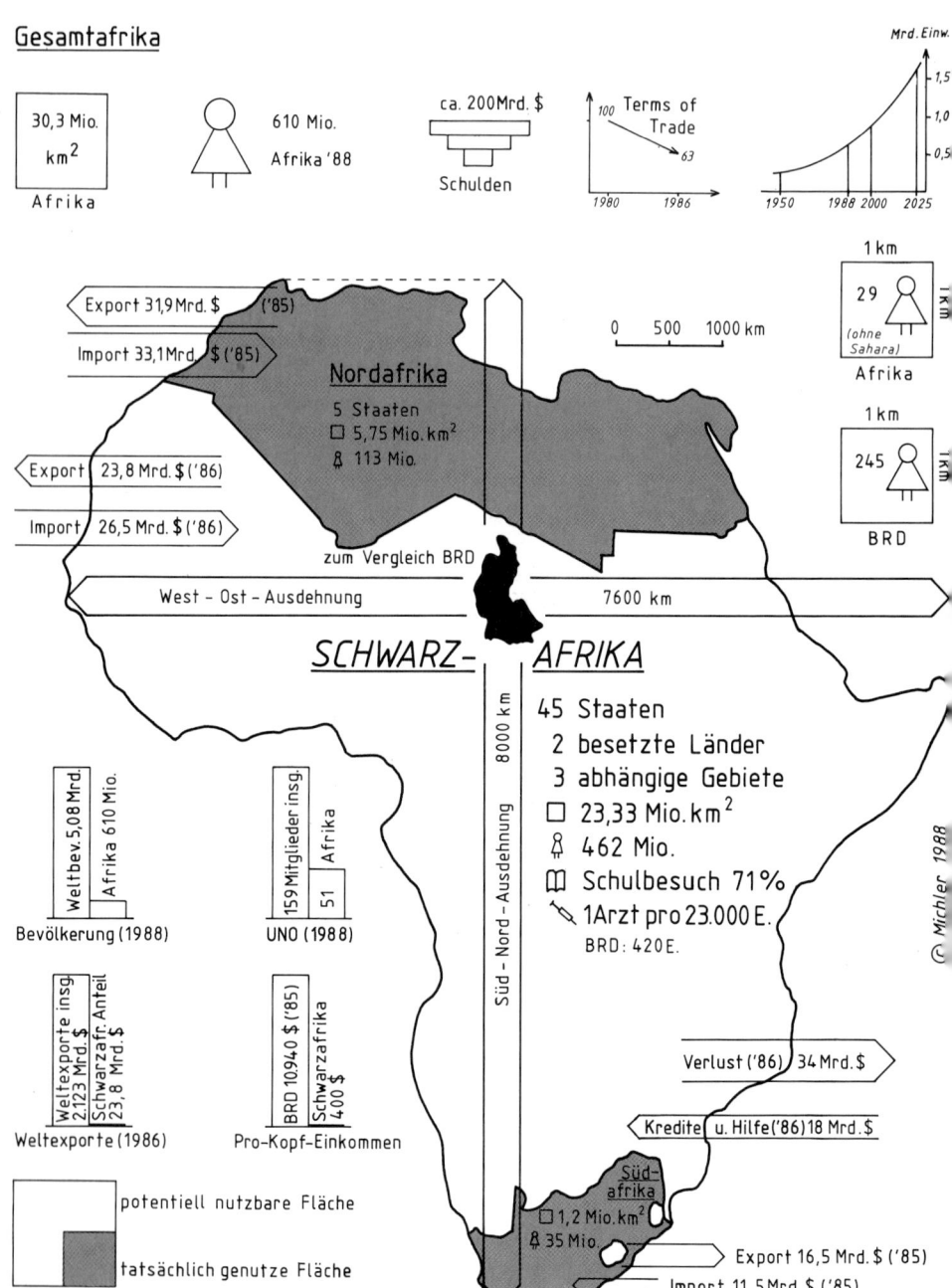

30,3 Mio. km² — Afrika

610 Mio. — Afrika '88

ca. 200 Mrd. $ — Schulden

100 Terms of Trade 63 — 1980 1986

Mrd. Einw. — 1,5 / 1,0 / 0,5 — 1950 1988 2000 2025

Export 31,9 Mrd. $ ('85)

Import 33,1 Mrd. $ ('85)

Nordafrika
5 Staaten
☐ 5,75 Mio. km²
♟ 113 Mio.

Export 23,8 Mrd. $ ('86)

Import 26,5 Mrd. $ ('86)

0 500 1000 km

1 km — 29 (ohne Sahara) Afrika

1 km — 245 BRD

zum Vergleich BRD

West - Ost - Ausdehnung — 7600 km

SCHWARZ- AFRIKA

8000 km

Süd - Nord - Ausdehnung

45 Staaten
2 besetzte Länder
3 abhängige Gebiete
☐ 23,33 Mio. km²
♟ 462 Mio.
▥ Schulbesuch 71%
⚕ 1 Arzt pro 23.000 E.
 BRD: 420 E.

Weltbev. 5,08 Mrd. | Afrika 610 Mio.
Bevölkerung (1988)

159 Mitglieder insg. | Afrika | 51
UNO (1988)

© Michler 1988

Weltexporte insg. 2.123 Mrd. $ | Schwarzafr. Anteil 23,8 Mrd. $
Weltexporte (1986)

BRD 10.940 $ ('85) | Schwarzafrika 400 $
Pro-Kopf-Einkommen

Verlust ('86) 34 Mrd. $

Kredite u. Hilfe ('86) 18 Mrd. $

☐ potentiell nutzbare Fläche

▨ tatsächlich genutze Fläche

Landwirtschaft

Süd-afrika
☐ 1,2 Mio. km²
♟ 35 Mio.

Export 16,5 Mrd. $ ('85)

Import 11,5 Mrd. $ ('85)

34

Kapitel 3
Ein Kontinent stellt sich vor –
Grunddaten und Basisinformationen

Afrika : Geographische Basisdaten · Afrika : Bevölkerungsstatistische Basisdaten · Schwarzafrika : Basisdaten zu den Staatsgrößen · Afrika in der Weltgemeinschaft aller Staaten sowie der Entwicklungsländer · Schwarzafrika : Zusammengefaßte volkswirtschaftliche Basisdaten · Ressourcen : Afrikas Bodenschätze · Schwarzafrikas Stellung im Außenhandel der Welt · Afrika : Staaten, umstrittene und abhängige Gebiete · Basistabelle : Grunddaten und ausgewählte Entwicklungskennziffern aller Staaten Afrikas mit Vergleichsdaten · Basisdaten für Entwicklungsländergruppen Schwarzafrikas sowie zusammengefaßte Daten für Schwarzafrika insgesamt · Anmerkungen zu den Basistabellen: das Wichtigste in Stichworten · Schwarzafrika: Sprachen und Völker · „Stammes-Denken" und „Stammes-Politik" : Hängt an ihnen das Schicksal Schwarzafrikas? · Politische Systeme in Schwarzafrika : Kontinent der Putsche versus politische Stabilität · Die OAU – größter regionaler Staatenbund der Welt · Religionen in Afrika

Hinweis für den Leser : Dieses Kapitel bietet in seinem Zahlenteil eine Datensammlung zu Afrika insgesamt und zu Schwarzafrika im besonderen; gewissermaßen unter dem Motto: Was ist der ‚Entwicklungsstand' des Kontinents und was ist Afrikas jeweilige Position in der Weltgemeinschaft. Weitere Daten finden sich dann in den entsprechenden Kapiteln des Buches. Der Texteil dieses Kapitels enthält wichtige Grundinformationen, die zum Vorverständnis der übrigen Teile bedeutsam sind.

Afrika: Geographische Basisdaten

Größe:		30,3 Mio. km²
		(120fache Größe der BRD)
davon Wüste:	rund	9,0 Mio. km² Sahara
		(größter Wüstenraum der Erde)
davon Tropen:	ca.	21,3 Mio. km²
davon Subtropen:	ca.	8,8 Mio. km²
davon Inseln:		0,65 Mio. km²
davon Nordafrika:		5,75 Mio. km²
davon Schwarzafrika:		24,55 Mio. km²
(inkl. Südafrika)		

Besiedlungsdichte:	29 Einwohner/km^2
	(ohne Sahara);
Bundesrepublik:	245 Einwohner/km^2

| Ausdehnung des Kontinents: | Nord-Süd rund 8000 km |
| | Ost-West rund 7600 km |

Zum Vergleich BRD:	Nord-Süd Ausdehnung 880 km
im Vergleich zu anderen Kontinenten:	zweitgrößter Kontinent,
	umfaßt ein Fünftel
	der Landfläche der Erde

Afrika: Bevölkerungsstatistische Basisdaten (‚offizielle‘ Schätzwerte)

Afrika (gesamt):		610 Mio.	(Mitte 88)
		(10fache Bevölkerungsgröße	
		der BRD)	
davon Nordafrika:		113 Mio.	(Mitte 88)
sogen. Schwarzafrika			
(inkl. Südafrika):		497 Mio.	(Mitte 88)
Europa (ohne UdSSR):		498 Mio.	(Mitte 88)
Bundesrepublik:		61 Mio.	(1986)

Weltbevölkerung:	ca.	5,16 Mrd.	(Mitte 88)
Industrieländer:		1,16 Mrd.	(Mitte 88)
Anteil Industrieländer			
an Weltbevölkerung:		22,48 %	
Entwicklungsländer:		4,0 Mrd.	(Mitte 88)
Anteil Entwicklungsländer			
an Weltbevölkerung:		77,46 %	
Anteil Gesamtafrikas			
an Weltbevölkerung:	ca.	11,8 %	(Mitte 88)
Anteil Schwarzafrikas (incl. Südafrika)			
an Weltbevölkerung:	ca.	9,6 %	(Mitte 88)
Anteil der Bundesrepublik:	ca.	1,18 %	(Mitte 88)

UN-Prognose für das Jahr 2000

Weltbevölkerung		6,12 Mrd.
Afrika gesamt	872	Mio.
Anteil Afrikas in Prozent	14,2	%

Zuwachsrate:

Schwarzafrika:		3,2 %	jährlich
(für 1980–2000 laut Weltbank)			

Bundesrepublik
(für 1985–2000 laut Weltbank)   –0,2 %   jährlich

**Zeitraum der Verdoppelung
der Bevölkerung in Schwarzafrika:**   ca. 22–23 Jahre

Quellen: Bevölkerungsangaben für Mitte 1988 sind eigene Hochrechnungen auf der Basis von: „Demographic Yearbook 1985", United Nations, New York 1987; Hochrechnungsfaktor für Schwarzafrika war die von der Weltbank („Financing Adjustment with Growth", 1986) angegebene Zuwachsrate von 3,2 % pro Jahr; übrige Hochrechnungsfaktoren meist nach Weltentwicklungsbericht 1984 und 1987.

Schwarzafrika : Basisdaten zu den Staatsgrößen

Schwarzafrika (ohne Südafrika): Bevölkerungsgröße der Staaten

Nur 11 Staaten besitzen eine Bevölkerung von über 10 Mio. Einwohnern. Nur drei Staaten zählen mehr als 30 Mio. Einwohner; Nigeria (rund 100 Mio.) ist das mit Abstand bevölkerungsreichste Land des Kontinents: „Jeder 5. Afrikaner ist Nigerianer". Das zweitgrößte Land ist Äthiopien mit rund 45 Mio. Einwohner. Sechs unabhängige Länder besitzen eine Bevölkerung unter 500.000 Einwohnern.

Schwarzafrika (ohne Südafrika) : Territorialgrößen

Zehn Länder besitzen ein Staatsterritorium, das rund 1 Mio. km^2 oder größer ist. Der größte Flächenstaat ist der Sudan mit 2,5 Mio. km^2, gefolgt von Zaire mit 2,35 Mio. km^2.
Bundesrepublik zum Vergleich: 248.000 km^2.

Afrika in der Weltgemeinschaft aller Staaten sowie der Entwicklungsländer

Afrika in der Weltgemeinschaft

Souveräne Staaten insgesamt: **170***
Souveräne Staaten Afrikas: 51

UNO-Mitglieder: **159**
davon aus Afrika   51
(also knapp ein Drittel aller UNO-Mitglieder)
davon westliche Industrieländer   20
davon Staatshandelsländer (Ostblock, China, Kuba) 11

Entwicklungsländer
weltweit; jedoch nur UN-Mitglieder: **128**
davon in Afrika   50
(alle Staaten des Kontinents außer Südafrika)

* je nach Definition auch andere Gesamtzahl

Afrika : Entwicklungsländer-Kategorien

Entwicklungsländer-Kategorie „LLDC"
weltweit: 39 Staaten
davon in Afrika: 27 Staaten
Bevölkerung in den afrikanischen LLDC's: 190 Mio. (Mitte 88)

Entwicklungsländer-Kategorie „MSAC"
weltweit: 45 Staaten
davon in Afrika: 28 Staaten

Erläuterungen zu diesen Kategorien
„LLDC" (auch LDC) und „MSAC" sind *offizielle Kategorien*, die von der UNO definiert worden sind; die Einstufung der Entwicklungsländer in diese Kategorie erfolgt ebenfalls durch die UNO.
LLDC bedeutet *Least Developed Country*; in dieser Kategorie werden die ‚Ärmsten der Armen' erfaßt. Merkmale dieser Gruppe sind:

– Brutto-Inlandsprodukt (BIP) pro Kopf unter 355 $ jährlich;
– Anteil des Industriesektors am BIP unter 10 %;
– Alphabetisierungsquote der über 15jährigen Bevölkerung weniger als 20 Prozent.

Weltweit leben rund 350 Mio. Menschen (Mitte 1988) in den LLDC's. In Afrika gehören folgende Länder zur Gruppe der LLDC's:
Äquatorialguinea, Äthiopien, Benin, Botswana, Burkina Faso, Burundi, Dschibuti, Gambia, Guinea, Guinea-Bissau, Kapverden, Komoren, Lesotho, Malawi, Mali, Mauretanien, Niger, Ruanda, Sao Tomé u. Principe, Sierra Leone, Somalia, Sudan, Tansania, Togo, Tschad, Uganda, Zentralafrikanische Republik.

„MSAC" bedeutet *Most Seriously Affected Country*; gemeint sind jene wirtschaftlich schwachen Staaten, die von der Ölpreiserhöhung in den 70er Jahren am stärksten getroffen wurden. Die Merkmale sind im Vergleich zur LLDC-Gruppe ‚weicher' und weniger präzis definiert. Kennzeichnend sind:

– Niedriges Pro-Kopf-Einkommen;
– stark gestiegene Importkosten bei stagnierenden oder fallenden Exporterlösen;
– hohe Bedeutung des Exports für die Entwicklung;
– hoher Schuldendienst und niedrige Währungsreserven.

Weltweit leben rund 1,3 Mrd. Menschen in diesen Ländern oder 36 % der Weltbevölkerung (Schätzzahl für 1985). In Afrika gehören folgende Staaten zu dieser Gruppe:
Ägypten, Äthiopien, Benin, Burkina Faso, Burundi, Elfenbeinküste, Gambia, Ghana, Guinea, Guinea-Bissau, Kamerun, Kapverden, Kenia, Lesotho, Madagaskar, Mali, Mauretanien, Mosambik, Niger, Ruanda, Senegal, Sierra Leone, Somalia, Sudan, Tansania, Tschad, Uganda, Zentralafrikanische Republik.

Wichtig: Da die Kriterien der beiden Entwicklungsländergruppen unterschiedlich definiert sind, kann ein Land die Bedingungen beider erfüllen und sowohl der LLDC-Gruppe als auch der MSAC-Gruppe angehören.

Von den 51 Staaten Afrikas gehören 35 Staaten (davon 34 in Schwarzafrika), also zwei Drittel, entweder zur LLDC- oder zur MSAC-Gruppe; 20 Länder gehören beiden Kategorien an. Das heißt: *Die Mehrzahl der ärmsten Länder der Welt liegt in Afrika!*

In den 34 Staaten, die in Schwarzafrika der LLDC- oder MSAC-Gruppe angehören, leben 280 Mio. Menschen, das sind 56 Prozent (!) der Gesamtbevölkerung Schwarzafrikas (Angaben für Mitte 88). Bezeichnend für den geringen Entwicklungsstand ist auch, daß keiner der 45 schwarzafrikanischen Staaten als „Schwellenland" gilt. Als Schwellenländer werden jene Staaten der Dritten Welt bezeichnet, die in wesentlichen Bereichen ihrer Volkswirtschaften die Schwelle zum modernen Industriestaat bereits überschritten haben. Gelegentlich wird Nigeria zu dieser Gruppe hinzugerechnet, wenn man die Kriterien für diese Entwicklungsländer-Kategorie sehr weit faßt; in den jüngsten Schwellenländer-Statistiken taucht Nigeria jedoch nicht mehr auf.

Anmerkung: Stand aller Angaben in den Unterkapiteln „Basisdaten zu den Staatsgrößen" und „Afrika in der Weltgemeinschaft . . ." Ende 1987, soweit nicht anders vermerkt.

Quellen: meist nach HIZ, Handbuch für internationale Zusammenarbeit (21 Bände, Loseblattsammlung) und Journalisten-Handbuch Entwicklungspolitik 1987 (hrsg. vom BMZ) sowie eigene Berechnungen.

Schwarzafrika : Zusammengefaßte volkswirtschaftliche Basisdaten

Brutto-Inlandsprodukt (BIP)

Schwarzafrika 1985:	160,66 Mrd. $
Bundesrepublik 1985:	624,97 Mrd. $

Bruttosozialprodukt pro Kopf (BSP)

Schwarzafrika (1985):	400 $
Bundesrepublik (1985):	10.940 $

Das BSP pro Kopf der BRD beträgt das 27fache desjenigen Schwarzafrikas! (Daten nach Weltentwicklungsbericht 1987)

Verschuldung

Schwarzafrika (ohne Südafrika) 1. 1. 1987 (geschätzt): 120 Mrd. $
(Diese Angabe berücksichtigt alle Arten von Krediten, auch diejenigen, die von der Weltbank nicht erfaßt werden.)

Gemessen an seiner Wirtschaftskraft ist Schwarzafrika die am höchsten verschuldete Region der Dritten Welt.

Quellen: Weltentwicklungsbericht 1987; External Debt Statistics, OECD 1987.

Ressourcen : Afrikas Bodenschätze

Da der Rohstoffreichtum Südafrikas hinreichend bekannt ist, erfolgt in diesem allgemeinen Überblick nur eine Darstellung der Bodenschätze des übrigen Afrika mit Konzentration auf Schwarzafrika.

Erdöl / Gesamtafrika ca. 13 % der Weltreserven
(nachgewiesen und geschätzt)
neben Nordafrika: Nigeria, Kamerun, Kongo, Gabun, Angola;

Erdgas / Gesamtafrika ca. 12 % der Weltreserven
(nachgewiesen und geschätzt)
größte Vorkommen Schwarzafrikas in Nigeria;

Steinkohle ca. 5,7 Mrd. t
hauptsächlich in Botswana, Mosambik, Swasiland, Sambia
und Simbabwe;

Wasserkraft
Hier liegen die bedeutendsten Energiereserven Afrikas; theoretisch verfügt der Kontinent über 40 % des Weltpotentials an hydroelektrischer Energie.

Eisenerze / Gesamtafrika (ohne Südafrika) ca. 1,54 Mrd. t
In Schwarzafrika hauptsächlich in Angola, Gabun, Liberia,
Mauretanien, Simbabwe;

Bauxit (Aluminium)
Guinea 26,6 % der Weltreserven
Kamerun 3,8 % der Weltreserven

Schwarzafrika mindestens 30,4 % der Weltreserven
(keine Vorkommen in Südafrika)

Kupfer

Sambia	8,9 % der Weltreserven
Zaire	7,7 % der Weltreserven
Schwarzafrika mindestens	16,6 % der Weltreserven
(keine Vorkommen in Südafrika)	

Stahlveredler
Rutil (Titan)

Sierra Leone	10,6 % der Weltreserven
Südafrika zum Vergleich	10,1 % der Weltreserven

Kobalt

Sambia	10,2 % der Weltreserven
Zaire	38,2 % der Weltreserven
Schwarzafrika	48,4 % der Weltreserven
keine nennenswerten Vorkommen in Südafrika	

Manganerz

Gabun	10,8 % der Weltreserven
Zum Vergleich: Südafrika	39,9 % der Weltreserven

Tantal

Nigeria	4,3 % der Weltreserven
Zaire	7,8 % der Weltreserven
Schwarzafrika mindestens	12,1 % der Weltreserven
keine nennenswerten Vorkommen in Südafrika	

Sonstige Bodenschätze
Phosphat

Marokko	52,9 % der Weltreserven
keine nennenswerten Vorkommen in Südafrika	

Industriediamanten

Botswana	11,9 % der Weltreserven
Zaire	14,3 % der Weltreserven
Schwarzafrika mindestens	26,2 % der Weltreserven
Zum Vergleich: Südafrika	6,7 % der Weltreserven

Uran

Gabun		1,4 % d.Reserven d.westl. Welt
Niger		6,2 % d.Reserven d.westl. Welt
gesamtes Schwarzafrika	8,6 % ⎫	
Namibia	5,1 % ⎬	13,7 % d.Reserven d.westl. Welt
Zum Vergleich: Südafrika		15,1 % d.Reserven d.westl. Welt

Quellen: hauptsächlich nach: „Versorgungslage bei Rohstoffen", u.a. hrsg. von der Bundesanstalt für Geowissenschaften, Sept. l986; Hofmeier u.a., „Die wirtschaftliche und rohstoffpolitische Bedeutung Afrikas etc. für die BRD", Hamburg 1981, Institut für Afrikakunde; Diercke Weltwirtschaftsatlas 1, 1981.

Schwarzafrikas Stellung im Außenhandel der Welt

	Angaben in Mrd. $	Welt-Anteil
Exporte 1986		
Welt insgesamt	2.123,1	
westliche Industrieländer	1.473,1	69,4 %
Ostblockstaaten	192,3	9,1 %
Entwicklungsländer	457,7	21,6 %
Schwarzafrika	23,8	1,1 %
(45 Staaten, ohne Südafrika)		
Zum Vergleich: Bundesrepublik	243,3	11,5 %
Importe 1986		
Welt insgesamt	2.219,7	
westliche Industrieländer	1.558,9	70,2 %
Ostblockstaaten	191,0	8,6 %
Entwicklungsländer	469,8	21,2 %
(inklusive Soz.Staaten Asiens)		
Schwarzafrika	**26,5**	**1,2 %**
Zum Vergleich: Bundesrepublik	191,1	8,6 %

Während 1985 der Gesamtimport Schwarzafrikas mindestens 31,5 Mrd. Dollar ausmachte, betrug derjenige Südafrikas nur 11,45 Mrd. Dollar. Da bei beiden der Westen etwa dreiviertel aller Waren geliefert haben dürfte, ergibt sich hieraus, daß Schwarzafrika ein wichtigerer Markt für den Westen als Südafrika ist. Der Westen verkauft mehr als doppelt soviel nach Schwarzafrika als nach Südafrika.

Noch eine wichtige Bilanz: Bei einem Lieferwert von über 20 Mrd. US-Dollar liegt der ‚Gewinn' für die westlichen Verkäufer sicherlich nicht unter der Entwicklungshilfe von ca. 7 Mrd. Dollar, die die staatlichen Geber des Westens dem schwarzafrikanischen Kontinent zukommen lassen.

Handelspartner Schwarzafrika
Je nach Jahr wickelt Schwarzafrika zwischen 70 und 80 Prozent seines Außenhandels (Ex- und Importe) mit den westlichen Industriestaaten ab.

Quellen: Monthly Bulletin of Statistics, UNO, New York Nov. 1987; Schwarzafrika eigene Berechnungen nach UNO- und IWF-Angaben.

Tabelle 1: Handel der Bundesrepublik Deutschland mit Afrika und den Großregionen des Kontinents 1980 – 86

	1980	1981	1982	1983	1984	1985	1986
Einfuhren der Bundesrepublik Deutschland in Mrd. DM							
Welt	341,380	369,179	376,464	390,192	434,257	463,811	413,744
Afrika Anteil Welt**	26,583 **7,8 %**	25,575 **6,9 %**	25,194 **6,7 %**	23,324 **5,9 %**	26,545 **6,1 %**	28,813 **6,2 %**	16,630 **4,0 %**
Nordafrika Anteil Afrika*	13,479 **50,7 %**	14,355 **56,2 %**	13,230 **52,5 %**	11,432 **49,0 %**	11,572 **43,6 %**	13,174 **45,7 %**	5,744 **34,5 %**
Schwarzafrika Anteil Afrika*	9,841 **37,0 %**	8,036 **31,4 %**	8,888 **35,3 %**	9,150 **39,2 %**	11,999 **45,2 %**	12,476 **43,3 %**	8,005 **48,1 %**
Südafrika Anteil Afrika*	3,263 **12,3 %**	3,184 **12,5 %**	3,076 **12,2 %**	2,742 **11,8 %**	2,974 **11,2 %**	3,163 **11,0 %**	2,881 **17,3 %**
Ausfuhren der Bundesrepublik Deutschland in Mrd. DM							
Welt	350,328	396,898	427,741	432,281	488,223	537,164	526,363
Afrika Anteil Welt**	19,198 **5,5 %**	24,993 **6,3 %**	24,089 **5,6 %**	19,235 **4,4 %**	21,103 **4,3 %**	20,361 **3,8 %**	16,110 **3,1 %**
Nordafrika Anteil Afrika*	7,750 **40,4 %**	10,035 **40,2 %**	10,390 **43,1 %**	8,977 **46,7 %**	9,453 **44,8 %**	9,169 **45,0 %**	6,881 **42,7 %**
Schwarzafrika Anteil Afrika*	6,853 **35,7 %**	8,797 **35,2 %**	7,570 **31,4 %**	5,276 **27,4 %**	5,001 **23,7 %**	6,195 **30,4 %**	5,038 **31,3 %**
Südafrika Anteil Afrika*	4,595 **23,9 %**	6,161 **24,7 %**	6,129 **25,4 %**	4,982 **25,9 %**	6,649 **31,5 %**	4,997 **24,5 %**	4,191 **26,0 %**

* Anteil der jeweiligen Region an der Gesamteinfuhr bzw. -ausfuhr des Kontinents aus der bzw. in die Bundesrepublik
** Anteil Afrikas am Gesamtexport bzw. -import der Bundesrepublik Deutschland
Quellen: eigene Berechnungen nach bfai, Marktinformation, Afrika-Handel mit der Bundesrepublik Deutschland, Köln, Ausgaben 1984 und 1987

Graphik 1: Afrika – Staaten, umstrittene und abhängige Gebiete

Erläuterungen

weiß = *sogenanntes Schwarzafrika*, auch „Afrika südlich der Sahara", insgesamt 45 Staaten; davon 6 Kleinstaaten (Bevölk. unter 0,5 Mio.); viele Weltbank-Statistiken geben nur Daten für Schwarzafrika ohne Kleinstaaten, also „Schwarzafrika der 39".

grau = *Nordafrika*, 5 Staaten; wird gemeinhin dem arabischen Kulturraum, bzw. der arabischen Welt zugeordnet; so ist beispielsweise die wissenschaftliche Forschung meist bei den Orient-Instituten angesiedelt; manchmal wird auch der Sudan zu dieser Gruppe gerechnet; die nordafrikanischen Staaten sind jedoch alle Mitglieder der OAU, der Organisation für afrikanische Einheit;

quer gestreift = *Republik Südafrika*, wird *in der Regel* – da unter weißer Regierung stehend – nicht zu Schwarzafrika gerechnet;

schwarz = von einer Fremdmacht besetzte Gebiete;

Namibia

Ehemals deutsche Kolonie (Deutsch-Südwestafrika); nach dem 1. Weltkrieg dem Völkerbund unterstellt; dieser *beauftragte* Südafrika mit der Verwaltung des Gebietes. Da Südafrika das Territorium quasi annektierte anstatt es auf seine Unabhängigkeit vorzubereiten, entzog 1966 die UNO als Rechtsnachfolgerin des Völkerbundes Südafrika das Mandat. Dieser Beschluß wurde 1971 durch den Weltgerichtshof bestätigt; seitdem ist die Präsenz Südafrikas in Namibia völkerrechtswidrig, allerdings verweigert Südafrika den Rückzug. Die UNO ist für die Verwaltung und den Unabhängigkeitsprozeß (Resolution 435 des Sicherheitsrates) *rechtlich allein* zuständig.

West-Sahara

Ehemals Spanisch-Sahara; nach Rückzug der Spanier von Marokko 1975/76 besetzt. Die west-saharische Befreiungsfront POLISARIO kämpft seitdem gegen die marokkanische Armee. Ein Großteil der Bevölkerung ist nach Südalgerien geflüchtet. Völkerrechtlich haben die Bewohner das Recht auf Selbstbestimmung; ein Referendum unter UN-Aufsicht wird jedoch bisher von Marokko verweigert. Die POLISARIO hat die. Demokratische Arabische Republik Sahara` (DARS) ausgerufen; diese wird heute von der Mehrheit der OAU-Staaten anerkannt. Die DARS ist Vollmitglied der OAU. Die POLISARIO wird von Algerien unterstützt (früher auch von Libyen). In der West-Sahara lagern bedeutende Phosphatvorkommen, die von Marokko ausgebeutet werden; das wirtschaftlich wichtige Gebiet der West-Sahara ist durch einen mehrere hundert Kilometer langen, stark geschützten militärischen Wall gegen die Angriffe der POLISARIO gesichert. Derzeit besteht keine Aussicht auf eine Lösung des Konfliktes, der letztlich seine Ursache darin hat, daß die ehemalige spanische Kolonialmacht weder ein Referendum durchführte noch ihre Macht an eine einheimische Regierung übergab.

Spanische Hoheitsplätze

Sind auf der Detailkarte oben rechts benannt

Britische Kolonien

Insel St. Helena sowie die dazu gehörenden Inselgebiete Ascension und Tristan da Cunha. Ferner im Indischen Ozean die Tschagoinseln; dort *amerikanischer Stützpunkt* Diego Garcia.

Französische Territorien

Réunion (einschließlich Inseln A bis E) ist ein französisches Übersee-Departement. Die Inseln A bis D sind von der UNO Madagaskar zugesprochen. Die Insel Mayotte ist seit dem 24.12.76 eine „Gebietskörperschaft der Französischen Republik". Nach Ansicht der UNO gehört die Insel zu den Komoren.

Tabelle 2: Afrikas unabhängige Staaten

Staat (in Klammern: die amtliche Vollform)	Hauptstadt	Unabhängigkeit	Rang in Basistabelle
Ägypten (*Arabische Republik Ägypten*)	Kairo	28. 2. 1922	51
Äquatorialguinea (*Republik Äquatorial-guinea*)	Malabo	12. 10. 1968	45
Äthiopien (*Sozialistisches Äthiopien*) (künftig: *Demokratische Volksrepublik Äthiopien*)	Addis Abeba	Reich von Axum, Höhepunkt: 4.–6. Jhdt.	1
Algerien (*Demokratische Volks-republik Algerien*)	Algier	5. 7. 1962	53
Angola (*Volksrepublik Angola*)	Luanda	11. 11. 1975	39
Benin (*Volksrepublik Benin*)	Porto Novo Cotonou	1. 8. 1960	14
Botswana (*Republik Botswana*)	Gaborone	30. 9. 1966	33
Burkina Faso (*Burkina Faso*)	Ouagadou-gou	5. 8. 1960	4
Burundi (*Republik Burundi*)	Bujumbura	1. 7. 1962	9
Elfenbeinküste (*Republik Côte d'Ivoire*)	Yamous-soukro Abidjan*	7. 8. 1960	30
Dschibuti (*Republik Dschibuti*)	Dschibuti	27. 6. 1977	44

Staat (in Klammern: die amtliche Vollform)	Hauptstadt	Unabhängigkeit	Rang in Basistabelle
Malawi (*Republik Malawi*)	Lilongwe Blantyre**	6. 7. 1964	7
Mali (*Republik Mali*)	Bamako	22. 9. 1960	2
Marokko	Rabat	2. 3. 1956	50
Mauretanien (*Islamische Republik Mauretanien*)	Nouakchott	28. 11. 1960	26
Mauritius (*Mauritius*)	Port Louis	12. 3. 1968	34
Mosambik (*Volksrepublik Mosambik*)	Maputo	25. 6. 1975	25
Niger (*Republik Niger*)	Niamey	3. 8. 1960	6
Nigeria (*Bundesrepublik Nigeria*)	Lagos	1. 10. 1960	35
Ruanda (*Republik Ruanda*)	Kigali	1. 7. 1962	17
Sambia (*Republik Sambia*)	Lusaka	24. 10. 1964	28
São Tomé und Principe *Demokratische Republik São Tomé und Principe)*	São Tomé	12. 7. 1975	40
Senegal (*Republik Senegal*)	Dakar	20. 8. 1960	23
Seschellen (*Republik Seschellen*)	Victoria	28. 6. 1976	42

Land	Hauptstadt	Unabhängigkeit	Nr.
Gabun (*Gabunische Republik*)	Libreville	17. 8. 1960	38
Gambia (*Republik Gambia*)	Banjul	18. 2. 1965	12
Ghana (*Republik Ghana*)	Accra	6. 3. 1957	22
Guinea (*Republik Guinea*)	Conakry	2. 10. 1958	18
Guinea-Bissau (*Republik Guinea-Bissau*)	Bissau	24. 9. 1973	5
Kamerun (*Republik Kamerun*)	Jaunde	1. 1. 1960	36
Kap Verde (*Republik Kap Verde*)	Praia	5. 7. 1975	41
Kenia (*Republik Kenia*)	Nairobi	12. 12. 1964	19
Komoren (*Islamische Bundesrepublik Komoren*)	Moroni	6. 7. 1975	43
Kongo (*Volksrepublik Kongo*)	Brazzaville	15. 8. 1960	37
Lesotho (*Königreich Lesotho*)	Maseru	4. 10. 1966	29
Liberia (*Republik Liberia*)	Monrovia	26. 7. 1847	27
Libyen (*Sozialistische Libysch-Arabische Volks-Dschamahirija*)	Tripolis	24. 12. 1951	54
Madagaskar (*Demokratische Republik Madagaskar*)	Antananarivo	26. 6. 1960	16
Sierra Leone (*Republik Sierra Leone*)	Freetown	27. 4. 1961	20
Simbabwe (*Republik Simbabwe*)	Harare	18. 4. 1980	31
Somalia (*Demokratische Republik Somalia*)	Mogadischu	1. 7. 1960	13
Sudan (*Republik Sudan*)	Khartoum	1. 1. 1956	21
Südafrika (*Republik Südafrika*)	Pretoria	31. 5. 1910[1]	49
Swasiland (*Königreich Swasiland*)	Mbabane	6. 9. 1968	32
Tansania (*Vereinigte Republik Tansania*)	Dodoma / Daressalam*	9. 12. 1961 (Tanganjika) / 10. 12. 1963 (Sansibar)	8
Togo (*Republik Togo*)	Lomé	27. 4. 1960	11
Tschad (*Republik Tschad*)	N'Djamena	11. 8. 1960	24
Tunesien (*Tunesische Republik*)	Tunis	20. 3. 1956	52
Uganda (*Republik Uganda*)	Kampala	9. 10. 1962	10
Zaire (*Republik Zaire*)	Kinshasa	30. 6. 1960	3
Zentralafrikanische Republik (*Zentralafrikanische Republik*)	Bangui	13. 8. 1960	15

* Regierungssitz
** diplomatische Missionen

[1] danach noch britisches Dominion, de facto aber unabhängig

Quelle: modifiziert nach *Das Parlament* Nr. 33–34, 1987

Tabelle 3: Grunddaten und ausgewählte Entwicklungskennziffern aller Staaten Afrikas mit Vergleichsdaten (Basistabelle)

	Größe (in 1.000/km²)	Bevölkerung Mitte 1988 (Hochrechnung) in Mio E[1]	Bevölkerung hypothetischer Wachstumsstillstand bei ..... Mio.	Gesundheit Arzt pro Einwohner 1980[2]	Erziehung Einschulungsquote in % für 1982[3]	Lebenserwartung bei Geburt im Jahr 1983	Bruttosozialprodukt pro Kopf in US-Dollar für 1984	Bruttosozialprodukt pro Kopf jährliche Wachstumsrate in % 1965–1984
Länder mit niedrigem Einkommen Bruttosozialprodukt pro Kopf unter 400 $	15.694 t	292,33	1.337,00	28.420w	68w	49w	220w	(-)w
1 Äthiopien	1.222	47,65	181	69.390	46[a]	47	110	0,5
2 Mali	1.240	9,02	37	22.130	27[a]	45	140	1,2
3 Zaire	2.345	33,37	145	13.940	90[a]	51	140	-1,3
4 Burkina Faso	274	7,30	32	48.510	28	44	160	1,4
5 Guinea-Bissau	36	0,98	4	8.840	88	38	180	..
6 Niger	1.267	6,72	40	38.790	23[a]	45	190	-1,2
7 Malawi	118	7,76	38	41.460	62[a]	44	210	2,2
8 Tansania	945	23,89	125	17.740	98	51	210	0,9
9 Burundi	28	5,19	24	45.020	33[a]	47	220	2,1
10 Uganda	236	17,01	83	26.810	60	49	230	-4,4[a]
11 Togo	57	3,25	16	18.100	106	49	250	1,1
12 Gambia	11	0,71	3	12.310	56	36	260	1,4
13 Somalia	638	5,11	31	15.630	30[a]	45	260	-0,8[a]
14 Benin	113	4,32	21	16.980	65	48	270	1,0
15 Zentralafrikanische Republik	623	2,87	12	26.750	70[a]	48	270	0,1
16 Madagaskar	587	10,97	55	10.220	100[a]	49	270	-1,2
17 Ruanda	26	6,67	40	31.340	70	47	270	2,3
18 Guinea	246	6,68	25	17.110	33[a]	37	300	1,1
19 Kenia	583	22,35	120	7.890	104	57	300	2,3
20 Sierra Leone	72	3,96	17	17.520	40[a]	38	300	1,1
21 Sudan	2.506	23,69	102	8.930	52[a]	48	340	1,3
22 Ghana	239	14,93	64	7.160	76	59	350	-2,1
23 Senegal	196	7,08	30	13.780	48[a]	46	380	-0,5
24 Tschad	1.284	5,51	22	47.640	..	43	..	..
25 Mosambik	802	15,34	70	39.140	104	46	..	..

Länder mit mittlerem Einkommen, untere Kategorie: Ölimporteure Bruttosozialprodukt pro Kopf zwischen 401 $ und 1.635 $

	3.257 t	36,42	157	8.154w	94w	53w	620w	1,2w
26 Mauretanien	1.031	2,08	8	14.500	33[a]	46	450	0,3
27 Liberia	111	2,41	11	8.550	66[a]	49	470	0,8
28 Sambia	753	7,33	33	7.670	96[a]	51	470	−1,3
29 Lesotho	30	1,68	6	18.640	112	53	530	6,3
30 Elfenbeinküste	322	10,78	47		76[a]	52	610	1,0
31 Simbabwe	391	9,12	39	5.900	130[a]	56	740	1,5
32 Swasiland	17	0,71	5	7.900	111	55	800	2,6
33 Botswana	600	1,19	6		102	61	910	8,5
34 Mauritius	2	1,12	2	2.010	106	67	1.100	2,8
Länder mit mittlerem Einkommen: Ölexporteure untere Kategorie BSP pro Kopf 401 $ — 1.635 $, obere Kategorie BSP pro Kopf über 1.636 $	**3.256 t**	**128,54**	**640**	**12.440w**	**99w**	**49w**	**800w**	**3,4w**
35 Nigeria	924	104,63	532	12.550	98[a]	49	770	3,2
36 Kamerun	475	11,11	52	13.990	107[a]	54	810	2,7
37 Kongo	342	1,91	9	5.510	..	63	1.120	3,5
38 Gabun	268	1,27	3	3.030	..	50	3.480	3,2
39 Angola	1.247	9,62	44	..	..	43	..	..
Schwarzafrika der „39"	22.207 t	1,94		22.886w	71w	49w	420w	1,8w
Länder mit einer Bevölkerung unter 500.000						**56w**	**1985**	**1965—85**
40 São Tomé und Príncipe	1	0,12	..	1.860	..	65	320	0,8
41 Kapverden	4	0,36	..	5.480	..	64	430	5,0
42 Seschellen	—	0,07	..	2.320	95*	70	2.400*	..
43 Komoren	2	0,49	..	9.850	103*	48	240	−0,3
44 Dschibuti	22	0,47	..	1.900	32	50	..	..
45 Äquatorial-Guinea	28	0,43	2		78*	44	..	..
Abhängige, bzw. besetzte Gebiete	**1.093**	**2,45**						
46 Namibia (v. Südafrika besetzt)	824	1,70	6	..	..	61	..	..
47 Westsahara (v. Marokko besetzt)	266	0,17	..	..	..	..	..	..
48 Réunion (v. Frankreich abhängig)	3	0,58	1	1.360	..	..	..	..

	Größe (in 1.000/km²)	Bevölkerung Mitte 1988 (Hochrechnung) in Mio E[1]	Bevölkerung hypothetischer Wachstumsstillstand bei . . . . Mio.	Gesundheit Arzt pro Einwohner 1980[2]	Erziehung Einschulungsquote in % für 1982[3]	Lebenserwartung bei Geburt im Jahr 1983	Bruttosozialprodukt pro Kopf in US-Dollar 1985	Bruttosozialprodukt pro Kopf jährliche Wachstumsrate in % 1965–85
Südafrika **Mittlere Einkommensgruppe, obere Kategorie**	1.221	35,09	104	‥	‥	64	2.010	1,1
				1981	1984	1985	1985	1965–85
Nordafrika (5 Staaten)	5.754 t	113,04 t						
50 Marokko	447	24,12	66	18.600	80	59	560	2,2
51 Ägypten	1.001	53,31	132	760	84	61	610	3,1
52 Tunesien	164	7,78	18	3.900	116	63	1.190	4,0
53 Algerien	2.382	23,87	81	‥	94	61	2.550	3,6
54 Libyen	1.760	3,96	18	620	‥	60	7.170	−1,3
Bundesrepublik Deutschland	249	61	44(!)	420	99	75	10.940	2,7
		1983						
Alle Länder mit niedrigem Einkommen (weltweit) (unter 400 $ BSP pro Kopf)	31.603 t	2.335,4 t		5.556w	85w	59w	260w[c]	2,7w[d]
Alle Länder mit mittlerem Einkommen, untere Kategorie (weltweit) (zwischen 401–1.635 $ BSP pro Kopf)	18.446 t	665,1 t		7.555w	103w	57w	750w[c]	2,9w[d]
Alle Länder mit mittlerem Einkommen, obere Kategorie (weltweit) (über 1.636 $ BSP pro Kopf)	22.079 t	500,1 t		2.018w	102w	65w	2.050w[c]	3,8w[d]
Marktwirtschaftliche Industrieländer	30.395 t	728,9 t		554w	102w	76w	11.060w[c]	2,5w[d]

Anmerkung zu den Einkommenskategorien: Die angegebenen Werte beziehen sich auf 1985; die oberen und unteren Grenzwerte werden von Zeit zu Zeit verändert, d. h. der Inflation angepaßt; das reale Pro-Kopf-Einkommen in den verschiedenen Einkommensgruppen bleibt also gleich.

Zeichenerklärung   t = Summe   *.a = für ein anderes Jahr als angegeben   d = Angaben für 1963–83
w = gewogener Durchschnitt   c = Angaben für 1983

1 eigene Hochrechnung; Basisdaten UN-Demographic Yearbook, 1985: hochgerechnet mit 3,2 % pro Jahr (Weltbank Mittelwert für 1980–2000)
2 nach Weltbank, nicht alle Angaben für 1980;
3 bezieht sich auf Grundschule; Angaben über 100 % resultieren daraus, daß jüngere, bzw. ältere Schüler im für die Statistik definierten Grundschulalter i. d. jeweiligen Land in dieser Gruppe eingeschult waren;

Quellen: Weltbank, Financing Adjustment with Growth in Sub-Saharan Africa (1986); dies., Population Growth and Policies in Sub-Saharan Africa (1986); dies., Weltentwicklungsbericht 1987;

Graphik 2: Pro-Kopf-Einkommen in Afrika 1985

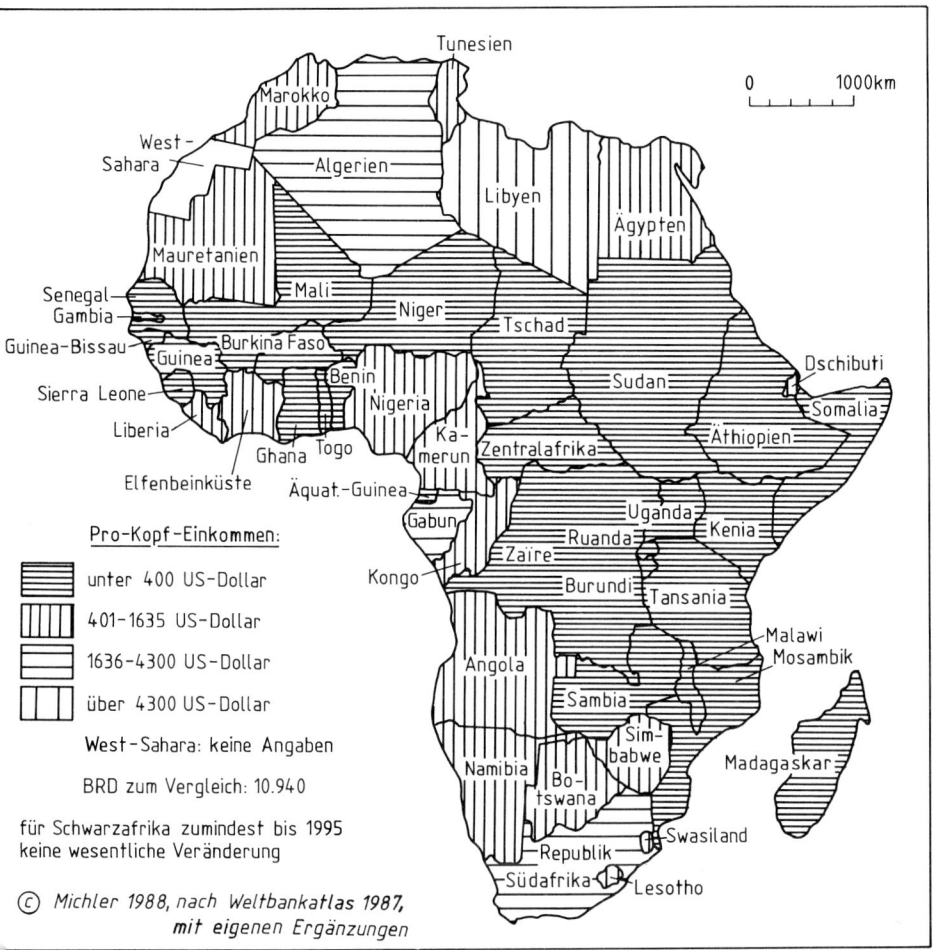

0   1000km

Tunesien
Marokko
West-Sahara
Algerien
Libyen
Ägypten
Mauretanien
Senegal
Gambia
Guinea-Bissau
Guinea
Sierra Leone
Liberia
Elfenbeinküste
Mali
Niger
Tschad
Burkina Faso
Benin
Nigeria
Ghana
Togo
Äquat.-Guinea
Ka-merun
Zentralafrika
Sudan
Dschibuti
Somalia
Äthiopien
Gabun
Kongo
Zaïre
Uganda
Ruanda
Burundi
Kenia
Tansania
Malawi
Mosambik
Angola
Sambia
Sim-babwe
Namibia
Bo-tswana
Madagaskar
Swasiland
Republik Südafrika
Lesotho

Pro-Kopf-Einkommen:

unter 400 US-Dollar

401-1635 US-Dollar

1636-4300 US-Dollar

über 4300 US-Dollar

West-Sahara: keine Angaben

BRD zum Vergleich: 10.940

für Schwarzafrika zumindest bis 1995
keine wesentliche Veränderung

© Michler 1988, nach Weltbankatlas 1987,
    mit eigenen Ergänzungen

Tabelle 4: Basisdaten für Entwicklungsländergruppen Schwarzafrikas sowie zusammengefaßte Daten für Schwarzafrika insgesamt

Kennzahlen zu folgenden Bereichen	Länder mit niedrigem Einkommen, semiarid[1]	Länder mit niedrigem Einkommen (übrige)[2]	Länder mit mittlerem Einkommen Ölimporteure[3]	Länder mit mittlerem Einkommen Ölexporteure[4]	Schwarzafrika der 39[5]	Südafrika	Zum Vergleich: Alle Entwicklungsländer mit niedrigem Einkommen (weltweit) unter 400 $ BSP pro Kopf
Bevölkerung Mitte 1988 in Mio/E[8]	34,37	258,01	36,42	128,55	457,35	35,09	2.567
Fläche in Mio km²	4.714	10.784	4.277	3.256	22.207	1.221	31.603
Bruttosozialprodukt pro Kopf für 1983 in US-Dollar	170	230	610	800	420 (1984)	2.490	260
Wachstumsstillstand[9] der Bevölkerung voraussichtlich bei Mio	165	1.172	157	640	2.134	104	...
Säuglingssterblichkeit 1965 (= Kinder 0–1 Jahr) pro 1000 Geburten	182	152	141	155	ca. 152	124	127
Säuglingssterblichkeit 1983 (= Kinder 0–1 Jahr) pro 1000 Geburten	145	116	106	115	ca. 115	91	72 (1985)
Lebenserwartung bei Geburt im Jahr 1983	45	49	52	49	49	64	59
Arzt auf wieviel Einwohner im Jahr 1965	61.194	35.305	16.002	40.376	37.067	2.140	12.419
dito im Jahr 1980	34.020	28.065	9.551	12.440	22.886	1.595	5.556
Einschulungsquote Grundschule im Jahr 1965	18 %	42 %	67 %	40 %	42 %	90 %	62 %
dito im Jahr 1982	28 %	73 %	94 %	99 %	71 %	...	85 %
Prozentsatz der Sekundarschulbesucher 1965	2 %	4 %	6 %	5 %	5 %	15 %	20 %
dito im Jahr 1982	6 %	14 %	19 %	17 %	15 %	...	30 %

	Jahr							
Prozent der Erwerbstätigen in der Landwirtschaft	1981	82 %	77 %	69 %	57 %	71 %	30 %	73 %
Prozent der Erwerbstätigen in der Industrie	1981	9 %	10 %	11 %	18 %	15 %	29 %	13 %
Stadtbevölkerung in Prozent der Gesamtbevölkerung	1965	11 %	11 %	20 %	15 %	13 %	47 %	17 %
dito im Jahr	1983	19 %	20 %	36 %	24 %	23 %	55 %	22 %
Exporte 1983 in Mio US-Dollar		8.512 (1+2)		5.298	23.529	37.338	18.581	45.991
davon in westliche Industrieländer (1983)		63 % (1+2)		69 %	75 %	71 %	...	48 %
Importe 1983 in Mio US-Dollar		12.486 (1+2)		4.578	21.198	38.261	14.528	57.333
Ausgezahlte Entwicklungshilfe in Mio US-Dollar 1984		5.619 (1+2)		1.219	487	7.325	...	11.243
Verschuldung Ende 1984	Mio $	...	...	...	...	80.268	ca. 24 Mrd.	...
Nahrungsmittelhilfe – Importe in Mio t	1984	2.124 (1+2)		0,442	0,071	2,637	...	...
Landwirtschaftliche Exporte, nur cash-crops (Verkaufsfrüchte) in Mio t	1984	...		...	...	6.064	...	...

Erläuterungen zu den Klassifikationen

Gruppe 1: unter 400 $ BSP pro Kopf; zusätzliches Entwicklungshemmnis „semiarid"; bedeutet wüstenähnliches Klima, also lange Trockenzeit (8–9 Monate); kurze Regenzeit (3–4 Monate); folgende Staaten: Mali, Burkina Faso, Niger, Somalia, Gambia, Tschad.

Gruppe 2: unter 400 $ BSP pro Kopf; folgende Länder: Angaben siehe Basis-Tabelle; außerdem hier mit eingerechnet Namibia.

Gruppe 3 + 4: unter 400 $ BSP pro Kopf zwischen 401 und 1.635 $; zugehörige Staaten siehe Basis-Tabelle.

Gruppe 5: Schwarzafrika der 39 Staaten, bedeutet, daß in dieser Gruppe die 6 Kleinstaaten (Bevölkerung unter 500.000) fehlen (39 von 45 unabhängigen Staaten ohne Südafrika und Namibia).

Anmerkungen

8 = eigene Hochrechnung aufgrund von Weltbank-Angaben.

9 = Wachstumsstillstand wird in den meisten Ländern laut Weltbank zwischen den Jahren 2030 bis 2040 erreicht.

Quellen

Weltbank, Population Growth and Policies in Sub-Saharan Africa, Washington 1986; dies., Financing Adjustment with Growth in Sub-Saharan Africa: 1986–90; Washington 1986; dies., Weltentwicklungsbericht 1987; Statistisches Bundesamt Wiesbaden, Länderbericht Südafrika 1985.

Anmerkungen zu den Basistabellen: das Wichtigste in Stichworten

Zur Aktualität und weiteren Gültigkeit der Daten

Beide Basistabellen präsentieren die aktuellsten verfügbaren Angaben zum jeweils angegebenen Bereich. *Vergleichsdaten* sind in der Regel in allen Statistiken älteren Datums als die Angaben zu einzelnen Rubriken. Da sich die Entwicklungen in den angegebenen Bereichen nicht sprunghaft verändern, sind die *hier präsentierten Daten bis mindestens 1990 als Trendwerte* weiterhin gültig und nutzbar. Im übrigen sei darauf verwiesen, daß die internationale Statistik (z.b. Weltbank) *immer* zwei Jahre, *oft drei bis fünf Jahre* (u.a. bei Einschulungsquoten; Gesundheitsversorgung) *,hinterherhinkt'*; d.h. beispielsweise, daß die aktuellsten Zahlen des Weltentwicklungsberichtes 1988 sich auf 1986 beziehen.

Zur Aussagefähigkeit und Gültigkeit der Daten generell

Als erstes verweise ich auf die prinzipiellen Ausführungen im Sonderkasten von Kapitel 2, Seite 26ff. Auf dem Hintergrund der dort gemachten Aussagen sind die in den beiden Basistabellen präsentierten Zahlen *nicht als de-facto-Angaben* zu verstehen; die meisten Daten sind *grobe Schätzwerte*; es gibt jedoch keine anderen Zahlen, die mehr Gültigkeit beanspruchen könnten. In der Regel sind die aufgeführten Daten als *Trendwerte* brauchbar.
Einige Beispiele: Wenn die Einschulungsquote Schwarzafrikas für 1965 mit 42 % und für 1985 mit 71 % angegeben wird, dann sind diese Angaben in ihrer *Präzision fiktiv*; sie *lassen* aber den berechtigten *Schluß zu*, daß der Anteil der Kinder, die gegenwärtig eine Schule besuchen, *erheblich* gestiegen ist. Ebenso hat sich die Stadtbevölkerung nicht von exakt 13 % (1965) auf genau 23 % (1983) erhöht; die Zahlen belegen jedoch, daß die Verstädterung in Schwarzafrika beachtlich angewachsen ist.
Die Angaben zum Bruttosozialprodukt pro Kopf suggerieren, daß in den semiariden Staaten (in weiten Teilen wüstenähnliche Bedingungen) die Armut ungeheuer groß sein muß. In dieser Eindeutigkeit jedoch ist die Schlußfolgerung *falsch*! Die subsistenzwirtschaftliche Produktion – also das, was die Kleinbauern zu ihrem eigenen Verbrauch erzeugen – wird im Bruttosozialprodukt dieser Länder nur ungenügend erfaßt (in die BSP-Berechnungen der westlichen Staaten gehen solche Eigenerzeugungen, z.B. Gartenanbau, überhaupt nicht ein). *Insofern kann aus einem niedrigen Bruttosozialprodukt pro Kopf nicht geschlossen werden, daß die Menschen hungern oder sich nur ungenügend ernähren können.* Ihre Ernährungslage kann ganz im Gegenteil äußerst gut sein.
Auch als alleiniger Indikator für die Armut ist diese Größe ungeeignet. So vegetieren Millionen in den Slums von Lateinamerika dahin, obwohl dort das BSP pro Kopf ein Vielfaches einer ganzen Reihe afrikanischer Staaten beträgt, die aber ihrerseits ein solches Verelendungs- und Armutsproblem nicht kennen. Niedrige BSP-pro-Kopf-Werte dürften meist dahingehend interpretierbar sein, daß der Durchschnitt

der Bevölkerung über wenig Geld oder Tauschmittel verfügt, um auf dem Markt Bedarfs- und Konsumartikel einkaufen zu können.

Außerdem besteht die große Schwäche der BSP-pro-Kopf-Angaben (danach werden ja die Länder klassifiziert) darin, daß sie einen Durchschnittswert darstellen, aber *nichts* über die *tatsächliche Verteilung des Volkseinkommens* aussagen. So ist das BSP pro Kopf beim bevölkerungsstärksten Land des Kontinents Nigeria mit 770 $ relativ hoch; tatsächlich aber lebt die große Mehrheit der Bevölkerung unter denselben Bedingungen wie in Uganda, wo das BSP pro Kopf nur 230 $, also nur ein Drittel, beträgt. In ähnlicher Weise läßt das hohe BSP pro Kopf von Südafrika (2.010 $) vermuten, daß die Lebenssituation der Bevölkerung die beste auf dem Kontinent sei (mit Ausnahme einiger Kleinstaaten). In Wirklichkeit sind aber die Einkommen so ungleich verteilt, daß mehr als 10 Mio. Menschen in den Homelands (Reservate) in ebenso oder noch ärmlicheren Verhältnissen als im übrigen Schwarzafrika leben.

Zu den Ergebnissen der Tabellen im einzelnen

Pro-Kopf-Einkommen: nur rudimentär entwickelte Volkswirtschaften

Rund 290 Mio. Menschen leben in Staaten mit einem durchschnittlichen BSP pro Kopf von 220 $. Oder: Bei knapp 60 Prozent der Gesamtbevölkerung Schwarzafrikas beträgt das BSP pro Kopf *nur 2 %* (!) desjenigen der Bundesrepublik!

Faßt man die Bevölkerung der Staaten mit einem BSP pro Kopf unter 1000 $ zusammen, dann ergibt sich, daß von der Gesamtbevölkerung Schwarzafrikas (45 Staaten), *die 462 Mio. zählt*, 448 Mio. in dieser Staatengruppe leben, das sind 97 % der Bevölkerung (Alle Angaben für Mitte 1988).

Prognose : Armut steigt!

Im Jahr 2000 wird die Bevölkerung Gesamt-Schwarzafrikas voraussichtlich 680 Mio. betragen; über 400 Mio. von ihnen werden in sehr armen Ländern leben (unter 400 $ BSP pro Kopf).

Betrachtet man die Wachstumsstillstand-Prognosen, dann wird die Gesamtbevölkerung Schwarzafrikas auf rund 2,2 Mrd. anwachsen; von ihnen werden 1,34 Mrd. in Ländern mit niedrigem Einkommen (unter 400 $ pro Kopf) leben.

Entwicklungsindikatoren : Säuglingssterblichkeit, Einschulungsquote, ärztliche Versorgung – Erfolge erzielt!

Vergleicht man die Daten des Jahres 1965 mit denen der 80er Jahre, dann zeigt sich in allen Bereichen eine wesentliche Verbesserung.

Die **Säuglingssterblichkeit** (bis 1 Jahr) sank von 152 auf 115 pro tausend Geburten; gleichwohl ist sie immer noch sehr hoch: mindestens jedes 10. Kind stirbt bereits im ersten Lebensjahr (Bundesrepublik jedes hundertste). In einzelnen Ländern ist diese Sterblichkeitsrate wesentlich höher: Laut UNICEF sterben in Angola und Mosambik über 300 Kinder von insgesamt 1000 geborenen, ehe sie das fünfte Lebensjahr vollendet haben.

Die **ärztliche Versorgung** konnte von einem Arzt pro 37.000 Menschen im Jahr 1965 auf rund 23.000 im Jahr 1980 verbessert werden (BRD 420).

Die **Einschulungsquote** (Grundschule) stieg von 42 % auf 71 % im Jahr 1982. Viele Länder erreichen eine Quote von 100 %!

Bei den beiden letzten Indikatoren ist zu berücksichtigen, daß die Bevölkerung im Vergleichszeitraum wesentlich gewachsen ist; das heißt: die Entwicklungsanstrengungen sind größer gewesen, als es die Prozentzahlen suggerieren.

Ferner widerlegen diese drei Indikatoren, daß unter der Herrschaft der weißen Kolonialherren alles besser gewesen sei. Die Versorgung mit Gesundheits- und Bildungseinrichtungen läßt zwar vieles zu wünschen übrig, aber sie ist besser als während der Kolonialzeit bzw. zum Zeitpunkt der Unabhängigkeit!

Wo lebt und arbeitet die Bevölkerung?

Rund drei Viertel der Bewohner Schwarzafrikas leben auf dem Land, ein knappes Viertel in Städten.

Die Industrialisierung ist mit einem Beschäftigungsgrad von 15 % aller Erwerbstätigen sehr gering. In der meist kleinbäuerlichen Landwirtschaft sind 70 % der Erwerbstätigen beschäftigt.

Wenn auch vergleichweise wenig Menschen in Städten leben, so hat doch die Verstädterung seit 1965 stärker zugenommen, als man aufgrund der Prozentanteile vermuten würde: Die Städte Schwarzafrikas dürften heute wohl 80 Mio. Menschen mehr als 1965 zählen.

Schwarzafrika : Sprachen und Völker

Afrika zählt zwar ‚nur' 51 Staaten, aber – je nach Klassifikation 1.000 bis 1.500 verschiedene Völker! Einigendes Band dieser Völker ist neben der jeweils eigenen Kultur und Religion vor allem die Sprache. Mehr als 1000 Sprachen sind mittlerweile wissenschaftlich erfaßt; sie alle lassen sich vier großen Sprachfamilien zuordnen: dem Niger-Kordofanischen, dem Afroasiatischen, dem Nilo-Saharischen (Hamito-Semitisch) und der Khoisan-Gruppe. Etliche dieser 1000 Sprachen werden nur von wenigen Hundert Menschen gesprochen, während ihr Großteil von etwa 100.000 bis 1 Mio. Menschen als Muttersprache genutzt wird. Einige aber zählen wesentlich mehr als 20 Mio. Erstsprachler und sind auch als Verkehrssprachen weit verbreitet, wie beispielsweise Haussa, das in Nigeria sowie in vielen Staaten am Südrand der Sahara gesprochen wird, und Kiswahili (auch Suaheli), das in Ostafrika von etlichen Millionen, insbesondere als Zweitsprache, beherrscht wird und in einigen Staaten (z.B. Kenia und Tansania) als Amtssprache eingeführt ist.

Trotz dieses eigenen Reichtums (einige Sprachen sind in ihrer Grammatik wesentlich komplexer und in ihren Ausdrucksmöglichkeiten vielfältiger als die unsrigen) sind in fast allen Staaten Schwarzafrikas die *Sprachen der* ehemaligen weißen

Kolonialherren zu den Amts- oder Verkehrssprachen erklärt worden. Der Schulunterricht erfolgt in den europäischen Sprachen, und die meisten Literaten des Kontinents publizieren in der importierten Fremdsprache. Die europäischen Kolonialmächte hatten (von wenigen Ausnahmen abgesehen wie z.B. Haussa in Nigeria) überall ihre eigenen Sprachen der ansässigen Bevölkerung aufgezwungen; das *Erbe dieses Sprachenkolonialismus* – „Wer die Sprache des weißen Mannes spricht, denkt auch so wie er" – sieht heute wie folgt aus:

Tabelle 5: Amts- und Verkehrssprachen Schwarzafrikas

* = noch nicht unabhängig

Land	Offizielle Amtssprache(n)	1. Verkehrssprache	2. Verkehrssprache(n)
Äquatorial-Guinea	Spanisch	Fang	Noowe, Bubï, port. Kreolisch
Äthiopien	Amharigna	Englisch	
Angola	Portugiesisch	Portugiesisch	Bantusprachen (8)
Benin	Französisch	Fon, Yoruba, Dendi, Fulfulde, Haussa (in Teilen)	
Botswana	Englisch	Setswana	
Burkina Faso	Französisch	Moré	
Burundi	Französisch	Kirundi	Kiswahili
Dschibuti	Französisch	Somali	Afar
Elfenbeinküste	Französisch		
Gabun	Französisch		
Gambia	Englisch	Wolof	Manding
Ghana	Englisch	Ashanti	
Guinea	Französisch	Manding	Fulbe/Sussu
Guinea-Bissau	Portugiesisch	port. Kreolisch	
Kamerun	Französisch/ Englisch		
Kapverden	Portugiesisch	Kreolisch	
Kenia	Kiswahili	Kiswahili	Englisch
Komoren	Französisch	Komorisch	
Kongo	Französisch	Lingala	Monokutuba
Lesotho	Englisch	Sesotho	
Liberia	Englisch		
Madagaskar	Französisch/ Malagasy	Hova	
Malawi	Englisch	Chichewa	

Land	Offizielle Amtssprache	1. Verkehrssprache	2. Verkehrssprache(n)
Mali	Französisch	Bambara	Fulfulde/Sarakolle
Mauretanien	Arabisch/ Französisch	Arabisch	Ful/Soninke/Wolof
Mauritius	Französisch	Kreolisch	
Mosambik	Portugiesisch		
Namibia*	Afrikaans/ Englisch/Deutsch		Kwanyama (Ovambo)
Niger	Französisch	Haussa	
Nigeria	Englisch	Haussa	
Réunion*	Französisch	Franz.-Kreolisch	
Ruanda	Französisch/ Kinyarwanda	Kinyarwanda	Kiswahili
Sambia	Englisch		
São Tomé und Principe	Portugiesisch	port. Kreolisch	
Senegal	Französisch	Wolof	Pular (Ful)
Seschellen	Englisch	Kreolisch	Französisch (Bildungssprache)
Sierra Leone	Englisch	Krio (Kreolisch)	
Simbabwe	Englisch	Shona	Ndebele
Somalia	Somali	Englisch, Französisch, Arabisch als trad. Bildungs- und Handelssprache	
St. Helena*	Englisch		
Südafrika	Afrikaans/Englisch		
Sudan	Arabisch	Englisch	
Swasiland	Englisch	Siswati	
Tansania	Kiswahili	Englisch	
Togo	Französisch	Ewe/Kabre	Kotokoli/Haussa
Tschad	Französisch	Arabisch/Sara	
Uganda	Englisch	Kiswahili	
Zaire	Französisch	Lingala/Kikongo/Luba/Kiswahili	
Zentralafrikanische Republik	Französisch	Sangho	

Zusammengefaßt ergibt sich folgendes Bild der offiziellen Amtssprachen: Französisch: 22 Länder, Englisch: 18 Länder, Portugiesisch: 5 Länder, Afrikaans: 2 Länder, Arabisch: 2 Länder, Spanisch: 1 Land, Deutsch: 1 Land, afrikanische Sprachen: 6 Länder (Summenfehler durch mehrere Amtssprachen bedingt).

„Stammes-Denken" und „Stammes-Politik": Hängt an ihnen das Schicksal Schwarzafrikas?

Die europäischen Kolonialherren haben die afrikanischen Völker nie als ‚Völker', sondern stets als ‚Stämme' bezeichnet. Schon mit dieser Begrifflichkeit sollte deutlich gemacht werden: Hier handelt es sich um primitive, noch nicht zivilisierte Gesellschaften, die in ihrer Entwicklung weit unter dem Abendland stehen. Von dieser *rassistischen Terminologie* haben sich die meisten Journalisten, ja unsere Öffentlichkeit schlechthin bis heute nicht befreien können. Die afrikanischen Völker gelten nach wie vor als ‚Stämme'! Und gemäß diesem Konzept vollzieht sich Politik in Afrika nicht wie bei uns in Europa nach ‚rationalen' Kriterien, sondern nach Stammestraditionen und Stammesmechanismen, deren geheimnisvolle Welt sich unserem Verständnis entzieht.

Der ‚wissenschaftliche' Begriff für dieses ‚Erklärungsmuster' heißt *Tribalismus*. Schon bevor die Europäer ihre Kolonialherrschaft in Afrika durchsetzen konnten, vertraten sie das Tribalismus-Konzept und gestalteten gemäß dieser Auffassung – und nicht an der Wirklichkeit orientiert – ihre konkrete Politik in den Kolonien. Dieses Tribalismus-Konzept ist davon ausgegangen, daß in den Gesellschaften, auf die es angewendet wurde, das Denken und Handeln der Individuen in erster Linie durch ihr Zugehörigkeitsgefühl zu der Volksgruppe bestimmt wird, in die sie hineingeboren worden sind. Die Loyalität gegenüber der eigenen Volksgruppe ist somit der oberste Bestimmungsfaktor im Leben des tribalistisch orientierten Menschen. Gemäß diesem Erklärungsmuster gliedert sich die afrikanische Gesamtbevölkerung in strikt voneinander getrennte Volksgruppen oder ‚Stämme'. Diese Stämme leben im permanenten Kriegszustand untereinander und die Auseinandersetzungen, die mit großer Brutalität ausgetragen werden, blockieren jegliche gesellschaftliche Aufwärtsentwicklung. Die Organisation des menschlichen Zusammenlebens in ‚Stammesverbänden' kommt dieser Auffassung zufolge dem gesellschaftlichen Urzustand sehr nahe. Erst durch den Eingriff und die Herrschaft der Weißen – so ist es Glaube der Kolonialherren gewesen – kann der Kriegszustand aller Stämme gegen alle Stämme beendet werden. Und es ist die weiße Oberhoheit, die gemäß dem Tribalismus-Konzept individuelle Schutzgarantien für das Menschsein des Afrikaners bringt und eine gesamtgesellschaftliche Vorwärtsentwicklung ermöglicht. Somit stellt das Tribalismus-Konzept in gewisser Hinsicht ein Pendant zum kolonialen Menschenbild vom unterlegenen und unzivilisierten Afrikaner dar.

Wie schon gesagt: Die europäischen Kolonialmächte orientierten ihre Politik in Afrika an diesem Tribalismus-Konzept. Sie trennten die verschiedenen afrikanischen Sprachgruppen bzw. Völker voneinander; Verwaltungs- und Wohngebiete wurden eingerichtet, die mit den Sprachgruppen identisch waren. Dabei wurden einzelne Volksgruppen als den anderen überlegen betrachtet, eine Qualifizierung, die die Afrikaner im Laufe der Jahrzehnte dann schließlich selbst übernahmen. Es war in vielen Fällen die Kolonialwirtschaft, durch die es zu einer ungleichen Entwicklung in den verschiedenen sogenannten Stammesgebieten kam, wodurch sich wiederum Konkurrenz und Rivalität der afrikanischen Volksgruppen untereinander verschärften. Letztlich wurde durch die Kolonialpolitik das Phänomen, das mit dem Begriff ‚Tribalismus' beschrieben wurde, erst geschaffen und aus dem konkurrierenden Gruppenbewußtsein der sogenannten Stämme versuchte die Kolonialmacht dann, ihren eigenen Nutzen zu ziehen, gemäß der alten Devise „divide et impera" – „teile und herrsche".[1]

Ich will nicht leugnen, daß afrikanische Politiker die Mitglieder ihrer eigenen Volksgruppe bevorzugen, wenn Ämter oder wirtschaftliche Aufträge zu vergeben sind. Aber ist dies typisch afrikanisch, tribalistisch? Werden nicht auch bei uns alle hohen Ämter z.B. in den öffentlich-rechtlichen Rundfunk- und Fernsehanstalten nach dem Parteienproporz besetzt, und haben nicht diejenigen die höchste Position inne, die Mitglied der gerade regierenden Partei sind? Die Auseinandersetzungen und z.T. kriegerischen Konflikte in Schwarzafrika sind in erster Linie nicht tribalistisch bedingt, sondern es handelt sich – wie überall auf der Welt – um politische und wirtschaftliche Machtkämpfe unterschiedlicher Interessengruppen. Daß die Volksgruppensolidarität in Afrika eine größere Rolle als in unserer Gesellschaft spielt, hat nichts mit der angeblich mystischen Seele seiner Bewohner zu tun. Vielmehr liegt der Grund darin, daß die staatlichen Strukturen (z.B. Sozialhilfe, Rentenversicherung, Rechtssprechung) entweder nur unzureichend oder überhaupt nicht funktionieren: *Das Individuum handelt also völlig ‚rational', wenn es sich unter diesen Umständen zunächst einmal auf seine eigene Volksgruppe verläßt.*

Das ‚Stammes-Konzept' ist ein Begriff aus der kolonialistischen Rumpelkammer und sollte endgültig in diese eingemottet werden; es taugt überhaupt nicht, die politischen Vorgänge und Entwicklungen in Afrika zu analysieren und zu verstehen.

Politische Systeme in Schwarzafrika:
Kontinent der Putsche versus politische Stabilität

Selbst für linksliberale und des Rassismus unverdächtiger Zeitungen gilt Afrika als „der Kontinent der Putsche" (Spiegel). Politische Instabilität wurde im Bewußtsein unserer Öffentlichkeit zum herausragenden Merkmal der Entwicklungen in Schwarzafrika seit der Unabhängigkeit: Als die weißen Kolonialherren den Kontinent verließen, war es mit dem Frieden in Afrika zu Ende. Mit dieser Auffassung geht einher, daß die afrikanische Bevölkerung unter der Knute von Einparteiensystemen und diktatorischer Regime zu leiden habe. Die meisten Autoren versuchen dies dadurch zu belegen, daß sie die Einparteien- gegenüber den Mehrparteiensystemen aufzählen sowie die Militärregime gegenüber den Zivilregierungen. Tatsächlich sah 1985 die politische Landschaft Schwarzafrikas wie folgt aus:
- 24 Zivilregierungen
- 21 Militärregierungen
- mindestens 26 Einparteiensysteme
- 7 Mehrparteiensysteme[2].

Doch was besagen solche Klassifikationen? Welche Rückschlüsse auf das politische Klima im jeweiligen Land lassen sie zu? Eigentlich keine! Und schon gar nicht diejenigen, die gemeinhin in unserer Öffentlichkeit darüber angestellt werden. Wenige Beispiele mögen dies belegen:

Uganda rangiert in der obigen Liste unter den Mehrparteiensystemen, während Nigeria als vom Militär regiertes Land ausgewiesen wird. In Wirklichkeit herrschten 1985 in Uganda alles andere als demokratische Verhältnisse (unter der ‚demokratischen Regierung' Obote starben Abertausende durch Übergriffe der undisziplinierten Armee), wohingegen es in Nigeria unter der Militärregierung eine weitgehend freie Presse gab und Übergriffe der Armee auf die Zivilbevölkerung sowie massive Einschüchterungsversuche seitens der Militärs nicht vorkamen. Ganz im Gegenteil hatte in Nigeria unter den Militärs die Bespitzelung der Zivilbevölkerung aufgehört, die vorher unter der ‚demokratischen Regierung' Shagaris immer mehr gang und gäbe geworden war. Andere Militärregierungen in Schwarzafrika haben nachweislich Entwicklungsprozesse auf breiter Front eingeleitet wie beispielsweise Seyni Kountché im Niger.

Ebenso sind afrikanische Einparteiensysteme etwas völlig anderes, als es die Einparteiensysteme des Ostblocks sind, die unsere Vorstellungswelt bestimmen. Einparteiensysteme – davon gehen heute viele Politik-Wissenschaftler aus – können sehr wohl im Sinne einer *politischen Maschine'* Entwicklungsprozesse katalytisch beschleunigen und den noch nicht abgeschlossenen Prozeß der Nationbildung befördern. Übrigens sind ja auch die europäischen Staaten durch absolutistische Herrscher ‚von oben' geeint worden. Untersuchungen, die sich von ausschließlich eurozentristischen Perspektiven befreit haben, kommen dann auch zu dem Ergebnis, daß im Systemvergleich weder die Einparteien- noch die Mehrparteiensysteme in Schwarzafrika besser abschneiden.[3]

All dies zeigt, *daß wir mit unserer Begrifflichkeit die afrikanischen Realitäten oft überhaupt nicht oder nur verzerrt erfassen können*, ein Faktum, das in der Berichterstattung und im Schulunterricht sowie in der universitären Ausbildung meist nicht berücksichtigt wird. Deshalb habe ich auch ganz bewußt darauf verzichtet, ein Schaubild der aktuellen politischen Systeme in Afrika gemäß unserer Terminologie zu präsentieren. Statt dessen zeige ich in der folgenden Tabelle, daß Schwarzafrika in erstaunlichem Maße politische Stabilität und politische Kontinuität aufweist. Mir geht es an diesem Punkt nur um diese beiden Kriterien und nicht um eine inhaltliche Bewertung, was mit dieser Stabilität und Kontinuität erreicht worden ist. Die Einzelheiten der Tabelle sprechen für sich und entlarven das Pauschalurteil „Afrika = Kontinent der Putsche" als ein *Hirngespinst*, als eine der eurozentristischen Überheblichkeit entsprungene Schimäre. Und es stellt sich mit Ernst die Frage, was die wirklichen Gründe und Interessen für die Verbreitung solcher Falschmeldungen sind.

Zu den Fakten: Wie ich im Kapitel „Kriege und Rüstung" noch näher zeigen werde, gab es in den 45 schwarzafrikanischen Staaten während der Jahre 1956 bis 1987 einschließlich, also in einem Zeitraum von 32 Jahren, insgesamt 61 erfolgreiche Staatsstreiche; das sind statistisch betrachtet 0,042 Putsche pro Land und pro Jahr. Statistisch muß also jedes Land damit rechnen, daß alle 24 Jahre ein Umsturz stattfindet.

Tabelle 6: „Politische Stabilität und Kontinuität in Schwarzafrika" (Stand 31. 12. 1987)

Name	Land (Unabhängigkeitsdatum)	Regierungszeit (von/bis und Dauer in Jahren)		Herausragende Bedeutung in der Unabhängigkeitsbewegung des Landes	Ungefähre Zeitspanne bedeutsamen Einflusses in der politischen Entwicklung des Landes	Schied aus dem Amt durch: Tod (T), freiw. Rücktritt (FR), Putsch (P)	Land erlebte wieviele Regierungschefs seit seiner Unabhängigkeit bis heute
König Sobhuza II.	Swasiland (1968)	1921–82	61	ja	mehr als 60 Jahre	T	2
Kaiser H. **Selassie**	Äthiopien (nicht kol.)	1930–74	44	im Kampf gegen ital. Kol.-Versuche ja	mehr als 40 Jahre	P	4
F. Houphouet-Boigny	Elfenbeinküste (1960)	1960–heute	27	ja	mehr als 35 Jahre	noch im Amt	1
D. K. Jawara	Gambia (1965)	1962–heute	25	ja	mehr als 25 Jahre	noch im Amt	1
H. Banda	Malawi (1964)	1963–heute	24	ja	mehr als 30 Jahre	noch im Amt	1
K. **Kaunda**	Sambia (1964)	1964–heute	23	ja	mehr als 30 Jahre	noch im Amt	1
S. **Touré**	Guinea (1958)	1960–84	24	ja	mehr als 30 Jahre	T	3
J. **Nyerere**	Tansania (1961)	1960–85	25	ja	mehr als 30 Jahre	FR	2
S. S. Mobutu	Zaire (1960)	1965–heute	22	ja	mehr als 25 Jahre	noch im Amt	3*
A. Ahidjo	Kamerun (1960)	1960–82	22	ja	mehr als 25 Jahre	P	2
L. Jonathan	Lesotho (1966)	1965–86	21	ja	mehr als 25 Jahre	P	2
L. S. **Senghor**	Senegal (1960)	1960–80	20	ja	mehr als 35 Jahre	FR	2

O. Bongo	Gabun (1960)	1967–heute	20	—	ca. 20 Jahre	noch im Amt	3
E. G. Eyadema	Togo (1960)	1967–heute	20	—	ca. 20 Jahre	noch im Amt	3
M. Traoré	Mali (1960)	1968–heute	19	—	ca. 20 Jahre	noch im Amt	2
M. O. Daddah	Mauretanien (1960)	1960–78	18	ja	mehr als 20 Jahre	P	5
M. Barre	Somalia (1960)	1969–heute	18	—	mehr als 15 Jahre	noch im Amt	3
J. M. Numeri	Sudan (1956)	1970–85	15	—	15 Jahre	P	7*
A. Kérékou	Benin (1960)	1972–heute	15	—	mehr als 15 Jahre	noch im Amt	11*
J. Habyarimana	Ruanda (1962)	1973–heute	14	—	ca. 15 Jahre	noch im Amt	2
P. Tsiranana	Madagaskar (1960)	1958–72	14	ja	mehr als 15 Jahre	P	5
J. Kenyatta	Kenia (1964)	1964–78	14	ja	mehr als 30 Jahre	T	2
S. Khama	Botswana (1966)	1966–80	14	ja	mehr als 20 Jahre	T	2
S. Kountché	Niger (1960)	1974–87	13	—	mehr als 10 Jahre	T	3
A. M. Pereira	Kapverden (1975)	1975–heute	12	ja	mehr als 20 Jahre	noch im Amt	1
S. Machel	Mosambik (1975)	1975–86	11	ja	mehr als 25 Jahre	T	2
J. B. Bagaza	Burundi (1962)	1976–87	11	—	mehr als 10 Jahre	P	5*
K. Nkrumah	Ghana (1957)	1957–66	9	ja	mehr als 25 Jahre	P	9
R. Mugabe	Simbabwe (1980)	1980–heute	7	ja	mehr als 30 Jahre	noch im Amt	1
A. Neto	Angola (1975)	1975–78	3	ja	mehr als 25 Jahre	T	2

Die Ergebnisse der in der Tabelle „Politische Stabilität und Kontinuität in Schwarz-afrika" untersuchten Entwicklungen in 30 Staaten lassen sich wie folgt zusammen-fassen:

1. 15 Regierungschefs waren 20 Jahre lang und mehr im Amt.
2. 13 der 30 Staaten werden von Politikern regiert, die seit 10 und mehr Jahren im Amt sind.
3. In 23 der 30 Staaten wurden die Geschicke des Landes von dem gleichen Politiker 20 Jahre und länger entscheidend beeinflußt; sei es, daß er der Führer der Unabhängigkeitsbewegung war oder später der Regierungschef. 10 dieser 23 Politiker spielten sogar 30 Jahre und länger eine wesentliche Rolle in ihrem Land.
4. 20 der 30 Politiker besaßen bereits vor der Unabhängigkeit ihres Landes eine entscheidende politische Funktion.
5. 10 der 30 Politiker besitzen eine Bedeutung, die über ihr Land hinausgeht; die meisten von ihnen gelten in ganz Schwarzafrika als Symbolfiguren des natio-nalen Unabhängigkeitskampfes gegen die weiße Fremdherrschaft.
6. Von den 30 Staaten besaßen 6 Länder nur einen Regierungschef seit ihrer Unabhängigkeit, 11 Staaten hatten zwei und 6 Länder drei verschiedene ‚Regierungschefs' seit ihrer staatlichen Selbständigkeit.
7. Nur einer der großen afrikanischen Führer wurde gestürzt, nämlich Kwame Nkrumah, während alle übrigen entweder durch Tod oder freiwilligen Rücktritt aus dem Amt schieden oder noch an der Regierung sind.

Erläuterungen zur Tabelle

1. Die Hervorhebung eines Namens durch Fettdruck bedeutet, daß diese politi-schen Führer eine über ihr eigenes Land hinausgehende Rolle spielten; die meisten von ihnen gelten in ganz Schwarzafrika als Symbolfiguren des Unabhän-gigkeitskampfes.
2. Zur Spalte „Regierungszeit": diese kann länger sein als der Zeitraum der Unabhängigkeit bzw. kann vor dem Unabhängigkeitsdatum beginnen, weil diese Länder schon vor der offiziellen staatlichen Selbständigkeit eine gewisse Selbst-regierung nach innen von der Kolonialmacht erhielten.
3. Zur Spalte „Zeitspanne bedeutsamen Einflusses ...": Hier ist die politische Tätigkeit vor der Unabhängigkeit mit eingerechnet; Klassifizierung erfolgte in Fünf-Jahresschritten.
4. Zur Terminologie: Unter „Regierungschef" wird in dieser Tabelle jener Politiker verstanden, der die eigentliche Macht in Händen hält; dies ist meist das Staats-oberhaupt oder der Vorsitzende eines Militärrates und nicht der Premier-minister.
5. Letzte Spalte: * bedeutet, daß Angabe nicht ganz gesichert ist bzw. daß man je nach Definition auch zu einer anderen Gesamtzahl kommen kann.

Quellen: in der Regel nach: Biographien zur Zeitgeschichte 1945–1983, Frankfurt 1983 und die entsprechenden Jahresbände des Fischer Almanachs; außerdem: Hofmeier u.a., Poli-tisches Lexikon Afrika, München 1987 sowie Der Große Ploetz, Freiburg und Würzburg 1980.

Die OAU – größter regionaler Staatenbund der Welt

„Nur durch die Schaffung der *Vereinigten Staaten von Afrika* können wir uns aus der wirtschaftlichen Abhängigkeit von unseren ehemaligen Kolonialherren befreien", appellierte schon Ende der 50er Jahre Kwame Nkrumah an die Völker und Politiker Afrikas. Nkrumah war damals Regierungschef des schon unabhängigen Ghana; doch noch größer war seine Bedeutung über die Grenzen seines Landes hinaus: Er galt in ganz Schwarzafrika als einer der geistigen Vorkämpfer gegen Europas Kolonialherrschaft auf dem Kontinent.

Nkrumahs Appell blieb zwar Vision, aber immerhin kam es wenige Jahre später, nämlich 1963, zur Gründung der „Organisation für Afrikanische Einheit", nach ihrer englischen Bezeichnung kurz OAU (Organization of African Unity) genannt. Den konkreten Anstoß zur Formierung der OAU hatte Kaiser Haile Selassie gegeben, der die Regierungschefs der damals 30 unabhängigen afrikanischen Staaten nach Addis Abeba einlud. Und da zu jener Zeit noch 20 Länder des Kontinents von Europa aus oder von weißen Minderheiten beherrscht wurden, schrieb sich die OAU zunächst einmal den Kampf gegen den Kolonialismus und Rassismus auf ihre Fahnen. Es gelang der Organisation und ihren führenden Politikern tatsächlich, einen Großteil der Weltöffentlichkeit gegen die weißen Regime in Afrika zu mobilisieren; außerdem hätten viele Freiheitskämpfe ohne die materielle und logistische Unterstützung seitens der OAU sicherlich noch länger gedauert.

Ein zweites Ziel der Organisation war – wie schon von Nkrumah gefordert – die Einheit des Kontinents. Zwar konnte die OAU bewaffnete Konflikte der jungen Staaten untereinander nicht verhindern – an der Tschad- und Westsahara-Frage ist sie in jüngster Zeit fast zerbrochen –, aber immerhin gelang es ihr, zahlreiche Grenzkonflikte zu schlichten oder erst gar nicht entstehen zu lassen. Ein *Grunddogma* der Organisation war nämlich, daß sich alle OAU-Mitglieder verpflichten mußten, die von den europäischen Kolonialherren gezogenen künstlichen Grenzen in Afrika nicht anzutasten: Aus den willkürlichen Kolonialterritorien sollten organische und aus sich selbst lebensfähige Staatsgebilde werden. Ob dieser schicksalsentscheidende Entschluß wirklich zum Wohle des Kontinents gedieh, diese Frage wird sich nie beantworten lassen. Jedenfalls ist die Gültigkeit dieses Dogmas bis heute unangetastet.

Das dritte wesentliche Ziel der OAU bestand darin, den Kontinent wirtschaftlich zusammenwachsen zu lassen. Eine Aufgabe, die fast zwei Jahrzehnte in Vergessenheit geriet und erst zu Beginn der 80er Jahre in den Gipfelkonferenzen der Organisation wieder zum Hauptthema wurde. Zwar hat die OAU seitdem immer wieder Aktionspläne verabschiedet, um den desolaten wirtschaftlichen Niedergang des Kontinents zu stoppen, faktisch hat sie jedoch wenig erreicht. Letzteres liegt allerdings nicht nur an ihr, sondern ebenso an der internationalen Politik. So haben die westlichen Staaten die von der OAU mehrfach geforderte Schuldenkonferenz immer wieder abgelehnt. Positiv ist festzustellen, daß bei der OAU die Einsicht in die Notwendigkeit einer wirtschaftspolitischen Kurskorrektur, die von den afrikanischen Politikern vorzunehmen ist, gewachsen ist.

Ein altes Thema innerhalb der Organisation hat während der letzten Jahre erneut an Brisanz gewonnen: Die Verurteilung des Apartheidsystems in Südafrika und die

Forderung nach Wirtschaftssanktionen gegenüber Pretoria. Im westlichen Ausland trifft die Vehemenz, mit der die OAU das Thema Südafrika behandelt, meist auf Unverständnis. Die Afrikaner sehen jedoch in dem Apartheidsystem die letzte Bastion der weißen Fremdherrschaft; hier wird ihnen und der Weltöffentlichkeit jene Entrechtung der Afrikaner tagtäglich vor Augen geführt, die einst alle Bewohner des Kontinents betraf und erniedrigte. Deshalb trifft das Südafrikaproblem die ‚afrikanische Seele' besonders tief.

Die OAU ist der größte regionale Staatenbund der Welt. Sie zählt derzeit 48 Mitglieder (47 unabhängige Staaten und die Demokratisch-Arabische Republik Sahara). Marokko hat wegen der West-Sahara-Frage seinen Austritt erklärt; somit sind neben Marokko und Südafrika alle Länder des Kontinents, auch die nordafrikanischen, Mitglieder der OAU. Kein anderer kontinentaler Staatenbund vereinigt unter seinem Dach eine derartige Vielfalt unterschiedlicher Völker, Sprachen und Kulturen. Der OAU ist von westlichen Beobachtern vielfach mangelnder politischer Erfolg vorgeworfen worden. Diese Kritik – so berechtigt sie im Einzelfall auch sein mag – übersieht generell, daß die OAU keine supranationale Organisation im eigentlichen Sinne ist, sondern eher eine ‚institutionalisierte Konferenz'. Sitz dieser ‚ständigen Konferenz' ist nach wie vor Addis Abeba, wo es auch ein Büro mit ca. 500 Mitarbeitern (1985) gibt. Höchstes Organ der Organisation ist die in der Regel jährlich stattfindende Gipfelkonferenz der Staatsoberhäupter. Auf dieser Konferenz wird auch der jeweilige Vorsitzende (Amtsperiode meist ein Jahr) aus dem Kreise der Regierungschefs gewählt. In internationalen Gremien besitzen die OAU-Staaten bedeutsames politisches Gewicht; sie stellen beispielsweise die Mehrheit der Blockfreien Staaten, was 1986 seinen Niederschlag darin fand, daß der Regierungschef Simbabwes, Robert Mugabe, für drei Jahre zum Vorsitzenden der Blockfreien-Konferenz gewählt worden ist.

Religionen in Afrika

Tabelle 7: Religionszugehörigkeit in Schwarzafrika 1988

Religion	Gläubige	Anteil an Gesamt- bevölkerung in %
Muslime	**121 Mio.**	**26,2 %**
Christen (insgesamt)	**192 Mio.**	**41,6 %**
Protestanten	59 Mio.	12,8 %
Röm.-Katholisch	93 Mio.	20,2 %
Orthodoxe und Kopten	22 Mio.	4,8 %
Unabhängige Kirchen	17 Mio.	3,7 %
Afrikanische Religionen	**149 Mio.**	**32,2 %**
Zum Vergleich		
Nordafrika, Muslime		90–95 %
Südafrika und Namibia, Christen:		über 80 %

Anmerkung:
Zahlenangaben sind ungefähre Richtwerte;
viele Gläubige hängen nicht nur einer Religion,
sondern oft zwei verschiedenen an.

Quelle: Eigene Berechnungen nach Barrett 1982.

Graphik 3: Religionszugehörigkeit in Schwarzafrika

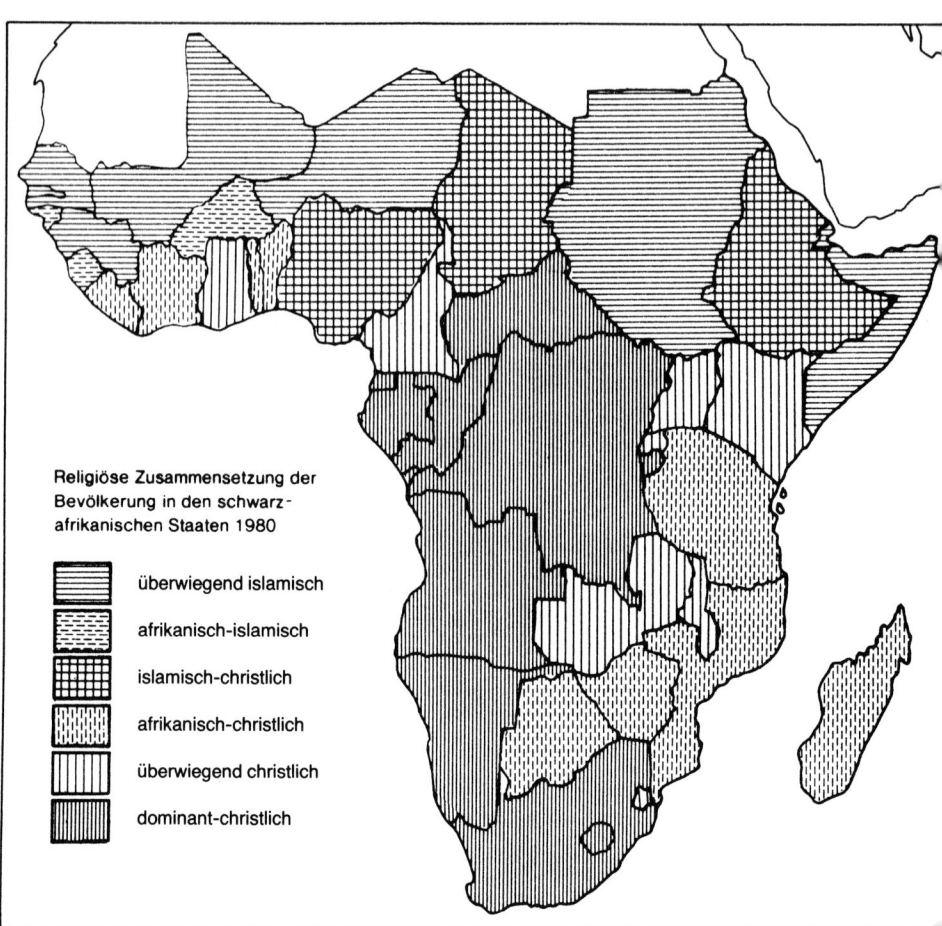

Religiöse Zusammensetzung der
Bevölkerung in den schwarzafrikanischen Staaten 1980

- überwiegend islamisch
- afrikanisch-islamisch
- islamisch-christlich
- afrikanisch-christlich
- überwiegend christlich
- dominant-christlich

Quelle: Nach Henkel 1986 und Barrett 1982.

**Graphik 4: Zugehörigkeit zu den drei „Hauptreligionen"
Schwarzafrikas** (in Prozent)

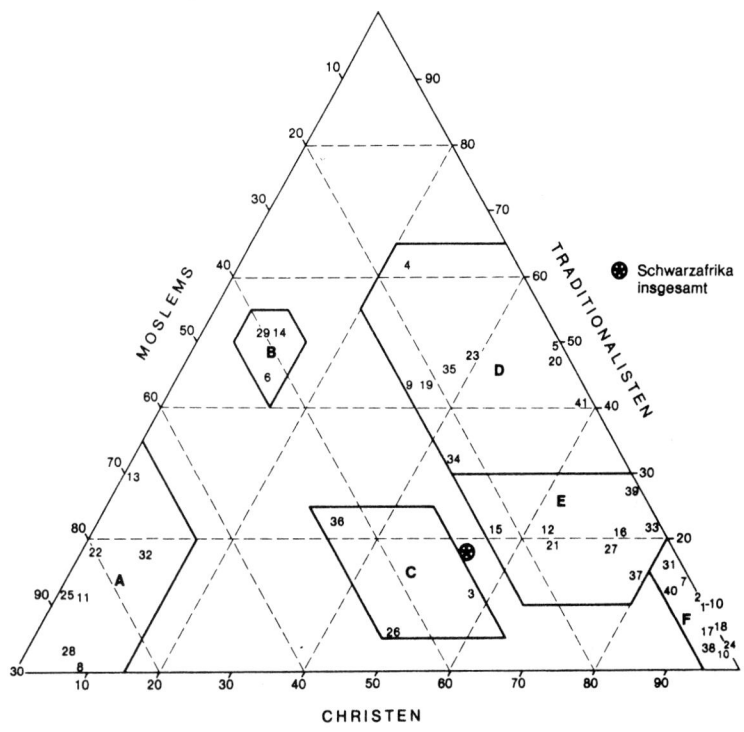

1 Angola	11 Gambia	22 Mali	33 Swaziland
2 Äquatorial-	12 Ghana	23 Moçambique	34 Tanzania
Guinea	13 Guinea	24 Namibia	35 Togo
3 Äthiopien	14 Guinea-	25 Niger	36 Tschad
4 Benin	Bissau	26 Nigeria	37 Uganda
5 Botswana	15 Kamerun	27 Rwanda	38 Zaire
6 Burkina Faso	16 Kenya	28 Senegal	39 Zambia
(Obervolta)	17 Kongo	29 Sierra	40 Zentral-
7 Burundi	18 Lesotho	Leone	afrikanische
8 Djibouti	19 Liberia	30 Somalia	Republik
9 Elfenbein-	20 Madagaskar	31 Südafrika	41 Zimbabwe
küste	21 Malawi	32 Sudan	
10 Gabun			

Quelle: nach Henkel 1986 und Barrett 1982. Die Zahlen kennzeichnen die Länder entsprechend der obigen Liste.

Literaturhinweise

1. R. Hofmeier / M. Schönborn (Hrsg.) *Politisches Lexikon Afrika*, Beck'sche Reihe (Taschenbuch), München 1987, ca. 500 Seiten. Enthält Artikel zu allen Ländern südlich der Sahara inklusive Südafrika, aber ohne den Sudan. Erscheint etwa alle zwei bis drei Jahre in einer aktualisierten Neuauflage und ist von Landeskennern geschrieben, die sich um eine pro-afrikanische Perspektive bemühen. *Sollte in keiner Redaktion oder Schulbibliothek fehlen.*

2. *Afrika Jahrbuch*; unter Federführung von R. Hofmeier hrsg. vom Institut für Afrikakunde Hamburg. Erscheint im Leske und Budrich Verlag, Opladen, und zwar erstmalig im April 1988 und dann jedes Jahr neu. Das Jahrbuch wird jeweils über die wichtigsten Entwicklungen in Politik, Wirtschaft und Gesellschaft der afrikanischen Länder südlich der Sahara berichten. Auch dieses sollte zur *Präsenzbibliothek in Redaktionen und Schulen* gehören.

3. *Aktuelle Entwicklungskennziffern* sind in dem jährlich neu erscheinenden *Weltentwicklungsbericht* der Weltbank enthalten. Dieser liegt meist im Juli des jeweiligen Jahres in englisch vor und im September/Oktober in deutscher Fassung. Der Weltentwicklungsbericht ist jeweils einem bestimmten *Schwerpunktthema* (z.B. Landwirtschaft) gewidmet und enthält in der Regel Sonderbeiträge zu Afrika. Die Publikation ist beim UNO-Verlag, Poppelsdorfer Allee 55, 5300 Bonn 1 zu beziehen.

4. *Aktuelle Wirtschaftsdaten* bieten die verschiedenen *Länderberichte* der Bundesstelle für Außenhandelsinformation (bfai), die fast zu allen Ländern Afrikas jährlich neu erscheinen. Für *Hintergrundberichte* in den Medien oder für die *Behandlung eines Landes im Schulunterricht* sollten die Materialien der bfai zur *unabdingbaren Grundlagenliteratur* gehören. In einem solchen Fall empfiehlt sich ein kurzes Telefonat, um festzustellen, was an aktuellen Informationen verfügbar ist. Neben den länderspezifischen Publikationen erscheint auch jährlich ein Heft zum Afrikahandel der BRD. Die bfai ist eine Unterabteilung des Bundeswirtschaftsministeriums. Adresse: bfai, Postfach 10 80 07, 5000 Köln 1, Tel. 02 21/20 57–3 16 oder 20 57–3 14.

5. *Kritischer Hinweis*: Grundsätzlich empfehlen sich zwar auch die *Länderberichte des Statistischen Bundesamtes Wiesbaden*; sie enthalten jedoch oftmals fehlerhafte Angaben (z.B. zur Auslandsverschuldung), die quasi nur von Landeskennern auszumachen sind. Ähnliches gilt von den Publikationen des *Munzinger Archivs* sowie vom *Fischer Weltalmanach* und ähnlichen Jahrbüchern; noch größere Einschränkungen sind gegenüber den fortlaufend erscheinenden *Aktuellen JRO Landkarten* und deren Beiheften zu machen, bei denen eine eurozentrische Perspektive immer noch dominiert.

6. Weitere Literaturhinweise, insbesondere zur künftigen Entwicklung, finden sich am Ende des dritten Teils dieses Buches (S. 446).

Hunger in Afrika: kein Schicksal

Ursachenkomplex I
Das unbewältigte Erbe
des Kolonialismus

Kapitel 1
Hunger – kein Dauerzustand
im vorkolonialen Afrika

Schwarzafrika: Wiege der Menschheit · Nigeria – Kristallisationspunkt und Geburtsstätte schwarzafrikanischer Kulturen · Kurskorrektur: Die Ebenbürtigkeit der afrikanischen Geschichte und Kultur · Zusammenfassung: Unterentwicklung und Hunger – ein Ergebnis der Neuzeit

---

Schwarzafrika: Wiege der Menschheit

„Denn Afrika ist kein geschichtlicher Weltteil, es hat keine Bewegung und Entwicklung aufzuweisen, und was ... in seinem Norden geschehen ist, gehört der asiatischen und europäischen Welt zu ... Was wir eigentlich unter Afrika verstehen, das ist das Geschichtslose und Unaufgeschlossene, das noch ganz im natürlichen Geiste befangen ist",[1] so urteilte vor 150 Jahren einer unserer bedeutendsten Philosophen, Georg Friedrich Hegel, über Afrika. Dieser große Wissenschaftler des Geistes, der Humanität und Aufklärung verpflichtet, formulierte prägnant, was schon seit mehreren Jahrhunderten die Meinung Europas über den „bilad-es-sudan", über das „Land der Schwarzen oder der verbrannten Gesichter" gewesen war.

Hegel aber brachte vor allem jene Auffassung zu Papier, die bis heute im Bewußtsein unserer Öffentlichkeit bestimmend geblieben ist: Afrikas eigentliche Geschichte beginnt demzufolge erst mit dem Eintreffen der weißen Kolonialherren. Und diese Auffassung – von zig Wissenschaftlergenerationen verbreitet – sitzt so tief, daß sich unsere Schulbücher davon noch immer nicht befreien können. In den meisten Standardwerken für den Unterricht taucht Afrikas eigene Geschichte und Kultur nicht auf. Folglich erfährt denn auch kaum jemand in unserer Gesellschaft, daß schon Charles Darwin der Meinung gewesen ist, die Wiege der Menschheit stünde in Afrika. Was der große Naturforscher nur vermuten konnte, ist mittlerweile durch die Archäologie bewiesen: *Der Mensch wurde in Afrika geboren!* Die ältesten Funde, die wir über unsere Vorfahren besitzen, stammen aus der Olduwai-Schlucht (Tansania). Ihr Alter wird auf ca. 2,5 Mio. Jahre datiert, während die

*Der deutsche Afrika-Forscher
Georg Schweinfurth zeichnete dieses
Magbutu-Dorf mit Vorratshäusern*

Funde bei Sterkfontein (Südafrika) etwa eine Million Jahre alt sein dürften. Felszeichnungen aus der Sahara, aber auch aus der Region des heutigen Simbabwe
besitzen nicht nur ein Alter von über 15.000 Jahren, sondern sie sind den
Zeugnissen frühen Kulturschaffens in Europa durchaus ebenbürtig. Ferner war
Afrika keineswegs ein statischer Kontinent, wie der ‚Freund der Weisheit' Hegel
behauptete.

Schon im ersten Jahrtausend vor unserer Zeitrechnung geriet der Kontinent
mächtig in Bewegung. Wie in Europa sollten *Völkerwanderungen* seine
Geschichte über Jahrhunderte hin prägen. Etwa 500 v. Chr. brachen die Bantu-
Völker aus der Region nördlich des Regenwaldes in Richtung Süden auf. Diese
Bantus kannten schon in jener Zeit die Eisenverarbeitung, waren in der Lage, mit
den so hergestellten Werkzeugen und Hilfsgeräten den Urwald zu durchdringen.
Offensichtlich herrschte damals großer Wohlstand unter den Bantu-Völkern, und
dieser muß der Grund gewesen sein für ein relativ rasches Bevölkerungswachstum. Welche anderen Ursachen die Bantus zum Aufbruch in das Zentrum und in
den Süden des Kontinents drängten, wissen wir nicht genau. Jedenfalls waren sie
nicht nur Eisenschmelzer, sondern in erster Linie tüchtige Feldbauern.

Ackerbau-Kulturen existierten bereits um 4000 v.Chr. im heutigen Sudan, damals
Nubien genannt, und wir besitzen sichere Zeugnisse über Hirten-nomadische
Gesellschaften in den Gebieten am Südrand der Sahara, die aus der Zeit um

2500 v.Chr. stammen. Ferner können wir davon ausgehen, daß sich im zweiten Jahrtausend vor unserer Zeitrechnung der Ackerbau im Großraum südlich der Sahara, von der Ost- bis zur Westküste, also über eine Strecke von gut 7.000 km ausdehnte. Die afrikanischen Landwirte jener Zeit betrieben ihren Anbau mit *selbstgezüchteten* Pflanzen, zu denen Hirse, Sorghum, Teff, Jams, Hülsenfrüchte, die Bambara-Erdnuß und die Ölpalme sowie der afrikanische Reis gehörten.

Rund 1.000 Jahre nach ihrem Aufbruch überschritten die Bantu-Völker den Limpopo, den heutigen Grenzfluß zwischen Simbabwe und Südafrika. Mapungubwe war wohl kurz nach der Jahrtausendwende das erste bedeutsame schwarzafrikanische Reich jenseits dieser Wasserscheide. Diese *frühe* Besiedlung Südafrikas durch schwarze Völker wird auch heute noch allzu gerne von den weißen Herren am Kap geleugnet, widerspricht es doch ihrer Behauptung, die Europäer hätten bei ihrer Ankunft ein *leeres* Land vorgefunden.

Nigeria – Kristallisationspunkt und Geburtsstätte schwarzafrikanischer Kulturen

Die Bantus (Bantu = Sammelbezeichnung für eine große afrikanische Sprachfamilie) waren aus jener Großregion Westafrikas nach Süden aufgebrochen, von deren frühem Kulturschaffen *das Reich Nok* Zeugnis gibt. Die ältesten Funde, die wir aus dem Afrika südlich der Sahara besitzen, wurden bei dem Ort Nok (heutiges Nigeria) bereits in den 40er Jahren unseres Jahrhunderts gemacht. Die Archäologen förderten damals Terrakotta-Figuren zutage, die ein Alter von zweieinhalbtausend Jahren besaßen. Es waren aus Ton gefertigte Köpfe und Statuen, meist lebensgroß, mit Perlen, Ketten und kunstvollen Haarfrisuren geschmückt, so meisterhaft gebrannt, daß ihnen die Jahrtausende nichts anhaben konnten.

Ähnliche Funde machten die Forscher in einem Gebiet von etwa 500 mal 150 km Größe; das Nok-Reich muß also ungefähr ein Drittel so groß wie die Bundesrepublik gewesen sein. Viel wissen wir nicht über die Organisation und Geschichte dieses Reiches; es war wohl ein Priesterkönigtum, dessen Macht im 5. Jahrhundert n.Chr. zu Ende ging. Doch Nok sollte nur der Anfang einer Vielzahl von Kulturen und Reichen auf dem Boden des heutigen Nigeria sein. Es folgten die *Igbo-Ukwu-Kultur*, die *Stadtkönigtümer der Yoruba*, vor allem aber *Ile-Ife* und *Owo*, deren Kunsthandwerker Skulpturen aus Kupfer, Blei und Zinn zu gießen vermochten, ein Schaffen, das im mittelalterlichen *Benin* seinen Höhepunkt erreichte.

„Die Häuser stehen geordnet, nah beieinander, mit Dächern, Vordächern und Säulen. Dieses Volk steht den Holländern in bezug auf Sauberkeit kaum nach. Sie waschen und schrubben ihre Häuser, daß sie glänzen und blitzblank sind wie ein Spiegel. Diese Neger sind zivilisierter als andere Menschen, sie haben gute Gesetze und eine gut organisierte Polizei. Sie leben in Eintracht und erweisen den Fremden, die bei ihnen verkehren, tausenderlei Gefälligkeiten. Der Palast des Königs besteht aus einer Ansammlung von Bauten, die ebenso viel Raum einnehmen, wie die Stadt Grenoble. Jede Häuserecke krönt ein pyramidenförmiger Turm mit einem Vogel aus Kupfer, der seine Schwingen ausbreitet",[2] heißt es im ersten europäischen Reisebericht über das sagenumwobene Königreich Benin, dessen

Herrscher so mächtig war, daß er binnen weniger Tage ein Heer von hunderttausend Mann mobilisieren konnte.

So groß die politische Macht des Benin-Reiches auch gewesen sein mag, viel
erstaunlicher noch ist das Schaffen seiner Künstler, von dem etwa 2.000 Stücke
der Nachwelt Zeugnis geben: Bronzeskulpturen und Bronzeplatten, Elfenbeinmas-
ken und Elfenbeingerät, Altarschmuck und königliche Insignien für das Zeremonial-
gewand des Oba, des Königs von Benin. Von größter Erhabenheit sind die
lebensgroßen Königsköpfe: „Diese Beninarbeiten", schrieb der Afrikanist Felix von
Luschan zu Beginn unseres Jahrhunderts, „stehen auf der höchsten Höhe der
europäischen Gußtechnik. Benvenuto Cellini hätte sie nicht besser gießen können,
auch niemand weder vor ihm noch nach ihm bis auf den heutigen Tag. Diese
Bronzen stehen eben auf dem Höhepunkt des überhaupt Erreichbaren".[3] Etwa 500
Jahre hatte das Benin-Reich Bestand, bis es Ende des 19. Jahrhunderts von den
Engländern zerstört wurde.

Nördlich dieses Reiches, in den weiten Ebenen der Savannen, die schon das Klima
der nahen Sahara atmen, waren kurz nach der Jahrtausendwende gänzlich andere
Machtzentren entstanden: die *Stadtstaaten der Haussa*. Noch im 19. Jahrhundert
beeindruckten ihre Städte und das Leben darin den deutschen Forschungsreisenden Heinrich Barth so sehr, daß er in sein Reisetagebuch schrieb, die Haussa
müßten wohl das glücklichste Volk der Erde sein![4] Tatsächlich waren die Haussa
gleichermaßen tüchtige Bauern, Handwerker und Kaufleute. Schon im Mittelalter
vermochten sie so kunstvoll bedruckte Baumwollstoffe herzustellen, daß diese bis
nach Nordafrika als Zahlungsmittel dienten. Von den Arabern, mit denen sie einen
regen Fernhandel über die Wüste hinweg betrieben, übernahmen sie im 11.
Jahrhundert den Glauben und die Schrift, nicht aber deren Sprache. Vielmehr
schrieben sie ihre eigene Sprache in den fremden Zeichen, und Haussa wurde
bereits im Mittelalter zur Verkehrssprache im ganzen ‚Sudan', im Großraum
südlich der Sahara, was es bis heute weitgehend geblieben ist. Übrigens residieren
ihre Herrscher, die Emire, immer noch in den Städten Nordnigerias, und die
heutige Regierung des Landes muß die Ratschläge dieser mächtigen *Institutionen
geschichtlicher Kontinuität* berücksichtigen.

Kurskorrektur: Die Ebenbürtigkeit der afrikanischen
Geschichte und Kultur

Nigerias reiche Geschichte ist gewissermaßen nur die Spitze des Eisberges.
Überall im „bilad-es-sudan", im Land der Schwarzen südlich der Sahara, gab es im
Mittelalter bedeutsame Reiche: *Gana, Mali, Songhai* mit ihrem sagenhaften Gold-
reichtum in Westafrika; *Kanem-Bornu* im mittleren Sudan; *Darfur, Wadai* und
Kordofan im Osten und schließlich am Horn des Kontinents das äthiopische Reich
Aksum, das bereits im 9. Jh.v.Chr. gegründet wurde. Auch südlich des Regenwal-
des existierten große Reiche, von denen das *Kongo-Königtum*, die *Simbabwe-*
und die *Sandsch-Kultur* an der Ostküste des Kontinents nur wenige Beispiele sind.
Die Herrscher Simbabwes, die *Monomotapa,* betrieben über arabische Kaufleute

Handel mit China und Indien, lieferten Gold und Eisen, das in Arabien zu den weltberühmten Damaszenerklingen verarbeitet wurde.

Gerade im südlichen Afrika blockierte die europäische Vorurteilshaltung bis in unsere Tage hinein die wissenschaftliche Forschung. Die Weißen wollten und konnten den Afrikanern deren eigene große Vergangenheit nicht zugestehen: Denn wer eine eigene Kultur hervorbringen kann, wer den Europäern Ebenbürtiges zu schaffen in der Lage ist, kann nicht der erklärte Untermensch sein.[5]

Zusammenfassung: Unterentwicklung und Hunger – ein Ergebnis der Neuzeit

Es ist nicht Aufgabe und Absicht dieses Kapitels, die wichtigsten Stationen der afrikanischen Historie aufzuzeigen. Dazu bedürfte es weit mehr an Platz. Der *Einblick* in die große Geschichte dieses Kontinents soll vielmehr schlaglichtartig die folgenden Punkte belegen:

1. Die Geschichte Schwarzafrikas beginnt nicht erst mit der Ankunft der Weißen auf dem Kontinent. Als die Europäer mit der Kolonialisierung begannen, konnte Afrika auf eine eigene Geschichte und ein eigenes Kulturschaffen von drei Jahrtausenden zurückblicken.[6]

2. Es gab vor der Kolonialisierung eine Vielzahl – mindestens hundert sind dokumentiert – afrikanischer Reiche, die über eine ausgereifte politische Organisation ihres ‚Staatswesens' verfügten, die großen materiellen Wohlstand sowie bedeutsame militärische Stärke besaßen. In einigen dieser Reiche entstanden Kunstwerke, die denen Europas in nichts nachstehen.

3. Die Erforschung der afrikanischen Geschichte ist durch die weißen Kolonialherren lange Zeit blockiert worden, was insbesondere für das südliche Afrika gilt. Viele Erkenntnisse über Schwarzafrikas eigene Geschichte und Kultur wird erst die zukünftige wissenschaftliche Arbeit erbringen können.[7]

4. Hunger und permanente Unterernährung waren im vorkolonialen Afrika die Ausnahme, isolierte Ereignisse, nicht der Dauerzustand. Die afrikanischen Bauern verfügten über eine *Vorratshaltung*, mit deren Hilfe sie normale *Dürreperioden* überstehen konnten.

5. Zwar gründete sich der Wohlstand vieler afrikanischer Reiche auf den Handel und das Handwerk. Aber Basis beider war eine relativ *stabile und funktionierende Landwirtschaft*. Die afrikanischen Bauern hatten schon sehr früh eine Vielzahl von Anbaupflanzen selbst kultiviert und weiterentwickelt; andere übernahmen sie schnell von Einwanderern aus anderen Kontinenten wie beispielsweise den Bananenanbau aus Indonesien.

6. Somit sind Hunger und Unterentwicklung in ihrer heutigen *Form* und in ihrem heutigen *Ausmaß* auf dem afrikanischen Kontinent eine Erscheinung des 20. Jahrhunderts.[8]

Literaturhinweise

1. Joseph Ki-Zerbo, *Die Geschichte Schwarzafrikas*, Fischer Taschenbuch, Frankfurt 1981, 774 Seiten. Dieses umfassende Werk ist wohl das einzige eines afrikanischen Historikers, das in deutscher Sprache vorliegt. Zwar erschwert die Detailfülle des präsentierten Materials das Erfassen größerer geschichtlicher Einheiten und Zusammenhänge, aber es widerlegt – sozusagen auf breiter Front – das Vorurteil vom geschichtslosen Kontinent.
2. Pierre Bertaux, *Afrika – Von der Vorgeschichte bis zu den Staaten der Gegenwart*, Fischer Weltgeschichte Band 32, Frankfurt 1974. Dieses Buch enthält 110 Seiten zur vorkolonialen Geschichte.
3. *Zur Geschichte Südafrikas praktisch unumgänglich*: Marianne Cornevin, *Apartheid – Mythos und Wirklichkeit*, Hammer Taschenbuch, Wuppertal 1981.
4. *Als Bildbände – auch für den Schulgebrauch – sehr zu empfehlen*: Ekpo Eyo und Frank Willet, *Kunstschätze aus Alt-Nigeria*, Verlag Philipp von Zabern, Mainz 1983. Der Band enthält fast 170 hervorragende Abbildungen (farbig und schwarzweiß) sowie – neben den afrikanischen – Beiträge deutscher Autoren, die sich um eine afrikanische Perspektive bemühen. Außerdem Basil Davidson, *Afrikanische Königreiche*, erschienen in der Reihe der TIME-LIFE-Bücher, Time-Life International (Nederland) B.V. 1967. Der Autor ist einer der renommiertesten Afrikanisten Großbritanniens.
5. Für Historiker und wissenschaftlich Interessierte: *General History of Africa*. Das Werk ist von der UNESCO herausgegeben, besteht aus acht Bänden und ist von den renommiertesten Historikern der Welt erfaßt; es liegt allerdings nur in englischer Sprache vor und ist beim UNO-Verlag in Bonn zu beziehen, wo auch nähere Auskünfte über das Opus zu erhalten sind, das z.Z. noch nicht komplett vorliegt.

Legende zu Graphik 1

1 Tekrur – Fouta Toro	21 Bagirmi	41 Kongo
2 Fouta Djalon	22 Wadai	42 Ndongo
3 Ghana	23 Darfur	43 Humbe
4 Bambara	24 Rabeh – Herrschaft	44 Lunda
5 Mali	25 Kordofan	45 Lozi
6 Reich des Samory	26 Schilluk	46 Matabele
7 Aschanti	27 Fung	47 Monomotapa
8 Dagomba	28 Abessinien	48 Swazi
9 Mamprussi	29 Kaffa	49 Zulu
10 Gurma	30 Buganda	50 Basutoland
11 Wagadugu	31 Bunyoro	51 Xhosa
12 Mosi – Yatenga	32 Nikole	52 Sakalava
13 Songhai	33 Ruanda	53 Merina
14 Borgou	34 Urundi	54 Maravi
15 Dahomey	35 Nyamwezi	55 Lundu
16 Yoruba	36 Hehe	56 Teke
17 Benin	37 Bena	57 Loango
18 Haussastaaten	38 Nkamanga	58 Kingolo
19 Djukun	39 Luba	59 Kalukembe
20 Kanem – Bornu	40 Kuba	

Graphik 1: Schwarzafrikanische Staaten im 16.–19. Jahrhundert

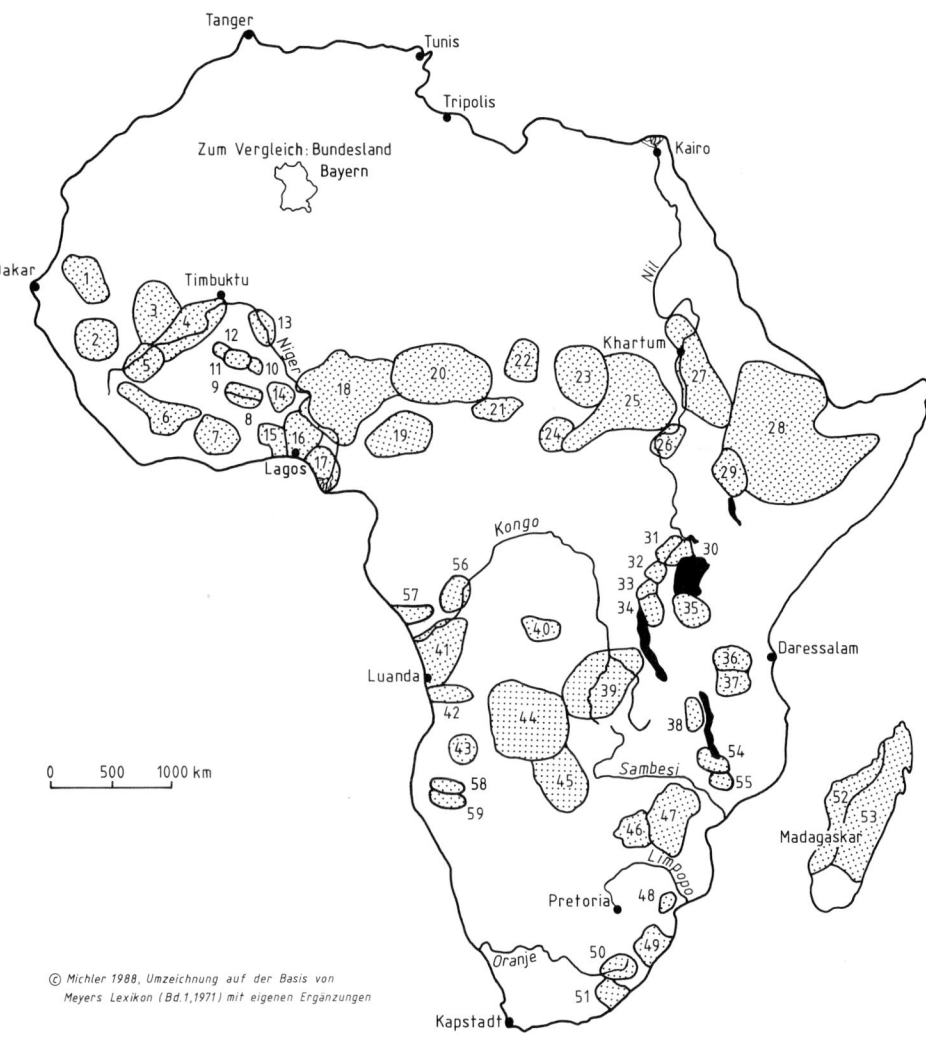

Tanger

Tunis

Tripolis

Kairo

Zum Vergleich: Bundesland
Bayern

Dakar

Timbuktu

1

3
4
2
13
12
5
11 10
9 14
6 18
8
7 15 16
17
19
21
20
22
Khartum
23
27
25
28
24
26
29

Lagos

Nil

Niger

Kongo

56
57
40
41
42
43
44
45
58
59
Luanda

31
32 30
33
34 35
36
37
39
38
54
55
Daressalam

Sambesi

46 47
48
50 49
51
Limpopo
Oranje

Pretoria

Kapstadt

52
53
Madagaskar

0   500   1000 km

© Michler 1988, Umzeichnung auf der Basis von
Meyers Lexikon (Bd.1,1971) mit eigenen Ergänzungen

Graphik 1: Europäische Kolonien in Afrika zu Beginn des 2. Weltkrieges

Kapitel 2
Europäische Fremdherrschaft und afrikanische Unterentwicklung – Wirklichkeit, Zusammenhänge, gegenwärtige und künftige Spätfolgen

Lebendes Gold als Handelsware – ein vergessenes Jahrtausendgeschäft mit Folgewirkungen · Schicksalsentscheidung in Berlin · Der Kolonialismus: Keine Kultivierung, sondern Zerstörung mit Langzeitwirkung · Antikolonialer Kampf: Die Poesie befreite den Kontinent · Wiedergeburt Afrikas: Freiheit und Gerechtigkeit für die Völker der Welt · Nationbildung: Wo Elefanten kämpfen, leidet das Gras

Lebendes Gold als Handelsware – ein vergessenes Jahrtausendgeschäft mit Folgewirkungen

„Wir sind nicht hundert, sondern fünfhundert Jahre lang kolonialisiert gewesen,“ behauptet der Schriftsteller Arlindo Barbeitos aus Angola. Tatsächlich wurden bereits 1434 die ersten afrikanischen Sklaven auf dem Markt in Lissabon feilgeboten. Zum größten Geschäft des Jahrtausends gedieh der Sklavenhandel knapp zwei Jahrhunderte später. Der Aufschwung in den europäischen Kolonien Nord- und Südamerikas ermöglichte einen profitablen *Dreieckshandel* zwischen den Kontinenten: Private Konzerne verschifften Stoffe, Gewehre und Schnaps nach Schwarzafrika. Dort wurden mit diesen Waren Menschen aufgekauft; überladen mit Sklaven, den zukünftigen Plantagenarbeitern, machten sich die Schiffe auf den Weg nach Amerika. Hier wurden die Afrikaner – die *neue Währung* für drei

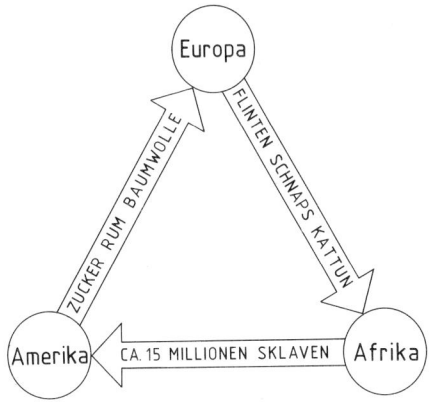

Jahrhunderte – gegen Baumwolle, Zucker und Tabak eingetauscht. Mit diesen Rohstoffen kehrten die Schiffe dann nach Europa zurück.

Über den Nutzen und Gewinn dieses Jahrtausendgeschäftes schreibt der renommierte Geschichtswissenschaftler Immanuel Geiss: „Der transatlantische Sklavenhandel war eine entscheidende Voraussetzung für die prosperierende, von schwarzen Sklaven abhängige Kolonialwirtschaft in der Neuen Welt. Beide zusammen stellten einen erheblichen Teil der ursprünglichen Akkumulation (Anhäufung) von Kapital, das die industrielle Revolution überhaupt erst in Gang setzte. Unsere westliche, ‚freie‘ Welt ist somit zu einem nicht geringen Teil auf den Gewinnen aus Sklavenhandel in Afrika und Sklaverei in Amerika aufgebaut".[1]

Mindestens zehn Millionen Afrikaner – einige Forscher sprechen von 30 Millionen – wurden aus ihrer Heimat als Sklaven nach Amerika deportiert; hunderttausende starben auf dem Transportweg. So gedieh beispielsweise Luanda, heute Hauptstadt von Angola, zum größten Sklavenausfuhrhafen der Westküste. Von hier aus sollen mindestens drei Millionen Sklaven nach Brasilien verschifft worden sein,[2] während an der Ostküste des Kontinents Sansibar zum größten Sklavenhandelsmarkt wurde. Die von dort Deportierten stammten in erster Linie aus dem heutigen Mosambik, aus Tansania und Sambia. Noch im 19. Jahrhundert wurden in Sansibar jährlich 25.000 Menschen als Sklaven nach Übersee verkauft.

Das *Ausmaß der Schädigung*, das dem afrikanischen Kontinent durch den Sklavenhandel zugefügt worden ist, läßt sich nicht nur aufgrund der genannten Zahlen erahnen, sondern wird vor allem dadurch deutlich, daß nur junge, besonders kräftige und gesunde Menschen für den Abtransport ausgesucht wurden. Kriegerische Raubzüge, die dem Sklavengewinn dienten, zerstörten viele afrikanische Reiche im Innern oder schwächten sie soweit, daß sie wenig später zugrunde gingen. Freilich beteiligten sich auch die Afrikaner selbst sowie arabische Händler und Fürsten an diesem Sklavengeschäft, das aber *erst durch die Europäer* und deren ‚moderne‘ Logistik die beschriebene Dimension annehmen konnte. Eine weitere Schädigung mit Langzeitwirkungen wird meist außer acht gelassen, nämlich diejenige, daß im Zeitalter des Sklavenhandels die *Zerstörung* der afrikanischen Kultur und der *afrikanischen Wirtschaft* auf breiter Front begonnen und eingeläutet wurde.

Schicksalsentscheidung in Berlin

„In Berlin hatte man unseren Kontinent aufgeteilt.
Man kam, uns zu erziehen.
Man kam, uns zu zivilisieren.
Dieser Vertrag von Berlin hat mich lange gekränkt.
Das schlimmste aber war, daß man mich dieses Datum lehrte.
Eine ganze Stunde lang nannte man uns
die Namen der Vertragspartner von Berlin.
Ihre außergewöhnlichen Fähigkeiten,
Den Mut der Forscher,
Den selbstlosen Humanismus,

Aber niemand,
Absolut niemand wies hin auf die Beleidigung,
Auf die Schmach, die uns Afrikaner überall begleitete.
Mein Volk wurde zur Maschine.
Es wurde aus der Ferne gesteuert, es war fast tot.
Erstorben war das Bewußtsein seiner Persönlichkeit.
Mein Volk war kolonisiert"[3]

so betrachtet der burundische Schriftsteller Michel Kayoya, gewissermaßen stellvertretend für den gesamten Kontinent, jene Konferenz, zu der der deutsche Reichskanzler Bismarck dreizehn europäische Staaten sowie die USA im Jahr 1884 nach Berlin einlud. Zuvor war die Epoche des Sklavenhandels formell zu Ende gegangen, und die Europäer hatten mit der *territorialen* Eroberung des schwarzen Kontinents begonnen, wobei sie schnell in Streit untereinander gerieten, insbesondere darüber, wer künftig den ‚Kongo' besitzen sollte. Um zu schlichten, griff Bismarck ein. Und da sich Europas Staatsmänner über Afrika nicht noch einmal streiten wollten, legten sie auf der *Berliner Kongokonferenz von 1884/85* gleich die Spielregeln für die Eroberung des gesamten Kontinents fest. Obwohl sie zu jenem Zeitpunkt nur dessen Küsten kontrollierten und sein Inneres lediglich aus einigen Reiseberichten flüchtig kannten!
Über die Folgen dieser schicksalshaften Weichenstellung schreibt der afrikanische Geschichtswissenschaftler Joseph Ki-Zerbo: „Das Signal zum Ansturm auf Afrika

Reichskanzler von Bismarck und die Delegierten im Konferenzsaal, wo Afrika ohne Rücksicht auf seine gewachsenen Strukturen wie mit dem Lineal unter den europäischen Kolonialmächten aufgeteilt wurde

war damit gegeben. Wahrscheinlich war das das schlimmste Verbrechen des Imperialismus. Im Jahr 1880 hatten die Europäer kaum ein Zehntel des afrikanischen Kontinents in Besitz genommen – 20 Jahre später war der gesamte Rest vereinnahmt ... Bluff und erpreßte ‚Verträge' wechselten mit der gewaltsamen Beseitigung jeglichen Widerstandes, oft in schrecklichen Massakern. Es ist unmöglich, dieses raubgierige Fieber ausführlich zu beschreiben".[4]

Der deutsche Volksmund freilich sah dieses „raubgierige Fieber" aus einer völlig anderen Perspektive, der Anbruch des neuen Zeitalters wurde glorifiziert, gefeiert: „Wir müssen kultivieren!" Mit Peitsche und Drill sollten den Schwarzen preußische Manieren beigebracht werden, und das Hissen der schwarz-weiß-roten Flagge sollte – so hieß es in den Liedern der damaligen Zeit – das Ende der geschichtlichen Dunkelheit auf dem afrikanischen Kontinent signalisieren. Für General Hindenburg jedoch rückten kurz vor dem ersten Weltkrieg wirtschaftliche Interessen in den Vordergrund: „Ohne Kolonien keine Sicherheit im Bezug von Rohstoffen ..., darum, Deutsche, müssen wir Kolonien haben." In dieser Stimmung und Absicht brachen die Europäer nach Afrika auf. Fünf Millionen Weiße sollten in den kommenden Jahrzehnten auswandern, um den dunklen Kontinent sich und ihren Vaterländern untertan zu machen.

> Folgt Ihm, dem Herrn! Verlaßt die deutschen Linsen,
> Das deutsche Bier, den deutschen Zollverband,
> Ruh't auf Neuseeland's Farrenkraut und Binsen,
> An eines schwärzlich-grünen Baches Rand;
> Dort könnt Ihr Euren Menschenwerth verzinsen,
> Den tück'schen Neger füttern mit Verstand,
> Dort brennt der Torf nicht bloß auf Eurem Heerde,
> Nein! seit Jahrzehnten selbst im S c h o o ß d e r E r d e.
> Wilhelm Hocker, 1842

> „Als unsre Kolonien vor Jahren
> noch unentdeckt und schutzlos waren,
> schuf dort dem Volk an jedem Tage
> die Langeweile große Plage,
> denn von Natur ist nichts wohl träger
> als so ein faultierhafter Neger.
> Dort hat die Faulheit, das steht fest,
> gewütet fast wie eine Pest.
> Seit aber in den Kolonien
> das Volk wir zu Kultur erziehen
> und ihm gesunde Arbeit geben
> herrscht dort ein muntres, reges Leben.
> Seht hier im Bild den Negerhaufen
> froh kommen die herbeigelaufen,
> weil heute mit dem Kapitän
> sie kühn auf Löwenjagden gehn..."
> Kindergedicht um 1910

Der Kolonialismus: Keine Kultivierung, sondern Zerstörung mit Langzeitwirkung

Für die meisten unserer Schulbücher war und ist der Kolonialismus lediglich eine territoriale Aneignung und Beherrschung fremder Gebiete. Eine letztlich selbstgefällige Perspektive und Auffassung, die tief im Bewußtsein unserer gegenwärtigen Entscheidungsträger in Politik und Gesellschaft verankert ist. Und sie reagieren ungehalten, wenn sie auf die langfristigen Folgen jener Epochen angesprochen werden: „Kommen Sie mir bloß nicht schon wieder mit diesem abgedroschenen Argument vom Kolonialismus und seinen Wirkungen", sagte mir der ehemalige Bundesminister für wirtschaftliche Zusammenarbeit Jürgen Warnke 1986 während eines persönlichen Interviews.

Der Kolonialismus war mehr als ein bloß territorialer Imperialismus, und vor allem brachte er den Afrikanern nicht „im Namen des allmächtigen Gottes moralisches und materielles Wohlbefinden", wie Europas Staatsmänner auf der Kongokonferenz von 1884/85 beschlossen hatten. Vielmehr gedieh der Kolonialismus „zu einer traumatischen Erfahrung der sich kein Afrikaner entziehen kann" (Chinua Achebe, Nigeria). Die folgenden Aspekte sind deshalb von besonderer Bedeutung, weil sie entweder aus unserem Kolonialismusverständnis *verdrängt* werden oder weil ihre Wirkungen noch *andauern*:

1. Die Kolonialherren würdigten die Afrikaner zu Menschen zweiter Klasse herab; die Kolonialisierten galten als *,underdogs'* , als Wesen, die nach bzw. unter dem Hund kommen. Ferner galt für die Afrikaner meist eine andere Rechtsprechung als für die Weißen: Wegen geringster Vergehen wurden sie mit Peitschenhieben bestraft. Der Schwarze hatte dem Weißen zu dienen, und zwar so lange, bis er einmal die Stufe eigentlichen Menschseins erreichen würde. Besonders deutlich wird die umfassende Entrechtung der Afrikaner im südlichen Afrika.[5] In Rhodesien, Namibia und Südafrika drängten die Weißen die einheimische Bevölkerung in Reservate ab. Südafrika hält an dieser Politik auch gegenwärtig noch fest: Die schwarze Mehrheit des Landes, rund 75 Prozent der Bevölkerung, soll ihren „rechtmäßigen Lebensraum" in den Homelands haben, die nur 14 Prozent des südafrikanischen Staatsterritoriums ausmachen. Noch in den 60er und 70er Jahren mußten die schwarzen Südafrikaner sogar auf den Bahnhöfen andere Übergänge benutzen als die Weißen. Und in den öffentlichen Einrichtungen des Landes gab es jeweils zwei Türen: Eine für die Weißen und eine andere für die Schwarzen. In den übrigen Kolonien existierte zwar kein solch perfektes Apartheidsystem, aber faktisch waren auch dort die Afrikaner kaum besser dran. Unsere schnellebige Zeit vergißt, daß die Epoche dieser Entwürdigung und Unterjochung in Teilen Afrikas vor knapp 30 Jahren, in vielen Ländern erst wesentlich später zu Ende ging, während sie am Kap der sogenannten guten Hoffnung immer noch andauert.

2. Die Europäer konnten ihre Kolonialherrschaft nur mit *Gewalt* gegen den *Widerstand* der Einheimischen durchsetzen. „Ich vernichte die aufständischen Stämme mit Strömen von Blut und Strömen von Geld",[6] erklärte General von

Trotha, als sich die Herero und Nama der deutschen Kolonialherrschaft in Namibia (damals Deutsch-Südwestafrika) widersetzten. Als die Ströme von Blut sich ergossen hatten, waren mindestens 70.000 Afrikaner zu Opfern der deutschen Besitzansprüche geworden. Noch mehr Tote zählten die Einheimischen am Ende des Maji-Maji-Aufstandes und der Hehe-Kriege in Deutsch-Ostafrika. Ähnlich hoch waren die Verluste der Afrikaner im Kampf gegen die anderen Kolonialmächte. So tauften beispielsweise die weißen südafrikanischen Buren den Fluß, an dem sie eine Übermacht der Zulus besiegt hatten, in Blood River (Blutfluß) um. Das Datum dieses Gemetzels ist auch heute noch Nationalfeiertag in Südafrika. Am Horn von Afrika wurden 760.000 Äthiopier zu Opfern des italienischen Kolonialismus und Faschismus.[7] Eine ‚Wiedergutmachung' für all diese Grausamkeiten, für die Hunderttausende, wenn nicht Millionen, die in Afrika zu Opfern der europäischen Kolonialherrschaft wurden, ist nie ernsthaft diskutiert, geschweige denn gezahlt worden: Deshalb steht Europas *Vergangenheitsbewältigung* an diesem Punkt noch aus.

3. Millionen afrikanischer Bauern entrissen die Kolonialherren ihr angestammtes Land, was meist durch angebliche Verträge kaschiert wurde. Wie tief dieser Eingriff ins Mark der afrikanischen Gesellschaft traf, hat Jomo Kenyatta, einer der großen Väter der afrikanischen Unabhängigkeitsbewegung, in seinem Buch ‚Facing Mount Kenya' beschrieben: „Wenn der Europäer in unser Land kommt und den Leuten ihren Boden raubt, dann nimmt er ihnen nicht nur den Lebensunterhalt weg. Vielmehr raubt er ihnen damit auch das materielle Symbol, das die Familie und den Stamm zusammenhält. Mit diesem Schlag zertrümmert er das soziale, moralische und wirtschaftliche Fundament des gesamten Lebens der Afrikaner".[8] Diese von Kenyatta beschriebene *Enteignung* und *Entwurzelung* der Afrikaner durch die Weißen ist bis in unsere Tage hinein aktuell geblieben: In den 70er Jahren bürgerte die weiße Regierung Südafrikas schätzungsweise acht Millionen Schwarze formell in einige der ‚Homelands' aus, obwohl ein Großteil von ihnen nie in diesen angeblichen Heimatländern gelebt hatte. Dennoch verloren sie die südafrikanische Staatsbürgerschaft und galten von nun an als Ausländer in ihrer eigenen Heimat!

4. Weil die Kolonien *Rohstoffe* liefern sollten, führten die Weißen in vielen Ländern eine ausgedehnte Plantagenwirtschaft ein. Parallel dazu erhoben sie eine allgemeine Steuer. Und um diese zahlen zu können, mußten die Afrikaner jene Produkte anbauen, die sie den Europäern verkaufen konnten: Baumwolle, Erdnüsse, Palmen, Kaffee, Tee und Tabak, um nur einige Beispiele zu nennen. Dreierlei war die Folge dieser Politik: *Erstens* gingen die besten Böden an die weißen Siedler und wurden für den Anbau der cash crops, der Verkaufsfrüchte für die europäischen Mutterländer reserviert; *zweitens* entstanden in vielen Regionen Monokulturen, und *drittens* konnten die einheimischen Bauern nicht mehr ihre ganze Kraft in den Anbau jener Produkte stecken, die sie zu ihrem eigenen Bedarf benötigten. Sehr oft wurden die Afrikaner zu Arbeiten auf den Plantagen und in den Bergwerken zwangsverpflichtet und mit Hungerlöhnen bezahlt. Auch heute noch erhalten die schwarzen Farmarbeiter in Südafrika so wenig Entgelt, daß sie davon ein menschenwürdiges Leben nicht bestreiten können. Daß die Kolonialpolitik Afrika zur Rohstoffkammer Europas machte

oder dies zumindest versuchte, *schädigte die afrikanische Landwirtschaft, blockierte deren eigenständige Weiterentwicklung.* Und da dieser Prozeß Jahrzehnte andauerte, konnte er nicht durch das Hissen einer eigenen Flagge am Unabhängigkeitstag in seiner Wirkung aufgehoben werden!

5. *„Die Kolonialherren versklavten unser Denken und unser Bewußtsein"*, lautet die gemeinsame Klage aller afrikanischen Schriftsteller und Intellektuellen. Tatsächlich hatten die Franzosen (und auch dies ist nur ein Beispiel) ganz offen das *Prinzip der Assimilation* verkündet: Nur derjenige Afrikaner, der die Normen und Werte der französischen Zivilisation verinnerlichte, nur wer so dachte und handelte wie ein Franzose, konnte damit rechnen, irgendwann als Mensch betrachtet zu werden. In allen Kolonialschulen mußten die afrikanischen Kinder dasselbe lernen wie ihre Alterskameraden in Europa, Lehrpläne und Prüfungen in Afrika waren genau die gleichen wie in Europa. Den Afrikanern wurde die Höherwertigkeit und Überlegenheit der europäischen Zivilisation so lange eingeredet, bis sie schließlich selbst daran glaubten. (Mehr zu diesem Aspekt siehe: Ursachenkomplex I, Kapitel 3)

6. *„Die Kirche in den Kolonien ist eine Kirche von Weißen, eine Kirche von Ausländern. Sie ruft den kolonisierten Menschen nicht auf den Weg Gottes, sondern auf den Weg des Weißen, auf den Weg des Herrn, auf den Weg des Unterdrückers"*,[9] so Frantz Fanon, einer der großen geistigen Initiatoren des afrikanischen Unabhängigkeitskampfes. Wie die weltlichen Herren waren auch die Missionare von der Höherwertigkeit der eigenen Zivilisation und hier insbesondere der eigenen Religion überzeugt. Es galt, die Schwarzen von ihrem primitiven Glauben zu befreien, sie zur entwickelten Hochgottreligion der Weißen zu bekehren. In den Missionsschulen lernten die afrikanischen Kinder, der Glaube ihrer Eltern sei etwas Sündhaftes, ein Werk des schwarzen Satans. Und auch die Erwachsenen mußten sich, wenn sie zum Christentum übertraten, von den afrikanischen Traditionen und Wertvorstellungen lossagen, mußten die Nabelschnur zu ihrer eigenen Kultur und Gemeinschaft zertrennen. Weltliche und religiöse Kolonialisierung gingen meist Hand in Hand. Oft kam zuerst die Bibel und dann erst das Schwert.[10] In der Kolonialherrschaft sahen die Missionare keine Unterjochung der Einheimischen noch bezweifelten sie ganz generell das Recht der europäischen Staaten, sich den afrikanischen Kontinent untertan zu machen. Die große Mehrheit der Missionare blieb stumm, wann immer die Kolonialtruppen den Widerstand der Einheimischen mit brutaler Gewalt – oder, wie General von Trotha sagte, mit Strömen von Blut – erstickten.[11]

Bei all dem wundert es nicht mehr, daß die weißen Buren sich von Anfang an als ,christliche Nation' in Südafrika verstanden und das Land am Kap mit Bibel und Gewehr eroberten. In einer primitiven theologischen Interpretation des Alten Testaments sahen sie in den Schwarzen die von Gott Verworfenen, und mit diesen Verworfenen durfte es keine Vermischung geben: Deshalb das Apartheidsystem, deshalb *getrennte Kirchen* für Weiß und Schwarz.[12] Erst 1986 erklärte die Niederländisch-Reformierte Kirche, die Staatskirche der Buren, Apartheid sei mit der Bibel und dem Christentum nicht zu vereinbaren, was freilich nichts daran änderte, daß in mehr als 90 Prozent ihrer Gemeinden

Schwarze selbst heute noch keinen Zutritt zu den Gottesdiensten besitzen, wenngleich sie als Bedienstete im Anschluß an die Messe das Gotteshaus reinigen dürfen.

Anders als der Islam ist das *Christentum* in den meisten Regionen Afrikas ein *Fremdkörper* geblieben; es ging mit der afrikanischen Kultur und Weltanschauung keine Symbiose ein, was dem Islam weitgehend gelungen ist.[13] Das Christentum ist damit an seiner eigenen Überheblichkeit gescheitert. Es war nicht in der Lage zu erkennen, daß die *Afrikaner* – lange bevor die ersten Missionare den Kontinent erreichten – ihren *eigenen Hochgottglauben* entwickelt hatten! Und diese Unkenntnis bestimmt immer noch unsere Schulbücher, Atlanten und Lexika: Dort wird die afrikanische Religion als ,Animismus' oder als ,Naturreligion' bezeichnet; und jedermann versteht, was unausgesprochen zwischen den Zeilen steht: Naturreligionen, das sind primitive Glaubensvorstellungen, die sich mit den großen Religionen der zivilisierten Welt nicht messen können!

Es geht mir weder um Schuldzuweisung noch um Dramatisierung. Aber zehn Jahre Afrikaberichterstattung haben mich gelehrt, daß viele in unserer Gesellschaft – Politiker und sogenannte Entwicklungsexperten eingeschlossen – sich *dem* nicht stellen wollen, was der Kolonialismus wirklich gewesen ist, nicht wahrhaben wollen, *wie langfristig der Schaden sein muß*, den er angerichtet hat. *Vergessen* wird dabei ebenfalls, daß diese Epoche in Mosambik, Angola und Simbabwe erst vor wenigen Jahren zu Ende gegangen ist, daß sie in Südafrika immer noch andauert. Ein Großteil der gegenwärtigen Erwachsenengeneration in Afrika hat den Kolonialismus noch am eigenen Leib zu spüren bekommen.

Aimé Césaire, einer der Begründer der Negritude, der Wiedererwachung der afrikanischen Identität und Persönlichkeit, beschreibt, was wir noch begreifen müssen: „Worauf will ich hinaus? Darauf: daß niemand, ohne schuldig zu werden, Kolonisation betreibt; daß eine Nation, die das Kolonialherrentum, also die Gewalt, rechtfertigt, schon eine kranke, eine moralisch angegriffene Zivilisation ist ... Ich wiederhole es, die Kolonisation entmenscht den zivilisiertesten Menschen ... Der Kolonisator, der im anderen ein Tier sieht, nur um sich selbst ein ruhiges Gewissen zu verschaffen, dieser Kolonisator wird objektiv dahin gebracht, sich selbst in ein Tier zu verwandeln... Man erzählt mir von Fortschritt und geheilten Krankheiten. Ich aber spreche von zertretenen Kulturen, von beschlagnahmtem Land, von ermordeten Religionen, von vernichteter Kunst. Ich spreche von Tausenden hingeopferter Menschen für den Bau der Eisenbahn Kongo-Ozean. Ich spreche von Millionen Menschen, die man ihren Göttern, ihrer Erde, ihren Sitten, ihrer Weisheit entriß. Ich spreche von Millionen Menschen, denen man geschickt das Zittern, den Kniefall, die Verzweiflung, das Domestikentum eingeprägt hat".[14]

Antikolonialer Kampf:
Die Poesie befreite den Kontinent

„Die Poesie und nicht die Waffen befreiten unseren Kontinent", behauptet der angolanische Schriftsteller Antonio Jacinto. Schon in den 20er und 30er Jahren unseres Jahrhunderts erkannten die afrikanischen Intellektuellen, Dichter und Schriftsteller, daß der Kampf des einzelnen gegen die Kolonialmacht sinnlos bleiben mußte: „Den Kolonisatoren war es gelungen, den Völkern Afrikas die mündliche Überlieferung und eine eigene Geschichte abzustreiten und das zu vollbringen, was manche Schriftsteller den seelischen Völkermord Afrikas genannt haben. Daher haben sich afrikanische Patrioten, Dichter, Dramaturgen, Essayisten in einer breiten Bewegung des Schicksals der schwarzen Menschen angenommen und in epischen Erzählungen, in Romanen, in Geschichten und Gedichten gezeigt, daß Afrika sehr wohl eine Geschichte hat, und zwar eine wertvolle Geschichte".[15]
Die koloniale Entwürdigung mußte die eigenen Kräfte der ‚Verletzten' mobilisieren; der Bazillus der Fremdherrschaft provozierte die Abwehrreaktion der ‚africanité', der afrikanischen Persönlichkeit: Noch vor dem zweiten Weltkrieg entstanden die Bewegungen der *Negritude* und des *Panafrikanismus*. Gründer der Negritude war Léopold Sédar Senghor, während Kwame Nkrumah zum geistigen Vater des Panafrikanismus wurde. Beide sollten später ihre Länder in die Unabhängigkeit führen und deren erste Regierungschefs werden.
Die Begriffe Negritude und Panafrikanismus lassen sich nicht mit einem Wort übersetzen, sondern nur umschreiben: Unter Negritude verstand Senghor die Gesamtheit der schwarzafrikanischen Kultur, die Eigenheiten, das Wesen des afrikanischen Menschen, außerdem alle Werte, die die schwarzen Völker in ihrer Geschichte hervorgebracht hatten. Der Panafrikanismus beinhaltete ähnliches, proklamierte aber zusätzlich noch einen ‚allumfassenden Afrikanismus' gewisser-maßen als Gegenstück zu der kolonialen Ideologie und Wirklichkeit, die sich auf dem gesamten Kontinent ausgebreitet hatte. Außerdem glaubte Nkrumah, nur über den Weg eines *eigenen* Sozialismus könnten sich die Afrikaner aus der wirtschaft-lichen Abhängigkeit von Europa befreien.
Die Losung beider Bewegungen lautete: „Zurück zu unseren Ursprüngen, zu unseren Wurzeln, zurück zu unserer eigenen Kultur und Tradition." Die Negritude fand ihre Anhänger und Mitstreiter im frankophonen Afrika, also in den französi-schen Kolonien des Kontinents, während sich der Panafrikanismus im anglopho-nen Afrika, in den britischen Kolonien, ausbreitete.
Die Dichter und Schriftsteller beschrieben nicht nur die große Geschichte und Kultur ihrer Vorväter, sie glorifizierten sie auch, zeichneten sie schöner, als sie gewesen war. Aber diese wie auch manch andere Kritik an den Bewegungen der Negritude und des Panafrikanismus ist erst heute, aus der historischen Rückschau möglich. Damals war es entscheidend, das Selbstwertgefühl, ein Stück eigener Identität wider die fremden Unterdrücker zurückzugewinnen. Und dies gelang den afrikanischen Intellektuellen.[16]
Übrigens waren alle großen Führer des Unabhängigkeitskampfes, Afrikas Politiker der ersten Stunde, Beherrscher des Wortes: Senghor, Nkrumah, Nyerere, Kaunda,

Neto, Kenyatta. Sie wußten um die inspirierende Kraft des Wortes, daß das Wort in ihrer eigenen Tradition als göttliches Geschenk galt und daß es deshalb Dinge, ja alles, verändern konnte. Und so vermochten diese Führer tatsächlich einen ‚wind of change' zu entfachen, einen Geist der Umgestaltung, der wie ein Fieber den afrikanischen Kontinent durchströmte und ihm Schritt für Schritt ‚Amandla' und ‚Uhuru', Freiheit und Unabhängigkeit brachte, freilich oft erst nach langem Kampf. Doch auch dafür hatte die Dichtung vorgesorgt. Im Sinne eines Katalysators spendete sie Kraft und zugleich Trost für den jahrelangen Guerillakampf gegen die fremden Herrscher. Eine Aufgabe, die auch heute noch in Südafrika von den ‚Dichtern' wahrgenommen wird: „Schwarzer Mann, du bist auf dich gestellt, niemand kann dich befreien, außer du selbst," lautet das Motto der Black-Consciousness-Bewegung, der Bewegung des schwarzen Bewußtseins.[17]

Wiedergeburt Afrikas:
Freiheit und Gerechtigkeit für die Völker der Welt!

Als ich 1980 Simbabwe kurz nach seiner Unabhängigkeit bereiste, erlebte ich überall im Land Freude und Erleichterung, spürte die Genugtuung über das Ende der weißen Diktatur. „Auch wenn wir keine Reichtümer besitzen, auch wenn viele von uns sehr arm sind," sagte mir der schwarze Erzbischof Patrick Chakaipa, „so fühlen wir uns doch glücklich, denn wir haben die Freiheit, vor allem die innere Freiheit zurückgewonnen." Und Joshua Nkomo, der legendäre und zugleich umstrittene Begründer des schwarzen Emanzipationskampfes, erklärte mir in jenen Tagen: „Wir bilden das heutige Simbabwe aus dem heraus, was Simbabwe bereits war. Wir sind ein Volk mit einer Vergangenheit, wie es die Simbabwe-Ruinen beweisen. Daß unser Staat heute Simbabwe heißt, zeigt, wie tief unser ganzes Volk mit seiner eigenen Geschichte verbunden ist." Joshua Nkomo, der sich später ins politische Abseits manövrierte, versicherte mir auch, der Kampf seines Volkes habe sich nicht gegen die Weißen als solche gerichtet, sondern gegen die von ihnen etablierte Unterdrückung.

Tatsächlich kam es in Simbabwe nicht zu der vielfach beschworenen und prophezeiten „Nacht der langen Messer". Vielmehr bot Regierungschef Robert Mugabe – zuvor im Westen als blutrünstiger Terrorist und Marxist verschrien – seinen einstigen Feinden Versöhnung an, eine historische Tat, die im Westen kaum gewürdigt, in Simbabwe aber Wirklichkeit geworden ist. Übergriffe auf Weiße blieben Einzelfälle und wurden als kriminelle Vergehen geahndet.

Nicht nur in Simbabwe spielte die Wiederverknüpfung mit der eigenen Geschichte und Tradition (Simbabwe-Kultur des Mittelalters) eine Rolle. Auch die Länder Ghana, Mali und Benin dokumentierten schon in ihren Staatsnamen die Anbindung an die eigene Geschichte vor Ankunft der Europäer. Jene Staaten gehörten zu der Gruppe, die die „Bühne der Weltgeschichte" (Eugen Gerstenmaier) wesentlich früher betreten konnten als Simbabwe. Nach dem zweiten Weltkrieg, bei der Gründung der UNO, gab es nur drei unabhängige afrikanische Staaten; wenige Länder erlangten ihre Selbständigkeit in den 50er Jahren; erst 1960 kam es zum

Durchbruch des ‚wind of change‘, zur kontinentalen Veränderung: 17 Kolonien konnten ihre Unabhängigkeit gegenüber den europäischen Kolonialmächten durchsetzen. Das Jahr 1960 ging als *afrikanisches Jahr* in die Geschichte ein, was Bundestagspräsident Eugen Gerstenmaier mit dem Ruf der Ewe aus Togo würdigte: „Abloté – Freiheit und Gerechtigkeit für die Völker der Welt".

Nationbildung: Wo Elefanten kämpfen, leidet das Gras

„Schöpfergott, hilf uns, eine Nation zu werden," heißt es in der Nationalhymne Nigerias, die am 1. Oktober 1960 zum ersten Mal erklang. Schon damals wußten die Väter der Uhuru, der Unabhängigkeit, daß übermächtige Kräfte notwendig sein würden, um aus ihrem Land einen Nationalstaat zu machen. Denn Nigeria war – wie alle Staaten des Kontinents außer Äthiopien – ein künstliches Gebilde, *eine Schöpfung des Kolonialismus*. Folgende koloniale Erblast hemmte die Staatswerdung und die wirtschaftliche Aufwärtsentwicklung in Schwarzafrika bis heute:

1. **Willkürliche Grenzziehung:** Afrikas Grenzen wurden von den Europäern gezogen und festgelegt, und zwar oft am grünen Tisch; die Grenzziehung war ein Ergebnis der verschiedenen, miteinander konkurrierenden europäischen Machtinteressen. Drei Viertel der afrikanischen Grenzen sind künstliche Grenzen, viele folgen geometrischen oder astronomischen Linien.
2. **Zerstückelung von Völkern und Kulturen:** Die koloniale Grenzziehung zerschnitt viele Völker; Völker, die zum Teil jahrhundertelang zusammengelebt hatten, die eine gemeinsame Sprache und eine gemeinsame Kultur besaßen, sollten von nun an in unterschiedlichen Territorien leben. So zerstückelte die koloniale Grenzziehung am Horn von Afrika die ‚somalische Nation‘; Teile dieses Volkes mußten von nun an in Äthiopien und Kenia leben, womit der Grundstein für spätere kriegerische Konflikte gelegt war.
3. **Vereinigung mit Gewalt:** Andere Völker wurden durch die koloniale Grenzziehung zusammengefügt, obwohl sie über keinerlei Gemeinsamkeiten verfügten. So beispielsweise in Nigeria, wo über 400 Völker in einer Kolonie ‚vereint‘ wurden, unter ihnen die drei großen Völker der Haussa, Ibo und Yoruba. Die im Norden lebenden Haussa gehörten seit Jahrhunderten dem Islam an und waren durch ihren Transsahara-Handel mit Nordafrika und Arabien verbunden, während die Yoruba eine völlig andere Kultur sowie eine eigene Religion besaßen und außerdem ein ‚Küstenvolk‘ waren.
4. **Zerstörung von Wirtschaftsräumen:** Die koloniale Grenzziehung zerschnitt vorhandene Wirtschaftsräume der Afrikaner, beispielsweise die Wanderungsgebiete der Nomaden in der Sahelzone am Südrand der Sahara. Da die Nomaden die Grenzen nicht akzeptieren konnten, ohne ihr eigenes Überleben aufs Spiel zu setzen, galten sie fortan als Sicherheitsrisiko und mußten seßhaft gemacht werden.
5. **Miniterritorien und riesige Flächenstaaten:** Ergebnis des kolonialen Wettlaufs um Afrika waren Miniterritorien und riesige Flächenstaaten. So sind beispielsweise Gambia, Äquatorial-Guinea, Ruanda und Burundi nicht einmal

30.000 qkm groß, während der Sudan und Zaire über ein Territorium von mehr als 2 Mio. km^2 verfügen, also die rund 100fache Größe der Kleinstaaten besitzen.

6. **Divide et impera:** Die Kolonialmächte taten nichts, um in ihren Kolonien ein ‚neues Gemeinschaftsbewußtsein‘ entstehen zu lassen. Ganz im Gegenteil nutzten sie oftmals die vorhandenen Gegensätze der verschiedenen Völker zu ihrer eigenen Herrschaftsabsicherung aus. So teilten die Engländer ihre Kolonie Nigeria in zwei Gebiete mit einer völlig verschiedenen Verwaltung, und es war nur allzu logisch, daß sich diese Regionen auseinander entwickeln mußten.

Die afrikanischen Politiker mußten nach der Unabhängigkeit ‚Staatsgebilde‘ regieren, deren Bevölkerungen kein historisch gewachsenes Nationalbewußtsein besaßen. Was die Europäer mit der Macht ihrer Gewehre zusammengefügt und zusammengehalten hatten, sollte jetzt aus eigenen Kräften und ohne Gewaltanwendung weiter bestehen: Eine Erwartung, die sich als fata morgana entpuppen mußte.

Eigentlich hätten nach dem Kolonialzeitalter die Grenzen neu gezogen werden müssen. Aber wie und von wem? Die Europäer dachten nicht einmal darüber nach, geschweige denn, daß sie eine neue ‚Berlin-Konferenz‘ organisierten, um gemeinsam mit den Afrikanern zu beraten, wie die koloniale Grenzziehung zu reparieren wäre. Sicherlich blockierten auch die Eifersüchteleien und das Machtdenken der afrikanischen Politiker eine Revidierung der Grenzen. Aber selbst ohne diesen Eigensinn hätten sie das Problem einer Neugestaltung ihrer Grenzen nur gemeinsam mit den Kolonialmächten und den Vereinten Nationen lösen können.

Der Start in die Uhuru war unglücklich und mündete in vielen Fällen in die Tragödie: Zu groß waren die Spannungen der verschiedenen Völker untereinander, zu groß die Erwartungen an die Unabhängigkeit, an die heiß ersehnte wirtschaftliche Aufwärtsentwicklung, als daß dies alles mit einem politischen Konsens oder mit Parlamentsentscheidungen zu lösen gewesen wäre. Und somit waren die Kämpfe, die entbrannten, *keine ‚Stammeskonflikte‘*, sondern kriegerische Auseinandersetzungen um die Nationbildung und Staatswerdung, wie es sie ja auch zigfach in Europa gegeben hatte. Hie wie da forderte der Nationalstaat seinen Blutzoll.[18] Afrika war gegenüber Europa aus folgenden Gründen in einer noch schlechteren Position:

1. Das Konzept des Nationalstaates war ein Fremdkörper in Afrika, war nicht das Ergebnis einer eigenen Entwicklung, sondern ein Importprodukt. Europa hatte demgegenüber seine Staatswerdung ohne Eingriffe von außen vollziehen können.

2. Die europäischen Staaten benötigten zu ihrer Nationbildung weit mehr als 100 Jahre. Von Afrika wurde erwartet, diesen Prozeß schneller und mit weniger Gewaltanwendung abzuschließen.

3. Der europäische Nationalstaat geht mit einer vielfältigen Infrastruktur einher, er kann ohne eine Vielzahl ausgebildeter Fachkräfte (z.B. in der Verwaltung) nicht funktionieren. Hier aber mangelte es in Afrika an allem. So verfügte Zaire zum Zeitpunkt seiner Unabhängigkeit nur über einen einzigen einheimischen Arzt. Wie sollte da das Land eine funktionierende Gesundheitsversorgung aus eige-

nen Kräften aufbauen können? Hunderte ähnlicher Beispiele und Problembereiche ließen sich aufzählen.

4. In der Regel machten die Kolonialherren eine Verfassung nach westlichem Muster zur Auflage, ehe sie in die Unabhängigkeit einwilligten. Diese Verfassungen, meist mit einem Mehrparteiensystem verknüpft, waren ebenfalls – wie der Nationalstaat – ein Fremdkörper in Afrika. Und es waren außerdem politische Systeme, die keineswegs bereits vor der Unabhängigkeit von den Kolonialmächten praktiziert wurden. Das Mehrparteiensystem, Demokratie im Sinne des Westens, hatte, als die Afrikaner damit zu regieren anfingen, keine Tradition in ihren Ländern.

Die kriegerischen Auseinandersetzungen um die Nationbildung und Staatswerdung (Details dazu siehe Usachenkomplex III: Rüstung und Kriege) haben manche Ressourcen Schwarzafrikas verbraucht, die der Kontinent zu seiner wirtschaftlichen Aufwärtsentwicklung dringend benötigt hätte. Die Konflikte in diesen Bereichen werden in vielen Staaten wie beispielsweise im Tschad, im Sudan und in Äthiopien künftig noch andauern. Zweierlei bleibt abschließend festzuhalten: *Erstens* ist Afrika nach wie vor entschlossen, die koloniale Grenzziehung beizubehalten und den dornigen Weg der Nationbildung weiterzugehen; *zweitens* ist die Nationbildung in vielen Ländern in Gang gekommen: Zwar gibt es nach wie vor vielfältige Spaltungen in Nigeria, im größten Land des Kontinents, aber Sezession (Abspaltung) ist dort kein Thema mehr![19]

Literaturhinweise

1. Für Dritte-Welt-Gruppen, Lehrer, zum Einsatz im Unterricht: R. Weiss/H. Mayer, *Afrika den Europäern*, Von der Berliner Kongokonferenz ins Afrika der neuen Kolonisation, Hammer Verlag, Wuppertal 1984; reich bebilderter Textband in DIN A4 Format.
2. Al Imfeld: *Verlernen, was mich stumm macht* – Lesebuch zur afrikanischen Literatur, Unionsverlag, Zürich 1980. Das Buch enthält auf ca. 300 Seiten eine Textsammlung afrikanischer Schriftsteller, Dichter und Politiker; Hauptthemen sind: Kolonialismus, antikolonialer Kampf und erste Erfahrungen mit der Unabhängigkeit. Das Gewinnbringende ist, daß die zahlreichen kurzen Textauszüge aus Werken und Reden afrikanischer Autoren einerseits eine erste Kenntnis originären afrikanischen Denkens vermitteln und andererseits eine wirkliche Sensibilisierung für die jüngste Geschichte des Kontinents leisten können. *Allen an Afrika Interessierten sehr zu empfehlen!*
3. Zum deutschen Kolonialismus für Lehrer, Schüler, Dritte-Welt-Gruppen und Journalisten sehr geeignet: Entwicklungspolitische Korrespondenz (Hrsg.), *Deutscher Kolonialismus*, Materialien zur Hundertjahrfeier 1984, EPK-Drucksache Nr. 1, Hamburg 1983. Das Buch enthält auf ca. 190 Seiten neben den Beiträgen kritischer Kolonialismuskenner eine Vielzahl gut ausgewählter zeitgenössischer Dokumente.
4. Zum Thema christliche Missionsarbeit, Kolonialherrschaft und Kolonialwirtschaft gilt als *Standardwerk*: Klaus J. Bade (Hrsg.) *Imperialismus und Kolonialmission*, Kaiserliches Deutschlandbild und koloniales Imperium, Steiner Verlag, Wiesbaden, 2. Aufl. 1984. Das Werk enthält auch umfangreiche bibliographische Angaben.
5. Zum Problem der *Nationbildung* als kritisch-provokative Hintergrundinformation: Jean Ziegler, *Afrika, Die neue Kolonisation*; Luchterhand, Darmstadt und Neuwied 1980.
6. Zur Nationbildung, mehr jedoch zu den Herrschaftssystemen und Regierungsmechanismen: F. Nuscheler/K. Ziemer, *Politische Herrschaft in Schwarzafrika*, Beck Verlag, München 1980.
7. Daß afrikanische Glaubensvorstellungen mehr sind als „Animismus" und „Naturreligionen" vermittelt der afrikanische Autor John S. Mbiti in seinem Werk: *Afrikanische Religion und Weltanschauung*, de Gruyter, Berlin und New York 1974.

Graphik 2: Größe europäischer Kolonialreiche in Afrika zu Beginn des 2. Weltkrieges

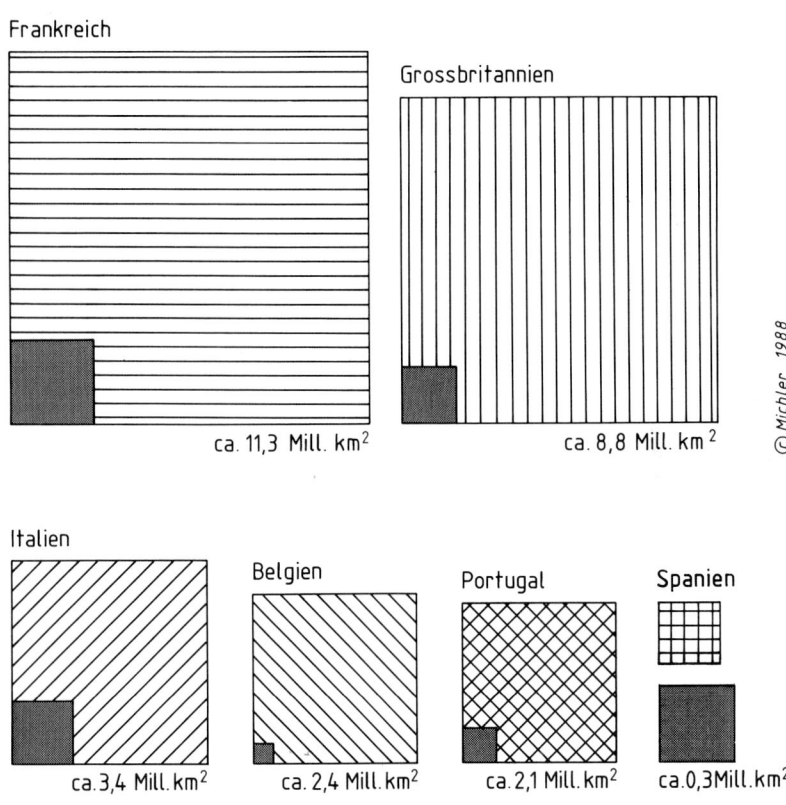

Frankreich

Grossbritannien

ca. 11,3 Mill. km²

ca. 8,8 Mill. km²

© Michler 1988

Italien

Belgien

Portugal

Spanien

ca. 3,4 Mill. km²

ca. 2,4 Mill. km²

ca. 2,1 Mill. km²

ca. 0,3 Mill. km²

Schraffur: Größe des Kolonialreiches   Raster: Größe des Mutterlandes
(Größenangaben in km² beziehen sich auf jeweilige Kolonialgebiete)

HAPPY 25ᵀᴴ ANNIVERSARY

Which way Nigeria?

Sunday Concorde, Nigeria, 29. September 1985

96

Kapitel 3
Weiße Herrscher mit schwarzer Maske: ausbleibende Kurskorrektur – Kritik der ‚africanité'

Die Kolonialisierung der Köpfe: Weichenstellung in die Fehlentwicklung · Nigeria: Fallbeispiel für unangemessene Prioritätensetzung · Korruption und Kapitalflucht: weiße und schwarze Profiteure · Zusammenfassung: das ‚geistige' Erbe des Kolonialzeitalters als Entwicklungsblockade · Die ‚Selbstreinigung': Demaskierung der Herrschenden durch die Anwälte des Volkes

Die Kolonialisierung der Köpfe: Weichenstellung in die Fehlentwicklung

„Nkosi sikelel'i Africa – Gott segne Afrika!" Das Lied entstand schon vor der Jahrhundertwende in Südafrika, gedieh in wenigen Jahren zum Lied der Unterdrückten gegen ihre weißen Herrscher, wurde zum Fanal der Hoffnung, daß es bei der Diktatur der Fremden – dafür war Gott Bürge – nicht bleiben würde. Als die weiße Kolonialherrschaft in den Nachbarländern des Burenstaates zu Ende gegangen war, sei es durch politischen Widerstand oder bewaffneten Kampf, machten die ‚Unabhängigen' Nkosi sikelel'i Africa zu ihrer Nationalhymne.

„Gott segne Afrika" markierte den Anbruch eines neuen Zeitalters. Die Uhuru, die Unabhängigkeit, sollte mehr sein als bloß das Ende der Fremdherrschaft und der Unterdrückung. Jetzt – so lautete die Hoffnung überall im vom ‚wind of change' durchströmten Afrika – würde eine Epoche wirtschaftlicher Aufwärtsentwicklung beginnen, denn was die weißen Ausbeuter ihnen geraubt hatten, würden sie nun zu ihrem eigenen Wohl nutzen können.

Nichts ist in unserem Land bekannter über Afrika, als daß sich diese Uhuru-Träume als fata morgana entpuppt haben, wenngleich die Situation *keineswegs* so desolat ist, wie es die Berichterstattung – „ganz Afrika – ein einziger Sozialfall" (Der Spiegel) – immer wieder in unsere Köpfe hineinschreibt. Dennoch: Was die Väter und Baumeister der Uhuru ihren Landsleuten an Entwicklung versprachen, ist nicht in Erfüllung gegangen, jedenfalls nicht auf breiter Front, nicht für die Masse der Bevölkerung.

Die Ursachen sind vielfältig, und *den* Grund gibt es nicht, aber eine ganze Kette von Faktoren verschweigen unsere Medien gemeinhin, vielleicht weil die Erkenntnis dieser Zusammenhänge zu viel Sensibilität und Einfühlungsvermögen erfordert: Schon bald nach der Uhuru wurde den Afrikanern bewußt, daß die Kolonialherren nicht nur Monokulturen und künstliche Grenzen hinterlassen hatten, sondern weit mehr, tiefsitzenderes: „Mit den Büchern des weißen Mannes aufzuwachsen, heißt seine Denkweise zu assimilieren. Man macht sich seine Ziele zu eigen," schreibt der südafrikanische Literat Ezekiel Mphalele.

Die Europäer hatten ihre Schulbildung nach Afrika gebracht, hatten dort ihr Erziehungssystem etabliert. Die afrikanischen Kinder lernten genau dasselbe wie ihre Altersgenossen in Europa; meist benutzten sie sogar die gleichen Schulbücher und absolvierten exakt dieselben Prüfungen; das heißt: aus dem Unterricht wußten sie mehr über Europa als über ihr eigenes Land. Aber nicht nur das! Vielfach wurden sie gelehrt, ihre eigene Kultur zu verachten und die westliche Zivilisation als die einzig wahre anzusehen. Die fremden Lehrmeister verspotteten die Tradition und Werte der Einheimischen, und in den Missionsschulen galt die afrikanische Religion und Weltanschauung als ‚Teufelswerk‘.

Derartig indoktriniert, wurden die Kinder ihren Familien entrissen, wurden abgenabelt von ihrer eigenen Kultur. Ganz besonders galt dies von den Studenten, von denen, die nach der Uhuru an die Schaltstellen der Macht kamen: „Und wer die besten Noten in der Prüfung bekommen hat, geht auf die Universität, die letzte Stufe der Kulturvernichtung... An der Universität verhält er sich ganz und gar beschämt gegenüber den Ideen und Bräuchen seines Volkes... Nach dem dritten Universitätsjahr zieht er sich eine schwarze Robe an und setzt sich eine Akademikermütze auf. Im strahlenden Glanze seines dunklen Anzuges stolziert er durch das Universitätstor in die Welt hinaus. In materieller Hinsicht geht es ihm gut. Kulturell hingegen ist er kastriert, eine wandelnde Leiche".[1] Der ugandische Schriftsteller Okot p'Bitek hat schon vor nahezu drei Jahrzehnten den *traumatischen Kulturkonflikt* erkannt, den Europas Herrschaft hinterließ, ja hinterlassen mußte, und der heute noch immer als Bürde und *Entwicklungsblockade* auf dem schwarzafrikanischen Kontinent lastet.

Dies sind keine ideologischen Beschuldigungen gegen die einstigen Kolonialherrscher und auch keine Entschuldigung der auf diese Weise zur ‚Elite‘ gewordenen Afrikaner, sondern lediglich eine Analyse dessen, was gewesen ist und daraus folgt. Schließlich hatten die Franzosen ganz unverblümt von *„Assimilation"* gesprochen: Jedwede Erziehung, alle Politik mußte darauf gerichtet sein, aus den Afrikanern Europäer zu machen, ihr Denken und Bewußtsein zu kolonisieren. Und dies traf insbesondere diejenigen, die in Europa studierten, die gesamte erste Universitätsgeneration Schwarzafrikas, *alle*, die nach der Unabhängigkeit ein Amt in Politik, Verwaltung oder Wirtschaft ihrer Länder übernehmen sollten! Übrigens ist in keinem der anderen kolonisierten Kontinente die Assimilation so intensiv von den Europäern betrieben worden wie in Schwarzafrika, und insofern ist logischerweise die Problematik eine andere als in den übrigen Entwicklungsregionen unserer Welt.

„Been-to's" werden sie in Nigeria genannt, Leute, die in Übersee gewesen sind und denen deshalb eine höhere Rangstufe menschlichen Seins zukommt. Hunderttausende zählen jene Schwarzafrikaner, die bis Mitte unseres Jahrzehnts in Europa oder Amerika ihre Ausbildung erhielten. Wer aber in einer anderen Kultur studiert, und zwar *das* Wissen, welches diese hervorgebracht hat, wer jahrelang sich den Spielregeln dieser Gesellschaft angepaßt hat, bleibt nicht mehr er selbst, muß sich verändern und nimmt diese Veränderung mit nach Hause.

Und so war und ist es nur allzu logisch, daß diejenigen, die im Ausland studiert hatten, ihre eigenen Länder nach dem Vorbild der Industriestaaten entwickeln wollten. Sie konnten ja nichts anderes als ‚kopieren‘, denn die Lehrpläne, denen sie gefolgt waren, orientierten sich an Europa, besaßen keine Ausrichtung auf die spezifischen Bedürfnisse der unterentwickelten Länder oder gar Schwarzafrikas – wie sollten sie auch! Folglich wollte der in der Ersten Welt ausgebildete Arzt ein hochtechnisiertes Krankenhaus nach dortigem Vorbild und nicht einen Barfuß-Doktoren-Gesundheitsdienst; und derjenige, der Straßenbau studiert hatte, wollte Asphaltstraßen oder Autobahnen auch in seiner Heimat; und allen Studierten galt *die Stadt* – Symbol und Inkarnationspunkt einer neuen Weltkultur – als *das Wichtigste*; diese mußte entwickelt werden, hier mußte modernisiert und industrialisiert werden, dann würde gemäß dem ‚trickle-down-Effekt‘ (Durchsickerung) das Hinterland, der ‚Busch‘ bald auch etwas abbekommen, würde an der Entwicklung automatisch partizipieren.

Oft habe ich bei meinen Reisen in Afrika daran gedacht, wem von unseren Politikern, wem von unseren Mediengewaltigen und Meinungsmachern diese *Tragik Afrikas* bewußt ist: Nicht nur die erste Universitätsgeneration wurde nach westlichen Bildungsplänen erzogen. Selbst heute noch folgen die afrikanischen Universitäten im Prinzip den Lehrplänen der abendländischen Wissenschaft. Die heute Studierenden werden wie ihre Väter mit Wissen vollgestopft, das in keiner Weise – von wenigen Ausnahmen abgesehen – auf die spezifische Entwicklungssituation Schwarzafrikas ausgerichtet ist. Ich spreche von Tragik, weil die so Ausgebildeten scheitern mußten, weil sie auch künftig ihre Länder – wegen der verkehrten Weichenstellung in ihren Köpfen – in die falsche Richtung entwickeln müssen.

National Concord, 12. September 1985

Nigeria:
Fallbeispiel für unangemessene Prioritätensetzung

Nigeria, Schwarzafrikas Bevölkerungsriese und Wirtschaftsgigant, ist ein besonders dramatisches Beispiel für die *verfehlte Prioritätensetzung* nach der Unabhängigkeit. Seine Einnahmen aus dem Erdölgeschäft beliefen sich bis Ende 1987 auf mindestens 170 Mrd. $! Reichlich Kapital, mit dem ein Entwicklungsfortschritt auf breiter Front möglich gewesen wäre. Doch auf dem Land ist – genau wie im übrigen Schwarzafrika – die Zeit stehen geblieben, die Kleinbauern haben von den Früchten der Uhuru nichts abbekommen. Diese wurden von einer kleinen Elite geerntet, flossen in die Stadtentwicklung und in ehrgeizige Industrialisierungsvorhaben. Futuristische Hochhausbauten und Autobahnen in Lagos, Lehmhütten und Pistenstraßen für die Masse der Bevölkerung; Abua, Bau einer neuen Hauptstadt mit Untergrundbahnen und dreizehnspuriger kreuzungsfreier Verkehrsführung, während es auf dem Land nicht mal sauberes Trinkwasser gibt, während dort eine

THE GUARDIAN, Saturday, August 10, 1985

Million Menschen an Lepra erkrankt ist, deren Heilung und Behandlung nur einen Bruchteil von Abua kosten würde. Die Autobahnen, Häfen, Stahlwerke, PKW-Fabriken sind nicht von den Nigerianern, sondern von ausländischen Firmen gebaut worden. Beispielsweise von Bilfinger & Berger, einem Bauunternehmen aus der Bundesrepublik, das in Nigeria Milliardenumsätze machte.

Übrigens wurde das Land Ende der 70er Jahre – *noch vor Südafrika* – zum größten Markt des Kontinents: Allein der Westen lieferte zwischen 1970 und 1984 Waren im Wert von rund 120 Mrd. $, an denen die Bundesrepublik mit 30 Mrd. DM beteiligt war. Den Lieferanten ging es um ihr Geschäft (um was auch sonst); ob ihre Produkte der Masse der Bevölkerung nutzten, scherte sie überhaupt nicht. Und selbst als der Hafen von Lagos auf lange Zeit hoffnungslos blockiert war – Ende der 70er Jahre stauten sich dort über 400 Schiffe – lieferten sie eifrig weiter, obwohl sie wußten, daß viele Güter gar nicht ausgeladen werden konnten und auf den Schiffen verrotten mußten.[2]

So zeigt schon die hier nur skizzierte Entwicklung, daß *privatwirtschaftliches Engagement* und *die Öffnung* Schwarzafrikas für privatwirtschaftliche Initiativen, wie sie beide von unseren Politikern immer wieder gefordert werden, allein nicht zu einer Entwicklung führen, von der auch die Masse der Bevölkerung profitiert. *Ohne Lenkung*, ohne Einsatz der Privatwirtschaft innerhalb eines klar definierten Rahmens führt diese eher zur Ressourcenvergeudung statt zur Schaffung von Wohlstand für die Bevölkerungsmehrheit eines Entwicklungslandes.

Korruption und Kapitalflucht:
weiße und schwarze Profiteure

Nigeria hält aber noch einen anderen Negativ-Rekord: Hier blühte die *Korruption*, als die Petromilliarden reichlich flossen, wie nirgendwo sonst auf dem Kontinent. Auch sie hat viele Gründe, *einen* aber ganz bestimmt *nicht*: nämlich daß die Afrikaner anfälliger für Korruption sind als die Weißen. Letzteres suggeriert zwar unsere Berichterstattung, aber das hat mehr mit ihrem eigenen Menschenbild über die ‚Schwarzen' zu tun als mit den Realitäten auf diesem Kontinent.

Die *been-to's*, die in Übersee studiert hatten, beabsichtigten nicht nur, den Industrialisierungsweg des Westens zu beschreiten, sondern wollten auch in ihrem persönlichen Bereich den Lebensstil ihrer europäischen und amerikanischen Kollegen kopieren. Dazu aber fehlten ihnen die Mittel. Denn der Arzt im Staatsdienst, der Abteilungsleiter im Ministerium verdient in Afrika längst nicht genug, um sich all die westlichen Statussymbole legal leisten zu können. Folglich mußte man seinen Dienstposten ausnutzen, mußte allerlei Geschäfte nebenbei betreiben, um sich die fehlenden Gelder zu beschaffen.

Außerdem waren diejenigen, die an den Steuerhebeln von Politik und Wirtschaft saßen, in die Zwickmühle zweier unterschiedlicher Welt- und Lebensanschauungen geraten, waren Gefangene des Gegensatzes zwischen westlicher und afrikanischer Zivilisation. *Konkret*: Sie hatten Posten in einem Verwaltungssystem westlichen Ursprungs inne, und dies kann zum Nutzen eines Landes nur ohne Korruption funktionieren; auf der anderen Seite gebot ihnen ihre afrikanische Ethik, den Mitgliedern der eigenen Großfamilie zu helfen. Täten sie dies nicht, würden sie ihr Gesicht verlieren. Derartige Verstrickungen mußten sie für Korruption anfällig machen, was nicht alles erklärt, manches aber doch verständlich macht. „Eines gelang uns nicht", erklärte mir Prof. Emmanuel Obiechina, einer der führenden Intellektuellen Nigerias, „nämlich unsere eigenen Werte mit denen der westlichen Zivilisation zu verbinden. Ganz im Gegenteil: der importierte Individualismus setzte sich gegen alles andere durch, und das ist bis heute das Kernproblem unserer Gesellschaft geblieben."

Verschärfend kam hinzu, daß die Massen das Treiben der Herrschenden nicht korrigieren konnten, sie waren nicht organisiert, besaßen wie unsere Arbeiter und Bauern im 18./19. Jh. keine Macht, um ‚die da oben‘ zu einer Politik für das Ganze zwingen zu können. Aber wie in Europa werden die Bauern- und Arbeiterführer, Gewerkschafter und Intellektuellen, wenn ihr Leid lange genug gedauert hat und ihre Not unerträglich geworden ist, gegen jene Eliten revoltieren, die sich mit den ausländischen Interessen verbunden haben, um gemeinsam mit diesen Kapital aus der vermeintlichen Unabhängigkeit ihrer Heimatländer zu schlagen. *Noch etwas Wichtiges*: Bei allen Erörterungen über Korruption in Afrika werden die ‚Hehler‘ nicht genannt, diejenigen westlichen Firmenvertreter, die den afrikanischen Entscheidungsträgern 10, 15, 20 und noch mehr Prozent der Auftragssumme als persönlichen Gewinn anbieten, wenn sie nur die Unterschrift unter den Vertrag setzen. Dies war und ist nicht die Ausnahme einiger unlauterer Geschäftemacher, sondern die Regel im Afrika-Business, obwohl allen Beteiligten bekannt ist, daß auch die afrikanische Gesetzgebung die Zahlung solcher Schmiergelder verbietet. Dennoch sind mittlerweile Bestechungsbeträge ein fester Posten der Kalkulation im Afrika-Geschäft westlicher Firmen, der natürlich in der Bilanz auch gegenüber unseren Finanzbehörden getarnt wird.

Ein weiteres Problem ist mit diesem unzertrennlich verknüpft: die *Kapitalflucht*. Diese spielt im Falle Schwarzafrikas längst nicht die Rolle wie beim lateinamerikanischen Kontinent. Nichtsdestoweniger sind aus einzelnen Ländern erkleckliche Summen ins Ausland transferiert worden. So werden die nigerianischen Fluchtgelder auf mindestens 20 Mrd. $ geschätzt, und Staatschef Mobutu aus Zaire soll in seiner langen Amtszeit ebenfalls einige Milliarden nach Übersee geschafft haben. Zwar sind die Auslandsguthaben, was die Eliten der übrigen Länder angeht, bedeutend kleiner, aber nur wenige Länder sind von diesem Übel völlig verschont geblieben.

Freilich gilt hier wie im Falle der Korruption, daß *ohne Hilfe* westlicher Firmenvertreter und *westlicher Bankiers* die Kapitalflucht nicht möglich gewesen wäre. Wenn man selbst mit der Kapitalflucht sein Geschäft betreibt, dann soll man nicht noch – wie es unsere Banker tun – die Anleger ob ihres moralischen Fehlverhaltens kritisieren. *Außerdem*: Wieso erlauben unsere Banken die Führung eines Kontos in Millionen Dollar Höhe, wenn sie doch genau wissen, daß es in der Regel den Afrikanern verboten ist, derartige Summen zu transferieren, und wenn, müßten sie im Besitze spezieller Dokumente sein, nach denen sie aber kein Geldinstitut fragt.

Zusammenfassung: das ‚geistige' Erbe des Kolonialzeitalters als Entwicklungsblockade

1. Die westlich gebildeten Eliten betrieben nach der Unabhängigkeit eine verfehlte wirtschaftspolitische Prioritätensetzung: Industrialisierung und Stadtentwicklung statt Förderung des ländlichen Raumes und der Kleinbauern. Sie, sowie ihre ausländischen Berater und Projektfinanciers, zogen aus dem Entwicklungsweg Europas nicht die notwendige Konsequenz: Dort war zunächst die Landwirtschaft entwickelt worden, und die warf dann das Mehrprodukt ab, das die Industrialisierung erst ermöglichte. Daß eine Modernisierung des Agrarsektors und dessen Reformen geradezu die Voraussetzung einer breit gefächerten Industrialisierung bilden, haben die Politikwissenschaftler Menzel und Senghaas in einer neueren Studie dargestellt; die von den schwarzafrikanischen Regierungen betriebene Politik fällt demgegenüber unter den Begriff „Wachstum ohne Entwicklung".[3]

2. Einmal im Besitz der Macht, waren die afrikanischen Eliten in erster Linie auf ihren eigenen Vorteil sowie auf die Absicherung ihrer eigenen Herrschaftsposition bedacht, worin sie sich in nichts von den Eliten aller anderen Kontinente unterschieden. Sie betrieben zusammen mit den ausländischen Kapital- und Machtinteressen eine Entwicklung, die in erster Linie ihnen selbst zugute kam und in zweiter Linie denen, die ihre Herrschaft hätten bedrohen können, nämlich den Städtern. Inländische Massenorganisationen (Parteien auf Ortsebene, Gewerkschaften, Verbände), die allein als Korrektiv hätten fungieren können, fehlten, waren zu schwach, um eine Wirkung zu erzielen, oder wurden zerschlagen, als sie nicht mehr ungehört blieben. Jean Ziegler hat dieses Gesamt-Phänomen mit dem Begriff der „Proto-Nation" beschrieben. Er meint damit nur rudimentär entwickelte Gesellschaften, die völlig von denen abhängig sind, die sie von außen organisieren.[4] Ähnliches meinen die Entwicklungstheoretiker, wenn sie vom Zentrum-Peripherie-Modell sprechen; insbesondere Johan Galtung hat in seiner Modifikation dieses Ansatzes auf die Interessenidentität der Entwicklungsländereliten und der in den Industriestaaten herrschenden Kräfte hingewiesen.

3. Schwarzafrikas Kulturkonflikt und seine komplexe, heterogen strukturierte Identitätskrise sind einerseits eine Folge des Kolonialzeitalters und andererseits ein Ergebnis der fortgesetzten Dominanz westlicher Zivilisation und Leitbilder im Anschluß an diese Epoche. So haben beispielsweise die Konsumideale und die Fortschrittsvorstellungen der Industriestaaten nicht nur von den Herrschenden Besitz ergriffen, vielmehr werden sie durch die auch in Schwarzafrika übermächtige Werbung („Have a Coke and smile") in das letzte Slumviertel und Buschdorf hineingetragen. Den fortgesetzten Fremdeinfluß – bis zur völligen Fremdsteuerung im Extremfall – besorgen

nicht nur das in die Köpfe implementierte Denken aus einer anderen Welt, sondern auch deren direkten Interessenvertreter, zum Beispiel die Transnationalen Konzerne, die Hunderttausende von Weißen, die in Schwarzafrika ihr Geschäft betreiben, das mit der Grundbedürfnisbefriedigung für die breite Masse der Bevölkerung nichts gemein hat.

Die ‚Selbstreinigung': Demaskierung der Herrschenden durch die Anwälte des Volkes

„Kamerun unabhängig? Schon die Frage ... ist eine Beleidigung. Für alle frankophonen Länder Afrikas ist das Wort reiner Zynismus. Für Kamerun ist es gar mehr: Sadismus, Folterung, Demütigung, Hohngelächter. Das Ganze ist nichts als ein Puppenspiel. Makaber. Nette Hanswürste sind diese Regierenden alle. Gut bezahlte Folterknechte. Unsere Unabhängigkeit war der größte Theaterschwindel des 20. Jahrhunderts. Man ersetzte Weiß mit Schwarz und sagte: ‚Eine neue Zeit ist angebrochen – Afrika ist frei!' Lug und Betrug. Unsinn. Wir haben zwar schwarze Puppen, aber verändert sich das Wesen des Mercedes, wenn er eine andere Farbe erhält? Weißer Mercedes – schwarzer Mercedes – Mercedes sind beide. Ob alter Kolonialismus oder NeoKolonialismus – beides ist Kolonialismus!"[5] so der kamerunische Schriftsteller Mongo Beti zur Herrschaft von Ahmandou Ahidjo in seinem Heimatland, eines Diktators, der jahrelang von der ehemaligen Kolonialmacht Frankreich gestützt worden ist.

Die Schriftsteller sind dem ‚wind of change der Uhuru', jenem Geist, der dem Kontinent ein neues Leben bringen wollte, treu geblieben. Sie kritisieren ihre eigenen Herrscher genauso heftig wie zuvor die Kolonialherren, ja ihre Wort-Pfeile sind noch spitzer geworden, treffen noch mehr in das Mark der Machthaber eigener Hautfarbe.[6] Denn von den Fremdherrschern hatten sie erst gar nicht mehr erwartet, wohl aber von ihren Führern, die mit visionären Verheißungen das Volk zum bewaffneten Kampf gegen die weißen Besatzer mobilisierten. Und so ist die Entlarvung der Herrschenden ein gemeinsamer Grundtenor der reichhaltigen schwarzafrikanischen Literatur; demzufolge tragen die meisten Regierenden bloß eine schwarze Maske, während ihr Inneres ‚weiß' ist, genauso skrupellos, ausbeuterisch und machtbesessen, wie es einst die Fremdherrscher waren. Der ugandische Schriftsteller Okot p'Bitek schreibt:

„Uhuru, Unabhängigkeit, bedeutet in vielen Ländern unseres Kontinents nichts anderes, als daß die Fremdherrschaft durch die Eingeborenendiktatur ersetzt wurde, und zwar durch jene Afrikaner, die in unseren Schulen und Universitäten ausgebildet worden sind. Es handelt sich hier nicht um eine Diskriminierung der Afrikaner durch die verdammten weißen Siedler oder Kolonialisten, sondern um die Diskriminierung der Afrikaner durch die Afrikaner; eine Diskriminierung durch den Städter im schwarzen Anzug, eine Diskriminierung durch den Gebildeten an der Macht gegenüber seinem Landsmann – gegenüber seinem eigenen Volk auf den Dörfern. Unsere Universitäten und Schulen sind Nester, in denen schwarze

Ausbeuter ausgebrütet und aufgezogen werden, was der Bürger mit seinen Steuern oder vielleicht mit seinem Herzen bezahlt:

> Denn während die Parteibonzen
> sich mit dickem Honig,
> Gelee und Butter vollstopfen,
> sterben die Leute auf dem Lande
> vor Hunger;
> sie nagen die abgenagten Knochen,
> die schon den Hunden zugeworfen waren,
> noch einmal ab.
> Die Emporkömmlinge
> wälzen sich in weichen Betten,
> während die Hüftknochen der Wähler
> vom Druck des Erdbodens,
> auf dem sie auch schon vor der „Uhuru" schlafen
> mußten,
> schmerzen.
> Ungebildete Afrikaner vereinigt Euch!
> Ihr habt nichts zu verlieren
> als Eure Ketten."[7]

In einem Punkt unterscheiden sich die schwarzafrikanischen Schriftsteller von ihren europäischen Berufskollegen: l'art pour l'art, *Kunst um der Kunst willen* oder schreiben, bloß um das Publikum zu unterhalten, ist ihnen völlig fremd! Über ihr Selbstverständnis sagt der Nigerianer Wole Soyinka, dessen Werk[8] 1986 durch die Verleihung des Nobelpreises geehrt worden ist: „Der Mensch stirbt in all jenen, welche schweigen angesichts der Tyrannei. Wir haben politische Führer, die ganz definitiv Feinde des Volkes sind, nicht nur Feinde unserer Völker, sondern der Menschheit. Da haben doch die Schriftsteller gar keine andere Wahl, als das Unrecht dieser Führer zu brandmarken."[9] Und René Philombe aus Kamerun ergänzt:

„Engagement heißt für mich, als Schriftsteller zu versuchen, die Probleme meines Volkes zu benennen, zu versuchen, die Bedürfnisse meines Volkes auszudrücken, zu versuchen, die Leiden meines Volkes zu lindern, die Aufmerksamkeit auf das Elend meines Volkes zu lenken und die herrschende Klasse darauf zu stoßen. Das ist die wesentliche Mission des afrikanischen Schriftstellers. Sonst brauchte er nicht zu schreiben."

Diejenigen, die von den Literaten, als „Scheckbuchrevolutionäre", als „Haifische der Unabhängigkeit" und „Verräter am Befreiungskampf" des Volkes charakterisiert wurden, reagierten mit Härte: Mitte der 80er Jahre waren schätzungsweise 200 Schriftsteller in Haft und ebenso viele ins Exil geflohen. Doch dies konnte die Kritik nicht mundtot machen, denn längst hatten die Worte der Schreiber auch weite Teile der Bevölkerung erreicht, bei denen die Herrschenden fortan als *Wa-Benzi*, als der neue Stamm der Mercedesbesitzer – eine Metapher für ihren Reichtum auf Kosten des Volkes – galten.

So berechtigt diese Kritik in vielen, vielleicht in den meisten Fällen auch ist, sie darf nicht darüber hinwegtäuschen, daß *etliche führende Politiker integer geblieben sind* und den Weg der Scheckbuchrevolutionäre nicht beschritten: Nyerere, Senghor, Nkrumah, Machel, Mugabe, Neto, Kountché, Sankara, Rawlings sind da nur einige Beispiele. Andererseits blieben diejenigen, auf die die Kritik zutraf, *denen die schwarze Maske vom Gesicht gerissen wurde*, dennoch an der Macht. Und *ein* Grund dafür ist, daß nicht nur ‚die da oben‘ von Korruption und Skrupellosigkeit befallen wurden, die moralische Entwurzelung griff auch auf die einfachen Leute über. Der Ghanese Ayi Kwei Armah hat dies in seinem Roman „Die Schönen sind noch nicht geboren" beschrieben:[10]

Der kleine Angestellte, der Arbeiter, sie verdienen viel zu wenig, als daß davon eine Familie auch nur halbwegs menschenwürdig überleben könnte. Folglich läßt sich jeder bestechen, und besticht jeder den anderen, eben um sein Existenzminimum abzusichern. ‚Die da oben‘ kritisiert man nicht, weil jeder von dem Traum besessen ist, irgendwann einmal ein Stück vom Wohlstandskuchen der Reichen zu ergattern.

Keine Hoffnung also für eine Wende zum Besseren? Armah plädiert dafür, Afrika müsse sich von der sog. entwickelten Welt völlig trennen. – Dies wäre für eine Genesung des Kontinents, für eine Selbstfindung wünschenswert, gleichwohl ist dieser Weg absolut unrealistisch. Mehr Aussicht auf Erfolg hat die Vision des kamerunischen Schriftstellers Mongo Beti:

„Die Revolte der afrikanischen Jugend, die nicht mehr aufzuhalten ist, wird einer tausendjährigen Knechtschaft sowie den untergehenden schwarzen Schattenkönigen und ihren imperialistischen Schutzherren die Totenglocke läuten"[11].

In Ghana und Burkina Faso beispielsweise (Umbenennung von Obervolta in ‚Land der Aufrechten‘) ist diese Vision – wenigstens in Teilen – schon Wirklichkeit geworden. Dort hievte die revolutionäre Ungeduld der Jugend eine neue Generation politischer Führer an die Macht: Jerry Rawlings und Thomas Sankara. Letzterer war konsequent bis ins Detail und fuhr wohl als einziger Staatschef der Welt als Dienstwagen einen Renault R4, worin ihm auch seine Minister folgen mußten. Doch wer so kompromißlos zu einer Politik für das Volk umschaltet, schafft sich viele Feinde im In- und Ausland. Sankara wurde ihr Opfer und mußte Ende 1987 bei einem Putsch sein Leben lassen.

Erwiderung

Jetzt nicht mehr bleichgesichtige Fremde
mit ungeheiligten Füßen
das Erbe unserer Väter entweihen;
jetzt trampeln keine ausgesandten wohlwollenden Despoten
eine unwillige Rasse nieder;
jetzt fallen keine fremden Habichte mehr
über andersartige Küken her –
Sondern wir über uns!

John Ekwere

Literaturhinweise

1. Als *Standardwerk* zur Rolle und den Inhalten der afrikanischen Literatur mit Nachdruck zu empfehlen: Al Imfeld, *Vision und Waffe*, afrikanische Autoren, Themen, Traditionen; Unionsverlag Zürich 1981. Imfeld gibt von über 20 afrikanischen Autoren jeweils eine knappe Biographie, eine Einführung ins Werk sowie eine Interpretation und dokumentiert außerdem kurze Textpassagen aus den wichtigsten Veröffentlichungen. Bei Imfeld finden sich ebenfalls Literaturhinweise auf die in deutsch erschienenen Werke afrikanischer Autoren. Weitere Titel werden auch künftig in der Reihe *„Dialog Dritte Welt"* des Lamuv- und Unionsverlages erscheinen. Zur *Einführung* empfiehlt sich ebenfalls: Klaus Kreimeier, *Geborstene Trommeln*, Afrikas zweite Zerstörung, Verlag Neue Kritik 1985. Einen eher systematischen Überblick gibt Almut Seiler-Dietrich, *Die Literaturen Schwarzafrikas*, Beck Verlag, München 1984.

2. Zur *vertiefenden* Beschäftigung mit der Thematik des *Kulturkonfliktes*: Samuel Kodjo, *Probleme der Akkulturation in Afrika*, die entwicklungspolitischen Auswirkungen moderner Schulausbildung und Kommunikationsmedien, Verlag Anton Hain, Meisenheim am Glan 1973.

3. Zur Problematik der verfehlten Prioritätensetzung empfiehlt sich die *wissenschaftliche* Arbeit von Theodor Rauch, *Das Nigerianische Industrialisierungsmuster und seine Implikationen für die Entwicklung peripherer Räume*, Institut für Afrikakunde, Hamburg 1981. Rauchs Arbeit leistet im ersten Teil eine konkrete Auseinandersetzung mit den verschiedenen Industrialisierungsmuster-Theorien und geht erst im zweiten Teil auf die spezifischen Entwicklungen Nigerias ein; gewinnbringend ist die kritische Distanz des Autors zu den genannten Problemfeldern.

Kolonialpropaganda im Nationalsozialismus:
Bereicherung auf Kosten der einheimischen Bevölkerung in den Kolonien.

108

Kapitel 4
Fortdauer kolonialer Wirtschaftsstrukturen: Monokulturen und Terms of Trade

---

Europäische Herrschaft in Afrika: ein Kontinent wird zum Rohstofflieferanten · Schwarzafrikas Position im Welthandel: marginal und bedeutend zugleich! · Schwarzafrika heute: nach wie vor Rohstoffexporteur · Ausfuhr landwirtschaftlicher Rohstoffe: Umfang, Bedeutung und Weltmarktanteile · Export von Bodenschätzen · Schwarzafrikas Außenhandel in den 80er Jahren: dramatischer Export- und Importrückgang · Rohstoffpreisverfall oder Einkommenstransfer von Schwarzafrika in die Industriestaaten · Rohstoffpreisverfall: Schwarzafrikas gigantische Einnahmeverluste · Den Kaufkraftschwund stoppen: Integriertes Rohstoffprogramm, Exporterlös-Stabilisierung und Rohstoffindexierung · Rohstoffe – schicksalsentscheidende Bedeutung für Schwarzafrika: Zusammenfassung · Rohstoffe: Forderungen und Empfehlungen

---

Europäische Herrschaft in Afrika: ein Kontinent wird zum Rohstofflieferanten

„Ohne Kolonien keine Rohstoffe, ohne Rohstoffe keine Industrie und kein Wohlstand," so lautete gegen Ende des 19. Jahrhunderts das imperiale Glaubensbekenntnis der führenden Politiker Europas. Mehr als fünf Millionen Bewohner des alten Kontinents verließen in jenen Tagen bis zum Zweiten Weltkrieg ihre Heimat, wollten in Afrika die Devise ihrer Politiker zum Wohle der zivilisierten Welt realisieren. Dort angekommen, nutzten sie das Land – das sie den Einheimischen mit betrügerischen Verträgen oder mit der Gewalt des Gewehres entrissen –, um jene Produkte anzubauen, die in Europa nicht gedeihen konnten: Kaffee, Kakao, Tee, Baumwolle, Erdnüsse, Tabak, Kautschuk, Sisal und vieles andere mehr.
Nicht nur die natürlichen Bedingungen waren hervorragend, um all dies zu produzieren und per Niedrig-Preis in der ‚alten Welt' zu verkaufen, vielmehr gab es in Afrika das, was in Europa zunehmend Mangelware wurde: billige, ja geradezu kostenlose Arbeitskräfte. Und wo sich die ‚Schwarzen' nicht freiwillig zu Hungerlöhnen auf den Plantagen und Farmen der Weißen verdingten, half die Kolonialmacht mit entsprechenden ‚Gesetzen' nach: *Zwangsarbeit* und *Kopfsteuer* wurden eingeführt. Die Abgaben an die fremde Staatsgewalt mußten in Geld entrichtet werden, was die Afrikaner nur verdienen konnten, wenn sie entweder direkt bei den

Weißen arbeiteten oder wenn sie jene Produkte anbauten, die die Kolonialherren für ihre Mutterländer benötigten. Nicht nur die Siedler besorgten Afrikas ausbeuterische Einkoppelung in den Weltmarkt, sondern auch die kolonialen *Handelshäuser* und die sog. *Konzessionsgesellschaften.*

Während die großen europäischen Handelshäuser den gesamten Im- und Export kontrollierten und im Sinne ihrer Unternehmen die Preise diktieren konnten, besorgten die Konzessionsgesellschaften die Ausbeutung der Bodenschätze. Der Profit im Bergbau war für jene Firmen traumhaft hoch. Denn den einheimischen Bergarbeitern zahlten sie Sklavenlöhne, und an die Kolonialverwaltung war nur eine geringe Steuer zu entrichten. Dies heißt: *Das* jeweilige *Land erhielt* praktisch *nichts*, höchstens einen marginalen Betrag; den Gewinn machten die Metropolen, die kolonialen Mutterländer, die mit den preiswerten Bodenschätzen ihre Industrialisierung – jedenfalls teilweise – beschleunigen konnten. Was in den Kolonien verblieb, kam nicht der Masse der Bevölkerung zugute, sondern einer kleinen, meist weißen Oberschicht.[1]

Wieviel Geld dem afrikanischen Kontinent durch diese kolonialen Handels- und Ausbeutungsmechanismen entrissen wurde, ist unbekannt, läßt sich wahrscheinlich nie mehr auch nur annähernd genau berechnen. Auf jeden Fall handelte es sich um gigantische Beträge. Aber dies war nicht einmal das Schlimmste, denn noch gravierender, ja als *Verhängnis* sollten sich – wie die Folgezeit bewies – die entstandenen Strukturen auswirken: *Schwarzafrikas Einbindung in die Weltwirtschaft als Zulieferkontinent für die industrialisierte Welt*, insbesondere für Europa. Fassen wir zusammen:

1. Im ‚afrikanischen Jahr‘ von 1960, als 17 Kolonien ihre staatliche Unabhängigkeit durchsetzen konnten, hielt *Schwarzafrika* bei *Erdnüssen* einen Weltmarktanteil von 77 % und bei *Erdnußöl* von 57 %, bei *Kakao* waren es 73 % und beim damals noch wichtigen *Sisal* 63 % – eine beherrschende Position, die in genau der gleichen Höhe auch bei *Palmöl* (u.a. Seifenherstellung) erreicht wurde. Bei *Timber-Holz* belief sich der Weltexportanteil immerhin noch auf ein gutes Drittel (36,1 %), während Schwarzafrika bei *Kupfer* 25,5 % und bei *Kaffee* rund 19 % erreichte. Schließlich bestritt es bei vielen anderen landwirtschaftlichen Produkten einen Lieferanteil von 10 %, was ebenfalls noch beachtliche Mengen waren, wenn man die hohen Weltmarkttonnagen bedenkt.[2]

2. In der Tabelle 1 A haben wir die Exportanteile der jeweils drei wichtigsten Produkte im ersten Jahr nach der Unabhängigkeit dargestellt; die entsprechende Spalte beschreibt damit die *außenwirtschaftlichen Startbedingungen* und *die Art und Weise der Weltmarkteinbindung* zum Zeitpunkt, als die sog. nationale Souveränität erlangt wurde. Demzufolge waren bei der Unabhängigkeit mindestens 33 (!) von insgesamt 45 schwarzafrikanischen Staaten zu 70 (!) und teilweise wesentlich mehr Prozent vom Export nur dreier Produkte abhängig!

3. Die Weltmarktanteile sowie die Exportstruktur zum Zeitpunkt der Unabhängigkeit belegen damit eindeutig, daß in den Jahrzehnten des Kolonialzeitalters eine Einbindung Schwarzafrikas als *Rohstofflieferant* in den Weltmarkt erfolgt ist. Diese ‚*Rohstoffkammer-Funktion*‘ – ob sie nun eine existentielle Bedeutung für

die Erste Welt besaß oder nicht – war ausschließlich ein Ergebnis der Kolonialepoche und der in dieser Zeit ganz Afrika beherrschenden Fremdinteressen.

4. Somit *entlarven die Fakten* die Politik der Kolonialmächte in Afrika: Sie hatten zwar immer behauptet (und tun dies z.T. auch heute noch!), den Kontinent zu seinem eigenen Wohl entwickeln zu wollen, errichteten aber Wirtschaftsstrukturen, die ausschließlich an ihren eigenen Interessen orientiert waren und die nicht durch das Aufziehen einer eigenen Fahne am Unabhängigkeitsdatum aufgehoben werden konnten.

(siehe auch Kapitel 2 dieses Ursachenkomplexes sowie die im Sahel-Kapitel des Ursachenkomplexes II beschriebene Einführung von Weltmarktfrüchten durch Frankreich)

Schwarzafrikas Position im Welthandel: marginal und bedeutend zugleich!

Betrachtet man den in Dollar angegebenen Wert der Weltexporte insgesamt, dann ist Schwarzafrikas Position statistisch gesehen völlig unbedeutend: 1986 hielten seine 45 Staaten einen kümmerlichen Anteil von 1,1 Prozent, während es 35 Jahre zuvor, im Jahr 1950, als noch alle Länder außer Äthiopien unter Kolonialherrschaft standen, immerhin 3,1 Prozent gewesen waren. Seitdem sank der Anteil ziemlich kontinuierlich (1960 −2,8 %; 1970 −2,4 %; 1980 −2,4%).[3] Auch in bezug auf den Export aller Entwicklungsländer ist Schwarzafrikas Position marginal: 1985 waren es nur rund sieben Prozent.[3]

Die alleinige Betrachtung der Exportleistung in Dollar *verzerrt* jedoch Schwarzafrikas *wirkliche* Bedeutung, denn immerhin liefert der Kontinent mehr als 50 Prozent der Weltkakaoproduktion und rund ein Viertel des Weltkaffee-Exportes; auch bei einzelnen Bergbaurohstoffen ist Schwarzafrikas Anteil an der Weltförderung von überragender Bedeutung: bei Diamanten waren es 1984 53 % und bei dem Stahlveredler Kobalt gar 57 Prozent. Und bei Erdöl ist Nigeria ein ebenso wichtiger Exporteur wie z.B. Libyen. Daß die Bewertung der Exportleistung und ihrer Bedeutung einzig unter dem Gesichtspunkt des Dollarwertes unzureichend ist, wird daran deutlich, daß das wichtige Rohstoffe exportierende *Südafrika* nur einen Weltexportanteil von 0,87 Prozent erzielt (1986). Wichtig ist in diesem Zusammenhang auch Schwarzafrikas Position in bezug auf die übrigen Regionen bzw. Länder des Kontinents; für 1985 ergab sich folgendes Bild:[4]

Afrika, Regionen	Exporte in Mrd. $ und jeweilige Prozentanteile am Gesamtexport			Importe in Mrd. $ und jeweilige Prozentanteile am Gesamtimport		
Nordafrika	31,92			33,09		
	39,44 %	}	64,52	**44,18 %**	}	64,59
Schwarzafrika	32,60		**79,72** %	31,50		**86,24** %
	40,28 %			**42,06**		
Südafrika	16,42			10,31		
	20,29 %			**13,77 %**		
Gesamtafrika	80,94			74,90		

Quellen: eigene Berechnungen nach Weltentwicklungsbericht 1987 und nach Angaben des Statistischen Bundesamtes Wiesbaden

In der Substanz ergeben sich – *wie auch im Falle der anderen oben genannten Weltmarktanteile* – für die Jahre davor und danach *keine* Veränderungen: Südafrikas Anteil am gesamten Außenhandel des Kontinents beträgt stets um die 20 Prozent, während die übrigen 80 Prozent auf die beiden anderen Großregionen entfallen, die damit – rein statistisch gesehen – ein weitaus wichtigerer Handelspartner für die westlichen Industriestaaten sind als das weiß regierte Südafrika.

Zur Information über eine unserer Quellen: Datastream

Die meisten Graphiken dieses Kapitels konnten wir mit Hilfe der internationalen Wirtschaftsdatenbank „Datastream" (Sitz und Zentralcomputer in London) erstellen.[5] Datastream stützt sich z.T. direkt auf die offiziellen Statistiken der einzelnen Staaten sowie auf die Daten der OECD (westliche Industrieländer-Zusammenschluß) und des Internationalen Währungsfonds (IWF); ferner verfügt Datastream über Zahlenmaterial zur Kursentwicklung an allen wichtigen Weltbörsenplätzen. Nur zwei universitäre Institute in der Bundesrepublik besitzen einen Direktanschluß an diese bedeutende Datenbank. Prof. J. Welcker vom Wirtschaftswissenschaftlichen Institut der Universität Saarbrücken war so freundlich und entgegenkommend, uns die Datenbank an seinem Lehrstuhl nutzen zu lassen. Dafür und auch für seine direkte Hilfe sei ihm an dieser Stelle nochmals gedankt.

Graphik 1: Exporte Schwarzafrikas im Vergleich zu allen sowie zu den nicht-erdölexportierenden Entwicklungsländern (1950–1986)

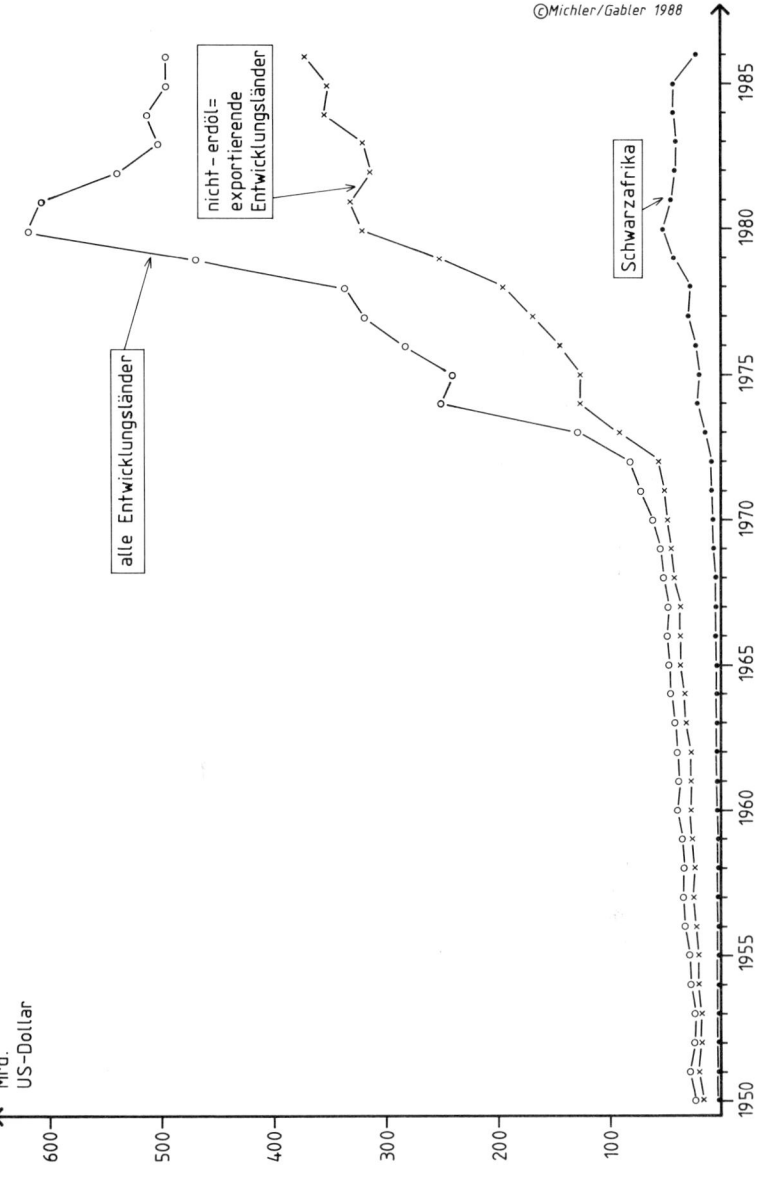

Ⓒ*Michler/Gabler 1988*

o – o – o Gesamtexporte aller Entwicklungsländer (in Mrd. US-$)
x – x – x Gesamtexporte der nicht-erdölexportierenden Entwicklungsländer (in Mrd. US-$)
· – · – · Exporte der schwarzafrikanischen Länder (in Mrd. US-$)
Quellen: eigene Berechnungen nach IWF, International Financial Statistics, Jahrgänge 1980–87

Tabelle 1A: Hauptexportprodukte schwarzafrikanischer Länder und Anteil am Gesamtexport in Prozent

Land	nach der Unabhängigkeit	1970	1980	aktuell
I. Länder mit niedrigem Einkommen / semi-arid (größtenteils Halbwüste bzw. Wüste)				
Burkina Faso (LLDC, MSAC) 05.08.60	1961 Lebendvieh 64,90 / Ölsaaten/Kerne 6,65 / Textilgarne 5,79 / **77,34**	1970 Lebendvieh 31,23 / Baumwolle 25,68 / Ölsaaten 25,60 / **82,51**	1980 Baumwolle 43,88 / Lebendvieh 23,66 / Ölsaaten 10,98 / **78,52**	1985 Baumwolle 26,40 / Gold 10,30 / Lebendvieh 10,00 / **46,70** (geschätzt)
Gambia (LLDC, MSAC) 18.02.65	1966 Erdnüsse, -öl 75,18 / Futtermittel 21,96 / Palmkerne 2,13 / **99,27**	1970 Erdnüsse, -öl 85,17 / Futtermittel 11,20 / Palmkerne 2,47 / **98,84**	1980 Erdnüsse + -prod. 55,16 / Fisch + -produkte 14,52 / **69,68**	1986/ Erdnüsse + -prod. 70,00 / 87 Fisch + -produkte 18,80 / **88,80** (geschätzt)
Mali (LLDC, MSAC) 22.09.60	1961 Erdnüsse, -öl 40,33 / Fisch, getrockn. 22,76 / Lebendvieh 10,57 / **73,66**	1970 Lebendvieh 25,69 / Baumwolle 20,61 / Erdnüsse, -öl 11,91 / **58,21**	1980 Baumwolle 67,06 / Lebendvieh 18,82 / Erdnußöl 2,99 / **88,87**	1986 Baumwolle 40,20 / Lebendvieh 26,80 / **67,00** (geschätzt)
Niger (LLDC, MSAC) 03.08.60	1961 Erdnüsse, -öl 77,17 / Lebendvieh 10,33 / Gemüse 3,14 / **90,64**	1970 Erdnüsse, -öl 62,98 / Lebendvieh 14,03 / Früchte und Gemüse 7,34 / **84,35**	1980 Uran-/Thoriumerze 82,94 / Lebendvieh 5,46 / Früchte und Gemüse 5,05 / **93,45**	1985 Uran 85,50 / Lebendvieh 8,80 / Häute/Felle 1,20 / **95,50** (vorläufig)
Somalia (LLDC, MSAC) 01.07.60	1961 Bananen 67,70 / Masch./Transp.ausr. 8,29 / Holzkohle 4,04 / **80,03**	1970 Lebendvieh 53,16 / Bananen 28,00 / Leder/Häute 6,44 / **87,60**	1980 Lebendvieh 76,59 / Bananen 8,24 / Leder/Häute 5,04 / **89,87**	1985 Lebendvieh 72,80 / Bananen 14,90 / Myrrhe 4,80 / **92,50**
Tschad (LLDC, MSAC) 11.08.60	1961 Baumwolle 79,90 / Fleisch 5,88 / Lebendvieh 5,23 / **91,01**	1970 Baumwolle 69,11 / Fleisch/-verarb. 20,51 / Lebendvieh 2,33 / **91,95**	1980 keine Angaben	1983 Baumwolle 91,10 / Lebendvieh 1,20 / Fleisch 0,60 / **92,90**

Äthiopien (LLDC, MSAC) (1.Jh.n.Chr.)	1960 Kaffee 56,45; Häute/Felle 10,43; Hülsenfrüchte 8,44; **75,32**	1970 Kaffee 61,56; Ölsaaten, Kerne 9,63; Häute/Felle 8,31; **79,50**	1980 Kaffee 64,13; Häute/Felle 12,28; Erdölprodukte 7,42; **83,83**	1985/ Kaffee 75,10; 86 Häute/Felle 7,90; Erdölprodukte 5,50; (geschätzt) **88,50**
Benin (LLDC, MSAC) 01.08.60	1961 Palmkerne, -öl 52,54; Erdnüsse 15,36; Kaffee 7,70; **75,60**	1970 Palmkerne, -öl 32,01; Kakao 16,62; Baumwolle 15,59; **64,22**	1980 pflanzl.öle/Fette 38,30; Baumwolle 23,78; Ölsaaten 12,62; **74,70**	1986 Baumwolle 23,90; Güter d.verarb.Ind.22,30; Kakao 19,30; (geschätzt) **65,50**
Burundi (LLDC, MSAC) 01.07.62	1964 Kaffee 70,92; Baumwolle 5,31; **76,23**	1970 keine Angaben	1980 Kaffee 78,37; Tee 1,90; Baumwolle 1,70; **81,97**	1985 Kaffee 85,10; Tee 5,00; verarb. Waren 5,00; (vorl. Schätzung) **95,10**
Ghana (MSAC) 06.03.57	1958 Kakao 67,11; Diamanten 9,29; Manganerz 9,27; **85,67**	1970 Kakao 75,06; Holz und Kork 8,46; Aluminium 7,22; **90,74**	1980 Kakao 76,52; Aluminium 14,15; Nutzholz und Kork 3,42; **94,09**	1986 Kakaobohnen 62,00; Gold 14,00; Holz 6,00; (vorläufig) **82,00**
Guinea (LLDC, MSAC) 02.10.58	1959 Kaffee 31,57; Diamanten 18,00; Bananen 15,33; **64,90**	1968 Aluminiumoxid 69,49; Ananas 6,35; Palmkerne 5,31; **81,15**	1980 Alum.u. Alum.oxid 79,11; Kaffee 2,23; Ölsaaten 0,64; **81,98**	1986 Aluminium 70,30; Tonerde 16,40; Diamanten 6,80; **93,50**
Guinea-Bissau (LLDC, MSAC) 24.09.73	-	1974 keine Angaben	1980 Ölsaaten 42,11; Fisch 33,79; verarb. Holzprod. 6,57; **82,47**	1981 Fischerzeugnisse 39,00; Palmerzeugnisse 17,70; Erdnüsse 14,90; **71,60**
Kenia (MSAC) 12.12.63	1964 Kaffee 32,81; Tee 12,89; Agave 12,83; **58,53**	1970 Kaffee 27,29; Tee 16,59; Erdölprodukte 14,78; **58,66**	1980 Erdölprodukte 31,96; Kaffee 21,03; Tee 12,39; **65,38**	1986 Kaffee 41,00; Tee 16,90; Erdölprodukte 9,30; (geschätzt) **67,20**
Madagaskar (MSAC) 26.06.60	1961 Kaffee· 28,99; Gewürze 16,73; Reis 6,20; **51,92**	1970 Kaffee 27,20; Gewürze 22,22; Reis 7,64; **57,06**	1980 Kaffee 50,75; Gewürze 12,88; Erdöl 5,35; **68,98**	1986 Kaffee 43,00; Gewürze 24,50; Fisch 10,10; (vorläufig) **77,60**

115

Land	nach der Unabhängigkeit	1970	1980	aktuell
Malawi (LLDC) 06.07.64	1965 Tabak 37,88 Tee 27,82 Erdnüsse 12,10 **77,80**	1970 Tabak 41,13 Tee 27,06 Erdnüsse 10,51 **78,70**	1980 Tabak 44,50 Zucker 17,24 Tee 12,83 **74,62**	1985 Tabak 43,10 Tee 22,60 Zucker 10,40 **76,10**
Mosambik (MSAC) 25.06.75	—	1975 Nüsse 15,57 Zucker 12,73 Baumwolle 8,73 **37,03**	1980 Zucker 13,70 Nüsse 10,86 Krebs-/Weichtiere 4,08 **28,64**	1985 Garnelen 43,60 Nüsse 15,20 Zucker 9,10 **67,90**
Ruanda (LLDC, MSAC) 01.07.62	1963 Zinnerze 78,82 Kaffee 11,86 Pyrethrum 4,30 **94,98**	1970 Kaffee 56,46 Zinnerze 19,20 Vanadium 15,62 **91,28**	1980 Kaffee 55,42 Tee 17,51 metall. Erze 10,46 **83,39**	1986 Kaffee 69,30 Tee 8,00 (geschätzt) **77,30**
Sambia 24.10.64	1965 Kupfer 91,53 Zink 2,57 Tabak 1,30 **95,40**	1970 Kupfer 95,52 Zink 1,54 Blei 0,69 **97,75**	1980 Kupfer 76,77 verarb. Metalle 8,55 Zink 1,92 **87,24**	1986 Kupfer 77,90 Kobalt 5,60 Zink/Blei 3,30 (geschätzt) **86,80**
Senegal (MSAC) 20.08.60	1961 Erdnüsse, -öl 75,16 Tierfutter 7,71 Düngemittel 4,15 **87,02**	1970 Erdnüsse, -öl 34,57 Tierfutter 17,96 Düngemittel 8,55 **61,08**	1980 Fisch 21,05 Düngemittel 19,62 Erdölprodukte 18,76 **59,43**	1986 Fisch 27,70 Erdnußerzeugn. 13,20 Erdölprodukte 11,50 (geschätzt) **52,40**
Sierra Leone (LLDC, MSAC) 27.04.61	1962 Diamanten 42,70 Eisenerz 30,73 Palmkerne 14,73 **88,16**	1970 Diamanten 61,25 Eisenerz 12,66 Ölsaaten 8,42 **82,33**	1980 Diamanten 52,13 unedle Metalle 13,05 Kaffee 12,46 **77,64**	1985 Rutil 21,20 86 Diamanten 20,10 Nüsse 20,00 (geschätzt) **61,30**
Sudan (LLDC, MSAC) 01.01.56	1956 Baumwolle 63,67 Gummiarabikum 8,16 Baumwollsaat 7,13 **78,96**	1970 Baumwolle 64,02 Ölsaaten 14,83 Gummi 8,90 **87,75**	1980 Baumwolle 40,10 Ölsaaten/Nüsse 14,47 Getreide 14,18 **68,75**	1985 Lebendvieh 47,80 86 Baumwolle 27,40 Sesam 7,10 (vorläufig) **82,30**
Tansania (LLDC, MSAC) 26.04.64	1965 Sisal 23,17 Baumwolle 19,81 Kaffee 13,94 **56,92**	1970 Kaffee 18,51 Baumwolle 14,44 Agave 10,67 **43,82**	1980 Kaffee 25,84 Baumwolle 9,70 Gewürze 9,57 **45,11**	1986 Kaffee 53,10 Güter d. verarb. Ind. 11,20 Baumwolle 8,70 **73,00**

Land	1961/1963/1967	1970	1980	1984/1985/1986
Togo (LLDC) 27.04.60	1961 Kakao 27,93 Kaffee 26,98 Ölsaaten 15,45 **70,36**	1970 Kakao 41,75 Phosphate 24,51 Kaffee 17,51 **83,77**	1980 Phosphate 40,33 Erdöl 25,93 Kakao 11,48 **77,74**	1986 Phosphate 35,10 Güter d.verarb.Ind. 14,30 Kaffee 10,50 (geschätzt) **59,90**
Uganda (LLDC, MSAC) 09.10.62	1963 Kaffee 52,88 Baumwolle 27,86 Kupfer 7,02 **87,76**	1970 Kaffee 58,31 Baumwolle 20,19 Kupfer 8,44 **86,94**	1980 Kaffee 98,17 Baumwolle 1,22 **99,39**	1984 Kaffee 91,80 Baumwolle Tee (geschätzt) **99,20**
Zaire 30.06.60	1961 keine Angaben bis 1967	1970 Kupfer 67,13 Diamanten 6,30 Öle und Fette 5,57 **79,00**	1980 Kupfer (NE-Metalle) 60,72 Kaffee 14,77 Erdnüsse, -prod. 11,33 **86,82**	1986 Kupfer 37,70 Kaffee 23,70 Diamanten 12,40 (geschätzt) **73,80**
Zentr.afrik. Republik (LLDC, MSAC) 13.08.60	1961 Baumwolle 44,91 Kaffee 28,59 Diamanten 10,86 **84,36**	1970 Diamanten 40,13 Kaffee 21,94 Baumwolle 21,71 **83,78**	1980 Holz und Kork 28,78 Kaffee 27,40 Diamanten 25,04 **81,22**	1985 Diamanten 29,40 Kaffee 26,80 Holz 16,50 (geschätzt) **72,70**

III. Länder mit mittlerem Einkommen / Öl-Importeure

Land	1961/1967	1970	1980	1985/1986
Botswana (LLDC) 30.09.66	1967 Fleisch 37,38 Häute/Felle 16,24 Fleischextrakt 12,80 **66,42**	1970 keine Angaben	1980 Diamanten 60,76 Kupfer-Nickel-Matte 20,50 Fleisch 7,22 **88,68**	1985 Diamanten 77,20 Kupfer-Nickel-Matte 8,50 Fleisch 7,00 (geschätzt) **92,70**
Elfenbeinküste (MSAC) 07.08.60	1961 Kaffee 46,59 Kakao 22,50 Holz 17,79 **86,88**	1970 Kaffee 34,61 Kakao 24,58 Holz und Kork 21,47 **80,66**	1980 Kakao 25,28 Kaffee 20,55 Rohholz 15,08 **60,91**	1986 Kakao 32,20 Kaffeebohnen 21,60 Erdölprodukte 4,80 (geschätzt) **58,60**
Lesotho (LLDC, MSAC) 04.10.66	1967 keine Angaben	1970 keine Angaben	1980 keine Angaben	1985 Mohair u. Wolle 47,50 Bekleidung/Schuhe 18,90 Nahrungs-+Genußm. 10,40 **76,80**

117

Land	nach der Unabhängigkeit				1970				1980				aktuell			
Liberia 26.07.**1847**	1960	Gummi/Kautschuk	47,29		1970	Eisenerz	70,50		1980	Eisenerz	51,97		1985	Eisenerz	64,10	
		Eisenerz	41,93			Gummi	16,93			Gummi/Kautschuk	17,12			Kautschuk	17,70	
		Diamanten	2,78			Holz und Kork	2,71			Holz und Kork	12,14			Kaffee	6,30	
			92,00				**90,14**				**81,23**				**88,10**	
Mauretanien (MSAC) 28.11.60	1961	Fisch	50,09		1970	Eisenerz	87,10		1981	Eisenerz	63,93		1986	Fisch	62,40	
		Masch./Transp.ausr.	19,81			Fisch und -verarb.	7,45			Fisch	34,38			Eisenerz	37,30	
		Gummi/Kautschuk	19,25			Gummi/Kautschuk	2,47			Fischmehl	0,88					
			89,15				**97,02**				**99,19**		(geschätzt)		**99,70**	
Mauritius 12.03.68	1969	Zucker	93,49		1970	Zucker	93,49		1980	Zucker	68,02		1984	Zucker	49,90	
		Tee	3,75			Tee	3,75			Kleider	17,04			Ausfuhren der Export-		
		Textilgarn	0,91			andere	2,13			Maschinen	4,00			freizone MEPZ	41,50	
			98,15				**99,37**				**89,06**				**91,40**	
Simbabwe 18.04.80	1969	—			1970	—			1981	Tabak	22,45		1986	Tabak	21,10	
										verarb.Metallprod	12,48			verarb.Güter	19,10	
										Asbest	7,80			Gold	10,70	
											42,73		(geschätzt)		**50,90**	
Swasiland 06.08.68	1969				1970				1980				1985	Zucker	37,60	
														Holzpulpe	20,60	
														Obstkonserven	9,10	
															67,30	

IV. Länder mit mittlerem Einkommen / Öl-Exporteure

Land	nach der Unabhängigkeit				1970				1980				aktuell			
Angola 11.11.75		—			1974	Erdöl	51,64		1980	Erdöl u.-derivate	79,00		1985	Erdöl u.-derivate	89,20	
						Kaffee	20,10			Diamanten	11,00			Diamanten	5,20	
						Edelsteine	7,89			Kaffee	8,00			Kaffee	3,50	
							79,63				**98,00**		(geschätzt)		**97,90**	
Gabun 17.08.60	1961	Säge/Furnierholz	55,63		1970	Rohöl,-produkte	42,54		1980	Rohöl	87,94		1986	Rohöl	64,00	
		Erdöl	16,05			Holz und Kork	32,80			Mangan	6,96			Holz	14,00	
		Uran, Thorium	10,61			Manganerz	9,95			Uran, Thorium	5,09			Mangan	12,00	
			82,29				**85,29**				**99,99**				**90,00**	

Land	(1960/61)	1970	1980	1985/86
Kamerun (MSAC) 01.01.60	1960 Kakao u.-prod. 36,64 / Kaffeebohnen 19,25 / Aluminium 18,38 / **74,24**	1970 Kakao 31,06 / Kaffee 15,52 / Aluminium 9,68 / **56,26**	1980 Erdöl 30,67 / Kaffee 23,07 / Kakao 20,70 / **74,44**	1985/ Erdöl,-produkte 56,00 / 86 Kaffee 14,00 / Kakao 13,00 / **83,00**
Kongo 15.08.60	1961 Säge-/Furnierholz 55,32 / Erdöl 7,29 / Ölsaaten 6,07 / **68,68**	1970 Holz 48,99 / Diamanten 9,42 / Zucker 9,05 / **67,46**	1980 Erdöl 89,58 / Diamanten 3,95 / Holz 2,43 / **95,96**	1986 Rohöl u.-prod. 72,10 / Holz 11,80 / Diamanten 4,90 (geschätzt) / **88,90**
Nigeria 01.10.60	1961 Erdnüsse,-öl 22,09 / Kakao 20,02 / Palmkerne,-öl 19,65 / **61,76**	1970 Rohöl 58,13 / Kakao 16,94 / Erdnüsse,-öl 7,61 / **82,68**	1980 Erdöl 97,23 / Leb.vieh,Nahrungsm. 1,61 (geschätzt) / **98,84**	1985 Erdöl 97,10 / **97,10**

V. Land mit mittlerem Einkommen / obere Kategorie

Land	1960	1970	1980	1986
Südafrika 11.12.31	1960 Erze,Uran/Thorium 13,54 / Wolle u.Tierhaare 12,98 / Diamanten u.Perlen 8,63 / **35,15**	1970 Diamanten u.Perlen 11,42 / Kupfer 7,72 / Wolle u.Tierhaare 5,20 / **24,34**	1980 Diamanten u.Perlen 6,38 / Eisen und Stahl 4,81 / Kohle,Koks,Brikett 3,65 / **14,84**	1986 unedle Metalle 11,40 / Edel-u.Halbedelst. 7,30 / Nahrungsmittel 5,90 / **24,60**

(Zahlen für 1960, 1970 und 1980 einschließlich Botswana, Lesotho, Swasiland und Namibia. Alle Angaben ohne Gold; für die Jahre 1978 bis 1983 betrug der Goldanteil jedoch durchschnittlich 44,3 % am Gesamtexport einschließlich Gold.)

VI. Länder mit Bevölkerungen unter 500.000 Einwohnern

Land		1970	1980	1985
Aquat. Guinea 12.10.68	1969 keine Angaben	1970 keine Angaben	1980 keine Angaben	1985 Kakao 69,70 / Holz 24,20 / Kaffee 5,70 / **66,90**
Dschibuti (LLDC) 27.06.77	–	1978 "Special transact" 82,15 / Kaffee/Tee/Kakao 8,46 / Transportausrüstg. 2,85 / **93,46**	1980 unzureichende Angaben: Häute/Felle, Lebendvieh; daneben: Re-exporte sowie Transithandel der Freihandelszone	

119

Land	nach der Unabhängigkeit	1970	1980	aktuell
Kap Verde (LLDC, MSAC) 03.07.75	–	1974 Fisch 26,95 Bananen 2,60 **29,55**	1980 Fisch 47,45 Obst und Gemüse 23,51 Salz 8,74 **79,70**	*
Komoren (LLDC) 06.07.75	–	1976 Gewürznelken 52,74 Essenzen 18,06 Vanille 8,16 **78,96**	1980 Zimt 36,51 Essenzen 27,79 Vanille 20,91 **85,21**	1983 Gewürze 82,20 Ölessenzen 15,60 **97,80**
Réunion (Übersee- Department der franz. Republik)	1960 Zucker 83,50 Pflanzenöle 10,76 Rum 2,29 **96,55**	1970 Zucker 89,14 Ölessenzen 4,19 alk. Getränke 4,11 **97,44**	1980 Zucker 81,05 alk. Getränke 4,39 Parfüme 4,32 **89,76**	*
São Thomé & Principe (LLDC) 12.07.75	keine Angaben außer:	1973 Erzeugnisse der Nahrungsm.industr. 87,10 pflanzl. Erzeugn. 12,20 **99,30**	*	
Seychellen 28.06.76	–	1977 Kopra 71,43 Zimt 12,86 Fisch 9,52 **93,81**	1980 Erdölprodukte 59,67 Kopra 13,57 Lebendvieh 13,03 **86,27**	1984 Erdölprodukte 78,90 Fisch 4,50 Kopra 5,60 **89,00**

Bemerkungen: Prinzipiell wurden die Daten für das erste volle Jahr nach der Erlangung der Unabhängigkeit des betreffenden Staates ermittelt (soweit verfügbar), ferner die Daten für die Jahre 1970 und 1980. In der letzten Spalte stehen die aktuellsten Zahlen, die erhältlich waren. Falls zu einem Land die gewünschten Angaben fehlten, wurde auf das Jahr vor bzw. nach dem Stichjahr ausgewichen.
* aktuelle Angaben waren aus den unten genannten Quellen nicht verfügbar.

Quellen: eigene Berechnungen aus: United Nations: Yearbook of International Trade Statistics, Band II, New York, alle Jahrgänge 1961–1985; Bundesstelle für Außenhandelsinformation (bfai): Mitteilungen der bfai, Beilage zu den Nachrichten für den Außenhandel (NfA), verschiedene Jahrgänge; ders.: Weltwirtschaft zum Jahreswechsel, verschiedene Jahrgänge; ders.: Wirtschaftdaten aktuell, vom 1.9.87 und älter bzw. Wirtschaftsdatenblatt, vom 4.11.86 und älter, für die schwarzafrikanischen Länder; Statistisches Bundesamt: Statistik des Auslandes, Länderberichte, verschiedene Länder, verschiedene Jahrgänge, Wiesbaden; Eurostat, Statistisches Amt der Europäischen Gemeinschaften: ACP, Basic Statistics, 1987.

Tabelle 1B: Wichtige schwarzafrikanische Exporteure nach Rohstoffgruppen

(jeweilige Prozentanteile [über 35 %] an Gesamtausfuhr; meist Mitte der 80er Jahre).

LANDWIRTSCHAFTLICHE ROHSTOFFE	ERNÄHRUNGSGÜTER	GENUẞMITTEL	METALLEXPORTEURE	ERDÖLEXPORTEURE
u.a. Baumwolle (Bw) Häute und Felle (H-F) Kautschuk (K) Sisal (S) Tabak (T) Wolle (W)	u.a. Bananen Fleisch Öle und Ölsaaten Zucker (Z) Erdnüsse und Erdnußprodukte (E)	u.a. Kaffee (Kf) Kakao (Kk) Tee (T)	u.a. Aluminium (A) Kupfer (K) Eisenerze (E) Phophatgestein (P)	
Tschad (Bw) 91,1 %	Mauritius (Z) 49,9 %	Uganda (Kf) 91,8 %	Guinea (A) 70,3 %	Nigeria 97 %
Mali (Bw) 40,2 %	Swasiland (Z) 37,6 %	Burundi (Kf) 85 %	Sambia (K) 77,9 %	Angola 89 %
Sudan (Bw) 30-60 %	Gambia (E) ca. 60 %	Äthiopien (Kf) 75,1 %	Togo (P) 35,1 %	Gabun 74 %
Malawi (T) 43,1 %		Ruanda (Kf) 69,3 %	Zaire (K) 37,7 %	VR Kongo 72 %
Lesotho (W) 47,5 %	Lebendvieh	Tansania (Kf) 53,1 %	Liberia (E) 64,1 %	Kamerun 56 %
	Somalia 72,8 %	Madagaskar (Kf) 43 %	Mauretanien (E) 37,3 %	
		Kenia (Kf) 41 %		
		(T) 16,9 %	Sonstige Bodenschätze	
		Ghana (Kk) 62 %	Niger (Uran) 85,5 %	
		Elfenbein- küste (Kf+Kk) 53,8 %	Botswana (Diamanten) 77,2 %	
		Äquatorial- Guinea (Kf+Kk) 75,4 %		

Quelle: nach Tabelle 1 A

Schwarzafrika heute: nach wie vor Rohstoffexporteur

Wie die Tabelle 1 A im Detail zeigt, ist Schwarzafrika das *geblieben*, was es schon bei seiner Unabhängigkeit war: ein Rohstofflieferant, dessen Exportpalette zudem noch auf relativ *wenige Produkte* beschränkt ist! *Kein* anderer Entwicklungskontinent ist derartig von der Rohstoffausfuhr abhängig wie Schwarzafrika: 1965 betrug der Rohstoffanteil am Gesamtexport 93 Prozent und zwanzig Jahre später, also 1985, sogar 94 Prozent[6].

Aus Tabelle 1 A ergibt sich für Schwarzafrikas Rohstoffexportsituation:

1. Abhängigkeit von einem Produkt

15 Länder sind zu 70 und mehr Prozent von der Ausfuhr *eines* Rohstoffes abhängig; bei 23 von den insgesamt 45 Staaten beträgt der Exportanteil *eines* Rohstoffes 50 und mehr Prozent. Am wichtigsten sind Kaffee, Kakao und Erdöl.

2. Abhängigkeit von drei Produkten

26 Staaten sind zu 70 und mehr Prozent vom Export *dreier* Rohstoffe abhängig; senkt man die Abhängigkeitsschwelle auf 50 Prozent, dann sind es 34 Länder, also drei Viertel aller Staaten! Dabei hat der Ausfuhranteil der drei wichtigsten Exportprodukte im Falle von mindestens 18 Staaten seit der Unabhängigkeit zugenommen, bei 10 Ländern ging er meist geringfügig zurück, während er bei vier nahezu gleich blieb (Summenfehler durch z.T. unvollständige Angaben).

3. Schwarzafrikas Exportstruktur

Kein Kontinent besitzt eine derartig *extreme Monostruktur*, was seinen Außenhandel angeht, wie der schwarzafrikanische. Diese Monostruktur ist ein Ergebnis der

Tabelle 2: Schwarzafrikas Exportstruktur 1970–1985

	1970	1980	1985
Gesamtexportwert (in Mrd. US-$)	7,8 = 100 %	51,3 = 100 %	32,6 = 100 %
davon: Agrarexporte	3,6 = 46,2 %	10,2 = 19,9 %	8,7 = 26,7 %
Mineralische Rohstoffe (ohne Erdöl)	2,8 = 35,9 %	9,9 = 19,3 %	5,7 = 17,5 %
Erdöl	0,8 = 10,2 %	29,1 = 56,7 %	16,2 = 49,7 %
Güter der verarbeitenden Industrie	0,6 = 7,7 %	2,1 = 4,1 %	2,0 = 6,1 %

Quellen: eigene Berechnungen aus: Weltentwicklungsbericht 1983 und 1987; FAO Trade Yearbook 1985; bfai, Wirtschaftsdatenblätter aktuell 1987; UNO, International Trade Statistics Yearbook 1985, IMF, Financial Statistics April 1987; UNO, Handbook of international trade and development statistics, supplement 1986.

Anmerkung: Die entsprechende Tabelle im Kapitel Landwirtschaft, Ursachenkomplex III, enthält bei den Agrarexporten derselben Jahre **geringfügige** Abweichungen. Dort wurden neuere, korrigierte FAO-Daten verwendet, die in dieser Tabelle nicht mehr berücksichtigt werden konnten.

Kolonialzeit und wurde – wie Tabelle 1 A zeigt – nach der Unabhängigkeit nicht verändert. Die Exportstruktur nach Rohstoffgruppen und die stark schwankenden Prozentsätze der einzelnen Rohstoffgruppen zeigt die Tabelle 2.

Ausfuhr landwirtschaftlicher Rohstoffe: Umfang, Bedeutung und Weltmarktanteile

Während Schwarzafrika in unserer Berichterstattung und dadurch im Bewußtsein der Öffentlichkeit zur Hungerregion Nr. 1 der Welt abgestempelt wurde, exportierte der Kontinent enorme Mengen landwirtschaftlicher Güter in jene Industrieländer, von denen er immer mehr Getreide zum eigenen Überleben erhielt, um – zynisch gesagt – weiterhin den Weltmarkt mit den Dingen beliefern zu können, die in der entwickelten Welt nicht gedeihen. *Während alle Welt behauptet, Schwarzafrika könne seine eigene Bevölkerung nicht ernähren, verlassen jährlich Millionen Tonnen landwirtschaftlicher Erzeugnisse den Kontinent!*[7] Nach Weltbank-Angaben exportierte Schwarzafrika im Zwölf-Jahreszeitraum 1973–1984 durchschnittlich die folgenden Mengen pro Jahr:

Tabelle 3: Schwarzafrikas wichtigste landwirtschaftliche Exporterzeugnisse im jährlichen Durchschnitt von 1973–84*

			Zum Vergleich: 1986
1	Zucker	1.275.000 t	1.773.020
2	Kaffee	1.015.000 t	1.089.665
3	Kakao	787.000 t	1.021.395
4	Tee	170.000 t	223.147
5	Bananen	294.000 t	204.366
6	Erdnüsse	250.000 t	70.812
7	Erdnußöl	182.000 t	94.003
8	Oil meal / Ölkuchen	671.000 t	480.830
9	Palmkerne	184.000 t	75.200
10	Palmkernöl	79.000 t	51.437
11	Palmöl	119.000 t	117.258
12	Sesamsaat	108.000 t	54.200
13	Kautschuk	161.000 t	208.019
14	Sisal	152.000 t	53.926
15	Baumwolle	473.000 t	618.648
16	Tabak	144.000 t	171.083
	Gesamt	6,064 Mio.t	6,307 Mio.t

*: Mengen dürften bei den meisten Produkten bis Anfang der 90er Jahre – von saisonalen Schwankungen abgesehen – in etwa gleicher Höhe bestehen bleiben.
Quellen: Weltbank, Financing Adjustment with Growth in Sub-Saharan Africa, 1986–90; Washinghton 1986; FAO Trade Yearbook 1986.

Betrachtet man den Export*erlös*, dann schrumpft die Zahl der 16 mengenmäßig bedeutendsten Agrarrohstoffe auf *sechs* Erzeugnisse: Kaffee, Kakao, Baumwolle, Zucker, Tee und Tabak, die durchschnittlich etwa drei Viertel des Gesamtwertes der Agrarausfuhr (Zeitraum: 80er Jahre) ausmachen. Interessant ist in diesem Zusammenhang, daß die *Konzentration* auf diese Produkte seit der Unabhängigkeit *wesentlich zugenommen* hat, nämlich von ca. 55 auf 75 Prozent.

Tabelle 4: Exporte wichtiger Agrarprodukte schwarzafrikanischer Entwicklungsländer und ihr Weltmarktanteil 1977–1985 (Mio. US-$)

Produkte	1977	1980	1983	1984	1985
Naturgummi	137,5	179,4	148,5	180,8	158,7
Bananen	41,0	68,4	33,3	28,8	35,6
Kakao	2 148,0	2 453,3	1 406,3	2 088,7	2 192,0
Kaffee	3 427,7	2 805,6	2 129,0	2 309,5	2 537,9
Baumwolle/-faser	688,8	767,2	741,2	875,2	732,4
Zucker	388,1	763,3	523,8	448,6	419,8
Tee	302,1	287,2	308,2	462,3	362,1
Tabak	153,1	340,5	377,2	452,1	360,0
Insgesamt	7 268,3	7 664,9	5 730,5	6 846,0	6 798,5
Welt	36 898,9	51 342,3	41 067,9	44 763,5	42 251,9
Anteil Schwarzafrikas in %	19,8	14,9	14,0	15,2	16,1

Quelle: Eigene Berechnungen nach FAO Trade Yearbook, Jahrgänge 1977, 1982 und 1985, Vol. 31, 36 und 39, Rom 1978, 1983 und 1986.

Die Tabellen 4 und 5 zeigen, daß Schwarzafrika seit der Unabhängigkeit seine Weltmarktanteile im großen und ganzen behaupten konnte. Zwar sank dieser Anteil im Durchschnitt Anfang der 80er Jahre, konnte jedoch ab 1985 wieder einen leichten Anstieg verzeichnen. Bei Kakao beträgt Schwarzafrikas Weltmarktposition über 50 % während es bei Kaffee 22 %, bei Tee 15 % und bei Baumwolle noch 12 % sind.

Wichtiger aber ist, welche Bedeutung diese Produkte *für* den jeweils *exportierenden* Staat besitzen. Hier nimmt *Kaffee* eine beherrschende Stellung ein; sieben Staaten sind zu 40 und mehr Prozent von seinem Export abhängig, und zwar wie folgt: Uganda 91,8 %; Burundi 85 %; Äthiopien 75,1 %; Ruanda 69,3 %; Tansania 53,1 %; Madagaskar 43 %; Kenia 41 %. Kommt es also zu einem Preiseinbruch bei dieser Exportfrucht, werden die Ökonomien dieser sieben Staaten unmittelbar

Tabelle 5: Anteile schwarzafrikanischer Länder am Weltexportaufkommen ausgewählter Agrarrohstoffe (%)

Produkte	1961	1970	1980	1985
Kaffee	25,2	30,8	24,1	22,3
Kakao	67,5	66,8	50,7	52,5
Tee	8,2	14,5	17,0	15,2
Zucker	4,2	6,9	6,2	4,7
Bananen	11,0	6,8	3,9	2,3
Baumwolle	10,1	16,8	9,7	12,1
Tabak	12,0	8,3	12,9	8,9

Quellen: S. Singh: Sub-Saharan Agriculture, IBRD, Staff Working Papers, No. 608 Washington 1983, und FAO: Trade Yearbook 1985, Vol. 39, Rom 1986

getroffen. – *Kakao* hat nur für zwei Länder eine schicksalsentscheidende Position; die Ausfuhr Äquatorial-Guineas besteht zu rund 70 % aus Kakao, während es bei Ghana 62 % sind. *Baumwolle* wird zwar von etlichen Ländern exportiert, aber nur beim Tschad besitzt sie mit 91 Prozent eine Monopolstellung im Außenhandel. Abschließend bleibt noch anzumerken, daß bei neun Ländern, bei einem *Fünftel* aller schwarzafrikanischen Staaten, der Ausfuhranteil nur *eines* landwirtschaftlichen Exportproduktes 50 und mehr Prozent beträgt (alle Angaben für Mitte der 80er Jahre, gemäß Tabelle 1 A, letzte Spalte).
Wenn Schwarzafrika einerseits enorme Mengen landwirtschaftlicher Güter exportiert und andererseits Grundnahrungsmittel einführen muß, stellt sich die Frage, ob das eine das andere bedingt. Wie hoch also ist das Verhältnis zwischen der landwirtschaftlichen Fläche, die für den Anbau von Exportkulturen genutzt wird, und dem kultivierten Land insgesamt? Angaben für alle Staaten konnten wir nicht ausfindig machen, da auch die entsprechenden Jahrbücher der Welternährungsorganisation solche Informationen nur teilweise enthalten. Aber *zwei wichtige Trendaussagen* sind möglich: Bei 19 Staaten beläuft sich der für den Anbau der Exportfrüchte genutzten Fläche auf unter 10 Prozent des gesamten Kulturlandes, wohingegen er bei einigen anderen erheblich höher liegt: Mauritius 73 % für Zuckeranbau; Gambia 61 % für Erdnußanbau; Ghana und Elfenbeinküste 36 % bzw. 25 % für Kakaoanbau; Swasiland 22 % der landwirtschaftlich genutzten Fläche für Zuckeranbau (alle übrigen Länder unter 20 %; Angaben für 1985 nach FAO Production Yearbook 1985). Bei diesen fünf Staaten muß davon ausgegangen werden, daß die Produktion für den Weltmarkt die Erzeugung von Grundnahrungsmitteln für den einheimischen Bedarf erheblich beeinträchtigt.
Wegen der unzureichenden Datenlage konnten wir die Gesamtfläche aller Exportfrüchte nicht bestimmen. Aufgrund von Berechnungen und Schätzungen gehen wir davon aus, daß für den Anbau landwirtschaftlicher Ausfuhrerzeugnisse zwischen 10 und 15 Mio. ha Land genutzt werden: *Das sind ca. acht Prozent des kultivierten*

Bodens. Auf dieser Fläche ließen sich 7 bis 10,5 Mio. t des Grundnahrungsmittels Sorghum (Hirse) produzieren, wobei der obere Wert ziemlich genau der Getreidemenge entspricht, die Schwarzafrika in den 8Oer Jahren durchschnittlich importiert hat, und zwar kommerziell wie per kostenloser Nahrungsmittelhilfe. Während Schwarzafrika für die kommerzielle Einfuhr von 5,492 Mio. t Getreide im Jahr 1986 etwa eine Mrd. $ (inkl. der Transportkosten) ausgeben mußte, erlöste es durch den Export seiner landwirtschaftlichen Produkte 9,92 Mrd. $. Auch wenn es die per Nahrungsmittelhilfe erhaltenen Mengen hätte kaufen müssen, hätte der Getreideimport insgesamt nicht mehr als 1,8 Mrd. $ gekostet[8] (weitere Informationen zu diesem Problem siehe Ursachenkomplex III, Kp. Landwirtschaft).

Der landwirtschaftliche Export des *gesamten* Kontinents verteilt sich wie folgt (Angaben für 1986*):

Nordafrika	1,293 Mrd. $	10,4 %
Schwarzafrika	9,920 Mrd. $	79,7 %
Südafrika	1,239 Mrd. $	9,9 %
Afrika, gesamt	12,452 Mrd. $	100 %

*: Prozentanteile der einzelnen Regionen waren in den Vorjahren ähnlich und dürften sich bis in die 90er Jahre hinein nur geringfügig verschieben.
Quelle: eig. Berechnungen aus FAO Trade Yearbook 1986 (Rom 1987).

Export von Bodenschätzen

Schwarzafrikas Ausfuhr mineralischer Rohstoffe (alle Bodenschätze außer Erdöl) belief sich 1985 auf 5,7 Mrd. $, was 17,5 Prozent seines Gesamtexportes entspricht.[9] Bei drei Produkten ist der Anteil an der Weltförderung sehr bedeutsam: *Kobalt* 57,6 %, *Diamanten* 53,1 % und *Rutil* 24,5 %. Im einzelnen ergibt sich das folgende Bild (ohne Uran):

Tabelle 6: Der Anteil schwarzafrikanischer Länder an der Weltförderung einzelner Rohstoffe 1984 ($\geq$ 3 %)

Land	Rohstoffe							
Botswana	Diamanten	18,5						
Gabun	Manganerz	9,1						
Guinea	Bauxit	15,9						
Ruanda	Tantal*	3,6						
Sambia	Kobalt	19,9	Kupfer	6,8				
Sierra Leone	Rutil	24,5						
Simbabwe	Chromit	5,1						
Zaire	Kobalt	37,7	Diamanten	34,6	Kupfer	6,0	Tantal	3,7

* nur westliche Welt; ohne Tantal aus Zinnschlacken
Quelle: s. Tab. 7

126

Tabelle 7: Der Anteil schwarzafrikanischer Länder an den Weltvorräten einzelner Rohstoffe 1985/86 ($\geqq$ 3 %)

Land	Rohstoffe			
Botswana	Diamanten 11,9			
Gabun	Manganerz 10,8			
Guinea	Bauxit 26,6			
Kamerun	Bauxit 3,8			
Nigeria	Tantal 4,3			
Sambia	Kobalt 10,2	Kupfer 8,9		
Sierra Leone	Rutil 10,6			
Zaire	Kobalt 38,2	Diamanten 14,3	Tantal 7,8	Kupfer 7,7

Quelle: Bundesanstalt für Geowissenschaften und Rohstoffe, Deutsches Institut für Wirtschaftsforschung, Institut zur Erforschung technologischer Entwicklungslinien: Versorgungslage bei Rohstoffen, Berlin, Hamburg, Hannover 1986, S. 93–96.

Anmerkung: Aus Bauxit wird Aluminium gewonnen; Mangan, Tantal, Rutil, Kobalt und Chromit sind wichtige Stahlveredler.

Aus Tabelle 1 A, letzte Spalte, ergibt sich, daß Mitte der 80er Jahre sechs von 45 schwarzafrikanischen Staaten zu 60 und mehr Prozent vom Export mineralischer Rohstoffe abhängig waren.

Schwarzafrikas Bedeutung im Vergleich zur Republik Südafrika

Eine detaillierte Analyse ist im Rahmen dieses Kapitels nicht möglich. In einer Studie über das Südliche Afrika für die Deutsche Stiftung für Internationale Entwicklung, Institut für Auslandskunde,[10] bin ich zu folgenden Ergebnissen gekommen:

Südafrikas „strategische" Position: Eine relativ starke Abhängigkeit der Bundesrepublik sowie anderer westlicher Industrieländer vom Rohstoffbezug aus Südafrika ist *nur* bei Platin, Chrom und Mangan gegeben; im Falle von Vanadium ist die Abhängigkeit eine mittlere; bei allen übrigen Bodenschätzen könnte der Bezug aus Südafrika ersetzt werden, entweder durch andere Förderländer oder durch Verwendung anderer Rohstoffe.
Uran: Die Fördermengen des Niger lassen sich steigern und dieser schwarzafrikanische Staat könnte einen erheblichen Teil des südafrikanischen Lieferanteils übernehmen.
Chrom: Steigerung der Förderung in Simbabwe ist potentiell möglich; könnte den Gesamtbedarf der westlichen Welt für einen längeren Zeitraum decken.

Mangan: Förderung in Gabun ist ausweitbar; Land könnte einen wesentlichen Teil der südafrikanischen Weltmarktproduktion übernehmen.

Namibia: Dieses Land ist gegenwärtig immer noch von Südafrika völkerrechtswidrig besetzt; es verfügt über eine große Vielfalt von Bodenschätzen; da deren Förderung z.Z. weitgehend in der südafrikanischen Statistik enthalten ist und nicht getrennt ausgewiesen wird, ist unklar, welche Mengen welcher Rohstoffe derzeit in Namibia gefördert werden. Auf jeden Fall würde sich bei einer Unabhängigkeit Namibias die Bedeutung Südafrikas als Rohstofflieferant vermindern, während sich diejenige Schwarzafrikas signifikant erhöhen würde.

Die Bedeutung der Rohstoffbezüge aus Südafrika für die Bundesrepublik wird in der Berichterstattung häufig viel zu hoch dargestellt. Dies ist u.a. dadurch bedingt, daß die Republik Südafrika erhebliche Mittel für die Erstellung und Verteilung von 'Informationsmaterialien' aufgewendet hat, in denen dem südafrikanischen Rohstofflieferanten eine überlebensentscheidende Bedeutung für die westlichen Industrien zugesprochen wird. Es gibt in der kritischen Literatur einen *eindeutigen Konsens* darüber, daß diese von Südafrika und seinen Apologeten verbreitete Position sachlich *unhaltbar* ist[11].

Erdöl

Fünf Staaten Schwarzafrikas fördern und exportieren Erdöl: Nigeria 97 %, Angola 89 %, Gabun 74 %, Volksrepublik Kongo 72 %, Kamerun 56 %; die Prozentzahlen geben den Anteil am Gesamtexport des Landes (Mitte der 80er Jahre) an. Der mit Abstand bedeutendste Exporteur ist *Nigeria*, das einer der wichtigsten Lieferanten für die Bundesrepublik ist und l984 sowie l985 noch vor Saudi-Arabien und Libyen den Rangplatz 2 einnahm. Insgesamt bestreitet Schwarzafrika etwa sieben Prozent des Welterdölexportes.[12]

Schwarzafrikas Außenhandel in den 80er Jahren: dramatischer Export- und Importrückgang

Der seit 1980 bis 1987 anhaltende Rohstoffpreisverfall führte dazu, daß Schwarzafrikas Exporterlöse von 51,3 Mrd. $ (1980) auf 23,8 Mrd. $ im Jahr 1986 zurückgingen (vgl. Graphik 2). Obwohl die Staaten 1986 in etwa die gleichen Mengen (ca. 15 % weniger) wie 1980 ausführten, erhielten sie dafür nur noch knapp die Hälfte an Devisen, wobei die Inflation noch nicht berücksichtigt ist. Der starke Exportrückgang bedingte – wie konnte es anders sein – eine *Importstrangulation*: die Einfuhren fielen von 45 Mrd. (1980) auf 26,5 Mrd. $ (1986). Dieser Rückgang hatte nicht nur *negative Auswirkungen* auf die ohnehin geringe industrielle Produktion (z.B. durch fehlende Ersatzteile), sondern auch *auf den sozialen Bereich*: die Gesundheitsversorgung und Ausbildungseinrichtungen wurden ebenfalls in Mitleidenschaft gezogen.

Über 80 Prozent seines Ex- und Importes wickelt Schwarzafrika mit den *westlichen*

Industrieländern ab; an zweiter Stelle folgen die Entwicklungsländer und erst an dritter Stelle der interne Handel (von Afrika nach Afrika) sowie derjenige mit den Ostblockstaaten.

Graphik 2: Schwarzafrikas Exporte und Importe von 1972 bis 1986 (jährlich)

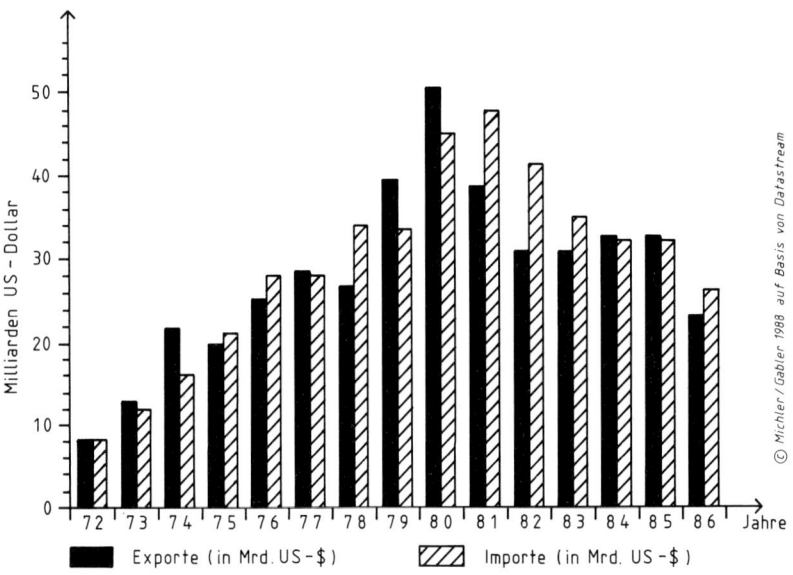

Rohstoffpreisverfall oder Einkommenstransfer von Schwarzafrika in die Industriestaaten

Im Jahr 1987 haben die *realen* Rohstoffpreise (außer Erdöl) ihren *tiefsten Stand seit Kriegsende* (siehe Graphik 3) erreicht und sind damit auf einem Niveau angelangt, das demjenigen der Weltwirtschaftskrise von 1932 durchaus ähnlich ist.[13] Dies bedeutet für Schwarzafrika, daß sich seine Staaten von ihren Exporterlösen 1987 nur noch die Hälfte dessen kaufen konnten, was sie 1950 dafür bekamen, und zwar bei den gleichen Ausfuhrmengen. Maßstäbe für die Rohstoffpreisentwicklung sind entweder ,*nominale*' oder ,*reale*' Verlaufskurven. Die meist übliche nominale Darstellung gibt Auskunft über die jeweiligen tatsächlichen Marktpreise zum angegebenen Zeitpunkt, während die realen Preise mit einem bestimmten Index *deflationiert* sind; *das heißt*: Die reale Verlaufskurve ist bei

Graphik 3: Reale Preise (Kaufkraft) für nichtenergetische Rohstoffe* 1.1.1960–31.12.1987

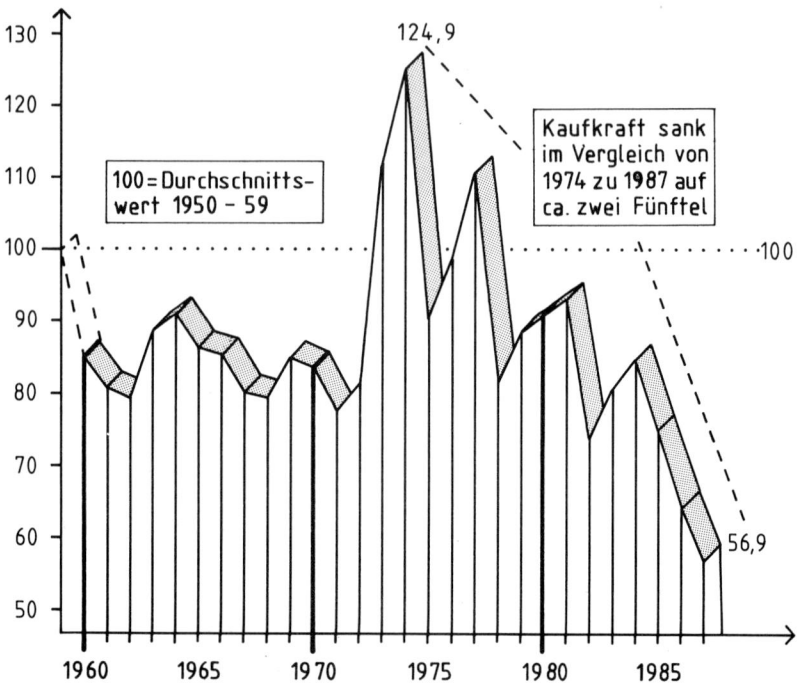

100 = Durchschnittswert 1950 – 59

Kaufkraft sank im Vergleich von 1974 zu 1987 auf ca. zwei Fünftel

124,9

56,9

* HWWA-Index deflationiert mit dem UN-Index der Durchschnittswerte für verarbeitete Erzeugnisse der Industrieländer
Werte 1986 u. 87 sind vorläufig, mögliche Fehler jedoch äußerst gering;
Ausgangsmaßstab 100 ist Durchschnittswert des „letzten" kolonialen Jahrzehnts in Afrika
© Michler 1988 auf der Basis von Angaben des Ifo-Instituts, München

weitem die aussagefähigere, weil sie die *Kaufkraft* der Rohstoffexporterlöse anzeigt. Vergleicht man die nominale und reale Rohstoffpreisentwicklung, dann gilt im Falle der Entwicklungsländer: Wenn die Preise nominal sinken, dann nimmt die Kaufkraft (also die reale Verlaufskurve) in der Regel noch stärker ab.
Die internationalen Statistiken fassen die Rohstoffe in einzelnen Gruppen zusammen, um unterschiedliche Preisentwicklungen und die dadurch betroffenen Produzentenländer erfassen und feststellen zu können. Die umfassendste Obergruppe ist diejenige der *nichtenergetischen Rohstoffe*, in der alle Rohstoffe rangieren außer denjenigen, die zur Energieerzeugung dienen – also hauptsächlich ohne Erdöl. Die Graphik 3 zeigt die reale Preisentwicklung dieser Gruppe ab den 50er Jahren bis zum 31.12.1987. Innerhalb der nicht-energetischen Rohstoffe unterscheidet man:

- **Agrarrohstoffe** (z.B. Baumwolle, Kautschuk, Sisal, Wolle, Tabak, Häute und Felle u.a.) -
- **Ernährungsgüter** (z.B. Getreide, Zucker, Öle und Ölsaaten, Fleisch, Bananen etc.)
- **Genußmittel** (Kaffee, Kakao, Tee)
- **Metalle** (u.a. Aluminium, Kupfer, Eisenerze, Phosphatgestein, Blei, Nickel, Zinn etc.)

Als Beispiele sind hier hauptsächlich die schwarzafrikanischen Rohstoffe angegeben. *Wichtig*: Alle realen Preisverlaufsdarstellungen sind sog. *Index-Kurven*, bei denen ein bestimmtes Jahr (oder ein best. Zeitpunkt) gleich 100 gesetzt wird, und man betrachtet dann, wie sich die Preise seitdem (oder auch davor) entwickelt haben. Die Verlaufskurve ist also sehr davon abhängig, *welcher Wert* bzw. Zeitpunkt *als Bezugsgröße* (100) gewählt wurde.

In Graphik 3 haben wir den Durchschnitt der realen Rohstoff-Kaufkraft während der Jahre 1950–59 als Bezugsmaßstab 100 genommen. Diese Periode war für die meisten schwarzafrikanischen Länder das letzte koloniale Jahrzehnt. Somit zeigt der Kurvenverlauf der Graphik *die reale Entwicklung* der nicht-energetischen Rohstoffpreise *seit der Unabhängigkeit*, das heißt: jeder Punkt der Kurve liefert einen Vergleich der jeweiligen Kaufkraft zum letzten kolonialen Jahrzehnt.

In den Graphiken 4, 5 und 6 zeigen wir die unterschiedliche reale Preisentwicklung der verschiedenen Rohstoffgruppen. Wenn Sie diese Kurven in Beziehung zu Tabelle 1 B setzen, können Sie ersehen, welche Länder in welchem Umfang vom jeweiligen Preisverfall (seltener Preisanstieg) betroffen gewesen sind.

Graphik 4 zeigt die reale Preisentwicklung, also die Kaufkraft, bei landwirtschaftlichen und metallischen Rohstoffen, und zwar *deflationiert* mit dem *allgemeinen IWF-Exportpreisindex* der Industriestaaten. Schon gemäß der darin dargestellten Metallrohstoff-Preisentwicklung wird ein *erheblicher Kaufkraftverlust* seit Anfang 1981 deutlich. Wir konnten jedoch mit Hilfe von Datastream noch den *speziellen afrikanischen Importpreisindex* des IWF (Internationaler Währungsfonds) für die Deflation, d.h. für die reale Kaufkraftdarstellung der afrikanischen Staaten in Anwendung bringen. Dieser Importpreisindex zeigt das an, was die afrikanischen Staaten tatsächlich auf dem Weltmarkt kaufen.

Das Ergebnis ist interessant und überraschend zugleich: *Der Kaufkraftverlust der afrikanischen Rohstoffexporteure ist – wie Graphik 5 deutlich macht – noch erheblich größer, als es der gemeinhin übliche Deflationsindex suggeriert.*

In der von uns bearbeiteten umfangreichen Literatur ist dieser entscheidende Unterschied nicht dargestellt gewesen. Sollten Sie also, um die Entwicklung nach dem Zeitpunkt der Veröffentlichung dieser Publikation zu beurteilen, aktuellere *reale* Rohstoffpreiskurven zu Rate ziehen, dann können Sie begründeterweise davon ausgehen, daß die Kaufkraftentwicklung für die afrikanischen Rohstoffexporteure entweder *deutlich negativer* oder *weniger positiv* ist, es sei denn, die Kurve wäre mit dem spezifischen Importpreisindex der afrikanischen Staaten deflationiert.

Leider lagen die Daten für den zuletzt genannten Index nur bis Anfang 1986 vor, so daß wir die Entwicklung bis Mitte 1987 durch Übertragung aus dem allgemeinen Index (Exportgüter der Industriestaaten) hypothetisch ergänzen mußten.

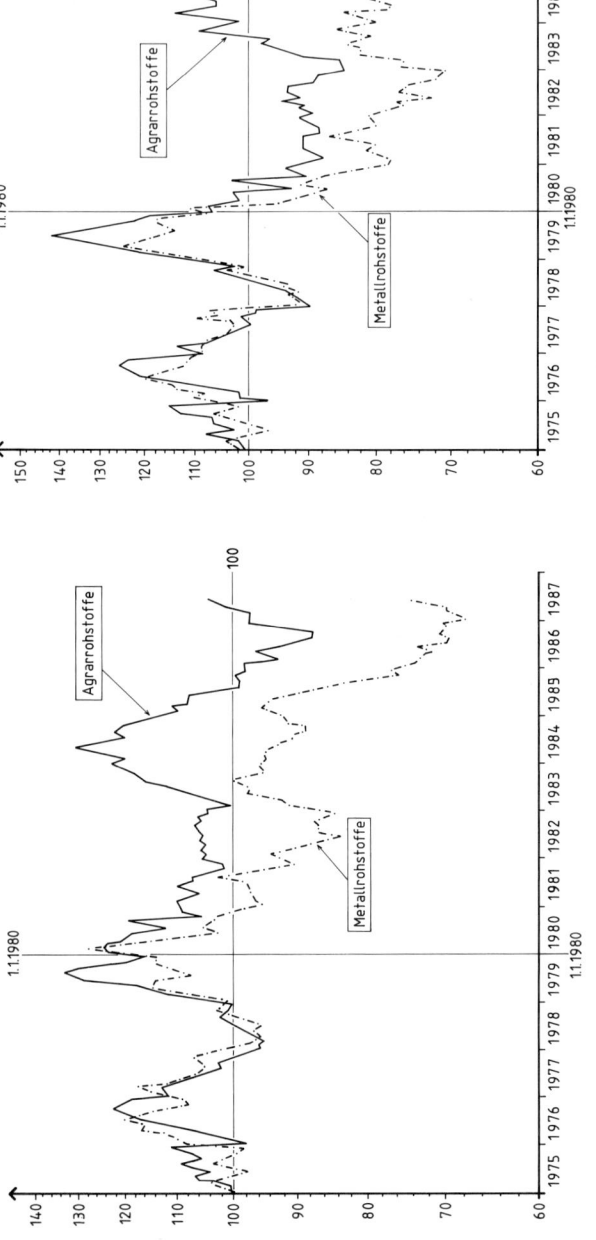

Graphik 4: Reale Preise (Kaufkraft) für Metall- u. Agrarrohstoffe 1975–87 (monatlich)*
Aussagewert für: alle Exporteure, insbes. Entwicklungsländer

Graphik 5: Reale Preise (Kaufkraft) für Metall- u. Agrarrohstoffe 1975–87 (monatlich)*
Aussagewert für: afrikanische, insbes. schwarzafrikanische Exporteure bzw. Länder

* entsprechender IWF-Rohstoffpreisindex deflationiert mit dem IWF-Export-preisindex für verarbeitete Güter der Industriestaaten
© Michler/Gabler 1988 auf der Basis von Datastream

* entsprechender IWF-Rohstoffpreisindex deflationiert mit dem IWF-Import-preisindex der afrikanischen Staaten
1 ab diesem Punkt hypothetisch (eig. Berechnungen aufgrund von IWF-Angaben)
© Michler/Gabler 1988 auf der Basis von Datastream

Graphik 6: Reale Preise (Kaufkraft) für Genußmittel- u. Ernährungsgüter-Rohstoffe 1975–1987 (monatlich)*

Aussagewert für: afrikanische, insbes. schwarzafrikanische Exporteure bzw. Länder

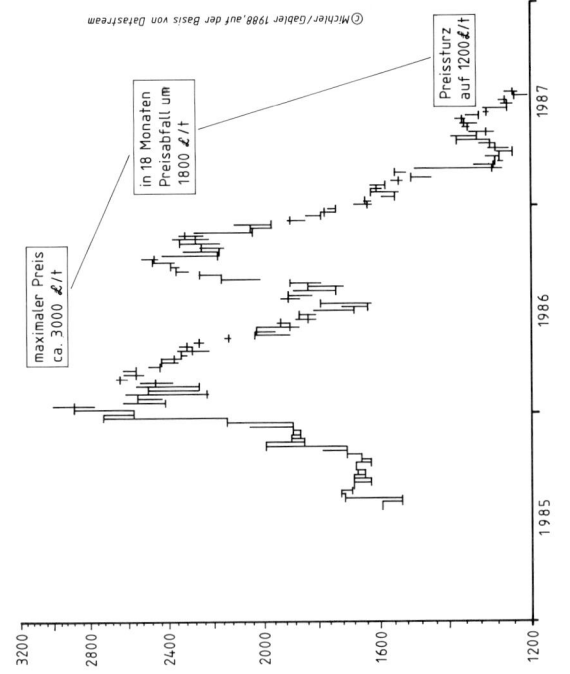

Graphik 7: Beispiel für Rohstoffpreisschwankung Kaffeepreis (£/t) 1985–87 (v. Juli zu Juli)

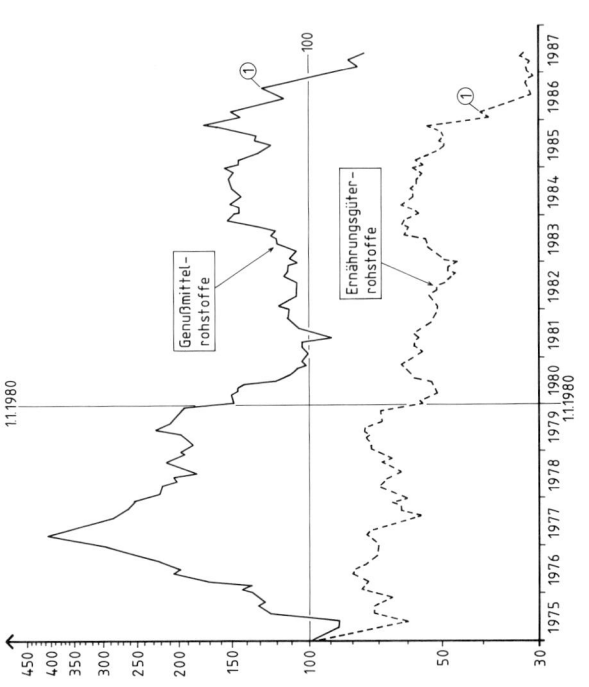

© Michler/Gabler 1988, auf der Basis von Datastream

+ Querstriche zeigen periodische Durchschnittspreise an.

* entsprechender IWF-Rohstoffpreisindex deflationiert mit dem IWF-Importpreisindex der afrikanischen Staaten
1 ab diesem Zeitpunkt hypothetisch (eig. Berechnungen aufgrund von IWF-Angaben)

© Michler/Gabler 1988 auf der Basis von Datastream

Interpretation der Graphiken 4 bis 7

1. Die Graphiken zeigen die geradezu *extremen Kaufkraftschwankungen* der schwarzafrikanischen Rohstoffexporteure. Im dargestellten Zeitraum waren es bei den *Genußmitteln* nahezu 500 Prozent! *Das heißt*: Exportiert ein Land, wie beispielsweise Uganda, zu mehr als 90 Prozent diese Produkte, dann sinkt seine ihm zur Verfügung stehende Kaufkraft um quasi denselben Prozentsatz. Da außerdem Prognosen über die jeweils künftige Entwicklung schwierig sind, ist eine *fundierte Wirtschaftsplanung* in diesen Ländern *kaum möglich*. Konkret: Nimmt ein solcher Staat einen Kredit auf und plant seine Zins- und Tilgungszahlungen auf der Basis der gegenwärtigen Exporterlöse, dann gerät er in Zahlungsschwierigkeiten, wenn die Preise seiner Exportrohstoffe für mehrere Jahre unter das Ausgangsniveau sinken. *Graphik 7* zeigt anhand der *nominalen* Preisentwicklung bei Kaffee ein Beispiel für für die extremen Schwankungen auf den Rohstoffmärkten: Während im Januar 1986 der Durchschnittspreis pro Tonne bei ca. 2.900 Englischen Pfund lag, betrug dieser Wert eineinhalb Jahre später, nämlich Mitte 1987, nur noch etwa 1.230 Pfund! *Alle* Rohstoffe, die Schwarzafrika exportiert, waren in den zurückliegenden Jahrzehnten ähnlichen Auf- und Abwärtsbewegungen unterworfen!

2. *Katastrophal* war die Preisentwicklung für die *Metall-Rohstoffexporteure*. Hier setzte bereits Ende 1979 ein Preisverfall ein, der erst gegen Anfang 1987 auf einem Niveau von ca. 50 Prozent (im Vergleich zu 1975) zum Stillstand kam.

3. Negativ ist auch die Bilanz während der Gesamtperiode 1975–87 für die *Ernährungsgüterexporteure*; sie dürften *durchschnittlich* real nicht mehr als 60 Prozent erlöst haben, bezogen auf das Ausgangsjahr 1975.

4. Die *Agrarrohstoffe* zeigten zwar 1983/84 einen Anstieg über das Ausgangsniveau, fielen dann aber rapide. Was die 80er Jahre angeht, lag die tatsächliche Kaufkraft dieser Gruppe durchschnittlich *unter* dem Wert von 1975.

5. Lediglich die *Genußmittel* zeigten in der betrachteten Periode 1975–87 ein durchschnittlich *besseres* Erlösergebnis als zum Ausgangszeitpunkt vom Januar 1975. Allerdings sank auch hier Ende 1986 die Kurve unter 100.

6. Zwar trat 1987 ein *Stopp* des realen Preisverfalls (im Durchschnitt aller Rohstoffe) ein, aber es ist nicht anzunehmen, daß die Kaufkraft *bis 1990* wieder das Niveau des Vergleichsjahres 1975 erreichen wird.

7. Bei den in Graphik 4, 5, 6 dargestellten Kaufkraftverlusten ist *folgendes zu berücksichtigen*: Das Bezugsjahr 1975 ist im Vergleich zum ‚letzten‘ kolonialen Jahrzehnt (1950–60) ein *relativ schlechtes* Jahr gewesen, d.h. würde man den Durchschnittswert der Periode 1950–60 gleich 100 setzen, dann wäre der gezeigte Kaufkraftverlust 1975–87 noch bedeutend größer. Dies geht u.a. aus Graphik 3 hervor.

Rohstoffpreisverfall:
Schwarzafrikas gigantische Einnahmeverluste

Schon 1950 analysierte der argentinische Ökonom Raul Prebisch die Verschlechterung der *Terms of Trade* für die Entwicklungsländer. Seitdem ist das Konzept und die Meßgröße Terms of Trade heftig diskutiert und vielfach modifiziert worden.[14] Die Terms of Trade beschreiben das *Austauschverhältnis* der exportierten Waren eines Landes zu den importierten, sie geben also an, was das jeweilige Land mit seinen ausgeführten Gütern an anderen Güter einführen kann. Genauer gesagt und für näher Interessierte: Die Terms of Trade geben das Verhältnis des Wertes einer Exporteinheit zum Wert der Importeinheit an. Der Wert der Exporteinheit kann sich dabei auf ein bestimmtes ausgeführtes Gut (z.B. Kaffee) oder auf alle ausgeführten Güter („Warenkorb der Ausfuhr") beziehen, während sich der Einheitswert der Einfuhr meist auf alle importierten Waren bezieht.

Das Verhältnis der – vereinfacht ausgedrückt – exportierten Güter zu den importierten wird beim jeweiligen Ausgangszeitpunkt als 100 definiert. Steigen danach die Terms of Trade über 100, dann steigt die reale Kaufkraft der Exporte; *das heißt*: das betreffende Land kann für die gleiche Menge seiner ausgeführten Waren mehr als zuvor importieren. Sinken die Zahlen unter 100, dann fällt die Kaufkraft der Exporterlöse; wollte das Land seine Einfuhr konstant halten, müßte es seine Ausfuhrmengen steigern, gesetzt der Fall, es könnte für diese Quantitäten einen Käufer finden.

Fallen die Terms of Trade eines Landes auf 80, dann kann es – vereinfacht gesagt – für seine Exporte 20 Prozent weniger auf dem Weltmarkt als zum Ausgangszeit-

Graphik 8: Beispiel für die Terms of Trade-Entwicklung eines Landes: Kenia 1954–1985

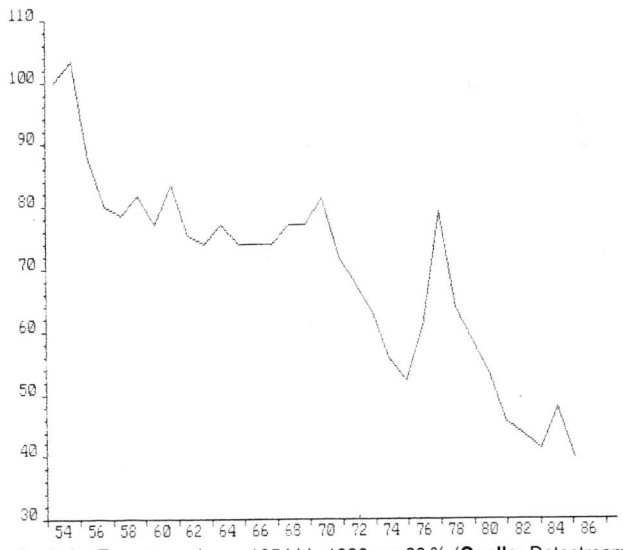

Die Kaufkraft der Exporte sank von 1954 bis 1986 um 60 % (**Quelle:** Datastream)

Graphik 9: Reale Preisentwicklung einzelner Rohstoffe 1980–87*

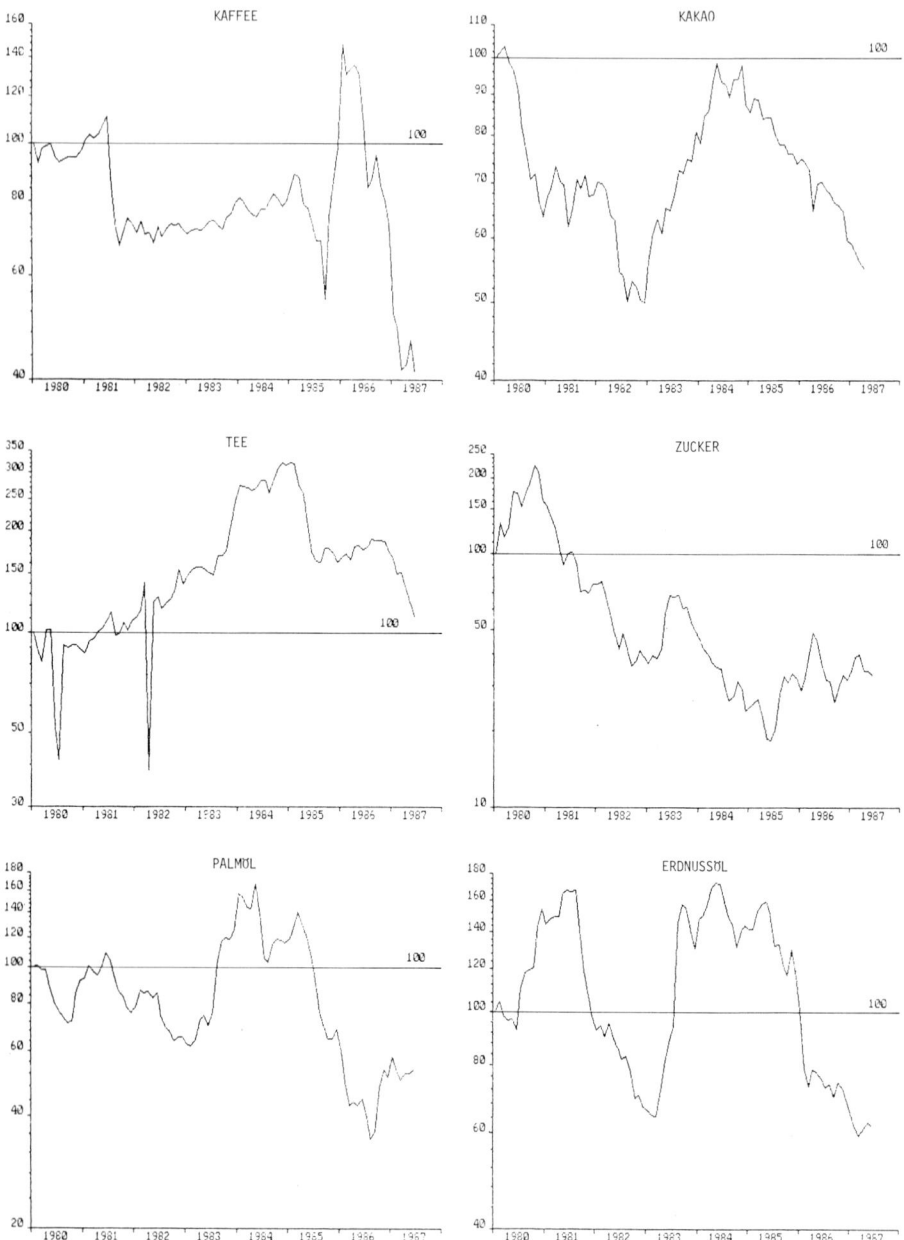

* deflationiert mit Exportpreisindex für verarbeitete Güter der Industriestaaten
jeweils monatl. Index 15. 1. 1980 bis 15. 11. 1987

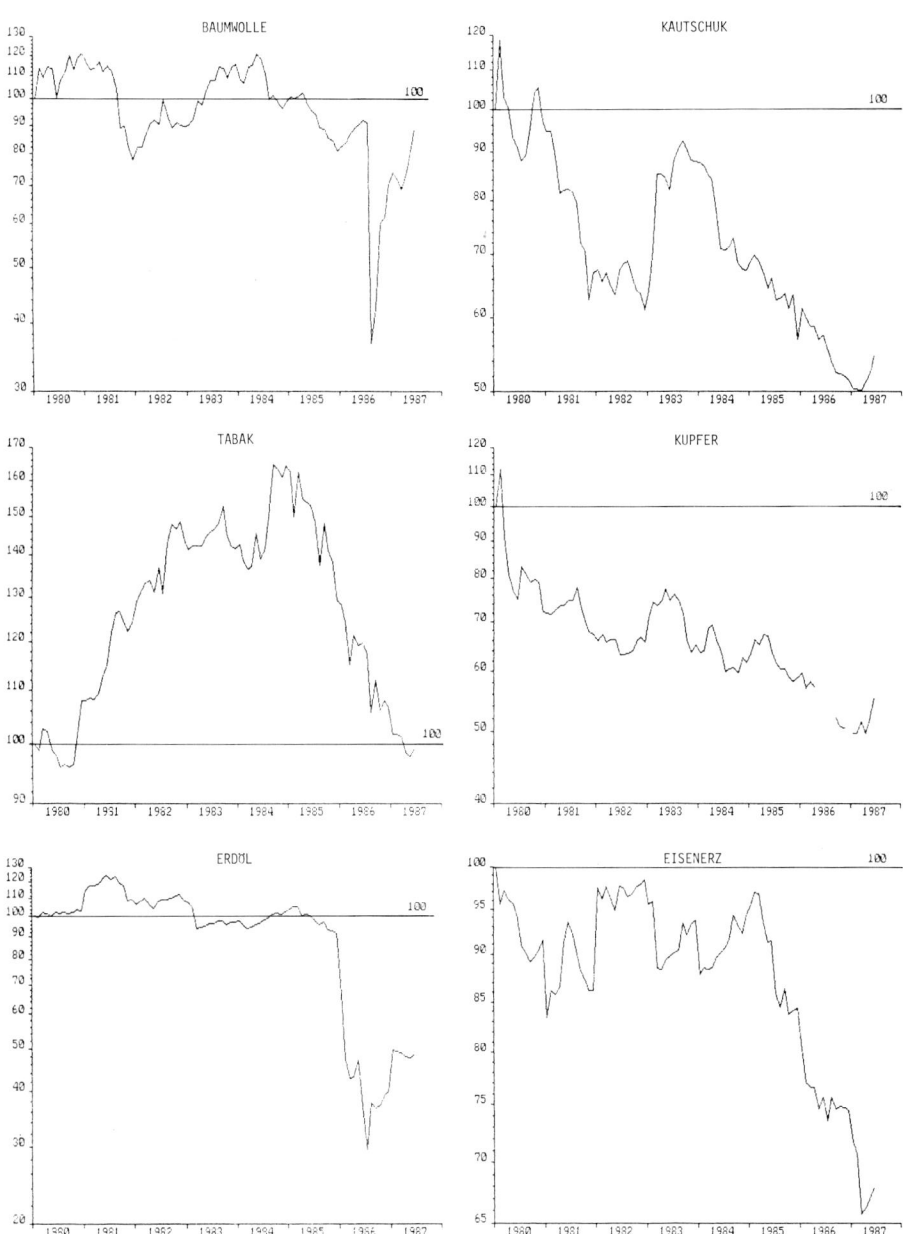

© Michler/Gabler 1988, modifiziert nach Datastream

punkt kaufen. Wie bei allen Index-Kurven ist auch bei der Terms of Trade-Darstellung von entscheidender Bedeutung, welches Jahr gleich 100 gesetzt wird. Um die Entwicklung der Austauschverhältnisse beurteilen zu können, muß man also über zusätzliche Informationen verfügen, die das Ausgangsjahr betreffen, die aber aus den Terms-of-Trade-Reihen nicht hervorgehen.

Da die reale Kaufkraft-Entwicklung der verschiedenen Rohstoffgruppen in den Graphiken 3–6 ausführlich dargestellt ist, können wir hier auf weitere detaillierte Zahlenangaben zur Entwicklung der Terms of Trade Schwarzafrikas verzichten. Generell ist nur festzuhalten, daß sie – wie die Diagramme der Rohstoffpreisentwicklung zeigen – seit 1980 weit unter 100 gesunken sind; die sog. ‚Income Terms of Trade' erreichten bereits l985 den Wert 75[14] und sind seitdem zumindest bis Mitte 1987 weiter gefallen.[15]

Nach unseren auf UN- und IWF-Angaben gestützten eigenen Berechnungen führte der Rohstoffpreisverfall zu einem geradezu gigantischen Einnahmeverlust für Schwarzafrika: *Dieser beträgt vom Januar 1981 bis zum Dezember 1986 rund 93 Mrd. $,* das ist weit mehr als das Doppelte dessen, was die 45 Staaten an Entwicklungshilfe erhielten (durchschnittlich ca. 7 Mrd. $ pro Jahr[16]).

Wir haben in dieser Berechnung berücksichtigt, daß Schwarzafrikas exportierte Mengen im genannten Zeitraum rückläufig gewesen sind. *Umgekehrt:* Trotz gesunkener Exportvolumina hätte Schwarzafrika, wenn die Rohstoffpreise auf dem Niveau von 1980 geblieben wären, mit seinem Export 93 Mrd. $ mehr erlösen können (bezogen auf 81–86), als es tatsächlich erzielte. Wobei noch anzumerken ist, daß – *mit Ausnahme von Erdöl* – 1980 ein Durchschnittsjahr bezogen auf den Zeitraum 1950–87 gewesen ist.

Außerdem ist der angegebene Einnahmerückgang *nominal; der reale Kaufkraftverlust liegt noch höher! Ferner:* Den Ökonomien der westlichen Industriestaaten hätte es nicht geschadet, wären die Rohstoffpreise auf dem Niveau von 1980 geblieben. Denn mit ihren höheren Exporterlösen hätten die schwarzafrikanischen Staaten auch mehr importieren können. Und ihre Einkäufe tätigen sie zu über 80 Prozent im Westen. In diesem *‚Recycling-Sinn'* hätten die westlichen Industriestaaten das bei den Rohstoffen mehr gezahlte Geld durch erhöhte Lieferungen an Schwarzafrika wieder zurückbekommen. Der einzige Unterschied wäre gewesen, daß es den afrikanischen Staaten wesentlich besser gegangen wäre, denn daß ein Einnahmeverlust von nahezu 100 Mrd. $ – und dies ist ja nur der nominale Rückgang – auch auf die Lebenssituation von zumindest großen Teilen der Bevölkerung durchschlagen muß, ist unmittelbar einleuchtend.

Verschärfend kommt noch hinzu, daß der Rohstoffpreisverfall in einer Periode stattfand, in der die schwarzafrikanischen Ökonomien durch einen *ansteigenden Schuldendienst* (Zins- und Tilgungszahlung für Kredite) ohnehin schwer belastet waren;[17] Mindereinnahmen im Export gingen parallel einher mit größer werdenden Zahlungsverpflichtungen in Devisen: beides zusammen mußte für die Volkswirtschaften zu einer *ruinösen Talfahrt* werden, die nicht durch die – wie von unseren Medien meist behauptet – Fehler der afrikanischen Politik bedingt war.

Den Kaufkraftschwund stoppen: Integriertes Rohstoffprogramm, Exporterlös-Stabilisierung und Rohstoffindexierung

Nicht nur Schwarzafrika ist in extremer Weise vom Rohstoffexport abhängig, auch die übrigen Entwicklungsländer sind es: Ihre Ausfuhren bestehen – inklusive Erdöl – zu rund 80 Prozent aus Rohstoffen. Da deren realer Preisverfall ein Problem seit den 50er Jahren ist, gab es vielerlei Vorschläge und Anstrengungen, den dadurch bedingten Einkommensschwund derjenigen, die sich noch entwickeln sollen, zu stoppen. Auf die wichtigsten Prinzipien der verschiedenen Strategien will ich kurz eingehen.[18]

Integriertes Rohstoffprogramm

In ihrem Bewußtsein durch die Erfolge des OPEC-Kartells (erster Ölpreisschock 1973/74) gestärkt, legten die Entwicklungsländer einen umfangreichen Maßnahmenkatalog zur Rohstoffpreisstabilisierung auf der *Welthandelskonferenz* (UNCTAD) 1976 in Nairobi vor. Und da die Industrieländer erstmals in der Weltgeschichte durch den Kartelldruck der Ölexporteure schwer angeschlagen waren, wollten sie vorerst keine weiteren Konflikte mit ihren Zulieferländern riskieren. Viele von ihnen stimmten mit Ja – so auch die Bundesrepublik – über etwas, das sie selbst für nicht gut befanden. Und so war es dann zunächst einmal von der internationalen Gemeinschaft verabschiedet: das *„Integrierte Rohstoffprogramm"*. Doch in Kraft konnte es bis Ende 1987 nicht treten, da insbesondere die Industrieländer mit ihren rechtsverbindlichen Unterschriften zögerten. Da aber die UdSSR (wesentlich später als die BRD) auf UNCTAD VII im Sommer 1987 das Abkommen ratifiziert hat, werden andere Ostblockstaaten wohl demnächst folgen, womit die notwendigen Quoten erfüllt wären und das Abkommen wirksam würde.[19] Sein Hauptanliegen ist die *Stabilisierung* der Rohstoffpreise. Dies soll über ein sehr komplexes System von Maßnahmen und zusätzlichen Abkommen erreicht werden. Die wichtigsten Bestandteile des Integrierten Rohstoffprogrammes:

– unter das Abkommen fallen insgesamt 18 Rohstoffe: Kaffee, Kakao, Tee, Zucker, Jute, Hartfasern, Kautschuk, Baumwolle, Kupfer und Zinn. Das sind die sog. *zehn Kernrohstoffe*. Weiterhin: Bananen, Rindfleisch, Fette und Öle, tropische Hölzer, Mangan, Eisenerz, Bauxit, Phosphat.
– Errichtung von „buffer stocks" für die zehn Kernrohstoffe. Das sind *Ausgleichslager*, die zur Preisstabilisierung Rohstoffe aufkaufen (bei sinkender Tendenz) und sie wieder verkaufen, wenn der Preis über die vereinbarte Schwelle steigt.
– multilaterale Liefer- und Abnahmeverpflichtungen für die übrigen acht Rohstoffe, für die keine Ausgleichslager angelegt werden.
– *„Gemeinsamer Fonds"*; dieser soll aus *zwei Schaltern* bestehen. Aus dem ersten, der mit 400 Mio. $ ausgestattet werden soll, sind die Ausgleichslager und die damit verbundenen Maßnahmen zu finanzieren. Der mit 350 Mio. eingerichtete *zweite Schalter* soll die Vermarktungsstrukturen wie die Wettbewerbsfähig-

keit bei Rohstoffen verbessern helfen; gleichzeitig dient er auch dazu, beispielsweise die Rohstoffweiterverarbeitung in den Produzentenländern zu fördern.
– Kompensationszahlungen, falls die Regulierungsmechanismen des Abkommens nicht oder unzureichend funktionieren.

Es besteht keine Aussicht, daß das Integrierte Rohstoffprogramm den Preisverfall und die erheblichen Preisschwankungen wird stoppen können. Wenn der „Gemeinsame Fonds" demnächst nach dem Beitritt der Ostblockstaaten in Kraft sein wird, müssen für alle 18 Rohstoffe noch Einzelabkommen ausgehandelt werden. Nach den bisherigen Erfahrungen dürfte dies mindestens zehn Jahre in Anspruch nehmen. Zweitens ist die Mittelausstattung des Fonds viel zu gering, um den gigantischen Weltrohstoffmarkt mit einem jährlichen Volumen von 700 Mrd. Dollar wirksam beeinflussen zu können. Und drittens ist unklar, wie die Ausgleichslager finanziert werden sollen, deren Kosten von der UNCTAD auf rund fünf Mrd. Dollar geschätzt werden. Schließlich sind mittlerweile einige Industrieländer – unter ihnen die Bundesrepublik – auf Distanz zu dem Programm gegangen, obwohl sie es ratifiziert haben; des weiteren fehlt die größte Industriemacht der Welt, die USA, ohne deren Beitritt und Unterstützung jede Preisregulation scheitern muß.[20] Bleibt noch anzumerken, daß die Entwicklungsländer mit dem Integrierten Rohstoffprogramm keine überhöhten Preise anpeilten, sondern für *beide* Seiten *faire* Preise.
Das integrierte Rohstoffprogramm ist übrigens nicht der erste Versuch, regulierend in den freien Markt einzugreifen: Seit 1931 wurden rund 40 internationale Abkommen über dreizehn Rohstoffe ausgehandelt;[21] sie waren jedoch überhaupt nicht oder nur wenig erfolgreich.

Exporterlösstabilisierung

Diese unterscheidet sich vom Integrierten Rohstoffprogramm dadurch, daß sie die Preisgestaltung dem freien Spiel der Kräfte auf dem Markt weiterhin überläßt und *die Erlöse* stabilisieren will. *Das heißt*: Sinkt der Preis, erhält der Rohstoffproduzent nach einem bestimmten Verfahren eine *Ausgleichszahlung*. Eine solche Erlösstabilisierung bietet der Internationale Währungsfonds (IWF) seinen Mitgliedsländern an (kompensatorische Finanzierungsfazilität). Diese soll aber nur kurzfristige Preisrückgänge ausgleichen; sie ist außerdem mit wirtschaftspolitischen Auflagen verbunden, und vor allem krankt sie daran, daß es sich um *Kredite* mit einer Laufzeit von max. fünf Jahren handelt. Wie aber soll ein Rohstoffexporteur seine Einnahmeverluste zurückzahlen können, wenn die Preise längerfristig im Keller sind?
Eine sicherlich bessere Maßnahme der Erlösstabilisierung stellt das *STABEX-Programm der EG* dar, welches ein Bestandteil des Lomé-Abkommens ist und dem alle schwarzafrikanischen Staaten angehören.[22] Sinken die Rohstoffpreise, dann können die Mitgliedsländer aus dem STABEX-Fonds eine Ausgleichszahlung erhalten, die sich an den Durchschnittserlösen der Vorjahre orientiert. Hier ist erstens zu kritisieren, daß so ein langfristiger Preisverfall nicht aufgefangen werden kann. Denn sinken die Preise über eine längere Periode, sinken auch die Durch-

schnittserlöse, an denen sich die Ausgleichszahlungen orientieren. Zweitens umfaßt das STABEX-Programm nicht alle Rohstoffe; bei den mineralischen sind *alle* außer Eisenerz ausgeklammert, und bei den landwirtschaftlichen fehlen Zukker, Rindfleisch und Tabak. Drittens ist die Mittelausstattung des Fonds zu gering: ca. eine Milliarde Dollar (925 Mio. ECU) für einen Zeitraum von fünf Jahren. Schon 1980 und 81, als der Preisverfall noch vergleichsweise gering war, konnten nur 40 bis 50 % der entstandenen Ausfälle erstattet werden. Und schließlich erhalten *nur* die LLDC-Länder die Ausgleichszahlungen rückzahlungsfrei, die übrigen in Form von Krediten.

Rohstoffpreisindexierung

Diese sieht vor, die Entwicklung der Rohstoffpreise an diejenige der Industriegüter anzubinden, um die Kaufkraft der Rohstoffausfuhren zu erhalten. Diese Indexierung fordern die Entwicklungsländer, während sie von den Industrieländern kategorisch abgelehnt wird. Außerdem sind dezidierte Modelle oder entsprechende Abkommen noch nicht vorgelegt bzw. verabschiedet worden.

Rohstoffe – schicksalsentscheidende Bedeutung für Schwarzafrika: Zusammenfassung

1. Durch gesunkene Rohstoffpreise hatten die schwarzafrikanischen Staaten in den Jahren 1981–86 einen Einnahmeverlust von – nominal – rund 90 Mrd. Dollar zu beklagen. Die Gesamteinbuße seit 1960, dem Jahr der Unabhängigkeit der meisten Länder, ist erheblich höher, zumal wenn man die reale Kaufkraft betrachtet. Nimmt man das Jahr 1980 als Maßstab, dann hat seitdem ein *realer Einkommenstransfer* aus den schwarzafrikanischen Staaten in die Industrieländer stattgefunden; *das heißt*: Was Schwarzafrika als Minus zu verkraften hatte, konnten die Industrieländer als Plus, als Gewinn für sich verbuchen. Somit existieren die *‚Ausbeutungsverhältnisse'* des Kolonialzeitalters auch weiterhin, sie sind lediglich – beispielsweise durch Börsen – besser als während jener Epoche kaschiert und auch für den Bürger der Industriestaaten nicht so leicht durchschaubar.

2. Der Rohstoffpreisverfall trifft die Ökonomien der schwarzafrikanischen Staaten und führt zu einer erheblichen *Mittelverknappung* – bei einigen bleibt gar nichts mehr übrig – für die notwendigen Entwicklungsmaßnahmen; ferner trifft der Preisverfall auch unmittelbar die Produzenten, beispielsweise die Kleinbauern, die die landwirtschaftlichen Ausfuhrprodukte erzeugen. Deren *Verarmung* ist also zu Teilen durch die Rohstoffpreisgestaltung auf dem Weltmarkt bedingt. Außerdem werden sich die durch die Einnahmeverluste bedingten wirtschaftlichen Notlagen auf die

politische Stabilität *negativ* auswirken und könnten die jungen Eliten der betroffenen Länder veranlassen, künftig im Marxismus-Leninismus ihr Heil zu suchen, weil dieser – zumindest seiner Lehre nach – solche Ausbeutungsstrukturen ausschließt.

3. Der Rohstoffpreisverfall hat zweifellos *unterschiedliche* Gründe, und sicherlich gelten sie nicht in gleicher Weise für alle Rohstoffe. Aber alle volkswirtschaftlichen Argumentationen und Legitimationsversuche der bestehenden Praxis können – so richtig sie im Detail auch sein mögen – an einer Grundtatsache nicht vorbei: Nämlich daran, daß es letztlich die wirtschaftlich potenten Käufer sind, die den Rohstofflieferanten den Preis diktieren. Und diese, das wissen die Aufkäufer genau, müssen verkaufen, denn es ist ihre einzige Alternative, um jene Devisen zu erwerben, die sie für ihre Volkswirtschaften benötigen. Kein Industriestaat könnte Kaffee, Kakao und Tee zu *den* Preisen verkaufen, wie es die Entwicklungsländer tun. Und diese sind dazu in der Lage, weil sie ihren Bauern bzw. Arbeitern *Hungerlöhne* für die Erzeugung der Ausfuhrprodukte zahlen bzw. zahlen müssen. Damit profitiert auch der Verbraucher – ohne individuell verantwortlich zu sein – vom geringen Lohnniveau in den schwarzafrikanischen Staaten.

4. Derzeit werden 24 landwirtschaftliche Rohstoffe, 14 tierische Produkte und 10 Buntmetalle an internationalen *Börsen* gehandelt. Zwar ist die *Spekulation* an diesen Börsen nicht der alleinige oder ausschlaggebende Grund für die Preisschwankungen, aber sie führt in der Regel dazu, daß die Nachfrage- oder Angebots-bedingten *Preisausschläge wesentlich* – in beide Richtungen – *verschärft werden*, so daß die Folgen entweder der Produzent oder der Konsument zu tragen hat. Rudolf Strahm hat eindrucksvoll gezeigt, daß die Welt-Kakao-Ernte der Saison 1980/81 achtmal an der Warenterminbörse (die Sojabohnenernte 23mal, 1983) gekauft und verkauft wurde; außerdem sind – in erster Linie durch Spekulation – die Umsätze an den Börsen geradezu astronomisch gestiegen, so beispielsweise an den US-amerikanischen Rohstoffbörsen von 70 Mrd. im Jahr 1973 auf 1.000 Mrd. Dollar im Jahr 1981.[23] Da die Börsenmakler über erhebliches Kapital verfügen, können sie oftmals den weniger potenten Rohstoffproduzenten ihren Preis diktieren, zumal sie ‚verlockende' Angebote unterbreiten können, beispielsweise den Kauf der Kaffeernte zu einem Festpreis, während die Frucht noch an der Pflanze hängt. Damit nutzen Kapitalanleger die ökonomische Schwäche der schwarzafrikanischen Rohstoffproduzenten, um ihren eigenen Gewinn über die üblichen Zinssätze zu steigern, und dies alles zu einer Zeit, in der die Wirtschaften dieser Länder immer mehr in den Ruin driften.

5. Alle Versuche und Abkommen einer Rohstoffpreisstabilisierung sind letztlich daran gescheitert, daß die westlichen Industrieländer und deren wirtschaftliche Machtgruppen sich ihnen widersetzt haben. Soziale Marktwirtschaft bedeutet u.a., daß der Staat dann regulierend in den freien Markt eingreift und eingreifen *muß*, wenn einzelne Gruppen

geschädigt werden. Rohstoffmärkte, die eine Verarmung und Verelendung der Erzeuger bewirken, sind Kriterium einer zügellosen Marktwirtschaft und haben mit sozialer Marktwirtschaft nichts zu tun.

6. Um es noch einmal ganz deutlich zu sagen: Während unsere Medien Entsetzen über den Hunger und den wirtschaftlichen Niedergang in Afrika verbreiten und während die Hilfswerke suggerieren, diese Not sei mit Spenden zu lindern, tragen die internationalen Wirtschaftsstrukturen ganz wesentlich zur Verarmung Schwarzafrikas bei, und zwar ohne daß davon Notiz genommen wird, ohne daß sich darüber jemand aufregt. Und um die Verhältnisse zurechtzurücken, sei gesagt: Der Rohstoffpreisverfall (1981–86) hat Schwarzafrika das *750fache* dessen gekostet, was wir am Afrikatag in einer nationalen Spendenanstrengung zu seiner Rettung aufgebracht haben. Immer noch Grund, darüber stolz zu sein? *Oder:* Können wir uns da noch wundern, warum sich die Geschicke Afrikas nicht zum Besseren wenden?

7. Zur *Validität* (Gültigkeit) des von uns präsentierten Zahlenmaterials, der realen Kaufkraftentwicklung und den Erlösausfall-Berechnungen für die schwarzafrikanischen Rohstoffexporteure sei gesagt, daß sich all diese *meist* auf Angaben des Internationalen Währungsfonds (IWF) und auf dessen Indizes sowie auf Börsenkurse stützen (außerdem auf Weltbankdaten und die verschiedenen statistischen Jahrbücher der UNO); es sind somit keine ‚Alternativdaten und Informationen irgendwelcher Weltverbesserer‘, sondern *Fakten*, berechnet mit dem besten wirtschaftswissenschaftlichen Instrumentarium der westlichen Industriestaaten.

Rohstoffe: Forderungen und Empfehlungen

1. Daß unsere Gesellschaft nicht einmal erkennt, daß beim Rohstoffhandel immer noch koloniale Wirtschaftsbedingungen herrschen, zeigt, wie unterentwickelt unser Bewußtsein ist. Und so lange hier nicht ein Umdenken einsetzt, wird es bei den Rohstoffpreisen keine gerechtere Lösung geben. Niedrige Rohstoffpreise berauben Schwarzafrika jener Mittel, über die es in einer sozial-gerechten Weltwirtschaft verfügen würde. Diesem Faktum muß sich unsere Gesellschaft stellen; erst danach kann man weiter und in neuer Weise über Afrika und ‚seinen wirtschaftlichen Niedergang‘ diskutieren. Die jetzigen Analysen, die das Thema Rohstoffpreisverfall ausklammern, zeugen nur von ökonomischem Analphabetismus ihrer Autoren und Urheber. Daß ferner ein Umdenken erforderlich ist, zeigt schon die Tatsache, daß es jedermann als absurd empfinden würde, wenn Autos an der Börse gehandelt und verkauft würden, während er das bei Kaffee, Tee, Tabak usw. für völlig normal hält und die meisten Politiker so tun, als sei dies ein unverrückbares Weltgesetz oder ein zwingender Bestandteil der freien Marktwirtschaft. Außerdem beginnt ja die Problematik schon bei der Begrifflichkeit: Warum ist Kaffee ein Rohstoff? Wo doch dieses Produkt mit viel Arbeitskraft, Pflege der Pflanzen, Mitteleinsatz etc. stets neu erzeugt werden muß!

2. Natürlich läßt sich darüber streiten, ob das Integrierte Rohstoffprogramm der einzige und richtige Weg zu gerechteren Preisen ist. Aber der Disput darüber kaschiert den Kernpunkt, um den es zunächst einmal geht: Und das ist der politische Wille auf seiten der Industrieländer, deren Einsicht, daß sie den Entwicklungsländern bessere Preise zahlen müssen, vorausgesetzt sie fühlen sich tatsächlich einer sozialen Weltmarktwirtschaft verpflichtet. Es ist blanker Zynismus, ein Hohn auf das Leid von Abermillionen in den Entwicklungsländern, jede Forderung nach einer gerechteren Rohstoffpreisgestaltung als den Ruf nach einer bürokratischen Weltplanwirtschaft abzuqualifizieren. Es geht um nichts anderes als um Soziale Marktwirtschaft im Weltmaßstab; und die hat eben nicht einen realen Einkommenstransfer von den Entwicklungsländern in die Industriestaaten zum Inhalt, sondern würde einen solchen explizit ausschließen. Wenn der politische Wille vorhanden wäre, die Rohstoffpreise ‚gerecht‘ zu gestalten, dann würde sich sicherlich ein Programm ‚erfinden‘ lassen, um dieses Ziel zu realisieren. Oder reicht unsere Kreativität und unser Intellekt nur, um zum Mond zu fliegen?

3. Gerechtere Rohstoffpreise liegen auch im Interesse der Industrieländer. Denn nur über solche Preise läßt sich der Rohstoffbezug langfristig sichern. Außerdem würden gerechtere Preise den Entwicklungsländern mehr Mittel in die Hand geben, um sich aus eigenen Kräften zu entwickkeln. Schließlich wären wir nicht nur ‚Opfer‘ höherer Rohstoffpreise, sondern auch Nutznießer, denn die Entwicklungsländer würden für die zusätzlichen Devisen mehr bei uns einkaufen; so gesehen würde sogar die Weltwirtschaft insgesamt durch höhere Rohstoffpreise einen langfristigen Wachstumsimpuls erhalten.

4. Unser Staat erhält von jeder Mark aus dem Zigarettenverkauf 73 Pfennige an Steuern (1987 insgesamt 14,5 Mrd. DM); das ist ein Vielfaches dessen, was der afrikanische Erzeuger des Produktes bekommt. Bei Kaffee sind es pro Mark immerhin noch 28 Pfennige für unsere Staatskasse (1987 insgesamt 1,7 Mrd. DM), was ebenfalls über dem liegt, was der afrikanische Bauer daran verdient. Muß sich da nicht dem allgemeinen Menschenverstand die Frage aufdrängen, ob an diesem System insgesamt etwas nicht stimmt? Ist das christliche Politik, wenn die Staatskasse eines der reichsten Länder der Welt mehr bekommt als der verarmte afrikanische Bauer, der das Produkt erzeugt? Oder hat dies auch nur im entferntesten mit einer Politik zu tun, die den Namen sozial verdient? Könnte es nicht ein Zeichen internationaler Solidarität sein, ein Schritt sozialer Glaubwürdigkeit, wenn unser Fiskus zwar die Steuer weiterhin erhöbe, aber darauf verzichtete, sie unserem Haushalt zuzuführen, und sie statt dessen den Produzenten in einer Sonderform der Entwicklungshilfe zur Verfügung stellte?

5. Ein Vierteljahrhundert nach der Unabhängigkeit sind die schwarzafrikanischen Staaten immer noch Rohstoffproduzenten und von deren Export abhängig. Daran sind sicherlich nicht nur die weltwirtschaftlichen Rahmenbedingungen schuld. Aber *rein ökonomisch* betrachtet gibt es derzeit *keine Perspektive,* daß sich die außenwirtschaftliche Situation Schwarzafrikas mittelfristig – also innerhalb der nächsten zwei Jahrzehnte – verändern könnte; seine Länder *werden Rohstoffproduzenten bleiben* und werden innerhalb der nächsten beiden Dekaden keine bedeutsamen Industrialisierungsschritte unternehmen können, auch wenn das politische Vermögen dazu vorhanden wäre, da die wirtschaftlichen Ressourcen fehlen! *Also:* Warum nicht aus dieser ökonomischen Feststellung *endlich* die notwendige Konsequenz ziehen? Und die hieße, bessere Rohstoffpreise, statt wider die ökonomischen Realitäten die Diversifizierung der Exportstruktur (Ausfuhr von Fertigwaren statt Rohstoffen) zu fordern.

6. Es ist wenig hilfreich, wenn die Berichterstattung zwar über den Rohstoffpreisverfall informiert, aber nicht thematisiert, wer ihn verursacht, wer der Nutznießer ist und welche Folgen er für die Produzentenländer hat. Als erster wichtiger Schritt wäre zu erreichen, die immer noch andauernden kolonialen Austauschverhältnisse bewußt zu machen. Aber auch die Verbraucher können etwas Konkretes tun: Warum nicht im Geschäft, im Betrieb, in der Familie eine ‚gerechte Rohstoffpreis-Kasse‘ aufstellen, beispielsweise für Kaffee? In diese könnte man dann zwei Mark pro Pfund einwerfen und den Betrag am Jahresende einer seriösen Hilfsorganisation zur Verfügung stellen, entweder für landwirtschaftliche Projekte zugunsten von Kleinbauern oder für entsprechende Aufklärungsarbeit in unserem Land. Wichtig und entscheidend aber ist auch, daß die ‚Spender‘ ‚ihren‘ Hilfsorganisationen nicht nur spenden, sondern sich als deren Partner betrachten und als solche von den Organisationen Sachkundigkeit und Engagement auf dem Sektor Rohstoffpreisproblematik verlangen, und dazu gehören Informationskampagnen wie auch politische Initiativen, damit die Politik nicht so bleibt, wie sie ist.

Literaturhinweise

1. Als vertiefende Hintergrundinformation: Asit Datta: *Welthandel und Welthunger*, dtv-Taschenbuch, München 1984. Außerdem: Kiflemariam Gebre Wold, *Der internationale Agrarhandel und die Bekämpfung des Hungers – Analyse und Kritik zum freien Welthandel*, Verlag Dienste in Übersee, texte 35, Stuttgart 1986.
2. Zur *weiteren Rohstoffpreisentwicklung* sei – insbesondere für Journalisten – empfohlen: *Ifo-Schnelldienst*; erscheint in der Regel wöchentlich und ist vom Ifo-Institut für Wirtschaftsforschung, Poschingerstraße 5, 8000 München 86, zu beziehen.
3. Die aktuellen Entwicklungen in den Welthandelsfragen (z.B. Welthandelskonferenz, GATT, Protektionismus etc.) dokumentiert das jährlich im Beck Verlag München erscheinende *Jahrbuch Dritte Welt*, das zur schnellen Orientierung für Journalisten, Lehrer und Dritte-Welt-Gruppen sehr geeignet ist.

Graphik 1: Äthiopien – Provinzen, Städte und Hauptverkehrsverbindungen

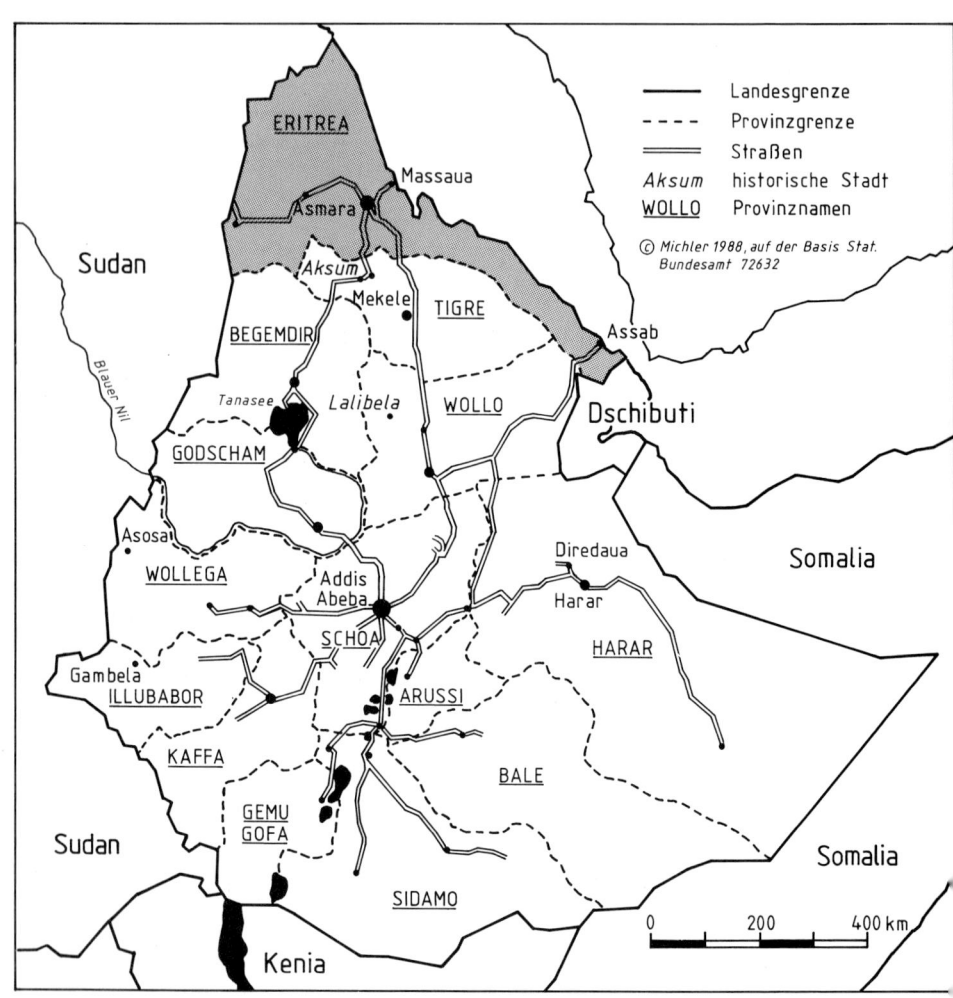

Anmerkung

Ende 1987 erfolgte eine Neugliederung der Provinzen. Da diese noch nicht gebräuchlich ist (und wegen der historischen Bezüge), wurde hier noch die alte Aufteilung mit den ihr entsprechenden Namen wiedergegeben.

Ursachenkomplex II
Ökologische Krisenzonen, kriegerische Auseinandersetzungen, weiße Machtpolitik – regionale Fallbeispiele

Kapitel 1
Äthiopien – tragischer Beweis für die Komplexität von Hunger und Unterentwicklung

> Basisinformationen und Grunddaten · 3000 Jahre Geschichte: Stationen von Staatswerdung und Nationalismus · Das Erschrecken des Weltgewissens: Die Hungerkatastrophe 84/85 und was verborgen blieb · Das Schweigen des Weltgewissens: Zwangsumsiedlungen – Hintergründe, Notwendigkeit und Kritik · Die Umgestaltung der Gesellschaft: Verdorfung – Beseitigung oder Installierung der Unterentwicklung? · Die Politik mit der Hilfe · Eritrea: Afrikas längster Krieg – Äthiopiens ungelöstes Nationalitätenproblem · Die vielen Gesichter der äthiopischen Revolution – der Grundkurs der Regierung und die künftige Entwicklung · Zusammenfassung: Forderungen / Empfehlungen

Äthiopien
Basisinformationen und Grunddaten des Landes

Fläche: 1,222 Mio. km^2 (rund 5fache Größe der BRD) inklusive des völkerrechtswidrig annektierten Eritrea (119.000 km^2)

Bevölkerung: 47,65 Mio. (Mitte 1988) eigene Hochrechnung, basierend auf letzter Volkszählung;

letzte Volkszählung fand am 9.5.84 statt; Ergebnis: 42,169 Mio. Einwohner. Die Hochrechnung für 1984 aufgrund der vorherigen Volkszählung ergab jedoch nur

34,87 Mio. Einwohner. Die Zählung von 1984 kann wegen der kriegerischen Auseinandersetzungen und sonstiger Unzulänglichkeiten nur als *grobe Schätzung* betrachtet werden; eine Aussage über die ‚Fehlerbreite' ist nicht möglich.
Wachstumsstillstand: bei rund 180 Mio. E. (nach Weltbank 1986)

Ethnische Gliederung: „Vielvölkerstaat"
Etwa 70 verschiedene Sprachen mit 200 Dialekten;
bedeutendste Gruppen: Amharen, staatstragende Volksgruppe, ca. 15–20 %; Oromo (z.T. als Galla bezeichnet), größte Gruppe mit ca. 35–40 %; Tigray ca. 10–15 %; übrige Gruppen: Sidama, Somali, Danakil-Afar, Niloten, u.a., ca. 30 %;

Staatssprache: Amharigna (= ‚Amharisch')
Daneben hauptsächlich Englisch als Verkehrs- und Bildungssprache, an zweiter Stelle Italienisch.

Religionen:

Äthiopisch-koptische Christen	ca. 35–45 %
Übrige Christen	ca. 2–5 %
Muslime	ca. 35–45 %
Afrik. Religionen	ca. 10 %

Die äthiopisch-koptische Kirche ging mit den staatstragenden Kräften (zuletzt Amharen) ein Bündnis ein. Schon im ersten Jahrtausend n.Chr. war sie ‚Staatsreligion' und bestimmte mit dem Adel auch die politische Entwicklung des Landes bis 1974. Die meisten Jahrbücher nennen für die äthiopisch-koptische Kirche einen Prozentanteil von 45–55 %, während sie den Anteil der Muslime auf 30–40 % beziffern; neuere Untersuchungen sprechen dafür, daß diese Angaben im Sinne der ehemals herrschenden Kräfte manipuliert worden sind. Der Wirklichkeit näher kommen wohl die niedrigeren Prozent-Angaben für die Christen und die höheren für die Muslime: *danach stellt der Islam die größte Glaubensgemeinschaft vor dem Christentum dar*, was jedoch nichts daran ändert, daß die Christen in Politik und Wirtschaft nach wie vor dominieren.

Geographie, Niederschlag, Infrastruktur
Besonderheit Äthiopiens: 44 % seiner Staatsfläche bestehen aus Hochland (über 1200 m), 5 % des Landes liegen gar über 3500 m; wegen Äquatornähe hat das Klima jedoch eher Mittelgebirgs- denn Hochgebirgscharakter; das Hochland ist der eigentliche Lebensraum (über 80 % der Bevölkerung); fruchtbare Tiefebenen im Südwesten; daneben wüstenartiges Danakil-Tiefland mit bis zu 200 m unter dem Meeresspiegel.
Niederschlagsmengen in weiten Teilen des Hochlandes über 1000 mm (langjähriger Durchschnitt); Niederschlag quantitativ nur im Norden problematisch; ansonsten stellt die zeitliche *Verteilung* und *Variation* oft ein Problem dar. *Südwesten* erhält teilweise über 2000 mm pro Jahr!
Infrastruktur ist äußerst schlecht; nur wenige Straßen, viele davon unbefestigt und während der Regenzeit unpassierbar. Somit erhebliche Probleme z.B. für Nahrungsmittelverteilung in Katastrophenfällen.

Staats- und Regierungsform
Bis 1974 Kaiserreich unter Haile Selassie; 1974 Putsch des Militärs; danach

sozialistisch orientierte Militärregierung; oberstes Entscheidungsgremium DERG (amhar. Kürzel für Provisorischer Militärischer Verwaltungsrat). Demokratische Volksrepublik mit Einparteienverfassung seit 12.9.1987 (formell wieder Zivilregierung); faktischer Staats- und Regierungschef ist Mengistu Haile Mariam (seit 1977 Vorsitzender des DERG), gleichzeitig Generalsekretär der WPE (Workers Party of Ethiopia), der Arbeiterpartei von Äthiopien, gegründet am 12.9.1984, dem 10. Jahrestag der Revolution. Oberste Gremien der WPE: Politbüro (11 Mitglieder) und Zentralkomitee (136); daneben Nationalparlament „Shengo" (tagt jedoch in der Regel nur einmal jährlich). DERG formell nicht aufgelöst; Politbüro mehrheitlich mit DERG-Mitgliedern besetzt, damit Machterhalt der ‚DERG-Gruppe' gesichert.

Hauptstadt   Addis Abeba, ca. 1,5 Mio Einw.

Sozialprodukt / Pro-Kopf-Einkommen
BSP pro Kopf 1986:   93 $
Durchschnitt Schwarzafrika 1985:   400 $
BRD 1985:   10.940 $
Nach dem Pro-Kopf-Einkommen das ärmste Land der Welt!
Brutto-Inlandsprodukt 1985:   4,23 Mrd. $
                                                        (BRD: 624,97 Mrd. $)

Soziale Indikatoren
Lebenserwartung 1985:   45 Jahre
Einschulungsquote 1984:   ca. 32 %
Alphabetisierungsanteil 1986:   ca. 70 %
Ein Arzt (1981):   für 88.120 E.
                                                            (Sudan 9.800!)

Beschäftigung (1980)
80 % der Erwerbstätigen in der Landwirtschaft, 8 % der Erwerbstätigen in der Industrie; (bis heute praktisch unverändert)

Verstädterung: 15 % der Bevölkerung leben in Städten

Landwirtschaft
Landwirtschaftl.nutzbare Fläche: 85 Mio. ha
tatsächlich genutzt: 16 Mio. ha
                                                            (= 18,82 %)
Kleinbäuerliche Familienbetriebe: bestellen 95 % des bebauten Landes
Staatsfarmen/Produktionsgenossenschaften: 5 %
Produktionsgenossenschaften / Kollektivierung:
1986 existierten 2062 Produktionsgenossenschaften mit durchschnittlich 72 Familien, das waren 2 % aller Bauernfamilien. Laut dem laufenden Zehn-Jahres-Plan sollen bis 1993/94 die Hälfte aller Kleinbauern (!) in Produktionsgenossenschaften organisiert und überführt sein.

Armee- und Militärausgaben
Reguläre Armee (1987):   rund 170.000 Mann
                                          (seit Putsch von 1974 mehr als verdoppelt)

Volksmiliz (1987): 160.000 Mann
Volksmiliz-Verbände sind auch bei Großoffensiven gegen Eritrea eingesetzt
worden.
Reserven (1987): 200.000 Mann
Waffenhilfe: enorme Lieferungen der UdSSR in den Jahren 1977–83 (z.b. 980
Panzer, 740 Schützenpanzer; 208 Kampfflugzeuge, 60 Helikopter); **Rüstungsschulden:** 3–4 Mrd. $ gegenüber UdSSR; **Militärausgaben:** tatsächliche Aufwen-
dungen pro Jahr unbekannt; jedenfalls mehr als die offiziell ausgewiesenen 25 %
des Haushalts.

Außenhandel
Exporte 1985: 338 Mio. $
Importe 1985: 989 Mio. $
Hauptexportprodukt ist mit 75 % (!) Kaffee (1985), daneben Häute und Felle sowie
Ölsaaten und Ölkerne;

Auslandsverschuldung (1986)
Verbindlichkeiten: 2,246 Mrd. $
(ohne Schulden aus Rüstungskäufen von 3–4 Mrd. $ gegenüber UdSSR)
Tilgung (1985): 69 Mio. $
Zinszahlung (1985): 35 Mio. $
Schuldendienst (1985): 31 % der Exporterlöse
(max.20 % wirtschaftlich verkraftbar)

Entwicklungshilfe
1985 insgesamt: 710 Mio. $
pro Kopf: 16,8 $
(zum Vergleich: Sudan 51,5 / Somalia 65,7 / Zaire 10,6;)
Erhaltene Entwicklungshilfe 1978–85: 2,40 Mrd. $

Die Angaben für die erhaltene Entwicklungshilfe pro Kopf divergieren beträchtlich:
Laut der Bundesstelle für Außenhandelsinformation (bfai) hat Äthiopien 84/85
entgegen obiger Weltbankangabe nur 8,76 $ pro Kopf bekommen. Doch gleich
welche Statistik zutreffender ist, es bleibt das Faktum, daß *Äthiopien unter dem
Durchschnitt der schwarzafrikanischen Staaten von 20 $ liegt*, obwohl es das
ärmste Land mit den größten Strukturproblemen des Kontinents ist.

Entwicklungshilfe der BRD: letzte Zusagen an finanzieller Hilfe über 10 Mio. DM (!)
im Jahr 1976 (!); technische Hilfe 1986 in Höhe von 1 Mio. DM; beträchtliche
Aufwendungen für Soforthilfe, Entwicklungshilfe im eigentlichen Sinn im Vergleich
zu anderen Staaten äußerst gering. Äthiopien wurden neben Afghanistan als
einzigem LLDC-Land die Schulden aus Entwicklungshilfe-Krediten von der BRD
nicht erlassen (Stand Herbst 87).

Quellen: u.a. Weltentwicklungsbericht 1987; bfai, Äthiopien – Wirtschaftliche Entwicklung,
Köln 1987; Hofmeier/Schönborn Politisches Lexikon Schwarzafrika, Beck München 1987; The
Military Balance 1987/88, IISS London 1987; J. Krause, Sowjetische Militärhilfepolitik gegen-
über Entwicklungsländern, Baden-Baden 1985; Journalistenhandbuch Entwicklungspolitik,
BMZ, Bonn 1987; Länderkurzbericht Äthiopien 1979, Statistisches Bundesamt Wiesbaden;
OECD, External Debt Statistics, Paris 1987.

3000 Jahre Geschichte:
Stationen von Staatswerdung und Nationalismus

Nach der äthiopischen Königslegende entsteht das erste Reich bereits um 950 v.Chr. auf dem Boden des heutigen Äthiopien.[1] Doch eine Fülle historischer Zeugnisse besitzen wir erst über das *Reich von Aksum* (benannt nach seiner Hauptstadt, gelegen in der heutigen Provinz Tigre), das wohl kurz vor der Zeitenwende entsteht und es in den ersten Jahrhunderten danach zu einer erstaunlichen Machtentfaltung bringt: Übt Aksum doch die Kontrolle über die Handelswege

Statue von Mekele, Ende 1. Jahrtausend v. Chr.

Südarabiens, des heutigen Sudan bis nach Ägypten hin aus! Und bereits in vorchristlicher Zeit sind den Bauern dieses Reiches Pflug, Terrassenanbau und Bewässerungsanlagen bekannt. Einschneidend für die Geschichte des Landes wird König Ezanas (330–360) Übertritt zum Christentum byzantinischer Prägung, das von nun an eine eigene Entwicklung (äthiopisch-koptisch; eigene Sprache Geez, eigene Schrift) nimmt und die ‚Staatsreligion' bis zum Jahr 1974 bleiben sollte.

Um die Jahrtausendwende zerfällt Aksum. Nur wenig später entsteht unter *Kaiser Lalibela* – er wird heute noch als Heiliger verehrt – ein neues Reich, dessen Hauptstadt Lasta (heute Lalibela) weiter südlich, im Kernland Äthiopiens liegt. Die Regierenden der folgenden Jahrhunderte bis hin zu Kaiser Haile Selassie leiten ihre Dynastie vom alttestamentlichen König Salomon ab, und die ‚Äthiopier' verstehen sich – in Abgrenzung von den Juden – als das eigentliche *auserwählte Volk Gottes*. Kaiser, Reich und Kirche bilden bereits im Mittelalter eine ideelle Einheit. Die in jener Zeit entstehenden Felsenkirchen – aus dem Fels gehauene, freistehende Bauwerke – gehören unbestritten zu den historischen Weltwundern. Staatstragende Gruppen während der ersten Hälfte des 2. Jahrtausends n.Chr. sind die Völker der Amharen und Tigray. Im 16. Jahrhundert erlischt die Blüte der salomonischen Königsdynastie. Dennoch kann das Reich den *Angriffen der islamischen Heerzüge* widerstehen, denen es wiederholt ausgesetzt ist. Aber die Zentralgewalt sollte während der folgenden drei Jahrhunderte schwach und die Ausdehnung des Reiches klein bleiben.[2]

Dies ändert sich um das Jahr 1850 als Kaiser Theodorus II. (1855–1868) gefolgt von Johannes IV. (1868–1889) ihre Macht über die Regionalfürsten festigen können und damit ein neues Reich begründen. Äthiopien in seiner *heutigen* Gestalt entsteht jedoch erst unter Menelik II. (1889–1913), der im Wettlauf mit den europäischen Kolonialmächten weite Gebiete im Osten und Süden seines Reiches erobert: „Wenn fremde Mächte aus der Ferne hierherkommen, um Afrika unter sich aufzuteilen, dann beabsichtige ich nicht, die Rolle eines gleichgültigen Beobachters zu spielen."[3] Meneliks Truppen stehen den europäischen bei ihren Eroberungsfeldzügen an Grausamkeit nicht nach. Und auch in der Folgezeit können der äthiopische Kaiser und der amharische Adel ihre Herrschaft über die unterworfenen Völker (z.B. die nichtchristlichen Omo und Somali) nur mit despotischer Gewalt aufrecht erhalten.

Aus der äthiopischen Geschichte ergeben sich folgende Konsequenzen für die jüngste Gegenwart und die aktuellen Entwicklungen des Landes:

1. Der *äthiopische Nationalismus* – Motto: „Ethiopia tikdem", ‚Äthiopien über alles' – hat tiefe Wurzeln in der 3000jährigen Geschichte und Kultur des Landes. Einerseits ist dieses Geschichtsbewußtsein ganz generell ein Bestimmungsfaktor aller äthiopischen Politik, und andererseits wird auf seinem Hintergrund die heutige äthiopische Situation (ärmstes Land des Kontinents) als ‚*Schmach*' empfunden, was gewissermaßen die sozial- und kulturpsychologische Erklärung für die überhasteten und mit Gewalt erzwungenen Entwicklungsschritte des Landes darstellt.

2. Der heutige äthiopische Nationalstaat ist in zweifacher Weise *ein Sonderfall* auf dem afrikanischen Kontinent: Als einziger Staat Afrikas entstand Äthiopien nicht

Graphik 2: Äthiopiens Staatswerdung ab 1875

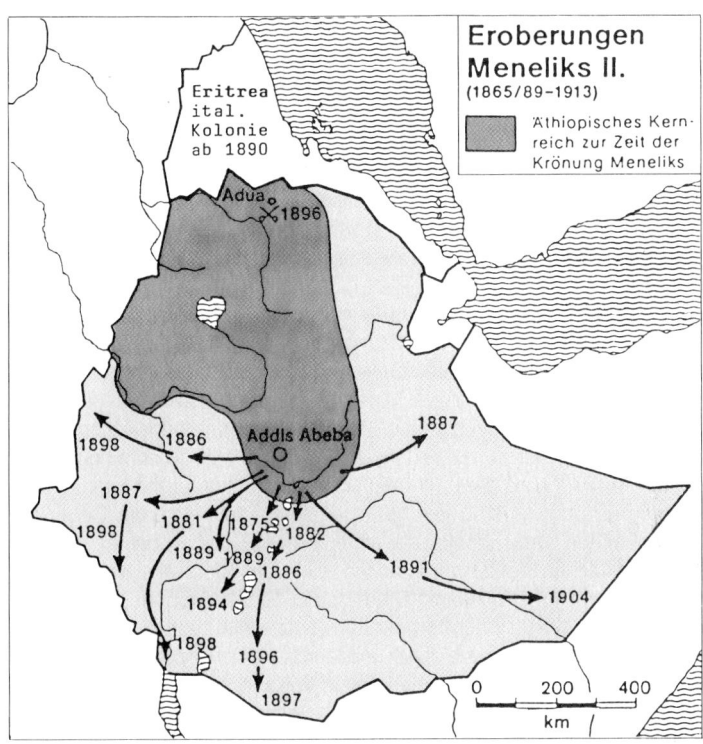

Eroberungen Meneliks II. (1865/89–1913)

Äthiopisches Kernreich zur Zeit der Krönung Meneliks

Eritrea ital. Kolonie ab 1890

Adua 1896

1898   1886   Addis Abeba   1887
    1887
1898   1881 1875 1882
    1889 1889
        1886   1891
    1894   1904
    1898
        1896
            1897

0   200   400
km

Anmerkung: Krönung Meneliks 1889

Quelle: Brot für die Welt, Länderinfomappe Äthiopien

durch die koloniale Grenzziehung seitens der Europäer. Ferner ist Äthiopien nie wirklich kolonisiert gewesen; die italienische Fremdherrschaft war nur von kurzer Dauer (1935–1941) und konnte gegen den äthiopischen Widerstand keinen endgültigen Sieg erringen (760.000 Opfer auf äthiopischer Seite[4]). Wegen dieser beiden historischen Einmaligkeiten genießt Äthiopien in ganz Schwarzafrika hohes Ansehen und eine gewisse Symbolfunktion (verdeutlicht z.B. durch den Sitz der OAU in Addis Abeba).

3. Etwa die Hälfte des heutigen Territoriums ist erst um die Jahrhundertwende dem äthiopischen Staat einverleibt worden. Die eroberten Siedlungsgebiete der Oromo und Somali gehörten früher nicht zum äthiopischen Kaiserreich. *Unterwerfung*, jahrzehntelange *Repression* und *Ausbeutung* (letztere bis 1974) brachten die besiegten Völker in einen bis heute andauernden Gegensatz zur äthiopischen Zentralregierung. Hierin liegt einer der Gründe für den bewaffneten Widerstand vieler Völker gegen die Herrscher in Addis Abeba.

4. Eritrea, der Küstenstreifen am Roten Meer, ging schon im Mittelalter an die islamischen Mächte (Araber u.a.) verloren. Es konnte von Menelik nicht erobert werden; vielmehr erkannte dieser Kaiser im Vertrag von Wichale die italienische Kolonialherrschaft über Eritrea an.[5] *Somit entstand der äthiopische Nationalstaat in seiner heutigen Gestalt ohne Eritrea*; wie ja auch ganz allgemein der Nationalstaat hauptsächlich ein Ergebnis der historischen Entwicklungen des vergangenen Jahrhunderts ist. Nationalstaatliche Gebietsansprüche auf Reichsgebilde *vor* dieser Zeit begründen zu wollen, ist – unter historischen Gesichtspunkten – fragwürdig und unzutreffend.

5. Im seit 1850 entstandenen neuen äthiopischen Staat stellen die *Amharen* als ‚auserwähltes Volk Gottes' und die äthiopisch-koptische Kirche die staatstragenden Kräfte.

6. Mit der Ausbildung des Staatswesens unter Kaiser Haile Selassie (1930–74) entsteht eine ‚neue Klasse': die Verwaltungsbeamten und Militärs der mittleren und unteren Ebene sowie eine kleinbürgerliche moderne Bildungselite. Diese Klasse wird einerseits zum lebenswichtigen Element des Staates, andererseits besitzt sie in ihm keine entscheidenden Machtbefugnisse und ist ökonomisch von ihm abhängig. Sie ist es, die schrittweise in Gegensatz zu dem herrschenden Adel sowie der Kirche gerät und die schließlich das tradierte System zum Einsturz bringt (Putsch 1974). Dieser Klasse entstammen auch die Träger der sich anschließenden Umgestaltung der äthiopischen Politik bis heute.

7. Die nicht-amharischen Völker versprachen sich vom Sturz des Kaisers eine *größere Autonomie* innerhalb des äthiopischen Staatsverbandes. Die neue Regierung, in ihrer Macht noch ungesichert, setzte die zentralistische Politik ungebrochen fort, verschärfte sie sogar und lehnte wirklich föderative Lösungen kategorisch ab. Dies provozierte bei vielen Volksgruppen den bewaffneten Widerstand und radikalisierte ihr Streben nach Selbstbestimmung.

Das Erschrecken des Weltgewissens:
Die Hungerkatastrophe 1984/85 und was verborgen blieb.

Kein Bericht hat die Weltöffentlichkeit so erschüttert wie der Fünf-Minuten-Streifen von Mohammed Amin und Michael Burek, an zwei Tagen in den Hungerlagern von Mekele und Korem des nördlichen Äthiopiens gedreht, am 23. Oktober 1984 vom BBC London gesendet, in wenigen Wochen von 425 Fernsehprogrammen übernommen, weltweit von 470 Mio. Erdenbürgern gesehen.[6] Die unerträglichen Bilder, die ausgemergelten Gestalten des Todes, die greisen Glotzaugen der Kindergerippe, an schlaffen, längst ausgetrunkenen Brüsten hängend, die Konzentrationslagerwirklichkeit des Hungers: All das konnte nicht ohne Wirkung bleiben, mußte die Caritas des zivilisierten Abendlandes mobilisieren. Schon Ende Oktober 1984 landeten die ersten Großraumtransporter voll bepackt mit Nahrungsmitteln, Medikamenten, Decken und Zelten in Addis Abeba. Die privaten Hilfswerke in den westlichen Industriestaaten aktivierten ihre Spender, die staatliche Bürokratie ihren Apparat. Die größte Hilfsaktion der Geschichte sollte in den folgenden 12 Monaten rund 1,5 Mio. Tonnen Getreide in den Hungerstaat am Osthorn des Kontinents bringen: Die Rettung, wenigstens die vorübergehende, so vermittelten es die dann folgenden Bilder und Berichte, schien dank einer außerordentlichen Anstrengung in letzter Minute geglückt.

Tatsächlich hatte eine außergewöhnliche Dürre nicht nur Äthiopien, sondern zahlreiche Staaten des Kontinents heimgesucht (Details siehe Teil 1, Kapitel 2). In Äthiopien war der Norden betroffen (Hauptsächlich die Provinzen Eritrea, Tigre, Wollo, Teile von Schoa und Begemdir). Die äthiopische Regierung bezifferte die akut Bedrohten auf über neun Millionen und konnte mit dieser Zahl die in der Tat enorme Katastrophenhilfe von 1,5 Mio. Tonnen Getreide aus den westlichen Überschußländern erhalten.

Doch selbst damals betrieben die Politiker des Landes – und mit ihnen die Journalisten auf ihre eigene Weise – *das Geschäft mit der Katastrophe*: Die genannte Zehn-Millionen-Zahl übertraf bei weitem die Gesamtbevölkerung im von der Dürre betroffenen Krisengebiet Äthiopiens. Wahrscheinlich waren „nur" eine Million[7] Menschen akut gefährdet, aber diese eine Million hätte doch genügen müssen, hätte ausreichen müssen, eine außergewöhnliche Rettungsaktion zu organisieren! Doch die Superkatastrophe mußte her, die unvorstellbare Gigantomanie des Elends, und so wird es wohl bleiben, nicht nur bei den Äthiopiern, sondern vor allem bei uns.

Keineswegs war der Regen im *gesamten* Norden Äthiopiens (schon gar nicht im Süden) ausgeblieben. Mitarbeiter der Organisation Komitee Cap Anamur / deutsche Notärzte berichteten erstaunt über grüne und reichlich fruchttragende Felder in einigen Teilen Tigrays, also inmitten der Hungerregion.[8] Aber die Schreckensbilder aus den Lagern, und es gab ja keine anderen Berichte, suggerierten, überall im Norden sei die Not dieselbe, brutal und ausweglos. Schlimmer noch als die Übertreibung war, daß es der äthiopischen Regierung gelang, das erschrockene Weltgewissen zu überzeugen, die Katastrophe sei *‚natur-gemacht'*, sei in erster Linie durch den ausgebliebenen Regen und an zweiter Stelle durch das zusammengebrochene Ökosystem bedingt. *Der breiten Öffentlichkeit blieb somit folgendes verborgen:*

1. Im Norden Äthiopiens, hauptsächlich in Eritrea und Tigray, herrschten seit Jahren blutige Kämpfe zwischen den Autonomiebewegungen der ansässigen Bevölkerung und der äthiopischen Zentralregierung. Diese kriegerischen Konflikte hatten einerseits die ohnehin schwache Landwirtschaft in weiten Teilen völlig ruiniert, andererseits blockierten sie schon seit langem jegliche Entwicklungsprojekte und Rehabilitationsmaßnahmen auf breiter Front.

2. Die Regierung leugnete energisch das Ausmaß der blutigen Konflikte in der Hungerregion. Sie sprach lediglich von einigen Rebellen und Terroristen. Da die UN-Organisationen wegen ihrer diplomatischen und strukturellen Verflechtungen dieser Regierungsversion nicht widersprechen konnten, schwiegen auch ihre Berichte über die Dimension des Kriegsproblems im Norden. Und da ferner die Journalisten nur über die Lager und aus den Lagern berichten durften, blieb die Kenntnis der Weltöffentlichkeit auf einen Ausschnitt der Wirklichkeit beschränkt; hielt sie diesen Teilaspekt für die ganze Wahrheit.

3. Die kriegerischen Auseinandersetzungen im Norden beeinträchtigen ferner die Abwicklung der Hilfsmaßnahmen. So konnten in der Regel die Nahrungsmitteltransporte nur mit Militärkonvois durchgeführt werden.

4. Viele Dürreopfer konnten nur über die ‚Rot-Kreuz-Organisationen' der Autonomiebewegungen versorgt werden. Diese bekamen zwar mehr Hilfe als in den Jahren zuvor, aber nicht genügend, um alle Hungernden in den von ihnen kontrollierten Gebieten versorgen zu können. Zehntausende Eritreer und Tigray flüchteten lieber in den Sudan (nach UN-Angaben sollen es 350.000 gewesen sein), als bei den äthiopischen Regierungsstellen Hilfe zu suchen.

5. Ein *Waffenstillstand*, wenigstens für die Zeit der Dürre und mit freiem Geleit für die Hilfsgüter, war das unabdingbare Gebot der Stunde. Verhandlungsvorschläge der Autonomiebewegungen lehnte die Regierung kategorisch ab, und die westlichen Geber übten keinerlei Druck auf die Zentralregierung aus, um diese doch noch an den Verhandlungstisch zu zwingen. Ebenso brachten die privaten Hilfswerke keinen gemeinsamen Appell an die Regierung zustande: Sie hatten Angst, ausgewiesen zu werden. Mehr als 50 Journalisten – unter ihnen namhafte Leute wie Franz Alt – schlossen sich einer von mir gestarteten Initiative an, *Willy Brandt* zur Vermittlung zwischen den Konfliktparteien zu bewegen. Trotz monatelanger Bemühungen gelang es der Bürokratie des Friedensnobelpreisträgers, diese Vorschläge konsequent abzublocken. Warum auch etwas versuchen, wenn es aussichtslos erscheint! Willy Brandt jedoch hätte sein Ansehen bei einem Mißerfolg nicht verlieren können, nur die äthiopischen Machthaber.

Wieviele Tote die Katastrophe auf ihrem Höhepunkt 1984/85 gefordert hat, weiß niemand! Nicht einmal halbwegs realistische Schätzungen sind möglich, lediglich die Aussage, daß die Horrorzahl von einer Million Hungertoten weit übertrieben ist. Die Hilfe hat mit Sicherheit Zehntausenden das Leben gerettet, aber sie ging nicht nur an die Dürreopfer – *und auch das müssen wir aushalten, ohne unsere Hilfsbereitschaft zu stornieren* –, sondern auch an die Armee und in die Umsiedlungsprojekte, wo sie zweckentfremdet ein Beitrag dazu war, die gewaltsame Verpflanzung von Hunderttausenden zu ermöglichen.

Das Schweigen des Weltgewissens: Zwangsumsiedlungen – Hintergründe, Notwendigkeit und Kritik

Landwirtschaft:
Mittelalterlicher Feudalismus und revolutionäre Reform

Der Pakt zwischen Staat, Kirche und Adel, die von ihnen betriebene mittelalterlich-feudalistische Ausbeutung der Kleinbauern, ist eine der Haupttriebfedern der äthiopischen Revolution, des Sturzes von Kaiser Haile Selassie im Jahr 1974 gewesen. Dessen Vorgänger Menelik II. hatte das Territorium seines Reiches durch blutige Feldzüge verdoppeln können. Und diese neu gewonnenen riesigen

Ländereien von der zweifachen Größe der Bundesrepublik verschenkte der Kaiser an die Kirche, den Adel, das Militär und die Verwaltungsbeamten, um sich deren Treue und Dienste zu sichern und so seine Machtbasis zu zementieren. Durch die Schenkungen kamen die staatstragenden Amharen oder amharisierte Angehörige anderer Volksgruppen in die eroberten Gebiete, wo sie die ansässige Bevölkerung ohne Skrupel ausbeuten konnten, sie im wörtlichen Sinne zu Leibeigenen machten.

Der Großgrundbesitz in weiten Teilen Äthiopiens war somit einerseits eine Folge der Eroberungen um die Jahrhundertwende, andererseits ein Mittel der Beherrschung der unterworfenen Gebiete. Die nach dem zweiten Weltkrieg entstandene neue Klasse, die spezifisch-äthiopische Kleinbourgoisie (siehe oben, Geschichte), konnte weder in die Schaltstellen der Macht aufsteigen, noch konnte sie am Feudalsystem partizipieren. Außerdem war es ihr nicht möglich, die verkrusteten Strukturen von innen heraus zu reformieren, diese ließen sich nur durch einen Sturz der herrschenden Kräfte beseitigen.

Im Anschluß an ihre Regierungsübernahme mußten die neuen Herrscher den Feudal-Adel entmachten, denn nur so hatten sie Aussicht, ihre Regierungsgewalt zu behalten und zu festigen. Also organisierten sie eine Landreform, um den ehemals Herrschenden ihre ökonomische Basis ohne Entschädigung zu entziehen. Gleichzeitig wollten sie die Entstehung neuer Ungerechtigkeiten verhindern: Jeder Grundeigentümer sollte künftig nicht mehr als zehn Hektar Land besitzen und es nur aus eigenen Kräften, ohne bezahlte Hilfskräfte bewirtschaften dürfen. Um dies alles zu realisieren, wurden schon wenige Monate nach dem Putsch 60.000 Studenten und Schüler aufs Land geschickt. Sie brachten während ihrer zweijährigen Tätigkeit den Besitzlosen nicht nur eigene Felder, sondern auch Grundkenntnisse im Lesen und Schreiben, etablierten überall staatlich gelenkte Bauernvereinigungen. Wo die Landbevölkerung sich selbst organisierte, mußte sie diese Eigeninitiativen aufgeben, notfalls unter dem Druck der revolutionären Gewehre.

Die Agrarreform[9] war ein notwendiger und erster Schritt in die *richtige Richtung*; doch sie vermochte bis heute folgende Probleme nicht zu lösen:

1. Die landwirtschaftlichen Betriebsflächen der Kleinbauern sind mit durchschnittlich 0,8 ha so klein geblieben, wie sie es auch vor der Revolution und Agrarreform schon waren.
2. Die landwirtschaftliche Produktion konnte nicht wesentlich gesteigert werden. Die besseren Ernteergebnisse der letzten Jahre haben ihren Grund in den besseren klimatischen Verhältnissen.
3. Der größte Teil der Investitionen floß in die Staatsfarmen, die jedoch nur 5 % der gesamten Produktion erzeugen, während die übrigen 95 % von den Kleinbauern stammen.
4. Um die Selbstversorgung zu erreichen, will die Regierung die Betriebsflächen vergrößern, was über den Weg der *Kollektivierung* (Produktionsgenossenschaften, Kolchosen) realisiert werden soll. Letzteres ist allerdings ein langfristiges Ziel ohne genaue zeitliche Vorgaben.

5. Wie die kaiserliche Regierung, so beutet auch die revolutionäre Regierung die Landwirtschaft aus, und zwar hauptsächlich zu ihrem eigenen Machterhalt. Ferner sind die Kleinbauern mit hohen Abgaben belastet und müssen einen Teil ihrer Produktionen – meist zu relativ geringen Preisen – an die staatlichen Vermarktungsbehörden verkaufen. Mit diesen Maßnahmen soll die Stadtbevölkerung versorgt und die Entwicklungsmaßnahmen der Regierung ermöglicht werden. Die Preispolitik ist auf der anderen Seite aber auch kontraproduktiv: Sie nimmt den Bauern den Ansporn, über den eigenen Bedarf hinaus für den Markt zu produzieren.

Landwirtschaft: Potential und ökologischer Ruin

Eigentlich könnte Äthiopien ein Vielfaches seiner Bevölkerung ernähren, auf jeden Fall die jetzige, würde es nur sein eigenes Potential nutzen.[10] Etwa ein Drittel des Landes erhält mehr als 1000 mm Niederschlag pro Jahr, reichlich genug für seßhaften Ackerbau. Die Böden sind in weiten Teilen von ausreichender Fruchtbarkeit und vor allem: Nur 19 % der kultivierbaren Fläche werden tatsächlich landwirtschaftlich genutzt.[11] Warum also ist dieses an sich so gesegnete Land zur Hungerregion Nr. 1 in Afrika geworden?

Äthiopiens Charakteristikum ist sein Hochland: 536.000 qkm ist es groß (die Bundesrepublik hätte zweimal darin Platz) und nimmt 44 Prozent der Staatsfläche ein. Das Hochland ist der eigentliche Lebensraum Äthiopiens, neun Zehntel seiner Gesamtbevölkerung leben hier. Die gräßlichen Hungerbilder, die 1984 das Weltgewissen erschreckten und es vermutlich auch künftig wachrütteln werden, stammen aus diesem Hochland, und zwar aus jenem Teil, der dessen nördlichen Auslauf bildet und in den Provinzen Eritrea, Tigre und Wollo gelegen ist (siehe Graphik 4). Nach FAO-Angaben, eigenen Hochrechnungen und unter Berücksichtigung der bereits erfolgten Umsiedlungen lebten 1987 schätzungsweise 4,8 Mio. Menschen in diesem ‚Katastrophengebiet‘, das auch als ‚woina dega‘ bezeichnet wird und sich von etwa 1600 m bis auf 2400 m hinauf erstreckt. Was sind die Hauptprobleme dieses Krisengebietes?

1. Sein nördlichster Teil erhält auch in ‚normalen Jahren‘ nur zwischen 400 bis 600 mm Niederschlag, was für seßhaften Ackerbau gerade ausreicht.
2. In den übrigen Teilen des Katastrophengebietes hat die *Niederschlagsvariabilität* während der letzten Jahre offensichtlich zugenommen; außerdem stellt die *zeitliche Verteilung* des Regens innerhalb der feuchten Monate oft ein Problem dar.
3. Das Gebiet ist nahezu vollständig abgeholzt worden und hat seine natürliche Vegetationsdecke fast völlig verloren. Letzteres ist nicht nur ein Problem dieser Krisenregion, sondern Gesamtäthiopiens. Während noch vor wenigen Jahrhunderten 40 % des Landes mit Wald bedeckt waren, sollen es heute nur noch ganze 4 % sein.[12]
4. Die durch die Abholzung eingeleitete und begünstigte *Erosion* (Verlust und Abtragung des fruchtbaren Bodens) ist durch die Ausdehnung der Landwirtschaft erheblich verschärft worden. Die Bevölkerungszunahme führte dazu, daß

Graphik 3: Äthiopien, durchschnittliche Niederschlagsmengen
(jährlich)

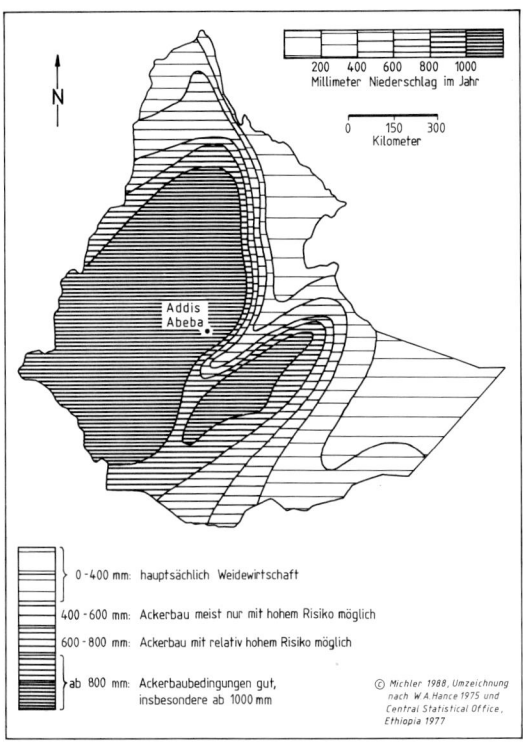

N

200 400 600 800 1000
Millimeter Niederschlag im Jahr

0   150   300
        Kilometer

Addis
Abeba

0 - 400 mm: hauptsächlich Weidewirtschaft

400 - 600 mm: Ackerbau meist nur mit hohem Risiko möglich

600 - 800 mm: Ackerbau mit relativ hohem Risiko möglich

ab 800 mm: Ackerbaubedingungen gut,
insbesondere ab 1000 mm

© Michler 1988, Umzeichnung
nach W.A.Hance 1975 und
Central Statistical Office,
Ethiopia 1977

die Bauern Felder auf Steilhängen anlegten, ohne sie zu terrassieren. Die ihrer natürlichen Vegetationsdecke beraubte Humusschicht wurde durch die während der kurzen Regenzeit heftigen Niederschläge Jahr um Jahr ein Stück mehr ausgewaschen und fortgeschwemmt. Auf den kargen Böden wuchs und wächst nichts mehr oder viel zu wenig. Die Bauern legten daraufhin neue Felder an, in noch größeren Steillagen: Der Kreislauf der ökologischen Verwüstung schloß sich immer schneller, nahm enorme Dimensionen an. So beziffert der Schweizer Experte Hurni, der seit Jahren in Äthiopien arbeitet, den jährlichen Erosionsverlust auf eine Billion Tonnen Erde.[13] Ob diese Zahl exakt zutrifft, spielt keine Rolle, sie gibt in jedem Fall eine adäquate Vorstellung über das Ausmaß der ökologischen Schädigung.

Der *ökologische Ruin* ist zweifellos *das Kernproblem* im ‚woina dega', in der Krisenregion Nr. 1 Äthiopiens. Für die Bauern ist er ein tragisches Ereignis, dessen Tücke darin besteht, daß Erosion ein schleichender Prozeß ist, den das menschliche Auge nicht beobachten kann. Dieser Prozeß schreitet über Generationen

Graphik 4: Äthiopiens ökologische Hauptkrisenregionen

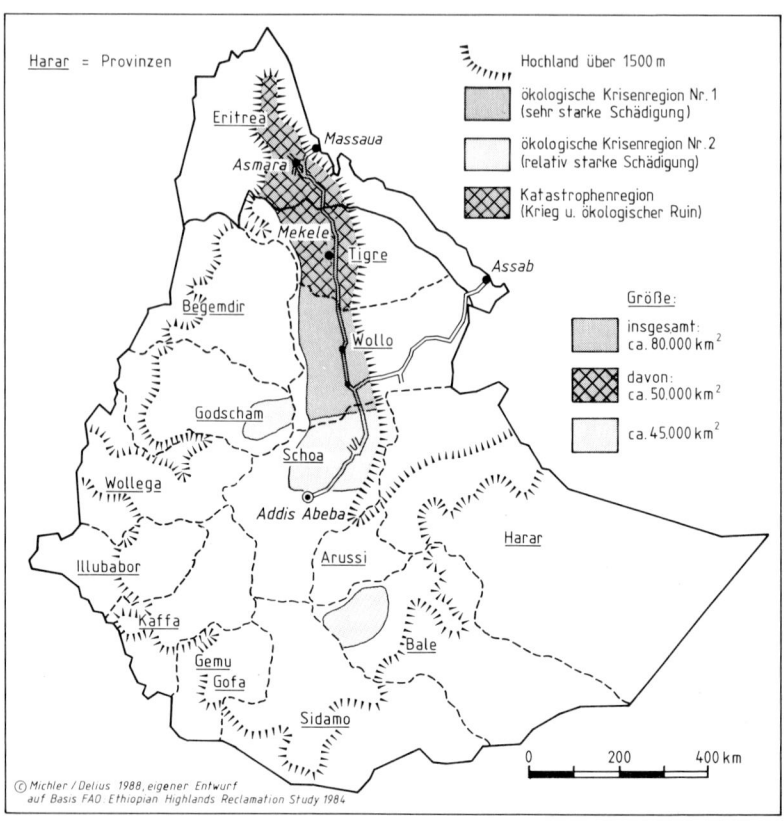

voran und trifft die letzte: Innerhalb weniger Jahre trägt der Boden dann nichts mehr. Die verhängnisvolle Entwicklung zu stoppen oder gar umzukehren, ist allerdings genauso langwierig. Dies erfordert gigantische Anstrengungen, das Opfer einer ganzen Generation. Die Regierung hat das Problem bereits vor Jahren erkannt und über die von ihr initiierten Bauernvereinigungen mit der Terrassierung begonnen, zu der es keine Alternative gibt: 160.000 km sind die Steinwälle lang, die die Bauern aufgeschüttet haben und die die Erosion zum Stillstand bringen sollen. Eine beeindruckende Leistung. Doch sie betrifft nur sieben Prozent des geschädigten Landes. Und würden die Bauern im gleichen Tempo damit fortfahren, brauchten sie noch 70 Jahre, um ihr Rettungswerk zu vollenden. Aber selbst unter Aufbietung aller Kräfte würde es mindestens noch 20 Jahre dauern.[14] Was aber soll bis dahin geschehen? Zumal, wenn der Regen weiter unregelmäßig bleibt?

Die Problemlösungsstrategie der Regierung: Umsiedlung um jeden Preis

„Zur Bevölkerungspolitik gehört auch die Binnenwanderung, der Fortzug eines Teiles der Landbevölkerung aus ökologisch erschöpften und landwirtschaftlich nicht mehr ergiebigen Gebieten in fruchtbares Neuland",[15] so begründet die äthiopische Regierung ihre Umsiedlungsmaßnahmen, mit denen sie die Situation im Krisengebiet des Nordens entschärfen wollte und will.

Im September 1984, also *kurz bevor* die dramatischen Hungerbilder aus Äthiopien die Weltöffentlichkeit erreichen, verkündet die Relief and Rehabilitation Commission, abgekürzt RRC (Nothilfe- und Rehabilitationskommission, oberste Behörde für Hilfs- und Entwicklungsprojekte in Äthiopien), 73.400 Familien müßten aus der Krisenregion in fruchtbarere Gebiete umgesiedelt werden. Knapp zwei Monate später, im November, als die Hilfsmaschinerie des Westens gerade angelaufen ist, erhöht die genannte Institution diese Zahl auf 300.000 Familien bzw. auf 1,5 Mio. Menschen (fünf Mitglieder pro Familie). Ihre Ankündigungen setzt die Regierung unmittelbar in die Tat um.

Schon im *Oktober 1984* beginnen zwölf sowjetische Illyuschin-Maschinen, Bewohner aus der Krisenregion – unter ihnen auch Nahrungssuchende – in den Südwesten des Landes zu bringen: „Pro Maschine werden etwa 250 Menschen transportiert, das waren pro Woche allein auf dem Luftwege 42.000", berichtet Rupert Neudeck vom Komitee Cap Anamur / Deutsche Notärzte, dessen Mitarbeiter Augenzeugen dieser Aktion geworden sind.[16] Im April 1985 beläuft sich die Zahl der Umgesiedelten bereits auf *340.000* (ca. 60.000 pro Monat) und im Dezember 1985 nach offiziellen Angaben des RRC auf *594.000*.[17] Danach stoppt die Regierung das Programm, um – wie es heißt – die Situation in den neuen Siedlungsgebieten zu konsolidieren. Letzteres traf sicherlich zu, aber es war nicht der alleinige Grund: Zuvor hatten die westlichen Geber, meist hinter verschlossenen Türen, massive Kritik am *brutalen Zwangscharakter* der Umsiedlungen geübt.

Die Umsiedlung 1984/85: Zeugen und Betroffene berichten

Maria Altstidl, deutsche Krankenschwester vom Komitee Cap Anamur/Deutsche Notärzte

„Bei Erreichen von Mekele (Provinzstadt im Norden) wurden sie (die Hilfesuchenden) von Regierungs-Soldaten sofort in ein abseits gelegenes Camp getrieben, bei Gegenwehr geschlagen mit Stöcken und Gewehrkolben. In diesem Camp saßen schon 1.000 Menschen, einen Tag später kam die Ankündigung, daß sie am selben Tag nach Addis fliegen und dann in den Süden gebracht werden sollten. Fünf Minuten vor Abflug wurde von einem RRC-Vertreter eine Ansprache gehalten. Viele Soldaten und viel Militär vor den Toren des Camps, jeder erhielt eine

Packung Kekse, sechs Stück, es wurde viel zu wenig Wasser in Kübeln verteilt. Nachmittags ging es dann in LKWs und Soldatenbegleitung zum Flughafen. Im Camp haben sie keine Ausländer gesehen und am Flughafen nur russische Piloten. Es waren 300 Menschen im Flugzeug, keine Sitzplätze, vielen wurde übel. Nach Ankunft in Addis wurden sie mit Bussen in eine leerstehende Schule abtransportiert. Dort gab es weder Wasser noch Essen, nachts ging es schon weiter in LKWs nach Asosa (Neuansiedlungsgebiet). Dort wurden sie in ein umzäuntes Camp gebracht, kein Shelter (Unterkunft), keine Latrinen, keine medizinische Versorgung waren vorbereitet. Im Camp lebten ca. 6.000 Leute. Viele starben, besonders während der dann später einbrechenden Regenzeit".[18]

Mohammed Answar, 35 Jahre, umgesiedelt, dann in den Sudan geflüchtet, dort in einem Lager befragt:

„Wir leiden seit 1983 unter der Dürre, damals erntete ich noch fünf Quintal, letztes Jahr gar nichts mehr. Wir hielten uns damit über Wasser, daß wir unsere Tiere verkauften und unser Saatgut aßen. Zusätzlich erhielten wir seit 1983 Regierungshilfe, nämlich 25 Kilo alle zwei Monate, was natürlich nirgends hinreicht. Als deshalb die Bauernvereinigung alle Männer unseres Dorfes aufforderte, neue Nahrungsmittelhilfe der Regierung in Hara zu holen, dachten wir uns gar nichts Besonderes. Obwohl befohlen worden war, Alte und Frauen im Dorf zu lassen, nahm ich meine Frau und mein Kind in die Stadt mit. Das war am 11. November 1984. In Hara wurden wir aber von Soldaten umringt und in den Hof der Schule gesperrt. Der Verwalter und der Chef der Bauernvereinigung teilten uns hier mit, wir würden umgesiedelt werden. Wir widersetzten uns, aber sie meinten bloß, wir würden mit allen Mitteln dorthin gebracht werden, ob wir wollen oder nicht. Einige Junge übersprangen die niedrige Mauer des Schulhofs und versuchten zu entweichen. Ich hörte Schüsse fallen, ohne zu sehen, was genau geschah. Uns luden sie darauf auf 14 Lastwagen, etwa 30 Personen pro Lastwagen".[19]

Ahmed Mohammed, 36 Jahre, umgesiedelt, dann in den Sudan geflüchtet, dort in einem Lager befragt:

Der Vorsitzende der Bauernvereinigung, der A. Mohammed in seiner Heimat angehörte, hatte ihm und den anderen Bauern empfohlen, in den nahe gelegenen Ort Mersa zu gehen; dort könnten sie von der Regierung Getreide erhalten. In Mersa aber geschah folgendes:
„Im übrigen, so die Soldaten, werden wir kein Getreide verteilen, wir haben gar keines, dafür werden wir euch auf sehr fruchtbares Land ansiedeln, wo ihr dreimal ernten könnt, wo Getreide und Fleisch im Überfluß vorhanden sind und alle Häuser mit Elektrizität und Wasserleitung versehen sind. Wir sagten, wir wollten unsere Heimat nicht verlassen, und falls sie uns helfen wollen, sollen sie uns hier helfen oder es sonst bleiben lassen, worauf sie antworteten, wer freiwillig geht, soll dies jetzt bekunden, den Rest werden wir mit unseren Gewehren zur Umsiedlung

treiben. Da Militär und Milizen in unserem Land so zahlreich sind wie die Blätter an den Bäumen und die Gräser auf den Feldern, war dies durchaus ernst zu nehmen. Jeden Tag in Mersa starben einige Dutzend Menschen an Hunger. Nach vier Tagen Leiden wurde die erste Gruppe von uns wie Säcke auf Lastwagen verladen. Mich trennten sie dann von meiner Frau, ich weiß nicht, wo sie jetzt ist und ob sie noch lebt. Um Widerstand zu leisten, waren die meisten schon zu geschwächt".[20]

Peter Niggli hat im Auftrag des Berliner Missionswerkes eine Dokumentation über die Zwangsumsiedlung erstellt. Er befragte nach wissenschaftlichen Auswahlverfahren mehr als 50 nach ihrer Umsiedlung geflüchtete Äthiopier.

Über Zwang und Gewalt in den Lagern, wo die Menschen vor ihrer Umsiedlung gesammelt wurden, berichtet er zusammenfassend:
„War die Kraft zur Überzeugungsarbeit verpufft, schritten die Organe zu handfesteren Argumenten. Soldaten hätten diejenigen aus der Menge herausgeholt, welche protestierten, berichtete Tikue Gebreselassie, sie nach vorne geschleppt und vor ihren Augen mit Stöcken und Gewehrkolben zusammengeschlagen. Andern erging es dreckiger: Berhe Tecklu wurde in Mekele zur Strafe für Protest geheißen, mit nackten Füßen über Dornen zu laufen".[21]
Und über die Situation im Neuansiedlungsgebiet schreibt Peter Niggli, ebenfalls zusammenfassend:
„Asosa – die neue Heimat, das Ziel einer langen, grausamen entkräftenden Reise – empfing die Bauern aus Tigray und Wollo so harsch, wie die ganze Umsiedlung begonnen hatte. ‚Wir wurden mitten im Dschungel abgeladen‘, berichteten meine Gesprächspartner, ‚rundherum wuchs mannshohes Gras und Bambus.‘ ‚Ich kam mir vor wie Müll, den man in dieser gottverlassenen Gegend deponiert.‘ Die paradiesischen Zustände, über welche sich die Kader in Kombolcha oder Mekele verbreitet hatten, verkehrten sich zur ‚reinsten Hölle‘. ‚Ich sah auf den ersten Blick, daß ich betrogen worden war‘, sagte Abdeljelil Indris, welcher gehofft hatte, die Versprechungen möchten sich als wahr herausstellen, ‚und dachte daran, Selbstmord zu machen. Von Regierungsangelegenheiten verstehe ich nicht viel, aber es ist besser zu sterben, als unter einer solchen Regierung zu leben".[22]

Zur Situation in den neuen Siedlungsgebieten nochmals der Flüchtling Mohammed Answar:

„Kader erzählten uns, es gäbe keine Unterschiede zwischen Wollo (alte Heimat) und Wollega (Neuansiedlungsgebiet), wir könnten hier wie dort ein schönes Leben führen. In Asosa würden wir nun am Aufbau einer großen Kollektivfarm mitwirken. Die Ernte gehe an die Regierung, und dafür gebe uns die Regierung alles, was wir zum Leben brauchen. Sie warnten uns davor, uns bei allfälligen weißen Besuchern zu beklagen. Wenn diese nach unsern Problemen fragten, hätten wir zu antworten, es gebe keine. Wenn nicht, würden wir bestraft werden. Diese Pläne mit der

Kollektivfarm haben mir dann endlich die Lust genommen, weiter zu bleiben".[23] Tatsächlich sind Aussagen von Umsiedlern durch die offiziellen Übersetzer verfälscht und in ihr Gegenteil gekehrt worden, wie Andre Glucksmann und die ARD-Fernsehsendung Report unabhängig voneinander gezeigt haben.[24]. Trotz Bewachung, hoher Strafandrohung und schwieriger Fluchtwege flohen mindestens 3.000 Menschen aus den Neuansiedlungsgebieten in den Sudan; „mindestens", weil diese Zahl dokumentiert ist. Wieviele sich als Flüchtlinge nicht zu erkennen gaben, untertauchten oder aus dem Sudan in ihre alten Heimatgebiete zurückgingen, ist unbekannt; es könnten Hunderte oder gar einige Tausende sein.

Die äthiopische Regierung hat stets behauptet, die Umsiedlungen beruhten auf Freiwilligkeit; Zwang und Gewalt seien in Einzelfällen zwar vorgekommen, jedoch nur durch Übergriffe örtlicher Parteikader. Angesichts der zahlreichen Untersuchungen und Berichte,[25] die mittlerweile gut dokumentiert vorliegen, ist diese *Version der äthiopischen Regierung* nichts anderes als *eine Lüge!* Außerdem blieb wegen der überstürzten Durchführung der Aktion gar keine Zeit für die Überzeugungsarbeit. Und vor allem: Hätten die Bauern die Situation in ihrer Heimat als ausweglos eingeschätzt, hätten die Kader sie weder mit Gewehren zur Umsiedlung zwingen müssen, noch hätten Soldaten sie in den Neuansiedlungsgebieten bewachen müssen, um ihre Flucht zu verhindern. *Wer würde seine Insel der Rettung verlassen und in den Tod zurückgehen?* Sicherlich wurde nicht überall der gleiche Druck ausgeübt, und nicht alle Menschen wurden unter vorgehaltenen Gewehren in die Flugzeuge oder auf die LKWs gezwängt. Aber eine Vielzahl unabhängiger Berichte kommt zu dem Ergebnis, daß die freiwilligen Umsiedler eindeutig die Minderheit darstellen!

Ferner steht fest, daß die Umsiedlungen zahlreiche Todesopfer forderten; nicht so sehr durch die direkte Gewalt, sondern wegen der völlig unzureichenden Vorbereitung und weil ärztliche Betreuung in den Neuansiedlungsgebieten fehlte. Wie hoch jedoch die Zahl dieser Opfer ist, darüber läßt sich nur spekulieren. Die Behauptung von Andre Glucksmann in seinem Buch „Politik des Schweigens", es seien mindestens 100.000 gewesen[26], läßt sich ebenso wenig hinreichend belegen wie die ‚gegenteilige' Argumentation, es seien nur wenige hundert gewesen. Es müßte denen, die die Umsiedlungsmaßnahmen eher beschönigt haben, wie beispielsweise meine Journalistenkollegen Stefan Klein (Süddeutsche Zeitung) und Andreas Bänziger (Frankfurter Rundschau), deren Berichterstattung ich ansonsten sehr schätze –, doch mehr als zu denken geben, daß offensichtlich Abertausende von Familien durch die Umsiedlungen auseinandergerissen worden sind. Das belegt sogar die äthiopische offizielle Statistik: Während die Relief and Rehabilitation Commission bei Beginn der Aktion noch sagte, jede der umzusiedelnden Familien zähle durchschnittlich fünf Personen, bezifferte sie nach der Aktion die Größe der verpflanzten Familien *nur noch auf drei Mitglieder!* Jeder Sachkenner aber weiß, daß die äthiopischen Familien nicht aus drei Personen bestehen, sondern wesentlich größer sind, und da ist die ursprünglich angegebene Zahl von fünf sicherlich schon eine untere Schätzgrenze.

Graphik 5: Umsiedlungen in Äthiopien 1984/85

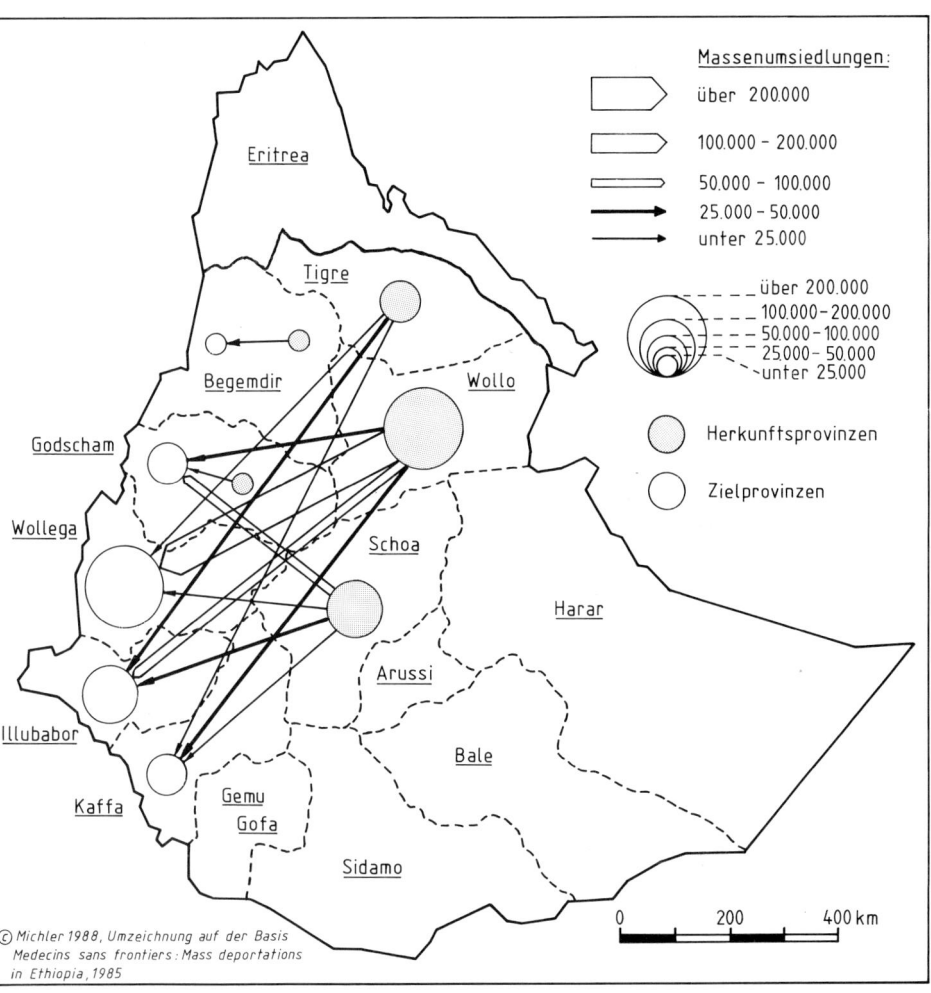

Massenumsiedlungen:
über 200.000
100.000 - 200.000
50.000 - 100.000
25.000 - 50.000
unter 25.000

über 200.000
100.000 - 200.000
50.000 - 100.000
25.000 - 50.000
unter 25.000

Herkunftsprovinzen

Zielprovinzen

Eritrea
Tigre
Begemdir
Wollo
Godscham
Wollega
Schoa
Harar
Illubabor
Arussi
Bale
Kaffa
Gemu
Gofa
Sidamo

© Michler 1988, Umzeichnung auf der Basis
Medecins sans frontiers: Mass deportations
in Ethiopia, 1985

0   200   400 km

Es ist nicht nur wegen der erfolgten Gewalt wichtig, sich näher mit der Umsiedlung auseinanderzusetzen, sondern auch deshalb, weil die Regierung *dieses Programm fortsetzen will.* So hat Staatschef Mengistu im März 1987 angekündigt, es müßten noch weitere *sieben Millionen* umgesiedelt werden.[27] Zwar waren nach dem Stopp im Dezember 1985 nur noch kleinere Gruppen von diesem Programm betroffen, aber die Erklärung Mengistus läßt befürchten, daß die äthiopische Regierung die Umsiedlung wieder in wesentlich größerem Umfang durchführen wird. Über ihren Zwangscharakter hinaus ist die Umsiedlungspolitik aus folgenden Gründen problematisch und zu kritisieren:

1. Einen Teil der Menschen hätte man *innerhalb ihrer Heimat* in die dort vorhandenen tragfähigeren Regionen umsiedeln können.
2. Neuansiedlungen erfordern erhebliche finanzielle Mittel. Die UNO geht davon aus, daß während eines Fünf-Jahres-Zeitraumes 5.000 Dollar pro Familie eingesetzt werden müssen. Über diese Mittel verfügt die äthiopische Regierung jedoch nicht. Dennoch begann sie das Programm ohne Absprache mit den westlichen Gebern und den UN-Organisationen. Wegen der fehlenden Mittel und der mangelnden Vorbereitung kam es zu chaotischen Zuständen in vielen Neuansiedlungen, was durch die den Journalisten präsentierten *Mustersiedlungen* kaschiert werden sollte.
3. Die Neuansiedlungsgebiete liegen in einer geographisch und *klimatisch anderen* Region als die Herkunftsgebiete der Umgesiedelten. Wegen der Tsetse-Fliege ist in den meisten Neuansiedlungsgebieten keine Pflugbewirtschaftung wie in der alten Heimat möglich. Was einerseits bedeutet, daß die Bauern ihre landwirtschaftliche Erfahrung nicht nutzen können, andererseits muß mechanisiert werden, wenn man nicht wieder zur Hacke greifen will. Mittel für eine ausreichende Mechanisierung sind aber nicht vorhanden. Außerdem ist in den *feucht-heißen* Tieflandgebieten der neuen Siedlungen die *Malaria* weit verbreitet, eine Krankheit, die es in der alten Heimat nicht gegeben hat.[28]
4. Statt der versprochenen zwei Hektar Land zur eigenen Bewirtschaftung (ursprünglich hatte die Regierung per Verfassung 10 ha garantiert) erhielten die Neuansiedler nur 0,1 ha und wurden gezwungen, das übrige Land in Produktionsgenossenschaften zu bestellen. Gegen diese *Kollektivierung* wehren sich die äthiopischen Kleinbauern, die seit Jahrhunderten ihre Felder in eigener Regie bewirtschaftet haben.

Fazit: Der ökologische Ruin im Krisengebiet des nördlichen Äthiopiens und die Langfristigkeit der Rehabilitation sprechen sicherlich dafür, die Situation dort durch Umsiedlungen zu entschärfen. Dennoch muß festgehalten werden, daß nicht genügend Studien über das Ausmaß des ökologischen Schadens und die Höhe der erforderlichen Umsiedlungszahl vorliegen. Wenn die Krisenregion tatsächlich ihre Bevölkerung nicht mehr ernähren kann, müßte die Regierung dann nicht *Familienplanung* forciert proklamieren? Das hat sie aber nicht getan! Ohne Familienplanung, ohne einen Rückgang der Geburten wird der Bevölkerungszuwachs die Zahl der Umgesiedelten in wenigen Jahren ausgeglichen haben! Umsiedlung ohne Familienplanungsprogramme ist somit ein Widerspruch in sich selbst.

Außerdem: So wie die äthiopische Regierung die Umsiedlungen bisher durchgeführt hat, spricht alles dafür, daß sie die Probleme ihres Landes *vergrößert* hat, anstatt sie zu verkleinern. Wegen der ungenügenden Vorbereitung und der fehlenden finanziellen Mittel wird es noch Jahre dauern, bis die Neuansiedler aus eigenen Kräften überleben können, gesetzt den Fall, dies gelingt überhaupt einmal. Außerdem spricht vieles dafür, daß die Regierung durch diese erneute Zwangspolitik dem ohnehin vorhandenen vielfachen Widerstand gegen ihre Politik noch einen weiteren Nährboden geliefert hat.

Viele Motive haben die Machthaber in Addis Abeba geleitet, als sie die Umsiedlung über Nacht verfügten. So bestand sicherlich eine Absicht darin, den bewaffneten Widerstand in Tigray insbesondere durch die Umsiedlung junger Männer auszudünnen. Aber der Hauptgrund für die überstürzte Aktion lag einerseits in der nicht mehr überbietbaren *Arroganz* der herrschenden *städtischen Elite*, die die Millionen Kleinbauern als rückschrittlich, konservativ und initiativlos betrachtet und die deshalb zu ihrem Glück gezwungen und von oben entwickelt werden müssen. Andererseits spielte der im Geschichtsteil bereits kurz skizzierte *Nationalismus* der staatstragenden Kräfte sicherlich eine ganz entscheidende Rolle: Ihnen schwebt die Wiedergeburt des großen geschichtlichen Äthiopien vor Augen; ‚Ethiopia tikdem' – Äthiopien muß, koste es was es wolle, entwickelt werden, muß als Führungs-Nation Schwarzafrikas wieder auferstehen. Die Schmach der gegenwärtigen totalen Armut gilt es durch die historische Leistung einer Generation auszulöschen. Besessen von dieser Entwicklungsidee, hat die äthiopische Zentralregierung bis heute nicht begriffen, daß die Menschen eben nicht zu ihrem Glück gezwungen werden können, daß keine Regierung ihr Land auf Dauer gegen die eigene Bevölkerung ‚entwickeln' kann. Und weil sie von ihrem eigenen Entwicklungsehrgeiz geblendet war, begann die Regierung mit der Umsiedlung just zu dem Zeitpunkt, als alle Kräfte zur Rettung der Hungernden benötigt wurden. Oder wußte sie insgeheim, daß deren Zahl gar nicht so groß wie behauptet war, daß infolgedessen die ausländischen Hilfsorganisationen dieses Problem allein, *ohne Regierungsbeteiligung*, meistern konnten?

Die Reaktion des Auslands: Strikte Intervention bleibt aus

Nach Rupert Neudeck, dem Vorsitzenden vom Komitee Cap Anamur / Deutsche Notärzte kam es Ende 1984 zu einer merkwürdigen Arbeitsteilung. Während die westlichen Hilfsorganisationen in den Lagern des Nordens die Hungernden versorgten, begannen die Helfer aus dem Ostblock zusammen mit den äthiopischen Autoritäten, die Menschen aus der gleichen Region in den Westen umzusiedeln.[29] Viele Mitarbeiter der westlichen Hilfswerke wurden Zeugen der anlaufenden Umsiedlungsaktionen sowie der Gewalt, die dabei ausgeübt wurde. Doch – obwohl allein aus humanitären Gründen ins Land gekommen – schwiegen sie, genauer gesagt ihre Organisationen.

Nur das französische Hilfswerk ‚Medecins sans frontières' protestierte laut und energisch, forderte eine Aussetzung der Umsiedlungsaktionen für drei Monate, eine Überprüfung der Freiwilligkeit durch internationale Beobachter. Die Antwort der äthiopischen Regierung war klar und eindeutig: Das Team von 22 Helfern mußte im Dezember 1985 das Land verlassen; das Material, das sie mitgebracht hatten, wurde beschlagnahmt. Dies schreckte die anderen, und das war auch die Absicht der Regierung. Nur Rupert Neudecks Organisation hatte noch den Mut, die Mißstände beim Namen zu nennen, ohne jedoch eine Kampagne daraus zu machen. Dennoch war die Umsiedlung der Hauptgrund, warum das Hilfswerk seine Arbeit in Äthiopien im März 1986 einstellte. Zwar kritisierten auch andere Hilfsorganisationen wie beispielsweise Brot für die Welt die Gewaltpraktiken, aber nicht so deutlich und entschlossen, daß die Öffentlichkeit wachgerüttelt worden wäre.

Eines ist und bleibt den privaten Spendenorganisationen vorzuwerfen: Sie brachten zwar eine Allianz zustande, um Geld für die Hungernden zu sammeln, aber keine Gemeinsamkeit gegen die Zwangsumsiedlungen. Das mindeste, was man hätte erwarten dürfen, ist das folgende: eine gemeinsame Position ihrer Zentralen in Europa und den USA. Anschließend Protest bei ihren Politikern, damit diese auf die äthiopische Regierung hätten Druck ausüben müssen. Aber die Hilfswerke waren so geängstigt, so mut- und kraftlos, daß sie nicht einmal das zuwege brachten. Dabei hätte ein solch entschlossener Druck – in Europa ausgeübt, möglicherweise hinter verschlossenen Türen – die Arbeit der Organisationen in Äthiopien sicherlich nicht gefährdet.

Andererseits beweist eine briefliche Stellungnahme des EG-Generaldirektors für Entwicklungshilfe, Dieter Frisch, an die Gesellschaft für bedrohte Völker, daß Druck auf die äthiopische Regierung nicht wirkungslos geblieben ist. Frisch bekennt in dem Brief freimütig, letztlich habe der öffentliche (!) Protest der EG-Kommission sowie entsprechende Interventionen auf höchster Ebene entscheidend dazu beigetragen, daß die Umsiedlungsaktion Ende 1985 gestoppt wurde.[30] Stellt sich nur die Frage, warum diese ,Interventionen' nicht früher erfolgten, warum zuerst hunderttausendfach Gewalt ausgeübt werden mußte, ehe die Diplomaten sich bewegten. Man muß sich die Realität einmal wirklich vor Augen halten: Da besitzen einerseits alle Staaten des Westens diplomatische Misssionen in Addis Abeba, und da ist eine Regierung andererseits auf die westliche Hilfe – im Jahr 1985 wurden 1,3 Mio. Tonnen Getreide geliefert – angewiesen, aber dennoch kann diese Regierung einem Teil ihrer Bevölkerung Gewalt antun, kann die ohnehin vorhandenen Probleme mit einer Unsinnspolitik noch vergrößern, ohne daß sich wirklich und ernstlich jemand aufregt. Es geht hier nicht um kolonialistische Bevormundung; aber eine Intervention zugunsten elementarster Menschenrechte darf doch nicht an abstrakten nationalen Souveränitätsrechten scheitern!

Mit Sicherheit kann davon ausgegangen werden, daß ein nennenswerter Anteil der vom Westen gelieferten staatlichen Nahrungsmittelhilfe (*wichtig*: nicht diejenige der Spendenorganisationen) in die Umsiedlungsprojekte gegangen ist, ihre Durchführung mit ermöglicht hat. Hatten die hungernden Umsiedler keinen Anspruch auf Hilfe? Doch! Aber dann soll man nicht sagen: „Wir geben Hilfe für Dürreopfer." Und wenn man weiß, daß ein Teil der Hilfe an Zwangsumgesiedelte geht, andererseits aber gegen Zwangsumsiedlungen ist, *dann muß man politisch tätig werden.* Aber solch allgemein menschliche Einsichten zu bekommen, verhindert wohl das Milieu, in dem Diplomaten groß werden und leben. Und für unsere Außenminister waren die Vorgänge noch nicht wichtig und schlimm genug, um traditionelle gute politische Beziehungen oder deren Werden aufs Spiel zu setzen. Ich habe schon Anfang 1985 in einer von der Deutschen Welthungerhilfe herausgegebenen Hungerdokumentation über Afrika geschrieben, die äthiopische Regierung werde die westlichen Geber und Organisationen in eine ,Zwangsjacke' bringen; sie siedle um, mit Zwang und ohne Hilfe von außen, aber anschließend werde in den Neuansiedlungsgebieten eine derartige Notsituation entstehen, daß das Ausland keine andere Wahl habe als zu helfen. Und so ist es denn auch gekommen.[31]

Nur die USA bestehen formell noch darauf, daß keine Nahrungsmittelhilfe in die Umsiedlungsgebiete gehen darf, während alle anderen staatlichen Geber dies offensichtlich dulden. Auch ein Großteil der privaten Hilfswerke hat mittlerweile die Arbeit in den Neuansiedlungsgebieten aufgenommen. Müßte aber nicht jeder ausländische Helfer, gleich ob staatlich oder privat, fordern: „Wir helfen in den neuen Gebieten nur, wenn die Menschen aus eigener Entscheidung dort bleiben und wenn jeder, der dies nicht will, zurückkehren darf."

Ferner: Würde der Westen, und die UN eingeschlossen, wirklich einen funktionierenden Hilfsapparat, der diesen Namen verdiente, besitzen, hätte man dann nicht rechtzeitig der äthiopischen Regierung ein *verbindliches Angebot* unterbreiten müssen: „Wir verpflichten uns, euch bei der Lösung der ökologischen Probleme im Norden zu helfen. Wir geben euch die dafür notwendigen Mittel, aber wenn Umsiedlungen erforderlich sind, dann müssen diese geplant und auf Überzeugungsarbeit beruhend durchgeführt werden." Zu einem solchen *Solidaritätspakt* jedoch waren und sind die angeblich Entwickelten nicht fähig.

Die Umgestaltung der Gesellschaft: Verdorfung – Beseitigung oder Installierung der Unterentwicklung?

Kaum war das Umsiedlungsprogramm gestoppt, begann die äthiopische Regierung mit einer neuen Aktion, deren Gigantomanie und bürokratische Arroganz noch mehr erschrecken muß: ‚Verdorfung' heißt das neue Prinzip und die neuen Maßnahmen, mit denen die äthiopische Gesellschaft innerhalb weniger Jahre umgestaltet und modernisiert werden soll. Die traditionell meist in Streusiedlungen lebende Bevölkerung soll künftig in Dörfern wohnen; ein Programm, das nach der Entscheidung der Machthaber in Addis Abeba bis 1994 *rund 33 Mio. Menschen* erfassen wird.

Die Verdorfung ist gewissermaßen eine *Umsiedlung auf lokaler Ebene*: In einem Umkreis von jeweils bis zu max. 30 km sollen die Bauern, statt verstreut zu siedeln, in neu zu errichtende Dörfer zusammenziehen. Auch hier schritt die Regierung schnell zur Tat: Nachdem sie im Dezember 1985 das Programm verkündet und begonnen hatte, erklärte Staatschef Mengistu bereits im Februar 1987, daß *5,72 Mio. Bürger* von dem Programm erfaßt seien und in neuen Dörfern leben würden![32] Mit der Verdorfung will die Regierung folgendes erreichen:

– Steigerung der landwirtschaftlichen Produktivität;
– bessere Nutzung des Landes und Bewahrung der Ressourcen;
– Versorgung der Landbevölkerung mit Schulen, Kliniken, Wasser und sonstigen sozialen Einrichtungen.

In der regierungsnahen Presse war darüber hinaus zu lesen, mit der Verdorfung solle die *Sozialisierung der Produktion* und ganz allgemein eine sozialistisch orientierte Entwicklung des ländlichen Raumes vorangetrieben werden.[33] Die Regierung dementierte jedoch, daß die Verdorfung ein Vorstadium der Kollektivierung sei.

Von der Idee her spricht manches für ein solches Verdorfungsprogramm: In der Tat läßt sich eine in Dörfern zusammenlebende Bevölkerung wesentlich leichter und besser mit Schul- und Gesundheitsdiensten sowie anderen Sozialeinrichtungen versorgen. Aber das Problem liegt auch hier wieder in der Art und Weise der Realisation. Aus der Umsiedlung scheint die Regierung nur gelernt zu haben, daß sie die direkte und brutale Gewalt einschränken muß. Doch nach wie vor beansprucht sie, allein zu wissen, was für die Bauern gut ist und welche Entwicklung sie notwendig haben. Die Landbevölkerung ist erneut *nicht gefragt* worden, ob sie in die neuen Dörfer ziehen will, wieder wurde auf die sicherlich mühselige Überzeugungsarbeit verzichtet. Damit aber legte die Regierung selbst den ersten Grundstein zum Scheitern des Programms.

Die Machthaber in Addis Abeba nehmen nicht nur die eigene Bevölkerung nicht ernst, auch die Erfahrungen anderer Staaten lassen sie unbeeindruckt. So haben Tansania und Mosambik eine ähnliches Programm der Verdorfung gegen den Willen ihrer Bevölkerung durchgeführt. Und in beiden Ländern haben diese Verdorfungsmaßnahmen ihre Ziele verfehlt, neue Probleme geschaffen und enorme Ressourcen verbraucht.

Wie bei der Umsiedlung war auch bei der Verdorfung der übertriebene ehrgeizige Nationalismus der herrschenden äthiopischen Kräfte der Grund für die überhastete Aktion. Obwohl ohne Hilfe von außen die der Bevölkerung versprochenen Infrastruktureinrichtungen nicht geschaffen werden können, startete die Regierung das Programm, noch bevor sie die ausländischen Geber konsultiert hatte und diese ihre Unterstützung zugesagt hatten. Die Verdorfung soll die natürlichen Ressourcen bewahren, sprich die Umwelt schützen. Aber es gibt nicht eine einzige ernstzunehmende Studie, in der die möglichen ökologischen Folgen der Konzentration von 33 Millionen Menschen in Dörfern untersucht worden wären! So spricht denn bei der Verdorfung wie bei der Umsiedlung alles dafür, daß die ohnehin existierenden *Probleme größer* statt kleiner werden. Da brutale Gewalt – wohl aber Druck und Zwang – bei den Verdorfungen bisher offensichtlich nicht ausgeübt worden ist, jedenfalls nicht auf breiter Front, blieb die Kritik der ausländischen Hilfsorganisationen und staatlichen Geber noch verhaltener als zuvor bei der Umsiedlung. Weil beim Verdorfungsprogramm auch ein Großteil der Felder neu angelegt werden mußte, kam es an vielen Orten zu Produktionseinbrüchen, die die Regierung mit Nahrungsmittelhilfe von außen überbrückte und auch weiterhin überbrücken wird.[34]

Die Politik mit der Hilfe

Die äthiopische Regierung nutzt die im Westen durch die dramatischen Hungerbilder entstandene Bereitschaft, Katastrophenhilfe zu leisten, für ihre eigenen Zwecke. Dies belegt die Tabelle „Nahrungsmittelhilfe und Eigenproduktion" auf Seite X. Von 1985 auf 1986 stieg die äthiopische Eigenproduktion an Getreide um 910.000 t. Die Nahrungsmittelhilfe ging jedoch nicht um die gleiche Menge, sondern nur um 311.000 t zurück. Obwohl man davon ausgehen kann, daß die im Jahr zuvor, also 1985, gelieferten Nahrungsmittel den vorhandenen Bedarf

Tabelle 1: Äthiopien, Nahrungsmittelhilfe und Eigenproduktion
Angaben in Mio. Tonnen/Stand Okt. 1987

Getreide	1984	1985	1986	1987	1988
1. Eigenproduktion	4,115	5,22	6,13		
2. Gesamtimport	0,511	1,515	1,189		
2.1. davon Nahrungsmittelhilfe	0,458	1,260	0,949	0,565 (Bedarf)	0,950 (Bedarf)
				0,556 (zugesagt)	0,218 (zugesagt)
2.2. davon kommerziell	0,052	0,250	0,240	0,200 (Prognose)	
3. Gesamtmenge Getreide	4,626	6,735	7,319		
3.1. damit max.zu ernähren (Mio. Menschen)	25,44	37,04	40,25		
4. mit Nahrungsmittelh.max. zu ernähren (Mio. Menschen)	2,52	6,93	5,22		
5. Nahrungsmittelhilfe 1984-87	3,232				
6. Nahrungsmittelhilfe 1975-87	4,559				
7. Nahrungsmittelh.1971/72/73	0,030				

(Quellen: FAO, Food Supply Situation and Crop Prospects in Sub-Saharan Africa, special report, verschied. Ausgaben; FAO; Monthly bulletin of statistics, verschied. Ausgaben; FAO, food aid in figures, 83er und 85er Ausgabe)

gedeckt haben. Vergleicht man die beiden Erntejahre 1984 und 86, wird der Widerspruch noch deutlicher: Die Erntemenge stieg um rund 2 Mio. Tonnen (um rund 50 %), dennoch blieb die Regierung bei ihrer Strategie, unter dem Vorwand der weiterhin herrschenden Dürre umfangreiche Nahrungsmittelhilfe beim Westen einzufordern.

So unterschiedlich man die Zahlen auch interpretieren mag, steht doch eines fest, nämlich daß die Regierung alles daransetzt, soviel kostenlose Nahrungsmittelhilfe wie möglich vom Westen zu erhalten. Und egal unter welchen Auflagen diese Hilfe gewährt wird, ist sie einmal im Land, können die Geber nur noch teilweise kontrollieren, wo sie hingeht. Zur Veranschaulichung des Umfangs: eine Million Tonnen Getreide, das sind 50.000 LKW-Ladungen à 20 Tonnen. Doch unabhängig von diesen Überlegungen sprechen ja auch die 86er Zahlen dafür, daß ein Teil der Hilfe in die Umsiedlungs- und Verdorfungsprogramme gegangen ist.

Somit hat die westliche Nahrungsmittelhilfe einen Beitrag dazu geleistet, daß die Regierung diese beiden unterschiedlichen Programme durchführen konnte. Und dies wird auch künftig so sein. Während die Regierung die Hilfe der staatlichen Geber mehr oder weniger stillschweigend in ihre Siedlungsprogramme umleitet, versucht sie, auf die privaten Hilfsorganisationen Druck auszuüben. Sie werden einerseits gedrängt, ihre Mittel direkt der staatlichen RRC-Behörde zur Verfügung zu stellen, an die sie im übrigen auch vertraglich gebunden sind; andererseits schränkt man ihre Bewegungsfreiheit ein und damit auch ihre Informationsgewinnung, begrenzt die direkte Projektdurchführung. Das Internationale Komitee des Roten Kreuzes stoppte im März 1987 seine Hilfe, weil die Mitarbeiter der Organisation keinen Zugang mehr zu einigen der Notgebiete besaßen.

Grundsätzlich ist gegen eine ‚Äthiopisierung der Hilfe' nichts einzuwenden, aber dies darf nicht dazu führen, daß ein Klima der Einschüchterung entsteht, was allerdings der Fall ist. Aus Angst, bei Kritik ausgewiesen zu werden, schweigen die ausländischen Helfer über die verfehlte Politik der Regierung. So war es auch beim Verdorfungsprogramm. Rupert Neudeck: „Aber jetzt beherzt für die Überzeugung einzutreten, fiel kaum einem ein: Schließlich hat man Arbeitsplätze in Äthiopien, will das viele gesammelte Geld los werden ... Daß Kleinbauern hier wie in eine unerträgliche Zwangsjacke gesteckt werden, ... das alles spielte beim kraftlosen und anpasserischen Unisono keine Rolle. Dem Verbund der Hilfsverbände fehlte schon immer eines: Er ist nicht geeicht auf Solidarität mit den Opfern von Regierungen, er sucht Arbeitsplätze. Er bekommt Arbeitsplätze, indem er Regierungen Zugeständnisse macht!"[35]

Eritrea: Afrikas längster Krieg – Äthiopiens ungelöstes Nationalitätenproblem

Zwei Superlative kann Eritrea für sich verbuchen: Einerseits tobt hier der längste Krieg des schwarzen Kontinents, und andererseits vollzieht sich in dieser Region Afrikas erstaunlichste Revolution.[36] Der Küstenstreifen am Roten Meer ist halb so groß wie die Bundesrepublik (119.000 qkm) und zählt gegenwärtig schätzungsweise 3,5 Mio. Bewohner. Die bewaffneten Auseinandersetzungen begannen 1961, dauern bis heute an und haben letztlich ihre Ursache in einer unbewältigten Kolonialgeschichte.

Wie im Geschichtskapitel bereits kurz angedeutet, verlor das äthiopische Kaiserreich schon vor Jahrhunderten die Kontrolle über den Küstenstreifen, wo islamische Herrscher die Macht an sich rissen: Araber, Ägypter, Türken. Ihnen folgen Ende des vergangenen Jahrhunderts die Italiener als Kolonialherren. Die neuen Herren aus Rom etablieren ihre Herrschaft just in der Phase, als der äthiopische Kaiser Menelik dabei ist, sein Reich durch Eroberungsfeldzüge um das Doppelte zu vergrößern und der äthiopische Staat in seiner heutigen Gestalt entsteht. So viele Kriege Menelik auch führt, gegen die in Eritrea herrschenden Italiener zieht er nicht in den Kampf, sondern erkennt gar per Vertrag deren Oberhoheit an (Vertrag von Wichale 1889). Als die Italiener ein halbes Jahrhundert später ihre Kolonie während des zweiten Weltkrieges verlieren, kommen die Briten als neue Herren ans Rote Meer.[37]

Da sich die alliierten Siegermächte über das künftige Schicksal Eritreas nicht einigen können, kommt das Problem vor die UNO. Diese trifft im Jahr 1950, also nach 60jähriger Kolonialzeit, die folgende völkerrechtlich bindende Entscheidung: Eritrea erhält eine demokratische Verfassung und das Recht zur Selbstregierung auf dem Gebiet der inneren Angelegenheiten. Mit Äthiopien wird es in einer Föderation verbunden. *Das heißt:* Eritrea wird *nicht* ein (Resolution Nr. 390/V der Generalversammlung vom 2. Dezember 1950) Bundesstaat *von* Äthiopien, sondern beide, Äthiopien und Eritrea sollen von nun an als Partner einen neuen Bundesstaat bilden. Wenn auch diese Regelung vorsieht, daß die äthiopische Krone als Souverän ihren kleineren Bündnispartner nach außen zu vertreten hat und ihr dieses Recht per Vertrag zugesichert wird.[38]

Interessant und aufschlußreich ist das Abstimmungsverhalten über diese Resolution. Die *Sowjetunion*, die seit 1978 die äthiopische Zentralregierung in ihrem Kampf gegen Eritrea unterstützt, fordert 1950 – wie für alle ehemaligen Kolonien – die volle *staatliche Selbständigkeit* für das umstrittene Gebiet. Unter dem Einfluß der USA lehnt die Mehrheit der UNO diese Forderung ab und setzt die föderative Lösung schließlich 1952 in Kraft.

Doch der Eroberungsdrang und die Machtgier des äthiopischen Kaisers sollten größer sein als sein Respekt vor dem *Völkerrecht.*[39] Im Jahr 1962 *bricht Äthiopien die UNO-Verträge* und annektiert Eritrea mit der Gewalt des Stärkeren. Diese Einverleibung der ehemaligen italienischen Kolonie in den äthiopischen Staat kann in den folgenden Jahren nur mit Repression und immer mehr Soldaten aufrecht erhalten und durchgesetzt werden.[40] Ein Großteil der Eritreer wehrt sich seitdem: Sie sprechen von einem *,schwarzen Kolonialismus'* und pochen auf ihr Selbstbestimmungsrecht. Nachdem ihre friedliche Oposition immer größere Unterdrückung hervorruft, beginnen sie den bewaffneten Kampf gegen die äthiopische Fremdherrschaft.[41] Nach dem Sturz des Kaisers eskalieren die Auseinandersetzungen Ende der 70er Jahre zu einem *konventionellen Stellungskrieg.* Drei Gründe gaben den Hauptausschlag für diesen Widerstand der Eritreer bis heute:

– Spätestens während der 60jährigen Kolonialzeit unter den Italienern und Briten entwickeln die Eritreer eine *eigene Identität* und ein *eigenes Nationalbewußtsein;*
– die *widerrechtliche Annektion* und der Entzug der von der UNO verbrieften Rechte;
– die *Repression* und die *gewaltsame Besetzung* des Landes durch die äthiopische Armee.

Während bis Anfang der 80er Jahre verschiedene eritreische Bewegungen gegen die äthiopische Zentralregierung kämpften, ist es mittlerweile praktisch nur noch eine: Die *Eritreische Volksbefreiungsfront*, nach ihrer englischen Bezeichnung abgekürzt EPLF genannt.[42] Die EPLF verfügt heute über schätzungsweise 40.000 gut ausgebildete Guerillakämpfer und hat etwa ein Gebiet von der Größe Bayerns – das ich wiederholt bereist habe – fest in ihrer Hand. Zu diesem Territorium besitzt die äthiopische Regierung schon seit Jahren *keinen* Zugang mehr. Sie kontrolliert die Städte und größeren Ortschaften, insbesondere die Hauptstadt Asmara und die Hafenstädte Massaua und Assab (über die die gesamte Nahrungsmittelhilfe verschifft wird) sowie die Hauptverkehrsstraßen der Region. In dem noch verbleibenden dritten Teil Eritreas sind die Machtverhältnisse wechselhaft. Zwar besitzen auch dort die Guerilla-Kämpfer der EPLF die faktische Kontrolle, ziehen sich aber zurück, wenn größere äthiopische Armeeverbände anrücken.

Obwohl die Regierungstruppen seit 1978 alles daransetzten, den eritreischen Widerstand auszuradieren – bei mehreren Großoffensiven waren Zehntausende von Soldaten im Einsatz –, ist ihnen dies bis heute nicht gelungen. Militärisch ist seit Jahren *ein Patt* eingetreten, und dies wird auf absehbare Zeit auch so bleiben. Zu diesem Patt kam es trotz der massiven Waffenhilfe der UdSSR an die äthiopische Zentralregierung (die künftig wohl nie mehr eine Waffenhilfe in solchem Umfang erhalten wird) und trotz der Tatsache, daß die Eritreer von außen *keine* nennenswerten Rüstungsgüter erhalten haben, sondern ihren Kampf aus *erbeuteten Waffen* und mit dem *totalen Einsatz* ihrer Guerillas bestreiten.

„Kämpfe mit der einen Hand und arbeite mit der anderen", lautet der oberste Wahlspruch der EPLF. Nichts in Afrika hat mich so erstaunt wie die vielfache Realisierung dieses Mottos. 2.000 km bin ich mit den EPLF-Guerillas unterwegs gewesen: Selbst durch die zerklüftete Gebirgswelt des nördlichen Eritrea haben sie zahlreiche Straßen gebaut, die in endlosen Serpentinen die Berghänge herauf und hinab klettern. Die EPLF kontrolliert weite Teile Eritreas nicht nur militärisch, sondern sie hat darin auch eigene Verwaltungs- und Regierungsstrukturen aufgebaut. So verfügt sie beispielsweise über ein Zentralkrankenhaus, in dem auch komplizierte medizinische Eingriffe wie Tumoroperationen und sogar Knochentransplantationen durchgeführt werden können. Mit einem Netz von Barfuß-Doktoren hat sie die Landregionen überzogen und kann auf diese Weise medizinischen Schutz bis ins letzte Nomadenzelt hineinbringen. Auch den Schulbetrieb und die Alphabetisierungskampagnen führt die EPLF in eigener Regie durch. In ihren Unterständen druckt sie eigene Schulbücher sowie andere Lehr- und Lernmaterialien. Die Guerilla-Kämpfer erpressen nichts von den Bauern, sondern erzeugen ihre Lebensmittel selbst oder erwerben sie durch Tauschgeschäfte; und wenn sie Sozialreformen durchführen, bemühen sie sich, die Bevölkerung von der Notwendigkeit der Veränderung schrittweise zu überzeugen.

Wieviele Opfer dieser Krieg auf beiden Seiten gefordert hat, weiß niemand. Mit Sicherheit sind es mehrere zehntausend, und dieses Sterben geht mit dem Krieg weiter. Einige hunderttausend Eritreer sind wegen der Kriegswirren ins Ausland geflüchtet, vornehmlich in den Sudan; mehr als zehntausend kamen als Asylsuchende in die Bundesrepublik.

Der lange Krieg, seine Leiden und Opfer, Repression und drei Jahrzehnte Besatzung, all dies hat einen *tiefen Graben des Hasses* geschaffen, ließ die schon in der Kolonialzeit entstandene Kluft zwischen Eritrea und Äthiopien unüberbrückbar werden. Ein Großteil der Eritreer, das habe ich in zahllosen Gesprächen erfahren, geht lieber in den Kampf und in den Tod, als unter einer äthiopischen Regierung zu leben.[43]

Die Eritreer kämpfen nicht allein gegen die äthiopische Zentralregierung, wenngleich ihr Kampf *historisch* und *völkerrechtlich* völlig *anders gelegen* ist als alle übrigen Konflikte Äthiopiens. An der Südflanke Eritreas entstand in den 70er Jahren ein bewaffneter Widerstand, der mittlerweile fast den Umfang und die

Graphik 6: Äthiopien – Operationszonen und Gebiete unter Kontrolle der Widerstandsbewegungen

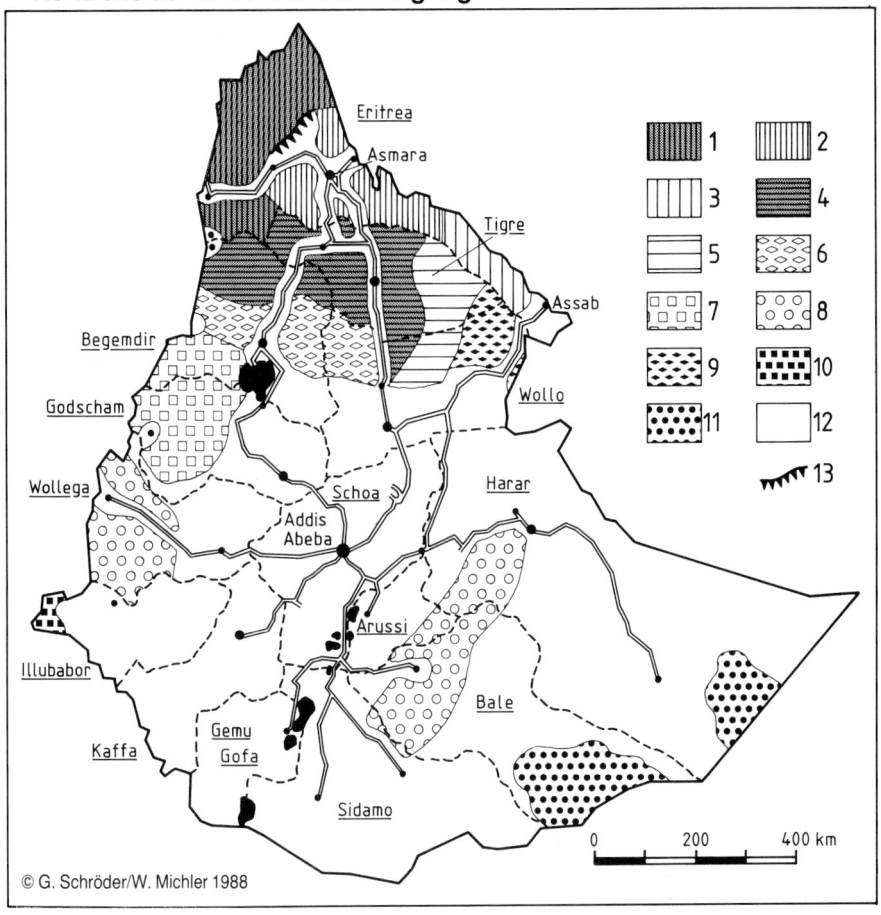

© G. Schröder/W. Michler 1988

1 Fest unter der Kontrolle der EPLF (Eritreische Volksbefreiungsfront)

2 Umkämpfte Gebiete, starke Präsenz und häufige Dominanz der EPLF

3 Infiltrationsgebiete der EPLF

4 Gebiete des historischen Tigray, unter faktischer Kontrolle der TPLF (Tigray Volksbefreiungsfront)

5 Infiltrationsgebiete der TPLF

6 Operationsgebiete der EPDM (Ethiopian People's Democratic Movement)

7 Operationsgebiete der EPRP (Ethiopian People's Revolutionary Party)

8 Operationsgebiete der OLF (Oromo Liberation Front)

9 Kampfgebiete der Afar-Guerilla (ALF-Ali Mirah)

10 Infiltrationsgebiete der Anuak (Gambela Liberation Front)

11 Hauptoperationsgebiet der west-somalischen Guerilla (WSLF, Ogaden Liberation Front und andere)

12 Zonen unter äthiopischer Kontrolle; Verbindungsstraßen zwischen den von der äthiopischen Zentralregierung gehaltenen Städten in Eritrea, Tigre, Wollo, Begemdir, Godscham und Wollega; häufig unterbrochen

13 Feste Frontlinie in Eritrea

Kaffa – Provinzname (alte Verwaltungseinteilung bis Herbst 1987)

175

Stärke des eritreischen erreicht hat. Träger dieses Kampfes ist die *Volksbefrei-ungsfront von Tigray (TPLF)*, die nicht den eigenen Staat, sondern mehr Autono-mie gegenüber Addis Abeba erstreiten will. Die heutigen Bewohner des histori-schen Fürstentums Tigray[44] (Provinz Tigre, Teile von Begemdir und Wollo) zählen schätzungsweise 5 Millionen. Wie die EPLF kontrolliert auch die TPLF weite Teile ihrer Heimat; auf dem Höhepunkt der Hungerkatastrophe 1984/85 sollen es sogar 85 % des Territoriums gewesen sein.

Nennenswerten Widerstand gegen die Zentralregierung leisten auch die Oromo, in der *Oromo Liberation Front (OLF)*.[45] Jedoch ist deren Stärke bedeutend geringer als diejenige der TPLF oder gar der EPLF. *Die Westsomalische Befreiungsfront* (WSLF) sowie die *Afar Liberation* und *Sidamo Liberation Front* spielen gegenwär-tig militärisch offensichtlich keine Rolle mehr. Über all diese Gruppen hinaus, die um mehr Autonomie für ihre Völker kämpfen, gibt es auch *politische Untergrundor-ganisationen*, die in den bewaffneten Widerstand gegangen sind, wie beispiels-weise die EPDM (Ethiopian People's Democratic Movement) und die EPRP (Ethiopian People's Revolutionary Party). Deren jeweilige Stärke ist schwer einzu-schätzen, es *könnten* bis zu einigen Tausend sein.[46]

Die vielen Gesichter der äthiopischen Revolution – der Grundkurs der Regierung und die künftige Entwicklung

Eines sind die Regierenden Äthiopiens nicht: korrupt, auf persönliche Bereiche-rung bedacht. Sie besitzen sicherlich die ehrliche Absicht, ihr Land mittels einer großen historischen Anstrengung vom Hunger zu befreien und aus der totalen Unterentwicklung herauszuführen. Die staatstragenden Kräfte und ihre Politik lassen sich wie folgt charakterisieren und bewerten:

1. Das Militärregime hat sich 1987, 13 Jahre nach seiner Machtübernahme, einen *zivilen Anstrich* gegeben: durch eine Einheitspartei (bereits 1984 gegr.), ein Parlament und eine gewählte Regierung. Aber dem neuen obersten Gremium der Macht, dem 11köpfigen Politbüro gehören sieben Mitglieder des DERG an, stammen aus jenem Militärrat, der seit dem Sturz des Kaisers regiert hat. Und Oberst Mengistu ist nach wie vor erster Mann im Staate.

2. Immer noch bestimmen die *Amharen* die Politik des Landes. Von den 11 Mitgliedern des Politbüros sind neun und von den 136 des Zentralkomitees der Partei sind 108 Amharen oder amharisierte Angehörige anderer Volks-gruppen.[47]

3. Die zwei Haupttriebfedern der staatstragenden Kräfte sind einerseits ein über-zogener *ehrgeiziger Nationalismus* und andererseits ihr eigener *Machterhalt um jeden Preis*. Beides veranlaßt sie, erstens stets die schnelle Lösung zu suchen und zweitens auf die autoritäre, notfalls gewaltsame Durchsetzung ihrer Entscheidungen zu setzen.

4. Weil die Regierung auf eine *zentralstaatlich verfügte Entwicklung von oben* eingeschworen ist, hat sie das Vertrauen der Bevölkerung nicht gewinnen

können. Damit fehlt ihr aber die entscheidende Basis, um eine langfristig tragfähige Entwicklung zu bewirken. Was die Mitbestimmung über ihr eigenes Schicksal angeht, so ist heute die Landbevölkerung kaum besser dran als zu Zeiten des Kaisers.

5. Die Regierenden haben die *politische Opposition ausradiert* (sogenannter Roter Terror; forderte wahrscheinlich mehr als 15.000 Todesopfer), und sie haben die Forderungen der größeren Völker ihres Landes nach mehr ‚nationaler Selbständigkeit‘ mit Waffengewalt zu ersticken versucht. Zwar bekennen sich auch die Machthaber *verbal* zu diesem Autonomieprinzip, aber sie wollen allein bestimmen, wie diese Autonomie auszusehen habe. Da sie generell in der Nationalitätenfrage die militärische Lösung suchen, mußten sie die Streitkräfte erheblich vergrößern (330.000 Mann inkl. Volksmiliz) und die finanziellen Aufwendungen für den Militärhaushalt enorm steigern.

6. Ihre Nationalitäten- und Siedlungspolitik hat die Probleme des Landes nicht gelöst, sondern ganz im Gegenteil eher verschärft und vergrößert. Damit ist zu erwarten, daß Äthiopien langfristig ein Krisenland bleiben wird.

7. Inwieweit die herrschenden Kräfte auf einen Sozialismus östlicher Prägung wirklich eingeschworen sind, läßt sich schwer beurteilen. Ich halte ihren spezifisch äthiopischen Nationalismus für den entscheidenderen Bestimmungsfaktor ihrer Politik.

Nachtrag: die wichtigsten Ereignisse von Oktober 1987 bis Mitte April 1988*

Erneut außergewöhnliche Notlage durch Trockenheit: Im November 1987 – der Herbst ist die Haupterntesaison Ostafrikas – häuften sich die Meldungen, in Äthiopien drohe wieder eine Hungerkatastrophe. Tatsächlich war zuvor in weiten Teilen des Nordens der Regen ausgeblieben. Ferner hatten offensichtlich große *Heuschreckenschwärme* in vielen Gebieten die kargen Felder gänzlich leer gefressen. Von beiden Naturkatastrophen am schlimmsten betroffen wurden *Eritrea* und *Tigre,* aber auch Teile der angrenzenden Provinzen hatten gravierende Ernteausfälle zu verzeichnen. Nach äthiopischen Regierungsangaben hatte die Trockenheit 9 der 14 Provinzen des Landes (alte Verwaltungseinteilung, siehe Graphik 1) heimgesucht. Ende 1987/Anfang 1988 bezifferte die FAO den Bedarf an Nahrungsmittelhilfe bis zur nächsten Ernte auf 1,3 Mio. t Getreide; sie ging damit um 250.000 t über die Bedarfsmeldung der äthiopischen Regierung hinaus. Nach unterschiedlichen Berichten sollen zwischen fünf und sieben Millionen Äthiopier auf Hilfe angewiesen sein. Vieles spricht dafür, daß diese Zahlen – ebenso wie bei früheren Katastrophen – überhöht sind. Da Äthiopien schon vor der erneuten Mißernte einige Hunderttausend Tonnen Getreide erhalten hatte, reichten diese Bestände, um die ersten Versorgungsengpässe abzudecken. Dadurch und wegen der vorhandenen Verteilungsstrukturen – sie bestehen seit der letzten Katastrophe von 1984/85 –, kam es nicht zu Massenlagern Halbverhungerter wie in der damaligen Zeit. Außerdem hatte diesmal die äthiopische Regierung von Anfang an mit allem Nachdruck auf die Notsituation aufmerksam gemacht. Mitte März 1988 sah es zunächst noch so aus, als ob die seit Monaten verstärkten Hilfsgüterlieferungen eine Hungerkatastrophe würden verhindern können. Doch dann trat eine völlig überraschende Wende ein.

Eskalation der kriegerischen Auseinandersetzungen: Bereits Ende 1987 hatte die Eritreische Volksbefreiungsfront EPLF ihren militärischen Kampf gegen die äthiopischen Regierungsstreitkräfte forciert. Mitte März kam es zur ersten größeren Entscheidungsschlacht um den strategisch wichtigen Ort Afabet. Am 19. März meldete die EPLF ihren größten Sieg in der 27jährigen Geschichte des Krieges, nachdem sie drei Divisionen und eine motorisierte Brigade der Äthiopier ‚aufgerieben' hatte. Unter dem Druck der EPLF oder auch aus strategischen Überlegungen räumte die äthiopische Armee zahlreiche weitere Garnisonsstädte, während sich gleichzeitig auch die Kampfhandlungen in Tigray erheblich verschärften. In der ersten Aprilwoche schließlich ordnete die äthiopische Regierung den Abzug der ausländischen Helfer aus den Kriegsgebieten des Nordens an. Schon in den Wochen zuvor war der Abtransport der Hilfsgüter aus den Hafenstädten – bedingt durch die Kampfhandlungen – ins Stocken geraten. Ferner wurden Hilfskonvois mehrfach von den Widerstandsbewegungen angegriffen und gänzlich niedergebrannt, weil sie auch militärische Güter transportiert haben sollen. **Mitte April sah die Situation so aus:** *Erstens* drohte in allen von der Dürre betroffenen Regionen eine Hungerkatastrophe schlimmsten Ausmaßes, und zwar nicht so sehr durch den Abzug der ausländischen Helfer, sondern vor allem durch die nahezu totale Blockade der Nahrungsmitteltransporte. *Zweitens* bahnte sich eine erneute Entscheidungsschlacht in Eritrea an, und zwar um Keren, die zweitgrößte Stadt dieses Territoriums. Diese Entwicklung bestätigt, wie notwendig eine internationale Vermittlung ist, um den Eritrea-Krieg und die anderen Konflikte Äthiopiens am Verhandlungstisch zu entscheiden. Eine solche Lösung war im April 1988 jedoch nach wie vor nicht in Sicht.

Umsiedlungen und Verdorfungen: Im November 1987 kündigte die äthiopische Regierung die Wiederaufnahme der Umsiedlungsmaßnahmen an. Jedoch nannte sie dieses Mal keine Plan-Zahlen, die innerhalb einer bestimmten Frist zu erfüllen seien. Bis März 1988 wurden schätzungsweise 6.000–7.000 Menschen umgesiedelt. Diese im Vergleich zu 1984/85 geringe Zahl kann als Beleg dafür gelten, daß die Regierung aus der damaligen Kritik gelernt hat. Gleichwohl ist es offensichtlich erneut in einigen Fällen zu brutaler Gewaltanwendung gekommen. So sollen im Februar 1988 20 Menschen von Soldaten erschossen worden sein, nachdem sie sich geweigert hatten, an einem Umsiedlungstransport teilzunehmen. Michael Priestley, UN-Koordinator für die Hungerhilfe in Äthiopien, reagierte sofort und forderte eine Aufklärung der Vorfälle.

Während die Umsiedlung – was ihren Umfang angeht – mit Zurückhaltung betrieben wird, ist bei dem ‚*Verdorfungsprogramm*' das Gegenteil der Fall: Im Dezember 1987 verkündete die Regierung, bis März (!) wolle sie weitere drei Millionen Menschen (!) in 3.310 neu anzulegenden Dörfern zusammenziehen.

---

* Die vorangegangenen Darlegungen berücksichtigen die Entwicklung bis September 1987.

Äthiopien: Zusammenfassung / Forderungen / Empfehlungen

Zusammenfassung

Hunger und Unterentwicklung in Äthiopien sind das Ergebnis komplexer und miteinander verzahnter historischer, politischer und ökologischer Entwicklungen; ‚Dürren' stellen also nicht die Ursache, sondern bestenfalls die Auslöser der immer wiederkehrenden Hungerkatastrophen in diesem Land dar. Die Hauptursachen lassen sich wie folgt zusammenfassen:

1. Die bis 1974 herrschenden Kräfte, Monarchie, Kirche und Adel, hinterließen in weiten Teilen des Landes eine mittelalterlich-feudale Agrarstruktur, deren produktionshemmende und jede Eigeninitiative blockierende Auswirkungen kurzfristig nicht abbaubar sind. Sie erfordern eine langfristige Umgestaltung der Gesellschaft.

2. Die kriegerischen Auseinandersetzungen zwischen der Zentralregierung und den Autonomiebewegungen ruinieren die Landwirtschaft und das Ökosystem, blockieren Entwicklung und verbrauchen erhebliche Ressourcen. Sie sind andererseits keine ‚Stammeskonflikte', sondern selbst Ergebnis jahrzehntelanger historisch-politischer Entwicklungen (Kolonialismus, Eroberungsfeldzüge der Amharen, Repression und fortgesetzte zentralstaatliche Bevormundung).

3. Ein wahrscheinlich bereits seit Jahrhunderten andauernder Erosionsprozeß ist gegenwärtig zu seinem Endpunkt gekommen, d.h. in weiten Teilen des nördl. Äthiopien sind die natürlichen Lebensgrundlagen zerstört.

4. Überhastete und mit Repression durchgeführte Entwicklungsmaßnahmen wie Umsiedlung und Verdorfung haben vielfach die Probleme vergrößert, anstatt sie zu lösen; sie bedeuten eine neue Entwicklungshypothek für das Land.

5. Die enormen Militärausgaben verbrauchen jene Gelder und Kräfte, die Äthiopien für seine Entwicklung benötigen würde.

6. Der Ost-West-Konflikt am Horn von Afrika veranlaßte die UdSSR, Äthiopien in unverantwortlicher Weise gegen Kredit aufzurüsten.[48] Äthiopien als ‚Bündnispartner des Ostblocks' erhält einerseits vom Westen nur geringfügige Entwicklungshilfe, andererseits verzichtet der Westen auf den ihm möglichen politischen Druck, um seinen Einfluß in und auf Äthiopien nicht ganz zu verlieren.

7. Die viel zu geringe Entwicklungshilfe von außen (‚Solidaritätspakt') wird Äthiopien das bleiben lassen, was es ist: das ärmste Land der Welt. Somit ist das Ausland für die künftigen Katastrophen mitverantwortlich.

Eritrea-Krieg

Der langjährige Krieg hat die Landwirtschaft ruiniert und mehr ökologische Schäden als die Erosion verursacht. Der Konflikt ist für keine der beiden Seiten mittelfristig militärisch zu gewinnen. Die EPLF hat wiederholt praktikable Verhandlungslösungen vorgeschlagen, beispielsweise ein *Referendum unter internationaler Aufsicht*. Derartige Angebote hat die äthiopische Regierung bis heute strikt abgelehnt, wie sie auch zu Verhandlungen überhaupt nicht bereit ist. Der Eritrea-Konflikt ist eindeutig *eine koloniale Frage*,[49] d.h. gemäß internationaler Rechtspraxis kommt den Eritreern das Recht auf Selbstbestimmung zu. Ohne einen *Vermittler* werden die Konfliktparteien nicht an den Verhandlungstisch finden. Wenn ,das Ausland' ernstlich an einer Beendigung von Hunger und Unterentwicklung interessiert ist, dann muß es sich im Eritrea-Krieg vermittelnd einschalten! Würde der Westen die äthiopische Regierung mit erheblichen Entwicklungshilfemitteln unterstützen, dann besäße er die Chance, Druck auf die äthiopische Regierung in Richtung einer Verhandlungslösung im Eritrea-Konflikt auszuüben, und er müßte diesen Druck auch einsetzen, um die äthiopische Regierung *und* die übrigen Autonomiebewegungen an den Verhandlungstisch zu bringen.

Der Westen vor der Bewährungsprobe

Die äthiopische Regierung ist nicht korrupt; sie ist an einer Entwicklung ihres Landes ernstlich interessiert, sie hat Strukturen aufgebaut, mit der sich Entwicklungsvorhaben auf breiter Front verwirklichen lassen. Andererseits spricht der Westen immer wieder von der Notwendigkeit, Entwicklungshilfe durch Koordination effizienter zu gestalten. Warum also nicht beides zusammenbringen? *Also:* ein verbindliches 10-Jahres-Angebot aller westlichen Geber an die äthiopische Regierung, ihr bei der Lösung der Entwicklungsprobleme ihres Landes beizustehen. *Keine Absichtserklärungen*, sondern *vertragliche Zusicherungen*, und zwar in solcher Höhe, daß die anstehenden Probleme, wenn die Eigenkräfte ebenfalls mobilisiert werden, tatsächlich lösbar sind. Dafür im Gegenzug, ebenfalls vertraglich festgelegt, mehr Freiwilligkeit, mehr Überzeugungsarbeit bei allen Reformen, Mitbestimmung der Bevölkerung und echte Verhandlungslösungen bei den Nationalitäten-Konflikten des Landes.

Wenn nicht noch weitere Millionen hungern und verhungern sollen, dann müssen solche *neuen Wege der Entwicklungszusammenarbeit* beschritten werden. Das erfordert *fundamentales Umdenken* und erhebliche Anstrengungen auf *beiden* Seiten. Das auf Wahlperioden begrenzte Planen westlicher Entwicklungshilfe-Politiker sowie ihre nationalen Eifersüchteleien und Engstirnigkeiten verhindern jedoch, daß Entwicklungshilfe wirklich koordiniert, als *Solidaritätspakt* und *Generationenvertrag* gestaltet wird. Das Leid der Massen, von dem alle reden und ach so erschüttert sind, kann aber nur so verkürzt werden. Wer sich über ein Heer von Hungernden aufregt und nur Mittel für ihre Rettung bereitstellt, aber nicht für die Vermeidung künftiger Katastrophen, verliert seine Glaubwürdigkeit.

Rückbesinnung auf die Humanität

Die Nichtregierungs-Organisationen, also die privaten Hilfswerke und Spendenorganisationen, haben als Institutionen der Humanität versagt. Zweifellos halfen sie auf wirksame Weise Abertausenden von hungernden Äthiopiern, aber sie haben zur staatlichen Gewalt, deren Zeugen sie wurden, geschwiegen. Sie müssen endlich begreifen, daß sie in erster Linie weder ihren Spendern noch irgendeiner Regierung verpflichtet sind, sondern ausschließlich der Humanität. Und wenn sie dieses Prinzip in wesentlichen Teilen zurückstellen, sind sie mit nichts zu entschuldigen. Welche Perversität, sich nur noch auf die Rettung von Menschenleben zu konzentrieren, aber gegenüber dem stumm zu bleiben, was die Zerstörung und weitere Bedrohung von Leben und Überleben bedeutet.

Literaturhinweise

1. Als *Standardwerk* für eine vertiefende Beschäftigung sehr zu empfehlen: Stefan Brüne, *Äthiopien – Unterentwicklung und radikale Militärherrschaft*, Zur Ambivalenz einer scheinheiligen Revolution, Institut für Afrika-Kunde Hamburg 1986; von dort direkt zu beziehen, Adresse: Neuer Jungfernstieg 21, 2000 Hamburg 36. Das Werk umfaßt 373 Seiten und enthält neben einer umfangreichen Bibliographie zahlreiche Dokumente.
2. Zum Eritrea-Konflikt: Volker Matthies, *Der Eritrea-Konflikt*, ein „vergessener" Krieg am Horn von Afrika, Institut für Afrikakunde Hamburg 1981.
3. *Kritischer Hinweis*: André Glucksmanns und Thierry Woltons Buch, *Politik des Schweigens*, Hintergründe der Hungerkatastrophe in Äthiopien, dva Stuttgart 1987, finde ich wenig hilfreich, insbesondere wenn man es als einzige Informationsquelle zur jüngsten Entwicklung benutzt. Zwar dokumentieren die Autoren vieles, was bisher einer breiteren Öffentlichkeit unbekannt geblieben ist, aber sie überziehen ihre Kritik insofern, daß sie der Regierung ausschließlich machtpolitische Motive unterstellen und in ihr nichts anderes als einen Lakaien Moskaus sowie eines doch recht primitiv verstandenen Weltkommunismus sehen.

Das sagenumwobene Timbuktu im 15. Jahrhundert

Kapitel 2
Sahel – von der einstigen Blüte zum geschädigten Naturraum

Der Sahel – rettendes Ufer am Rande der Wüste · Geschichte, die das Heute bestimmt: vom Goldland Gana zur kolonialen Rohstoffkammer · Sahel – Definition, Grunddaten und Basisinformationen · Problemkreis I: Natur – knappe Ressourcen und regelmäßige Dürren · Problemkreis II: Überstrapazierung der Natur und Verwüstung · Problemkreis III: Hunger – Ergebnis nicht funktionierender Verteilung und verfehlter Politik · Problemkreis IV: cash-crop-Anbau hemmt Eigenversorgung · Problemkreis V: Nahrungsmittelhilfe – ein weiterer Schritt in die Unterentwicklung · Wege aus der Krise

Der Sahel –
rettendes Ufer am Rande der Wüste

„As-sahil" ist der arabische Begriff für Ufer, Gestade, Küstenregion. Diejenigen, die aus dem Norden kommend die Sahara auf Tausende von Kilometern durchquert, ja besiegt hatten, mußten in der Tat die grünen Steppen an ihrem Südrand als rettendes Ufer erleben. Hier trafen sie auf Weidegründe für ihre Kamele – Schiffe der Wüste genannt –, auf geschäftige Stadtzentren, die durch den Handel zu großem Wohlstand gelangt waren. Dieser Rand der Wüste, der von der West- bis zur Ostküste, quer durch den afrikanischen Kontinent verlaufende ‚Sahel' bildet in vielfacher Hinsicht eine *komplexe Übergangszone. Ökologisch* ist er das Bindeglied zwischen der lebensfeindlichen Sahara und den tropischen Savannen im Süden, *ethnologisch* stellt er eine ‚Kontaktzone' zwischen den hellhäutigen arabo-berberischen Viehzüchtern und den seßhaften negriden Bauern dar, *kulturell* gesehen trifft hier die arabisch-islamische Welt auf die Glaubensvorstellung und Weltanschauung der schwarzafrikanischen Völker.[1]

Der Trans-Sahara-Handel brachte schon nach der Jahrtausendwende die Religion Mohammeds und mit ihr arabische Kultureinflüsse in die afrikanischen Reiche und Handelszentren am Südrand der Sahara. Bis heute ist der Islam[2] die wichtigste Religion im Sahel geblieben, was jedoch nicht heißt, daß dieses einigende Band ihres Glaubens die Unterschiede der vielen Völker im Sahel verwischt hätte. Sie besaßen und besitzen immer noch nicht nur sehr verschiedene Wirtschaftsformen

Graphik 1: Afrikanische Reiche im Sahel und Sudan
(8. bis 18. Jh.) sowie Trans-Sahara-Handelsrouten im Mittelalter

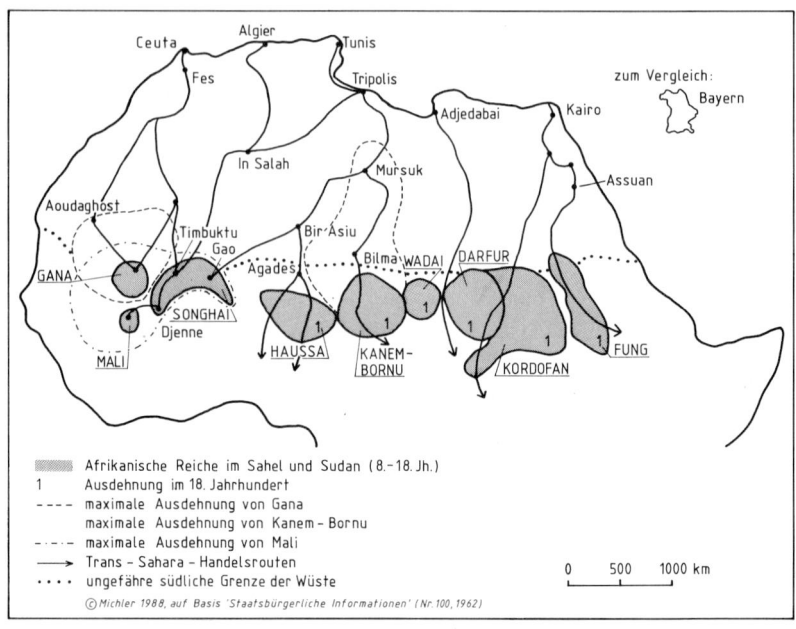

- Nomaden, Halbnomaden, Bauern, Händler und Kaufleute –, sondern ebenso unterschiedliche soziale Organisationsformen: egalitäre Gesellschaften, in Clans organisiert, ohne Tendenz zur überregionalen Verbandsbildung auf der einen Seite und auf der anderen hierarchisch-strukturierte Gruppen mit einem ausgeprägten Kastenwesen, einer Aristokratie sowie der Kraft und dem Drang zur Staatenbildung.

Nicht nur die ‚Unterwerfung unter den Willen Gottes', der Islam, ist vielen Völkern des Sahel gemeinsam, sondern auch ihr *Stolz* und ihre *Würde*. „Wer uns belehren will," sagte mir ein Tuareg-Nomade, „der muß zunächst einmal in der Lage sein, aus eigenen Kräften ohne moderne Technik in dieser Region zu überleben. Wenn er das geschafft hat, sind wir bereit, ihn als unseren Gesprächspartner zu akzeptieren." Und ein deutscher Arzt, der unter den Sahel-Nomaden gelebt hatte, erzählte mir, nichts habe ihn so fasziniert wie die Ruhe und Gelassenheit, die aus dem Innern kommende Würde dieser Menschen.

Von all dem, von der *vielfältigen Komplexität* und dem *kulturellen Reichtum* blieb nichts, als die westlichen Medien den Sahel zu ihrem Thema machten, erstmals Anfang der 70er Jahre, ein zweites Mal während der Dürreperiode 1983/85: Jetzt wurde die Region zum ‚Elendslager', zu einem Gebiet, das sich selbst zerstört hat, wo Hunderttausende in einem bleibenden Subventionsgebiet auf ihren unausweichlichen Hungertod warteten.

184

Geschichte, die das Heute bestimmt:
Vom Goldland Gana zur kolonialen Rohstoffkammer

Schon im siebten Jahrtausend v. Chr. war der ‚Sahel' von schwarzen Völkern besiedelt. Felszeichnungen belegen deren frühes Kulturschaffen, geben Zeugnis, daß die Menschen von der Jagd, der Fischerei und dem Ackerbau lebten. Sie bezeugen aber auch, daß das Klima in jener Zeit ein anderes als heute gewesen ist. Der Großraum erlebte damals eine mehrere Jahrtausende andauernde Feucht-phase; der Rand der Wüste lag im Vergleich zur Gegenwart drei- bis vierhundert Kilometer weiter nördlich. Diese Gunstperiode ging 3000 v. Chr. allmählich zu Ende: Die Menschen wichen nach Süden zurück, und in jener Region, die wir nun als Sahel bezeichnen, entstanden nach der Zeitenwende bis ins hohe Mittelalter hinein eine Fülle von Markt- und Handelszentren, blühende afrikanische Staatsge-bilde.

„Den reichsten König auf Erden" nannte der arabische Reiseschriftsteller Ibn Haukal (10. Jh.) den *Herrscher von Gana*, den obersten Gebieter des ersten afrikanischen Großreiches am Ufer der Wüste. Und rund ein Jahrhundert später, im Jahr 1068, berichtete der Araber Al Bakri, der König von Gana könne ein Heer von 200.000 Mann mit 40.000 Pfeilschützen mobilisieren: „Die Hauptstadt von Gana besteht aus zwei in einer Ebene liegenden Städten. Die eine ist bewohnt von Moslems. Sie ist groß und besitzt zwölf Moscheen; in einer von ihnen feiert man den Freitagsgottesdienst; alle Moscheen haben ihre Imame (Vorbeter) und ihre festangestellten Muezzins (Gebetsrufer). In der Stadt gibt es Rechtsgelehrte und andere gelehrte Leute. Trinkwasser bezieht man von Trinkwasserbrunnen, die außerhalb der Stadt liegen und um die herum man Gemüse pflanzt. Die zweite Stadt, die des Königs, ist sechs Meilen ... entfernt ... Die Häuser sind aus Stein und Akazienholz gebaut".[3]

Das Reich Gana lag am Endpunkt wichtiger Trans-Sahara-Routen, bildete den Knotenpunkt für den weiteren Handel mit ganz Westafrika. Die von jenseits der Wüste kommenden Produkte wie Salz, Kupfer, getrocknete Früchte, Glas, Perlen, Kaurimuscheln konnte das Land leicht bezahlen: Mit Sklaven und Elfenbein, vor allem aber mit Gold, das es in schier unvorstellbaren Mengen besessen haben muß. Sein Reichtum faszinierte die arabischen Schriftsteller so sehr, daß sie fast wie Trunkene nur noch vom Goldland Gana sprachen. Ein Urteil, das viele Historiker unserer Zeit in der ihnen eigenen Begrifflichkeit übernahmen: ‚Gana ist dem Reich der Karolinger und Ottonen durchaus ebenbürtig'![4]

Im 11. Jahrhundert erlischt die Blüte von Gana. Doch wenig später entstehen in der Region nacheinander zwei andere Reiche, nämlich *Mali* und *Songhai*. Beide stehen ihrem Vorgänger weder an Wohlstand noch an militärischer Kraft nach. Auf dem Höhepunkt seiner Macht beträgt Malis Nord-Süd-Ausdehnung 1000 Kilometer und seine maximale West-Ost-Erstreckung rund 1500 Kilometer. Sein Goldreich-tum übertrifft noch denjenigen von Gana und wurde in der gesamten arabischen Welt mit ehrfürchtigem Erstaunen gerühmt.[5]

Über die Landwirtschaft des Sahel schreibt Al Omari, wiederum ein arabischer Schriftsteller, im 14. Jahrhundert: „Die Bewohner trinken das Wasser des Nigers

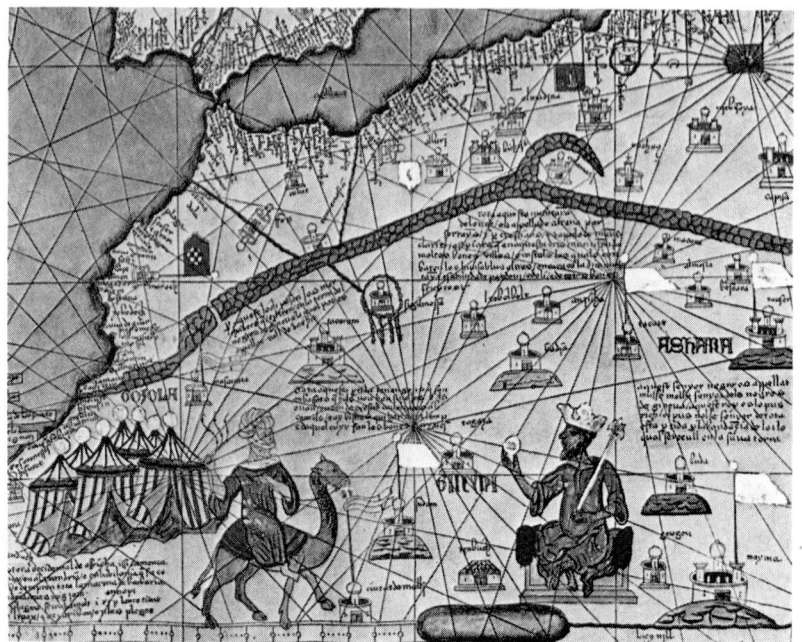

Den „Reichsten König Afrikas", Mansa Musa von Mali, zeigt eine katalanische Karte von 1375 mit einem riesigen Goldklumpen in der erhobenen Rechten.

und das der Brunnen, die sie gegraben haben. Diese Gegend ist mit einem grünen Pflanzenkleid bedeckt und gebirgig: Die Berge tragen wildwachsende Bäume, deren Äste sehr dicht ineinander wachsen und deren Stämme außerordentlich dick sind: Ein einziger Baum kann 500 Reiter unter seinem Schattendach beschützen. Ihre hauptsächlichsten Nahrungsmittel sind: Der Reis; der Funi (Hirseart) ... der Weizen, der selten ist; das Sorghum (Hirse), das als Nahrungsmittel für sie selbst und als Futter für ihre Pferde und ihre Lastentiere dient ... Man baut bei ihnen eine Pflanze an, die man Kafi nennt; das sind weiche Wurzeln, die man in die Erde eingräbt und darin läßt, bis sie hart geworden sind".[6]

Und nur wenige Jahre später berichtet der wohl berühmteste Augenzeuge dieser Zeit, Ibn Batuta: „Der Reisende braucht sich in diesen Gegenden weder mit Reiseproviant noch mit anderen Lebensmitteln noch mit Geldstücken zu beladen; er muß nur Steinsalzstücke, Schmuck und einige aromatische Substanzen mitnehmen ... Wenn der Reisende zu einem Dorf kommt, erscheinen die Negerinnen mit Hirse, saurer Milch, Hühnern, Mehl, Reis, Funi – der Senfkörnern gleicht und aus dem man Kuskus und eine dicke Suppe zubereitet – schließlich mit Mehl aus Bohnen. Der Reisende kann ihnen abkaufen, was er sich unter all diesen Sachen wünscht".[7] Hungersnöte oder gar ständige Unterernährung tauchen in den detaillierten Berichten der Araber aus jener Zeit nicht auf.[8]

Mit dem ausgehenden Mittelalter ging die Epoche der großen westafrikanischen Sahel-Reiche und auch die große Blüte der Staatsgebilde im mittleren (Kanem-Bornu) und im östlichen Sahel (z.B. Äthiopien) zu Ende. Ein Grund dafür war, daß der Trans-Sahara-Handel an Bedeutung verlor. Vom 17. Jahrhundert an setzten sich immer mehr Europäer (Portugiesen, Franzosen) an der afrikanischen Westküste fest: Die Marktstraßen führten nun statt durch die Wüste zum Meer hin.

Ende des 18. Jahrhunderts folgten den Handelsstationen die ersten europäischen Forschungsreisenden. Gordon Laing erreichte 1826 das sagenumwobene *Timbuktu*. Aber die wirklich bahnbrechenden Erkenntnisse lieferte erst einige Jahrzehnte später der Deutsche *Heinrich Barth*. Ganze fünf Bände benötigte er, um all das festzuhalten, was er auf seiner sechsjährigen Reise erlebt und festgestellt hatte.[9] Sein Wissen wurde im wörtlichen Sinne ‚bahnbrechend‘, ebnete es doch den Weg für den *kolonialen Wettlauf*, der nun zwischen Frankreich und England begann und den Paris wenige Jahre später für sich entscheiden konnte. Anfang des 20. Jahrhunderts beherrschte Frankreich ein Kolonialreich (Afrique Occidentale Française), das fünf Millionen qkm groß war und zu dem alle heutigen Sahel-Staaten außer dem Sudan und Äthiopien gehörten.

Freilich kontrollierten die Franzosen das Riesenterritorium (zunächst sieben, später acht Teilgebiete) erst, nachdem sie den jahrzehntelangen Widerstand der Einheimischen mit Gewalt gebrochen hatten, wobei sie u.a. das Reich des Samory in Westafrika und den Rabah-Staat am Tschadsee zerstörten. Im Kampf um den heutigen Sudan setzten sich die Engländer durch, die dort den Mahdi-Staat nach erbittertem Widerstand (11.000 Tote bei der Schlacht um Omdurman) vernichteten.

Danach begannen die Kolonialmächte mit der ‚*Inwertsetzung*‘ (mise en valeur) der eroberten Territorien. Vor allem Baumwolle, Erdnüsse und Erdnußprodukte sollte der Sahel von nun an nach Europa liefern. Da die Fremdherrscher gleichzeitig die Kopfsteuer einführten – mit diesen Geldern sollte die Kolonialverwaltung finanziert werden –, blieb den Einheimischen keine andere Wahl, als die von den Europäern gewünschten Produkte anzubauen, denn nur so konnten sie sich die zu zahlenden Zwangsgelder verdienen. Und so war wenig später die Hälfte der landwirtschaftlichen Fläche im Senegal für den Erdnußanbau reserviert.[10] Zwar war dies nicht im ganzen Sahel so, aber überall wurden in den fruchtbarsten Regionen große Gebiete für den Anbau von Exportprodukten genutzt.

Die Bauern, die die Kolonialmacht außerdem zu zahlreichen Zwangsarbeiten einzog, mußten den Anbau ihrer eigenen Nahrungsmittel vernachlässigen. Vor allem waren sie nicht mehr in der Lage, genügend Getreide in die traditionell vorhandenen Speicher zu füllen, um Dürrezeiten aus eigenen Kräften überbrücken zu können. Schon in der Kolonialzeit begann der *Import* von Nahrungsmitteln.[11]

Die existierenden Wirtschaftssysteme der Afrikaner wurden ferner durch die künstliche, in dieser Region vielfach *lineale* Grenzziehung der Kolonialherren schwer geschädigt; hiervon waren insbesondere die weiträumigen Lebens- und Wirtschaftskreisläufe der Nomaden betroffen. Das Sozial- und Machtgefüge begann sich zu verändern: Eine kleine Schicht der schwarzafrikanischen Völker im Süd-Sahel erhielt europäische Schul- und Universitätsausbildung, die von den ‚weißen‘ Völkern des Nordens (z.B. Mauren und Tuareg) konsequent abgelehnt wurde, weil

sie ihnen als kulturelle Entfremdung und Entwurzelung galt. Nach der Unabhängigkeit übernahmen die westlich gebildeten Eliten des schwarzen Südens die Macht,
kehrten die vorkolonialen Herrschaftsverhältnisse – Dominanz der islamischen
Nordvölker – um. Dies provozierte tiefe Spannungen und Zerwürfnisse, die im Falle
des Tschad ein Grund für die bis heute andauernden Konflikte in diesem Land sind.
Die übrigen kolonialen Eingriffe können hier nicht näher beschrieben werden; fest
steht, daß die verhängnisvolle Entwicklung im ökologisch komplizierten System
des Sahel *während* des Kolonialzeitalters begann, weshalb die Herren von einst zu
,Reparationsleistungen' verpflichtet sind.
Das afrikanische Jahr von 1960 brachte den *,wind of change'* auch in den Sahel:
Französisch-Westafrika, genauer die damals existierenden acht Teilgebiete wur-
den unabhängig, doch nur formell. Die französische *Assimilationspolitik* hatte tiefe
Spuren im Bewußtsein, Denken und Handeln der afrikanischen neuen Staatsbour-
geoisie hinterlassen, und außerdem blieb eine enge politische und wirtschaftliche
Anbindung an das ehemalige Mutterland erhalten:

- Frankreich behielt eigene Militärstützpunkte im Senegal, in der Elfenbeinküste,
  in Gabun und in der Zentralafrikanischen Republik; es konnte weiterhin als
  Ordnungsmacht in der Region bei Konflikten und Umstürzen seinen Interessen
  gemäß agieren. Ohne die Anwesenheit der französischen Truppen wäre die
  gegenwärtige Regierung des Tschads sicherlich nicht mehr an der Macht.
- Die Sahel-Staaten (außer Mauretanien, Sudan, Äthiopien) gehören auch heute
  noch der Franc-Zone an, bilden also mit Frankreich eine Währungsunion, in der
  Paris das Sagen hat.
- In den frankophonen Staaten Afrikas arbeiteten 1979 260.000 Franzosen in
  entscheidenden Positionen von Wirtschaft und Verwaltung (Größenordnung bis
  heute unverändert).
- Frankreich hat sich für die Sicherung seines Einflusses auch einen politisch
  formellen Rahmen geschaffen: die alljährlich stattfindenden französisch-afrikani-
  schen Gipfeltreffen. Von diesem *,Einfluß'* profitieren die herrschenden Eliten, ist
  doch Frankreichs Präsenz eine Art Machterhaltungsgarantie für sie.

Sahel: Definition, Grunddaten und Basisinformation

Den Sahel, jenes rettende Ufer am Südrand der Sahara, näher zu definieren, ist
gar nicht so einfach. Die Hungerberichterstattung der letzten Jahre hat meist den
gesamten Staatengürtel südlich der Sahara als Sahel-Zone bezeichnet und ihn in
Graphiken auch so dargestellt: *Dies ist eindeutig falsch!* Denn tatsächlich ist der
Sahel *wesentlich kleiner*: Im engeren Sinne ist er jener Streifen quer durch den
Kontinent, der an seiner nördlichen Grenze 200 mm Niederschlag erhält, während
er im Süden bei etwa 600 mm endet. Von zentraler Bedeutung ist, daß es sich
hierbei um längjährige Durchschnittswerte (30–50 Jahre) handelt, die die Variabilität (Abweichung vom Durchschnittswert) des Niederschlags unberücksichtigt lassen (Details dazu s.u.). Betrachtet man neben diesen klimatologischen Kriterien

Graphik 2: Die Sahelzone – Floristische, vegetationsgeographische und klimatische Grenzen

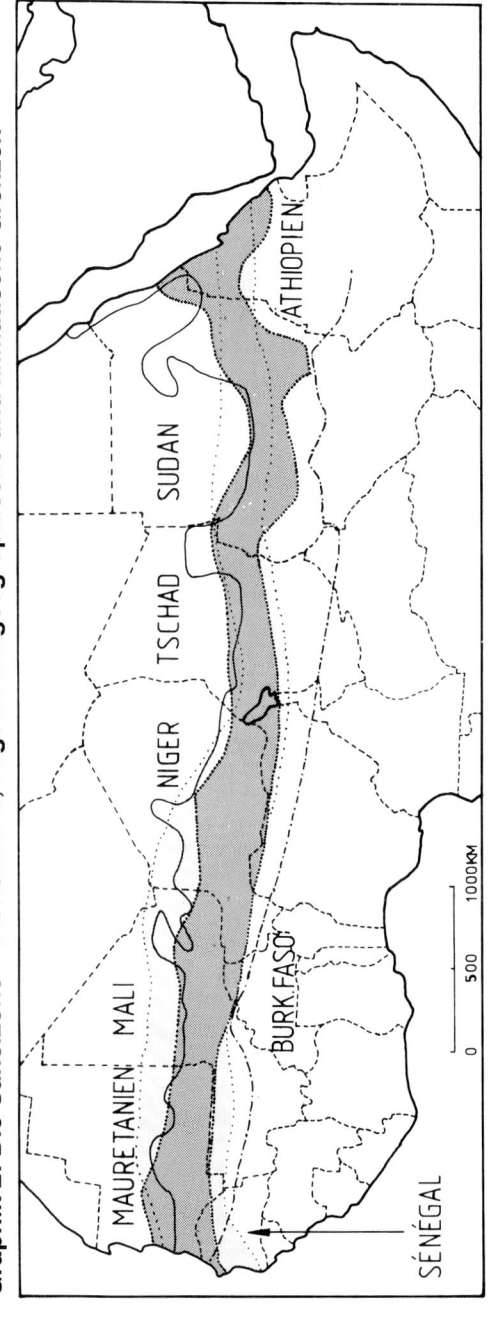

© Michler/Anhuf 1988, modifiziert nach Frankenberg und Tetzlaff, 1985

Nordgrenze der absoluten Dominanz sahelischer Pflanzenarten

Vegetationssüdgrenze des Sahel

200 mm Jahresniederschlag
600 mm Jahresniederschlag
(jeweils langjähriger Durchschnitt)

sahelischer Kernraum

Mittlere jährliche Niederschlagsschwankung: 40%
Mittlere jährliche Niederschlagsschwankung: 20%

die *Vegetation* der Region, dann ist festzuhalten, daß das für den Sahel typische Pflanzenkleid an einigen Stellen nach Norden sowie auf der gesamten Breite nach Süden über die angegebenen Niederschlagsgrenzen hinausragt. Zusammenfassend läßt sich am besten von einem Kernraum des Sahel (dieser liegt innerhalb der angegebenen Niederschlagsgrenzen) sprechen, der im Norden wie im Süden in Gebiete übergeht, die große Ähnlichkeiten mit den sich in beide Richtungen anschließenden Klima- und Vegetationszonen besitzen. *Also:* Der Übergang vom Sahel zur Wüste wie in die fruchtbaren Savannen ist ein allmählicher und fließender.

Der sahelische Kernraum erstreckt sich über eine Distanz von 5.500 km vom Senegal bis an die Rotmeerküste Äthiopiens; seine durchschnittliche Breite macht 420 km aus; damit beträgt seine Gesamtfläche schätzungsweise 2,32 Mio. km^2 und seine Einwohnerzahl 43,8 Mio. Menschen (Mitte 1988).[12]

Aus der nebenstehenden Tabelle ergibt sich:

1. In fünf der acht Staaten leben mehr bzw. wesentlich mehr als 50 % der Bevölkerung im *Sahel-Teil* ihres Landes. Im Niger ist es quasi die gesamte Bevölkerung.
2. Zwei der Staaten, nämlich Mauretanien und Niger, besitzen neben dem Sahel *keine* feuchteren Gebiete mehr, sondern nur noch Wüstenregionen. Sie müssen, wenn sie sich selbst versorgen wollen, ihre Nahrungsmittel also in der Sahel-Zone erzeugen. Zwei weitere Länder, Mali und Tschad verfügen neben ihren Sahel- und Wüstenteilen nur noch über relativ kleine Regionen mit klimatisch besseren Bedingungen; diese machen weniger als 10 % der Gesamtfläche aus, sind allerdings sehr fruchtbar. Insofern könnte man die vier Staaten, *Mauretanien*, *Niger*, *Tschad* und *Mali* als die ‚klassischen' Sahel-Staaten bezeichnen.

Bevölkerungsdichte der Sahelzone (1988):   19 E/qkm (BRD 244)

Religion
Der Islam ist dominierende Religion in allen Staaten außer in Äthiopien; Mauretanien und Sudan haben ihn zur *Staatsreligion* erklärt. Im Senegal und im Niger sowie in Mauretanien gehören über 95 % der Bevölkerung dem Islam an. Die afrikanischen Religionen haben in Burkina Faso und im Tschad mit einem Anteil von über 50 % große Bedeutung. Die Anhänger des Christentums zählen in keinem Staat außer in Äthiopien mehr als zehn Prozent.

Entwicklungsländerkategorien
Sieben der acht Sahel-Staaten gehören zur Gruppe der 39 am wenigsten entwickelten Länder der Welt (LLDC-Staaten); alle rangieren in der Kategorie der MSAC-Länder, jener Staaten, die von der Ölpreiserhöhung wirtschaftlich schwer getroffen und geschädigt worden sind.

Tabelle 1: Anteile der Flächen und der Bevölkerung der einzelnen Staaten in der Sahelzone

Staaten	Sahel-Anteil (km²)	% der Fläche des Landes	Wüstenanteile	Anteil an feuchten Regionen	Bevölkerung [4] in 1000	% der Bevölkerung des Landes
* Äthiopien[1]	180.000	14,7	(15,6)	69,7	4.500	9,4
* Burkina Faso[2]	113.467	41,4	–	58,6	2.920	40,0
* Mali	200.000	16,1	76,8	7,1	5.686	61,8
Mauretanien	80.000	7,8	92,2	–	1.142	54,9
* Niger[2]	552.000	43,6	56,4	–	6.559	97,6
Senegal	95.825	48,8	–	51,2	5.048	71,3
* Sudan	743.000	29,6	33,3	37,1	15.564	65,7
* Tschad[3]	358.000	27,9	63,9	8,2	2.408	43,7
Total	2.322.292				43.827	

* = LLDC

[4] = Bevölkerung des jeweiligen Landes im Sahelteil

Quellen: Statistisches Bundesamt, Länderberichte verschiedener Jahre [1985, [1] = 1982, [2] = 1986, [3] = 1984]

Beschäftigte: 75–85 % aller Erwerbstätigen sind i.d. Landwirtschaft (Ackerbau/ Viehzucht) tätig.

Hauptanbauprodukte

1. Millet oder Rohrkolbenhirse: Anbau bis 200 mm
extrem trockenresistent; an Naturbedingungen gut angepaßt; bildet gleichzeitig Grenze des Regenfeldanbaus;
Ertrag pro ha ca. 400–450 kg bei 500 mm Niederschlag

2. Sorghum-Hirsen: gute Anbaubedingungen ab 450 mm
einige Sorten ebenfalls trockenresistent, deshalb dem Maisanbau überlegen; wichtigstes Grundnahrungsmittel;
Ertrag pro ha ca. 440 kg bei 400 mm Niederschlag
Ertrag pro ha ca. 650 kg bei 600 mm Niederschlag

3. Erdnuß: meist ab 500 mm
bedarf hoher Temperaturen und bevorzugt leichte sandige Böden; hoher Eiweiß- und Fettgehalt; dient als Nahrungsmittel und wird exportiert;
Ertrag pro ha ca. 480 kg bei 400 mm Niederschlag

4. Baumwolle: ab 550 mm
sehr große Hitzeverträglichkeit; eigentlich eine mehrjährige Pflanze, vielfach jedoch nur einjährig gezogen; z.T. in Plantagenwirtschaft mit künstlicher Bewässerung angebaut;
Ertrag pro ha ca. 950 kg bei 1000 mm Niederschlag (Senegal)
Ertrag pro ha ca. 450 kg bei 600 mm Niederschlag (Sudan)

Landwirtschaftliche Exportprodukte

In erster Linie Baumwolle (ist bei vier Staaten das Hauptexportprodukt: Burkina Faso, Mali, Tschad, Sudan); an zweiter Stelle rangieren Erdnüsse und Erdnußprodukte (insbes. Senegal und Sudan) sowie Lebendvieh (Burkina Faso, Mali, Niger, Tschad); Kaffee ist Hauptexport Äthiopiens, wird jedoch nicht im Sahel-Teil dieses Landes angebaut.

Verschuldung

1. Die Gesamtverschuldung aller acht Staaten betrug Ende 1985 18,07 Mrd. $, allerdings *ohne* Schulden aus Rüstungseinkäufen.

2. Den Sudan und Niger nicht eingerechnet (keine Daten verfügbar) zahlten die übrigen sechs Länder 161 Mio. $ an *Zinsen* (1985), vornehmlich für Schulden aus Entwicklungshilfekrediten!

3. Der Sudan ist mit einer Gesamtsumme von 11 Mrd. $ *völlig überschuldet* (Ende 1986). Wäre das Land seinen Verpflichtungen nachgekommen, hätte es im Haushaltsjahr 1986/87 300 % seiner Exporterlöse für den Schuldendienst aufwenden müssen! Selbst die neu ausgezahlte Entwicklungshilfe hätte bei weitem nicht ausgereicht, die Schulden aus den früheren Krediten zu bezahlen.

4. Die Schuldendienstquote (Tilgung und Zinsen) lag 1985 bei durchschnittlich

20 % der Exporterlöse; bei Äthiopien waren es 31 % und bei Burkina Faso 54 % (max. 20 % werden für wirtschaftlich vertretbar erachtet, und zwar bezogen auf den Schuldendienst; nicht zu verwechseln mit der Gesamtverschuldung und deren Relation zu den Exporterlösen, siehe folgenden Punkt 5).

5. Wichtiger als die absolute Summe der Auslandsverschuldung ist ihr *Verhältnis zur Wirtschaftskraft* des jeweiligen Staates. Setzt man die Verschuldung in Beziehung zu den Einnahmen aus dem Export, so ergibt sich, daß alle Sahel-Staaten außer dem Tschad zu mehr als 250 % ihrer jährlichen Exporterlöse verschuldet sind. Bei Mali macht diese Rate 500 % und beim Sudan ca. 2700 % (!) aus. Nur 150 Prozent jedoch werden für wirtschaftlich verkraftbar und vertretbar gehalten! Somit sind **alle Sahel-Staaten** außer dem Tschad (dessen Rüstungsschulden allerdings unbekannt sind) **überschuldet**.

Außenhandel Sahel-Staaten

Importe 1985:	4,051 Mrd. $
Exporte 1985:	2,589 Mrd. $
Handelsbilanzdefizit 1985:	1,462 Mrd. $

Entwicklungshilfe

Ausgezahlte Entwicklungshilfe staatlicher und internationaler Geber 1985:	3,403 Mrd. $

Das waren bei vier Staaten zwischen 45 und 50 Dollar pro Kopf der Bevölkerung; am meisten erhielt Mauretanien mit 120,8 $ und am wenigsten Äthiopien, bei dem die Pro-Kopf-Rate 16,8 Dollar ausmachte.

Gesamte ausgezahlte Entwicklungshilfe (1979–85):	16,46 Mrd. $

Bei der Entwicklungshilfe ist zu berücksichtigen, daß ein Teil der Gelder *Kredite* sind.

Weitere Angaben, z.B. zum Pro-Kopf-Einkommen, zur Schul- und Gesundheitsversorgung siehe Teil 1, Kapitel 3 „Afrika – Basisinformationen über einen Kontinent".

Quellen: hauptsächlich nach: Weltentwicklungsbericht 1987; versch. länderbezogene Wirtschaftsdokumentationen der Bundesstelle für Außenhandlesinformation (bfai); D. Anhuf: Klima und Ernteertrag. Eine statistische Analyse an ausgewählten Beispielen nord- und südsaharischer Trockenräume, Bonn 1988.

Problemkreis I:
Natur – knappe Ressourcen und regelmäßige Dürren

Lange Trockenperiode – kurze, heftige Regenzeit

Die Niederschlagsmenge im nördlichen Sahel ist für seßhaften Ackerbau schon äußerst knapp bemessen. Hinzu kommt der scharfe Gegensatz zwischen der trockenen Periode des Jahres und der Regenzeit. Nur während 4–6 Monaten fällt überhaupt Niederschlag, aber lediglich in 2 bis 2½ Monaten ist es soviel, daß die

Menge für die Landwirtschaft genutzt werden kann. Die kurze Regenzeit ist in normalen Jahren allerdings ziemlich heftig: In 2½ Monaten erhält der Sahel soviel Niederschlag wie Neustadt a.d.W. während eines ganzen Jahres. Die kurze Regenzeit hat eine eminent wichtige Folge für die anbaubaren Kulturpflanzen, denn es kommen nur solche in Frage, die in einer Zeit zwischen 90 bis 110 Tagen zur Reife gelangen. Zwar sind mittlerweile extrem dürreresistente Hirsearten entwickelt worden, die sich schon mit einer Wachstumszeit von 45 Tagen begnügen, doch diese Sorten werden im Sahel noch nicht verwendet.[13]

Niederschlagsvariabilität – lebensentscheidender Faktor

An der Niederschlagsvariabilität hängt förmlich das Leben im Sahel. So beträgt im nördlichen Sahel-Bereich des Tschad die durchschnittliche Variabilität 40 % bei einem langjährigen Niederschlagsmittel von 200 mm. *Was heißt das?* Die Regenmenge schwankt in dieser Region von Jahr zu Jahr um durchschnittlich 40 %, und zwar nach oben wie nach unten. Dies bedeutet, daß mit großer Wahrscheinlichkeit in einem Jahr 280 mm Niederschlag fallen können, im nächsten Jahr jedoch nur noch 120 mm. Bei der zuletzt genannten Menge würde kein Getreide mehr wachsen und reifen können. Folge wäre ein totaler Ernteausfall.

Fazit: Ackerbau im Bereich von 200 mm mit einer Niederschlagsvariabilität von 40 % muß immer wieder zu Einbrüchen in der Selbstversorgung führen, es sei denn die Bauern würden entsprechende Vorratslager für mindestens sieben Jahre anlegen, was früher offensichtlich der Fall gewesen ist. In diesem Zusammenhang berichtet Stefan Brüne, daß es in Burkina Faso traditionell verboten war, Getreide zu verzehren, das noch nicht drei Jahre lang gelagert war.[14] In Graphik 2 ist der Verlauf der jährlichen Niederschlagsschwankung von 20 % (im Süden) und 40 % (im Norden) eingezeichnet.

Trocken- und Feuchtjahre – Verschiebung des Ackerbaus um 450 Kilometer

Die große Bedeutung der von Jahr zu Jahr möglichen Niederschlagsschwankung veranschaulicht Graphik 3; sie zeigt den Verlauf der sogenannten *Trockengrenze* in unterschiedlichen Jahren. Im Bereich der Trockengrenze ist die Verdunstungsmenge genauso hoch wie der Niederschlag, d.h. im Boden bleibt keine für den Ackerbau nutzbare Feuchtigkeit mehr zurück. Damit ist an der Trockengrenze und nördlich von ihr keine seßhafte Landwirtschaft möglich.
Die Karte zeigt die Situation im Aussaatmonat Juli, und zwar für ein normales Jahr (mittlere Linie), für ein feuchtes Jahr (obere Kurve) und für ein trockenes Jahr (untere Linie). Im Gunstjahr 1969 konnte man bis zur oberen Kurve hin anbauen, im Dürrejahr 1976 nur noch bis zur unteren Linie: *Zwischen beiden liegt eine Distanz von 450 km!*[15] Was die Karte für den Senegal zeigt, gilt in ähnlicher Weise auch für den übrigen Sahel; jedoch mit der Einschränkung, daß die Trockengrenze *nicht* im selben Jahr in allen Ländern um 450 km wandert.

Graphik 3: Niederschlagsschwankung und Verschiebung der Trockengrenze (≈ Ackerbaugrenze), dargestellt am Beispiel des Senegal

Trockengrenzen im Juli

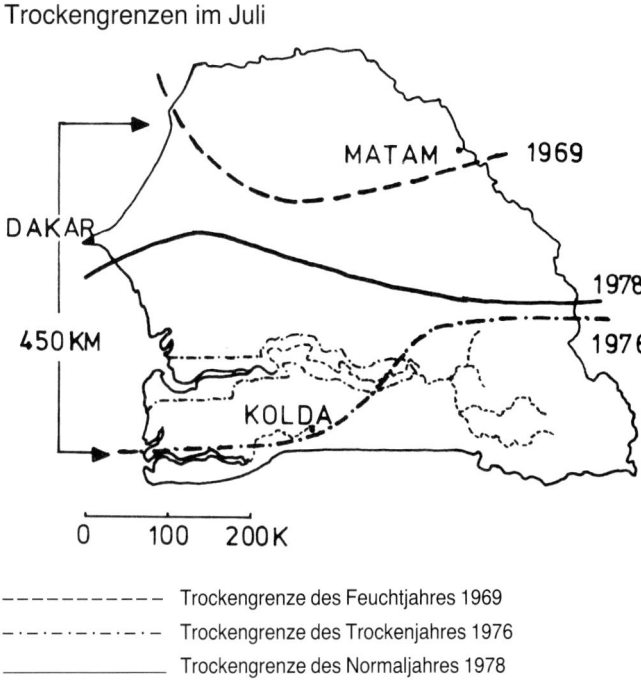

─ ─ ─ ─ ─ ─ ─ ─ ─ ─ Trockengrenze des Feuchtjahres 1969

─ ·─ ·─ ·─ ·─ ·─ · Trockengrenze des Trockenjahres 1976

───────────── Trockengrenze des Normaljahres 1978

© Michler/Anhuf 1988, verändert nach Frankenberg, 1985

Fazit: Will man das Risiko der in dieser Region üblicherweise zu erwartenden Trockenjahre mindern, dann empfiehlt es sich, nur dort seßhaften Ackerbau zu betreiben, wo die durchschnittliche Niederschlagsmenge – vermindert um die ebenfalls durchschnittliche Menge der Niederschlagsvariabilität – nicht unter 200 mm liegt. Dies heißt, daß man bei einer hohen Variabilität von 40 % den Ackerbau nicht in Niederschlagsregionen von unter 335 mm im langjährigen Durchschnitt ausdehnen darf. Übrigens bezeichnet man ein wesentliches Absinken des Niederschlags unter den langjährigen Durchschnittswert als eine *metereologische* Trockenheit.

Meist wichtiger als die Menge: Die Verteilung

Bedeutsam ist nicht nur die Menge an Niederschlag insgesamt, sondern vor allem ihre zeitliche Verteilung. Setzt die Regenzeit statt im Juli erst im August ein, endet aber wie üblich im September, dann mag zwar die Menge genügen, aber der Zeitraum ist für die Reifung des angebauten Getreides zu kurz. Die trockenresistenten Arten, die im Sahel angebaut werden, verkraften zwar einen gewissen Regenausfall innerhalb ihrer Wachstumsperioden, aber nicht eine Verkürzung der Niederschlagsperiode. Kommt der Regen zu einer falschen Zeit oder endet er zu früh, sprechen wir von einer *agronomischen* Trockenheit.

Was ist eine Dürre und was sind ihre Folgen?

Von ‚Trockenheit‘ sprechen wir, wenn in *einem* Jahr die durchschnittliche Niederschlags*menge* spürbar *unterschritten* wird. Ist dies über *mehrere* Jahre hin der Fall, handelt es sich um eine *Dürre*. In beiden Fällen (sogenannte *metereologische* Trockenheit, bzw. Dürre) verschiebt sich die Trockengrenze im Sahel – und damit der Bereich, wo Ackerbau möglich ist – nach Süden.
Die *Folgen* der trockenen, bzw. der dürren Jahre für die Landwirtschaft sind *nicht überall gleich*: Im nördlichen Sahel führen sie zu einem totalen Ernteausfall, während sie im mittleren Sahel, dort wo die durchschnittliche Niederschlagsmenge 500 mm beträgt, nur ein um 20–30 % geringeres Ernteergebnis zur Folge haben. Dagegen hat auch in dieser günstigeren Zone die *agronomische* Dürre, also die *falsche Verteilung* des Niederschlags, verheerende Folgen, nämlich einen Ernteausfall von 80–90 %.
Stellt sich noch die Frage nach der Häufigkeit der metereologischen Dürren. Die Meßdaten unseres Jahrhunderts zeigen, daß der Sahel mehrere größere Dürreperioden zu überstehen hatte, und zwar von 1910–1914, von 1940–1945 und von 1968–1984, wobei die letztere von einigen Normaljahren unterbrochen war.

Fazit: Dürreperioden sind nicht die Ausnahme, sondern ein integraler Bestandteil des Klimageschehens im Sahel.[16]

Nun haben die jahrzehntelangen Messungen aber noch ein anderes wichtiges Ergebnis erbracht, das von der Berichterstattung völlig unberücksichtigt blieb: Die Niederschlagsschwankungen, die an verschiedenen Meßstationen quer durch den Sahel festgestellt wurden, verlaufen nämlich – vereinfacht ausgedrückt – nicht parallel: Eine Region kann vom Niederschlagsrückgang betroffen sein, während in ihrer Nachbarregion die Regenmenge normal oder gar überdurchschnittlich sein kann.

Fazit: Eine Dürre zur gleichen Zeit und im gleichen Ausmaß kann es im gesamten Sahel praktisch nicht geben!

Dies jedenfalls ist das Ergebnis einer jahrzehntelangen wissenschaftlichen Beobachtung dieses Raumes. Das bedeutet konkret, daß beispielsweise der Tschad von einer Dürre betroffen sein kann, wohingegen die Bauern im entfernteren

Senegal eine normale oder gar überdurchschnittliche Ernte einfahren. Wenn also alle Sahel-Staaten eine Dürre vermelden, ist der Verdacht begründet, daß einige von ihnen die Notsituation der anderen ausnutzen, um kostenlose Nahrungsmittelhilfe zu erhalten.

Viele Beobachter haben von einer *Klimaveränderung* im Sahel gesprochen, eben weil sie nicht wußten oder die Tatsache nicht genügend berücksichtigten, daß Dürren zum Klima des Sahel gehören. Eine Klimaveränderung, das steht eindeutig fest, wird bis heute durch die wissenschaftlichen Beobachtungen *nicht* belegt.[17] Dazu reicht der Untersuchungszeitraum gar nicht, denn Klimaveränderungen sind ein langwieriger Prozeß und äußern sich nicht in plötzlich auftretenden Dürren.

Problemkreis II:
Überstrapazierung der Natur und Verwüstung

Der Sahel, das ist nicht nur der Hungergürtel par excellence unseres Erdballs, sondern hier schreitet wie nirgendwo sonst die Wüste voran, begräbt die Felder unter einem Mantel unaufhaltsam sich ausbreitender Sanddünen: So jedenfalls hat es uns die Berichterstattung, auch die seriöse, in unsere Köpfe hineingeschrieben. Nach Andreas Bänziger, dem ehemaligen Korrespondenten der Frankfurter Rundschau, hat die Ausbreitung der Wüste ein atemberaubendes *Tempo* angenommen, der ökologische Kollaps ist bereits Wirklichkeit geworden.[18] *Doch schreitet die Wüste wirklich auf breiter Front nach Süden, wie es unsere Medien suggerieren?* Zunächst eine genauere Beschreibung des Phänomens und dann zu seinen Ursachen.

Desertifikation und Dürreschäden – irreparable versus reparable Zerstörung der Natur

Desertifikation ist der wissenschaftliche Begriff, mit dem die Ausbreitung der Wüste beschrieben wird, und zwar diejenige, die der Mensch verursacht. Bei der Desertifikation handelt es sich um eine längerfristige oder um eine nicht mehr umkehrbare Schädigung, bzw. Zerstörung des natürlichen Potentials einer bestimmten Region. Daneben – aber nicht damit zu verwechseln – gibt es auch die durch eine Dürre ausgelöste ‚Verwüstung' oder besser: Das durch eine mehrjährige Trockenheit bedingte *wüstenähnliche Aussehen* eines bestimmten Gebietes.[19]

Der fundamentale Unterschied zwischen beiden besteht darin, daß sich im zweiten Fall (Verwüstung durch Dürre) die Natur aus *eigenen* Kräften wieder regenerieren kann, während sie bei der erfolgten Desertifikation dazu nicht mehr in der Lage ist. Nun ist für die Beobachtung von fataler Bedeutung, daß der bloße *Augenschein* auf Anhieb beide voneinander *nicht* unterscheiden kann! Besucht man also während einer Dürre einen bestimmten Landesteil, hat man – da kaum noch Vegetation vorhanden – den Eindruck, daß die Region der Wüste anheim gefallen ist. Im nächsten Jahr aber, wenn es geregnet hat, kann dieses Gebiet wieder grün sein und reichliche Ernten produzieren. Also vermag nur die mehrjährige Beobachtung, gekoppelt an Niederschlagsmessungen, zu entscheiden, ob ein bestimmtes Gebiet ökologisch zerstört, verwüstet ist.

Diese fundamentale Unterscheidung zwischen Desertifikations-geschädigter und bloß Dürre-geschädigter Natur haben viele Journalisten und selbst Experten in ihren Berichten außer acht gelassen, wodurch das Ausmaß der Desertifikation übertrieben wurde.

Diese Übertreibung war gefährlich, nicht so sehr, weil dadurch ein falsches Bild in unserer Öffentlichkeit entstand, sondern weil die afrikanischen Politiker nur noch die Übertreibung sahen und das wirkliche Ausmaß des Problems unterschätzten: ein Grund, warum die nötige Kurskorrektur unterblieb.

Gründe der Desertifikation : Bevölkerungszunahme, Ausdehnung des Ackerbaus und Überweidung

Die natürlichen Grundlagen im Sahel lassen einen Daueranbau ohne erheblichen Düngereinsatz nicht zu. Das berücksichtigten die Bauern der Region, indem sie die Felder nach einer Anbauperiode von vier bis fünf Jahren etwa ein Jahrzehnt lang brach liegen ließen, damit sich der Boden regenerieren konnte.

Die *Bevölkerungszunahme* führte dazu, daß die Brachezeiten, um das notwendige Mehr an Nahrungsmitteln zu erzeugen, verkürzt wurden. Diese Übernutzung des natürlichen Potentials führte zu immer geringeren Erträgen. Die Bauern reagierten ,logisch' und legten neue Felder an. Platz dafür war vielfach nur noch in den Nordregionen des Sahel. Diese aber sind für den seßhaften Ackerbau ungünstige Räume (geringe Niederschläge mit hoher Variabilität), ein Tatbestand, der zunächst durch eine relativ lange *Gunstperiode* von 1950 bis gegen Ende der 60er Jahre kaschiert wurde.[20]

Da die Bauern im kargen Norden viel Land unter den Pflug nehmen mußten, also den Boden seiner natürlichen Vegetationsdecke beraubten, und das Terrain oft nach kurzer Zeit wegen zu geringem Ertrag wieder aufgaben, setzte hier ein Prozeß der Erosion ein: *Wüstenartige Flickenteppiche bildeten sich*. Als die Feuchtphase Ende der 60er Jahre jäh zu Ende ging, konnten die Bauern im Norden des Sahel nur noch einen Bruchteil der benötigten Nahrungsmittel erzeugen. Wo keine Nahrungsmittelhilfe hinkam, begann der Hunger und danach die *Abwanderung* in die Städte.

Die Ausdehnung des Ackerbaus in die nördlichen Ungunstregionen des Sahel bedingte eine *Kettenreaktion*: die Abdrängung der Nomaden in ökologisch noch weniger tragfähige Regionen. Alle Forscher sind sich darin einig, daß die Weidewirtschaft der Sahel-Nomaden *erstens* ein äußerst kompliziertes System darstellt und daß sie *zweitens* ökologisch optimal an die Verhältnisse des Raumes angepaßt war. Einerseits sind die Nomaden von ihrer Tierhaltung her zu unterscheiden (Kamele, Rinder, Ziegen, Schafe), andererseits sind die Übergänge zwischen Nomaden, Halbnomaden und Seßhaften meist sehr fließend. In der Regel besitzen die Nomaden ein Heimatgebiet, von dem aus sie während der Trockenzeit nach

Graphik 4: Entwicklung der Bevölkerung und des Viehbestandes im Sahel, dargestellt am Beispiel des Sudan von 1917–1986

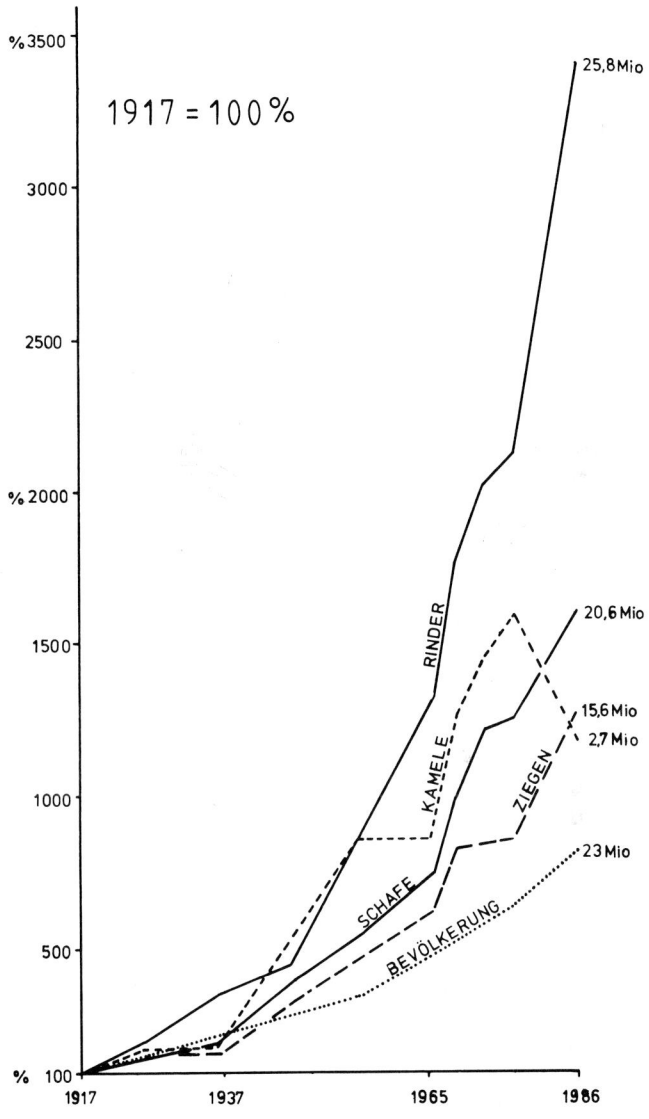

© Michler/Anhuf 1988, verändert nach Mensching & Ibrahim 1978

Süden und in der Regenzeit oder danach in Richtung Norden wandern. Dieser Nord-Süd-Wanderungsraum mißt oft etliche hundert Kilometer, wobei die Kamelnomaden die längsten Routen zurücklegen und monatelang am wirklichen Rand der Wüste überleben können. Traditionell waren die Wanderwege und Wasserstellen der einzelnen Clans (mehrere Großfamilien) genau definiert und vertraglich geregelt.[21]

Die Abdrängung vieler Nomadengruppen in ungünstige Räume hat ihre Lebensgrundlage zerstört, weil die spärlichen Weidegründe immer wieder total abgefressen wurden und sich dann schließlich aus eigener Kraft nicht mehr regenerieren konnten. Diese Desertifikation wurde auch dadurch begünstigt und beschleunigt, daß erstens die Zahl der Nomaden durch das Bevölkerungswachstum größer geworden war und zweitens auch diejenige ihrer Herden (siehe hierzu die Graphik 4). Die Abdrängung dieser in doppelter Hinsicht gewachsenen Gruppen mußte die ökologisch labilen Zonen im äußersten Sahel-Norden zerstören.

Somit waren auch viele Nomaden gezwungen, ihre traditionelle Existenz aufzugeben und in die Städte abzuwandern, wo sie auf Kosten von Verwandten lebten oder auf Nahrungsmittelhilfe angewiesen blieben. Einige Städte explodierten förmlich; so beispielsweise Niamey, die Hauptstadt des Niger: Sie wuchs innerhalb von nur vier Jahren um 450 Prozent (weitere Angaben zum Städtewachstum siehe Tabelle 2).

Diejenigen Nomaden, die in die Städte drängten, bildeten gewissermaßen nur die Spitze des Eisberges: Als die lange Feuchtperiode Anfang der 70er Jahre endgültig zu Ende war, mußten die Nomaden ihre Weidegründe weiter südwärts verlagern, in die relativ dicht besiedelten Gebiete der seßhaften Ackerbauern, was einerseits zahlreiche Konflikte produzierte und andererseits die ökologische Belastung auch dieser Regionen erheblich verschärfte. Konsequenz: weitere lokale Desertifikations-Inseln![22]

Holzverbrauch und Brunnenbau – weitere Faktoren der Verwüstung

Mit der Bevölkerung wuchs, wie konnte es anders sein, auch der Holzverbrauch. Das meiste Holz wird *nicht* zum Kochen (ca. 25 %), sondern zum Einzäunen des Wohnbereiches, der Ackerflächen und der Viehgehege benötigt, für letzteres fast 75 Prozent! *Als wichtigstes Ergebnis ist festzuhalten*: Noch vor 20 Jahren war die Natur in der Lage, die Holzentnahme auszugleichen, heute vermag sie dies nicht mehr.[23]

Da also die Abholzung größer ist als der Nachwuchs, entfällt in vielen Regionen die Schutzfunktion des natürlichen Bewuchses für den Boden: eine weitere Ursache für die sich ausbreitende Desertifikation.

Auch viele Brunnen, als Hilfe gedacht, wurden langfristig zum Verhängnis: Gemeint sind insbesondere jene Pumpstationen, die in solchen Gebieten angelegt wurden, die früher nur während besonders feuchter Jahre nutzbar waren. Dies führte in den normalen und trockenen Jahren zu einer totalen Überweidung im Umkreis der Wasserstationen. *Ergebnis*: Neue Wüstenflecken bildeten sich.

Tabelle 2: Entwicklungs- und Wachstumsraten ausgewählter Städte der Sahelzone

Land	Städte	1000 Einwohner						Zuwachs in % über den gen. Zeitraum	Prozentanteil der städt. Bevölkerung an der Gesamtbevölkerung
		1974	1975	1976	1977	1978	1985		
Äthiopien	Addis Abeba	1.046	1.121	1.047	1.105	1.125	ca. 1.500	43 %	15 %
	Asmara	286	302	329	353	374	–	31 %	
Burkina Faso		1970	1975	1979	1980	1983			7,9 %
	Wagadugu	110	169	236	248	300		173 %	
	Bobo-Dioul.	78	113	140	149	150		92 %	
Mali		1970	1971	1972	1976	1980			17,6 %
	Bamako	197	216	337	404	600		205 %	
	Mopti	35	39	43	54	63		80 %	
Mauretanien		1972	1974	1975	1976	1982			24,0 %
	Nuakschott	55	80	103	135	150		173 %	
Niger		1970	1977	1980	1983				16,2 %
	Niamey	72	225	300	399			454 %	
	Sinder	38	58	70	83			118 %	
Senegal		1970	1976	1977	1978	1979			34,3 %
	Dakar	581	790	855	915	979		69 %	
	Thies	90	117	120	123	127		41 %	
Sudan		1970	1971	1973	1983				20,2 %
	Khartum	256	280	334	557			118 %	
	Omdurman	252	273	299	613			143 %	
	Port Sudan	110	116	133	204			86 %	
Tschad		1972	1976	1979					18,4 %
	N'Djamena	179	242	303				69 %	

Quelle: Eigene Berechnung nach Länderberichten des Statistischen Bundesamtes Wiesbaden

Anmerkung: Angaben für 80er Jahre waren im benutzten Quellenmaterial nicht vorhanden; die Bevölkerung hat seitdem jedoch in allen Städten weiter zugenommen. Folglich sind die Zuwächse in Prozent 1974–1988 noch wesentlich größer als in zweitletzter Spalte ausgewiesen

Zusammenfassend läßt sich zum Problem der Desertifikation im Sahel folgendes sagen:

1. Durch Desertifikation oder durch eine mehrjährige Dürre bedingtes wüstenhaftes Aussehen eines Gebietes sind zwei unterschiedliche Sachverhalte. Die Dürreschäden kann die Natur aus eigener Kraft reparieren, während die Desertifikation eine längerfristige Zerstörung darstellt, die nur mit erheblichem Aufwand wieder rückgängig gemacht werden kann. Durch den bloßen Augenschein sind die beiden unterschiedlichen Formen der Verwüstung auf Anhieb voneinander nicht zu unterscheiden, was zur Vorsicht bei der Beurteilung des ökologischen Zustandes einer Region mahnen muß.

2. Desertifikation als ein *Voranschreiten* der Wüste auf breiter Front von Norden in Richtung Süden gibt es nur an einigen wenigen Stellen im Sahel. Das eigentliche Problem der Desertifikation liegt darin, daß durch das unangepaßte Verhalten des Menschen an die empfindliche Natur viele *Wüsten-Flecken innerhalb des Sahel* entstanden sind.

3. Es gibt *keine* verläßlichen Untersuchungen, die eine Aussage über den gesamten Umfang der Desertifikation im Sahel zuließen. Seriöse *Schätzungen* beziffern den jährlichen Flächenverlust auf ca. 20.000 qkm. Das wäre innerhalb von 12 Jahren ein Gebiet von der Größe der Bundesrepublik.[24]

4. Das *Horrorgespenst* vom Voranschreiten der Wüste auf einer Front von 6.000 km, jährliche Flächenverluste von der Größe der Bundesrepublik – wie sie immer wieder in unseren Medien behauptet werden – sind unverantwortlich, weil sie das Problem als unlösbar erscheinen lassen. Demgegenüber zeigt die Differenzierung eine Desertifikation, die der Mensch – die ansässige Bevölkerung, die Sahel-Politiker wie auch die internationale Hilfe – zu stoppen in der Lage ist.

Problemkreis III:
Hunger – Ergebnis nicht funktionierender Verteilung und verfehlter Politik

Der indische Wirtschaftswissenschaftler Armartya Sen behauptet, die Sahel-Staaten – außer Mauretanien – würden selbst in Dürrejahren genügend Nahrungsmittel produzieren, um ihre Bevölkerung ausreichend ernähren zu können.[25] Und mein Kollege Gerd Meuer, der seit etlichen Jahren über Afrika berichtet, meldete schon Ende 1985, im Jahr des Afrikatages, daß die Bauern überall im Sahel gute Ernten einfahren würden, obwohl die Zeitungen in Europa nach wie vor von Defiziten in Millionen Tonnen Höhe sprächen.[26] Zwei Jahre später, im Sommer 1987, beliefen sich die von den Sahel-Staaten produzierten Überschüsse auf 1,578 Mio. t Getreide (Tabelle 3). Stellt sich also die Frage, wie ernsthaft die Versorgungskrise in der Region wirklich ist und ob der Sahel, wie Andreas Bänzinger behauptet, ein Fall für Subventionen ist.

Tabelle 3: Die Versorgungslage in den Sahelstaaten
Eigenproduktion und Getreideimporte (1979–87, Stand Okt. 87)

	79-81 (1000t) (1)	1983 (1000t)	1984 (1000t)	1985 (1000t)	1986 (1000t)	Vorhand. Überschuß 1987 (1000t)	Importbedarf 86/87 o. 87 insges. (1000t) (2)	angeforderte Nahrungsmittelhilfe (1000t)	Zusagen 1987 (1000t)
1) Burkina Faso									
Produktion	1.166	1.106	1.093	1.580	1.910	120	90	--	32
Import	48*	82	118	113	110				
2) Tschad									
Produktion	539	462	315	690	754	30	47	37	43
Import	14*	50	75	133	56				
3) Äthiopien									
Produktion	5.796	5.527	4.115	5.220	6.130	--	765	565	556
Import	208*	345	511	1.515	1.189				
4) Mali									
Produktion	1.086	1.142	1.013	1.366	1.782	130	80	20	51
Import	87*	177	380	280	179				
5) Mauretanien									
Produktion	57	39	34	49	120	--	155	75	82
Import	167*	285	257	240	190				
6) Niger									
Produktion	1.703	1.748	1.090	1.856	1.823	50	25	15	33
Import	141*	70	53	247	97				
7) Senegal									
Produktion	767	523	710	1.248	913	25	425	90	123
Import	459*	544	662	510	522				
8) Sudan									
Produktion	3.073	2.312	1.446	4.954	3.756	1.223	530	465	629
Import	295*	452	524	1.082	704				
Summe Eigenproduktion in Mio/t	14,187	12,859	9,816	16,963	17,188	1,578 (Überschuß)			
Summe Importe in Mio/t	1,419*	2,005	2,580	4,120	3,047		2,117 (Bedarf)		1,549 (Zusagen)
Gesamtmenge Getreide im jew. Jahr in Mio/t	15,606	12,864	12,396	21,083	20,235				
damit max. zu ernähren Mio.Mensch.	85,833	70,752	68,178	115,957	111,293	8,679			8,519
tatsächliche Bevölkerung	87,475 (1980)	96,144	99,221	102,396	105,673				

[1] = Durchschnittswerte für den Dreijahreszeitraum 1979–81

[2] = 1986/87 bedeutet Wirtschaftjahr 1986/87 also 12 Monate; (in den meisten Sahel-Staaten von November bis Oktober)

* = Importe für das Jahr 1981

Quellen: Eigene Berechnung nach FAO Trade Yearbook 1982 und 85 sowie FAO Production Yearbook 1985; FAO, Food Supply Situation and Crop Prospects in Sub-Saharan Africa, special report, Okt. 1987

Normaljahre: Der Sahel keine Hungerregion

Die Tabelle 3 zeigt die Eigenproduktion an Getreide. Sie belief sich in allen Staaten auf 14,187 Mio. Tonnen, und zwar ist dies der Durchschnittswert für die Jahre 1979–81, in denen normale Niederschlagsbedingungen herrschten. Die Bauern pflanzen aber nicht nur Getreide, sondern auch Hülsen- sowie Knollen- und Wurzelfrüchte (Jams, Kassava), die ebenfalls zu den Grundnahrungsmitteln der Region gehören. Die Menge dieser zuletzt genannten Anbauprodukte belief sich auf durchschnittlich 4,32 Mio. Tonnen. Mit dem Getreide standen also insgesamt 18,51 Mio. Tonnen an Grundnahrungsmitteln der Bevölkerung zur Verfügung; das waren bei einer Gesamtzahl von damals 87,48 Mio. Menschen rund 211 kg pro Kopf. Schon diese Menge hätte zur Ernährung ausgereicht. Aber die Menschen der Sahel-Region verfügen ja noch über andere Produkte wie beispielsweise Gemüse, Kartoffeln, Zucker, Fleisch und Milch.

Selbst wenn man einen sehr hohen Ernteverlust von 30 % annimmt, konnten sich die Sahel-Staaten in den drei Jahren 1979–81 immer noch selbst versorgen. Ein ähnliches, geringfügig noch besseres Bild ergibt sich für die Jahre 1985 und 1986. Hier standen bei den drei o.g. Gruppen (Getreide, Hülsenfrüchte, Wurzel- und Knollenfrüchte) trotz der gestiegenen Bevölkerungszahl 222 kg pro Kopf zur Verfügung.

Fazit: In normalen Jahren können sich die Sahel-Staaten ohne Nahrungsmittelimporte selbst ernähren. Wenn es dennoch zu Versorgungsengpässen kommt, dann sind diese regional begrenzt und in erster Linie das Ergebnis einer nicht funktionierenden Verteilung.

Traditioneller Getreidespeicher im Sahel

204

„Jahrhundertdürre 1983/84": Nur ein Teil des Sahel war betroffen

Betrachtet man die Dürrejahre 1983 und 1984, so ist festzustellen (siehe Tabelle 3), daß im ersten Jahr Burkina Faso, Äthiopien, Mali und der Niger *keine* Einbrüche in der Produktion verzeichneten, und im darauffolgenden Jahr 1984 immerhin noch zwei Länder, nämlich Burkina Faso und Mali, normale Ernteergebnisse erzielen konnten! Trotzdem standen auch diese Staaten auf der FAO-Liste jener Länder, die von einer außergewöhnlichen Notlage getroffen waren, und sie erhielten infolgedessen erhebliche Nahrungsmittelhilfe. Eine weitere Konsequenz bestand darin, daß während besagter Jahre unsere Medien den *ganzen* Sahel undifferenziert zur Dürreregion werden ließen, in der angeblich alle Bewohner auf Nahrungsmittelhilfe angewiesen waren.

Die *Statistik* dieser Jahre belegt somit die oben aufgrund metereologischer Meßdaten getroffene Aussage, daß eine Dürre praktisch niemals den gesamten Sahel betreffen kann. Wie notwendig der Nahrungsmittelimport der Sahel-Staaten während der Dürrejahre wirklich gewesen ist, läßt sich nur schwer beurteilen. Denn einerseits funktioniert die traditionelle Vorratshaltung der Bauern nicht mehr so wie früher, aber sie ist andererseits auch nicht völlig zusammengebrochen. Wie hoch die eingelagerten Mengen in den Millionen Kleinspeichern der Bauern gewesen sind, weiß niemand. Nicht jede Bauernfamilie – mindestens das läßt sich behaupten – muß bei einer Dürre durch Nahrungsmittelhilfe ernährt werden. Im Vergleich zu dem Durchschnitt der Normaljahre 1979-81 sank die Eigenproduktion an Getreide im Dürrejahr 1984 in den Sahel-Staaten um 30 Prozent.

Niger: Ein ‚Wüstenstaat', der sich selbst ernährt

Will man das Potential der Selbstversorgung im Sahel beurteilen, dann ist hierfür die Situation und Entwicklung im Niger besonders aufschlußreich, gerade weil dieser Staat neben seinem Sahel-Teil nur noch über Wüstengebiete und über keinerlei feuchtere Regionen verfügt. Die Graphik 5 zeigt die Getreideproduktion im Niger während der Jahre 1979-86, die damit potentiell zu ernährende Bevölkerung und die tatsächliche Bevölkerungszahl.

Ergebnis: Während im Krisenjahr 1984 das selbstangebaute Getreide gerade ausreichte, die vorhandene Bevölkerung zu ernähren, wurde in allen übrigen Jahren wesentlich mehr produziert, *als statistisch gesehen* die Bevölkerung benötigte (alle Berechnungen beruhen auf der FAO-Formel: 180 kg Getreide pro Mensch pro Jahr; Details siehe Teil 1, Kapitel 2). *Von dem erzeugten „Überschuß" hätten jährlich drei bis vier Millionen Menschen satt werden können!* Da erstens noch andere Lebensmittel erzeugt wurden, da zweitens die Erntestatistik des Niger relativ verläßlich ist und da drittens zahlreiche Landeskenner die Zahlenangaben durch Anschauung bestätigt fanden, kann mit Sicherheit und zu Recht behauptet werden, daß der Niger sich in normalen und in Dürre-Jahren selbst versorgen kann.

Tatsächlich hat das Land unter der Militärregierung von Seyni Kountché (gest. Nov. 1987) eine vorbildliche Landwirtschaftspolitik betrieben:

Graphik 5: Versorgungslage im Niger – Eigenproduktion, Ernährungspotential und tatsächliche Bevölkerung

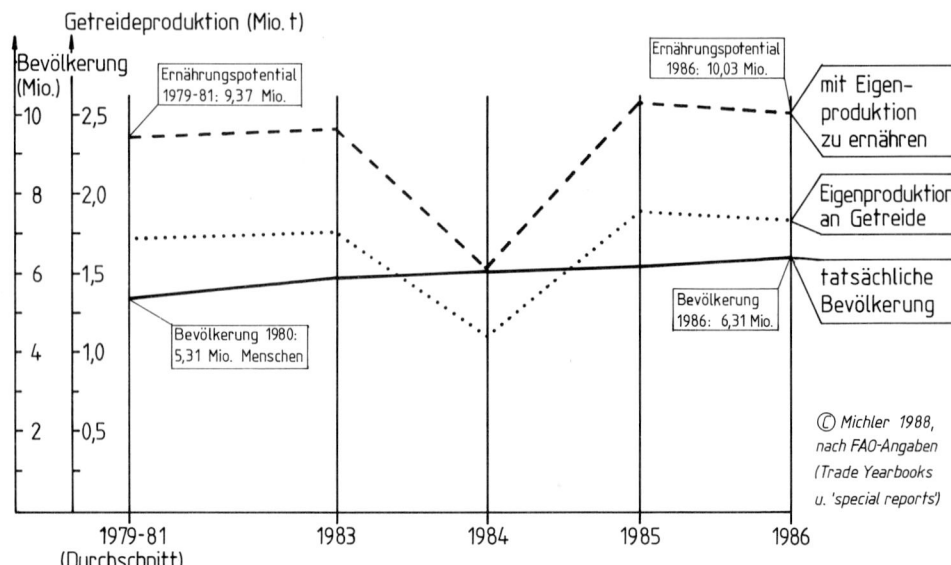

- Erhöhung der Ankaufpreise für Getreide auf ein Niveau, das die Marktproduktion für die Bauern wirklich lohnend machte.
- Einführung eines *gemischten* Marktes (staatlich und privat); Intervention der staatlichen Getreidelager bei Überproduktion (Kauf) und bei Versorgungsengpässen (Verkauf), so daß die Preise innerhalb einer gesunden Schwankungsbreite stabil blieben.
- Nutzung des traditionellen Händler- und Transportsystems für die Verteilung.
- Beschränkung des für den Export bestimmten Erdnußanbaus; Nutzung der ehemaligen Exportkultur-Flächen für den Anbau von Grundnahrungsmitteln; letzteres war möglich, da der Niger über Uran verfügt und es zu guten Preisen auf dem Weltmarkt verkaufen konnte. Er war also, um sich seine notwendigen Devisen zu verdienen, nicht auf den Erdnußexport oder generell auf die Ausfuhr landwirtschaftlicher Produkte angewiesen. Durch den Rückgang des Welturanbedarfs (etwa seit 1981) ist diese Politik gefährdet, und der Niger muß möglichweise wieder auf den Export landwirtschaftlicher Erzeugnisse umstellen. Inwieweit dies die Eigenversorgung tangieren wird, ist derzeit nicht zu beurteilen.

206

Der Sahel – Selbsternährer oder Hungerregion: Zusammenfassung

1. Zur *Gültigkeit der präsentierten Zahlen* ist zu sagen: Die Regierungen der Sahel-Staaten besitzen kein Interesse, die Ernteergebnisse in ihren Ländern zu übertreiben, denn damit würden sie sich selbst der Möglichkeit berauben, vom Westen kostenlose Nahrungsmittelhilfe zu erhalten. Außerdem kommen zahlreiche Kenner der Region zu den gleichen Ergebnissen. Und die FAO mag zwar oft das Ausmaß einer Not überhöht darstellen oder eine unangemessene Ursachenanalyse liefern, aber nur äußerst selten beziffert sie die Eigenproduktion der Entwicklungsländer größer, als sie in Wirklichkeit ist.

2. Das von der Berichterstattung vermittelte Bild, demzufolge der Sahel eine einzige Hungerregion darstellt, ist *eindeutig falsch!* Die Erntestatistiken belegen, daß sich der Sahel in normalen Jahren selbst ernähren kann, während in Dürrezeiten *einzelne* Länder bzw. *einzelne Regionen* Nahrungsmittel einführen müssen. Versorgungsengpässe und damit Unterernährung treten in *begrenzten* Gebieten innerhalb des Sahel auf. Sie sind das Ergebnis einer nicht funktionierenden Verteilung und einer verfehlten Landwirtschaftspolitik. Eine fachgerechte und gut organisierte Vorratshaltung würde den Sahel insgesamt in die Lage versetzen, sich auch in Krisenzeiten ohne Hilfe von außen ernähren zu können.

3. Die Situation im Niger zeigt, daß eine angepaßte Politik die Selbstversorgung auch in diesem ökologisch schwierigen Landschaftsgürtel garantieren kann. Den Sahel auf diesem Hintergrund als bleibendes Subventionsgebiet abzustempeln, ist nicht nur irreführend, sondern eine *Vorab-Entschuldigung* für alle Verantwortlichen, die notwendigen politischen Kurskorrekturen erst gar nicht vorzunehmen!

4. Das Beispiel ‚Niger‘ verdeutlicht aber auch, daß die *Bevölkerungszunahme* nicht *das* Kernproblem des Sahel ist und vor allem *nicht isoliert* gesehen werden darf. Gegenwärtig pauschal von einer Übervölkerung dieses Raumes zu sprechen, ist unzutreffend. Dies soll allerdings nicht heißen, der Sahel verkrafte eine Verdoppelung der Bevölkerung alle 25 Jahre, was bei einer unveränderten Wachstumsrate von 3,2 % jährlich allerdings der Fall wäre. Bevölkerungsplanung ist daher jetzt erforderlich, wenn man die weitere Verschärfung der Ernährungsversorgung und ökologischen Belastung vermeiden will.

Problemkreis IV:
cash-crop-Anbau hemmt Eigenversorgung

Landwirtschaftliche Erzeugnisse sind das Hauptexportprodukt der Sahel-Staaten. Dies ist ein Ergebnis der von den Kolonialmächten geschaffenen Wirtschaftsstruktur, die nach der Unabhängigkeit – außer im Niger – von den afrikanischen Eliten nicht korrigiert wurde. Die Auswirkungen dieses Anbaus für den Weltmarkt auf die Produktion einheimischer Grundnahrungsmittel und die Binnen-Wirtschaft sind äußerst komplex: Wollte man sie hinreichend genau erfassen, müßte man ein Computer-Simulationsmodell entwerfen, um die vielfachen Faktoren berücksichtigen zu können. Folgende elementaren Feststellungen lassen sich auch ohne ein solches Programm treffen:

1. Seit der Unabhängigkeit nimmt die Baumwolle für die vier Sahel-Staaten Burkina Faso, Mali, Tschad und Sudan die Position des Hauptexportgutes ein. Im Durchschnitt der letzten normalen Erntejahre führten die genannten Länder zwischen 280.000 bis 330.000 t Baumwolle pro Jahr aus. Laut FAO machte die Fläche für den Anbau dieses Produktes im Jahr 1985 770.000 ha aus. Nimmt man einmal einen Eigenverbrauch von gut 20 % an, dann wurden immer noch rund 600.000 ha für den Baumwoll-Exportanbau genutzt. Da die Baumwolle nur in den regenreicheren Gebieten des Sahel gedeiht, hätte man auf diesem Land bei einem Durchschnittsertrag von 750 kg/ha etwa 450.000 t Getreide erzeugen können, *genug,* um 2,5 Mio. Menschen zu ernähren, und in jedem Fall ausreichend, *um den Importbedarf dieser Länder zu decken!*

2. Im Sudan wird außer Baumwolle (1985: 410.000 ha) noch die Erdnuß als Exportprodukt für den Weltmarkt angebaut. Die Erdnußfelder sind seit 1961 von 198.000 ha auf 1,1 Mio. ha im Jahr 1977 ausgedehnt worden.[27] Diese Ausweitung war hauptsächlich durch den vermehrten Export und nicht etwa durch den gestiegenen Eigenverbrauch bedingt. Bringt man auch hier die Menge für den Eigenverbrauch in Abzug, dann ergibt sich, daß im Sudan mindestens 920.000 ha (vielleicht auch 200.000 ha mehr) für die Produktion der Exportkulturen Baumwolle und Erdnuß genutzt werden (keine bedeutende Veränderung während der letzten Jahre), immerhin rund *ein Siebtel* der gesamten Getreideanbaufläche. Und auf diesem Siebtel ließen sich rund 550.000 t Getreide (bei 600 kg/ha) erzeugen.

3. Nach unseren Berechnungen und Schätzungen werden im Sahel, Äthiopien ausgenommen, rund zwei Millionen Hektar für den Anbau von Exportkulturen genutzt.[28] Auf dieser Fläche ließen sich rund 1,2 Mio/t Getreide produzieren (0,6 t/ha). Damit ließe sich etwa ein Siebtel der Gesamtbevölkerung des Sahel ernähren.

4. Obwohl im Sahel ein nennenswerter Anteil des Ackerlandes für den Anbau von Exportfrüchten genutzt wird, sind die auftretenden Versorgungsengpässe *nicht primär* durch dieses Faktum bedingt, sondern mehr durch eine verfehlte Landwirtschaftspolitik (z.B. zu niedrige Aufkaufpreise) und eine nicht funktionierende Verteilung. *Das heißt:* Würde das vorhandene Potential besser genutzt, könnten sich die Staaten der Region trotz des Exportes landwirtschaftlicher Produkte selbst ernähren.

Problemkreis V:
Nahrungsmittelhilfe – ein weiterer Schritt in die Unterentwicklung

Im Normaljahr 1980 erhielten die Sahel-Staaten rund 500.000 t an Nahrungsmittelhilfe; im Krisenjahr 1985 stieg diese Menge auf knapp vier Millionen Tonnen. *Zur Erklärung*: Da im Sahel die Ernten auf das Ende des Kalenderjahres fallen, werden erhöhte Importe wegen eventueller Mißernten erst im jeweils *folgenden* Jahr notwendig. – Obwohl die Ernten nach der Dürre in den Jahren 1985 und 1986 enorm stiegen, ging der Getreideimport nicht auf den ursprünglichen Umfang zurück, sondern blieb auf hohem Niveau bestehen.

Burkina Faso, Mali und der Niger produzierten 1986 allein schon an Getreide soviel, daß sie damit mehr als ihre gesamte Bevölkerung hätten ernähren können. Dennoch importierten sie Getreide; Niger und Mali erhielten sogar kostenlose Nahrungsmittelhilfe!

Besonders skandalös ist die Entwicklung im Sudan: Er besaß 1987 einen Überschuß von 1,223 Mio. t Getreide, bezifferte aber seinen Importbedarf auf 530.000 t, wovon 465.000 t als Nahrungsmittelhilfe geliefert werden sollten! Und obwohl all diese Daten den westlichen Gebern bekannt waren, bewilligten sie nicht nur die vom Sudan geforderten 465.000 t, sondern sogar noch rund 160.000 t mehr! Der reichlich versorgte Niger war bescheidener und verlangte nur 15.000 t an Nahrungsmittelhilfe; der Westen war auch hier großzügig und gewährte 33.000 t. Ähnlich widersprüchlich ist die Situation in Mali. Dieses Land hatte 1987 130.000 t Getreide auf Lager, gab aber dennoch seinen Importbedarf mit 80.000 t an.

Folgendes läßt sich aus diesen *beispielhaften* Darlegungen folgern:

1. Die Sahel-Regierungen nutzten die durch die Hungerkatastrophe 1983/85 entstandene Geberstimmung im Westen aus, um weiterhin kostenloses Getreide zu erhalten, und setzten dieses für ihre eigenen politischen Ziele ein. Aus den Bedarfsmeldungen kann weniger denn je auf eine entsprechende Notlage in dem betreffenden Land geschlossen werden.

2. Per Nahrungsmittelhilfe wird fast ausschließlich *Weizen* importiert, der in der Sahel-Region nicht angebaut werden kann. Der Weizen dient nicht für die Versorgung der angeblich hungernden Massen auf dem Lande, sondern eindeutig der Ernährung der Stadtbevölkerung. *Außerdem*: Wenn schon die lokal erzeugten Überschüsse nicht in die jeweiligen Notregionen gebracht und verteilt werden können, wie soll dann die von außen importierte Nahrungsmittelhilfe dorthin gelangen? Die Stadtbevölkerung hat mittlerweile ihre Eßgewohnheiten auf den Verzehr von französischem Weißbrot umgestellt. Und lieber als auf dieses zu verzichten, läßt sie die einheimischen Grundnahrungsmittel (verschiedene Hirsearten) in den Lagern verrotten.

3. Damit wird die Nahrungsmittelhilfe zum *Verhängnis*: Sie macht die Stadtbevölkerung von einem Produkt abhängig, das die einheimischen Bauern nicht produzieren können. Damit werden diese der Möglichkeit beraubt, für den Markt in der Stadt zu produzieren, ihr Einkommen wird auf ein Minimum reduziert, Entwicklung auf dem Land somit blockiert. Die im Anschluß an die Dürrejahre

1983/85 weiterhin in hohem Umfang gewährte Nahrungsmittelhilfe ist – mit Ausnahme Äthiopiens – für alle übrigen Sahel-Staaten keine Hilfe, sondern ein für die eigene Landwirtschaft und damit für die gesamte Volksökonomie dieser Länder *tödliches Gift!* Daß dieses Gift auch weiterhin verabreicht wird, haben die FAO, aber auch unsere Regierungen zu verantworten, die sich mit der Verschiffung ihrer eigenen Überschüsse bei den Eliten der Empfängerstaaten ein gutes Renommé verschaffen möchten.

Wege aus der Krise

1. Katastrophale Notsituationen gab es auch während der Dürrejahre 1983/ 85 nur im Sudan, im Tschad und in Äthiopien, also in drei der acht Sahel-Staaten. Dort herrschten nicht nur Trockenheit, sondern seit langem kriegerische Auseinandersetzungen, die – weil sie beispielsweise Nahrungsmitteltransporte blockierten – aus der Not eine Katastrophe machten. Die ‚*Katastrophenursache Krieg'* sowie der dadurch bewirkte Ruin der Landwirtschaft kamen in der Berichterstattung viel zu kurz, was den jeweiligen Regierungen sehr gelegen war, denn sie wollen die Auseinandersetzungen in ihren Ländern herunterspielen.

2. Die Afrikaner selbst, und zwar im Niger, haben gezeigt, welcher Weg beschritten werden muß, um die Selbstversorgung in der ökologischen Übergangs- und Krisenzone Sahel zu sichern. Demzufolge sind im wesentlichen die folgenden Maßnahmen zu ergreifen: oberste Priorität für die Förderung der kleinbäuerlichen Landwirtschaft, angemessene Preise für die Kleinbauern, Nutzung des traditionellen Händler- und Transportsystems für die Verteilung, gemischter (privater und staatlicher) Markt, staatliche Vorratshaltung.

3. Im *nördlichen* Sahel müßte – vorausgesetzt man will die Desertifikation stoppen – für die Viehherden eine maximale Größe festgelegt werden. Viele Brunnen sind entweder gänzlich oder zumindest teilweise stillzulegen, um die Überweidung in ihrer Umgebung sowie die Vergrößerung der Herden zu verhindern. Dies kann und darf jedoch nicht per Regierungserlaß aus der Hauptstadt geschehen, sondern muß in vermutlich langwierigen Verhandlungen mit der betroffenen Bevölkerung und ihren traditionellen Repräsentanten erreicht werden. Das *ökologische Wissen der Nomaden* – und dieses existiert in großem Umfang – muß endlich in die Problemlösung einbezogen werden! Was den Ackerbau angeht, gilt es in erster Linie, seine weitere Ausbreitung in den Ungunsträumen des nördlichen Sahel zu verhindern. In einigen Teilgebieten des nördlichen Sahel müßte der Ackerbau hinter die ökologisch vertretbare Grenze (um die Niederschlagslinie von 330 mm) zurückverlagert werden. Auch dies ginge nur über Verhandlungen mit der dort lebenden Bevölkerung. Zuerst müßte aber einmal festgestellt werden, wo dies erforderlich ist und wieviele Menschen dies betreffen würde.

Graphik 6: Agroforstliche Landnutzung, schematisierte Darstellung

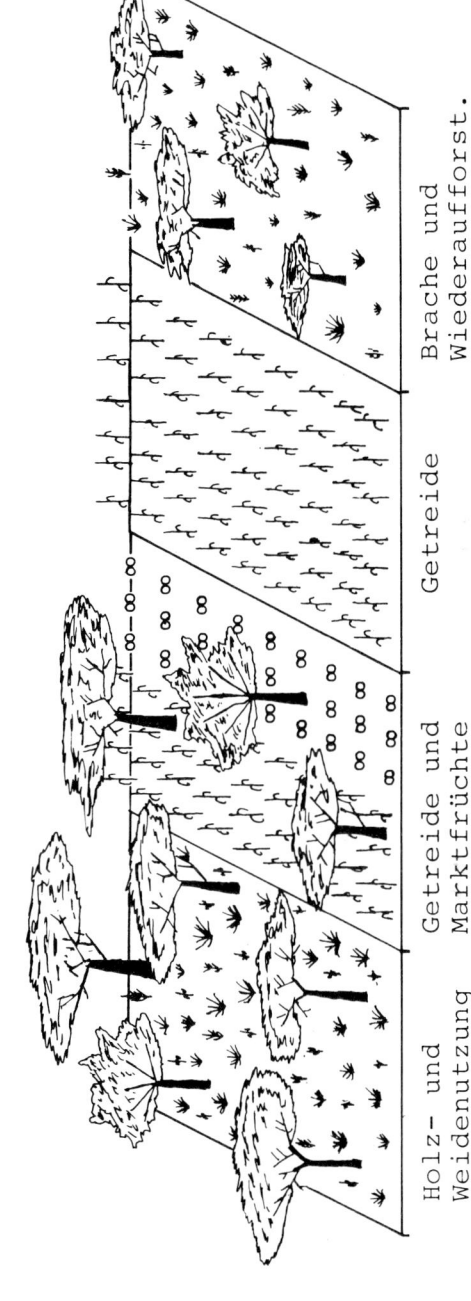

Holz- und Weidenutzung

Getreide und Marktfrüchte

Getreide

Brache und Wiederaufforst.

© Michler/Anhuf 1988

4. Hoffnung geben die in jüngster Zeit verstärkt propagierten Konzepte der *agroforstlichen Landnutzung* und des *standortgerechten Landbaus.* Agroforstwirtschaft ist ein integriertes System von Ackerbau, Viehzucht und Holzproduktion.[29] Die Graphik 6 zeigt eine schematisierte Darstellung dieses Konzeptes. Die nach dieser Strategie um die Felder herum oder zwischen diese anzupflanzenden Bäume und Büsche haben einerseits die Aufgabe, die Winderosion zu stoppen, andererseits liefern sie den Bauern ihr Brennholz. Im Gegensatz zum vielfach beschworenen Grüngürtel als Schutzwall gegen die Wüste haben die Bauern bei diesem System schon nach kurzer Zeit einen direkten Nutzen, was sie hinreichend motivieren wird, ihre traditionellen Wirtschaftsmethoden entsprechend zu verändern. In Ergänzung zu diesem agroforstwirtschaftlichen Konzept sieht der standortgerechte Landbau noch weitere Maßnahmen vor: Beispielsweise den Einsatz von Mischkulturen in Rotation, verbunden mit einer Gründüngung während der Brachezeiten. Dadurch ließe sich die Brachedauer verkürzen, und außerdem könnte der Ertrag gesteigert werden. Beide Systeme, eigentlich nur verschiedene Bestandteile *eines* neuen Konzeptes, würden jedoch eine Regelung der Bodenbesitzverhältnisse voraussetzen, d.h. die Familie muß einen bleibenden Anspruch – in welcher Rechtsform auch immer – auf das von ihr bestellte Land erhalten. Nur so wird sie hinreichendes Interesse haben, genügend Arbeitskraft in seine Pflege und seinen Erhalt zu investieren.

5. *Die Nahrungsmittelhilfe muß drastisch reduziert werden.* Nur so kann der einheimischen Landwirtschaft und damit der Masse der Bevölkerung geholfen werden! Die dadurch gesparten Gelder sollten für den Ankauf lokaler Überschüsse und für deren Transport zur Verfügung gestellt werden. Daß Nahrungsmittelhilfe teilweise trotz vorhandener Überschüsse gewährt wird, ist eine durch nichts zu entschuldigende politische Verantwortungslosigkeit der Geber und Nehmer. *Die Berichterstattung* müßte diesen verhängnisvollen Eingriff von außen zu ihrem Thema machen. Und die privaten Hilfswerke sollten bei unseren Regierungen darauf pochen, die Ernährung der städtischen Eliten im Sahel unverzüglich zu stoppen.

6. *Wir müssen unser Bild vom Sahel gründlich revidieren.* Für unsere Medien könnte diese Region zu einem Lehrstück werden, über ein sehr komplexes Phänomen differenziert zu berichten, und das bedeutet: Weg vom Schlagzeilen-Journalismus, der nur das Thema Hunger kennt und sich seiner analytischen Unfähigkeit durch das Aufsetzen einer karitativ-paternalistischen Brille zu entledigen versucht. Der Sahel wird eine Krisenregion und damit ein Thema für unsere Medien bleiben: Das sollte Anlaß für die ‚Groß-Redaktionen' sein, sich mehr Sachverstand als bisher zu beschaffen. Und dies kann – um ganz konkret zu werden – im Falle von ARD und ZDF nicht von zwei Korrespondenten geleistet werden, die noch für zahlreiche andere Staaten und Regionen zuständig sind.

Literaturhinweise

1. Obwohl als „Kultur-Reiseführer" erschienen, auch für alle Nicht-Touristen sehr zu empfehlen: Thomas Krings, *Sahel: Senegal, Mauretanien, Mali, Niger* – Islamische und traditionelle schwarzafrikanische Kultur zwischen Atlantik und Tschadsee, DuMont Buchverlag, Köln 1982. Der Band enthält zahlreiche Karten, zeitgenössische Abbildungen und Farbfotos.
2. Zur vorkolonialen Epoche: Rudolf Fischer, *Gold, Salz und Sklaven* – Die Geschichte der großen westafrikanischen Sudanreiche, Edition Erdmann, Bern 1982.
3. Für näher, bzw. wissenschaftlich Interessierte: D. Klaus, *Klimatologische und klimaökologische Aspekte der Dürre im Sahel*, Erdwissenschaftliche Forschung, Bd. 16, Wiesbaden 1981. Außerdem: H.-J. von Maydell u. a., *Agroforstliche Landnutzung im Einzugsbereich zentraler Orte im Sahel – Fallbeispiel Nord-Senegal*, Forschungsberichte des BMZ, Bd. 47, Köln 1983 sowie H. Schiffers u. a., *Nach der Dürre, die Zukunft des Sahel*, Afrika-Studien Nr. 94, Ifo-Institut für Wirtschaftsforschung, München 1976.

Voortrekker-Denkmal in Pretoria (1949) – Heiligtum des burischen Nationalismus

Kapitel 3
Südliches Afrika: Hunger und Unterentwicklung als Folge weißer Machtpolitik

Erbe der Geschichte und Schicksalsbestimmung für die Zukunft: Burischer Nationalismus · Das Kernstück der Apartheid: Die Homelands – Ausbürgerung, Verarmung und Entwurzelung der Schwarzen · Die Lebenssituation der Schwarzen: Falschinformationen der südafrikanischen Regierung und Wirklichkeit · Apartheid nach innen: Zusammenfassung · Konfliktfeld Südliches Afrika: Basisinformationen zu Namibia · Konfliktfeld Südliches Afrika: Basisinformationen zu Angola · Konfliktfeld Südliches Afrika: Basisinformationen zu Mosambik · Konfliktfeld Südliches Afrika: die weiße Machtpolitik und ihre Folgen – Krieg, Hunger, Ruin · Weiße Vorherrschaft und Machtabsicherung im Südlichen Afrika: Opfer und Kosten im Überblick · Zusammenfassung / Forderungen und Empfehlungen

Erbe der Geschichte und Schicksalsbestimmung für die Zukunft: Burischer Nationalismus

Man schreibt das Jahr 1652, als die ersten Weißen die Südspitze Afrikas betreten, an jener Stelle, wo später Kapstadt entsteht. Drei Schiffe, unter dem Kommando von Jan van Riebeeck, haben sie aus den über zehntausend Kilometer entfernt liegenden Nordseehäfen nach hier gebracht. Am Kap der guten Hoffnung – so lautet der Auftrag Jan van Riebeecks und seiner knapp 200 Mann – ist eine Versorgungsstation zu errichten: Hier sollen künftig die europäischen Schiffe auf ihrem halben Weg nach Indien frische Lebensmittel an Bord nehmen können. Jan van Riebeeck steht in Diensten einer privaten Gesellschaft, der holländischen Ostindien-Kompanie, die im 17. und 18. Jahrhundert den Seehandel Europas mit dem asiatischen Subkontinent beherrscht.[1]

Da man Lebensmittel ohne Bauern nicht erzeugen kann, holt van Riebeeck schon bald nach seiner Ankunft die ersten Siedler ans Kap. Und diese Buren – wie die Bauern in der Sprache der damaligen Zeit heißen – kommen aus Holland und dem Niederdeutschen. Die Nachfahren dieser Einwanderer, davon haben Jan van Riebeeck und seine Auftraggeber nicht einmal eine Ahnung, sollen später die Alleinherrschaft Südafrikas übernehmen, werden einmal ihre Vorrangstellung gegen ein Millionenheer Einheimischer, ja gegen die Meinung der gesamten übrigen Welt aufrecht erhalten. Doch zunächst wird das Kap *kein Einwanderungsland*: Gut 50 Jahre nach van Riebeecks Ankunft siedeln lediglich 1.265 Weiße in

der Kolonie und um 1800, also anderthalb Jahrhunderte nach dem ersten Land-
gang, sind es etwa 20.000.[2]

Ehe die Buren ihre Felder anlegen können, müssen sie sich das Land erobern,
gegen die ansässigen Buschmänner und Hottentotten. Die letzteren verstehen sich
auf Viehzucht, sie werden versklavt, müssen künftig auf den Farmen der Weißen
arbeiten. Schlimmer ist das Schicksal der anderen ‚roten Menschen‘, der
Buschmänner. Sie werden mit der Gewalt des Gewehres ausgerottet – 10.000
sterben allein in den Jahren 1785–95, so zeitgenössische Reiseberichte[3] – oder
werden in die nördlich gelegenen Halbwüsten abgedrängt. Als die erste Phase der
weißen Besiedlungsgeschichte um das Jahr 1800 zu Ende geht, haben sich die
Buren in einem Halbkreis von etwa 500–800 km um Kapstadt ausgebreitet (siehe
Graphik 1), und die Zahl der Sklaven ist größer, als diejenige der Europäer.[4]

Mit dem Anbruch des 19. Jahrhunderts beginnt eine Fülle dramatischer Entwick-
lungen, die nicht – und dies ist wichtig – in die Annalen der Geschichte zurückkeh-
ren sollten, sondern lebendig bleiben und die *Gegenwart entscheidend bestim-
men*. Zunächst, im Jahr 1806 genau, findet ein formeller *Machtwechsel* statt: Die
Briten – und damit ein Staat – übernehmen die Herrschaft am Kap (Achse Kairo-
Kapstadt). Wenig später wollen die Engländer die Sklaverei in ihrem kolonialen
Weltreich verbieten. Ein Unterfangen, das die Buren als ‚geistiges Attentat‘ auf ihre
Weltanschauung betrachten. Es kommt zum offenen Bruch mit London, dessen
Oberhoheit die freiheitsliebenden, fast schon anarchistischen Buren ohnehin nicht
akzeptieren wollen. Lieber als sich unterzuordnen, sind sie bereit, die Kapkolonie
mit all ihrem Hab und Gut, samt ihren Herden und ihren Sklaven, freilich auch mit
ihrer Weltanschauung zu verlassen. Doch nicht etwa zurück nach Europa, nein, als
Afrikaaner (Selbstbezeichnung der Buren) wollen sie in das Innere ‚ihrer Heimat‘
fliehen. Jetzt fürchten sie auch nicht mehr die schwarzen Völker, mit denen sie sich
Jahrzehnte zuvor am Great Fish River die ersten blutigen Gefechte geliefert haben
(um 1770) und die damals ihr weiteres Vordringen stoppen konnten. Der ‚*Große
Treck*' wird verkündet und organisiert. Mehr als zehntausend Buren verlassen mit
ihren Ochsenkarren während der Jahre 1835–43 (nach anderen Angaben bis
1852) die britisch gewordene Kolonie an der Südspitze des Kontinents.

Doch dieser Auszug – und das muß jeder begreifen, der die gegenwärtigen
Entwicklungen in Südafrika beurteilen will – ist nicht bloß eine Flucht vor ungelieb-
ten Herren. Vielmehr erhält er von Anfang an eine *religiös-ideologische* Dimension, denn der ‚Große Treck‘ wird zum Einzug des *von Gott auserwählten Volkes*
ins gelobte Land. Die Buren sind glühende Anhänger eines calvinistisch geprägten
Protestantismus. In einer theologisch primitiven Interpretation des Alten Testaments sehen sie in den Schwarzen die Nachfahren des von Noah verworfenen
Sohnes. Diese Verworfenen – so hat es schon der große Stammvater verfügt –
sollen einerseits auf immer den Nachkommen der anderen Söhne dienen, und
andererseits dürfen sich die Erwählten mit diesen Schwarzen nicht vermischen.
Deshalb also Apartheid: strikte Trennung von Weiß und Schwarz.

Für das Selbstverständnis und die Identität der Buren gedeiht der ‚Große Treck‘
zur historischen Herausforderung: Sie müssen sich *bewähren*, und erst durch
diese Bewährung können sie die völlige Selbstgewißheit erlangen, daß sie tatsächlich das von Gott erwählte Volk sind. Derart innerlich wie äußerlich motiviert, gelingt

Graphik 1: Besiedlungsgeschichte – Südafrika zur Zeit des Großen Trecks (ab 1835)

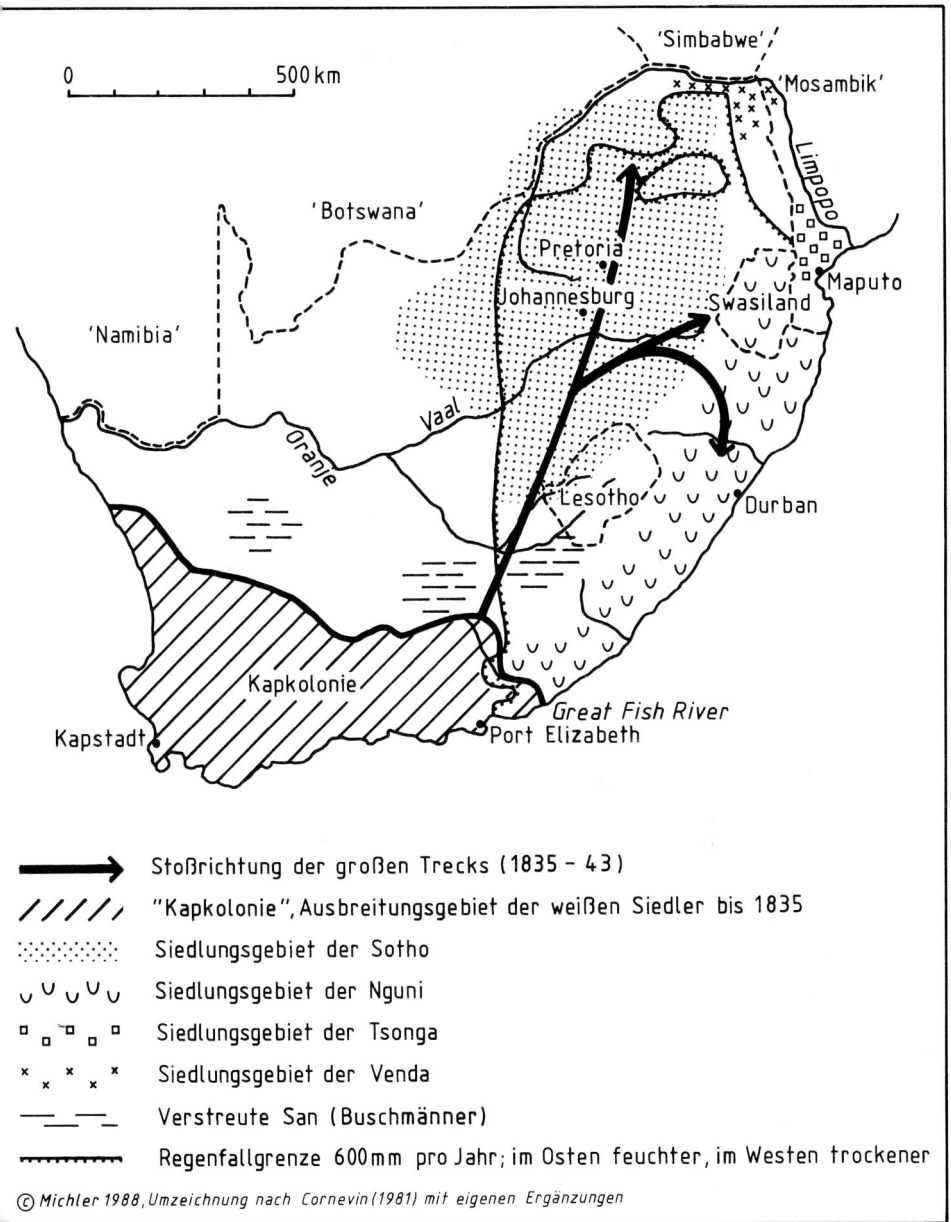

→	Stoßrichtung der großen Trecks (1835 – 43)
/////	"Kapkolonie", Ausbreitungsgebiet der weißen Siedler bis 1835
::::::::::	Siedlungsgebiet der Sotho
ᴜ ∪ ᴜ ∪ ᴜ	Siedlungsgebiet der Nguni
□ □ □ □ □	Siedlungsgebiet der Tsonga
× × × ×	Siedlungsgebiet der Venda
—⎯—⎯—	Verstreute San (Buschmänner)
··········	Regenfallgrenze 600mm pro Jahr; im Osten feuchter, im Westen trockener

ⓒ *Michler 1988, Umzeichnung nach Cornevin (1981) mit eigenen Ergänzungen*

Schaubild 1: Die historische Entwicklung des burischen Nationalismus

Phase 1 1652 – 1830	Phase 2 ab 1834	Phase 3 um 1900	Phase 4 1910 – 1948	Phase 5 ab 1948
Buren lernen sich durchzusetzen gegen: – Einheimische – fremde Umwelt – Kapverwaltung In dieser Epoche entweder Ausrottung oder Versklavung der ansässigen Buschmänner und Hottentotten. Anspruch etabliert: "Wir sind die Herren!"	Der 'Große Trek' 1835-43 (Auszug aus der Kapprovinz) · Konflikt um: – englische Oberhoheit – Sklavenbesitzverbot · Kämpfe gegen die zahlenmäßig überlegenen schwarzen Volksgruppen; Sieg der Buren · Überwindung der Natur "Ex unitate vires" – "Wir können gegen jede Übermacht bestehen, wenn wir einig sind" Überlegenheitsgefühl und Selbstüberschätzung	Burenkriege (1899-1901) gegen die englische Kolonialherrschaft; Buren wollen unabhängig sein; 460.000 Mann starke Armee gegen die Buren, erbitterte Kämpfe Trotz militärischer Niederlage "politisch" nicht besiegt; somit Bewährung des burischen Nationalismus: die Identität ist geschmiedet: "Wir sind eine eigene Nation und müssen uns als solche behaupten."	Nach Gründung der Südafrikanischen Union Durchsetzung gegen englische Vorherrschaft "Die Früchte der Mühen (17.-19. Jh.) ernten!" Burische Nationalpartei (NP) übernimmt 1948 die Macht; seitdem absolute Mehrheit. Nach 300 Jahren: "Wir besitzen dieses Land und werden unser Eigentum gegen alle Angriffe von innen und außen verteidigen."	die Konsolidierung der Macht in: – Politik – Wirtschaft – Verwaltung der Weg dazu: Auf- und Ausbau der Apartheid; Perfektionierung der Rassentrennung erst nach dem 2. Weltkrieg Gegenwart: "Adapt or die – Wir müssen gewisse Anpassungen (kosmetische Korrekturen) vornehmen, um unsere Vorherrschaft abzusichern und zu bewahren."

Die Religion als Triebfeder und Legitimationsfaktor: "Wir Buren sind eine christliche Nation!" Glaube an die eigene Auserwähltheit; Schwarze sind 'Verworfene': Mit den von Gott Verworfenen dürfen sich die Erwählten nicht vermischen, deshalb Apartheid. Calvinismus: Bewährung im Diesseits: also beweisen, daß man auserwählt ist; daher das Land erobern und sich durchsetzen gegen die 'Verworfenen'. Erst 1986 erklärt die Kirche der Buren: Apartheid ist mit der Bibel nicht vereinbar. Neben die gemeinsame Geschichte und Religion tritt die Sprache (Afrikaans) als dritte Säule der burischen Identität.

BURISCHER NATIONALISMUS
↓
Veränderung und Gleichberechtigung der Schwarzen 'bedeuten' den Untergang der burischen Nation

es ihnen tatsächlich, gegen eine lebensbedrohende Natur und eine Überzahl von Feinden zu bestehen. Die Überwindung von Bergketten ohne Straßen, die Orientierung in einer Riesenregion, die vorher noch kein Weißer betreten hat, ist für die halbnomadischen Buren noch ein vergleichsweise leichtes Problem. Die eigentliche Gefahr droht ihnen von der ansässigen schwarzen Bevölkerung – insgesamt einige Hunderttausend an der Zahl[5] –, die sich gegen die Eindringlinge heftig wehren, aber keinen geschlossenen Widerstand zu organisieren vermögen. Die Buren setzen sich in zahlreichen Schlachten durch.

So steht ein 460 Mann starker Trupp von ihnen am 16. Dezember 1838 einer Übermacht von 12.000 Speer-bewaffneten Zulus gegenüber. Den Ncome-Fluß im Rücken, bilden die Buren wie immer ihre *Wagenburg*, hinter der sie ihre Schützen und Kanonen positionieren. Sie legen Gott ein Gelöbnis ab, ihm zu Ehren eine Kirche zu bauen, wenn sie siegreich überleben sollten: Die anrennenden Zulus verbluten im Kugelhagel vor der Wagenburg. Das Datum geht als mystischer Sieg über die schwarzen Völker in die burische Geschichte ein, und deren Unterwerfung gilt von nun an als Gott gewollt. Die Schlacht am Blut-Fluß, so wird der Ncome-River jetzt genannt, markiert endgültig die *Geburtsstunde der burischen Nation* und bleibt bis heute *Nationalfeiertag* in Südafrika.

Ein weiterer *historischer Einschnitt* erfolgt in den 60er und 70er Jahren des vergangenen Jahrhunderts. Nachdem Diamanten und Gold entdeckt worden sind, strömen neue Einwanderer zu Zehntausenden ins Land. Nur wenig später, und zwar um die Jahrhundertwende, zählen die weißen Siedler in Südafrika bereits eine Million Menschen.[6] Und zu diesem Zeitpunkt kommt es zum zweiten großen Kampf der Buren gegen die englische Oberhoheit. Ganze 450.000 Mann müssen die Engländer einsetzen, um die Buren niederzuringen. Obwohl geschlagen, können die Buren in der 1910 gegründeten *Südafrikanischen Union* ihre Vorstellungen durchsetzen. *Es bleibt dabei*: Die Einheimischen gelten auch fortan als Menschen zweiter Klasse. Schon jetzt beginnt ihre Abschiebung in *Reservate*, die damals nicht einmal zehn Prozent des Landes ausmachen. Ihren eigentlichen Widersacher sehen die Buren nach wie vor in den Engländern, durch die sie sich der Früchte ihres ‚Großen Trecks' beraubt sehen.[7] Ein jahrzehntelanger *Emanzipationskampf* gegen die britische Dominanz in Politik, Verwaltung und Wirtschaft des Landes beginnt: 1948 wird schließlich auch dieser Sieg errungen. Die NP, die burische National-Partei übernimmt mit *absoluter Mehrheit* die Macht in Südafrika, woran sich bis heute nichts ändern sollte.

In der Folgezeit, also in den 50er und 60er Jahren leiten die Buren eine Politik ein, die sehr charakteristisch für das Wesen ihrer Nation ist. Während sich die europäischen Mächte anschicken, den kolonialisierten Völkern Afrikas Schritt um Schritt – oft nur über den Weg des bewaffneten Befreiungskampfes – ihre Selbstbestimmung und Unabhängigkeit ‚zuzugestehen', praktizieren die weißen Herren am Kap eine *entgegengesetzte* Strategie. Sie nehmen den Schwarzen, Mischlingen und Asiaten die wenigen Rechte, die sie noch besitzen. Kurzum: Sie beginnen mit der *Perfektionierung des Apartheidsystems!* Getrennte Wohngebiete, getrennte Schulen, getrennte Gesundheitsversorgung bis hin zu getrennten Bussen, Parkbänken und Toiletten: All dies wird *jetzt* gesetzlich verankert und konsequenter denn je in die Tat umgesetzt.

Die Apartheid als rassistisches Staatssystem und als Staatsideologie[8] ist also nicht bloß ein Relikt der vergangenen, vom Kolonialismus geprägten Jahrhunderte, sondern *eine Schöpfung der burischen Nachkriegsgeschichte*. Sie ist damit ein Kind unserer Zeit! *Dies heißt*: Die heutigen Entscheidungsträger haben entweder dieses System selbst geschaffen oder sind zumindest ganz in seinem Geiste erzogen worden. Und schon von daher sind substantielle Reformen in Südafrika nicht zu erwarten. **Fassen wir zusammen:**

1. Die Behauptung der Weißen, sie seien bei ihrer Ankunft in Südafrika auf ein *menschenleeres* Territorium gestoßen, ist historisch *falsch*! Khoisan-Gruppen („rote Menschen', Urbevölkerung des südlichen Afrika) siedelten im 17. Jahrhundert an der Südspitze des Kontinents, während das Innere Südafrikas von zahlreichen schwarzen Völkern bewohnt wurde, die bereits während des ersten Jahrtausends n. Chr. (die Besiedlung der Transkei ist schon um 470 n. Chr. dokumentiert) in diese Region eingewandert waren.[9]

2. Die Zentralregionen der Republik Südafrika (die heutigen Industriegebiete) sind erst *vor knapp 150 Jahren* von den Buren mit Waffengewalt erobert worden. Der eigentliche Einwanderungsboom begann noch etwas später, nämlich nach der Mitte des vergangenen Jahrhunderts, als Diamanten- und Goldvorkommen entdeckt worden waren. Auf diesem Hintergrund ist einerseits das Argument der Weißen von dem seit Jahrhunderten angestammten Land ihrer Väter zu relativieren. Andererseits besitzen, vom heutigen Standpunkt aus betrachtet, *alle* ,Rassengruppen' des Landes *ein Bürgerrecht* in Südafrika, und zwar ein gleiches, falls sich so etwas historisch überhaupt begründen läßt.

3. Seit 1948 wird Südafrika *allein* von den Buren regiert, die gegenwärtig knapp zwei Drittel der weißen Bevölkerungsgruppe ausmachen. Wegen dieses Mehrheitsverhältnisses und wegen des bestehenden Direkt-Wahlsystems werden die Buren auch in absehbarer Zukunft allein an der Macht bleiben.

4. Tragender Grund und gestaltendes Element aller Politik in Südafrika ist der *burische Nationalismus*,[10] der wie kaum ein anderer in der Geschichte verwurzelt ist und aus ihr gespeist wird. Ergebnis der historischen Erfahrung der Buren ist ihr *Überlegenheitsgefühl* gegenüber allem, was sie bedrängt oder bedroht. *„Ex unitate vires"* – *„Einigkeit macht stark"*, haben sie in ihr Staatswappen geschrieben. „Wenn wir nur genügend zusammenhalten, wenn wir ,unsere Wagenburg' bauen, können wir gegen eine Übermacht von innen und außen bestehen!" Resultat der Geschichte ist aber auch, daß erstens im burischen Weltbild kein Platz für Nachgeben und Kompromiß ist und daß die Buren zweitens eine *isolierte Nation* sind, die sich schon vor Jahrhunderten von der abendländischen Zivilisation abgekehrt und abgekoppelt hat, die sie aber dennoch vorgibt zu verkörpern und verbreiten zu wollen. Die aufgrund der Abschottung entstandene Kommunikationsbarriere läßt die Buren nicht begreifen, daß die westliche Demokratie etwas völlig anderes ist als die von ihnen praktizierte Politik.

5. Die Buren verstehen sich als eine *christliche Nation*. Die NGK, die Niederländisch-Reformierte Kirche, nimmt quasi den Rang einer *Staatskirche* ein; sie hat über drei Jahrhunderte als Eckpfeiler des Apartheidsystems fungiert und den

Rassismus der Weißen mit theologischen Argumenten gerechtfertigt. Erst 1986 erklärt sie, Apartheid sei mit der Bibel nicht zu vereinbaren.

6. Der burische Nationalismus ist auf die Formel eingeschworen: *Gleichberechtigung der Nicht-Weißen-Völker bedeutet den Untergang unseres eigenen Volkes, die Vernichtung unserer Identität!* Dieses Selbstverständnis schließt einerseits Reformen in der Substanz, also im Sinne einer parlamentarischen Demokratie, aus, und andererseits beinhaltet es die Bereitschaft der Buren, vieles, ja *alles zu opfern,* um die eigene Vormachtstellung zu behaupten.[11]

7. Unterschiedliche Auffassungen gibt es bei den Buren nur darüber, *wie* ihre Alleinherrschaft gesichert werden kann. Die *‚Verligten‘,* die ‚Aufgeschlossenen‘ unter dem gegenwärtigen Präsidenten P.W. Botha sind der Meinung, daß dies nur über den Weg beschränkter Zugeständnisse erreicht werden kann, während die *‚Verkrampten‘* (Rechtsparteien wie CP und HNP, zusammen 29 % (!) der Stimmen bei den letzten Wahlen von 1987) glauben, jegliches Nachgeben sei der Anfang vom Untergang. Wichtig aber ist – und dies ist von den konservativen wie christlichen Politikern des Westens nicht begriffen worden –, daß beide Fraktionen *dasselbe Ziel* besitzen, nämlich die *Erhaltung der weißen Vorherrschaft!*[12]

8. Bothas Slogan „adapt or die", „anpassen oder untergehen", ist im Westen als Willen zur tiefgreifenden Reform interpretiert worden; „adapt or die" ist jedoch nichts anderes als eine *modernisierte* Strategie burischer Machtabsicherung, die in Korrekturen des Apartheidsystems so lange einwilligt, wie die eigene Vorrangstellung nicht gefährdet wird.

9. Um ihre wirklichen Motive zu kaschieren, aber auch weil sie *blind* sind für die Realitäten in ihrem eigenen Land, sprechen die Buren von einem „total onslaught", von einem *Totalangriff des Kommunismus,* der die christliche Zivilisation und deren Werte im Süden des afrikanischen Kontinents dahinraffen wolle. Infolgedessen wird jeder, und sei es ein Bischof, der sich der Regierungspolitik widersetzt, als Kommunist abgestempelt. Freilich äußern sich in all dem auch die irrationalen, tiefsitzenden Bedrohungsängste, in denen die Buren als „in einem Meer schwarzer Gefahr schwimmend" befangen sind.[13] Die Auffassung, einem „total onslaught" ausgesetzt zu sein, ist seit den 60er Jahren immer stärker geworden und bildet heute einen *integralen* Bestandteil des burischen Nationalismus. Und dieser *neue* Bestandteil ihres Selbstverständnisses soll ihnen wiederum helfen, die historische Herausforderung der Gegenwart und Zukunft, nämlich das Pochen der schwarzen Völker auf ihre volle Gleichberechtigung, zu überwinden; geblendet durch ihre Selbstüberschätzung, sehen sie nicht, daß die ‚Zeichen der Zeit‘ heute anders stehen als in der Epoche des ‚Großen Trecks‘.

Das Kernstück der Apartheid: Die Homelands – Ausbürgerung, Verarmung und Entwurzelung der Schwarzen

Das Konzept und die Praxis der Homeland-Politik

Das südafrikanische Apartheidsystem ist ein ,Vier-Klassen-System': Die gesamte Bevölkerung ist in vier ,Rassen' eingeteilt – Weiße, Mischlinge (Coloureds), Asiaten (meist Inder), Schwarze. Jeder Bewohner ist zunächst einmal einer dieser vier Gruppen zugeordnet. Die Apartheid-Ideologie der Südafrika beherrschenden weißen Buren will, daß es zwischen diesen Gruppen entweder keine oder so wenig wie möglich ,Vermischung' gibt. Deshalb Trennung der Wohngebiete, der Schulerziehung und der Gesundheitsversorgung, um nur einige Beispiele zu nennen. *Konkret*: Angehörige der vier Rassengruppen arbeiten zusammen in einem Industriebetrieb, kehren aber nach Feierabend in das jeweils eigene Wohngebiet zurück. Das Mitglied einer Gruppe kann im Gebiet der anderen weder leben noch Grund und Boden erwerben. *Oder*: Ein Schwarzer kann nur in einem Krankenhaus für Schwarze behandelt werden, und ein asiatisches Kind kann beispielsweise nur die Schule für Asiaten besuchen.[14]

Das Apartheidsystem hat im wahrsten Sinne des Wortes einen Wald von Rassen-Gesetzen und Vorschriften produziert; die wichtigsten Prinzipien, insbesondere was die 75prozentige Mehrheit der Schwarzafrikaner angeht, sind – und dies wird auch in nächster Zukunft so bleiben – seit Jahren die folgenden:

Erstens: Das international als Südafrika definierte Territorium ist per Gesetz in zwei verschiedene Regionen aufgeteilt. Die eine wird von den Weißen beansprucht, die andere wurde den Schwarzen als deren ,rechtmäßiger' Lebensraum zugeteilt (siehe Graphik 2). Das ,weiße Gebiet' macht 86,4 Prozent des Landes aus, während dasjenige der Schwarzen, die sog. *Homelands*, die übrigen 13,7 Prozent einnimmt. Im weißen Territorium leben auch die Mischlinge und Asiaten, die aber dort nicht die gleichen Rechte wie die Weißen besitzen. So sind sie zwar an der Regierung beteiligt, aber alle Gremien sind per Verfassung derart strukturiert, daß die Weißen die Stimmenmehrheit haben, also letztlich *völlig allein* entscheiden können. *Fazit*: 25 Prozent der Bevölkerung, im eigentlichen Sinn nur 13,7 Prozent (nämlich der weiße Bevölkerungsteil) verfügen über rund 86 Prozent des Bodens, während die schwarze Mehrheit (75 Prozent der Bevölkerung) mit ganzen 14 Prozent des Landes auskommen soll und muß!

Zweitens: Die weiße Regierung hat die gesamte schwarze Bevölkerung in neun verschiedene Gruppen, ursprünglich ,Stämme', heute ,Nationen' genannt, aufgeteilt. Diese Klassifikation beruht zu einem wesentlichen Teil auf der jeweiligen Muttersprache, die von den Zugehörigen der einzelnen Gruppen gesprochen wird. Dennoch ist diese Einteilung bei einem Großteil der Schwarzafrikaner willkürlich, da es während der letzten 100 Jahre eine vielfältige ,Vermischung' gegeben hat, ein Prozeß, der durch die Industrialisierung ausgelöst und ganz wesentlich verstärkt wurde. Andererseits ist die Klassifikation auch deshalb fragwürdig, weil es sich nicht in allen Fällen um gänzlich verschiedene Sprachen handelt. So haben

Schaubild 2: Südafrika: offizielle Rassenklassifikation, Ausbürgerung und Landverteilung
(alle Angaben für Mitte 1988)

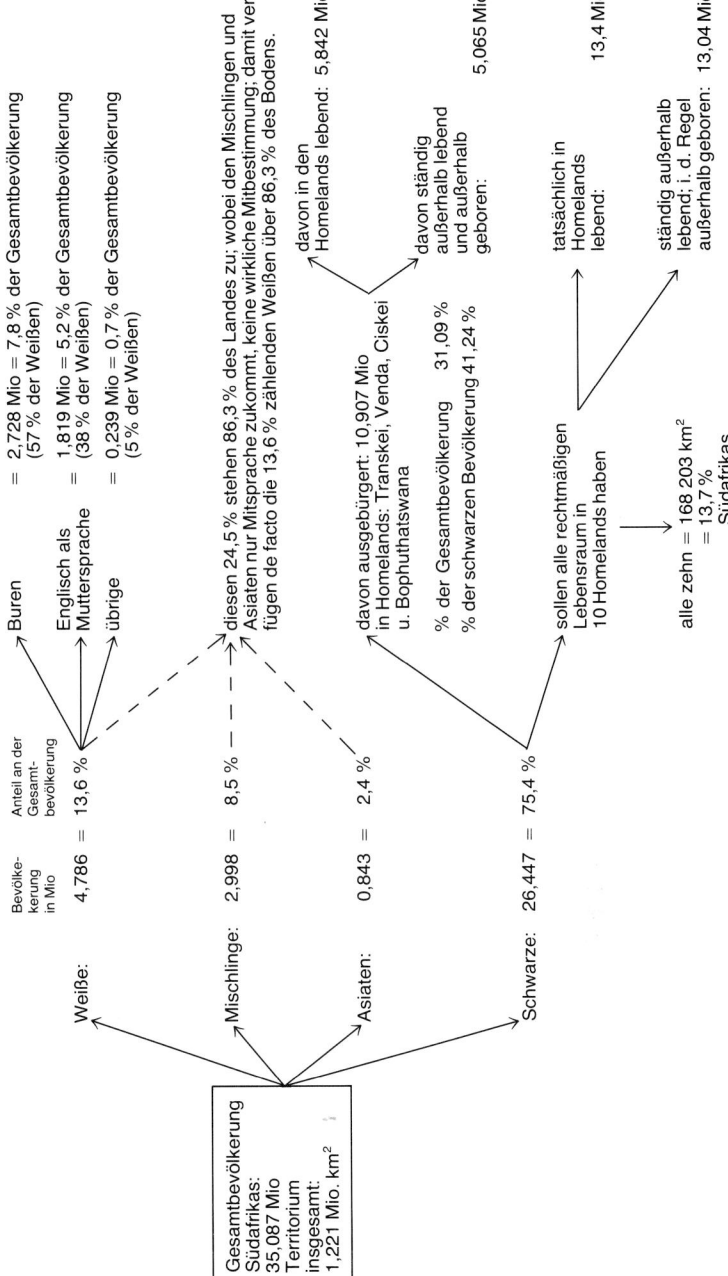

Gesamtbevölkerung Südafrikas: 35,087 Mio
Territorium insgesamt: 1,221 Mio. km²

	Bevölkerung in Mio	Anteil an der Gesamtbevölkerung
Weiße:	4,786 =	13,6 %
Mischlinge:	2,998 =	8,5 %
Asiaten:	0,843 =	2,4 %
Schwarze:	26,447 =	75,4 %

Buren = 2,728 Mio = 7,8 % der Gesamtbevölkerung (57 % der Weißen)

Englisch als Muttersprache = 1,819 Mio = 5,2 % der Gesamtbevölkerung (38 % der Weißen)

übrige = 0,239 Mio = 0,7 % der Gesamtbevölkerung (5 % der Weißen)

diesen 24,5 % stehen 86,3 % des Landes zu; wobei den Mischlingen und Asiaten nur Mitsprache zukommt, keine wirkliche Mitbestimmung; damit verfügen de facto die 13,6 % zählenden Weißen über 86,3 % des Bodens.

davon ausgebürgert: 10,907 Mio in Homelands: Transkei, Venda, Ciskei u. Bophuthatswana

% der Gesamtbevölkerung 31,09 %
% der schwarzen Bevölkerung 41,24 %

davon in den Homelands lebend: 5,842 Mio

davon ständig außerhalb lebend und außerhalb geboren: 5,065 Mio

sollen alle rechtmäßigen Lebensraum in 10 Homelands haben

alle zehn = 168 203 km² = 13,7 % Südafrikas

tatsächlich in Homelands lebend: 13,4 Mio

ständig außerhalb lebend; i. d. Regel außerhalb geboren: 13,04 Mio

Quellen: eigene Hochrechnungen aufgrund Volkszählungsergebnis 1985 n. Angaben v. Race Relations Survey 1985 (Johannesburg 1986) und südafr. Botschaftsangaben („Südafrika im Profil" April 1987);
Anmerkung: kleinere Summenfehler durch Rundungen

beispielsweise die Nguni-Völker (vier verschiedene Gruppen nach der offiziellen Klassifikation) 70 Prozent ihres Wortschatzes gemeinsam.[15] Würde man das Klassifikationsprinzip im übrigen auf die Weißen übertragen, müßten auch diese in verschiedene Gruppen eingeteilt werden, was aber nicht der Fall ist. Nirgendwo sonst in Afrika sind die unterschiedlichen Völker eines Staates per Gesetz klassifiziert worden. Im Sinne des ‚divide et impera‘, ‚teile und herrsche‘ ist die Separierung der Schwarzafrikaner in neun Gruppen nichts anderes als der Versuch der Weißen, die eigene Herrschaft und Machtbasis abzusichern (zum sog. Tribalismus-Problem siehe Teil 1 Kapitel 3: Basisinformationen über einen Kontinent).

Drittens: Die rund 14 Prozent des Landes, die die Weißen zum ‚rechtmäßigen Lebensraum‘ der Schwarzen erklärt haben, machen die Homelands (auch Bantustans genannt, früher Reservate) Südafrikas aus. Insgesamt gibt es zehn verschiedene Homelands (die wiederum aus mehreren getrennten Gebietsteilen bestehen können), und zwar, weil jede der schwarzen Volksgruppen ihr eigenes Homeland erhalten hat, mit Ausnahme der Xhosas, die auf zwei Homelands (Transkei u. Ciskei) aufgeteilt wurden. *Fazit: Jeder Schwarzafrikaner ist als ‚Bürger‘ einem der zehn Homelands per Gesetz zugeordnet*, unabhängig davon, ob er tatsächlich dort wohnt oder nicht, und auch unabhängig davon, ob er dort geboren wurde oder nicht. Bezogen auf die Jahresmitte 1988 lebten von den insgesamt 26,45 Mio. Schwarzen 13,4 Mio. tatsächlich in den Homelands, während 13,05 Mio. im ‚weißen‘ Südafrika wohnten und arbeiteten.

Viertens: Hinter dieser von den Weißen verfügten Homeland-Politik steht die Absicht, die ‚Heimatländer‘ nacheinander als unabhängig, also *zu eigenen Staaten zu erklären*. Wird ein Homeland staatlich selbständig, dann *verlieren* die ihm zugeordneten Schwarzen die südafrikanische Staatsbürgerschaft. Am Endpunkt dieses Prozesses wären somit alle Schwarzen Südafrikas in die Homelands *formell ausgebürgert*, dann gäbe es keine Schwarzen mehr mit südafrikanischer Staatsbürgerschaft. Die im ‚weißen‘ Südafrika arbeitenden und auch meist dort geborenen Schwarzen wären dann nichts anderes als *ausländische Gastarbeiter*. Diese aber genießen überall auf der Welt einen anderen Rechtsstatus als die einheimische Bevölkerung. Somit gäbe es dann – nach Sehweise der Weißen – auch keine Apartheid mehr.

Fünftens: Die formelle Ausbürgerung ist für viele Schwarze bereits Wirklichkeit geworden. Denn die südafrikanische Regierung hat die Homelands Transkei (1976), Bophuthatswana (1977), Venda (1979), Ciskei (1981) zu unabhängigen Staaten erklärt und hat der ihnen zugeordneten Bevölkerung die südafrikanische Staatsbürgerschaft entzogen. *Das heißt*: Von der 26,45 Mio. Menschen zählenden schwarzen Gesamtbevölkerung Südafrikas (Mitte 88) sind bereits 10,91 Mio. in die zu unabhängigen Staaten erklärten Homelands ausgebürgert. Allerdings leben von diesen rund 11 Mio. nur knapp 6 Mio. tatsächlich in den Gebieten der genannten vier Homelands, während die übrigen 5 Mio. als Arbeitskräfte entweder allein oder mit ihren Familien ständig im ‚weißen‘ Südafrika wohnen.

Sechstens: Wegen der Willkürpolitik dieser Ausbürgerung sind die vier von Südafrika zu unabhängigen Staaten erklärten Homelands Transkei, Bophuthatswana, Venda und Ciskei bisher von keinem Land der Welt anerkannt worden, und es ist glücklicherweise nicht zu befürchten, daß sich an dieser Praxis etwas ändern wird.

Graphik 2: „Homelands" in Südafrika

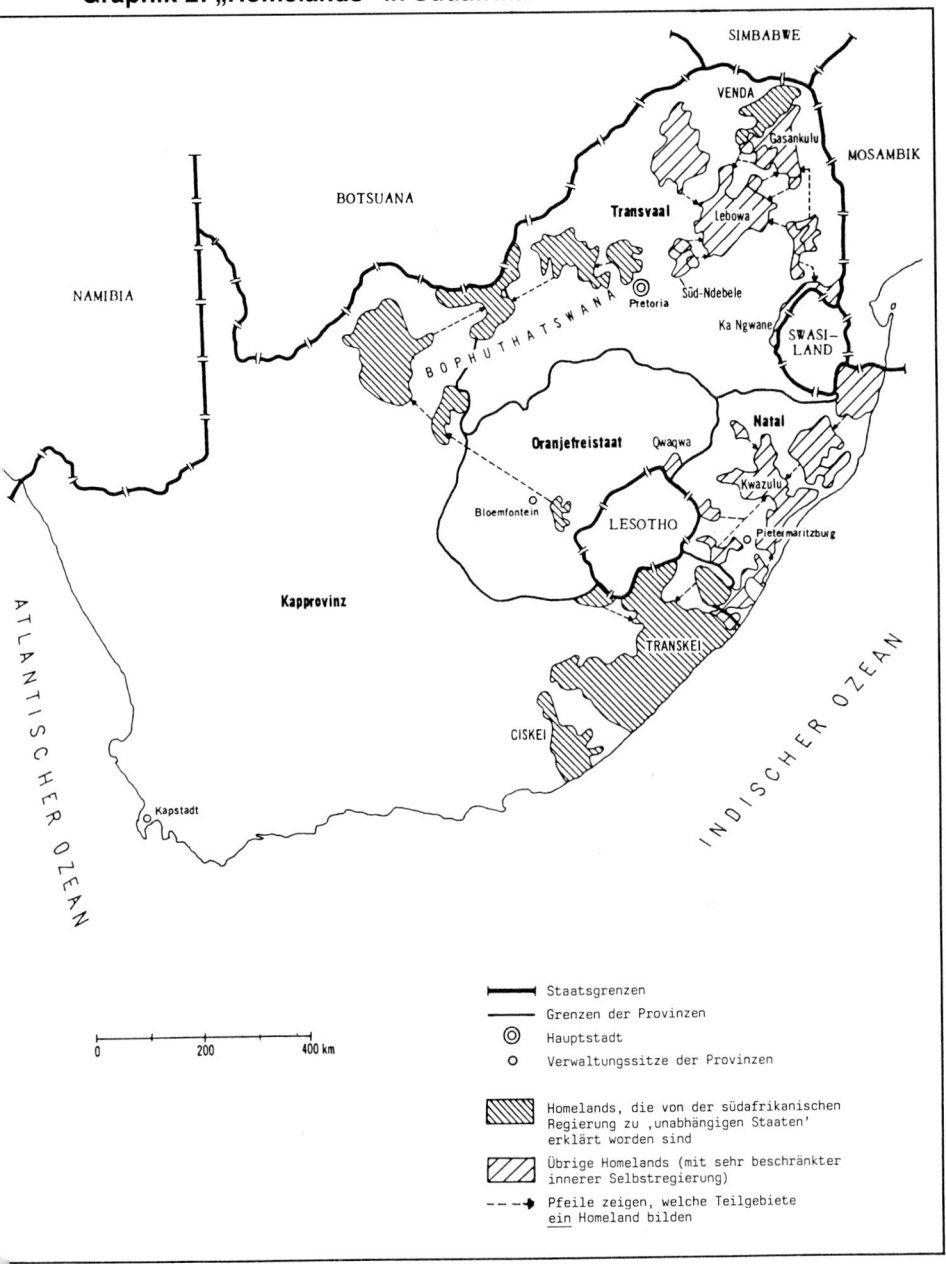

Quelle: Stat. Bundesamt Wiesbaden 85 0983 mit eigenen Ergänzungen

Die Reisepässe dieser Gebilde sind somit wertlos: Will ein ‚Ciskeier' verreisen, muß er ein Travel-Dokument bei den südafrikanischen Behörden beantragen, das er freilich nur erhält, wenn er politisch genehm ist. Obwohl die UNO gar in einem internationalen Abkommen die *Ausbürgerung* als ein *„Verbrechen gegen die Menschlichkeit"* klassifiziert hat,[16] folgen dennoch die meisten deutschen Lexika der offiziellen südafrikanischen Statistik und rechnen die Ausgebürgerten nicht mehr zu den Staatsbürgern Südafrikas! Bei dieser Verfahrensweise vermindert sich die Zahl der Schwarzen um rund 11 Mio. auf ‚nur noch' 15 Mio. (für 1988), und der Anteil sinkt von den tatsächlichen 75 % auf etwa 60 %. So führt beispielsweise der Fischer Weltalmanach (Ausgabe 1988; Werbeslogan: „Buch des Jahres – Ganz stark im Wissen") die vier von Südafrika als unabhängig erklärten Home- lands als eigene Staaten auf. Da dieses aktuelle Nachschlagewerk praktisch in jeder Redaktion steht, erfährt die *völkerrechtswidrige Statistik* ungeheure Verbrei- tung! *Gänzlich unentschuldbar bleibt*, warum das HIZ, das Handbuch für Interna- tionale Zusammenarbeit (knapp 20.000 Seiten stark), ebenfalls diese Darstellungs- weise übernommen hat (228. Lieferung, Mai 86), und dies, obwohl das Werk von den führenden entwicklungspolitischen Fachinstitutionen in der Bundesrepublik erstellt wird!

Siebtens: Die im ‚weißen' Südafrika lebenden Schwarzen genießen *keine Frei- zügigkeit*, d.h. sie dürfen nicht wohnen, wo sie wollen, sondern nur in eigens für sie bestimmten Gebieten. In den Industriezentren sind das die *sog. Townships*, eigene Substädte, in denen nur Schwarze leben. Die bekannteste Gettostadt dieser Art ist SOWETO, die einen Großteil der schwarzen Arbeiter des Industriezentrums Joh- annesburg beherbergt und ungefähr zwei Millionen Einwohner zählt.

Achtens: Da sich in den als ‚weiß' erklärten Gebieten viele schwarze Siedlungen befanden, entfernte die Regierung diese „black spots" (schwarze Flecken) durch *Zwangsumsiedlungen*.[17] Seit Beginn der 60er Jahre sind mindestens 3,5 Mio. Schwarzafrikaner aus ihren angestammten Dörfern und Siedlungen in die Home- lands verfrachtet worden (siehe Umsiedlungskarte S. 269).[18]

Kritische Bewertung der südafrikanischen Homeland-Politik

Eigentlich müßte schon die bloße Darstellung der Homeland-Politik und -praxis genügen, um dieses Konzept als *absurde Willkür-Maßnahme* zu entlarven, die die Probleme des Landes nur noch vergrößert, anstatt sie zu lösen.[19] Dennoch einige Haupteinwände:

1. Die Homelands sind mehr als irgendein Staat der Welt künstliche Gebilde. Die Hälfte ihrer Bewohner lebt ständig außerhalb der Homeland-Territorien und ist auch nicht dort geboren. Folglich kann sich schon auf diesem Hintergrund niemals eine nationale Identität entwickeln, und außerdem fehlt diesen Willkür- Schöpfungen der Apartheidideologie eines der konstituierenden Merkmale jeden Staates, nämlich daß die Bevölkerung innerhalb der Staatsgrenzen lebt.

2. Die Homelands sind vornehmlich ländliche Gebiete und werden dies auch bleiben: Sie wären niemals in der Lage, die ihnen zugewiesene Bevölkerung zu ernähren! Würden 1988 alle Süd-Sothos in das ihnen verordnete Homeland

Qwaqwa abwandern, dann betrüge dort die Bevölkerungsdichte 1660 E/qkm! In den übrigen Homelands wäre die Bevölkerungsdichte zwar wesentlich geringer, aber immer noch bei weitem zu hoch, um die Bevölkerung in erster Linie durch Landwirtschaft ernähren zu können. Schon heute läßt sich in den Homelands nicht genügend produzieren, um die tatsächlich dort lebende Bevölkerung zu versorgen (Details siehe folgender Sonderkasten). Die viel zu hohe Einwohnerzahl hat während der letzten Jahre enorme *Desertifikationsprozesse* ausgelöst. Lloyd Timberlake: „Die Apartheid vergewaltigt auch die physische Umwelt Südafrikas, und der hierdurch ausgelöste Umweltbankrott wird die Misere künftiger Generationen festschreiben".[20] Übrigens hat die Desertifikation auch in vielen ausschließlich von Weißen betriebenen Farmregionen ein bedrohliches Ausmaß angenommen, was selbst von pro-südafrikanischen Autoren zugestanden wird: „Seit der großen Dürre der 30er Jahre gehört das Problem der Vegetationszerstörung zu den brennendsten Fragen Südafrikas. Es berührt in zunehmendem Maße die Weidewirtschaft und den Regenfeldbau... Trotz erheblicher Anstrengungen ... bleibt das Risiko naturbedingter Katastrophen ... bestehen, verschärft durch unangemessene menschliche Aktivitäten".[21] Desertifikation auf dem afrikanischen Kontinent ist also nicht nur ein Resultat verfehlter Politik seitens schwarzer Regierungen!

3. Die ganze Unsinnigkeit der Homeland-Politik wird schon daran deutlich, daß der nach südafrikanischer Terminologie bereits unabhängige Staat Bophuthatswana aus sechs voneinander getrennten Gebietsteilen besteht und die Transkei aus drei verschiedenen Regionen (vgl. Graphik 2)! Außerdem nimmt offensichtlich die südafrikanische Regierung ihre eigene Politik nicht ernst, denn die Grenzen der vier „unabhängigen Homelands" kann man ohne Ausweis passieren, ja man kann überhaupt nicht bemerken, daß die Straße südafrikanisches Territorium verläßt und von nun an durch ‚staatlich selbständiges Homeland-Gebiet' führt. Vollends zeigt sich die Verlogenheit der Homeland-Politik und der mit ihr verbundenen Ausbürgerung darin, daß das ‚weiße' Südafrika mit deren Realisierung den eigenen wirtschaftlichen Ruin heraufbeschwören würde. Denn in den weißen Gebieten arbeiten zwischen 5–6 Mio. Schwarzafrikaner;[22] die Betriebe können gar nicht – falls sie weiterhin bestehen wollen – auf diese Arbeitskräfte verzichten!

4. Die Schwarzen sind niemals wirklich gefragt worden, ob sie die Homeland-Politik befürworten oder nicht. Praktisch alle ihre Organisationen, von den Gewerkschaften bis hin zu den Kirchen, lehnen die Homeland-Politik entschieden ab. Selbst Gatsha Buthelezi, der ansonsten mit den Weißen eng kooperierende führende Homeland-Politiker Kwa Zulus, dessen Reservat noch nicht zu einem selbständigen Staat erklärt worden ist, versichert stets und ständig, daß er – sollte die Regierung die Unabhängigkeit verfügen – dann seine 6–7 Mio. hinter ihm stehenden Zulus zum Volksaufstand mobilisieren würde! Tatsächlich hat die Ausbürgerungspolitik der Regierung (zuletzt ca. 1,2 Mio. in die Ciskei, 1981 unter dem ‚Reformator' P.W. Botha) zu einem *totalen Vertrauensverlust* auf seiten der Schwarzen in die Veränderungsbereitschaft der weißen Regierung geführt, hat als Katalysator auf die ohnehin im Gang befindliche Radikalisierung der Opposition gewirkt.

Die Realität der Apartheid in den Homelands:
Hunger und Unterentwicklung – zerstörerische Hypothek für die Zukunft

‚Operation Hunger' ist ein privates südafrikanisches Hilfswerk, das z.Z. noch unabhängig von der weißen Regierung des Landes arbeiten kann. Die deutsche Welthungerhilfe hat die Arbeit dieser Organisation mit mehreren Millionen DM unterstützt, und zwar nicht nur aus Spendengeldern, sondern zu einem erheblichen Teil aus Mitteln, die ihr die Bundesregierung für diesen Zweck zur Verfügung stellte. Somit wird auch mit deutschen Steuergeldern – ich finde dies gut, aber es muß auch gesagt werden – der Hunger in Südafrika bekämpft! Mit einem Mitarbeiter dieser Organisation – ich nenne ihn Mike Smith – bereiste ich Ende 1986 die Homelands Gazankulu, Kangwane und Lebowa, deren tatsächliche Bevölkerung damals rund 2,8 Mio. Menschen zählte. Hier ein Auszug aus meiner Rundfunkreportage, die im Juli 1987 im dritten Hörfunkprogramm des NDR gesendet worden ist[23]:

Autor: Die schwarze Krankenschwester Diana ist Leiterin eines kleinen ländlichen Entwicklungsprojektes im Homeland Lebowa, in einem der 10 Reservate für die Schwarzen Südafrikas. Schwester Diana will mit ihrem Projekt hauptsächlich alleinstehenden verarmten Müttern und deren Kindern helfen, mit einem großen Genossenschaftsgarten, mit einer Nähwerkstatt und einer kleinen Klinik, die gleichzeitig die einzige medizinische Versorgung für die Gesamtbevölkerung der acht Dörfer der Region, für 12.000 Menschen darstellt. Ich frage die Schwester, welche Krankheiten am häufigsten vorkämen.

Schwester: „Die Hauptkrankheiten, die wir hier auf dem Land, in den Reservaten haben, das sind: Kwashiorkor, also schwere Unterernährung, Durchfall und Typhus; die beiden letzten wegen des unsauberen Trinkwassers!"

Autor: Sie müsse die ganze Arbeit, die Ambulanz und die stationäre Behandlung, mit nur einer Kollegin bewältigen! Der Arzt komme nur einmal im Monat: Operationen könnten in ihrer Behelfsklinik nicht durchgeführt werden. „Und wie weit ist es zum nächsten Hospital, wo das möglich ist?"

Schwester: „Ja, das sind mindestens 30 Kilometer."

Autor: Die Wasserpumpe, die Einzäunung und das Saatgut für den angeschlossenen Gemüsegarten hat ,Operation Hunger' finanziert, und von ‚Operation Hunger' kommt auch jeden Monat die spezielle Aufbaukost für die unterernährten Kleinkinder. Die Mini-Klinik allerdings, immerhin ein Steinhäuschen mit drei Zimmern, wurde von den Anwohnern selbst erbaut, ohne Entgelt, ein Selbsthilfeprojekt also. Ich frage Schwester Diana: „Wie aber geht es denen, die nicht im Projekt, in der Nähwerkstatt oder im Genossenschaftsgarten, arbeiten? Wie sind die Lebensbedingungen für die Masse der Bevölkerung hier in der Region, im Homeland Lebowa?"

Schwester: „Die meisten Leute hier haben keine Arbeit, sind unverheiratet; die Scheidungsrate ist sehr hoch; das liegt wohl daran, daß die Männer in die Städte abwandern, in die Industrieregionen des weißen Südafrika, also mehrere Hundert Kilometer von hier wegziehen: Zwei von drei Männern gehen fort! Ihre Frauen dürfen nicht nachkommen – so will es das Gesetz –, und deshalb suchen die Männer dann an ihrem neuen Wohnort eine andere Frau, schicken danach kein Geld mehr an ihre Familie, die sie hier im Homeland zurückgelassen haben."

Autor: Und Mike ergänzt, im Homeland Lebowa betrage die Arbeitslosigkeit 50 Prozent. In den meisten der übrigen Homelands sei sie ebenso hoch! Ich frage weiter: „Haben denn die Menschen hier im Homeland wenigstens kleine Felder, wo sie ihren Mais, das Grundnahrungsmittel, selbst anbauen können?"

Schwester: „Nein, sie besitzen keine Felder, sie besitzen überhaupt kein Stück Land!"

Autor: „Wie also können sie dann überleben?" frage ich. Mike erklärt mir, seine Organisation würde allein in den acht Dörfern dieser Region mehr als 300 Familien durchfüttern; das sind etwa 2.000 Menschen. Andere würden durch die Hilfe ihrer Verwandten überleben, viele vegetierten einfach dahin!

Mike Smith, einer der Projektreferenten von ‚Operation Hunger', ist 35 Jahre alt und weißer Südafrikaner; einen Acht-Stunden-Tag kennt er nicht. Allein während der letzten 12 Monate ist er 100.000 km im Auto unterwegs gewesen, ist von einem Schwarzen-Reservat ins andere, von Projekt zu Projekt gehetzt. Dennoch versteht er die Sozialarbeit, die er tut, als eine Selbstverständlichkeit, nicht als eine Aufopferung oder als einen Teil des politischen Kampfes gegen das herrschende Apartheidsystem. 1.500 Kilometer ist unsere gemeinsame Reise lang, durch die Homelands Gazankulu, Kangwane und Lebowa. Mike hat nichts besonderes für mich organisiert, es ist eine seiner vielen Routinereisen, und dabei zeigt er mir die „wirkliche Wirklichkeit" Südafrikas, und die – das weiß ich schon von meinen ersten Besuchen – liegt abseits der Touristenpfade, abseits der Routen der Geschäftsreisenden. Obwohl gerade diese Südafrika-Besucher – wenn sie wieder nach Hause zurückgekehrt sind – fast schon als Apostel auftreten und behaupten, sie würden die ach so komplizierte Realität am Kap der guten Hoffnung kennen … Freilich wird auch mir erst jetzt, bei meiner dritten Reise durch Südafrika, klar, daß in den Homelands – in jenen künstlichen Gebilden weißer Machtpolitik – völlig neue Siedlungsformen entstanden sind, Siedlungsformen, wie ich sie in keinem der zwanzig Länder Afrikas, die ich zuvor bereiste, gesehen habe!
Dreieinhalb Millionen Schwarze wurden in den vergangenen Jahrzehnten zwangsumgesiedelt, wurden noch zu der bereits ansässigen Bevölkerung in die Homelands verfrachtet. Die aber waren zu klein, „stadtähnliche" Siedlungen entstanden. *Das heißt*: Nicht mehr die traditionellen afrikanischen Dörfer mit Hütten und den sie umgebenden Feldern, sondern Menschenkonzentrationen – von wenigen Tausend bis zu Zehntausenden – auf engstem Raum: in kleinen Steinhäusern oder Wellblechbuden. Aber alles ohne die Infrastruktur einer Stadt, ohne befestigte Straßen, ohne fließendes Wasser, ohne Elektrizitätsversorgung, und vor allem aber ohne das, was normalerweise erst eine Stadt entstehen läßt: ohne Industrie! Mike versichert mir, *mindestens 50 Prozent der gesamten Homelandbevölkerung besäßen keine eigenen Felder, um wie überall sonst in Afrika wenigstens die*

Grundnahrungsmittel zum eigenen Überleben selbst erzeugen zu können. Die Männer müssen also in die Industrieregionen des weißen Südafrika abwandern, ohne ihre Familien mitnehmen zu dürfen. Daß viele Familien zerbrechen, daß die Kinder ohne Väter aufwachsen, daß die in den Homelands Zurückgebliebenen verarmen, all dies ist *eine notwendige Folge* der von den Weißen betriebenen Reservatpolitik. „Und was würde geschehen, wenn ihr eure Arbeit einstellen müßtet?" frage ich Mike.

Mike Smith: „Daran wage ich überhaupt nicht zu denken. Für die meisten, insbesondere für die Kinder, würde das wohl Lebensgefahr bedeuten!"

Autor: Mike schämt sich. Daß im Sahel, in den Staaten südlich der Sahara gehungert würde, das sei ja vielleicht entschuldbar, möglicherweise unvermeidlich. Denn schließlich fehlten diesen Ländern die Ressourcen zur Entwicklung, zur Beseitigung der Armut.

Mike Smith: „Aber daß im reichsten Land des Kontinents gehungert wird, daß es hier bei uns Millionen Unterernährte gibt, das ist eine Schande!"

Autor: „Und wieviele junge Weiße denken denn so wie Du, Mike?"

Mike Smith: „Nun, die meisten Studenten sind wohl ähnlicher Ansicht. Aber weißt Du, eines der Kernprobleme Südafrikas besteht darin, daß die Weißen – gleich ob jung oder alt – durch die strikte Trennung der Wohngebiete das Elend in den schwarzen Gettostädten und Homelands gar nicht kennen."

Autor: Ich denke an zu Hause, an die Berichte unserer Medien, an die Meinung unserer regierenden Politiker und unserer Öffentlichkeit, für die der Hunger in Südafrika ebenfalls nicht existiert oder den sie nicht wahrhaben wollen. Wenn schon unsere Medien meist nur über das Außergewöhnliche berichten, wenn nur das eine Schlagzeile wert ist, hätten sie dann nicht über die millionenfache Unterernährung in Südafrika informieren müssen, in dicken Balken-Überschriften, mit der gleichen Dramatik, wie sie es ansonsten tun, wenn eine Katastrophe in Afrika ausbricht? *Denn ist das nicht die wirkliche Sensation, daß nämlich Hunger und Unterernährung im weiß regierten Südafrika mindestens ebenso groß sind wie im Durchschnitt der schwarzafrikanischen Staaten*, daß die weißen Politiker der Masse ihrer Bevölkerung keineswegs mehr Entwicklung und Fortschritt beschert haben, als es ihre schwarzafrikanischen Amtskollegen in den übrigen Staaten des Kontinents vermochten? Und dies, obwohl die Weißen schon seit Jahrhunderten in Südafrika an der Macht sind, ganz im Gegensatz zu den schwarzen Politikern des Kontinents.

Ein noch größeres Problem aber ist erst recht niemandem in der Bundesrepublik bewußt: *die fatale, ausweglose Weichenstellung, die die weißen Politiker in Südafrika betrieben haben und immer noch betreiben.* Was soll denn mit den heute schon übervölkerten und wirtschaftlich zerrütteten Homeland-Gebieten geschehen, wenn einmal eine von der Mehrheit gewählte Regierung, also eine schwarze, an die Macht kommt? Werden dann nicht die Abermillionen in den Homelands auf eine schnelle Lösung ihrer Probleme pochen? Werden nicht Hunderttausende von den Zwangsumgesiedelten anstehen und in ihre alten

Wohnorte zurückkehren wollen? Und was wird geschehen, wenn der neuen Regierung dazu die Mittel fehlen? Wie sollen denn schwarze Politiker in wenigen Jahren wiedergutmachen, korrigieren, was die weißen Machthaber über Jahrzehnte hin an Problemen geschaffen haben, mit ihrer absurden Siedlungspolitik? Vor allem aber: Wie soll das Heer der psychisch Verkrüppelten, der sozial Entwurzelten wieder aufgerichtet werden? – Es ist die weiße Politik, das wird mir bei meiner Rundreise mit Mike durch die Homelands klar, die diesem reichen und schönen Land die Zukunft verbaut, jede Hoffnung auf ein wirklich besseres Morgen sterben läßt.

Die Lebenssituation der Schwarzen: Falschinformationen der südafrikanischen Regierung und Wirklichkeit

Breite Teile unserer Öffentlichkeit und viele unserer regierenden Politiker sind davon überzeugt, der Masse der schwarzen Bevölkerung ginge es in Südafrika besser als in den übrigen Staaten des Kontinents. Diese Auffassung wird einerseits durch unsere (oft) unbewußte Vorurteilshaltung gegenüber Schwarzafrika gespeist, und andererseits resultiert sie aus den von der weißen südafrikanischen Regierung betriebenen *Desinformations-Kampagnen'*. Pretoria hat Abermillionen in den Druck und weltweiten Vertrieb von Hochglanzbroschüren investiert, in denen die materielle Besserstellung der Schwarzen Südafrikas im Vergleich zu den übrigen Bewohnern des Kontinents ,statistisch' dokumentiert wird. Entweder sind die darin präsentierten Zahlen schlicht falsch, oder es werden unterschiedliche Gruppen miteinander verglichen. Beides kann man allerdings nur erkennen, wenn man über Südafrika sehr gut informiert ist und Zugang zu anderen Quellen besitzt. Aus diesem Grund ist vom Gebrauch südafrikanischer Botschaftsinformationen (oft auch Bücher, die in ,neutralen' Verlagen, z.B. Seewald, Stuttgart, erscheinen) in Schulen, Redaktionen etc. dringend abzuraten! Die folgenden Daten (in Ergänzung zu obiger Reportage) sind gründlich recherchiert und durch eine Fülle weiterer Literatur auf ihre Stichhaltigkeit hin überprüft worden; es handelt sich um eine gedrängte Zusammenfassung umfangreicher Angaben zum jeweiligen Problemkomplex:

Hunger und Unterernährung

1. Nach eigenen Angaben versorgt das südafrik. Hilfswerk ,Operation Hunger'[1] im Haushaltsjahr 87/88 mit Nahrungsmitteln (in Städten und ländlichen Gebieten): **1,32 Mio. Menschen**

2. Eine von ,Operation Hunger' Mitte 1987 durchgeführte Pilotstudie in 28 Dörfern des Landes ergab, daß an chronischer Unterernährung leiden[2]: **50–80 % der schwarzen Kinder**

Simbabwe zum Vergleich: **14 %**

3. Laut einer UNICEF-Studie 1987[3] haben Untergewicht u. sind in ihrer Entwicklung zurückgeblieben (unter 14 Jahren): **⅓ der nichtweißen Kinder**

das sind insgesamt etwa: **4 Mio. Kinder (unter 14 Jahren)**

4. Während der Dürre 1983 starben nach Angaben der medizinischen Fakultät der Universität Natal (Südafrika)[4]: **täglich 100 Kinder**

5. Wer sich für detailliertes statistisches Material zu diesem Komplex interessiert, wende sich direkt an: Department of Paediatrics and Child Health, University of Natal, P.O. Box 17039, Congella 4013, Durban, Südafrika.

Soziale Indikatoren

Arbeitslosigkeit
Entgegen der offiziellen Angaben (ca. 500.000) sprechen viele unabhängige Institute von einer tatsächlich wesentlich höheren Arbeitslosigkeit bei den Schwarzen, so beziffert beispielsweise die bfai[5] die Höhe der Arbeitslosigkeit bei der schwarzen erwerbsfähigen Bevölkerung auf: **5–6 Mio.**
Nach bfai-Angaben betrug die Arbeitslosigkeit in versch. Städten der Schwarzen 40–50 % oder noch darüber und war ein wichtiger Grund für die Unruhen.

Löhne
Monatl. Durchschnittseinkommen der *weißen* Arbeitnehmer 1985[5]: **1403 Rand**
Monatl. Durchschnittseinkommen der *schwarzen* Arbeitnehmer 1985[5] **363 Rand**
(Wechselkurs Ende 1986: 1 R = 0,9 DM)

Im wichtigsten Industriezweig Bergbau (Rohstoffe Gold und Stahlveredler z.B.; ca. 630.000 schwarze Arbeitnehmer) war das Verhältnis wesentlich ungünstiger, nämlich 2004 R zu 386 R (bfai für 1985). Diese statistischen Durchschnittswerte sind jedoch insofern irreführend, da in der Zahl der schwarzen Arbeitnehmer die

Farmarbeiter und Hausangestellten *nicht* erfaßt sind.
Die Zahl der ständig beschäftigten schwarzen Farmarbeiter betrug 1984 834.000; hinzu kamen noch rund 500.000
Saisonarbeiter; der monatl. Barlohn der Farmarbeiter
beträgt[6]:   **25–35 Rand**

Wanderarbeiter
Solche schwarzen Arbeitnehmer, die in den Homelands
ihren ,ersten' Wohnsitz haben,im weißen Gebiet arbeiten,
aber wegen der großen Distanz nicht pendeln können; sie
leben also getrennt von ihren Familien; nach Angaben von
Race Relations Survey[7] waren dies 1984 ohne die auslän-
dischen Arbeitnehmer: **mind. 1 Mio.**
Damit wachsen – bedingt durch Zuzugsbeschränkungen –
Millionen schwarzer Kinder ohne Väter auf.

Situation der städtischen Schwarzen
Nach Angaben von ,Operation Hunger'[8] hatten in wirtschaftlich normalen Zeiten (also vor der seit Jahren andauernden Rezession) ein Haushaltseinkommen unter d. Exi-
stenzminimum: **60 %**

Homeland-Bevölkerung
Notwendiges Bareinkommen, um Existenzminimum zu
decken[8]:   **95 R**
verfügbares durchschnittliches Bareinkommen[8] (bezogen
auf 1981/82, Situation seitdem verschlechtert):   **49,60 R**
Erwachsene in den Homelands, die 1980 über keinerlei
,meßbares' Einkommen verfügten[8]:   **1,4 Mio.**

Pro-Kopf-Einkommen
Laut Weltentwicklungsbericht 1987 betrug das BSP-Pro-Kopf-Einkommen 1985 in
Südafrika 2.010 $ und war mit Ausnahme Gabuns das höchste des schwarzen
Kontinents. Wie obige Daten zeigen, ist der *Aussagewert dieser Kennzahl*, was die
Lebenssituation der Schwarzen betrifft, *gleich Null;* eben weil die Angabe die
extrem ungleiche Verteilung der Einkommen unberücksichtigt läßt.

Quellen
1) Weitere Informationen zum Thema Hunger/Unterernährung: Operation Hunger; P.O. Box
   32257, Braamfontein; Südafrika.
2) Studie „Estimating Vulnerability in Black Rural Communities in South Africa", bei der
   deutschen Welthungerhilfe zu erhalten.
3) „Children on the Frontline", UNICEF März 1987
4) zitiert nach Internationales Afrika Forum Nr. II/1983
5) Bundesstelle für Außenhandelsinformation (bfai), Wirtschaftliche Entwicklung in Südafrika,
   Aug. 1986 und Jan. 1987
6) New Nation (südafr. Zeitung) vom 19. und 26.2.1987
7) Race Relations Survey, Johannesburg 1985
8) Schriftl. Statement d. Geschäftsführerin von ,Operation Hunger' Ina Perlman

Apartheid-Politik nach innen: Zusammenfassung

Erstens: Die südafrikanische Regierung argumentiert, in ihrem Land treffe die Erste Welt (weißes Gebiet und Industriezentren) auf die Dritte Welt (Homelands); sie sei bereit, das Ihre zu tun und Entwicklungshilfe an die Homelands zu leisten. Welch ein – kaum noch überbietbarer – Zynismus angesichts der wirklichen Geschichte! Die ersten Weißen kamen vor mehr als 300 Jahren ans Kap und das Innere Südafrikas wurde vor rund 150 Jahren von den Weißen erobert und besiedelt. Sie haben, wie die europäischen Staaten (!), anderthalb Jahrhunderte Zeit gehabt, ihr Land zu entwickeln, aber dazu waren sie weder bereit noch fähig; sie wollten nur sich selbst entwickeln. Ein Millionenheer schwarzer Arbeitskräfte trägt seit dem vergangenen Jahrhundert zum Reichtum der Weißen bei, hat aber vom Wohlstand des Landes nur einen Brosamen abbekommen. Alle verfügbaren, kritisch recherchierten Daten und Untersuchungen belegen, daß es der Masse der Schwarzen Südafrikas materiell mindestens ebenso schlecht geht wie der Bevölkerung im Durchschnitt der schwarzafrikanischen Staaten. Diese *materielle Verarmung* ist neben der politischen Entrechtung ein ganz wesentlicher Nährboden für den zunehmend radikaler werdenden Widerstand der Schwarzen.

Zweitens: Mit der Umsiedlung und Abdrängung großer Teile der schwarzen Bevölkerung in die Homelands betreibt die weiße Regierung nicht nur den *ökologischen Ruin* weiter Teile des Landes, sondern sie schafft damit kaum lösbare Probleme für eine zukünftig mehrheitlich schwarze Regierung. Denn die Korrektur dieser abstrusen Siedlungspolitik wird nicht nur Milliarden verschlingen, sondern auch mehr als eine Generation lang dauern. Und noch schwieriger wird es sein, etwas gegen die millionenfache Zerstörung von Familienstrukturen sowie die dadurch bedingten psychisch-kulturellen Entwurzelungsschäden zu unternehmen. Auf diesem Hintergrund ist die weiße Politik nicht anders als eine *Weichenstellung ins Chaos* zu bezeichnen. Nirgendwo sonst auf der Welt hat es während des 20. Jahrhunderts in einem Staat eine solche Politik der Ausbürgerung der eigenen Bevölkerung gegeben.

Drittens: Politische Entrechtung und materielle Verarmung haben in den Gettostädten der Schwarzen, aber auch in den Homelands erheblichen, z.T. militanten Widerstand ausgelöst.[24] Zehntausende von Jugendlichen – und ihre Zahl wird von Tag zu Tag größer – sind in einem Klima von Gewalt aufgewachsen und sehen im bewaffneten Kampf gegen das verhaßte Apartheidsystem die einzige Alternative. Schon heute muß die weiße Regierung erhebliche Mittel für die – wie es in ihrem Jargon heißt – innere Sicherheit aufwenden, Gelder, die für die Entwicklung des Landes dringend nötig wären.

Viertens: Alle genannten Maßnahmen sowie das sture Festhalten der Weißen an ihrer Vormachtstellung haben während des letzten Jahrzehnts einen bis dahin nicht gekannten *Radikalisierungsprozeß* innerhalb der schwarzen jungen Generation ausgelöst. Diese Radikalisierung wird an Schärfe und Zahl weiter zunehmen. Damit ist erneut eine verhängnisvolle Entwicklung eingeleitet: Sollte z.B. der heute bei den Schwarzen noch unumstrittene Nelson Mandela [25] einmal aus dem Gefängnis entlassen werden und möglicherweise eine politische entscheidende Funktion erhalten, wird er es schwer haben, eine Politik des Kompromisses zwischen Weiß und Schwarz zu realisieren. *Fazit*: Je länger die gegenwärtige Politik der Weißen fortgesetzt wird, desto unwahrscheinlicher wird eine Lösung, bei der ‚moderate‘ schwarze Politiker das Sagen haben werden.

Konfliktfeld Südliches Afrika:
Basisinformationen zu Namibia

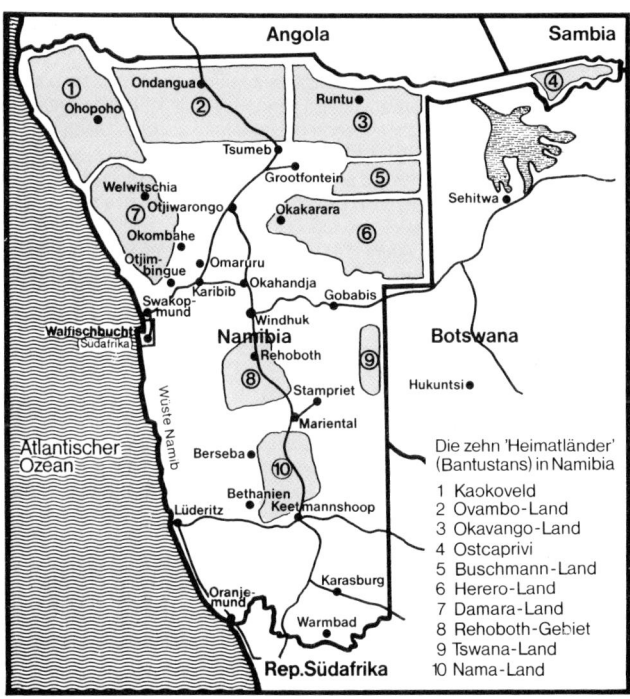

Anmerkung: Das auf der Karte in Weiß wiedergegebene Gebiet ist in erster Linie der weißen Minderheit vorbehalten.

Quelle: Vereinigte Evangelische Mission Wuppertal

Größe: 823.000 km²; **Bevölkerung**: 1,184 Mio. (Ende 86, nach Angaben der Interimsregierung) darunter *78.000 Weiße* (6,6 % d. Bevölker.); v.d. *Weißen* ca. ⅔ *Buren* u. *ein knappes Drittel deutschstämmig*; größte afrik. Volksgruppe Ovambo mit ca. 50 %; *Gesamtbevölkerung umstritten*: UNO gibt bereits für 1985 1,55 Mio. Einwohner an;

Landverteilung: „weißes Gebiet" 46,7 % d. Landes; Homelands 39,6 %; übriges Terrain Staatsgebiet;

Religion: ca. 80 % Christen; übrige: Anhänger afrik. Religionen;

Export (1983): 453 Mio. $;

Import (1983): 453 Mio. $ (unsicher, ob Ausfuhr-Angaben stimmen)

Verschuldung: keine Angaben verfügbar;

1842	*Rheinische Mission* beginnt mit Christianisierung; *heute*: ca. 80 % der Einheimischen Christen, meist protestantisch, enge Anbindung an deutsche Kirchen blieb bestehen; schwarze Kirchen auch ‚politisch' sehr bedeutsam; zusammengeschlossen im Namibischen Kirchenrat (NCC);
1884	das Territorium wird offiziell *Kolonie des deutschen Kaiserreiches*: ‚Deutsch-Südwestafrika'; wird *Siedlerkolonie*: bis 1904 kommen 5.000 Deutsche nach Namibia, bei Anbruch des 2. Weltkrieges sind es etwa 15.000;
1904–07	Aufstand der Hereros u. Namas gegen die dt. Kolonialherrschaft löst *Genozid* (Völkermord) aus: rund 80.000 Tote auf seiten d. Einheimischen; es folgen Landenteignung, Zwangsarbeit, Abdrängung in Reservate;
1. Wk.	Deutschland verliert Kolonie; das Gebiet fällt an den *Völkerbund*; dieser *beauftragt* Großbritannien mit der Verwaltung; England wiederum läßt diesen Auftrag durch die seinem Kolonialreich angehörende ‚Südafrikanische Union' realisieren;
Folge-zeit:	De-facto-Eingliederung Namibias als 5. Provinz in das südafrikanische Staatsgebiet; *einige Zehntausend Buren* kommen als Siedler u. Verwaltungsangestellte ins Land; Fortführung der Reservatpolitik;
n.2.Wk.	UNO mahnt als *Rechtsnachfolgerin des Völkerbundes* Südafrika, seine *Mandatspflichten* einzuhalten, nämlich Vorbereitung der Unabhängigkeit des Landes;
1950	Internat. Gerichtshof bestätigt Fortdauer der vor dem 2. Wk. bestandenen Mandate u. die Rechtmäßigkeit von deren Überwachung durch die UNO;
1960	Gründung d. SWAPO (South West Africa People's Organization), zunächst nur passiver Widerstand gegen südafrik. Kolonialmacht;
60er Jahre	Südafrika überträgt eigenes Apartheidsystem auf Namibia, Verschärfung der Rassentrennung; Schaffung von *Homelands* (1968); umfangreiche Umsiedlungsmaßnahmen; Pretoria weigert sich, die Auflagen der UNO zu befolgen;
1966	Die für die Verwaltung u. den Unabhängigkeitsprozeß *völkerrechtlich allein* zuständige *UNO* entzieht Südafrika *das Mandat* u. verfügt Rückzug Südafrikas aus dem Gebiet. *SWAPO* beginnt *bewaffneten Kampf* gegen im Land stationierte südafrik. Truppen; krieger. Auseinandersetzungen seitdem vorwiegend auf Nordnamibia konzentriert; da SWAPO Rückzugbasen in Südangola besitzt;
1971	*Weltgerichtshof* bestätigt UN-Entscheidung von 1966; danach ist *geltendes Völkerrecht*: 1. Weitere Präsenz Südafrikas in Namibia völkerrechtswidrig. Südafrika zum Abzug verpflichtet. *Alle* ‚Handlungen' Südafrikas in Namibia völkerrechtswidrig; Südafrika muß ‚Regierungsgeschäfte' an UNO übergeben; 2. Für Namibia (Verwaltung u. Unabhängigkeitsprozeß) rechtlich allein zuständig ist die UNO.

3. *Jeder* (gleich ob interne oder externe Gruppierung), der an der UNO vorbei eine Lösung des Namibia-Konfliktes realisieren will, handelt *völkerrechtswidrig*. Die Geschäftstätigkeit *transnationaler Konzerne* im vom Südafrika beherrschten Namibia ist ebenfalls *völkerrechtswidrig*.

11.12.73	UN-Sicherheitsrat beendet Gespräche mit Südafrika über Namibia-Lösung wegen fortgesetzter Erfolglosigkeit; UN-Vollversammlung erkennt *SWAPO* als einzig authentische *Repräsentantin des Volkes v. Namibia* an;
1975	*Turnhallenkonferenz*: von Südafrika etabliert, um an UNO u. SWAPO vorbei eine eigene Lösung mit versch. Gruppierungen in Namibia auszuhandeln u. zu realisieren.
1976	*UN-Sicherheitsrat Resolution Nr. 385*: Kernpunkt freie Wahlen unter UNO-Aufsicht; von allen westl. Ländern mitgetragen;
1977	*Westliche „Kontaktgruppe"*: interveniert (ab März), um Südafrika an Realisierung der eigenen, sog. *internen Lösung* zu hindern; gelingt zunächst; 5. Nov. Bildung der *Demokr. Turnhallenallianz (DTA)* unter dem Weißen Dirk Mudge; erneutes Ziel: interne Lösung;
Sept.78	*UN-Sicherheitsrat Resolution Nr. 435*: Nr. 385 (s.o.) bestätigt und weiter detailliert; sog. Waldheim-Plan; umfangreicher Friedensplan für Namibia; vom Westen unterstützt; gilt seitdem als *der verbindliche Plan einer Namibia-Lösung*; alle südafrik. Versuche zur Herbeiführung d. Unabhängigkeit Namibias werden als *null u. nichtig* erklärt.
Dez.78	*Manipulierte Wahlen* in Namibia: DTA erreicht absolute Mehrheit und übernimmt anschl. ‚Regierung' Namibias (1979 Vorsitz. d. Ministerrates D. Mudge); alle wesentlichen Machtbefugnisse verbleiben beim südafr. Generaladministrator für Namibia; DTA-Regierung wird international nicht anerkannt;
19.1.83	*Rücktritt* v. D. Mudge u. *Auflösung* des Ministerrates u. des Parlamentes; Mudge kritisierte den viel zu geringen Aktionsradius seiner Regierung; südafrik. Generaladministrator übernimmt daraufhin wieder alle Regierungsgeschäfte;
1981/83	Erneute forcierte *Verhandlungsvorstöße d. westl. Kontaktgruppe* (GB, USA, Kanada, Frankr., BRD), um auf Basis v. Resolution 435 *Unabhängigkeit Ende 82* herbeizuführen; scheitert an *Linkage-Position*: Südafrika u. USA machen Rückzug d. Kubaner zur Vorbedingung einer Namibia-Lösung; danach *zerbricht* Einheit der Kontaktgruppe, die 1983 nach ca. 6 Jahren Verhandlungen bedeutungslos wird. Seit 1982/83 blockiert *Linkage-Position* jeglichen Fortschritt i.d. Namibiafrage; *Angola* macht seinerseits wegen ständiger Übergriffe Südafrikas v. namib. Territorium aus Abzug der Kubaner von Namibia-Regelung abhängig;
17.6.85	erneutes Einsetzen einer *Interimsregierung* durch Südafrika; Außenbeziehungen u. Verteidigung bleibt jedoch in Händen Pretorias; weltweit *keine Anerkennung* für ohne Wahlen eingesetzte Regierung;
seitdem	Fortdauer d. bewaffneten Auseinandersetzungen zwischen südafr. Besatzungsarmee u. SWAPO-Guerillabeweg.; Keine neuen Verhandlungsinitiativen; Andauer der Linkage-Position; keine Lösung mit intern. Anerkennung in Aussicht; Namibia bleibt in *Ost-West-Konflikt* eingebunden; *SWAPO* nach wie vor einzige v. UNO anerkannte Vertretung des namibischen Volkes;

Quellen: siehe Ende Basisinformationen Mosambik

Konfliktfeld Südliches Afrika:
Basisinformationen zu Mosambik

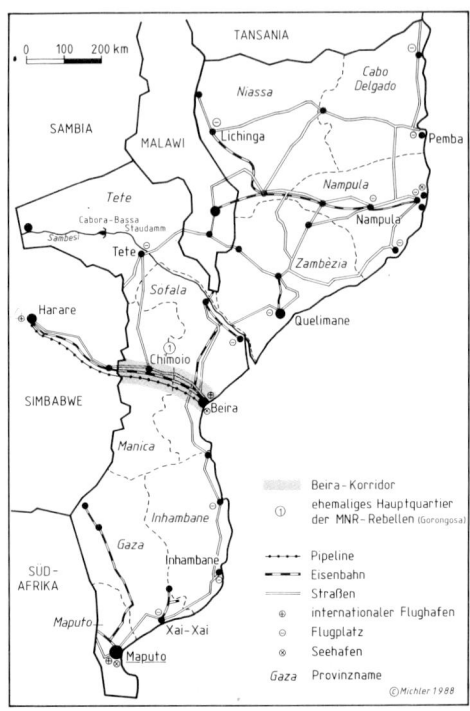

Größe: 799.000 km^2; **Bevölkerung**: 15,34 Mio. (Mitte 88), darunter ca. 20.000 Weiße;
Religion: ca. 70 % Anhänger afrik. Religionen; je 12–15 % Christen o. Moslems;
Entwicklungsstand: z.B. bei Unabhängigkeit 1975 ca. 90 % Analphabeten ;
ethn. Konflikte: nicht bekannt;
Export (1985): 174 Mio. $;
Import (1985): 547 Mio. $
Verschuldung: 3,4 Mrd. $ (Anfang 1987); Schuldendienst (1986): 275 % der Exporterlöse(!)
Bewertung: extrem überschuldet.

16. Jhdt.	Portugiesen kontrollieren Küstenstreifen u. bringen den Seehandel (Ostafrika-Indien, Arabien) unter ihre Kontrolle;
17. Jhdt.	Auf der Suche nach Gold dringen Portugiesen ins Innere des heutigen Mosambik u. Simbabwe vor u. zerstören dort das Reich des Monomotapa (‚Simbabwe-Kultur'); werden aber Ende d. 17. Jhdts. v.d. Einheimischen wieder zurückgedrängt;
1752	Mosambik wird offiziell portug. Kolonie;
1884/85	Berliner Kongo-Konferenz: Portugal kann Anspruch auf Region d. heutigen Mosambik durchsetzen; Eroberung Mosambiks gegen einheimischen Widerstand; Zerstörung des Reiches Gaza;

um 1920	Erst zu diesem Zeitpunkt port. Kontrolle über Mosambik in seinen heutigen Grenzen durchgesetzt;
Folge-zeit	Mosambik wird wie Angola *Siedlerkolonie*; 1974 leben ca. 200.000 Weiße im Land; Groß-Plantagenwirtschaft in weiten Teilen des Landes; Mosambik wird wie Angola integraler Bestandteil der Republik Portugal (Überseeprovinz 1951);
1962	Gründung der *FRELIMO* (Front zur Befreiung Mosambiks);
ab 1964	*Guerillakampf* der FRELIMO gegen port. Kolonialmacht; im Gegensatz zu Angola u. Simbabwe bleibt d. Kampf d. Afrikaner geeint; FRELIMO wird schlag-kräftige Guerilla-Bewegung; kontrolliert große Teile des Landes, insbes. im Norden; wie in Angola legt Kolonialmacht Wehrdörfer an (Zwangsumsiedlun-gen!); desolate Situation in Mosambik u. Angola führt zum Putsch in Portugal; danach Abkommen mit Portugal über Unabhängigkeit;
25. 6. 75	*Unabhängigkeit* (Volksrepublik); Präsident Samora Machel; FRELIMO seitdem staatstragende Einheitspartei; versteht sich als marxistisch-leninistische Avant-garde-Partei;
Folge-zeit	*ZANU* (R. Mugabe): afrik. Guerillabewegung, die gegen die weiße Siedlerherr-schaft im benachbarten Simbabwe/Rhodesien kämpft, erhält ‚Basen' in Mosam-bik;
	Rhodesien: zahlreiche direkte Übergriffe auf Mosambik, um ZANU dort zu zerschlagen (bleibt erfolglos; Grenzschließung zw. beiden Staaten)
	MNR: 1976 v. rhod. Geheimdienst gegründet; Sabotagetrupps, um Mosambik zur Aufgabe seiner Unterstützung an die ZANU Mugabes zu zwingen; Südafrika an MNR-Aufbau beteiligt;
ab 1980	*landesweiter MNR-Rebellenkrieg*: Südafrika übernimmt nach dem Ende der weißen Kolonialherrschaft in Rhodesien (17.4.80 Unabhängigkeit Simbabwes) die Auf- u. Ausrüstung der MNR-Bewegung; Schritt um Schritt entwickelt diese sich zu einer landesweit operierenden Terrororganisation, die quasi das gesamte wirtschaftl. Leben, insbes. die Landwirtschaft zum Erliegen bringt.
	Südafrika: Mehrere Kommandounternehmen (insbes. 1982/83), u.a. Zerstörung v. Ölanlagen im Hafen Beira; gezielte Angriffe auf Einrichtungen in Maputo;
16. 3. 84	*Nkomati-Abkommen*: Gegenseitiger Nichtangriffspakt zwischen Mosambik und Südafrika; Mosambik weist vertragsgemäß etwa 800 ANC-Mitglieder aus (ANC operiert gegen Südafrika); Pretoria soll Unterstützung der MNR aufgeben; Akommen bleibt wie dasjenige zw. Angola und Südafrika erfolglos: Ganz im Gegenteil eskaliert der MNR Rebellenkrieg immer mehr: versch. Massaker mit Hunderten von Toten erregen 1987 weltweites Aufsehen;
	FRELIMO-Regierung: bleibt wegen des Krieges auf massive Militärhilfe d. Ostblocks angewiesen; Anbindung an Moskau jedoch geringer als diejenige Angolas; betreibt seit 1984 verstärkte Öffnungspolitik gegenüber dem Westen;
19. 10. 86	Präsident Samora Machel kommt bei Flugzeugabsturz auf südafr. Territorium ums Leben; Ursache bleibt ungeklärt; Nachfolger wird: Joaquim Alberto Chis-sano;
1987	*Notstand* in 9 der 10 Provinzen erklärt; Regierung bittet wegen des Krieges um Nothilfe für rund 3,5 Mio. Menschen.

Quellen: Angaben im wesentlichen nach: Der Große Ploetz, Auszug aus der Geschichte, Freiburg u. Würzburg 1980; Fischer Weltalmanach, Ausgaben: 1979–1988; P. Ripken (Hrsg.), Südliches Afrika, Berlin 1978; Hofmeier/Schönborn, Politisches Lexikon Afrika, München 1987; bfai, versch. Berichte zur wirtschaftlichen Entwicklung, versch. Jahrgänge, Köln; J. Krause, Sowjetische Militärhilfepolitik gegenüber Entwicklungsländern, Baden-Baden 1985; R. Dingemann, Bewaffnete Konflikte seit 1945, Düsseldorf 1983; Ein veruntreutes Pfand: Namibia, Informationsdienst der UN0, New York 1975; Informationsdienst Südliches Afrika, versch. Ausgaben, versch. Jahrgänge, issa Bonn.

Konfliktfeld Südliches Afrika:
Basisinformationen zu Angola

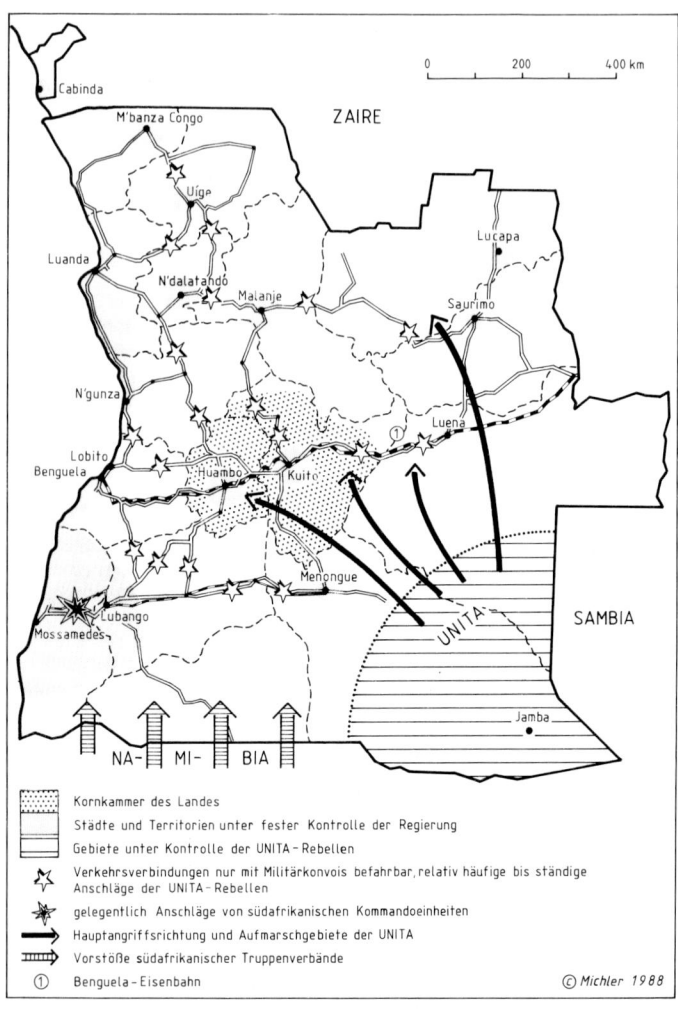

0   200   400 km

Cabinda

M'banza Congo

ZAIRE

Uíge

Lucapa

Luanda

N'dalatando

Malanje

Saurimo

N'gunza

Luena

Lobito
Benguela

Huambo

Kuito

①

Menongue

Lubango

SAMBIA

Mossamedes

UNITA

Jamba

NA- MI- BIA

Kornkammer des Landes

Städte und Territorien unter fester Kontrolle der Regierung

Gebiete unter Kontrolle der UNITA-Rebellen

Verkehrsverbindungen nur mit Militärkonvois befahrbar, relativ häufige bis ständige
Anschläge der UNITA-Rebellen

gelegentlich Anschläge von südafrikanischen Kommandoeinheiten

Hauptangriffsrichtung und Aufmarschgebiete der UNITA

Vorstöße südafrikanischer Truppenverbände

① Benguela-Eisenbahn

© Michler 1988

Größe: 1,247 Mio. km² **Bevölkerung**: 9,63 (Mitte 88)
Religion: ca. 50 % Christen, ca. 50 % Anhänger afrik. Religionen;
Entwicklungsstand: z.B. bei der Unabhängigkeit 1975 ca. 85 % Analphabeten;
Export (1984): 2,03 Mrd. $ (haupts. Erdöl)
Import (1984): 636 Mio. $
Verschuldung: 3,07 Mrd. $ (1986) ohne Rüstungsschulden; inklusive Rüstungsschulden
unterschiedliche Angaben: mindestens 4 Mrd. $ oder auch 6–7 Mrd. $; Schuldendienst
(1986): 25 % der Exporterlöse.

1575	Luanda v. Portugiesen gegründet; Beginn der Kolonialisierung d. Küste; zunächst diplomatische Beziehungen zum Kongo-Königreich, dann Annektion v. Teilen des Ndongo-Reiches; Sklavendeportation (3–7 Mio.! bis Mitte des 19. Jhdt.) vorwiegend n. Brasilien;
1884/85	Berliner Kongo-Konferenz: Portugal kann Anspruch auf ‚Angola' durchsetzen; Kolonialisierung gegen erhebl. Widerstand d. Einheimischen;
1924	Portugal hat Kontrolle über Region des heutigen Angola durchgesetzt; Folgezeit: Angola wird *Siedlerkolonie*, bis 1974: *400.000 Weiße*; Einheimische: Landenteignung u. Zwangsarbeit; Entstehung v. Monokulturen u. Großplantagenwirtschaft als belastende Hypothek für Zeit nach der Unabhängigkeit;
1956	Gründung der Widerstandsbewegung *MPLA* (A. Neto) sozialistisch orientiert; Unterstützung (später) durch d. Ostblock;
1962	Gründung der *FNLA* (H. Roberto); Unterstütz. durch afrik. Staaten, insbes. Zaire, China und Westen;
1966	Gründung der 3. Guerilla-Organisation gegen die port. Kolonialmacht: *UNITA* (J. Savimbi); Hilfe v. Zaire, Westen, China, Südafrika; Bewegungen können sich nicht einigen, bekämpfen sich z.T. gegenseitig;
Mitte 60er J.	verstärkter Guerilla-Kampf gegen Portugiesen; Aufstände 1960/61 fordern 60.000 Todesopfer; Portugiesen ziehen ca. 1 Mio. Bauern in Wehrdörfern zusammen.
1974/75	Ende 74: Waffenstillstand d. drei Guerilla-Bewegungen mit Portugal; Anf. 1975: Bildung einer *Übergangsregierung* aus den drei Widerstandsorganisationen; Sommer 75: Übergangsregierung zerbricht; UNITA/FNLA Bündnis *gegen* MPLA;
Sept. 75	FNLA-Offensive, verstärkt mit *11.000 Soldaten aus Zaire* gegen MPLA;
14.10.75	*Intervention v. 6.000 südafrik. Soldaten* auf Seiten der UNITA (südafrik. Streitkräfte seit Juni 1975 in Südangola)
7.11.75	Beginn der Operation „*Carlota*": Tausende *kuban. Soldaten* werden eingeflogen, um bedrängter MPLA zu helfen; bis zu diesem Datum waren nur wenige Hundert Kubaner im Land; UDSSR verstärkt bereits eingeleitete Waffenhilfe; MPLA kann Offensive von UNITA u. FNLA abwehren;
11.11.75	MPLA erklärt *Unabhängigkeit* der Volksrepublik Angola;
Ende 75 / Anf. 76	MPLA kann mit kuban. Truppenunterstützung (10.000–12.000 Mann) FNLA vernichtend schlagen; UNITA-Stützpunkte werden ebenfalls erobert; Südafrika zieht angesichts d. starken Gegenkräfte u. des Stopps d. USA-Unterstützung für die Aktion seine Truppen zurück; am 22. Jan. 1976 hat MPLA alle Stützpunkte von UNITA u. FNLA erobert; *Weiße Siedler*: Etwa 300.000 verlassen während der Kriegswirren 1975 und kurz nach d. Unabhängigkeit fluchtartig das Land; extreme Negativ-Folgen f.d. Wirtschaft des Landes;
Nach 76	*UNITA*: Neuformierung mit Unterstützung Südafrikas (dauert bis heute); Aufbau einer schlagkräftigen Guerilla-Truppe, deren Stärke auf 15.000–23.000 Mann geschätzt; Führer J. Savimbi; stützt sich auf Ovimbundu-Volksgruppe; hat Teile Südost-Angolas unter Kontrolle; krieger. Auseinandersetzungen zwischen UNITA u. MPLA haben Landwirtschaft u. Infrastruktur schwer geschädigt, z.T. völlig ruiniert: Zerstörung d. Eisenbahn trifft auch den Nachbarstaat Zaire; Kampf eskalierte i.d. 80er Jahren; neuerdings erhält UNITA direkte Unterstützung aus den USA; gewisse militär. Patt-Situation, kein Ende des Krieges in Sicht; *SWAPO* (Widerstandsbewegung gegen südafrik. Kolonialherrschaft in Namibia); unterhält ‚Guerilla-Basen' im Süden Angolas; SWAPO-Verbände infiltrieren von dort n. Nord-Namibia; *Südafrika* interveniert wiederholt mit starken Truppenverbänden in Südangola, dringt dabei bis zu 250 km auf angol. Territorium vor; *Ziele*: 1. Zerschlagung der

SWAPO; 2. Schützenhilfe für UNITA-Operationen; 3. Schwächung der als kommunistisch eingestuften MPLA-Regierung; 4. UNITA-Regierungsbeteiligung in Luanda. Südafrika hielt Grenzstreifen in Südangola (zw. 50–200 km Breite) jahrelang besetzt, hinterließ dort ,verbrannte Erde'.

MPLA-Regierung: Blieb wegen des UNITA-Rebellenkrieges u.d. südafrik. Übergriffe auf massive Waffenlieferungen aus der UDSSR sowie auf kuban. Truppenpräsenz (1987 schätzungsweise 25.000 Soldaten) angewiesen; andererseits gute Handelsbeziehungen zu den USA: Ölexploration u. -lieferung;

**März
1984**
Abkommen von Lusaka: Waffenstillstand zwischen Angola und Südafrika; bleibt – obwohl weltweit euphorisch gefeiert – ohne Erfolg: Südafrika interveniert erneut und mehrfach mit eig. Verbänden u. setzt Hilfe an UNITA fort; SWAPO nutzt Südangola offensichtlich weiter als Ausgangspunkt für Aktionen in Nordnamibia. Regional macht Südafrika den Abzug d. Kubaner zur Vorbedingung einer friedl. Lösung; internat. bleibt Angola in den Ost-West-Konflikt eingebunden.

Quellen: siehe Ende Basisinformationen Mosambik

Erläuterungen zu Graphik 3

1. Besetzung Namibias durch südafrikanische Truppen;
2. Kriegs- und Ausnahmezustand in Nordnamibia; von dort aus: 1. Intervention nach Südangola; 2. Unterstützung der UNITA;
3. Kontrolle zentraler Teile des Hochlandes durch UNITA; Unterbrechung der Benguela-Eisenbahn mit Rückwirkung für Zaire (Kupfergürtel);
4. Infiltration von SWAPO-Guerillas nach Nordnamibia;
5. sog. Cabinda-Enklave, gehört zu Angola, dort wichtigste Erdölfelder des Landes; wiederholte Anschläge der UNITA und südafrikanischer Kommandos; außerdem kämpft die FLEC-Guerillabewegung um die Unabhängigkeit (!) der Enklave;
6. Unterstützung der MNR-Rebellen durch Südafrika;
7. sog. Beira-Korridor (Eisenbahn, Straße, Pipeline), wichtige Seehafen-Anbindung für Simbabwe, Sambia, Malawi und z.T. Botswana; von MNR attackiert, von simbabwischen Militäreinheiten geschützt;
8. Eisenbahnverbindung Beira-Malawi von MNR-Rebellen unterbrochen;
9. Nacala-Eisenbahn, wichtig für Versorgung Malawis, von MNR unterbrochen; es wird jedoch versucht, den Betrieb wieder aufzunehmen;
10. Straßenverbindung Simbabwe-Malawi durch mosambikanische Tete-Provinz; von MNR attackiert, von simbabwischen Soldaten geschützt; Kontrolle über Straße wechselhaft;
11. Eisenbahnlinie Harare-Maputo ebenfalls von MNR-Rebellen unterbrochen;
12. Unterstützung von Rebellen im südwestlichen Simbabwe (sog. Matabeleland) durch Südafrika;
13. Lesotho: Binnenlage in Südafrika; totale Abhängigkeit von südafrikanischen Verkehrswegen;
14. Swasiland, Binnenstaat; kann wegen des MNR-Krieges in Mosambik nur über Südafrika im- und exportieren;
15. sog. Caprivi-Zipfel; von südafrikanischen Einheiten besetzt, von dort direkte Angriffe auf Sambia möglich.

Graphik 3: Konfliktfeld Südliches Afrika

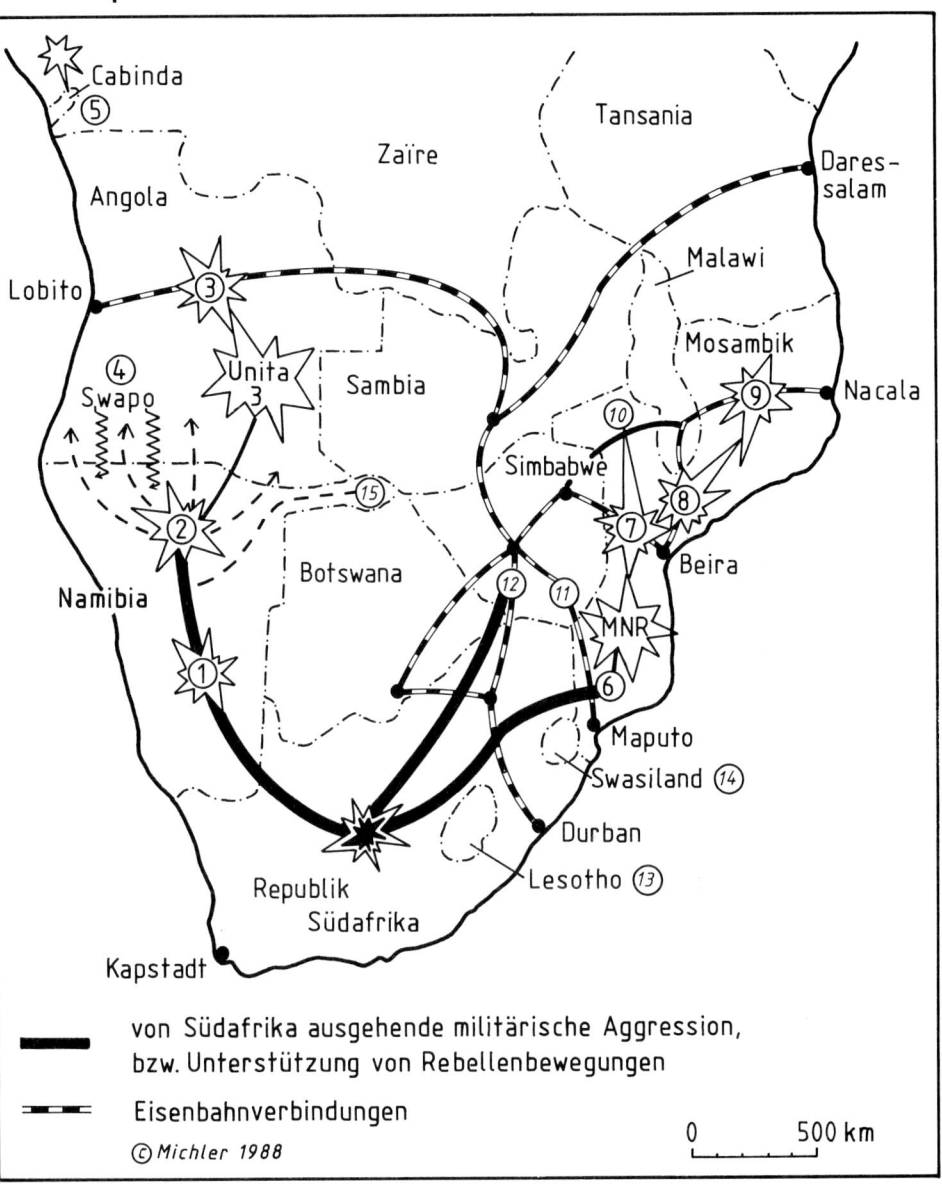

von Südafrika ausgehende militärische Aggression,
bzw. Unterstützung von Rebellenbewegungen

Eisenbahnverbindungen

© Michler 1988

0   500 km

Konfliktfeld Südliches Afrika: Die weiße Machtpolitik und ihre Folgen – Krieg, Hunger, Ruin

„Total onslaught" – den Feind vor den Landesgrenzen vernichten

„Wir sind ein Land, das noch Respekt vor sich selbst besitzt. Und diese Selbstachtung sollten wir uns bewahren. Im Glauben und in demütigem Gehorsam gegenüber Gott, der das Schicksal der Menschheit in seinen Händen hält, sollten wir unsere Zukunft gestalten."

„Wir glauben, daß wir für die freie Welt überlebenswichtig sind; ohne uns kann die freie Welt ihre Kraft und Stärke nicht aufrechterhalten, ohne uns wird sie den Kampf gegen Marxismus und Tyrannei verlieren."

„All denjenigen, die glauben, sie könnten uns zu Gejagten machen, denen versichere ich: Unterschätzt nicht unseren Willen, in diesem Land auszuharren, unterschätzt nicht unseren Willen, Südafrika zu bewahren und seine Unverletzlichkeit zu schützen."

„Wir müssen eine Politik verwirklichen, die freundschaftliche Beziehungen zu unseren Nachbarstaaten herstellen will, und zwar auf der Basis der gegenseitigen Nicht-Einmischung in die inneren Angelegenheiten des anderen."

P.W. Botha, Staatspräsident Südafrikas[26]

„Der südafrikanische Premierminister fordert die Bürger seines Landes ganz einfach auf, ‚nein‘ zu sagen, ‚nein‘ zu einer Welt, die uns zerstören will; das ist alles, was er verlangt."

R.F. Botha, Außenminister Südafrikas[26]

Wie bereits im Geschichtsteil gezeigt, sehen sich die Regierenden Südafrikas einem *„total onslaught"*, einem Totalangriff von Kommunismus und Terrorismus ausgesetzt. Staatspräsident Botha und mit ihm ein Großteil der Massenmedien werden nicht müde, den Bürgern des Landes, also auch den Schwarzen, zu versichern, die Auseinandersetzungen in Südafrika seien nicht ein Kampf um Vorherrschaft und Gleichberechtigung, sondern es handle sich um eine Konfrontation zwischen westlicher Zivilisation und liberalem Wohlfahrtsstaat auf der einen Seite und dem Kommunismus sowie dessen sozialistisch ruinöser Planwirtschaft auf der anderen Seite. Diese Position wird seit Jahrzehnten, verstärkt seit 1975, proklamiert und ist mittlerweile zu einem integralen Bestandteil zumindest des burischen Selbstverständnisses geworden. Aber der Regierung gelang es auch, einen Teil der Schwarzen von dieser Auffassung zu überzeugen. So glauben denn zahlreiche Afrikaner (z.B. Homeland-Politiker, Teile der kleinen schwarzen Oberschicht), daß eine Regierungsbeteiligung des ANC[27] (*die* politische und militante Widerstandsbewegung der Schwarzen; Führung im Exil) das wirtschaftliche Ende für Südafrika bedeuten würde.

Tabelle 1: Militärische Kräftepotentiale im Südlichen Afrika (Anfang 1988)

	Armee (1)	militärische Reserven	paramilitärische Einheiten
Südafrika (2)	97.000* (3)	325.000*	205.000* (4)
Namibia	22.000* (5)		
Angola	53.000*	k.A.	57.000* (6)
Mosambik	31.700*	k.A.	9.500* (7)
Simbabwe	47.000*	k.a.	20.000-38.000*
übrige Frontstaaten (8)	59.500*	k.A.	101.500*
Südafrikanische Streitkräfte in Namibia	40.000(-90.000) (9)		
Streitkräfte Simbabwes in Mosambik	7.000-12.000		
SWAPO	ca. 6.000- 9.000		
UNITA	ca. 20.000-28.000		34.000*
MNR	ca. 15.000-18.000		
ANC	ca. 10.000		
Kubaner in Angola	ca. 25.000-30.000 sowie ca. 8.000 zivile Techniker und Entwicklungshelfer		

Anmerkungen
1) Armee = jeweils aktive Soldaten (oder Guerillakämpfer) aller Teilstreitkräfte;
2) Gesamtstreitkräfte inklusive der Besatzungstruppen in Namibia, aber ohne die Armee der unabhängigen Homelands (ca. 5.500 nach IISS);
3) SIPRI 1985 schätzt maximale Mobilisierungsstärke auf 400.000–500.000 Mann;
4) inklusive der Polizei von 55.000 Mann, aber ohne Polizeireserve von 37.000;
5) SWATF = Südwestafrikanische Territorialstreitkräfte unter Oberkommando von Südafrika;
6) Krause (1985) berichtet vom angeblichen Aufbau einer 500.000 Mann starken Volksmiliz;
7) inklusive Volksmiliz wesentlich mehr, keine Zahlenangaben verfügbar;
8) = Tansania, Botswana, Sambia;
9) sehr unterschiedliche Angaben, SIPRI 1985 nennt 70.000–100.000; realistischer wohl um die 40.000;
*) nach IISS 1987/88.

Quellen: im wesentlichen nach: The Military Balance 1987/88, IISS London 1987; SIPRI Yearbook, Stockholm, versch. Jahrgänge, letzte Ausgabe 1987; New African Yearbook 1987/88, London 1987; J. Krause, Sowjetische Militärhilfepolitik gegenüber Entwicklungsländern, Baden-Baden 1985.

245

Das Konzept des ‚totalen Angriffes' ist heute gleichermaßen beherrschend für die Innen- wie für die Außenpolitik. Im Sinne des „total onslaught" sieht die weiße Regierung im inländischen Widerstand nichts als einen Brand, den kommunistische Unruhestifter gelegt haben. Und gegen diese zerstörerischen Kräfte helfen keine Verhandlungen, keine Auseinandersetzungen mit den Forderungen, sondern nur die Polizei und vor allem die Armee. Südafrikas Militärhaushalt stieg infolgedessen von 2,465 Mrd. Rand im Haushaltsjahr 1981/82 um über 100 Prozent auf 5,120 Mrd. Rand im Haushaltsjahr 1986/87.[28] Dies war jedoch nicht nur wegen der verschärften inneren Sicherheitslage nötig, sondern auch, weil Pretoria seine militärische Schlagkraft nach außen verstärkte. Denn die kommunistischen Umtriebe und Unruheherde im Land sind letztlich – aus der Perspektive der weißen Machthaber – nur ein Ergebnis des über die Nachbarstaaten Angola und Mosambik vorrückenden Weltkommunismus.

Die vorangegangenen drei Abschnitte haben deutlich gezeigt, daß die Anbindung der angolanischen und mosambikanischen Regierung sowie der Befreiungsfront SWAPO an den Ostblock erstens das Resultat einer historischen Entwicklung ist (keine Hilfe vom Westen) und nicht primär ein Ergebnis der inneren Haltung ihrer führenden Politiker und daß diese sich zweitens stets um Beziehungen zum Westen bemüht haben und auch enge Wirtschaftsbeziehungen (Angola: Öl für USA) bis heute praktizieren. Der deutlichste Beweis der Distanz beider Staaten gegenüber Moskau liegt wohl darin, daß sie sich bis heute geweigert haben, der UdSSR militärische Stützpunkte einzuräumen. Der Realität näher kommt wohl die Charakterisierung beider Regierungen und Parteien (MPLA, FRELIMO) als nationalistische Kräfte bzw. Gruppierungen, die in ihren Ländern einen sozialistisch orientierten Entwicklungsweg einleiten wollen.
Trotzdem sieht die südafrikanische Regierung in ihnen nichts anderes als Marionetten Moskaus. Pretoria glaubt sich einem Zangenangriff der UdSSR ausgesetzt: Angola und Mosambik fungieren in diesem Sinne als die verlängerten Arme des russischen Bären, der begierig ist, Südafrika in die Gewalt seiner Tatzen zu bringen. So irreal sich diese Vorstellung für manchen von uns anhören mag, so real ist sie für die weißen Herrscher und viele burische Bürger am Kap, und um so schrecklicher sind ihre Auswirkungen auf die als Feinde klassifizierten Nachbarstaaten. Fassen wir diese Darlegungen und die in den drei vorangegangenen Abschnitten skizzierten Entwicklungen zusammen:

1. *Seit mehr als 20 Jahren herrscht Krieg im Südlichen Afrika.* Mitte der 60er Jahre (z.T. noch früher) begannen die bewaffneten Befreiungskämpfe (Guerilla-Kriege) in Namibia, Angola, Mosambik und Rhodesien (Gesamt-Territorium ca. 3,3 Mio. km^2) gegen die weiße Siedlerherrschaft und Kolonialmacht in ihren Ländern. Auch in Südafrika ereigneten sich in den 60er Jahren die ersten gegen das Apartheidsystem gerichteten Sabotageakte. Die anti-kolonialen Befreiungskämpfe forderten nicht nur große Opfer und verbrauchten erhebliche Ressourcen, sie haben darüber hinaus schwere Entwicklungshypotheken (Siedlungsstruktur) hinterlassen und die Landwirtschaften der Länder schwer geschädigt.
2. Nur in *Rhodesien/Simbabwe* ging der Krieg nach rund 15jähriger Dauer 1980

zu Ende. Doch auch in Simbabwe bleibt die Entwicklung, insbesondere durch den Krieg in Mosambik, belastet und bedroht.

3. Für *Angola* und *Mosambik* (beide zusammen rund 2 Mio. qkm groß und 25 Mio. E. zählend) brachte die Unahängigkeit im Jahr 1975 keinen Frieden. Von *Südafrika* unterstützte schlagkräftige Rebellenbewegungen (UNITA in Angola; MNR in Mosambik) bekämpfen seitdem die Regierungen dieser Länder. In Angola haben südafrikanische Streitkräfte wiederholt interveniert.[29]

4. *Südafrika hält Namibia seit über 20 Jahren völkerrechtswidrig besetzt.* Im Norden, dem dichtestbesiedelten Landesteil, herrscht seit Jahren Kriegszustand: Ein normales Alltagsleben ist nicht mehr möglich und damit auch keine Entwicklung. Südafrika sperrt sich gegen den Friedensplan der UNO, weil es befürchtet, international überwachte Wahlen würden die SWAPO in Windhuk an die Macht bringen. Dies darf aber nicht sein, weil die SWAPO von Pretoria als kommunistisch und als Agent Moskaus eingestuft ist. Wenn Namibia – das bis 1970 noch als eigenes Staatsterritorium betrachtet wurde – an eine kommunistische Regierung verlorengeht, wie soll dann Pretoria die großen Opfer, die der Kampf um Namibia auch die Südafrikaner gekostet hat, rechtfertigen? Die weiße Regierung muß also aus innenpolitischen Gründen eine Lösung in Namibia durchsetzen, die sie ihren Wählern als einen Erfolg verkaufen kann, das ist aber nicht die UN-Resolution 435. Und deshalb wird der Krieg in und um Namibia weitergehen; ich sehe keine Lösung innerhalb des nächsten Jahrzehnts in Aussicht.[30]

5. In Angola und Mosambik unterstützt Südafrika die dort agierenden Rebellenbewegungen, um gemäß der „roll back"-Strategie die angeblich kommunistische Bedrohung vor den eigenen Grenzen zurückzudrängen. Ohne Pretorias Hilfe hätte sich die bereits besiegte UNITA in Angola (wie die geschlagene FNLA) nicht neu formieren können, und die MNR-Bewegung in Mosambik ist in ihrer heutigen Gestalt gänzlich eine Schöpfung Südafrikas. *Umgekehrt: Ohne Südafrikas Eingreifen gäbe es gegenwärtig die Kriege in Angola und Mosambik nicht!*[31]

6. Südafrikas ,Destabilisierungspolitik' gegenüber seinen Nachbarstaaten soll außerdem die Regierung dieser Länder daran hindern, den Guerillakämpfern des ANC (Afrikanischer National-Kongreß, politische Oppositions- und militante Bewegung gegen das Apartheidsystem) Unterstützung zu gewähren. Wären die politischen und wirtschaftlichen Verhältnisse in Pretorias Nachbarstaaten stabil, dann wären ihre Territorien nicht nur geeignete Aufmarsch- und Rückzugsgebiete für die Kampfgruppen des ANC, sondern diese Staaten könnten möglicherweise ihre eigenen Armeen gegen Südafrika mobilisieren.

7. Die südafrikanische Aggressionspolitik konzentriert sich zwar auf Namibia, Angola und Mosambik, aber auch gegenüber allen anderen Staaten der Region hat Pretoria unmißverständlich klar gemacht, daß es eine Unterstützung des ANC – und sei sie auch noch so gering – nicht dulden werde. Um dem Nachdruck zu verleihen, haben südafrikanische Kommandos während der letzten Jahre gezielte Angriffe auf ANC-Büros oder bloß vermeintliche in allen übrigen Nachbarstaaten unternommen (Botswana, Simbabwe, Sambia, Lesotho und Swasiland).

Fazit: Südafrikas Militäraktionen basieren auf der ‚totalen Angriffs-Theorie'. Derzufolge betrachtet Pretoria die *Nachbarstaaten* als seinen *äußeren Verteidigungsring*. Im Sinne einer offensiven Anti-Guerilla-Strategie muß der Feind soweit wie möglich außerhalb des eigenen Territoriums bekämpft werden, und man muß ferner seinen Angriffen zuvorkommen. Deshalb also die vielen – rein militärisch gesehen – Überreaktionen Südafrikas, eben weil das Korsett seiner Offensiv-Strategie dies verlangt: Schon die als bloß möglich eingestufte Bedrohung gilt es mit allen Mitteln zu zerschlagen.[32]

Namibia: Südafrikas Besatzungskrieg gegen die Zivilbevölkerung

Schon 1981, als ich das Kriegsgebiet im Norden Namibias besuche, bin ich überrascht über das Ausmaß des Konfliktes: Die Stützpunkte der Südafrikaner sind keine kleinen Provinzposten, sondern riesige, gut ausgebaute Militärbasen. In Sportplatz-großen Erdlöchern, hinter meterhohen Schutzwällen verbergen sich die Camps der Soldaten, Sandsack-starrende, Flak-bewehrte Kontrolltürme bewachen jeden Zugang. Auch die öffentlichen Gebäude, die Wohnungen der mit Südafrika kooperierenden Politiker gleichen Festungen. Überall sehe ich die Spuren, die der Krieg hinterlassen hat. Pastöre zeigen mir niedergebrannte Kirchen, zerschossene und ausgebombte Sozialstationen und Gemeindezentren, berichten mir von Angriffen auf Schulen und Krankenhäuser, von zahlreichen Mitarbeitern, die durch Landminen in den Tod gerissen oder grausam verstümmelt worden sind. Gewalt, brutalste Vergeltungsaktionen, Folter, Einschüchterung, Angst, – all das ist Alltag, die Normalität im Siedlungsgebiet der Ovambo, der mit 50 Prozent stärksten Bevölkerungsgruppe Namibias.

„Die südafrikanischen jungen Soldaten tun mir leid", erklärt mir eine finnische Missionarin, „sie glauben, sie kämen als Befreier und Beschützer der Bevölkerung hierher. So haben es ihnen ja ihre Ausbilder eingetrichtert. Und schon nach wenigen Wochen spüren sie, daß die Menschen sie hassen, daß niemand hier auf ihrer Seite steht." Alle meine Gesprächspartner sehen in den Südafrikanern eine Besatzungsmacht: „Vor wem wollen die uns denn beschützen," sagt man mir immer und immer wieder, „etwa vor der SWAPO, die die Söhne unseres eigenen Volkes sind? Und außerdem: die Südafrikaner haben uns diskriminiert, uns entrechtet, haben Apartheid und Gewalt nach hier gebracht. Wie also sollen wir denn in ihnen unsere Befreier sehen?" So reden nicht nur die politischen Opponenten, sondern auch die Kirchenvertreter, gleich ob es sich um Gemeindehelfer, Pastöre, Bischöfe oder um ausländische Missionare handelt. Letztlich verrät schon die massive Militärpräsenz der Südafrikaner, daß es hier nicht um die Bekämpfung und Vernichtung ‚einiger Terroristen' geht, sondern um die Zerschlagung eines starken Gegners, der über eine große Unterstützung aus der Bevölkerung verfügen muß.

Im Jahr 1982 veröffentlichte die Südafrikanische Katholische Bischofskonferenz – sie ist auch für Namibia zuständig – eine aufsehenerregende Dokumentation zur Lage in Namibia. Die Bischöfe hatten sich ihre Arbeit nicht leicht gemacht, hatten gar in Namibia selbst recherchiert. Sie befragten in siebzehn Gesprächsrunden mehr als 180 Personen, meist Repräsentanten von Gemeinden und Verbänden. In

SWAPO DOEN DIE VUIL WERK
VIR DIE BASE MET DIE YSTERHANI

Plakat aus dem Wahlkampf zur „Interimsregierung":
„Swapo macht die Dreckarbeit für die Bosse mit der eisernen Hand"

ihrer Dokumentation schreiben die mehrheitlich weißen Bischöfe über das Verhalten der südafrikanischen Armee in Namibia:
„Berichte über die Erkenntnisse im Kriegsgebiet zeigen, daß es als allgemein anerkannt gilt, daß die Sicherheitskräfte bei ihrer Suche nach SWAPO-Guerillas vor nichts zurückschrecken, um aus den Menschen Informationen herauszukriegen. Sie dringen in Häuser ein, schlagen die Bewohner, erschießen Menschen, stehlen und töten Vieh, und oftmals plündern sie Geschäfte und Teestuben. Entdecken die Sicherheitskräfte Spuren von SWAPO-Guerillas, ist die örtliche Bevölkerung in Gefahr, denn dann werden die grausamen Maßnahmen noch verstärkt. Man verbindet ihnen die Augen, schleppt sie aus ihren Häusern und läßt sie verprügelt oder gar tot am Straßenrand liegen. Frauen werden vielfach vergewaltigt. Dringt ein Kommando in ein Haus ein, kommt es nicht selten vor, daß sich die weißen Soldaten, während ihre schwarzen Kollegen die Familie in Schach halten, die hübschesten Mädchen heraussuchen und sie in den Busch zerren, um sie dort zu vergewaltigen. Wiedergutmachungen kann man nicht verlangen, denn Berichterstattung an die Kommandeure über Verstöße oder Greueltaten werden als gefährliche und zwecklose Bemühungen angesehen".[33]

Graphik 4: Militärisches Operationsgebiet und südafrikanische Stützpunkte im Norden Namibias

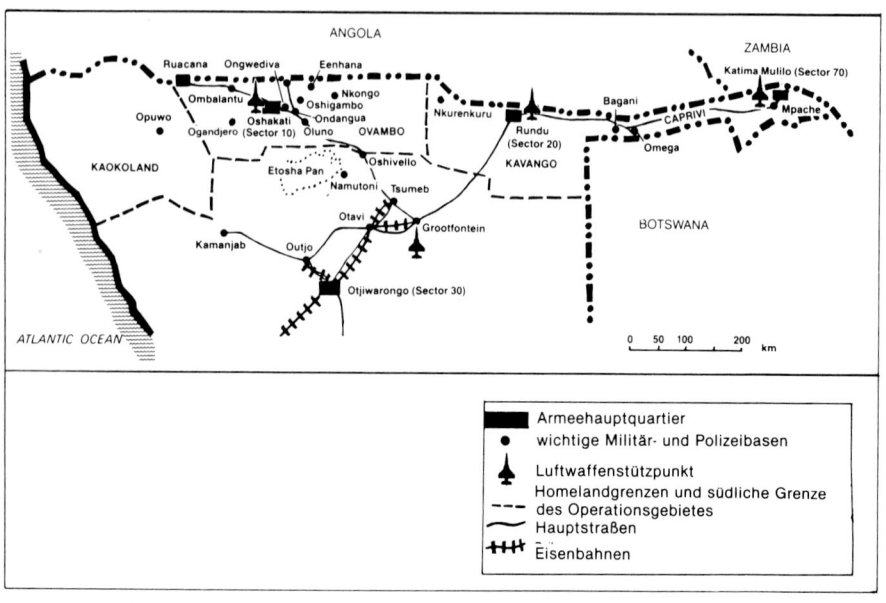

Quelle: Informationsdienst Südliches Afrika Nr. 6/1986

Wie jede Besatzungsmacht, müssen auch die Südafrikaner, wenn sie die SWAPO zerschlagen wollen, die Zivilbevölkerung in die Auseinandersetzungen einbeziehen. Denn viele der SWAPO-Kämpfer schwimmen im Volk wie die Fische im Wasser, und deshalb muß das Wasser ausgetrocknet werden, wenn der Fisch sterben soll, muß die Zivilbevölkerung terrorisiert und eingeschüchtert werden, damit sie vor der Unterstützung ihrer eigenen ‚SWAPO-Söhne' zurückschreckt. Über die SWAPO heißt es in der bereits zitierten Namibia-Dokumentation der südafrikanischen Bischofskonferenz:

„Bezüglich der Vergeltungsmaßnahmen wurde uns gesagt, daß Einschüchterungen nicht die Politik der SWAPO seien, weil sie als Guerilla-Armee auf das Wohlwollen der Bevölkerung angewiesen ist ... In Kirchenkreisen, wie im namibischen Kirchenrat und in der Umgebung der lutherischen Bischöfe vom Ovambo-Okavango, vertrat man die Meinung, daß sie keinen Beweis dafür hätten, daß die SWAPO marxistisch sei. Im Gegenteil würden sie viele SWAPO-Guerillas kennen, die gläubige und praktizierende Christen seien, junge Leute, die die Bibel lesen und beten und mit größter Entschlossenheit den Kontakt zu ihren Kirchen aufrechterhalten. In den Lagern der SWAPO werden Gottesdienste abgehalten. Gegen

Ende unseres Besuches in der Zentrale der lutherischen Kirche in Onijpa wurde dieses Thema auf eine sogar dramatische Art und Weise verdeutlicht, als der Bischof von jemandem zu einem Auslandsferngespräch ans Telefon gerufen wurde. Sein Gesprächspartner übermittelte ihm die Bitte Sam Nujomas, die Weihe zweier lutherischer Theologiestudenten in Daressalam voranzutreiben, damit sie ihre seelsorgerische Arbeit in den Lagern der SWAPO aufnehmen könnten. Wenn es in der SWAPO marxistische Tendenzen gebe, so wurde weiter behauptet, würden diese durch den christlichen Glauben in Schach gehalten, der von den SWAPO-Mitgliedern auf so breiter Ebene hoch und in Ehren gehalten wird".[34] Die Bischöfe schließen ihren Bericht mit einem Appell an die Gläubigen, „sich mit Gebeten einzusetzen für den Rückzug Südafrikas aus dieser Situation der Gewalt." Viele weiße Christen konnten von all dem freilich nichts erfahren, denn kurz nach seiner Veröffentlichung wurde der Bischofsbericht von südafrikanischen Behörden gebannt.

SWAPO-Guerillakämpfer sind keine Heiligen. Aber wer glaubt, eine Widerstandsbewegung könne sich den Terror gegenüber der eigenen Bevölkerung zur Strategie machen, der hat nichts, rein überhaupt nichts begriffen von den Prinzipien und der Funktionsweise eines Befreiungskampfes. Jede Widerstandsfront, die den Terror gegenüber der eigenen Bevölkerung zur Praxis macht, gräbt sich damit das eigene Grab und kann zwar kurzfristig, niemals aber über Jahrzehnte existieren.[35] *Und außerdem*: Wenn wir jährlich am 20. Juli in Ehrfurcht uns verneigen vor den hingemordeten Widerstandskämpfern gegen das Dritte Reich, warum können wir dann den afrikanischen Völkern nicht ebenfalls das Recht zum Widerstand gegen eine unrecht handelnde Staatsobrigkeit zugestehen?

Alle führenden Kirchenvertreter in Namibia (natürlich mit Ausnahme derjenigen der rein weißen Kirchen) stehen auf seiten der SWAPO oder sympathisieren mit ihr. Und das müßte und sollte unseren konservativen Politikern doch zu denken geben. Oder glauben unsere christlichen Entscheidungsträger, die Bischöfe und Pastöre Namibias seien Christen zweiter Klasse, deren Urteil man nicht ernst nehmen müsse? „Weil alle friedlichen und demokratischen Proteste keinerlei Ergebnis brachten, sondern verboten wurden, griffen viele unserer Landsleute nach jahrzehntelangem geduldigen Abwarten zu den Waffen. Durch das existierende und institutionalisierte Gewaltsystem der südafrikanischen Besatzungsmacht wurden sie zu den Waffen gezwungen. So jedenfalls sehen wir als Kirche die Entwicklung, und deshalb verurteilen wir die Gewalt des Staates. Die zweite Gewalt ist nur eine Reaktion auf die erste," erklärte mir einer der führenden Theologen der Evangelisch-Lutherischen Kirche Namibias, dessen Namen ich nicht nennen will, um ihn vor Repressionen zu schützen.[36]

Die Sucht nach Macht und Privilegien, der Irrglaube an die Verhandlungsbereitschaft Pretorias ließen viele schwarzen Politiker mit Südafrika im Sinne einer ‚internen Lösung' (siehe oben: Basisinformationen zu Namibia) kooperieren. Daher war die Besatzungsmacht in der Lage, eine gemischtrassige Übergangsregierung zu installieren, die allerdings keine wirklichen Machtbefugnisse besitzt und alle wesentlichen Entscheidungen mit Pretoria abstimmen muß. Die ‚Übergangs-Politker' haben vor allem das *Spiel auf Zeitgewinn* der südafrikanischen Machthaber nicht durchschaut, denn diese wollen gar kein wirklich unabhängiges

Namibia, weder jetzt noch in naher Zukunft.[37] *Eines steht jedoch fest*: An der UNO vorbei und ohne Beteiligung der SWAPO kann und wird es keine Konfliktlösung geben.

Das südafrikanische Konzept einer ‚internen Lösung' provoziert – und dies ist bewußtes Kalkül – noch etwas anderes: Die *Fraktionierung* der namibischen Gesellschaft. Schon heute bestehen scharfe Gegensätze zwischen den mit Südafrika kooperierenden Kräften und der SWAPO sowie deren tatsächlicher und potentieller Anhängerschaft. Dies wird die Entwicklung in einem künftig wirklich unabhängigen Namibia belasten. Hierzu gehört auch, daß die Südafrikaner, um ihre eigenen Streitkräfte zu entlasten, vor wenigen Jahren eine namibische Armee mit allgemeiner Wehrpflicht etabliert haben, die allerdings – wie könnte es anders sein – unter südafrikanischem Oberkommando steht. Somit werden viele Namibier gezwungen, gegen die Angehörigen des eigenen Volkes zu kämpfen. *Das heißt*: Junge Erwachsene eines Dorfes kämpfen zu einem Teil in der SWAPO und zu einem anderen Teil in den Südwest-Afrikanischen Territorialstreitkräften, wie die namibische Armee offiziell genannt wird.

Die Kriegs- und Besatzungskosten gehen mittlerweile in die Milliarden, und die bezahlt mit Sicherheit Pretoria nicht allein, sondern auch Namibia mit seinen reichen Bodenschätzen.[38] So berichtet beispielsweise der Südafrika-Korrespondent der Süddeutschen Zeitung, Gerd Behrens, daß der südafrikanische Bergbaukonzern De Beers in beträchtlichem Umfang, quasi illegal und von niemandem kontrollierbar, Diamanten aus dem Land bringe. „Der Gesamtschaden, der Namibia über die Jahre entstanden ist, dürfte ein Vielfaches des jährlichen Staatshaushalts in Höhe von 1,2 Mrd. DM ausmachen".[39]

Mosambik: MNR-Terror treibt das Land in den Ruin

Dem Inferno des Krieges entronnen

Mit Mike Smith, dem bereits erwähnten Mitarbeiter der südafrikanischen Hilfsorganisation ‚Operation Hunger', besuchte ich Ende 1986 mosambikanische Flüchtlingslager im nördlichen Südafrika, genauer im dortigen Homeland Gazankulu. ‚Operation Hunger' versorgte über die italienischen Comboni-Missionare (Pater Johannes) die Geflüchteten mit dem Lebensnotwendigsten. Auch an dieser Rettungsaktion war die Deutsche Welthungerhilfe mit erheblichen Mitteln beteiligt. Bis zum damaligen Zeitpunkt hatten ungefähr 35.000 Mosambikaner in Südafrika Zuflucht gesucht. Es folgt ein Auszug meiner Hörfunk-Reportage, die im März 1987 vom NDR gesendet worden ist.[40] Was darin beschrieben wird, ist nach wie vor aktuell:

1. Flüchtling: „Die MNR-Rebellen", sagt der etwa 45jährige, „die haben mehrmals unser Dorf überfallen; unsere Frauen und jungen Mädchen raubten sie, unser Vieh nahmen sie uns weg. Andere wollten Kleidung oder auch nur etwas zu essen; manchmal schleppten sie alles weg, was wir besaßen. Wer nicht tat, was sie befahlen, wer nicht herausgab, was sie wollten, den haben sie niedergeschossen."

2. Flüchtling: „Wegen des Krieges sind wir alle geflohen. Nach der Unabhängigkeit war die Situation zunächst gut! Dann kamen die MNR-Rebellen: raubten uns aus, entführten unsere Kinder; die Burschen, um Kämpfer aus ihnen zu machen, die Mädchen, weil sie Frauen haben wollten."

Autor: „Konnten Sie denn, bevor die Rebellen in ihre Region kamen, genügend produzieren, um ihre Familie damit zu ernähren?"

2. Flüchtling: „Mehr als das, selbst in normalen Jahren verkaufte ich von meinen Ernten noch manches auf dem Markt!"

Autor: Auch bei den anderen 370 Familien seines Dorfes, erzählt er weiter, sei dies so gewesen; sie alle hätten sich – sozusagen mit Leichtigkeit – ernähren können. – „Wieviele von Ihrem Dorf sind denn geflohen?"

2. Flüchtling: „Alle, außer den Toten!"

Autor: Mit Mike Smith fahre ich noch in zwei andere Lager, spreche mit zahlreichen Flüchtlingen, allein und in Gruppen; ihre Antworten sind immer gleich: Wegen des Krieges sind sie geflohen und nicht wegen einer angeblichen Dürre, wie meist von unseren Medien behauptet wird.
Schon 1984 war ich in Simbabwe auf Tausende mosambikanischer Flüchtlinge getroffen; auch sie waren den Wirren des Krieges im Norden ihrer Heimat entronnen. Als ich im gleichen Jahr nach Mosambik reiste, erfuhr ich dort von Rotkreuz-Helfern, daß diejenigen, die im Ausland Zuflucht suchten, nur die Spitze des Eisberges bildeten. Im Land hatte der Krieg mehr als 200.000 Menschen entwurzelt, vielleicht auch ein Mehrfaches davon. Ein Team deutscher Nothelfer mußte damals aus den inländischen Flüchtlingslagern abgezogen werden, weil die MNR-Rebellen selbst diese Camps überfielen. – Klaus von Helldorf, in jenen Tagen EG-Diplomat fürs südliche Afrika, sagte mir: „Jetzt haben wir endlich die Geldmittel bewilligt bekommen, aber wir können kaum helfen, weil die Rebellen die Transporte überfallen."
Mike Smith und Pater Johannes haben eine Dorfversammlung für mich organisiert: 250 mosambikanische Flüchtlinge, Männer und Frauen, sind gekommen, hocken vor mir im Halbkreis auf dem Boden. Ich beginne mit einer umfangreichen Vorstellung; Francis, ein schwarzer katholischer Katechet, übersetzt. Mein Ziel ist es, den Flüchtlingen Vertrauen einzuflößen, damit sie meine Fragen offen, der Wahrheit entsprechend, beantworten. Für keine Seite würde ich arbeiten, versichere ich ihnen mehrmals, weder für die Frelimo, noch für die MNR, noch für die Südafrikaner; sage ihnen auch, daß ich ihre Heimat bereist habe, daß ich die Situation dort aus eigener Anschauung kenne. Ich will herausfinden, wer die meisten Greueltaten gegenüber der Zivilbevölkerung verübt, die MNR-Rebellen oder die Soldaten der Frelimo-Regierung. Ich fordere zunächst all diejenigen auf, die Hand zu heben, die ein Familienmitglied oder einen guten Bekannten durch Übergriffe der Rebellen verloren haben:
230 der 250 Anwesende strecken ihre Hand in die Höhe!
Ich bin überrascht und verwirrt zugleich, denke, die Flüchtlinge müssen meine Frage wohl falsch verstanden haben; ich wiederhole daher die Frage, bitte um

ausführliche Übersetzung. – – Die Antwort bleibt gleich. 230 der 250 haben ein Familienmitglied oder einen Bekannten durch Übergriffe der Rebellen verloren! Dann die umgekehrte Frage: „Wer kennt jemanden, den die Frelimo-Soldaten umgebracht haben?" – – Auch diese Frage wiederhole ich, lasse erneut übersetzen. Und wieder verblüfft mich die Antwort: Nur acht Flüchtlinge melden sich! – „Wenn der Krieg in Ihrer Heimat wirklich beendet ist, wollen Sie dann wieder zurückkehren?"
Niemand hebt den Arm!

3. Flüchtling: „Ich werde nur zurückkehren, wenn ich dazu gezwungen werde, die müssen mich dann über die Grenze tragen! All unser Hab und Gut ist uns doch geraubt und zerstört worden. Das einzige, was wir in Mosambik noch besitzen, das sind die Leichen unserer Verwandten. Sollen wir zu denen zurückkehren?"

4. Flüchtling: „Drei Frauen und zwei Männer aus unserem Dorf wollten auf ihre Felder, um zu pflügen. Unterwegs wurden sie von den Rebellen überfallen und ermordet, alle fünf. Die Rebellen wollten wohl damit unser Dorf einschüchtern, weil wir ihnen nicht geholfen hatten."

Autor: „Und wie sind die getötet worden?"

4. Flüchtling: „Mit Äxten!"

Autor: „Haben Sie die Toten gesehen?"

4. Flüchtling: „Ja, ich habe sie beerdigt!"

Der von Südafrika initiierte Rebellenkrieg und seine Folgen

Die weißen Machthaber in Pretoria bestreiten nicht, die MNR-Bewegung aus- und aufgerüstet zu haben. Ferner ist Pretorias Waffenhilfe, seine direkte logistische Unterstützung sowie die von ihm geleistete Ausbildung der Rebellen in der internationalen Literatur in erdrückender Breite und Stichhaltigkeit dokumentiert.[41] Und schließlich hat Südafrika mit der Unterzeichnung des *Nichtangriffspakts von Nkomati* (März 84; siehe oben: Basisinformationen Mosambik) sogar in einem internationalen Abkommen seine MNR-Unterstützung zugegeben.

Nicht nur die Getöteten, die Verhungerten, die Verletzten klagen an: Was mich bei meinen Reisen durch Mosambik besonders betroffen machte, ist das, was ich die *stille Not* dieses Landes nenne, die für die Medien nicht spektakulär genug ist, um ihr eine Schlagzeile zu widmen. Nie werde ich die immer wieder ausgestreckten Kinderhände vergessen, die nicht wie sonstwo in der Dritten Welt um Geld bettelten, sondern um Seife. Weil sie sich für Geld nichts hätten kaufen können, denn in mindestens zwei Dritteln des Landes war und ist die Versorgung vollständig zusammengebrochen: Zehn Millionen Menschen sind davon betroffen. In den Geschäften, gleich ob in den Provinzmetropolen oder auf dem Land, herrscht gähnende Leere. Nicht einmal die elementarsten Dinge des täglichen Bedarfs sind vorhanden; weder Salz noch Zucker, weder Schuhe noch Kleidung. Und auf dem Schwarzmarkt kann man nur mit US-Dollar kaufen, oder man muß ein ganzes

Monatsgehalt, oft gar noch mehr, für 20 kg Mais hinlegen. Die Regierung hat Lebensmittelkarten ausgegeben, aber selbst diese Minimalrationen sind nur selten verfügbar, in manchen Regionen nie.

Ich höre den Einwand: „Die Frelimo-Regierung hat nach ihrer Machtübernahme im Jahr 1975 eine sinnlose Verstaatlichungspolitik und Mißwirtschaft betrieben." Gewiß waren manche Maßnahmen im Anschluß an die portugiesische Kolonialherrschaft falsch, Konzepte, die nicht zum Erfolg führen konnten.[42] Aber: daß die Situation heute so völlig desolat ist, das hat mit dieser anfänglich verfehlten Politik nichts mehr zu tun, das ist ganz eindeutig das Ergebnis des Krieges! Die Frelimo hat darüber hinaus aus den Fehlern gelernt und ihre Wirtschaftspolitik korrigiert. Doch die Reformen können nicht greifen, weil sich im Krieg und dazu noch mit spärlichen Mitteln keine Wirtschaft reformieren läßt, keine Entwicklung auf breiter Front initiierbar ist. Die meisten Landesteile sind von der Hauptstadt völlig abgeschnitten, nur noch mit dem Flugzeug erreichbar, nicht mal Telefon- und Telexverkehr funktionieren, die Transportverbindungen sind zusammengebrochen. Aus den Städten gelangt kaum noch etwas aufs Land, und ebenso ist es umgekehrt. Güter lassen sich nur noch in Militärkonvois transportieren, aber selbst diese werden überfallen und ausgeraubt, die Menschen – im wahrsten Sinne des Wortes – abgeschlachtet.

Ohne die Anwesenheit simbabwischer Eliteeinheiten (ca. 12.000 Mann, vielleicht auch mehr) wäre Mosambik vermutlich längst der totalen Anarchie verfallen. Die Armee aus dem Nachbarstaat hält die wichtigen Transportverbindungen des sog. *Beira-Korridors* und die *Tete-Achse* (s. Karte) in der Nordwest-Provinz des Landes offen. Freilich kommt diese Schützenhilfe auch Simbabwe selbst zugute, denn über die Pipeline des Beira-Korridors erhält das Land seine gesamte Mineralölversorgung. Außerdem ist Beira für die *Binnenländer* Simbabwe und Sambia (z.T. auch für Malawi) die günstigste Seehafen-Anbindung. Und last not least kann nur ein funktionierender Beira-Korridor (Eisenbahn, Straße, Pipeline) die verkehrstechnische Abhängigkeit der schwarzafrikanischen Binnnenstaaten von Südafrika reduzieren oder gar gänzlich aufheben.

Da Pretoria dieses ökonomische Faustpfand nicht verlieren will, ließ es seine MNR-Rebellen immer wieder Anschläge im Korridor (z.B. mehrfache Sprengung der Pipeline) verüben. Wenn heute die schwarzafrikanischen Binnenländer im Südlichen Afrika einen Großteil ihrer Güter über die Republik Südafrika ex- und importieren müssen, dann ist dies auch ein Ergebnis der in den Küstenstaaten Angola und Mosambik von Rebellen zerstörten Verkehrswege.[43]

Simbabwes gut ausgerüstete und ausgebildete Truppen – z.T. noch unter weißem Kommando stehend (!) – haben die schwache mosambikanische Armee bei zahlreichen Offensiven gegen die MNR-Rebellen unterstützt. Als die gemeinsamen Verbände im Herbst 1985 das Hauptquartier der MNR (Casa Banana, im Gorongossa-Nationalpark, nördlich des Beira-Korridors) eroberten, fanden sie Dokumente, die belegten, daß Südafrika selbst nach dem Nkomati-Vertrag seine Unterstützung an die Rebellen fortgesetzt hat.[44]

Stellt sich noch die Frage, wer in den Reihen der Rebellen kämpft. Ursprünglich waren es portugiesische Siedler und Mitglieder des ehemaligen portugiesischen Geheimdienstes; außerdem Mosambikaner, die mit der Kolonialmacht kollaboriert hatten, sowie enttäuschte oder kriminell gewordene Frelimo-Kämpfer. Wohl Ende der 70er, spätestens jedoch Anfang der 80er Jahre sind Arbeitslose, verarmte Bauern, Slumbewohner hinzugekommen. Sie waren die Opfer einer massiven südafrikanischen Propaganda-Kampagne: Pretorias Agenten hatten ihnen suggeriert, an der Misere des Landes seien nur die ‚kommunistischen Machthaber' in Maputo schuld. Erst wenn diese gestürzt seien, könne sich ihre Heimat entwickeln. Tatsächlich hatten viele Mosambikaner geglaubt, nach dem Ende der portugiesischen Kolonialherrschaft müsse alles – sozusagen über Nacht – besser werden. Dabei brach schon deshalb vieles zusammen, weil schätzungsweise 200.000 Weiße fluchtartig das Land verließen und es viel zu wenig einheimische Fachkräfte gab, die sie hätten ersetzen können. „Wir hatten das Pech, von einem Entwicklungsland kolonialisiert gewesen zu sein," so umschrieb der ehemalige Staatschef Samora Machel das belastende Erbe, welches die Portugiesen in Mosambik zurückließen.

Die MNR-Bewegung ist nie mit einem politischen Programm an die Öffentlichkeit getreten. Und eigentlich ist, von *der* MNR zu sprechen, eine grobe, ja unzulässige Vereinfachung. Denn es gibt kein zentrales Oberkommando, keine funktionierenden, alle MNR-Rebellen umfassenden Befehlsstrukturen, was bei der UNITA in Angola immerhin der Fall ist. Die MNR, das sind regional operierende Gruppen, die wiederum in lokale Kommandos zerfallen und deren Zusammenhalt lose bzw. teilweise gar nicht vorhanden ist. Daran ändert auch die Tatsache nichts, daß die MNR im Ausland offizielle Büros (z.B. in Lissabon) unterhält und dadurch der Öffentlichkeit ihre Geschlossenheit vorgaukelt. Die einzelnen MNR-Gruppen sind unterschiedlich groß, und es hängt sehr vom jeweiligen Führer ab, ob sie mehr oder weniger Terror gegenüber der Zivilbevölkerung ausüben. *All dies hat wichtige Konsequenzen*: Man kann nicht mit *der* MNR über einen Waffenstillstand verhandeln, sondern – wenn überhaupt – nur mit den Vertretern der einzelnen Gruppen. *Oder*: Wäre ein Waffenstillstand beispielsweise mit der Südgruppe erreicht, hieße dies überhaupt nichts für die Gruppe im mittleren Landesteil, vielmehr könnte diese das Vakuum dann ausnutzen und nach Süden infiltrieren. Die regionalen und z.T. lokalen Kommandos haben mittlerweile eine derartige Eigendynamik entwickelt, daß nicht einmal Pretoria alle Gruppen steuern kann oder beispielsweise zur Niederlegung der Waffen veranlassen könnte.

Der Terror – und darin besteht Mosambiks Tragödie, auch seine zukünftige – ist zum Selbstzweck und zum Selbstläufer geworden. Ferner sind viele MNR-Banden zwischenzeitlich so stark geworden, daß sie nicht mehr gänzlich auf Südafrikas Waffenlieferungen angewiesen sind; sie können durch Überfälle den notwendigen Nachschub erbeuten.

Mosambiks Städte werden heute durch westliche Nahrungsmittelhilfe ernährt ebenso wie einige Landregionen, die man noch erreichen kann. Nichts im Süden Afrikas verrät so sehr, wes Geistes Kind die Buren wirklich sind, wie die Agonie Mosambiks. Die südafrikanischen Machthaber wollten angeblich die als feindlich eingestufte Regierung Mosambiks in die Knie zwingen, getroffen haben sie die Zivilbevölkerung. Die ist es, die zu Millionen leiden muß, die zum Opfer der *neurotischen Verfolgungsängste* und der *pathologischen Kommunisten-Psychose* geworden ist, in denen die Südafrika beherrschenden Buren befangen sind. Denn

– rational betrachtet – wie hätte Mosambik, dieser staatliche wie wirtschaftliche Embryo, jemals Südafrika bedrohen können? Samora Machel und seine Mitstreiter mögen vielleicht vom wissenschaftlichen Sozialismus zu sehr angetan gewesen sein, aber sie waren keine Selbstmörder, hätten sich nie auf eine Konfrontation mit Südafrika eingelassen, jedenfalls nicht in diesem Jahrtausend.[45]

Angola : Südafrika und UNITA blockieren Frieden und Entwicklung

Schon aus Platzgründen kann ich auf die Entwicklung und die aktuelle Lage in Angola nur noch kurz eingehen.[46] Außerdem *gleicht* die Situation des Landes in vielem derjenigen Mosambiks. Ähnlich desolat sind die Auswirkungen auf die Landwirtschaft und Versorgung: Die von Südafrika unterstützten UNITA-Rebellen kontrollieren weite Teile des zentralen Hochlandes, das die Kornkammer Angolas ist. Die Transportverbindungen sind unterbrochen; die Bauern können, wenn sie überhaupt noch etwas produzieren, so doch nichts mehr für den Markt der Städte oder für den Bedarf außerhalb ihrer Region erzeugen. Angola, das bis zur Unabhängigkeit Agrarprodukte exportiert hat, muß heute Getreide importieren, um die Stadtbevölkerung und vor allem die *inländischen Kriegsflüchtlinge* (mind. 600.000, nach Angaben von Mitarbeitern der dt. Welthungerhilfe wesentlich mehr) zu ernähren, von denen viele in Luanda Zuflucht gesucht haben. Die Hauptstadt wuchs von 500.000 Einwohnern im Jahr 1970 auf heute zwei Millionen. Wie in Mosambik haben auch die UNITA-Rebellen wichtige Eisenbahnverbindungen unterbrochen. So beispielweise die Benguela-Strecke, wodurch nicht nur ganze angolanische Provinzen, sondern ebenso der rückwärtsgelegene Binnenstaat Zaire (Kupferexport) getroffen wurde. Und was die simbabwischen Soldaten in Mosambik bedeuten, sind noch mehr die *Kubaner* in Angola. Ohne sie wäre die MPLA-Regierung wohl kaum mehr an der Macht. Andererseits hätte sich die UNITA ohne die Hilfe Südafrikas – wie bereits ausgeführt – nach der Unabhängigkeit nicht mehr neu formieren können, da sie Anfang 1976 geschlagen war und *zuvor* längst nicht die heutige Stärke besaß. Offensichtlich mußten südafrikanische Verbände im November 1987 der UNITA zu Hilfe eilen, als diese durch eine Großoffensive kubanisch-angolanischer Truppen in ernste Bedrängnis geraten war. Das direkte Eingreifen zugunsten der UNITA wurde von Südafrika gar auf einer Pressekonferenz offiziell zugegeben. Während der südafrikanische Außenminister R. Botha auf einer Veranstaltung der Hanns-Seidel-Stiftung beteuerte, die Weißen seien zur Aufgabe ihrer Vorherrschaft bereit, besuchte sein Staatspräsident P. W. Botha die eigenen Truppenverbände *in* Südangola![47]

Was die vieldiskutierte *Präsenz der Kubaner* angeht, so haben bereits die im Abschnitt Basisinformationen zu Angola dargestellten historischen Entwicklungen gezeigt, daß die Anwesenheit kubanischer Truppen *eine Folge ausländischer Interventionen* im Endkampf um die Unabhängigkeit ist, und zwar insbesondere des *südafrikanischen* Eingreifens. Diese wichtige historische Tatsache verschweigen die weißen Machthaber und deren Unterstützer allzu gerne, wenn sie ihre *,Linkage-Position'* ins Feld führen: Den Abzug der Kubaner zur Vorbedingung einer Namibia-Lösung zu machen, ist angesichts der geschichtlichen Entwicklungen nichts anderes als Verlogenheit und eine Umkehr von Ursache und Wirkung. Wer die Linkage-Strategie geboren hat – ob es die Amerikaner, die Südafrikaner oder beide gemeinsam gewesen sind –, ist heute nicht mehr auszumachen. Eines steht jedoch fest, nämlich daß die USA Pretoria an diesem Punkt wesentlich unterstützt und sogar bei den übrigen Staaten des Westens für ein Verständnis dieser Position geworben haben. Die Linkage-Strategie hat jedoch überhaupt nichts erreicht, außer die Lösung des Namibia- und Angola-Problems noch komplizierter zu machen, als sie es ohnehin schon ist. Real betrachtet, bedeutet ‚Linkage' Konfliktverlängerung statt Konfliktbeendigung.

Im Unterschied zu den MNR-Rebellen ist die UNITA keine reine Terrorbewegung. Sie hat außerdem ein offensichtlich funktionierendes Oberkommando und ist auch eine relativ geschlossene Organisation unter ihrem Führer Jonas Savimbi. Außerdem genießt die UNITA zumindest teilweise die Unterstützung der größten Volksgruppe des Landes, nämlich der Ovimbundu. Auf Grund der Stärke und des hohen Organisationsgrades, den die UNITA heute erreicht hat, ist langfristig – rein pragmatisch gesehen – eine Friedenslösung für Angola ohne Regierungsbeteiligung der UNITA nicht zu realisieren. Eine solche Einigung liegt aber mit Sicherheit *nicht* im Interesse Südafrikas. Denn eine an der Regierungsverantwortung beteiligte UNITA könnte es sich nicht leisten, der von angolanischem Territorium aus kämpfenden SWAPO jegliche Unterstützung zu entziehen. Ferner könnte der Zögling UNITA, nachdem er sein Ziel erreicht hätte, sich schnell gegen seinen ursprünglichen Sponsor kehren; das weiß Pretoria sehr wohl. Und schließlich wäre ein geeintes Angola in der Lage, alle Kräfte, auch diejenigen der anwesenden kubanischen Truppen, auf die Abwehr der im Süden stets und ständig intervenierenden südafrikanischen Armeeverbände zu konzentrieren.[48]

Um den Absurditäten dieses Krieges noch eine weitere hinzuzufügen, sei vermerkt, daß die kubanischen Truppen und die Waffenlieferungen aus der UdSSR mit den Geldern bezahlt werden, die sich Angola mit dem Verkauf seines Öls an die USA verdient hat. Und die amerikanischen Einrichtungen und Fachkräfte in den Ölfeldern des Landes werden von kubanischen Truppen beschützt, gegen die Angriffe der UNITA, die in jüngster Zeit wieder direkte Hilfe (über 20 Mio. $) von der amerikanischen Regierung erhalten hat. Eine Unterstützung, die Savimbi empfängt, nicht weil er für eine gerechte Sache kämpft, sondern weil er ‚pro-westlich' ist und den kommunistischen Einfluß in Angola zurückdrängen soll. Man muß wohl einen sicheren Parlamentsstuhl oder die Blindheit eines Berufspolitikers besitzen, um solch verquere Ost-West-Konfliktentscheidungen zu treffen. Millionen Angolaner haben dies in ihrem täglichen Kampf ums Überleben auszubaden.

Weiße Vorherrschaft und Machtabsicherung im Südlichen Afrika: Opfer und Kosten im Überblick

Direkte Opfer in Südafrika

Tote   ca. 4.500 (1976–87)

Diese starben bei Auseinandersetzungen mit der Polizei und den Sicherheitskräften meist während Demonstrationen, Streiks oder friedlicher Boykottaktionen (also i.d. Regel Opfer des politischen Widerstandes oder des zivilen Ungehorsams).

Verhaftungen   mind. 50.000 (1984–87)

Als „politische Opponenten" unter den erweiterten Befugnissen der Sicherheitskräfte während des geltenden Ausnahmezustandes verhaftet (kurzfristig, mehrere Wochen oder auch mehrere Monate); einige Zahlenangaben liegen zum Teil noch wesentlich höher; viele von ihnen wurden gefoltert (laut amnesty international 83 % d. Häftlinge).

Hunger und Unterernährung   **mehrere Millionen**
(detaillierte Angaben siehe S. 232f.)
Zwangsumsiedlungen   **3,5 Mio. Schwarzafrikaner**
Entrechtung   **26 Mio. Schwarzafrikaner**

Direkte Opfer in Südafrikas Nachbarstaaten

Angola   **einige Zehntausend Tote**
Mosambik   **100.000* Tote**
(nach Regierungsangaben)   **(1975–85)**
Namibia   **mind. 20.000 Tote**
                                                         (1966–86)

Die Zahl der Kriegsverletzten in allen drei Ländern beträgt: **mehr als 100.000** (untere Schätzgrenze).

Zerstörung von Gesundheits- u. Schuleinrichtungen

Mosambik: **484* Gesundheitsstationen zerstört**
                                                         (bis 1986 einschl.)

Das waren 42 %* aller Einrichtungen; dadurch wurden zwei Millionen* Menschen jeglicher Zugang zu medizinischer Hilfe versperrt.

Mosambik: **40 %* der Schulen zerstört**
                                                         (bis 1986 einschl.)

Das betraf 300.000 Schüler oder 20 % der Schulpflichtigen*.
Die Zerstörungen in Angola haben ungefähr das gleiche Ausmaß; Zahlenangaben liegen jedoch nicht vor.

Tabelle 3: Heimatvertriebene im Südlichen Afrika aufgrund der weißen Machtpolitik (Stand Ende 1986)

Land	Flüchtlinge inner-halb des Landes Dez. 1986	Flüchtlinge außer-halb des Landes Dez. 1986	Gesamtzahl der Flüchtlinge Dez. 1986
Angola	600.000[1]	376.000	976.000
Mosambik	1.100.000	348.800	1.448.800
Namibia	50.000	78.000	128.000
Südafrika	100.000	34.650	} 3.634.650
Südafrika: Zwangs-umsiedlungen (seit 1960)	3.500.000		
Summe	5.350.000	837.450	6.187.450

Quellen: [1] nach angolanischen u. UN-Angaben; alle übrigen nach U.S. Commitee for Refugees, Jan. 1986; im wesentlichen die gleichen Angaben, was die Zahl der Auslandsflüchtlinge betrifft, macht der UNHCR; Inlandsflüchtlinge Mosambiks in versch. UN-Dokumenten für 1987 auf 1–1,2 Mio. beziffert.

Anmerkungen: Die Flüchtlingszahl (ohne Zwangsumsiedlungen) stieg von 1981 auf 1986 um rund 500 Prozent! Für 1987/88 ist zumindest von den gleichen Zahlen auszugehen; da sich die Kriegshandlungen seit 1986 verschärft haben, liegt die Gesamtzahl der In- u. Auslandsflüchtlinge 1988 vermutlich um 10–20 % höher.

260

Indirekte Opfer in Angola und Mosambik

Hungertote in Angola und Mosambik: **etliche Tausende**
Laut UNICEF-Studie kriegsbedingte Hungertote: **200.000***

Als Teilregionen dieser Staaten 1983/85 von einer Dürre heimgesucht wurden, konnte die vorhandene Nahrungsmittelhilfe nicht in die Notgebiete gebracht werden, weil die Rebellenbewegungen und Kriegshandlungen dies nicht zuließen.

Erhöhte Kindersterblichkeit
Angola / Mosambik 1980–86:   **520.000* gestorbene Kinder**

Durch zerstörte Gesundheitsstationen, zusammengebrochene Impfprogramme, kriegsbedingte Mangelversorgung ist die Kindersterblichkeit laut UNICEF sprunghaft angestiegen: Von 1.000 Kindern sterben gegenwärtig 325–375 (!), ehe sie das fünfte Lebensjahr vollendet haben. Die Kindersterblichkeitsrate ist in Angola und Mosambik neben Afghanistan die höchste der Welt. Obige Zahl beinhaltet *nur* die kriegsbedingte Erhöhung der Kindersterblichkeitsrate.
Diese Gesamtkalkulation beruht auf *detaillierten* Berechnungen, die die Verfasser der UNICEF-Studie vorgenommen haben. Dabei stützen sich die Autoren u.a. auf entsprechende Angaben des SADCC-Büros sowie international anerkannter Wissenschaftler wie z.B. Green und Thompson (in: „Destructive Engagement"; Harare 1986)

Auf Nothilfe angewiesen: **mindestens einige Hunderttausend**

Angola 1987/88
(offizielle Angaben der Regierung u. FAO)   **690.000 Flüchtlinge**
    sowie Stadtbevölkerung
Getreide-Importbedarf 1987/88:   **340.000 t**

Mosambik
(offizielle Angaben der Regierung und FAO):   **3,2 Mio. Menschen**
Getreide-Importbedarf 1987/88:   **750.000 t**

Ausgaben für Armee und Rüstung

Diese stiegen Mitte der 80er Jahre bei Mosambik und Angola auf 45–55 % des Haushaltsbudgets; sie werden auch künftig bis zu einer Beendigung der Konflikte wohl so hoch bleiben.
Der Militärhaushalt Südafrikas stieg ab dem Budgetjahr 1981/82 von 2,465 Mrd. Rand um rund 100 % auf 5,120 Mrd. Rand im Jahr 1986/87.
Gesamtangaben zu den Rüstungsgüter-Importen (1975–1987) konnten wir nicht ausfindig machen; als *untere* Grenze aufgrund des uns vorliegenden Datenmaterials ist von folgenden Ausgaben für Waffeneinfuhren auszugehen:

Angola (1975–1987):	min. 5 Mrd. $
Mosambik (1975–1987):	min. 1 Mrd. $

Als oberer realistischer Schätzwert kann jeweils die doppelte Summe angenommen werden. Im Jahr 1985 mußte Angola mehr als 50 % seiner im Export verdienten Devisen für Rüstungskäufe ausgeben.

Zum Vergleich:
Die ausgezahlte Entwicklungshilfe an Mosambik und Angola belief sich im Zeitraum 1979–85 auf exakt 1,92 Mrd. $ und in den Jahren 1975–87 auf schätzungsweise 3 Mrd. $; *das heißt*: die Entwicklungshilfe machte genau die Hälfte des *unteren* Schätzwertes der Ausgaben für die kriegsbedingten Waffenimporte aus.

Simbabwe

Kosten für Armeeinsatz in Mosambik: **150 Mio. $* (jährlich)**

Zum Vergleich:
Die erhaltene Entwicklungshilfe im Zeitraum 1979–1985 betrug durchschnittlich 193 Mio. $.

Gesamtkosten, bwz. -schäden: 25–30 Mrd. $*
(für alle SADCC-Staaten) **(1980–86)**

SADCC ist die Abkürzung für „Southern Africa Development Coordination Conference", ein Zusammenschluß zur wirtschaftlichen Kooperation der neun Staaten Angola, Botswana, Lesotho, Malawi, Mosambik, Sambia, Simbabwe, Swasiland und Tansania.

Obige Gesamtrechnung versucht alle direkten und indirekten Kosten zu berücksichtigen; dabei sind die Hauptposten:

- direkte Kriegszerstörungen,
- medizinische Kosten für Kriegsverwundete,
- erhöhte Ausgaben für Armee und sonstige Sicherheitskräfte,
- Kredite und Kreditkosten für Waffenimporte,
- gestiegene Transportkosten (durch Ausfall günstiger Verbindungen),
- kriegsbedingte Ausfälle im Exportsektor,
- Senkung der binnenwirtschaftlichen Produktion (z.T. totale Produktionsausfälle),
- gesamtwirtschaftl. Wachstumsverluste,
- Kosten für Kriegsflüchtlinge.

Quellen: Alle mit * gekennzeichneten Zahlen sind der UNICEF-Studie „Children on the Frontline", New York und Genf März 1987, entnommen. Übrige Angaben hauptsächlich nach: Hofmeier/Schönborn, Politisches Lexikon Afrika, München 1987; Weltentwicklungsbericht 1987, FAO: Food Supply Situation and Crop Prospects in Sub-Saharan Africa, special report, versch. Ausgaben der Jahre 1986/87; Informationsdienst Südliches Afrika, versch. Jahrgänge, versch. Ausgaben, Bonn.

Zusammenfassung: Konfliktfeld Südliches Afrika

1. Entwicklung in Südafrika: Die herrschenden Buren sind nicht bereit, in eine demokratische Machtteilung mit allen Bevölkerungsgruppen ihres Landes einzuwilligen; was sie als „Reformen" bezeichnen, sind letztlich nur kosmetische Korrekturen, die ihre Vorherrschaft unangetastet lassen. An dieser Tatsache ändert sich auch dadurch nichts, daß führende weiße Politiker im Ausland des öfteren beteuern, sie wollten ihre Alleinherrschaft aufgeben. Gutgläubige Verantwortungsträger bei uns lassen sich dadurch immer wieder täuschen, glauben den Worten, anstatt die Taten zu beurteilen.

Andererseits ist der schwarze Widerstand gegen das Apartheidsystem seit Mitte der 70er Jahre erheblich gewachsen, und er wird dies weiterhin tun. Nach der ‚Verfassungsreform' von 1984 – sie ließ die Schwarzen unberücksichtigt – mußte die weiße Regierung fast ständig die Armee bei den vielfachen Unruhen einsetzen, was auch künftig so bleiben wird. Die Auseinandersetzungen werden weiter eskalieren, wahrscheinlich nicht kontinuierlich, sondern in ‚Sprüngen', ausgelöst durch bestimmte politische Entscheidungen oder Ereignisse. *Das heißt*: Die Zahl der Todesopfer wird erheblich wachsen, und die ‚inneren Erschütterungen' Südafrikas werden eine neue Gestalt und eine neue Qualität annehmen, werden so heftig sein, daß vermutlich ganze Industriezweige – zumindestens vorübergehend – zusammenbrechen, wovon auch der Rohstoffexport nicht verschont bleiben wird. Ein geregeltes Wirtschaftsleben – und das muß das Ausland *jetzt* zur Kenntnis nehmen – wird nicht mehr möglich sein. Sollten die Buren tatsächlich die ganze Schlagkraft ihrer Armee und Polizei zur eigenen Machterhaltung einsetzen (und dies sieht gegenwärtig so aus), dann werden die Auseinandersetzungen ein Ausmaß erreichen, im Vergleich zu dem alle anderen afrikanischen Befreiungskriege bloße Scharmützel gewesen sind. *Eine Lösung des Südafrika-Konfliktes noch in diesem Jahrtausend ist nicht in Aussicht.*

2. Namibia: Südafrika wird die Kontrolle über dieses Land mittelfristig nicht aufgeben. Aller Voraussicht nach wird sich Südafrika aus Namibia erst dann zurückziehen, wenn der Konflikt in seinem eigenen Land soweit eskaliert ist, daß es auf die in Namibia stationierten Truppen nicht mehr verzichten kann. Aufgrund der heutigen Faktenlage von einer Namibia-Konfliktlösung innerhalb der nächsten zehn Jahre auszugehen, ist absolut unrealistisch. Nicht nur die Kampfhandlungen werden in diesem Land andauern, sondern auch die von Südafrika betriebene Fraktionierung der namibischen Gesellschaft.

3. Angola / Mosambik: Der Kampf der UNITA und der MNR-Rebellen wird andauern und die Wirtschaften dieser Länder weiter ruinieren; Verarmung und Verelendung der Bevölkerung werden ebenfalls weiter zunehmen. Am ehesten wäre noch der Angola-Konflikt zu lösen, nämlich durch eine Regierungsbeteiligung der UNITA, was allerdings Südafrika solange wie möglich verhindern wird. Eine solche Lösungsmöglichkeit scheidet in Mosambik – wegen des reinen Terrorcharakters der MNR-Banden und auch deren innerer Gespaltenheit – aus. Angola und Mosambik bleiben auf Nahrungsmittelhilfe angewiesen, und insbesondere in Mosambik wird die Versorgung der Bevölkerung mit den elementarsten Dingen des täglichen Bedarfs als Dauerproblem fortbestehen.

4. Simbabwe: Das Land hat trotz mancher Irritationen seit seiner Unabhängigkeit im Jahr 1980 einen positiven Entwicklungsweg beschritten, und seine Landwirtschaftspolitik sowie deren Produktionsergebnisse sind geradezu beispielhaft für ganz Schwarzafrika.[49] Aber Simbabwes Ökonomie ist derzeit noch auf die Nutzung der südafrikanischen Verkehrsverbindungen angewiesen, wenngleich eine von Südafrika verfügte Grenzschließung kaum den totalen wirtschaftlichen Niedergang Simbabwes heraufbeschwören würde.

5. Südafrikas Wirtschaftsbedeutung für die Region: Ob es innerhalb der nächsten Jahre gelingt, den Beira-Korridor und den Hafen von Beira so auszubauen, daß diese Verkehrsverbindung den Gesamttransport der schwarzafrikanischen Binnenstaaten des Südlichen Afrika (insbesondere von Simbabwe und Sambia) übernehmen könnte, ist gegenwärtig schwer einschätzbar; begründete Aussicht besteht, daß über diese Achse demnächst ein wesentlicher Teil des Ex- und Importes besagter Länder abgewickelt wird. Aber ein einziger gezielter Luftangriff der Südafrikaner kann den Beira-Korridor in Schutt und Asche legen. So bleibt denn die ökonomische Entwicklung in Simbabwe, Sambia und z.T. auch in Botswana eng an die Politik Pretorias gebunden. Südafrikas wirtschaftliche Bedeutung für das Südliche Afrika wird in unserer Gesellschaft gemeinhin überschätzt: Sie besteht in erster Linie im Verkehrstechnischen (Handel *über* oder *durch* Südafrika), während der direkte Warenaustausch eine weitaus geringere Rolle spielt. Simbabwe wickelt etwa ein Fünftel seines Außenhandels mit Südafrika ab. Die Anteile Sambias, Angolas und Mosambiks sind wesentlich geringer. Anders ist es bei Botswana, Lesotho und Swasiland, die mit Südafrika in einer Zoll- bzw. Währungsunion verbunden sind (letztere nur für Lesotho und Swasiland).

Auch die Handelsbeziehungen Südafrikas mit Schwarzafrika insgesamt werden meist übertrieben: Zwischen fünf und acht Prozent seines Gesamthandels tätigt Südafrika mit seinen Nachbarstaaten und den übrigen Staaten des Kontinents.[50] Dieser geringe Prozentsatz sollte schon deshalb nicht verwundern, da Südafrikas Hauptexportprodukte, nämlich seine Bergbaurohstoffe, in Schwarzafrika auf keinen Bedarf treffen. Die *südafrikanische Wirtschaftsstatistik* ist an diesem Punkt insofern *unbrauchbar* und irreführend, weil in ihr die Homelands Transkei, Bophuthatswana, Venda und Ciskei als *ausländische* Staaten auftauchen, was Südafrikas Bedeutung für seine Nachbarländer künstlich erhöht (so steigt beispielsweise die Zahl der ausländischen schwarzen Arbeitnehmer von den tatsächlichen 300.000 um mindestens 950.000 auf ca. 1,25 Mio.). Leider ist dieser Zusammenhang von den Nachrichtenagenturen und Redaktionen sowie den einschlägigen

Lexika meist nicht durchschaut worden, so daß Südafrikas gefälschte Statistik immer wieder als ein der Realität entsprechendes Faktum gemeldet wird.

6. **Südafrikas Wirtschaftsbedeutung für den Westen:** Zweifellos besitzen Südafrikas Rohstoffe (insbesondere Mangan, Platin, Chrom) eine gewisse Bedeutung für die Industrien des Westens. Aber, was immer südafrikanische Hochglanzbroschüren und Südafrikas Apologeten auch behaupten mögen, an diesen Rohstoffen hängt nicht das Leben unserer Wirtschaften. *Vielmehr ist die Abhängigkeit eine umgekehrte*: Mindestens 80 % seines gesamten Außenhandels wickelt Südafrika mit den westlichen Industrienationen ab. Und da es insbesondere seine Exporte nur mit dem Westen tätigen kann – denn andere Käufer gibt es nicht –, hängt nicht der Westen an Südafrika, sondern Südafrika ist in geradezu extremer Weise vom Handel mit dem Westen abhängig: Kauft er nicht, brechen ganze Industriezweige in Südafrika zusammen (Ausfuhr Südafrikas: 35 % in die EG, 16 % in die USA, 14 % nach Japan, 16 % in die Schweiz; Statistisches Bundesamt Wiesbaden für 1983; Prozentanteile bis heute praktisch unverändert).

Südliches Afrika: Forderungen und Handlungsempfehlungen

1. **Politik und Öffentlichkeit:** Das Beharren der weißen Südafrikaner, und hier insbesondere der Buren, auf ihrer Vorherrschaft bedeutet, daß sie nicht das ganze Land entwickelt haben und entwickeln wollen, sondern vornehmlich nur ‚ihr‘, das ‚weiße‘ Gebiet. Dies hat u.a. zur Konsequenz, daß über eine Million Bürger Hunger leiden und noch mehr Menschen unterernährt sind, daß die Masse der Bevölkerung in Südafrika auch materiell nicht besser gestellt ist als die Bewohner des übrigen Schwarzafrika. Die weiße Dominanzpolitik nach innen und außen forderte mehrere Hunderttausend Tote, wenn nicht gar über eine Million, führte zu permanentem Kriegszustand in weiten Teilen Namibias, provozierte den Ruin Angolas und Mosambiks, machte 6,2 Mio. Menschen zu Heimatvertriebenen innerhalb oder außerhalb ihrer Länder. Das ist im wahrsten Sinne des Wortes die *Schreckensbilanz weißer Politik* im Südlichen Afrika. Keine andere Regierung des Kontinents hat auch nur annähernd soviel Leid und Elend über die eigene Bevölkerung oder über diejenige ihrer Nachbarstaaten gebracht. Und dieser Bilanz muß sich unsere Öffentlichkeit, müssen sich unsere Entscheidungsträger in Politik und Gesellschaft endlich und zuerst einmal stellen, erst danach – wenn diese Bilanz bewußt ist – kann man über Südafrika und die Politik der Weißen weiterdiskutieren, dann müßte sich die Umorientierung unserer Politik gewissermaßen und notgedrungenerweise von selbst ergeben.

2. **Sanktionen:** Die burischen Machthaber werteten die Versicherung des

Westens: „Wir verhängen keine Sanktionen" als Freibrief, um mit ihrer Dominanzpolitik unbeirrt fortzufahren. Drastische Sanktionen, also totaler Boykott – und dafür plädiere ich persönlich – würden die Buren an den Verhandlungstisch zwingen. Es geht bei Sanktionen nicht darum, die burische Starrköpfigkeit zu bestrafen, sondern sie haben das einzige und alleinige Ziel, die weitere *Eskalation* des Konfliktes zu *verhindern*. Diese Zielsetzung kommt bei der emotional geführten Diskussion dieses Problems viel zu kurz. Es ist völlig klar, daß einschneidende Sanktionen auch die Schwarzen treffen würden. Aber sind die denn jetzt nicht betroffen? Und wird sich ihr Leid nicht weiter vergrößern, wenn die Buren mit ihrer Politik fortfahren? Die weißen Südafrikaner betrachten sich als Vertreter unserer Zivilisation sowie Demokratie, und dies berechtigt und verpflichtet uns, in Südafrika anders als bisher zu ‚intervenieren'. Daß es der Westen bisher nicht vermocht hat, ja, daß er nicht einmal ernstlich gewillt war, die Gewaltpolitik seines Bündnispartners Südafrika zu stoppen, ist ein Verrat aller zentralen Werte und Auffassungen, die in unserem Grundgesetz festgeschrieben sind. Der Westen, und das begreift dieser nicht, hat sich selbst und seine demokratischen Grundwerte gegenüber den Schwarzafrikanern desavouiert. Noch hat er es in der Hand, ob es dabei bleiben soll. Geschlossener Druck des Westens, wozu freilich auch eine Konfliktlösungsstrategie gehören muß, würde sehr wohl – das ist meine feste Überzeugung – etwas bewirken. Was allerdings ergebnislos bleiben muß, das sind die bisherigen eingeschränkten Sanktionen (Sanktiönchen); sie geben den Buren Zeit, ihre Wirtschaft umzustrukturieren, während ein totaler Boykott sie innerhalb weniger Monate an den Verhandlungstisch bringen würde. Falls der Westen wirklich Frieden im Südlichen Afrika will, dann müßte er den Buren deutlich sagen, daß er ihre Politik nicht mehr hinnehmen wird, daß es – wenn sie nicht einlenken – zu Sanktionen kommen wird.

3. Eine Friedensstrategie: Insbesondere die Entwicklungen während des letzten Jahrzehntes haben gezeigt, daß die Südafrika beherrschenden Machthaber unfähig sind, mit den Nachbarländern zu einer tragfähigen Friedenslösung zu kommen. Diese Unfähigkeit, gepaart mit dementsprechendem Unwillen wird sich künftig auch bei der Eskalation des innenpolitischen Konfliktes zeigen. Es kann und darf doch wohl nicht sein, daß eine machtbesessene, in neurotischen Existenzängsten befangene Minderheit von knapp drei Millionen weißen Buren bestimmt, was das Schicksal von etwa 70 Mio. Menschen im Südlichen Afrika sein soll, ja daß diese Minderheit offensichtlich bereit ist, *die gesamte Region in den eigenen Untergang mit hineinzuziehen*. Deshalb ist nicht nur Intervention, sondern eine positive Strategie notwendig.

Selbst die US-Regierung hatte bereits vor wenigen Jahren die Idee einer internationalen Friedenskonferenz für das Südliche Afrika. Warum nicht diesen Plan weiterverfolgen? Das ganze hätte freilich nur dann einen Sinn, wenn der Westen zusammen mit dem Osten einen detaillierten Plan mit entsprechenden Schutzgarantien ausarbeiten würde. Die internationale Gemeinschaft müßte den Buren glaubhaft verdeutlichen, daß es ihr nicht nur um die Rechte der Schwarzafrikaner geht, sondern daß sie auch das ‚Überleben der Buren als Nation' zu schützen bereit ist. Hauptbestandteile einer solchen Strategie – sie zeigen auch ein mögliches chronologisches Vorgehen – könnten sein:

1. *Beira-Korridor:* Stationierung einer UN-Truppe unter Beteiligung der Westmächte, die den Schutz dieses Korridors übernimmt. Gleichzeitig Bereitstellung ausreichender finanzieller Mittel, um den Korridor und Hafen von Beira so auszubauen, daß ihre Kapazitäten genügen würden, die Versorgung der schwarzafrikanischen Binnenstaaten im Südlichen Afrika zu übernehmen.

2. *Friedensverträge für Mosambik und Angola:* Stopp der südafrikanischen Unterstützung an die Rebellenbewegungen und Beendigung aller direkten südafrikanischen Interventionen gegenüber den beiden Staaten und allen Ländern des Südlichen Afrika. Garantie, daß die südafrikanischen Verkehrsverbindungen von den Binnenstaaten genutzt werden können. Im Gegenzug: Keine Intervention der Nachbarstaaten oder von deren Territorien aus in den südafrikanischen Konflikt.

3. *Namibia: Lösung und Beendigung dieses Konfliktes auf der Basis der UN-Sicherheitsresolution 435.* Internationale Garantie, daß von namibischem Boden aus keine Intervention in den Südafrika-Konflikt erfolgt.

4. *Konfliktlösung für Südafrika*: Verhandlungsführung auf der Basis eines Konkordanz-demokratischen Modells (Garantie des Fortbestehens der Identität der verschiedenen Volksgruppen; innere Selbstverwaltung der einzelnen Gruppen; Minderheiten-Schutz; Einigungszwang bei Angelegenheiten des Gesamtstaates). Dies würde die Aufgabe aller wesentlicher Privilegien durch die Buren beinhalten; freilich müßte auch der ANC seine Grundsatzforderung „one man – one vote" modifizieren, aber die Konkordanz-Lösung würde die Hauptanliegen beider Gruppen realisieren: Für die Buren ist dies das Fortbestehen als eigene Nation (so sagen sie jedenfalls immer) und für die Schwarzafrikaner die volle politische und wirtschaftliche Gleichberechtigung. Internationale Schutzverträge – die von allen Beteiligten zu unterschreiben wären – könnten garantieren, daß die Lösung, wenn einmal realisiert, auch Bestand haben würde. Diese Vorschläge beruhen auf dem Verständnis, geschichtliche Entwicklungen nicht einfach treiben zu lassen, sondern politisch gestaltend und steuernd einzugreifen. Die industrialisierte Welt des Westens wie des Ostens ist gefordert: Sie können am Beispiel des Südlichen Afrika demonstrieren, ob sie mit der nationalstaatlichen Interessenpolitik des 19. Jahrhunderts fortfahren wollen oder ob sie der Herausforderung des 20. Jahrhunderts gewachsen sind, nämlich diese Welt als *eine* Welt zu begreifen, und daß daher internationale Konflikte nicht mit dem Gewehr, sondern durch den Vertrag gelöst werden. Wozu finanzieren wir Bürger eigentlich nationale und internationale Bürokratien, wenn Zehntausende von Beamten, Politikern und Berufsdiplomaten nicht in der Lage sind, internationale Konflikte am Verhandlungstisch zu lösen?

Literaturhinweise

1. Zur Geschichte praktisch unumgänglich: Marianne Cornevin, *Apartheid-Mythos und Wirklichkeit*, Hammer Taschenbuch, Wuppertal 1981.
2. Zum burischen Nationalismus und seinen Auswirkungen ist das leicht lesbare und reich bebilderte Stern-Buch von Heinrich Jaenecke zu empfehlen: *Die weißen Herren* – 300 Jahre Krieg und Gewalt in Südafrika, 5. aktualisierte Auflage Hamburg 1986.
3. Zum Widerstand: Rainer Falk, Südafrika – Widerstand und Befreiungskampf, 2. verbesserte Auflage Köln 1987.
4. Zum spezifischen Problem der von der weißen Regierung ‚gekauften' Agenten sei insbesondere Journalisten empfohlen: *Vigilanten*, materialdienst Nr. 69 des Evangelischen Missionswerkes, Mittelweg 143, 2000 Hamburg 13.
5. Zur Rolle der Kirchen gibt eine erste Orientierung: Stefan Rothe, *Kirchen in Südafrika*, Hamburg 1986; direkt zu beziehen: Entwicklungspolitische Korrespondenz, Postfach 2846, 2000 Hamburg 20.
6. Weitere Literatur zum südlichen Afrika: Gesamtprospekt der Informationsstelle Südliches Afrika (issa), Blücherstraße 14, 5300 Bonn 1.
7. Zur Verfolgung der weiteren Entwicklung: *Informationsdienst Südliches Afrika*, acht Ausgaben pro Jahr, Herausgeber: issa (siehe Punkt 6).
8. *Grundsätzlich abzuraten* ist von den Materialien, die von der Südafrikanischen Botschaft vertrieben werden. Dies betrifft auch die Bücher, die von der Vertretung kostenlos – insbesondere an Schulen und Journalisten – versandt werden. Ebenfalls abzuraten ist von Publikationen, die von Instituten herausgegeben werden, die der südafrikanischen Regierung nahestehen, wie beispielsweise die Deutsch-Südafrikanische Gesellschaft und die South Africa Foundation. Darüberhinaus vertreten eine Fülle deutscher Autoren und Wissenschaftler dezidierte Positionen zugunsten der weißen Regierung. Ein Faktum, das bisher zu wenig von Journalisten, Lehrern und Politikern berücksichtigt worden ist. Hierzu gehört auch, daß solchen Publizisten kostenlose Reisen von der südafrikanischen Botschaft bzw. durch entsprechende PR-Agenturen vermittelt werden. An derartigen Reisen hatten selbst zahlreiche Mitglieder des Bundestages teilgenommen.

Graphik 5: Zwangsumsiedlungen in Südafrika seit 1960

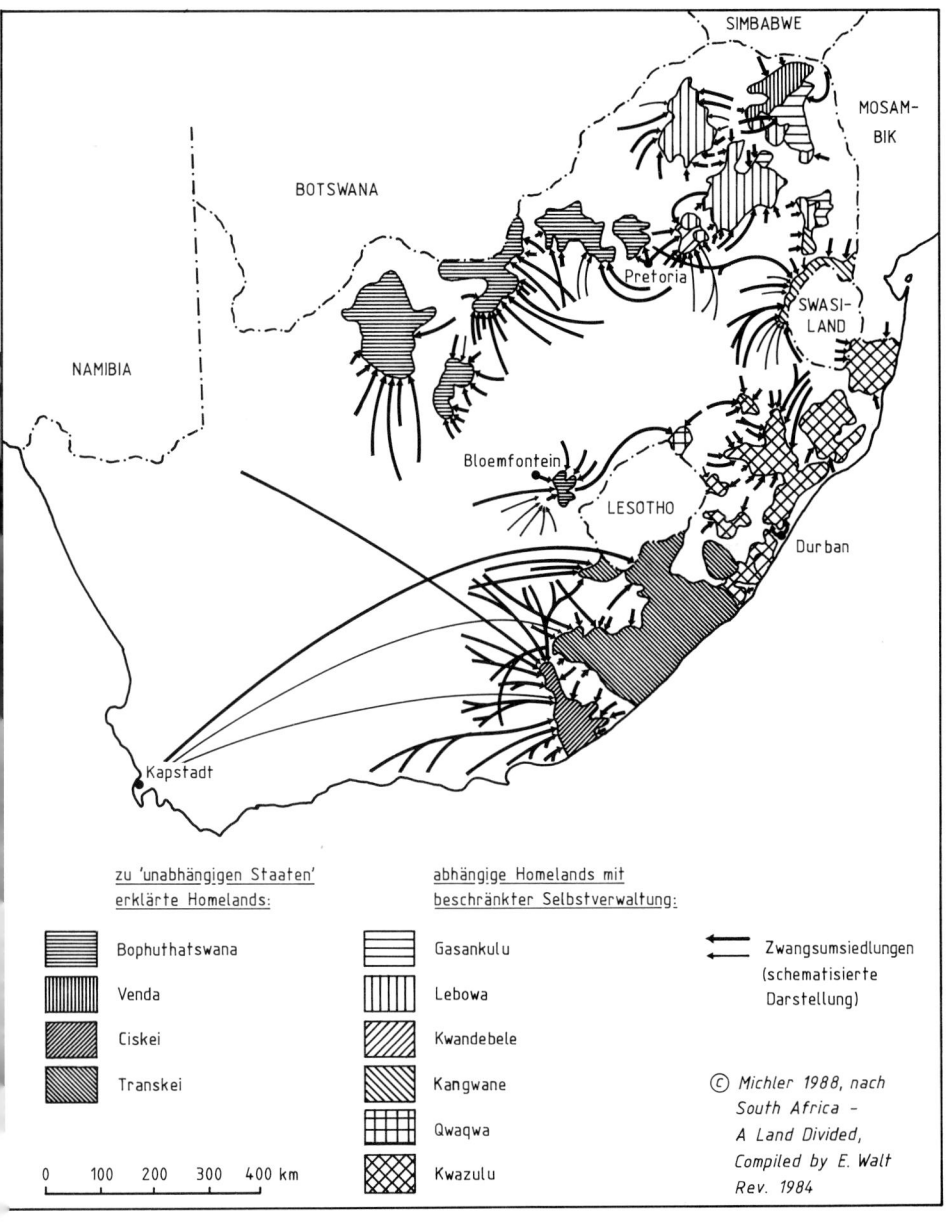

SIMBABWE

MOSAM-BIK

BOTSWANA

Pretoria

SWASI-LAND

NAMIBIA

Bloemfontein

LESOTHO

Durban

Kapstadt

zu 'unabhängigen Staaten'
erklärte Homelands:

- Bophuthatswana
- Venda
- Ciskei
- Transkei

abhängige Homelands mit
beschränkter Selbstverwaltung:

- Gasankulu
- Lebowa
- Kwandebele
- Kangwane
- Qwaqwa
- Kwazulu

← Zwangsumsiedlungen
(schematisierte
Darstellung)

© Michler 1988, nach
South Africa –
A Land Divided,
Compiled by E. Walt
Rev. 1984

0   100   200   300   400 km

Graphik 1: Die Waffenlieferanten Schwarzafrikas 1960–83

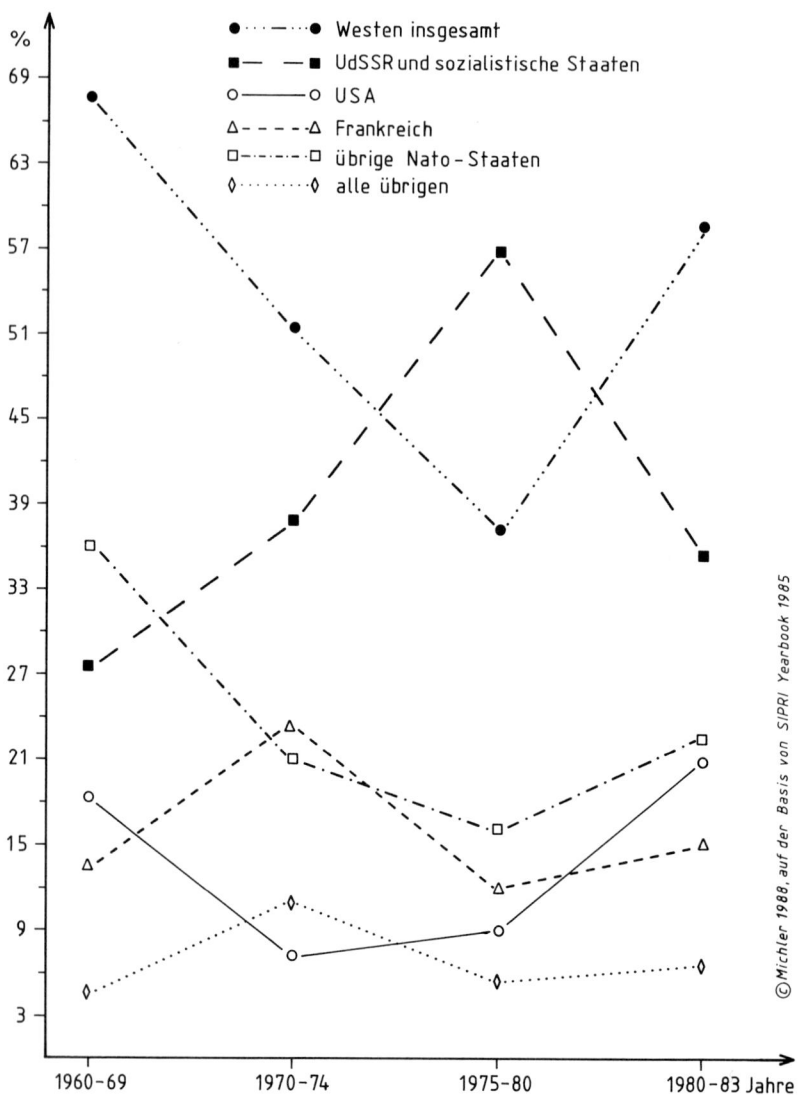

Darstellung in konstanten Preisen (US-Dollar) von 1975

Ursachenkomplex III
Die selbstverschuldete Misere –
Afrikas kontinentale
Entwicklungsblockaden

Kapitel 1
Kriege, Militärausgaben und
Staatsstreiche –
die Vorurteile und die Realität

Vorkoloniales Afrika: kein Kriegsschauplatz · Die Kolonial-Lüge von der Bürde des weißen Mannes · Kriege in Schwarzafrika 1945 bis heute: Basisinformationen, Bilanz und Überblick · Rüstungsausgaben, Waffenimporte und militärische Stärken schwarzafrikanischer Staaten · Staatsstreiche seit 1956: Fakten, Hintergründe und Bewertung · Ausländische Intervention und Militärpräsenz in Schwarzafrika

Vorkoloniales Afrika: kein Kriegsschauplatz

„In der Familie, dem Dorf und den staatlichen Organismen praktizierte man Kollegialität. Die Aufgabenteilung und die Kollegialität sicherten eine wirkliche Demokratie… Kurz, das Afrika von gestern hatte konkrete Methoden entwickelt, damit die Macht die Macht bremst," schreibt der afrikanische Wissenschaftler Joseph Ki-Zerbo in seiner Geschichte Schwarzafrikas.[1] Er hat recht, zumindest was einen *Teil* der vorkolonialen Gesellschaften Schwarzafrikas angeht. Und an diesem Punkt müssen wir unsere Vorstellungen über den von den Weißen noch unberührten schwarzen Kontinent *gründlich revidieren*. So waren beispielsweise zahlreiche Ackerbaugesellschaften – meist kleinere Völker – im südöstlichen Afrika *egalitär* organisiert und ihr jeweils oberster Führer („Häuptling') war weniger ein Herrscher als vielmehr ein ‚primus inter pares' (Erster unter Gleichen), der seine Macht nicht auf den Besitz von Land stützen konnte, sondern als von der Gemeinschaft ‚Gewählter' für deren Zusammenhalt Sorge tragen mußte.
Ebenso waren die nomadischen Völker eine *‚Gesellschaft von Freien'*, in denen der Ältestenrat nach oft langwierigen Diskussionen über die Geschicke der Gruppe

oder des Einzelmitglieds entschied. Ihre Beziehungen nach außen, also zu den anderen Gruppen der Region, regelten sie durch Verträge und Vereinbarungen. Erst wenn bestehende Absprachen über Weidegründe und Wasserstellen gebrochen wurden und wenn die Schlichtungsverhandlungen scheiterten, kam es zur bewaffneten Auseinandersetzung.[2]

Dies war bei den Ackerbauern – sie betrieben in der Regel Wanderfeldbau – ähnlich: Sie gerieten schon deshalb selten in Konflikt mit ihren Nachbargruppen, weil mehr als reichlich Land vorhanden war und dem Streit über Bodenbesitz daher die Grundlage fehlte.

Doch all jenes war sozusagen nur die eine Seite der Realität. Die andere bestand darin, daß viele Völker ihr Zusammenleben in Stadtstaaten und Königtümern organisiert hatten. Und diese waren nach innen so autoritär und nach außen nicht weniger aggressiv als die europäischen Reiche der damaligen Zeit. Manche afrikanische Staatsgebilde der vorkolonialen Ära verfügten über eine erhebliche militärische Schlagkraft. So soll der König von Gana bereits im frühen Mittelalter imstande gewesen sein, ein Heer von 200.000 Mann zu mobilisieren; dies jedenfalls berichteten arabische Reiseschriftsteller.[3] Gefürchtet waren insbesondere die Reiterheere des Bornu-Reiches (Zentrum am Tschadsee), die mehrere Zehntausend Mann zählten und die Nachbarvölker zwangen, regelmäßig Tribut an ihren Herrscher zu entrichten.[4] Auch in anderen Reichen südlich der Sahara kam es zur Herausbildung einer eigenen *Kriegerkaste*.

Religionskriege kannten die traditionellen afrikanischen Gesellschaften *im Gegensatz* zum Abendland übrigens überhaupt nicht;[5] jedenfalls so lange nicht, bis einige von ihnen islamisiert waren und vorwiegend im 19. Jh. andere Völker mit dem Schwert zum Glauben Mohammeds bekehren wollten. Andere Reiche wiederum, wie beispielsweise Dahomey (heutiges Benin) und die Zulu unter Chaka, lebten vorwiegend von Kriegszügen und der dabei gemachten Beute.

Es geht hier nicht um eine Kriegsgeschichte des vorkolonialen Afrika, nicht einmal darum, deren wichtigste Grundzüge aufzuzeigen, sondern um folgendes: *Erstens* ist das vorkoloniale Afrika – wie kurz skizziert – keineswegs ein Kontinent des Krieges aller gegen alle gewesen, was von den Verfechtern des europäischen Kolonialismus so vehement behauptet wurde. *Zweitens* war es auch nicht so paradiesisch friedvoll, wie es gelegentlich die afrikanischen Dichter der Negritude beschrieben. *Drittens* ist festzustellen, daß Schwarzafrika in den Jahrhunderten vor dem Eintreffen der Europäer Kriege im Ausmaß des Abendlandes – wie beispielsweise die Kreuzzüge und den 30jährigen Krieg – nicht gekannt hat.

Die Kolonial-Lüge von der Bürde des weißen Mannes

Die Kolonialherren sahen sich meist in der Rolle eines Friedensstifters für das sich bekriegende Afrika. Eine Argumentation, die nur der Selbstrechtfertigung diente. Denn wie sonst hätte das zivilisierte Abendland seine skrupellose und zerstörerische Machtpolitik auf dem schwarzen Kontinent erklären können? Die Realität dieses Eingriffs, sein Verhängnis und seine Brutalität, habe ich im Ursachenkomplex I, Kapitel 2 ausführlich dargelegt. Die Gesamtzahl der Kolonial-Kriege und ihre Opfer konnten wir nicht dokumentieren; eine Forschungsarbeit, die dies bereits untersucht hätte, gibt es nicht. Aufgrund unserer Recherchen kamen wir jedoch zu dem Ergebnis, daß der europäische Imperialismus mindestens 50 afrikanische Reiche und Staatsgebilde zerstörte, wahrscheinlich sogar wesentlich mehr. Auch wieviele Tote die Epoche des Kolonialismus insgesamt forderte, konnten wir nicht in Erfahrung bringen. Wir wissen aber, daß allein schon die bewaffneten Auseinandersetzungen (nicht die Unabhängigkeitskriege) in Deutsch-Südwestafrika, in Südafrika und in Deutsch-Ostafrika sowie die italienische Kolonialherrschaft am Horn von Afrika *über eine Million Tote* gekostet haben. Außerdem war auch die zigmillionenfache Sklavendeportation ein ‚Krieg' gegen Schwarzafrika.

Ist schon diese Bilanz erschreckend und ernüchternd genug, bleibt ferner noch festzuhalten, daß die Afrikaner während der europäischen Kolonialherrschaft keine Gelegenheit besaßen, die Demokratie am Modell kennenzulernen. *Ganz im Gegenteil:* Fast ein Jahrhundert lang erlebten sie, daß die Weißen jedes Problem, bei dem es Widerstand gab, mit Gewalt lösten. Und als Soldaten und Unteroffiziere erfuhren sie in dieser Strategie konkretes Training: Die Schreckensherrscher Idi Amin und Bokassa hatten beide mit Auszeichnungen in den Kolonialarmeen gedient. Insgesamt hinterließen die weißen Militärs weniger ‚soldatische Tugenden' als vielmehr den Glauben an die Gewalt des Gewehrs.

Kriege in Schwarzafrika 1945 bis heute: Basisinformationen, Bilanz und Überblick

Das Bild der Medien: Chaos Afrika

„Die Bilanz des ersten Vierteljahrhunderts Uhuru: fast hundert Putsche und Staatsstreiche, unzählige (!) Bürgerkriege und Stammesfehden mit mindestens vier Millionen Toten... Nach dem Pilotprojekt Ghana fiel ein afrikanisches Staatswesen nach dem anderen in Chaos und Anarchie".[6] So urteilt der ‚Spiegel' im November 1987 über Schwarzafrikas Entwicklungsweg seit 1960, als der ‚wind of change' die weißen Kolonialherrn aus dem Kontinent vertrieb. „Krieg" ist neben „Hunger und Aberglauben" für das Hamburger Nachrichtenmagazin das herausragende Merkmal, welches Afrikas jüngste Geschichte prägt. Damit unterscheiden sich die ach so progressiven Meinungsmacher für die kritische Intelligenz der Bundesrepublik in nichts vom legendären – weil ehemals legionären – Journalisten Peter Scholl-Latour, der in seinem „Mord am großen Fluß" von der „Unberechenbarkeit afrikanischer Ereignisse und Menschen" spricht, von einem Kontinent, wo „Volkstribunen" dabei sind, die „Mächte der Steinzeit" zu entfesseln.[7] Das muß dann in einem „Chaos Afrika" (Karl Breyer) enden, wo „unaufhörliche Staatsstreiche" und „politische Experimente" den Kontinent in einen „Hexenkessel" verwandeln.[8]

Armes Afrika in der Tat, – weil so über dich geurteilt wird; noch ärmeres Europa, weil dein Bewußtsein immer noch ‚weiß', kolonial, ist! Wie wohl müßte ein afrikanischer Scholl-Latour über das zivilisierte Abendland schreiben, gesetzt den Fall, er hätte zuvor als Berichterstatter die Truppen während des Ersten und Zweiten Weltkrieges begleiten können? Wie und mit welchen Worten wäre er imstande, seinen Landsleuten die annähernd 70 Millionen Toten, die in Schutt und Asche gelegten Großstädte, den Kadaver-Gehorsam der Soldaten, die Gaskammern im Land der Dichter und Denker plausibel zu erklären? Zumal er es sehr detailliert schildern müßte, weil es so etwas in Afrika noch nicht gegeben hat. Also: eine *andere Perspektive* auf unserer Seite ist dringend notwendig, *größere Rationalität* in der Beurteilung afrikanischer Konflikte und Machtkämpfe, die nicht mehr und nicht weniger ‚mystisch und irrational‘ sind als sonstwo auf der Welt.

Während die *Tabelle 1* einen Überblick der Kriege und bewaffneten Konflikte in Afrika seit dem Zweiten Weltkrieg bis Ende 1987 bietet, enthält die *Tabelle 2* – ergänzend dazu – Kurzinformationen über die zu Jahresbeginn 1988 andauernden bewaffneten Auseinandersetzungen auf dem schwarzafrikanischen Kontinent.

Kriege in Schwarzafrika: die Fakten

Die bewaffneten Konflikte der Tabelle 1 sind dem „Verzeichnis der Kriege nach dem Zweiten Weltkrieg bis Ende 1984" entnommen, das von der Arbeitsgemeinschaft Kriegsursachenforschung der Universität Hamburg erstellt worden ist.[9] Es ist die einzige Liste dieser Art, die in der internationalen Literatur existiert.[10] Kriege nach dem genannten Zeitpunkt wurden von uns ergänzt. Leider enthält besagte Aufstellung *keine* Angaben über *Opfer* und *Kosten* der geführten Kriege. Es ist kaum zu glauben – und hier zeigt sich erneut ein *Schwachpunkt der Forschung*: In der gesamten internationalen Literatur gibt es keine halbwegs verläßliche Gesamt-Dokumentation der Kriegsopfer seit dem Zweiten Weltkrieg![11] Dabei ist gerade dies die wichtigste Information über einen Konflikt.

Um hier eine *Orientierungshilfe* zu geben, haben wir aus den uns zugänglichen Quellen zumindest die Zahl der Toten des jeweiligen Konfliktes angegeben. Dies sind bis auf wenige Ausnahmen *grobe Schätzungen*, wobei wir aus den vorliegenden Angaben aufgrund unserer Kenntnis der Kriegshandlungen *realistische Eingrenzungen* der oftmals erheblich divergierenden Zahlen nach oben und unten vorgenommen haben; die so entstandenen *Eckdaten* sind demzufolge *brauchbare Trendindikatoren* zur Beurteilung des jeweiligen Konfliktausmaßes. Was die *Definition* des Tatbestandes ‚Krieg‘ angeht, folge ich derjenigen, die die erwähnte Hamburger Arbeitsgemeinschaft aufgestellt hat.[9]

Tabelle 1: Kriege und bewaffnete Konflikte in Afrika 1945–1987

Kriege/bewaffnete Konflikte in Gesamt-Afrika: 47
davon in Nordafrika: 9
somit in Schwarzafrika und Südafrika (= 48 Staaten, bzw. Territorien): **38**

Kolonialkriege	Kriege/bewaffnete Konflikte als Folge ungelöster Kolonialprobleme	Kriege/bewaffnete Konflikte bedingt durch weiße Vorherrschaft in Südafrika	Kriege/bewaffnete Konflikte in schwarzafrikanischen Staaten, bzw. zwischen diesen
1. Madagaskar 1947/48 Gegen franz. Herrschaft; Tote: 80.000–200.000 **2. Kenia 1952–56** Mau-Mau-Aufstand gegen englische Herrschaft; Tote: 14.000 in Haft: 90.000 Afrikaner Umsiedlungen i. Wehrdörfer **3. Kamerun 1955–63** Gegen franz. Herrschaft; später gegen mit Frankreich kooperierende eigene Regierung; Tote: 20.000 **4. Angola 1961–75** Gegen portug. Herrschaft; Tote: min. 60.000 1 Mio. in Wehrdörfer umgesiedelt; 500.000–1 Mio. Flüchtl.	**1. Eritrea/Äthiopien –** **Konflikt seit 1961** *siehe*: Tab. 2 **2. Äthiopien/Somalia 1963/64** 1. Ogadenkrieg; Angliederung des von Somalis bewohnten Ogaden an Äthiopien Tote: min. 2.000 **3. Kenia/Somalia 1963–67** sog. Shifta-Krieg; Angliederung des von Somalis bewohnten Nordkenia an Somalia; Tote: min. 4.000–6.000 **4. West-Sahara-Konflikt seit 1975** *siehe*: Tab. 2	**1.** Südafrika seit 1976 **2. Südafrika/Angola** seit 1976 **3. Südafrika/Mosambik** seit ca. 1978 **Alle drei Konflikte** direkte Opfer: mehr als 100.000 Flüchtlinge (In- und Ausland) sowie Umgesiedelte: 6 Mio. (weitere Details siehe Kp.: Südliches Afrika) **Anmerkung:** Konflikte um Namibia und Rhodesien sowie Kampfhandlungen zwischen Rhodesien und Mosambik wurden als Kolonialkriege gewertet.	**1. Erster ‚Süd-Sudan-Krieg' 1955–72** Schwarze Völker des Südens wehren sich gegen arabisch-islamische Dominanzpolitik des Nordens; Fremdbeteiligung: ägyptische Truppen (auf seiten der Regierung) Tote: 500.000–700.000 **2. 3. 4. Kongo, bzw. Zaire 1960–67** – sog. Kongo-Wirren, Sezession der Katanga-Provinz (60–63) – erneutes Aufflammen gen 1964–67 diverser Guerillagruppen gegen autoritäre Regierung; – Aufstand von Gruppen unter Tschombe gegen Mobutu 1967; Fremdbeteiligung: UNO-Truppen, belgische Truppen, weiße Söldner; US-Lufttransporte; Tote: insgesamt: 20.000–100.000 **5. Ruanda 1963/64** Tutsi-Kampf gegen Hutu-Regierungstruppen; Tote: 20.000 Flüchtlinge: 80.000–150.000 **6. Tschad-Konflikt seit 1966** siehe: Tab. 2 **7. Nigeria/Biafra 1967–70** Sezessionsversuch der Ibo-Volksgruppe, Proklamation eines eigenen Staates ‚Biafra'; Tote: 1 Mio. inklusive 50.000 Soldaten

Kolonialkriege	Kriege/bewaffnete Konflikte als Folge ungelöster Kolonialprobleme	Kriege/bewaffnete Konflikte bedingt durch weiße Vorherrschaft in Südafrika	Kriege/bewaffnete Konflikte in schwarzafrikanischen Staaten, bzw. zwischen diesen
5. Guinea-Bissau und Kapverden 1963–74 Gegen portug. Herrschaft; 1966: 25.000 Mann i.d. portugiesischen Armee; heftige Kämpfe; Tote: keine Angaben **6. Mosambik 1964–74** Gegen portug. Herrschaft Tote: 25.000 Verletzte: 120.000 Umsiedlungen i. Wehrdörfer **7. Rhodesien 1966–79** Gegen weiße Siedlerherrschaft Tote: 28.000 Flüchtlinge: über 500.000 einige 100.000 in Wehrdörfer umgesiedelt **8. Namibia 1966–?** Gegen südafrikanische Besatzungsmacht Tote bis 1988: min. 20.000	**5. Äthiopien/Somalia 1977/78** 2. Ogadenkrieg; siehe Nr. 2 dieser Spalte sowie Tabelle 2 **6. Burkina Faso/Mali 1985** Krieg um Grenzstreifen Tote: etwa 100		**8. Uganda/Tansania 1971/72** Tansanische Regierungstruppen wollen den von I. Amin gestürzten Obote wieder an die Macht bringen; weitere Fremdbeteiligung: Libysche Truppen; Opfer: keine Angaben **9. Burundi 1972/73** Hutu-Guerilla-Gruppen gegen Tutsi Regierungstruppen; Fremdbeteiligung: zairische Truppen (zugunsten der Regierung) Tote: 100.000–250.000 Flüchtlinge: 80.000–200.000 **10. Angola 1975/76** Kampf der verschiedenen Befreiungsbewegungen gegeneinander wegen Machtübernahme im unabhängigen Angola;	**14. Zaire 1978** Shaba II, erneute Kämpfe zum Sturz Mobutus; Fremdbeteiligung: zunächst franz. und belgische Soldaten, dann Truppen aus Marokkos, Togos u.d. Senegal (alle zugunsten Mobutus); Tote: über 1.000 **15. Uganda/Tansania 1978/79** Einmarsch tansanischer Truppen zum Sturz Amins; Opfer: keine Angaben; tans. Truppen treffen auf wenig Widerstand **16. Gambia 1981** Bewaffneter Widerstand u.a. gegen Konföderation mit Senegal; Fremdbeteiligung: senegalesische Truppen Tote: mehr als 500 **17. Uganda 1981–86** versch. Guerillabewegun-

9. Guinea 1970
Wiederherstellung der portug. Herrschaft;
Tote: keine Angaben

10. Rhodesien/Mosambik 1975–79
Übergriffe des weißen rhodesischen Militärs auf Mosambik zwecks Herrschaftssicherung; keine Angaben über Opfer

Fremdbeteiligung: kuban., südafrikan., zairische Truppen;
Opfer: keine Angaben

11. Äthiopien seit 1975
Tigray-Konflikt: siehe Tab. 2

12. Zaire 1977
Shaba I, Guerillagruppen gegen Mobutu-Regime;
Fremdbeteiligung: marokk. Truppen und franz. Luftbrücke (zugunsten von Mobutu)
Opfer: keine Angaben

13. Äthiopien seit 1977
Oromo-Konflikt, siehe: Tab. 2

gen gegen Obote-Herrschaft sowie Kämpfe untereinander;
Tote: 100.000–300.000

18. Simbabwe 1982–85
Unterschiedliche Guerillagruppen mit ebenso verschiedenen Motiven in der Südwestprovinz (sog. Matabeleland) gegen Regierungsstreitkräfte; Übergriffe von beiden Seiten auf die Zivilbevölkerung.
Tote: dokumentiert 860, wahrscheinlich mehr als 1.500

19. Zweiter ‚Süd-Sudan-Krieg‘ seit 1983
siehe: Tab. 2

Quellen: Der große Ploetz, Freiburg und Würzburg 1980; Hermes Handlexikon: Bewaffnete Konflikte seit 1945, Düsseldorf 1983; Hofmeier/Schönborn: Politisches Lexikon Afrika, München 1987; Nohlen/Nuscheler: Handbuch der Dritten Welt, Bd. 4 u. 5, Hamburg 1982; V. Matthies: Der Grenzkonflikt Somalias mit Äthiopien und Kenia, Hamburg 1977; ders.: Der Ogadenkrieg zwischen Somalia und Äthiopien von 1977/78 in: afrika spectrum Nr. 3/1987, Hamburg 1988; Fischer Weltalmanach versch. Ausgaben seit 1979; SIPRI Yearbook 1987, Stockholm 1987; J. Krause, Sowjetische Militärhilfepolitik gegenüber Entwicklungsländern, Baden-Baden 1985; The Military Balance 1987/88, IISS, London 1987.

Erläuterungen und Interpretation zur Tabelle 1

1. Seit 1945 bis einschließlich 1987, also in einem Zeitraum von 43 Jahren, haben in den 48 Staaten bzw. Territorien südlich der Sahara (= Afrika ohne die fünf nordafrikanischen Länder) 38 Kriege stattgefunden. Die Gesamtzahl der Todesopfer dürfte über 2,5 Mio. (unterer Schätzwert) liegen.

2. Von zentraler Bedeutung ist, daß bei dieser Auflistung bewaffnete Auseinandersetzungen *sehr verschiedenen* Ausmaßes zusammengefaßt werden: So steht der Grenzkonflikt zwischen Burkina Faso und Mali mit etwa 100 Toten neben dem Biafra-Krieg mit schätzungsweise einer Million Opfern. Es ist deshalb *irreführend*, pauschal von Kriegen in Schwarzafrika zu sprechen und deren unterschiedliche Dimensionen nicht zu berücksichtigen.

3. Von den 38 Kriegen waren 19 eine direkte oder unmittelbare *Folge weißer Herrschaftsinteressen* in Schwarzafrika. Auch bei einigen der übrigen 19 (Spalte 4, Tabelle 1) spielten *‚koloniale Erblasten‘* eine mehr oder weniger wichtige Rolle als konfliktauslösendes Moment. Es zeugt nur vom *‚Analphabetismus‘* der Journalisten, wenn in der Berichterstattung diese wichtige *Ursachendifferenzierung* außer acht gelassen und mehr oder weniger suggeriert wird, alle Kriege gingen auf das Konto der ‚Unfähigkeit der Schwarzafrikaner‘, sich selbst zu regieren.

4. Die in Spalte 1 (Tabelle 1) aufgeführten *Kolonialkriege* forderten zwischen 250.000 und 500.000 Todesopfer.

5. Die 19 Kriege, für die primär die schwarzafrikanischen Politiker verantwortlich sind, beschränkten sich auf 11 (!) der 45 unabhängigen Staaten.

6. *Fremdeinmischung*: Bei den 19 ‚schwarzafrikanisch-bedingten‘ Kriegen (Spalte 4, Tabelle 1) waren in sieben Konfliktfällen insgesamt 14 nicht-schwarzafrikanische Streitkräfte beteiligt, deren Eingreifwirkung auslösend, verschärfend, verlängernd oder beendigend war. Unter Fremdbeteiligung wird hier das *direkte* Eingreifen ausländischer Truppen bzw. Söldner verstanden und nicht die Beteiligung ausländischer Militärberater und Waffenlieferungen aus Übersee an eine der Konfliktparteien.

Tabelle 2: Schwarzafrikas gegenwärtige Kriege

1. Äthiopien-Eritrea-Konflikt seit 1961
Beginn 1961; Eritrea: ehemals italienische Kolonie, dann Sonderstatus durch UNO verliehen, 1952 in Kraft gesetzt, Verträge 1962 durch äthiopischen Kaiser gebrochen, Land seitdem völkerrechtswidrig von Äthiopien annektiert; Völkerrechtsbruch und massive Repression seitens Äthiopiens bedingten Widerstand weiter Teile der eritreischen Bevölkerung; Eskalation der Kampfhandlungen seit 1978 zu konventionellem Stellungskrieg; Gegner der äthiopischen Regierungstruppen ist die Eritreische Volksbefreiungsfront (EPLF) mit ca. 40.000 gut ausgebildeten Kämpfern; Äthiopien besteht nach wie vor kompromißlos auf Besitz Eritreas; große Teile Eritreas unter ständiger Kontrolle der EPLF.

EPLF-Stärke:	30.000–45.000 Kämpfer
Äthiopische Armee:	ca. 170.000 (plus 150.000 Volksmiliz)
Tote:	weit über 100.000
Flüchtlinge:	wahrscheinlich mehr als 600.000 im Ausland (davon mehr als 10.000 in der BRD)

2. Äthiopien/Tigray-Konflikt seit 1975

Beginn in den 70er Jahren, verschärft seit 1975; ein Großteil des Volkes der Tigray kämpft in der Tigray-Volksbefreiungsfront (TPLF) um mehr Autonomie-Rechte innerhalb des äthiopischen Staatsverbandes; TPLF verfügt mit Sicherheit über mehr als 10.000 Mann in ihren Reihen, kontrolliert weite Teile ‚Tigrays‘ im Norden von Äthiopien.

TPLF:	mehr als 20.000 Kämpfer
Tote:	mehr als 20.000
Flüchtlinge:	etwa 60.000–80.000

3. Äthiopien/Ogaden-Konflikt 1977/78 und danach

Ogaden von ‚Somalis‘ (genauer West-Somalis) bewohnt, Terrain gehört ethnisch und kulturell eigentlich zu Somalia, englische Kolonialmacht sprach das Gebiet jedoch Äthiopien zu; im letzten offenen Krieg zwischen Äthiopien und Somalia um den Besitz des Ogaden (1977/78) wurde Somalia und mit ihm die West-Somalische Befreiungsfront (WSLF) jedoch vernichtend geschlagen; WSLF hat seitdem keine nennenswerte Stärke mehr erreicht und der Ogaden ist weniger ein umkämpftes Gebiet, sondern mehr eine konfliktträchtige Region, in der die alten Spannungen andauern. Die kriegerischen Auseinandersetzungen haben jedoch den Wirtschaftskreislauf und die Lebensgrundlage der Nomaden in dieser Großregion nachhaltig zerstört.

Fremdbeteiligung:	Kubanische Truppen über 11.000; südjemenitische Soldaten 2.000 und nordkoreanische Piloten (auf seiten der äthiopischen Regierung); Fremdbeteiligung war konfliktentscheidend;
Tote 1977/78:	25.000–40.000
Tote 1980–86:	ca. 1.000
Flüchtlinge:	auf dem Höhepunkt Anfang der 80er Jahre einige Hunderttausend nach Somalia geflüchtet; Zahl äußerst umstritten, somalische Regierungsangaben überhöht; Ende 1987 wohl immer noch über 200.000

4. Äthiopien/Oromo-Konflikt seit 1977

Die Oromo sind das größte Volk innerhalb Äthiopiens; wie die Tigray kämpfen sie um mehr Autonomie, jedoch nicht um einen eigenen Staat; sie begannen ihren bewaffneten Widerstand gegen die Zentralregierung 1977 und organisierten ihn in der OLF (Oromo Liberation Front).

OLF-Stärke:	möglicherweise 5.000–10.000
Tote:	keine Angaben
Flüchtlinge:	etwa 120.000–150.000

5. Zweiter Süd-Sudan Krieg seit 1983

Begann 1983 und hat seitdem an Schärfe wesentlich zugenommen; Gegner der Regierungstruppen ist die Sudan People's Liberation Movement (SPLM, Kampftruppen SPLA); sie kämpft um mehr Autonomie-Rechte der negriden Völker im Süden (christlich, bzw. Anhänger afrikanischer Religionen) gegenüber dem islamisch-arabischen Norden; SPLM wird von Äthiopien unterstützt; zu weiten Teilen des Südens besitzen Regierungstruppen keinen Zugang mehr; Auseinandersetzungen haben Hilfsmaßnahmen und Entwicklungsprojekte entweder gänzlich blockiert oder wesentlich erschwert.

SPLM-Stärke:	5.000–20.000 Kämpfer
Regierungstruppen:	ca. 58.000
Tote:	3.000

6. Tschad seit 1966

Mitte der 60er Jahre Widerstand verschiedener Gruppen gegen autoritäre Regierung unter Tombalbaye, wird 1975 gestürzt; Fraktionskämpfe unter Führung von Hissène Habré und Goukouni Oueddei gehen danach weiter, nach 1978 wechselnde Vorherrschaft zwischen den beiden verbunden mit Interventionen Frankreichs und Libyens; Hissène Habré kann sich schließlich 1982 – gestützt auf franz. Truppen – als Regierungschef durchsetzen; der danach von Libyen unterstützte Goukouni Oueddei sagt sich mit einem Teil seiner Truppen 1986 von Gaddafi los; anschließend tritt gewisse interne Entspannung ein, bewaffnete Konflikte mit Libyen dauerten jedoch 1987 noch an; Libyen erhebt nach wie vor Anspruch auf den sog. Aouzou-Streifen (ca. 100.000 qkm) im Norden des Tschad; franz. Truppen weiterhin im Land; künftige Entwicklung äußerst ungewiß;

Fremdbeteiligung:	französische, libysche, zairische Truppen, sowie OAU-Friedenstruppe (kurzfristig)
Tote:	mehr als 21.000

7. West-Sahara-Konflikt seit 1975

Konflikt um die ehemalige Kolonie Spanisch-Sahara seit 1975; damals wurde Gebiet von Marokko völkerrechtswidrig annektiert; große Teile der ansässigen Bevölkerung sind nach Südwest-Algerien geflüchtet und kämpfen in der POLISARIO um den eigenen Staat (DARS: Demokratisch-Arabische Republik Sahara; von OAU bereits als Staat anerkannt und als Mitglied aufgenommen); Marokko will Gebiet jedoch nicht aufgeben und hat einen 2.500 km langen ,Sicherheitswall' (umfaßt 75 % des Gebietes) gegen die POLISARIO-Attacken angelegt; erhebliche Kriegskosten für Marokko, das – neben ,nationalistischen Großmachtträumen' – an den reichen Phosphatvorkommen der West-Sahara interessiert ist.

POLISARIO:	4.000–15.000 Kämpfer
Marokk. Armee:	100.000–120.000 Soldaten
Fremdbeteiligung:	französische Kampfflugzeuge gegen POLISARIO
Tote:	7.000–10.000

8. Namibia seit 1966

Andauer der Kampfhandlungen seit 1966; von Südafrika völkerrechtswidrig besetzt; von SWAPO getragener bewaffneter Kampf um Unabhängigkeit auf Basis des UNO-Friedensplanes (Resolution 435).

Südafrikanische Truppen in Namibia:	30.000–90.000
SWATF (namib. Truppen unter südafrikanischem Kommando):	22.000
SWAPO:	6.000–9.000
Tote:	min. 20.000

9. Südafrika/Angola seit 1976

Direkte Interventionen durch südafrikanische Truppenverbände seit 1976; außerdem Unterstützung der Rebellenbewegung UNITA durch Südafrika.

Angolanische Armee:	53.000
Kubaner:	ca. 25.000–30.000
UNITA:	20.000–28.000
Südafrika:	letzte Intervention Ende 87 mit ca. 2.000–6.000 Soldaten; Anfang 1988 noch andauernd
Tote:	mehrere Zehntausend

10. Südafrika/Mosambik seit 1976, verstärkt seit 1980

Aufbau einer schlagkräftigen Rebellenbewegung (Renamo, auch MNR) durch Südafrika; mittlerweile landesweiter Untergrund- bzw. Terrorkrieg.

Mosambikanische Armee:	31.700
MNR:	15.000–18.000
Tote:	mehrere Zehntausend

11. Südafrika seit den 70er Jahren

Verschärfte gewaltsame Auseinandersetzungen seit 1976; ANC-Sabotagetrupps und insbes. militante Schüler-/Studentengruppen gegen weiße Vorherrschaft.

Tote:	seit 1976 ca. 4.500

Quellen: siehe Tabelle 1; Stand aller Zahlenangaben (soweit nicht anders vermerkt) Anfang 1988. Weitere Detailinformationen zu den Konflikten siehe die entsprechenden Kapitel dieses Buches. Zum militärischen Kräftepotential im südlichen Afrika vgl. entsprechende Tabelle im Ursachenkomplex II, Kapitel 3.

Erläuterungen und Interpretation zur Tabelle 2

1. Die Anfang 1988 noch andauernden elf Kriege beschränken sich auf acht der 48 Staaten bzw. Territorien südlich der Sahara (45 schwarzafrikanische Staaten plus Namibia, West-Sahara und Südafrika).

2. Vier der elf andauernden Kriege gehen auf das Konto der weißen Macht- und Vorherrschaftspolitik in Südafrika. Weitere vier finden in Äthiopien statt, an einem fünften, nämlich dem Süd-Sudan-Krieg, ist Äthiopien durch Militärhilfe direkt beteiligt.

3. Somit kann man von *zwei Kriegs- und Krisenzonen* auf dem Kontinent sprechen: dem *Horn von Afrika* auf der einen Seite und auf der anderen dem *Südlichen Afrika*. Darüber hinaus gibt es nur noch zwei Länder mit kriegerischen Auseinandersetzungen, nämlich den Tschad und die West-Sahara. Bei *allen* Konflikten spielen außer-afrikanische direkte und indirekte Einmischungen eine wesentliche Rolle.

4. Unter allen Gesichtspunkten – Zahl der Opfer, Kosten, regionales Ausmaß – *ist der Konflikt im Südlichen Afrika der mit Abstand größte auf dem Kontinent*, und dieser würde nicht existieren, wenn die Weißen zur Aufgabe ihrer Vorherrschaft bereit gewesen wären (ausführliche Information hierzu siehe Ursachenkomplex II, Kapitel 3).

Kriegerische Auseinandersetzungen:
Schwarzafrikas Hungerursache Nr. 1?

Wie bereits erwähnt: die Kosten der Kriege sind nicht oder nur teilweise erforscht, und über ihre wirkliche Höhe läßt sich nur spekulieren. Hätte Schwarzafrika einen anderen Entwicklungsweg genommen, wenn die Kriege nicht gewesen wären? *Ja* und *nein* zugleich. Die Frage müßte für jedes Land getrennt untersucht und beantwortet werden. So hat beispielsweise die Misere der nigerianischen Landbevölkerung nichts mit dem Biafra-Krieg zu tun, denn der ging bereits 1970 zu Ende, und erst anschließend verdiente Nigeria seine Erdölmilliarden, die es dann in einer verfehlten Entwicklungspolitik vergeudete. Andererseits hätten Angola und Mosambik mit Sicherheit eine positivere Entwicklung genommen, gäbe es nicht die von Südafrika initiierten Rebellenkriege in diesen Ländern. Und auch in Äthiopien wie im Tschad sind die Kriege eine ganz wesentliche Ursache des Hungers und der Unterentwicklung (zu den Auswirkungen der Kriege siehe Ursachenkomplex II, Kapitel 1 und Kapitel 3).

„Stammesfehden": die Ursache der Kriege?

Bereits im Kapitel Basisinformationen über einen Kontinent (Teil 1, Kapitel 3) habe ich dargelegt, daß die Kriege und politischen Konflikte Schwarzafrikas *nicht* auf ‚Stammesgegensätze' reduziert oder dadurch erklärt werden können. *Auch hier gilt*: Die Ursachen der kriegerischen Auseinandersetzungen in Afrika sind so vielfältig wie diejenigen der europäischen, und sie müssen von Fall zu Fall untersucht werden, was in diesem Buch allerdings nicht möglich ist.

Schon aus den skizzierten Darstellungen der gegenwärtig noch andauernden Konflikte wird deutlich, wie *komplex* und *verschieden* ihre Ursachen sind und wie untauglich das *rassistische Erklärungsmuster* ‚Tribalismus' (Stammesgegensätze) ist.

An der äthiopisch-eritreischen Front

Es folgt ein Auszug aus meinem Rundfunkfeature „Wir werden sterben oder frei sein" (Erstsendung: 23.2.1983, Südwestfunk, 2. Programm). Kurz zuvor hatte ich das Kriegsgebiet auf seiten der Eritreischen Volksbefreiungsfront (EPLF) besucht:

„Kampfhandlungen gibt es seit Wochen nicht mehr. Mit den Schüssen demonstrieren wir uns nur gegenseitig, daß wir noch auf dem Posten sind", beruhigt mich Goytom, als wir im Morgengrauen fast auf allen Vieren einen Felsrücken hochklettern. Immer wieder überholen uns Guerilla-Kämpfer, die auf ihren Schultern Proviant und Munition scheinbar mühelos nach oben wuchten, Tag um Tag, jahraus, jahrein. Jeden Fremden, der diese Kämpfer nur im Trainingscamp sieht, muß ihr Äußeres zu völligen Fehlschlüssen verleiten: Plastiksandalen, kurze Hosen, mit zwei Eierhandgranaten bestückter Patronengürtel, statt eines Stahlhelms ein gewundenes Tuch um den Kopf, – das alles läßt nichts anderes als den militärischen Untergang gegen das modern gerüstete Äthiopien erwarten. Doch als sie jetzt mit 40 kg Wasser auf den Schultern freundlich grüßend an mir vorbeihuschen, da begreife ich eines der Geheimnisse dieses Krieges: Hier entscheidet Ausdauer, Einsatz und Opferbereitschaft des einzelnen.

Goytom hat mich auf den höchsten der Nacfa-Berge geführt. Flach auf dem Bauch liegend, über mir ein schützender Felsvorsprung, kann ich die äthiopischen Feindlinien einsehen. Kaum 400 m Luftlinie sind es bis zum ersten Posten, von dort an kann ich die Schützengräben der Äthiopier kilometerweit verfolgen. Goytoms Mitkämpfer haben solide gearbeitet: Als ich 400 Meter durch unterirdische Gänge gekrochen bin, versichere ich Goytom, daß ich ihm seine Behauptung von geheimen Angriffs- und Verteidigungstunnels wirklich glaube. Es muß eine Plackerei gewesen sein, die kilometerlangen Tunnel und Gräben in den Fels zu treiben, ohne Preßlufthammer und Bohrgerät, nur mit Schaufel und Hacke. An diesen Stellungen kam die sechste und letzte Großoffensive der Äthiopier im vergangenen Jahr zum Stillstand.

Im Flüchtlingslager

Das enge Tal bietet wenigstens einen gewissen Schutz vor tieffliegenden Feindmaschinen, und aus der Höhe ist das Camp kaum auszumachen: Die Zelte der Flüchtlinge kauern schutzsuchend unter Bäumen, viele Familien leben in primitiven Hütten aus Zweigen. Besonders notdürftig sind einige der vorübergehenden Behausungen für Kranke. Ich schlüpfe in ein noch grünes Zweig-Iglu hinein, anderhalb Quadratmeter groß und knapp 1,40 Meter hoch. Vor mir liegt zusammengekrümmt auf einer dünnen Grasmatte eine junge Frau, eher noch ein Mädchen. Sie hat ein Kind zur Welt gebracht, ist total ausgezehrt, blickt mit verstohlen-ängstlichen Augen unter ihrem Schleier hervor. Auf einem Esel ritt sie sechs Tage lang und hochschwanger nach hier, nachdem ihr Mann und ihre Eltern verbrannt waren, in ihrem Haus, das von einer Brandgranate der Äthiopier getroffen wurde.

Ich liege im Zelt auf einer Steinpritsche, eine Petroleumlampe spendet warmes Licht, aus den Bergen des Sahel weht ein kalter Wind, im Flüchtlings-Lager schlafen alle. Heute Mittag sprach ich mit der 20jährigen Guerilla-Kämpferin Astir, querschnittsgelähmt durch einen Granatsplitter. Ich fragte sie, ob sie denn nicht zuviel geopfert habe, ob sie denn ihre Entscheidung, in den bewaffneten Kampf gegangen zu sein, nicht bedaure. Astir sagte: „Nein, ganz bestimmt nicht! Wenigstens besitze ich jetzt die Gewißheit – und das kann jeder sehen – etwas für meine Heimat, für mein Volk getan zu haben."

In einem Punkt bin ich mir während meiner Reisen ganz sicher geworden: Ein Großteil der Eritreer ist fest entschlossen, weiter zu kämpfen, auch wenn der Kampf nochmals zwanzig Jahre dauern sollte. Wenn diese Menschen bereit sind, all diese Leiden zu ertragen, ja noch mehr Opfer zu bringen, muß dann nicht das Ausmaß ihrer Unterdrückung ungeheuer groß sein?

Im Lager der EPLF

Goytom hat mich nach drei Stunden Schlaf um 4.30 Uhr geweckt. Müde von der nächtlichen Landrover-Fahrt durchs Gebirge, krieche ich aus dem unterirdischen Bunker. Das ‚Wienna'-Rekrutierungslager der Eritreischen Volksbefreiungsfront liegt in der nördlichen Sahel-Provinz des Landes, die gleichzeitig die sogenannte ‚Base Area', das Hauptquartier und Rückgrat der Bewegung ist.

Der Zulauf zur Befreiungsfront ist enorm: Die 557 Rekruten, die ich an diesem Morgen zähle, sind erst wenige Tage im Camp. ‚Unten im Tal', sagt mir der Commander, ‚trainieren noch weitere Einheiten, insgesamt haben wir 1.800 Rekruten und Kämpfer in diesem Lager.' Ich schätze, daß die Eritreische Volksbefreiungsfront, die EPLF, heute über mindestens 40.000 Mitglieder verfügen muß. Ansonsten wäre sie wohl nicht in der Lage gewesen, die letzte äthiopische Großoffensive mit 90.000 gegnerischen Soldaten abzuwehren. Auch die Versorgungseinrichtungen im Sahel stützen diese Zahl. Heute Nacht begegneten uns 45 LKW, die voll bepackt mit Nachschub aus dem Sudan kamen. Viele Rekruten im Camp sind blutjunge Burschen und Mädchen. Dennoch beobachte ich bei meiner jetzigen Reise, daß die Zahl der über 40jährigen Front-Mitglieder im Vergleich zu 1978 erheblich zugenommen hat.

Mehr als vierzig Prozent hier im Wienna-Camp sind Frauen und Mädchen. Insgesamt stellen die Frauen ein Drittel der EPLF-Kämpfer. In der traditionellen Gesellschaft Eritreas, und zwar in der christlich-koptischen und noch stärker in der muslimischen, war die Frau meist weniger wert als ein Kamel. Die sozial-revolutionäre EPLF brach radikal mit dieser Tradition: Erstmals seit Jahrhunderten genießt die Frau in Eritrea die gleichen Rechte wie der Mann. Da die Aufwertung nicht Papier blieb, kamen und kommen die Frauen in Scharen zur Befreiungsfront. Zu ihrer Kampfmoral bemerkte Goytom nur kurz: „Die schrecken vor nichts zurück und sind unerbittlichere Kämpfer als unsere Männer."

„Emanzipation der Frauen durch Gleichheit in der Arbeit" lautet ein Wahlspruch der Befreiungsfront. Tatsächlich sah ich Frauen nicht nur in dem sonst für sie reservierten Sozialbereich arbeiten, sondern auch als Automechanikerin, Schweißerin, Radiotechnikerin, als Schreinerin und Schlosserin.

Die technischen Fertigkeiten der Guerilla-Kämpfer sind erstaunlich: Sie können jedes Ersatzteil selbst herstellen, bauen aus zwei angeschossenen Panzern einen funktionstüchtigen zusammen, reparieren Taschenrechner in ihrer Kleingeräteabteilung.

In der zerklüfteten Gebirgswelt des nördlichen Sahel mit seinen engen Talschluchten liegen alle zentralen Versorgungseinrichtungen der EPLF. Bis hierher ist in den vergangenen 12 Jahren kein äthiopischer Soldat mehr vorgedrungen. Da gibt es ein Zentralkrankenhaus mit 500 Betten, in dem neuerdings sogar Knochentransplantationen durchgeführt werden können. In weit verzweigten bunkerartigen Unterständen befinden sich Getreidelager, Benzindepots, Labors, eine Druckerei und ein Radiosender. Hier lebt auch die Führungsspitze der Bewegung, die nicht ins sichere Ausland ging, um den Kampf von dort aus zu steuern.

Rüstungsausgaben, Waffenimporte und militärische Stärken schwarzafrikanischer Staaten

Trotz renommierter Forschungsinstitute nur mangelhafte Daten

Nur drei Forschungsinstitute der westlichen Welt dokumentieren in wissenschaftlichen Jahrbüchern die weltweiten Rüstungs- und Verteidigungsausgaben, den internationalen Waffenhandel sowie die mit diesem Gesamtkomplex zusammenhängenden Daten und Entwicklungen. Es sind dies: 1. Das Stockholmer Internationale Institut für Friedensforschung, kurz *SIPRI* (Stockholm International Peace Research Institute, Publikation: World Armaments and Disarmament, SIPRI Yearbook, jeweilige Jahreszahl); 2. die amerikanische Abrüstungsbehörde *ACDA* (US-Arms Control and Disarmament Agency, Publikation: World Military Expenditures and Arms Transfers, jeweilige Jahreszahl) und schließlich 3. das Londoner Internationale Institut für Strategische Studien, abgekürzt *IISS* (International Institute for Strategic Studies; Publikation: The Military Balance, jeweilige Jahreszahl).
Die Daten der einzelnen Institute weichen z. T. erheblich voneinander ab. Dies hat zwei Hauptgründe: einerseits ist das verfügbare Zahlenmaterial insbesondere im Falle der Entwicklungsländer völlig unzureichend und in sich schon widersprüchlich; andererseits benutzen die Institute unterschiedliche Verfahren der Umrechnung in US-Dollar sowie verschiedene Deflationsmethoden.[12] Wir stützen uns im folgenden hauptsächlich (jedoch nicht ausschließlich) auf die Daten und Analysen von SIPRI, weil dieses Institut Afrika umfangreicher dokumentiert als das Londoner IISS und ‚ideologisch unbelasteter‘ als die US-Behörde ACDA. Das bei Rowohlt jährlich in deutsch erscheinende SIPRI-Jahrbuch ist leider nur ein *Auszug* des jeweiligen englischen Originals.

Bei den Rüstungsausgaben und Waffenimporten Schwarzafrikas gilt:

1. Ausgaben sind *nur ungefähr* erfaßbar, weil es neben dem offiziellen Haushaltstitel „Verteidigung" meist noch zahlreiche andere Haushaltspositionen gibt, in denen Militärausgaben *versteckt* sind!
2. Oft sind Kosten für Waffenimporte nicht im Haushaltstitel ‚Verteidigung‘ enthalten; diese sind jedoch – da sie in Devisen oder mit exportierten Waren bezahlt werden müssen – erhebliche ökonomische Belastungen. So betrugen beispielsweise die Waffenimporte Äthiopiens Ende der 70er Jahre ein Mehrfaches des offiziellen Haushaltspostens ‚Verteidigung‘.
3. Nahezu *nichts* ist *bekannt* über die Kredit- und Zahlungsbedingungen sowie die Preiskonditionen im Waffenhandelsgeschäft mit Schwarzafrika; Waffen werden z. T. verschenkt (an Befreiungsbewegungen z.B.) oder müssen in einer ‚harten‘ Währung bezahlt werden.
4. Abschließend sei nochmals darauf verwiesen, daß die hier präsentierten Zahlen zum *Gesamtkomplex* Rüstung, Kriege und ausländische Beteiligung (vom Waffenhandel bis zur Stationierung von Truppen) von der Realität wahrscheinlich erheblich abweichen. Andererseits sind es die besten, die es gibt, und sie entsprechen als *Trendaussagen* der Wirklichkeit.

Tabelle 3: Militär- und Rüstungsausgaben Afrikas 1960–1986
(Angaben in Mio. US-Dollar zu konstanten Preisen von 1980)

	1960	1961	1962	1963	1964	1965	1966	1967	1968	1969	1970	1971
Algeria	..	..	..	..	..	..	..	..	..	309	286	281
Angola	..	..	..	..	..	..	..	..	..	..	..	..
Benin	..	2.3	3.1	3.6	4.3	4.7	4.3	4.7	4.7	5.2	5.7	6.1
Botswana	..	..	..	..	..	..	..	..	..	..	..	..
Burkina Faso	4.7	5.2	15.1	15.5	15.4	10.2	11.1	11.0	11.3	11.5	12.5	12.7
Burundi	..	..	..	..	..	7.4	7.7	8.2	9.5	8.4	9.8	9.6
Cameroon	..	..	62.8	53.9	51.1	55.4	59.4	62.6	67.7	72.1	72.7	73.7
Central African Rep.	..	..	..	4.4	9.3	8.1	8.4	11.6	14.9	19.4	17.4	17.4
Chad	..	.1	3.4	3.7	4.1	7.2	11.7	15.6	15.8	20.6	27.0	25.9
Congo	..	7.4	12.8	13.1	15.4	14.7	22.4	22.7	18.6	28.6	39.3	39.5
Cote d'Ivoire	..	19.1	42.0	38.3	53.0	60.3	58.9	63.9	63.6	67.4	71.8	98.2
Ethiopia	..	..	..	..	..	143	146	124	116	113	103	107
Gabon	..	..	6.9	10.8	8.5	12.2	11.8	11.6	11.3	16.8	18.3	20.8
Ghana	341	474	462	417	372	337	299	499	559	517	462	421
Kenya	9.6	3.1	2.0	7.0	21.1	33.5	43.3	51.7	52.2	50.6	54.1	67.5
Liberia	..	..	..	..	..	9.0	8.8	9.8	8.2	8.6	9.8	11.2
Libya	..	..	..	..	46.2	58.8	105	93.6	107	170	352	496
Madagascar	..	..	..	..	31.3	34.1	35.0	37.0	39.5	39.9	38.7	38.5
Malawi	..	..	..	..	..	..	..	..	6.3	6.3	6.3	6.7
Mali	..	42.7	45.0	49.3	52.0	45.2	47.6	48.8	46.5	54.1	61.6	47.5
Mauritania	..	..	9.9	15.5	15.3	7.2	6.6	6.9	7.2	7.5	7.5	7.3
Mauritius	..	..	..	.9	.9	.9	.9	.8	.7	.9	1.2	1.4
Morocco	159	173	184	242	217	189	206	224	268	274	259	311
Mozambique	..	..	..	..	..	..	..	..	..	..	..	..
Niger	..	..	..	7.4	7.9	8.8	10.5	12.5	13.8	12.3	10.5	10.0
Nigeria	136	126	167	201	238	278	214	959	1482	2926	2250	1761
Rwanda	..	..	..	..	..	..	16.7	13.5	12.9	11.8	14.3	15.3
Senegal	..	..	..	..	..	..	..	83.0	81.9	80.4	85.0	86.3
Sierra Leone	6.1	5.2	5.3	5.6	5.5	5.3	5.7	5.8	6.1	7.6	8.5	8.3
Somalia	..	19.9	23.4	27.6	29.5	24.9	32.3	37.6	40.3	40.9	50.6	51.2
South Africa	203	321	517	525	734	751	813	918	910	936	909	1015
Sudan	82.8	84.9	96.6	108	137	168	182	182	206	229	314	362
Tanzania	..	..	..	..	..	39.5	42.2	47.2	45.1	48.0	68.0	93.5
Togo	..	..	..	3.2	9.4	9.2	7.9	8.7	9.2	9.5	10.3	11.1
Tunisia	43.6	48.6	38.9	40.7	47.3	38.2	43.7	40.5	49.4	47.5	52.7	54.8
Uganda	..	.5	3.1	11.1	20.2	35.3	47.4	53.9	66.0	67.7	71.9	123
Zaire	..	..	..	135	185	301	258	275	285	363	521	441
Zambia	26.5	39.7	42.4	43.7	22.3	58.7	56.0	53.7	66.8	49.6	84.3	184
Zimbabwe	..	..	..	..	33.2	39.8	41.3	45.4	71.7	98.6	105	111

..	Angaben nicht verfügbar oder unbrauchbar
( )	Daten unsicher
[ ]	Schätzungen mit hohem Unsicherheitsfaktor

Quelle: Sonderausdruck SIPRI-Datenbank, Stockholm 1987

1972	1973	1974	1975	1976	1977	1978	1979	1980	1981	1982	1983	1984	1985	1986
272	281	539	597	836	729	792	783	890	792	829	885	855	799	(862)
..	..	..	..	..	..	(343)	(505)	(502)	(502)	(502)	(779)	(984)	(1147)	[1267]
5.9	6.6	7.3	8.6	8.3	10.0	9.5	17.4	(22.2)	[22.9]	[25.6]	[32.4]	..	..	..
..	..	..	..	.3	11.6	27.9	35.2	35.9	31.8	23.8	26.7	[22.6]	[23.1]	[14.6]
13.6	13.8	14.1	30.5	40.1	37.2	44.6	36.2	35.4	40.5	42.4	40.5	(39.1)	[37.9]	..
14.3	14.9	16.4	15.8	18.9	25.8	(25.5)	(21.9)	[27.8]	[26.8]	[31.0]	[27.7]	[29.5]	[30.7]	..
72.3	73.5	74.1	78.5	82.6	79.3	75.8	77.1	89.1	97.7	101	104	[117]	(136)	[134]
14.5	16.9	15.9	14.6	14.3	12.5	(13.9)	(17.0)	[13.3]	[16.9]	(18.6)	[21.3]	..	..	..
24.8	21.6	20.2	19.2	13.9	11.7	24.5	27.9	..	..	..	(71.0)	(82.8)	[94.7]	[151]
37.9	39.8	50.5	53.3	56.8	54.4	54.9	48.0	47.6	[45.5]	[59.2]	[61.9]	[63.8]	[69.6]	..
119	85.6	113	100	114	90.4	124	119	126	[109]	[115]	[111]	[117]	[128]	[133]
119	118	165	260	207	187	304	364	359	[359]	[354]	[353]	[365]	[332]	..
22.3	26.4	28.5	31.4	34.8	45.2	[69.8]	(64.0)	[88.0]	[111]	[109]	[112]	[112]	[126]	..
357	362	472	446	323	204	151	(99.5)	[121]	90.3	72.2	(41.5)	(70.8)	[74.0]	..
85.2	96.4	103	104	97.0	251	325	354	288	279	282	236	[190]	[207]	[218]
9.5	7.7	9.5	8.6	10.5	11.4	12.2	10.7	16.8	34.8	57.7	23.3	19.1	[22.1]	..
563	675	1229	[1230]	[2011]	[2311]	[2924]	[3799]	[3276]	[3439]	[3518]	[2269]	[1840]	..	..
41.9	44.1	49.6	47.6	55.4	73.4	75.1	97.5	(91.4)	(85.2)	[74.8]	[68.2]	(66.6)	[66.4]	..
7.0	10.5	10.0	15.6	15.6	21.7	35.1	51.6	53.1	38.5	(29.1)	(30.3)	(33.0)	[31.4]	[37.6]
58.5	52.7	59.2	80.9	96.6	94.2	78.1	88.7	77.1	72.6	79.6	76.3	(88.0)	(38.9)	(36.5)
9.6	11.6	13.5	14.2	109	123	94.9	104	80.6	64.8	52.6	42.4	[40.0]	[40.1]	[39.8]
1.4	1.5	1.5	1.9	2.2	2.2	2.3	2.9	5.5	5.4	3.1	3.3	3.2	[3.1]	[3.7]
343	391	461	676	948	1088	969	971	1118	1140	1187	899	800	(833)	[978]
..	..	..	12.3	36.0	38.8	74.6	76.3	97.2	114	126	[170]	(209)	(211)	[229]
9.3	8.5	9.6	12.8	12.7	13.2	16.0	18.3	19.4	16.5	14.6	[15.5]	[15.6]	..	..
2231	2385	2685	4400	3150	3461	2701	2257	2613	2077	1636	1326	[810]	[693]	[503]
17.6	23.8	17.5	15.9	17.5	23.3	17.2	19.7	21.8	25.3	23.6	22.7	[20.0]	[20.8]	..
79.4	78.6	88.1	81.2	96.7	96.9	106	104	94.0	96.4	89.5	85.7	(82.5)	(75.9)	[72.5]
8.8	10.0	10.7	10.6	9.7	10.5	10.7	10.5	13.4	13.5	10.6	6.5	[4.7]	[3.4]	..
60.2	62.0	70.1	63.1	62.9	69.0	161	139	95.5	92.7	75.9	87.2	(62.2)	[47.2]	..
1037	1310	1680	2094	2590	(2819)	(2733)	(2948)	(3106)	(2915)	[2882]	[3127]	[3222]	[2939]	[2996]
319	281	226	188	239	270	233	212	217	211	207	[242]	[294]	[234]	..
110	142	186	175	184	300	558	440	206	[277]	[248]	[173]	[158]	[122]	..
11.5	13.2	14.9	15.4	19.7	24.5	26.4	24.8	24.4	24.5	21.8	20.6	23.2	[26.3]	..
62.5	63.6	77.1	105	119	161	181	178	194	256	(566)	(666)	(500)	(558)	[600]
156	113	86.7	86.6	113	147	158	209	399	730	554	783	[1021]	[759]	..
394	315	507	338	212	154	[85.7]	[96.9]	[102]	[102]	[116]	78.2	[90.1]	[87.3]	..
216	155	163	[118]	[117]	[97.7]	[96.3]	[181]	[134]	[156]	[98.9]	[99.2]	[84.7]	[100]	..
121	157	191	215	276	277	302	305	467	368	404	385	(339)	(337)	[408]

287

Graphik 2: Militärausgaben Gesamtafrikas und nach Regionen 1976–85

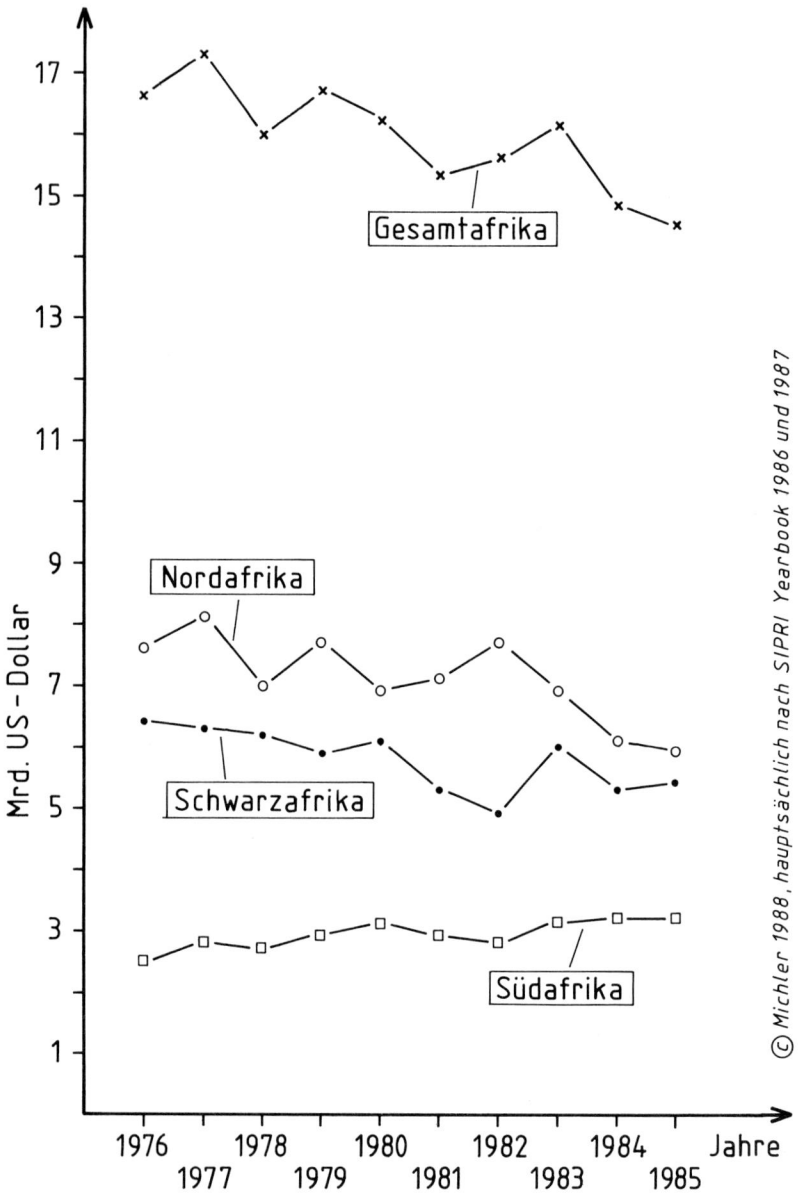

Werte in konstanten Preisen (US-Dollar) von 1980

© Michler 1988, hauptsächlich nach SIPRI Yearbook 1986 und 1987

Graphik 3: Trenddarstellung der Militärausgaben einzelner Regionen Afrikas (1976–85)
Wertangaben in konstanten Preisen (Mio. US-$) von 1980

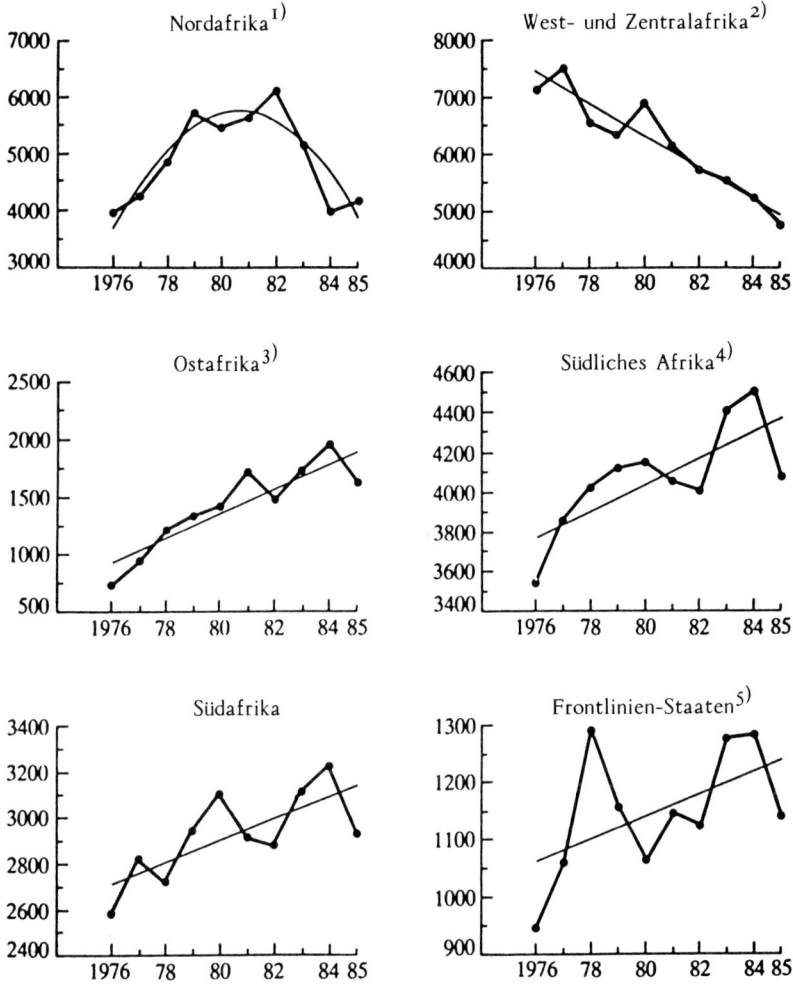

1) Algerien, Libyen, Marokko, Tunesien
2) Alle schwarzafrikanischen Staaten außer den unter 3) und 4) genannten
3) Äthiopien, Kenia, Malawi, Somalia, Sudan, Uganda
4) Angola, Botswana, Mosambik, Tansania, Sambia, Simbabwe, Südafrika
5) Alle unter 4) genannten Staaten außer Südafrika

Quelle: SIPRI-Yearbook 1987

289

Graphik 2 und 3: Militärausgaben Schwarzafrikas – Analyse und Zusammenfassung

1. Die Angaben aller Abbildungen sind in konstanten Preisen (US-Dollar) von 1980, d.h. dies ist das Bezugsjahr, alle Angaben davor oder danach sind entsprechend inflationiert oder deflationiert. Somit liefern die Kurven eine bessere Aussage über die realen Aufwendungen, als wenn man nur die Dollarausgabenhöhe des jeweiligen Jahres angegeben hätte; vor allem lassen sich reale Schwankungen nur durch solche Umrechnungsverfahren feststellen.

2. Die höchsten Militärausgaben des Kontinents tätigen die fünf nordafrikanischen Staaten, an zweiter Stelle stehen die 45 schwarzafrikanischen Länder und an dritter folgt Südafrika; 1985 waren die Prozentanteile der genannten Regionen die folgenden: 42 % – 35,7 % – 22,3 % (Gesamtafrika = 100 %).

3. Insgesamt ergibt sich bei Schwarzafrika während der letzten Jahre ein leicht rückläufiger Trend, insbesondere wenn man den Zeitraum vor 1980 mit dem danach vergleicht. Diese Entwicklung wird auch durch den sinkenden Anteil der Militärausgaben am Haushaltsbudget bestätigt: Während er 1972 noch durchschnittlich bei 20 % lag, betrug er 1985 ‚nur noch‘ rund 11 Prozent.

4. Die Ausgaben der 45 schwarzafrikanischen Staaten betrugen 1985 nur rund 60 % mehr als diejenigen der Republik Südafrika.

5. Wie die Einzelabbildungen in Graphik 3 zeigen (unterschiedliche Skalierung beachten), geben die Regionen Gesamtafrikas nicht nur sehr verschiedene Summen für ihre Rüstung aus, sondern sie unterscheiden sich vor allem im Trend ihrer Ausgaben: Starker Rückgang im ‚kriegslosen‘ West- und Zentralafrika, erheblicher Anstieg der Aufwendungen in den Konfliktregionen des Kontinents.

6. Vergleicht man die Ausgaben der Bundesrepublik für ‚Verteidigung‘ mit denjenigen der 45 schwarzafrikanischen Staaten, dann ergibt sich für das Jahr 1985 ein Verhältnis von 5:1.

Tabelle 4: Verteidigungsausgaben und volkswirtschaftliche Belastung

Prozentanteile im Jahr 1985 (Schwarzafrikas)	
‚Verteidigung‘	11,2 %
zum Vergleich: Verteidigung 1972	20,2 %
Erziehung	14,5 %
Gesundheit	5,7 %
Bundesrepublik	
Verteidigung	rund 20 %
Industrieländer insgesamt	16,8 %
Vergleichsdaten zur Entwicklungshilfe	
Verteidigungsausgaben Schwarzafrikas 1980	6,174 Mrd.$
erhaltene Entwicklungshilfe Schwarzafrikas 1980	6,919 Mrd.$
‚Anteil‘ der Verteidigungsausgaben an Entwicklungshilfe	89,23 %
Großwaffenimporte Schwarzafrikas 1985	1,690 Mrd.$
erhaltene Entwicklungshilfe 1985	8,168 Mrd.$
‚Anteil‘ der Waffenimporte an Entwicklungshilfe	20,69 %

Quellen: eigene Berechnungen nach Weltentwicklungsbericht 1987 und SIPRI Yearbook 1986 und 1987.

Der Westen – bedeutendster Waffenlieferant Schwarzafrikas

Zunächst einige Kurzinformationen zum Waffenhandel mit der Dritten Welt insgesamt. *Erstens*: Im Zeitraum von 1981 bis 1985 war die UdSSR der bedeutendste Lieferant für die Entwicklungsländer mit einem Anteil von 32 %; an zweiter Stelle folgten die USA mit 27 Prozent. Faßt man jedoch die *wichtigsten westlichen* Waffenexporteure für die Dritte Welt zusammen, dann ergibt sich ein Anteil von 55 % gegenüber maximal 35 % des Ostblocks. *Zweitens*: Auf der Seite der

Graphik 4: Großwaffenimporte Schwarzafrikas im Vergleich zu anderen Regionen 1967–86

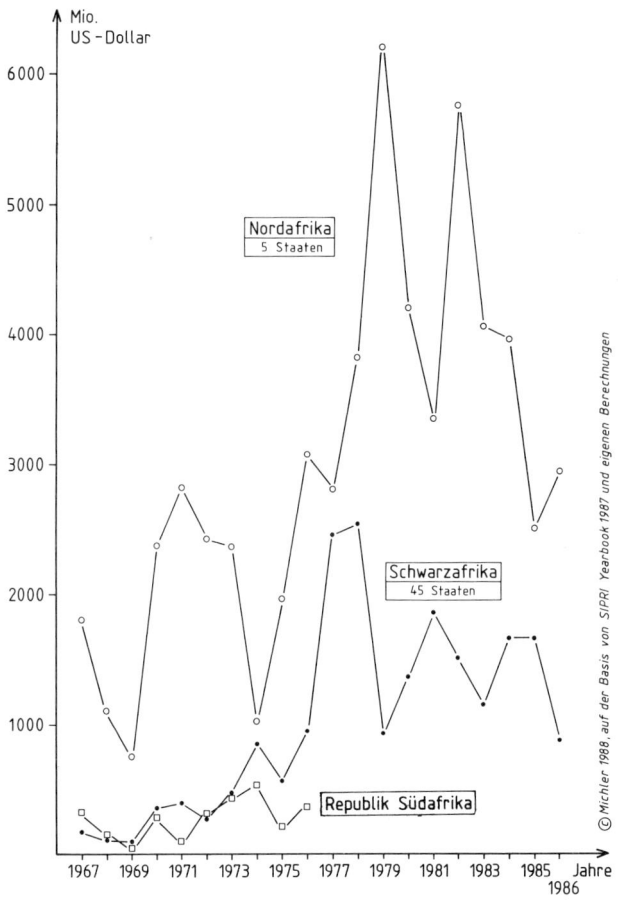

Wertangaben in konstanten Preisen (US-Dollar) von 1985
Südafrika: Waffenembargo ab 1977

Importeure steht der mittlere Osten mit 50 % an erster Stelle, während auf nahezu alle übrigen Großregionen der Dritten Welt jeweils zwischen 7 und 10 % entfallen. *Drittens*: Vom gesamten Waffenexport der Bundesrepublik gehen 62 % in Entwicklungsländer.

Zu Schwarzafrika: Die Entwicklung der Großwaffenimporte während des 20-Jahreszeitraums (1967-86) zeigt Graphik 4, und zwar in konstanten Preisen von 1985. Graphik 1 (S. 270) gibt Auskunft über die Prozentanteile einzelner Waffenlieferanten am Gesamtimport Schwarzafrikas. Da 1977 von der UN ein Waffenembargo gegen Südafrika verhängt wurde, sind die Importe nur bis zu diesem Zeitpunkt dargestellt; was allerdings nicht heißt, daß sie danach auf Null gesunken sind, sondern nur daß sie ab 1977 keinen ‚Vergleichbarkeitswert' mehr besitzen. Beide Graphiken geben nur den *Großwaffenimport* wieder (z.B. Panzer, Flugzeuge, schwere Artillerie, Kriegsschiffe); Handfeuerwaffen und Ersatzteile beispielsweise sind also in diesen Zahlen nicht enthalten.

Aus Graphik 1 folgt, daß in den betrachteten vier Zeiträumen der Westen *dreimal* und die sozialistische Staatengemeinschaft (Löwenanteil UdSSR) *nur einmal* der wichtigste Waffenlieferant gewesen ist. Wobei noch anzumerken ist, daß die Unterschiede zwischen beiden Liefergruppen jeweils bedeutsam sind (Differenz zwischen 14 und 30 Prozentpunkten des Gesamtlieferanteils). Im ersten Vierteljahrhundert seiner Unabhängigkeit hat somit der schwarzafrikanische Kontinent die *meisten seiner Waffen vom Westen* bezogen. Betrachtet man nun allein die westlichen Lieferanten, dann ist neben den USA *Frankreich* der wichtigste Waffenlieferant für Schwarzafrika; der französische Anteil lag im Zeitraum 1960–69 sogar *über* demjenigen aller sozialistischen Staaten!

Im Jahr 1985 beliefen sich die Rüstungsimporte Schwarzafrikas auf 1,69 Mrd. $; das waren 5,2 % seiner Exporterlöse und 21 % seiner erhaltenen Entwicklungshilfe. Ob der starke Rückgang von 1985 auf 86 (von 1,69 auf 0,892 Mrd.) eine Trendwende markiert, kann gegenwärtig zwar gehofft, aus dem vorliegenden Datenmaterial aber nicht geschlossen werden.

Größe und Schlagkraft schwarzafrikanischer Armeen

Robin Luckham kommt im SIPRI Yearbook 1985 zu dem Schluß, daß trotz der erheblichen Ausgaben für Waffenimporte die Schlagkraft der schwarzafrikanischen Armeen vergleichsweise gering geblieben ist;[13] im wesentlichen präsentiert er die folgenden Ergebnisse:

1. Nur die beiden Länder Nigeria und Äthiopien (!) besitzen Armeen, die in allen Truppenteilen modern und schlagkräftig ausgerüstet sind; sie verfügen über Kampfflugzeuge neuester Bauart, über Raketensysteme und Kriegsschiffe. Insgesamt können sie als *‚regionale Streitmächte'* bewertet werden.
2. Etwa acht Staaten (Somalia, Angola, Kenia, Sudan, Tansania, Mosambik, Simbabwe und Zaire) sind so gerüstet, daß sie eine konventionelle bewaffnete Auseinandersetzung *außerhalb* ihres eigenen Territoriums führen könnten.
3. Weitere 10 bis 12 Länder besitzen genügend Waffen und Soldaten, um sich mehr oder weniger gegen einen konventionellen Angriff verteidigen zu können.

4. Etwa 23–25 Länder (also die Mehrheit der schwarzafrikanischen Staaten) verfügen nur über soviel militärisches Potential, wie eben ausreichend ist, das jeweilige Regime, bzw. die jeweilige Regierung an der Macht zu halten; diese Staaten können sich somit nur einer inländischen (begrenzten) Bedrohung erwehren.

Armeestärken und Militärausgaben Schwarzafrikas
Interpretation der Tabelle 5 (folgende Doppelseite)

1. Die Spalte 6: „Einwohner pro Soldat" ist nach unserer Auffassung einer der wichtigsten Indikatoren für das Ausmaß der Militarisierung eines Landes. *Hohe* Zahlen in dieser Spalte weisen *in Richtung* einer relativ *niedrigen* Militarisierung und *kleine* Zahlen in Richtung *stärkere* Militarisierung. Generell zeigt die Spalte das sehr unterschiedliche Ausmaß der Militarisierung Schwarzafrikas; die Extremwerte verhalten sich ungefähr wie 1:60! Im Vergleich zur Bundesrepublik sind die meisten Staaten Schwarzafrikas wesentlich geringer militarisiert, und bezogen auf den Durchschnitt der schwarzafrikanischen Länder, weist die Bundesrepublik eine 4,7fach höhere Militarisierung auf.

2. Die Verteidigungsausgaben der Bundesrepublik betrugen 1986 nach NATO-Definition 27,91 Mrd. $, *das waren 492 $ pro Kopf der Bevölkerung* (nur deutsche Staatsbürger). Die Ausgaben Schwarzafrikas waren nicht exakt zu ermitteln, da die Angaben für elf Staaten nicht vorlagen; das waren jedoch meist kleinere Länder. Wir haben daher die Gesamtausgaben auf 5,5 Mrd. $ geschätzt; dies bedeutet eine *Pro-Kopf-Ausgabe von rund 12 Dollar.* Die Bundesrepublik gibt also für militärische Zwecke pro-Kopf den *40fachen* (!) Betrag im Vergleich zum Durchschnitt der schwarzafrikanischen Staaten aus!

Anmerkungen und Quellen zur Tabelle S. 294/95:

– –	bedeutet in der Regel, daß entsprechende Größe zum angegebenen Zeitpunkt nicht existierte;
k.A.	bedeutet, daß die benutzten Quellen keine Angaben an diesem Punkt enthielten;
[2]	Einwohner der BRD ohne Ausländer einschl. West-Berlin;
[3]	Summenbildung explizit ohne Südafrika, obwohl Südafrika in Tabelle aufgeführt;
Spalte 2:	eigene Hochrechnung auf Basis UNO Demographic Yearbook 1985; New York 1987;
Spalte 3:	nach P. Körner, Rüstung und Unterentwicklung in Afrika, Hamburg 1980;
Spalte 4 u. 5:	nach IISS, The Military Balance 1987/88, London 1987;
Spalte 6:	eigene Berechnung
Spalte 7:	nach SIPRI Yearbook 1987, Stockholm 1987; aktuellere Angaben nur teilweise verfügbar; BIP = Brutto-Inlandsprodukt;
Spalte 8:	nach IISS, The Military Balance 1987/88, London 1987;
	* 1985 oder Haushaltsjahr 85/86
	** Haushaltsjahr 1986/87
	[1] letzte vorliegende Angaben 1984 od. 83

Tabelle 5: Armeestärken und Militärausgaben Schwarzafrikas

Land	1 Jahr der Unabhängigkeit	2 Einwohner Mitte 1987 in Mio.	3 Armeestärke 1964	4 Armeestärke 1987
Bundesrepublik		56,74(2)	k.A.	488.400
1) Äqua.-Guinea	1968	0,42	– –	1.400
2) Äthiopien		46,17	34.000	170.000
3) Angola	1975	9,32	– –	53.000
4) Benin	1960	4,19	1.000	4.350
5) Botswana	1966	1,16	– –	3.250
6) Burkina Faso	1960	7,07	1.000	7.200
7) Burundi	1962	5,03	800	5.700
8) Dschibuti	1977	0,46	– –	3.030
9) Elfenbeinküste	1960	10,45	4.000	7.120
10) Gabun	1960	1,23	600	2.850
11) Gambia	1965	0,69	– –	200
12) Ghana	1957	14,47	9.000	10.600
13) Guinea	1958	6,47	5.500	9.900
14) Guinea-Bissau	1973	0,95	– –	7.150
15) Kamerun	1960	10,76	2.800	7.620
16) Kapverden	1975	0,35	– –	1.185
17) Kenia	1964	21,66	3.000	13.350
18) Komoren	1975	0,47	für alle	Bereiche
19) Kongo	1960	1,85	800	8.750
20) Lesotho	1968	1,63	für alle	Bereiche
21) Liberia	1847	2,33	3.800	5.750
22) Madagaskar	1960	10,63	2.700	21.000
23) Malawi	1964	7,52	1.500	5.250
24) Mali	1960	8,74	3.100	7.350
25) Mauretanien	1960	2,01	500	14.870
26) Mauritius	1968	1,09	für meiste	Bereiche
27) Mosambik	1975	14,87	– –	31.700
28) Niger	1960	6,51	1.200	3.290
29) Nigeria	1960	101,39	8.000	94.500
30) Ruanda	1962	6,46	k.A.	5.150
31) Sambia	1964	7,10	k.A.	16.200
32) Sao Tomé und Principe	1975	0,12	für alle	Bereiche
33) Senegal	1960	6,86	2.700	9.700
34) Seschellen	1976	0,07	– –	1.300
35) Sierra Leone	1961	3,84	2.000	3.100
36) Simbabwe	1980	8,84	– –	47.000
37) Somalia	1960	4,96	7.000	65.000
38) Sudan	1956	22,95	12.000	58.500
39) Südafrika		34,50	k.A.	97.000
40) Swasiland	1968	0,69	für alle	Bereiche
41) Tansania	1961	23,15	2.000	40.050
42) Togo	1960	3,15	1.000	4.360
43) Tschad	1960	5,34	400	17.200
44) Uganda	1962	16,48	2.000	20.000
45) Zaire	1960	32,34	30.000	26.000
46) Z.afrik.Republik	1960	2,78	1.200	4.300
Schwarzafrika (ohne Südafrika) soweit Angaben vorhanden (3)		445,02	143.600	818.225

5 Paramilitär. Verbände Volksmiliz 1987	6 Einwohner pro Soldat	7 Anteil d.Militär- ausgaben am BIP in 1983	8 Ausgaben in Mio US $ zu laufenden Preisen meist 1986
21.000	116	3,4	27.910,00
2.000	300	k.A.	k.A.
160.000	272	8,1	446,86 (1)
57.000	176	16,5	1.090,00
1.750	963	2,4	20,50 *
- -	356	2,7	8,00 **
250	982	2,6	41,24
- -	882	3,2	41,89
- -	152	k.A.	29,90
3.400	1.468	1,2	93,62
2.800	431	2,5	5,20
- -	3.450	k.A.	1,71 *
7.500	1.365	0,4	63,49 *
8.600	654	k.A.	k.A.
- -	132	k.A.	k.A.
- -	1.412	1,1	161,59 **
- -	295	k.A.	k.A.
k.A.	1.622	3,2	255,60 *
keine Angaben			
4.700	211	2,3	55,65 *
keine Angaben			
- -	405	3,3	37,70
- -	506	2,4	58,90
1.000	1.432	2,5	20,65 *
5.000	1.189	5,2	37,25
3.900	135	6,4	k.A.
keine Angaben		0,3	
9.500	465	10,7	267,04
1.700	1.979	0,7	11,80 *
12.000	1.073	2,1	673,04
- -	1.254	1,9	37,44
- -	438	2,9	k.A.
keine Angaben			
- -	707	2,7	88,12 **
900	54	k.A.	11,43
800	1.239	0,8	8,53 (1)
20.000	188	2,4	389,62 **
21.500	76	k.A.	134,22 *
3.000	392	2,8	440,00
205.000	356	4,1	2.340,00 **
keine Angaben			
101.500	578	4,4	223,42 *
800	722	2,2	19,21 *
5.700	310	k.A.	48,66
- -	824	3,0	10,92 **
25.000	1.244	1,2	45,28
8.000	647	2,8	15,50 (1)
468.300	ca. 544		4.893,98

Staatsstreiche seit 1956:
Fakten, Hintergründe und Bewertung

Pat McGowan und Thomas H. Johnson haben die Staatsstreiche in Schwarzafrika vom 1.1.1956 bis zum 30.4.1986 untersucht;[14] wir haben ihre Daten bis zum 31.12.1987 ergänzt und das Gesamtergebnis in Tabelle 5 präsentiert. *Danach ergibt sich*: Im Untersuchungszeitraum von 32 Jahren haben in den 45 schwarzafrikanischen Staaten 61 geglückte Staatsstreiche stattgefunden. Ergänzend zu diesem ‚Gesamtbefund' sind die folgenden Details von besonderer Wichtigkeit:

1. Statistisch gesehen entfallen auf jedes Land 0,0421 Putsche pro Jahr *oder umgekehrt*: Alle *24 Jahre* muß jeder der schwarzafrikanischen Staaten mit einem geglückten Putsch rechnen.
2. In 18 der 45 schwarzafrikanischen Staaten *oder* in 40 % aller Länder gab es bisher noch *keinen* Putsch.
3. Die *große Mehrheit* (!) der 61 Putsche ist *unblutig* (!) verlaufen (leider ließ sich die exakte Zahl nicht ermitteln), und dies ist ein ganz wesentliches Kriterium! Die blutigen Putsche haben meist nur wenige Menschenleben gefordert, und in noch selteneren Fällen gehörten unbeteiligte Zivilisten zu den Opfern.
4. Zwar gab es im genannten Zeitraum noch rund 70 ‚versuchte', also gescheiterte Staatsstreiche, aber dennoch belegen die in den vorangegangenen Punkten dargelegten Zahlen und Fakten, daß das Medienbild vom „Kontinent der Putsche" unzutreffend ist; zumal dies für die meisten Bundesbürger die Vorstellung eines *blutigen* Machtwechsels mit anschließenden *diktatorischen* Verhältnissen suggeriert. Gerade letzteres trifft für die afrikanischen Militärregierungen *nicht* zu, und sie können *in keiner Weise* mit den lateinamerikanischen Diktaturen *verglichen* werden.

Eine eingehende Analyse der Militärherrschaft in Schwarzafrika sowie ein detaillierter Vergleich mit den Zivilregierungen des Kontinents sind an dieser Stelle nicht möglich. *Einige Hauptpunkte seien kurz angesprochen*: Der Politikwissenschaftler und Konfliktforscher Volker Matthies hat mit Nachdruck darauf hingewiesen, daß bei den Militärputschen in Afrika eine jeweils einmalige Kombination von Umständen gegeben war.[15] Folglich lassen sich ihre Hintergründe und mehr noch ihre Folgewirkungen nur durch Einzelanalysen erhellen. Der gewiß nicht ‚linkslastige' Eberhard Stahn kommt in seiner Bilanz über ein Vierteljahrhundert Unabhängigkeit zu dem Schluß, in Schwarzafrika fehlten *alle* Voraussetzungen für das Funktionieren einer Demokratie, und so blieben nur die Einparteienverfassungen und Militärregierungen als einzig praktikable Herrschaftsformen![16]

Zwar haben einige Militärs bei ihrer Machtergreifung lediglich vorgeschützt, ihr Motiv sei die ‚Rettung der Nation', andere haben tatsächlich ihre Länder vor noch größeren wirtschaftlichen Miseren und politischen Wirren bewahrt. So beispielsweise, als die Militärs 1983 in Nigeria der ‚demokratischen' Shagari-Regierung ein Ende bereiteten, während deren Amtszeit die Korruption blühte und wirtschaftliche Fehlplanungen sowie bürokratische Unfähigkeit sprunghaft anstiegen. Die nigeria-

Tabelle 6: Erfolgreiche Staatsstreiche in Schwarzafrika (1.1.1956–31.12.1987)

1	Benin	6	28 Angola	0
2	Burkina Faso	6	29 Botswana	0
3	Ghana	5	30 Dschibuti	0
4	Burundi	4	31 Elfenbeinküste	0
5	Nigeria	5	32 Gabun	0
6	Sudan	3	33 Gambia	0
7	Uganda	3	34 Kamerun	0
8	VR Kongo	3	35 Kapverden	0
9	Zentralafr. Rep.	3	36 Kenia	0
10	Madagaskar	2	37 Malawi	0
11	Mauretanien	2	38 Mauritius	0
12	Sierra Leone	2	39 Mosambik	0
13	Togo	2	40 Sambia	0
14	Zaire	2	41 São Thomé u. Principe	0
15	Äthiopien	1	42 Senegal	0
16	Äquatorial-Guinea	1	43 Simbabwe	0
17	Guinea	1	44 Swasiland	0
18	Guinea-Bissau	1	45 Tansania	0
19	Komoren	1		
20	Lesotho	1		
21	Liberia	1		
22	Mali	1		
23	Niger	1		
24	Ruanda	1		
25	Seschellen	1		
26	Somalia	1		
27	Tschad	1		

Quellen: nach McGowan und Thompson 1984 sowie eigenen Ergänzungen

nischen Militärs sind ein deutlicher Beleg dafür, daß unsere Schlagworte und Kategorisierungen unbrauchbar sind: Sie ließen beispielsweise die Pressefreiheit (!) weitgehend unangetastet, initiierten landesweite Diskussionen über das Für und Wider eines IWF-Abkommens, übernahmen sehr viele Zivilisten als Minister in ihr Kabinett und versprachen, demnächst die Regierung gänzlich in zivile Hände zurückzugeben. Auch in Togo, Burundi, Benin, Zaire und in der VR Kongo haben die Militärs eine gewisse Zeit nach ihrer Machtübernahme eine ‚Zivilisierung' ihrer Herrschaft eingeleitet.

Man darf bei aller Kritik an den Militärregierungen nicht vergessen, daß die ‚Erziehung in der Kaserne' auch positive Effekte hat: Die Militärs sind meist

‚nationaler' eingestellt, nicht so oder nicht so sehr auf ihre persönliche Bereicherung bedacht und eher in der Lage, politisch unliebsame Entscheidungen durchzusetzen.

Bleibt abschließend noch die Frage, ob Schwarzafrikas *Entwicklung* durch die *Militärputsche* und die sich anschließenden ‚Regierungen der Soldaten' *negativ* beeinflußt worden ist. In der Summe spricht die Realität eher für das Gegenteil! So haben die Militärregierungen in Ghana, Burkina Faso, Nigeria und dem Niger eine gewisse Kehrtwendung zum Wohle ihrer Länder eingeleitet. Im übrigen verweise ich auf meine Ausführungen im Teil 1, Kapitel 3: Basisinformationen über einen Kontinent; dort habe ich ja gezeigt, daß es in Schwarzafrika auch ein geradezu erstaunliches Ausmaß an *politischer Stabilität* und *Kontinuität* gibt.

Ausländische Intervention und Militärpräsenz in Schwarzafrika

Das Eingreifen Frankreichs und der Sowjetunion in afrikanische Konfliktlagen

Die Einmischung fremder Truppen in schwarzafrikanische Konflikte ist in Tabelle 1 und 2 kurz skizziert. Eine *konfliktentscheidende* Auswirkung hatte die Intervention überseeischer Mächte nur im Tschad, in Zaire, Angola und Äthiopien. Frankreich ist mit eigenen Truppen seit mehr als 20 Jahren fast ununterbrochen im Tschad präsent und hat mehrfach direkt in die dortigen Auseinandersetzungen eingegriffen. In Zaire führte seine – allerdings nur kurzfristige – Intervention (Shaba I und II, 1977/78) dazu, daß der bewaffnete Widerstand gegen Mobutu schnell niedergeschlagen wurde und dieser sich an der Macht halten konnte. Darüber hinaus bedingte Frankreichs Militärpräsenz beispielsweise in der Zentralafrikanischen Republik und in Kamerun, daß die dortigen autoritären Regime länger überleben konnten, als sie es aus eigener Kraft vermocht hätten.

Dennoch bleiben die französischen direkten Interventionen (nicht seine Präsenz und die damit verbundenen Wirkungen) quantitativ weit hinter dem Ausmaß des Eingreifens der UdSSR und Kubas zurück: Ab dem 7. November 1975 brachte das Unternehmen ‚Carlota' mittels einer Luftbrücke binnen weniger Wochen tausende von Kubanern nach Angola. Direkt aus der UdSSR kamen 18.000 t Kriegsmaterial, ebenfalls auf dem Luftwege; wesentlich mehr Kriegsgerät aus dem Ostblock erreichte das Land im gleichen Zeitraum per Schiff.[17] (Die Hintergründe des Konfliktes sind im Ursachenkomplex II, Kapitel 3 dargestellt). Die Rolle der Sowjetunion *beschränkte* sich jedoch auf Waffenlieferungen und den Transport der kubanischen Kampfverbände, die während der folgenden Monate und fortgesetzt bis heute in den Angola-Konflikt eingriffen. Resultat der Intervention 1975/76 war, daß die Invasion südafrikanischer und zairischer Truppen zurückgeschlagen werden konnte und daß sich die sozialistisch orientierte MPLA gegen die beiden anderen Befreiungsfronten UNITA und FNLA durchsetzte. Jedoch blieb das weitere Eingreifen der Kubaner weitgehend erfolglos: Zwar konnte die MPLA ihre

‚Regierungsgewalt' behaupten, aber die von Südafrika neu formierte und aufgerüstete UNITA konnte nicht besiegt werden, und ebenso gelang es nicht, direkte Interventionen südafrikanischer Streitkräfte zu verhindern.

Vom Ausmaß noch größer war die sowjetische Luftbrücke während des *Ogadenkrieges* nach Äthiopien: Im Herbst 1977 waren zeitweise 225 Flugzeuge des Typs AN-12 der sowjetischen Luftwaffe im Einsatz.[18] Sie brachten erneut kubanische Kampfverbände und erhebliche Mengen an Waffen. Derartig verstärkt, konnte Äthiopien die somalische Invasion zurückschlagen und den Krieg für sich entscheiden. Zwar war Äthiopien anschließend in der Lage, das erhaltene Kampfgerät auch in den anderen bewaffneten Konflikten – vornehmlich in Eritrea und Tigray – einzusetzen, *aber* die kubanischen Verbände griffen in diese Auseinandersetzungen *nicht* ein! Der weitaus größte Teil der Kubaner ist während des Jahres 1984 aus Äthiopien abgezogen worden.

Im Falle der Sowjetunion bleibt abschließend festzuhalten, daß sie – im Gegensatz zu Frankreich und Belgien – bisher *nicht* mit eigenen Soldaten in schwarzafrikanische Konflikte eingegriffen hat. Davon sind ihre ‚*Militärberater*' zu unterscheiden, die sehr wohl bei der Planung von Offensiven gegen bewaffnete Widerstandskämpfer bzw. Rebellen beteiligt waren. Jedoch darf man in diesem Zusammenhang nicht vergessen, daß insbesondere Frankreich, Großbritannien und die USA ebenfalls Militärberater sowie -ausbilder in schwarzafrikanischen Staaten unterhalten, und zwar in mehr Ländern als die sozialistischen Staaten.[19]

Militärisches Übergewicht des Westens in Afrika

Obwohl die Sowjetunion den antikolonialen Kampf vieler schwarzafrikanischer Länder nicht nur verbal, sondern auch materiell unterstützt hatte und obwohl sie im Angola-Konflikt und im Falle Äthiopiens keinen Mitteleinsatz scheute, um ihre Verläßlichkeit als Bündnispartner zu beweisen, sind ihre strategischen *Gewinne* aus diesem Engagement sehr gering bis *unbedeutend* gewesen. *Konkret*: Die UdSSR verfügt weder über einen eigenen Marinestützpunkt noch über eine Luftwaffenbasis in Gesamt-Afrika! Trotz der Unterstützung des Befreiungskampfes und der militärischen Hilfe im Anschluß an die Unabhängigkeit durch die Sowjetunion schrieben die sozialistisch orientierten Regierungen Angolas und Mosambiks sogar in ihren *Verfassungen* fest, daß keiner fremden Macht Militärbasen auf ihren Staatsterritorien eingeräumt werden dürften. Zwar kann die sowjetische Flotte in Friedenszeiten die angolanischen und mosambikanischen Häfen zu Versorgungs- und Reparaturzwecken anlaufen, aber dies ist etwas völlig anderes, als eigene Stützpunkte zu unterhalten. Ähnliche Nutzungsrechte für ihre Marine besitzt die UdSSR auch in Äthiopien und Guinea, auf den Kapverden und den Seschellen, *möglicherweise* auch in Algerien und Libyen.

Demgegenüber hat Frankreich eine geradezu glänzende Bilanz seines militärischen Einflusses in Afrika vorzulegen: Anfang der 60er Jahre schloß es elf *militärische Beistandsabkommen* mit den gerade unabhängig gewordenen Ländern, von denen Anfang der 80er Jahre noch sechs in Kraft waren. Daneben kam es zu zahlreichen *Ausrüstungs- und Ausbildungsabkommen*: Noch Mitte 1980 hatte Frankreich eigenes militärisches Trainingspersonal in 25 (!) Ländern des Kontinents, woran sich bis heute nur kaum etwas geändert haben dürfte. Während die *französischen Truppen* in Afrika Anfang der 60er Jahre noch 30.000 Mann zählten, sank diese Präsenz ein Jahrzehnt später auf schätzungsweise 7.000, stieg dann aber Ende der 70er Jahre wieder auf 13.000 und reduzierte sich Mitte der 80er Jahre erneut auf ca. 7.000 Mann.[20] Wichtig ist in diesem Zusammenhang, daß Frankreich bereits 1967 (!) damit begann, eine *schnelle Eingreiftruppe* für Konflikte in Afrika aufzubauen. Diese kann in der Tat schnell zum Einsatz kommen, da Frankreich zumindest in den folgenden Ländern *eigene Flughäfen* (meist mit Stationierungseinheiten) unterhält: Senegal, Elfenbeinküste, Zentralafrikanische Republik, Dschibuti und Reunion. In den beiden letztgenannten besitzt Frankreich *vollwertige Stützpunkte* für seine See- und Luftstreitkräfte, und auch im Senegal ist nicht nur eine eigene Flugzeugstaffel stationiert, sondern darüber hinaus sind im Hafen von Dakar französische Kriegsschiffe ständig präsent.[21]

Nach SIPRI 1985 verfügen die USA in Marokko, Ägypten, Liberia, Somalia und Kenia über Fazilitäten für ihre schnellen Eingreiftruppen. Somalische, sudanesische, kenianische und ägyptische Verbände nahmen sogar an einer gemeinsamen Truppenübung mit den amerikanischen Streitkräften teil (Operation Bright Star 1982/83); eine vergleichbare Aktion unter Federführung der Sowjetunion hat es bisher nicht gegeben.

Auf diesem Hintergrund schlußfolgert Winrich Kühne vom Institut für Wissenschaft und Politik: „Die Überlegenheit der westlichen Luftstreitkräfte in afrikanischen Konfliktlagen ist eindeutig".[22] Bleibt noch zu ergänzen, daß dies nicht nur für die Luftwaffe, sondern auch für die Marine gilt. Und abschließend sei noch darauf hingewiesen, daß von etwa 1955 an bis 1983 rund 15.000 schwarzafrikanische Militärs in den Ostblockstaaten ausgebildet worden sind, während es in den westlichen Staaten dreimal soviel, also 45.000, waren.[23]

Literaturhinweise

1. Eine Publikation zum Thema „Kriege und Rüstung in Gesamt-Schwarzafrika" existiert nicht. Daher empfiehlt sich zum allgemeinen Hintergrund die Neuerscheinung von Volker Matthies, *Kriegsschauplatz Dritte Welt*, Beck'sche Reihe, München 1988. Das Buch enthält Ausführungen zu Afrika wie auch umfangreiche Literaturangaben.
2. Für speziell Interessierte: Albert Wirz, *Krieg in Afrika – Die nachkolonialen Konflikte in Nigeria, Sudan, Tschad und Kongo*, Steiner-Verlag, Wiesbaden 1982.
3. Für eher historisch Interessierte: Peter Körner, *Rüstung und Unterentwicklung in Afrika*, Institut für Afrika-Kunde, Hamburg 1980.
4. Zur weiteren Entwicklung empfehlen sich die Jahrbücher von SIPRI und IISS (engl. Version). Beide sollten in keiner größeren Redaktion fehlen. Adressen: SIPRI, Bergshamra, S-171 73 Solna, Sweden. IISS, 23 Tavistock Street, London WC2E 7NQ, England (Jahrbuchtitel von IISS: The Military Balance).

Forderungen

1. Es ist hinreichend dargelegt: Schwarzafrika, das ist weder der Kriegs-schauplatz in der Dritten Welt par excellence noch der Kontinent der Putsche schlechthin. Auch ist die Militarisierung Schwarzafrikas weitaus geringer als diejenige der Industriestaaten, und bewaffnete Auseinander-setzungen sind keine ,Stammeskonflikte', sondern unterschiedlich bedingte und strukturierte Machtkämpfe: In diesem Sinne müssen die Medien ihr Bild von Afrika gründlich revidieren. Ehe die Öffentlichkeit zu einem anderen, angemesseneren Verständnis gelangen kann, tut Auf-räumarbeit in den Journalistenköpfen not. Der ,simple' Grundsatz hierzu lautet: „Erst recherchieren, dann berichten." Ich fordere dies nicht ohne Grund. Denn müßte sonst nicht der vorurteilsbeladene Begriff ,Stammes-konflikt' schon längst aus der Berichterstattung – und freilich ebenfalls aus den Schulbüchern – verschwunden sein?

2. Die Politiker der Industriestaaten kritisieren Schwarzafrikas Militäraus-gaben, entrüsten sich über die Kriege auf dem Kontinent. Dabei sind alle Konflikte mit Rüstungsgütern aus der Ersten Welt geführt worden. Auch hier ist verändertes Denken und Handeln erforderlich: Wieso können sich die Industriestaaten in einem internationalen Abkommen nicht dar-auf verständigen, Waffen bestimmter Kategorien (z.B. Panzer, Kampf-flugzeuge, Kriegsschiffe, Raketen) nicht an Entwicklungsländer zu lie-fern? Utopisch? Nein! Ich meine, ein derartiger Vertrag muß ausgehan-delt werden, an dem freilich auch jene Schwellenländer beteiligt sein müssen, die solche Waffen schon herstellen können. Wenn es möglich gewesen ist, die weitere Verbreitung der Atomwaffen durch einen inter-nationalen Pakt zu blockieren, so müßte dies bei moderneren Großwaf-fensystemen ebenfalls realisierbar sein. Oder soll auch weiterhin der Gewinn im Waffengeschäft mit den Hungrigen deren wirklicher Entwick-lung übergeordnet werden? Wir benötigen ein politisches Klima, das eine Umorientierung in die angezeigte Richtung in Gang setzt. Daran können Journalisten wie Hilfswerke und Dritte-Welt-Gruppen gleichermaßen mit-arbeiten. Generell: Waffenexporte in die Dritte Welt sollten gesetzlich verboten werden, auch wenn dadurch Arbeitsplätze verlorengehen, auch wenn andere Staaten solche Restriktionen nicht einführen.

Mit dem Slogan „Familienpla-nung – besseres Leben" propagiert die Regierung in Ghana die Idee der Geburtenkontrolle

Kapitel 2
Bevölkerungswachstum:
drohende, aber einschränkbare
‚Katastrophe'

Bevölkerungsentwicklung in Schwarzafrika: die Fakten · Weltbankprognosen: demnächst mehr als zwei Milliarden · Bevölkerungswachstum: demographische und gesellschaftliche Ursachen · Die Beurteilung des Problems: welthistorische Einmaligkeit · Familienplanung und Soziale Weltwirtschaft unumgänglich · Forderungen und Empfehlungen

---

Bevölkerungsentwicklung in Schwarzafrika: die Fakten

„Die tickende Zeitbombe": nie gekanntes Bevölkerungswachstum

Eine „tickende Zeitbombe" wird sie oft genannt, die rasch anwachsende Zahl der Menschen in der Dritten Welt; die meisten gehen noch weiter und sprechen jetzt schon von der „Bevölkerungs-Explosion". Und für sie gewinnt dieses Problem ständig an Detonationskraft: Wenn die Bombe nicht entschärft wird, so ihre Mahnungen seit den 60er Jahren, dann droht am Ende der Entwicklung eine überfüllte Erde, „für jeden nur noch ein Stehplatz". Während der ‚Spiegel' die Afrikaner als „Weltmeister im Kinderkriegen" bezeichnet,[1] behauptet der seit Jahrzehnten in Dritter-Welt-Berichterstattung erfahrene Ansgar Skriver: „Unser Denken, die Unterentwicklung sei durch das Bevölkerungswachstum verursacht, ist selbst eine Katastrophe".[2]

Dennoch kann die Entwicklung der Bevölkerungszahlen – wenn man sie alleine betrachtet – Angst einflößen. Jahrtausende benötigte die Menschheit, um ungefähr im Jahr 1800 schließlich die Ein-Milliarden-Grenze zu überschreiten; gut hundert Jahre später erreichte sie bereits zwei Milliarden. Seitdem haben sich die Verdoppelungszeiten immer mehr verkürzt: Bereits am 1. Juli 1987 feierte die UNO die Geburt des fünfmilliardsten Menschen. Und schon um das Jahr 2050 könnte die Menschheit – trotz gebremstem Wachstum in vielen Regionen – die Zehn-Milliarden-Grenze erreichen: Abertausende von Jahren, um auf eine Milliarde zu kommen, und in nur 250 ein Zuwachs von neun Milliarden, wobei dieser Zuwachs fast ausschließlich dort erfolgt, wo heute schon Armut herrscht; im Jahr 2050 werden mehr als 85 % der zehn Milliarden Menschen in Entwicklungsländern leben!

Schwarzafrika:
geringe Besiedlungsdichte und breiter Jugendsockel

Die Bevölkerung der 45 schwarzafrikanischen Staaten (Afrika südlich der Sahara ohne Südafrika) zählt 1988 rund 462 Millionen; das sind 75 % der Einwohner des gesamten Kontinents. Von 1900 bis 1988 stieg die Bevölkerung Schwarzafrikas um ca. 350 %, und sie wird bis zum Jahr 2025 erneut um 190 % anwachsen. Gegenwärtig leben rund 9 % der Weltbevölkerung in Schwarzafrika, etwa ebenso viele wie in Europa (ohne UdSSR). Weitere Vergleichsdaten zeigt die Tabelle 1.

Tabelle 1: Bevölkerungsentwicklung Schwarzafrikas von 1900–2025 im Vergleich zu anderen Weltregionen
(Angaben in Mio.)

	1900	1950	1988	1995[1]	2000[1]	2025[1]
Welt	**1.650**	**2.516**	**5.075**	**5.678**	**6.122**	**8.206**
Industrieländer	573 34,7 %	832 33,1 %	1.188 23,4 %	1.244 21,9 %	1.277 20,9 %	1.396 17 %
Entwicklungsländer[3]	1.077 65,3 %	1.684 66,9 %	3.887 76,6 %	4.434 78,1 %	4.845 79,1 %	6.809 83 %
Afrika	133 8 %	224 8,9 %	610 12 %	751 13,2 %	872 14,2 %	1.617 19,7 %
Schwarzafrika[4]	**102**	**172** 6,8 %	**462** 9,1 %	**580** 10,2 %	**682** 11,1 %	**1.192** 14,5 %

Anmerkungen:
1) Fortschreibung auf der Basis der sog. mittleren – oder Standard-Prognose
2) Prozentangaben beziehen sich auf Anteile an der Weltbevölkerung
3) alle Entwicklungsländer inklusive Afrika
4) Schwarzafrika ohne die Republik Südafrika

Quellen: UNO, Global Estimates and Projections of Population by Sex and Age, New York 1987; UNO, The World Population Situation in 1970, New York 1971; der Überblick Nr. 3 1984; eigene Berechnungen nach verschiedenen Weltbankangaben.

Zwar hält das starke Wachstum in Schwarzafrika schon seit Jahrzehnten an, aber seine Bevölkerungsdichte ist immer noch gering: Die Sahara *nicht* mit eingerechnet, beträgt sie gegenwärtig ca. 29 Einwohner pro qkm, während in der Bundesrepublik durchschnittlich 245 Menschen auf einem Quadratkilometer wohnen. Derartige Durchschnittswerte sind jedoch nur als *grobe Indikatoren* brauchbar. So besitzen heute schon viele Staaten Afrikas eine Bevölkerungsdichte, die über der angegebenen für alle Länder liegt. Ghana und Malawi zählen über 60, Burundi 185,

Graphik 1: Altersstruktur schwarzafrikanischer Staaten dargestellt am Beispiel Kenias im Vergleich zur Bundesrepublik

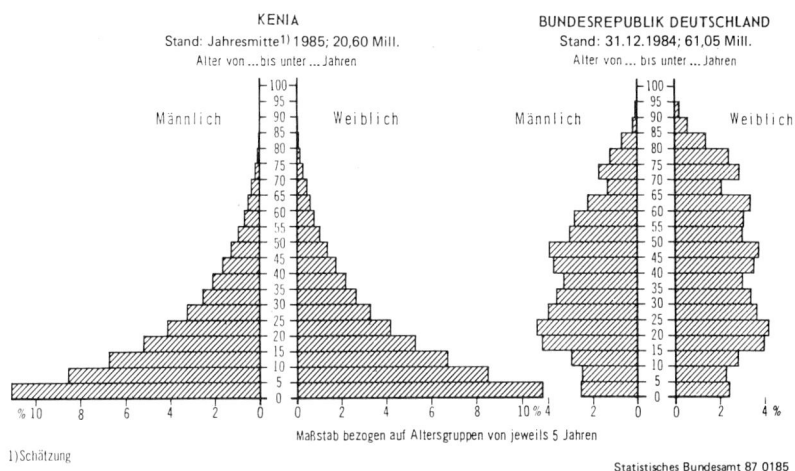

KENIA
Stand: Jahresmitte[1] 1985; 20,60 Mill.
Alter von ... bis unter ... Jahren

BUNDESREPUBLIK DEUTSCHLAND
Stand: 31.12.1984; 61,05 Mill.
Alter von ... bis unter ... Jahren

Männlich   Weiblich   Männlich   Weiblich

Maßstab bezogen auf Altersgruppen von jeweils 5 Jahren

1) Schätzung

Statistisches Bundesamt 87 0185

Ruanda gar 257 und Nigeria 113 E/qkm, wobei wiederum große Regionen im Süden und Südosten Nigerias eine Einwohnerdichte erreichen, die weit über dem Durchschnittswert Ruandas (und auch der BRD) liegt. Allerdings gibt es im Gegenteil dazu riesige Regionen in Afrika – auch fruchtbare –, in denen so wenige Menschen wohnen, daß die dünne Besiedlungsdichte (z.B. Zaire: 14 E/qkm) eine ernste Entwicklungsblockade darstellt.

Was die *Altersstruktur* der schwarzafrikanischen Gesellschaften angeht, sind die Folgen des lang anhaltenden Bevölkerungswachstums jedoch gravierender: Der Anteil der Kinder unter 15 Jahren liegt bei 47 % (Bundesrepublik: 15 %); d.h. von der 462 Mio. zählenden Gesamtbevölkerung Schwarzafrikas sind rund 220 Mio. unter 15 Jahren. Zwar ist ein solch *breiter Jugendsockel* (siehe Graphik 1) typisch für alle Entwicklungsländer, *aber* die Anteile der unter 15jährigen sind in den übrigen Kontinenten geringer: 37 % bei Asien und 40 % in Lateinamerika.

Katastrophale Datenlage:
Schwarzafrikas exakte Bevölkerungszahl unbekannt

Wie alle Staaten der Welt, so haben auch die schwarzafrikanischen Länder seit ihrer Unabhängigkeit wiederholt Volkszählungen durchgeführt, worin sie auch vom *Bevölkerungsfonds der Vereinten Nationen* (UNFPA = United Nations Fund for Population Activities) und den demographischen Trainings- und Forschungszentren des Kontinents unterstützt worden sind. Dennoch blieben die Ergebnisse

305

äußerst unbefriedigend, manche gänzlich wertlos. Die Weltbank bezeichnete 1984 die Bevölkerungsdaten von Nigeria, Äthiopien, Zaire und Guinea als unbrauchbar,[3] woran sich bis heute nichts geändert hat! Wenn aber die Zahlen der mit Abstand bevölkerungsreichsten Länder unzuverlässig sind – Nigeria und Äthiopien stellen rund ein Drittel aller Einwohner Schwarzafrikas –, dann muß auch die Gesamtzahl für alle Staaten *falsch* sein, und ebenso müssen die darauf gestützten *Prognosen* eine *große Fehlerbreite* enthalten.

Es gibt jedoch in der internationalen Literatur *keine Studie*, die die Zuverlässigkeit der Volkszählungen Land für Land untersucht hätte. Ebenso verfügt die Weltbank über *keine* sog. Fehlerkoeffizienten zu den Bevölkerungsdaten: „Wie auch immer, die von uns präsentierten Zahlen sind unsere beste Schätzung", schrieb uns die Weltbank auf unsere Anfrage zu diesem Sachverhalt. Es ist dringend notwendig, daß alle internationalen Institutionen und Forscher, die Bevölkerungszahlen zu Afrika angeben, deutlicher auf den *Schätzcharakter* dieser Daten hinweisen: Exakte oder auch nur annähernd exakte Zahlen gibt es nicht! Und so sind denn die in diesem Kapitel angegebenen Daten meist als *Trendaussagen* zu verstehen.

Andererseits verweist der Kieler Bevölkerungswissenschaftler Prof. Jürgens darauf, daß einige Staaten – wie beispielsweise Benin, Elfenbeinküste, Gambia und Senegal – über relativ verläßliche Zahlen verfügen. Und diese sind insofern eine Hilfe, als sie teilweise zur Überprüfung der Daten anderer Länder herangezogen werden können.

Nach unseren Erkenntnissen neigen viele Regierungen dazu, die Einwohnerzahl ihrer Länder zu *übertreiben*; wir haben diese Überhöhungstendenz auf 15 Prozent beziffert, können aber gleichwohl einen Fehler in die andere Richtung (zu geringe Zahl) nicht ausschließen, wenn dieser auch deutlich geringer sein dürfte (ca. 5 Prozent); damit ergibt sich für 1988:

- geschätzte Einwohnerzahl Schwarzafrikas : **462 Mio.** (eigene Hochrechnung auf Basis Standardprognose aller UN-Organe)
- geschätzte reale Schwankungsbreite : **393–485 Mio.** (minus 15 % nach unten, plus 5 % nach oben)

Höchste Wachstumsrate der Welt

Als *Großregion* verzeichnet Schwarzafrika gegenwärtig die *höchste* Bevölkerungswachstumsrate der Erde. Die Weltbank beziffert die durchschnittliche jährliche Zuwachsrate im Zeitraum 1985–2000 auf 3,3 Prozent.[4] Im einzelnen ergeben sich die folgenden Vergleichsdaten:

Tabelle 2: Jährliche Bevölkerungswachstumsraten 1985–2000

1. Schwarzafrika	3,3 %
2. Ölexporteure, hohe Einkommensgruppe (Libyen, Saudi-Arabien, Vereinigte Emirate, Kuweit, Irak)	3,7 %
3. Entwicklungsländer (insgesamt)	1,9 %
4. Westliche Industrieländer	0,4 %
5. Bundesrepublik	− 0,4 %

Quelle: Weltentwicklungsbericht 1987

Ferner gehen alle Untersuchungen davon aus, daß Schwarzafrika gegenwärtig nicht nur *die stärkste Wachstumsphase seiner Geschichte* erreicht hat (etwa das Jahrzehnt 1985-95), sondern daß es bis 2100 der Kontinent mit der *höchsten Zuwachsrate der Welt* bleiben wird!
Zur Erläuterung der Wachstumsraten: Der Unterschied von 1 % zu 3 % ist größer, als es die Zahlen auf den ersten Blick suggerieren: Eine Zunahme von einem Prozent jährlich bedeutet, daß sich die Bevölkerung innerhalb von rund 70 Jahren verdoppelt, während bei 3 % Zuwachs im gleichen Zeitraum eine *Verachtfachung* eintritt. *Dies heißt:* Beim gegenwärtigen Wachstum Schwarzafrikas von 3,3 % würde *in knapp 22 Jahren eine Verdoppelung* der Bevölkerung eintreten, während dafür die Entwicklungsländer insgesamt, bei Fortbestand von 1,9 % Zuwachs, immerhin rund 37 Jahre benötigen würden.

Weltbankprognosen: demnächst mehr als zwei Milliarden

Über das bereits kurz angesprochene Bevölkerungswachstum bis zum Jahr 2000 sind Einschätzungen für die Zeit danach von besonderer Bedeutung. Sie nämlich können Erkenntnisse liefern über die heute notwendigen Weichenstellungen, weil das Bevölkerungswachstum *langfristigen* Charakter besitzt: Es ist durch politische Entscheidungen (Familienplanungsprogramme) kurzfristig *nicht* zu beeinflussen! Bevölkerungsprognosen unterliegen – wenn sie seriös sein sollen – schwierigen mathematischen Berechnungen, die sich wiederum auf ein ganzes Geflecht sozialwissenschaftlicher Hypothesen stützen. Umfangreiche Materialien zu diesem Thema hat die Weltbank während der letzten Jahre vorgelegt. Es sind dies insbesondere der Weltentwicklungsbericht 1984 mit dem Schwerpunktthema „Bevölkerungsentwicklung" und die Studie „Population Growth and Policies in Sub-Saharan Africa" (Washington 1986): beide Untersuchungen werden wegen ihrer grundsätzlichen Problemklärungen auch während der nächsten Jahre aktuell bleiben.
Wie Graphik 2 zeigt, hat die Weltbank verschiedene Prognosen entwickelt, deren wichtigste die sog. *Standardprognose* ist, die weitgehend mit der sog. „*mittleren*

Graphik 2: Weltbank- und Eigenprognose der Bevölkerungsentwicklung Schwarzafrikas bis 2100

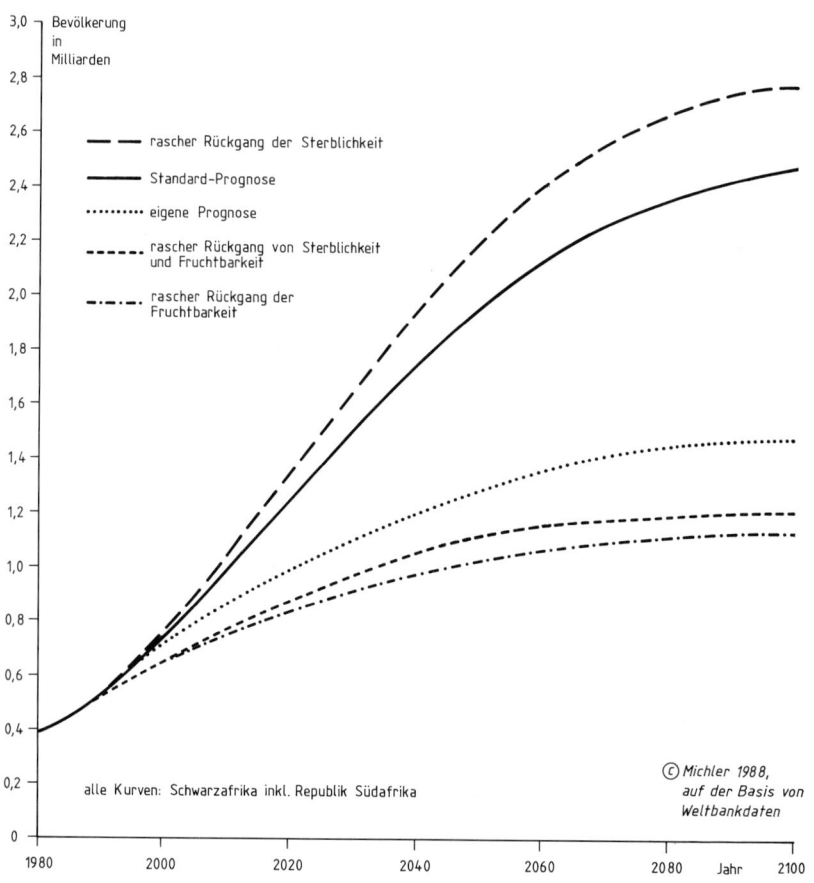

Bevölkerung in Milliarden

— — rascher Rückgang der Sterblichkeit

—— Standard-Prognose

·········· eigene Prognose

–––– rascher Rückgang von Sterblichkeit und Fruchtbarkeit

–·–·–· rascher Rückgang der Fruchtbarkeit

alle Kurven: Schwarzafrika inkl. Republik Südafrika

© Michler 1988, auf der Basis von Weltbankdaten

Prognose" anderer UN-Organe identisch ist. *Alle* Prognosen sind so zu verstehen, daß sie eine Aussage über die künftige Bevölkerungsentwicklung machen, und zwar *unter der Voraussetzung*, daß die jeweils unterschiedlichen Annahmen tatsächlich eintreten.

Will man Aussagen über das zukünftige Bevölkerungswachstum Schwarzafrikas treffen, dann muß man zunächst einmal die Faktoren kennen, die es beeinflussen: Unmittelbar sind dies die *Geburten-* und *Sterblichkeitsrate*, wobei allerdings gilt, daß die Fruchtbarkeitsrate (wieviele Kinder eine Frau tatsächlich zur Welt bringt) eine *größere* Wirkung auf die Bevölkerungsentwicklung besitzt als die Sterblichkeitsrate. Letztere folgt – vereinfacht ausgedrückt – einem relativ konstanten

Trend: Sie sinkt in allen Entwicklungsländern. Außerdem ist sie weitaus weniger als die Geburtenrate durch menschliches Verhalten steuerbar. In diesem Zusammenhang ist die *Gesamtfruchtbarkeitsrate* (auch Zusammengefaßte Geburtenziffer, englisch: total fertility rate) von besonderer Wichtigkeit: die Gesamtfruchtbarkeitsrate, *abgekürzt GFR*, bezeichnet die *durchschnittliche Zahl der Kinder*, die eine Frau gebären würde, wenn sie sich in ihren verschiedenen Lebensabschnitten so verhielte (also soviele Kinder gebären würde), wie es alle Frauen ihrer Altersgruppe tun.[5]

Gegenwärtig liegt die GFR in Schwarzafrika bei etwa 6,5 Kindern. Die Standardprognose der Weltbank nimmt nun sowohl für die Entwicklung der GFR als auch der Sterblichkeitsrate (= Zahl von Todesfällen auf 1.000 Einwohner), *abgekürzt SR*, einen bestimmten Verlauf an: Bei der SR ist dies im wesentlichen eine *Fortschreibung bestehender Trends*, während bei der GFR komplexere und weniger verläßlich eintretende Annahmen in die Berechnungen eingehen; beispielsweise, daß Bevölkerungsplanungsprogramme verstärkt realisiert werden und daß ab einer bestimmten Bevölkerungszahl ein größerer Druck auf die Senkung der Geburtenzahl eintritt. So postuliert die Standardprognose im Falle Schwarzafrikas, daß die GFR von derzeit 6,5 auf 5,8 im Jahr 2000 und auf 3,0 im Jahr 2020 zurückgehen wird; schließlich soll dann etwa im Jahr 2035 das *Reproduktionsniveau* erreicht werden. Letzteres besagt – nochmals vereinfacht ausgedrückt –, daß jede Frau eine Tochter zur Welt bringt, um sich dadurch ‚in der Gesellschaft zu ersetzen‘. Das Reproduktionsniveau entspricht einer Gesamtfruchtbarkeitsrate von etwas über zwei und wird meist als „bestandserhaltendes Fruchtbarkeitsniveau" bezeichnet.

Das weitere Anwachsen der Standardkurve (siehe Graphik 2) nach dem Erreichen des Reproduktionsniveaus erklärt sich wie folgt: Wegen des bereits erwähnten breiten Jugendsockels bedingt selbst die ‚Zwei-Kind-Familie‘ noch über einige Jahrzehnte eine weitere Zunahme der Gesamtbevölkerung, und zwar im Falle Schwarzafrikas um fast zwei Drittel! Graphik 3 zeigt diese Zusammenhänge sehr deutlich: Obwohl die Wachstums- und Geburtenrate drastisch sinken, bleibt die Bevölkerungszunahme davon ‚unberührt‘. Gerade diese *Bevölkerungseigendynamik* (population momentum) zeigt, wie wichtig und aufschlußreich langfristige Prognosen sind: Es handelt sich hierbei *keineswegs* um statistische Sandkastenspiele. Übrigens verordnete die chinesische Regierung wegen der oben skizzierten Eigendynamik ihren Bürgern die *Ein-Kind-Familie*; aber selbst damit läßt sich bei einem breiten Jugendsockel das weitere Anwachsen nicht stoppen, sondern nur verkleinern und verkürzen.

Graphik 2 zeigt neben der Standardprognose noch drei weitere Entwicklungskurven der Weltbank, bei denen ein rascherer Rückgang der Sterblichkeit oder Fruchtbarkeit oder beider als in der Standardversion prognostiziert wird. Grunddaten für diese Prognosen wurden von realen Wachstumsverläufen anderer Entwicklungsländer (weiter fortgeschrittene) abgeleitet.[6] *Grundsätzlich gilt*: Die Entwicklungen, die einen raschen Fruchtbarkeitsrückgang beinhalten, sind *nicht mehr erreichbar*! Denn die Kurve ‚rascher Fruchtbarkeitsrückgang‘ setzt voraus, daß die Gesamtfruchtbarkeitsrate Schwarzafrikas schon im Jahr 2000 auf 2,63 gesunken ist, also nur wenig über der Zwei-Kind-Familie liegt. Das anzunehmen, ist absolut

**Graphik 3: Schwarzafrika – Hauptfaktoren
der Bevölkerungsentwicklung im Vergleich (1950–2045)**

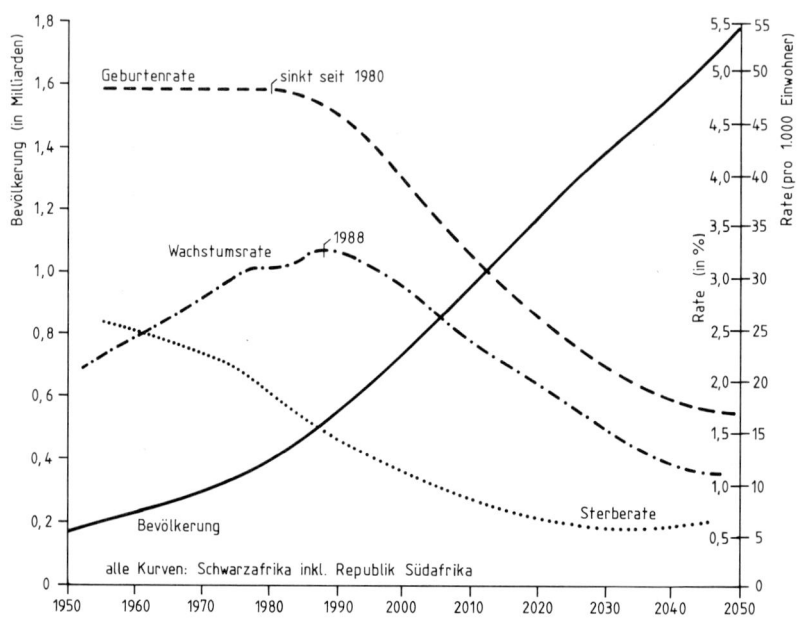

© *Michler 1988, nach: Weltbank, Population Growth and Policies in
Sub-Saharan Africa, Washington 1986*

unrealistisch, da dies nur durch drakonische Familienplanungsmaßnahmen *aller*
45 Staaten realisierbar wäre.

Gleichwohl liefern die Alternativ-Projektionen wichtige Erkenntnisse: Sie zeigen
nämlich, wie ungeheuer stark das Wachstum durch Geburtenpolitik oder durch ein
anderes Verhalten aller Individuen beeinflußbar ist. Der Unterschied zwischen
Standardprognose und der Hypothese stärkerer Fruchtbarkeits- und Sterblichkeits-
rückgang beträgt im Jahr 2100 rund 1,2 Mrd. Menschen !

Um eine *noch erreichbare Alternative* aufzuzeigen, haben wir selbst aufgrund
eigener Berechnungen eine *fünfte* Kurve eingezeichnet: Diese gibt die von uns
geschätzte Bevölkerungsentwicklung unter der Voraussetzung wieder, daß spätestens ab dem Jahr 2000 in ganz Schwarzafrika erhebliche und wirksame Anstrengungen der Geburtenreduzierung unternommen werden. Gesetzt den Fall, dies
gelänge, dann wäre die Einwohnerzahl im Jahr 2100 immerhin noch um *800
Millionen kleiner* als bei der Standardprognose. Allerdings sei nochmals darauf
verwiesen, daß die *Standardprognose nicht automatisch eintritt*, sondern nur,

wenn u.a. bereits begonnene Familienplanungsprogramme fortgesetzt und intensiviert werden. Die wichtigsten Ergebnisse der Graphik 2 (Standardprognose) seien kurz noch einmal zusammengefaßt und bewertet:

1. Die Bevölkerung Schwarzafrikas wird bis zum Jahr 2000 auf rund 680 Mio. anwachsen; das ist im Vergleich zu 1988 eine Zunahme um 56 Prozent.

2. Kurz nach 2010 wird Schwarzafrikas Bevölkerung *die Ein-Milliarden-Grenze* überschreiten, und im Jahr 2025 werden die 45 Staaten schon nahezu 1,2 Mrd. zählen. Alle bis zu diesem Zeitpunkt genannten Bevölkerungsgrößen werden mit sehr großer Sicherheit *tatsächlich* erreicht werden!

3. In rund 60 Jahren, also im Jahr 2050, wird die Bevölkerung auf fast 400 % ihrer heutigen Größe angewachsen sein, auf knapp 1,8 Mrd. Weitere 50 Jahre später wird die *Zwei-Milliarden-Grenze* längst überschritten sein, und Schwarzafrika wird dann um die 2,2 Mrd. Menschen zählen. *Das heißt*: die Bevölkerung wird in den 150 Jahren, von 1950 bis 2100, auf das *Dreizehnfache* anwachsen. Und dies wird dann tatsächlich ein Weltrekord sein, denn keine andere Region hat im gleichen Zeitraum eine solche Vervielfachung ihrer Bevölkerung erzielt.

4. Alle hier genannten Zahlen können wegen der in den Basisdaten enthaltenen Fehlerbreite um mindestens 15 % nach unten und 5 % nach oben abweichen.

5. Um die in den Punkten 1–3 genannte Entwicklung zu erreichen, müßte die Gesamtfruchtbarkeitsrate von derzeit 6,5 in nur 30 Jahren auf 3,0 sinken.

6. Bezogen auf einzelne Länder, besagt die Standardprognose, daß Äthiopien von derzeit 47 Mio. auf 231 Mio. anwachsen wird und Nigeria von rund 105 Mio. auf 600 Mio. Menschen. Sollte dies tatsächlich eintreten, würde Nigeria 650 Einwohner pro Quadratkilometer im Jahr 2100 zählen!

Bevölkerungswachstum:
demographische und gesellschaftliche Ursachen

Liegt das starke Bevölkerungswachstum Schwarzafrikas wirklich daran, daß seine Frauen – wie der Spiegel meint – „Weltmeister im Kinderkriegen" sind? Bringen die Afrikanerinnen tatsächlich mehr Kinder zur Welt als ihre Geschlechtsgenossinnen im historischen Europa? Die Ursachen der Bevölkerungszunahme sind vielfältig sowie komplex, und man unterscheidet am besten zwischen den direkten *demographischen Gründen* (z.B. Altersaufbau) und den eher indirekten *gesellschaftlichen Faktoren*. Zunächst kurz zu den direkten Ursachen:

1. Das starke Bevölkerungswachstum liegt *keinesfalls* daran, daß die Afrikanerinnen wesentlich mehr Kinder gebären als die Europäerinnen im historischen Europa. Nach Weltbankangaben bringt eine Frau in traditionellen Entwicklungsländergesellschaften sieben Kinder zur Welt, während es im vorindustriellen Europa sechs gewesen sind.[7]

2. Das im Vergleich zu Europa sprunghafte Wachstum ist dadurch bedingt, daß in Schwarzafrika ein wesentlich *höherer Prozentsatz* der Frauen als im histori-

schen Europa *verheiratet* ist, wo zu keinem Zeitpunkt mehr als 45–50 % eine Ehe eingegangen sind![8]

3. Ehen werden in Schwarzafrika wesentlich früher geschlossen als im Europa der vergangenen Jahrhunderte. Während hier die Heirat meist hinausgeschoben werden mußte – was verstärkt bei den ärmeren Schichten der Fall war –, bis die Paare in der Lage waren, einen eigenen Hausstand zu gründen, ermöglicht die soziale *Stützfunktion der Großfamilie* in den meisten Teilen Afrikas eine wesentlich frühere Heirat.

4. Schwarzafrikas *Wachstumsphase* hält *länger* an als diejenige Europas. Dadurch wird der *Jugendsockel* immer *breiter* und die damit verbundene *Bevölkerungsdynamik* immer *größer*.

5. Die *Sterblichkeitsrate* fiel in Schwarzafrika spätestens seit den 50er Jahren ganz rapide; Kenia hat heute schon ein Niveau erreicht, das vom industrialisierten England erst nach einem langen Entwicklungsprozeß in den 20er und 30er Jahren unseres Jahrhunderts erzielt werden konnte. Der drastische Rückgang der Sterblichkeitsrate geht wesentlich auf das Konto der ‚modernen Medizin‘, ist beispielsweise durch Impfprogramme und Mütterberatung bedingt.

6. Die *Säuglingssterblichkeit* lag während des 18./19. Jahrhunderts in Europa bei 200 auf 1.000 Geburten; in Schweden betrug sie 250 und in Deutschland sogar 300.[9] Demgegenüber liegt die Säuglingssterblichkeit in Schwarzafrika gegenwärtig ‚nur‘ knapp über 100.

7. Im 19. Jahrhundert und zu Beginn des 20. Jahrhunderts wanderten mehr als 50 Millionen Bürger aus Europa nach Übersee aus; eine vergleichbare Abwanderung gibt es in Schwarzafrika nicht.[10]

Darüber hinaus bedingt eine Vielzahl gesellschaftlicher Verhältnisse und Wertvorstellungen das Wachstum der Bevölkerung: *Kinderreichtum* gilt in Afrika als eine Bedingung sinnvoller Lebenserfüllung. Außerdem garantiert eine möglichst große Kinderzahl die *Versorgung der Eltern* im Krankheitsfall und im Alter. Die große Mehrheit der Menschen auf dem Lande erfährt vom Staat keinerlei oder nur unwesentliche Unterstützung. Sie wissen, daß sie – wenn sie überleben wollen – auf sich selbst angewiesen sind, und insofern verhalten sie sich völlig ‚logisch‘ und ’angepaßt‘, wenn sie zu ihrer *Existenzabsicherung* die traditionell erforderliche Zahl von Kindern zeugen. Wenn schon den Regierenden die Problematik der Bevölkerungszunahme nicht bewußt ist, wie soll dann der einfache Bauer auf dem Lande darum wissen?

Ferner befindet sich Afrika – wie bereits im Ursachenkomplex I, Kapitel 3, gezeigt – in einer sehr komplexen kulturellen *Umbruchsituation*. In vielen traditionellen Gesellschaften existierten soziale Kontrollen, die Heiraten und Geburten reglementierten.[11] Diese sind zusammengebrochen, ohne daß das ‚Moderne‘ (z.B. Empfängnisverhütung) übernommen werden konnte. Vor allem aber hat Schwarzafrika jene wirtschaftliche Aufwärtsentwicklung nicht erlebt, die letztlich in Europa der ausschlaggebende Grund für den Rückgang der Kinderzahl gewesen ist.

Die Beurteilung des Problems:
welthistorische Einmaligkeit

Graphik 4: Bevölkerungsentwicklung in den Großregionen der Welt 1950–2100

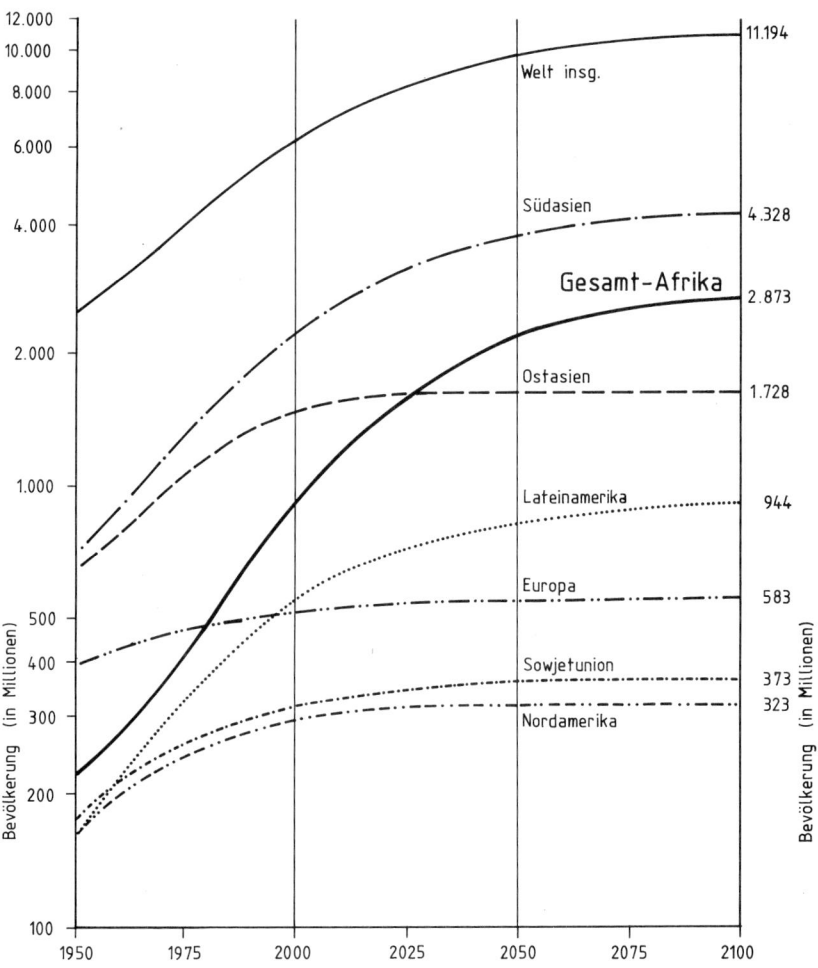

© Michler 1988, geringfügig modifiziert nach: P. Demeny (in: Population Development Review 10 (1), März 1984)

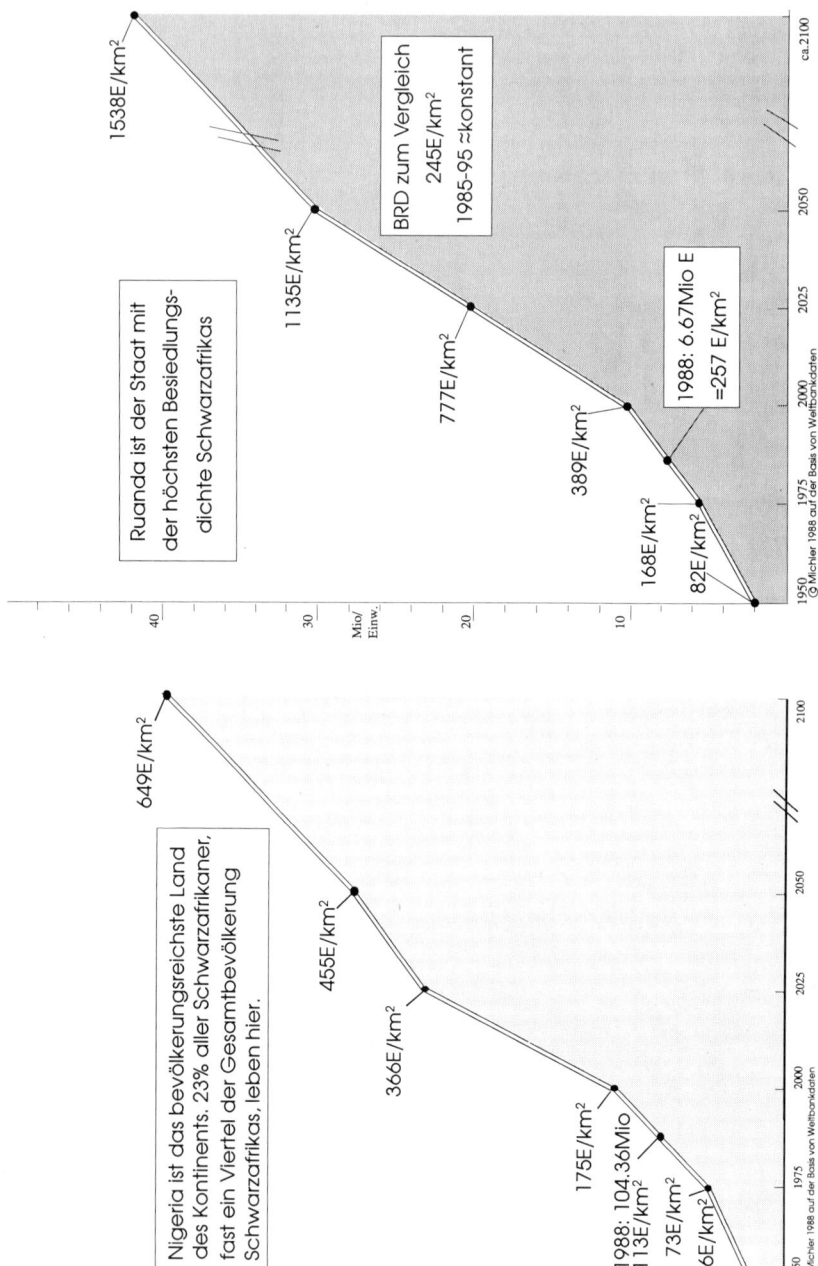

Graphik 5: Entwicklung der Einwohnerzahl und der Bevölkerungsdichte Nigerias 1950–2100 (Standardprognose)

Nigeria ist das bevölkerungsreichste Land des Kontinents. 23% aller Schwarzafrikaner, fast ein Viertel der Gesamtbevölkerung Schwarzafrikas, leben hier.

649E/km²
455E/km²
366E/km²
175E/km²
1988: 104,36Mio
113E/km²
73E/km²
36E/km²

Mio.
Ein-
wohner

© Michler 1988 auf der Basis von Weltbankdaten

Graphik 6: Entwicklung der Einwohnerzahl und der Bevölkerungsdichte Ruandas 1950–2100 (Standardprognose)

Ruanda ist der Staat mit der höchsten Besiedlungsdichte Schwarzafrikas

BRD zum Vergleich 245E/km² 1985-95 ≈konstant

1988: 6.67Mio E =257 E/km²

1538E/km²
1135E/km²
777E/km²
389E/km²
168E/km²
82E/km²

Mio/
Einw.

© Michler 1988 auf der Basis von Weltbankdaten

1. Europas Bevölkerungswachstumsraten schwankten im 18./19. Jahrhundert zwischen 0,5 und 1,5 %, wobei der Spitzenwert nur für relativ kurze Zeit erreicht wurde.

2. Europa erzielte die höchste Zuwachsrate seiner Geschichte von 1780 bis 1980. In *den* zwei Jahrhunderten betrug die Steigerungsrate insgesamt rund 350 Prozent. Demgegenüber wird die Bevölkerung Schwarzafrikas in den 200 Jahren von 1900 bis 2100 um über 2000 % anwachsen!

3. Hinzu kommt, daß Europas Bevölkerungszuwachs von der wirtschaftlichen Aufwärtsentwicklung aufgefangen worden ist. Eine vergleichbare Entwicklung für Schwarzafrika während der nächsten 100 Jahre anzunehmen, ist absolut unrealistisch.

4. Somit ist der Bevölkerungsschub in Afrika nicht nur gegenüber Europa unvergleichbar größer, sondern er findet unter völlig anderen wirtschaftlichen Bedingungen und Perspektiven statt. Hieraus wiederum folgt, daß das Bevölkerungswachstum in Schwarzafrika zu einer welthistorisch einmaligen Problematik führen wird, die nur durch drastische Bevölkerungsprogramme gemindert werden kann.

5. Ergreifen die Politiker diese nicht, gibt es meiner Ansicht nach nur noch zwei mögliche Szenarien. Erstens: Die Kindersterblichkeit wird ansteigen und als ‚Selbstregulativ‘ wirken. Das allerdings anzunehmen, ist wenig realistisch, da eine gewisse Basismedizin dies verhindern wird. Also bleibt nur noch die zweite Möglichkeit: Die Bevölkerung wird – wie in der Standardprognose vorausgesagt – anwachsen, und es wird zu einer gigantischen Massenarmut sowie zu riesigen Hungerkatastrophen kommen, im Vergleich zu denen die gegenwärtigen Probleme Äthiopiens nur ein kleines Vorspiel sind. Die Verelendung der großen Mehrheit der Bevölkerung wird allerdings erhebliche ‚Sprengkraft‘ besitzen und zu revolutionären Umwälzungen in einer Vielzahl von Ländern führen.

6. Es werden künftig ja nicht nur Hunderte von Millionen Menschen mehr zu ernähren sein, sondern diese sollen auch mit Schulbildung und Gesundheitsdiensten versorgt werden. Nach unseren Berechnungen werden im Jahr 2025 etwa 140 Millionen Kinder mehr als heute im schulpflichtigen Alter sein, eine Steigerung um etwa 120 Prozent. Ähnlich gigantisch wird die Zahl der Arbeitskräfte wachsen: schier unvorstellbare und gleichermaßen unlösbare Entwicklungsaufgaben!

7. Dies alles ist keine apokalyptische Pessimisten-Vision, sondern eine reale Einschätzung, die sich dann aufdrängt, wenn man die Bevölkerungsprognosen zu den wirtschaftlichen Grundtatbeständen Schwarzafrikas in Beziehung setzt. Auf diesem Hintergrund darauf zu vertrauen, das Problem des beschleunigten Bevölkerungszuwachses werde sich wie in Europa und einigen besonders fortgeschrittenen Entwicklungsländern quasi automatisch lösen, ist ebenfalls blinder Fatalismus und eine grenzenlose Verantwortungslosigkeit gegenüber den künftigen Generationen.[12]

8. Ich wiederhole es daher nochmals: Die bevölkerungsstatistischen Daten sind im einzelnen unzuverlässig und oft völlig falsch. Aber die Summe der Daten und Erkenntnisse ist für das folgende Resümée sowohl ausreichend wie auch valide genug: Schwarzafrikas Bevölkerung wird schon während der nächsten 50 Jahre

sprunghaft emporschnellen, und der Zuwachs wird zu einer ungekannten Dimension von Elend und Hunger führen, es sei denn, die nationalen Politiken und die internationalen Rahmenbedingungen würden einer totalen Kehrtwendung unterworfen.

Familienplanung und Soziale Weltwirtschaft unumgänglich

Haben Afrikas Politiker das Problem des raschen Bevölkerungszuwachses erkannt und als Gegenmaßnahme Familienplanungsprogramme eingeleitet? Bis Ende der 70er Jahre vertraten die meisten schwarzafrikanischen Regierungen eine 'pronatalistische' Haltung: Aus vielfältigen politischen Motiven waren sie gar erklärte Gegner einer Geburtenbeschränkung. Dies war u.a. dadurch bedingt, daß die Familienplanungskonzepte in erster Linie aus der westlichen Welt stammten und in Afrika zu der Auffassung führten, die ,Kolonialmächte' wollten dem Kontinent, nachdem sie ihm alles geraubt hatten, jetzt noch die Kinder nehmen.

In ihrem Bericht zur Entwicklung Schwarzafrikas 1986–90 stellte die Weltbank jedoch eine *veränderte* Haltung unter den afrikanischen Politikern fest: Dreiviertel aller Staaten hätten mittlerweile Familienplanungsprogramme eingeleitet.[13] Deren Erfolge und Umfang sind jedoch so bescheiden, daß man von einer Wende in der Praxis noch nicht sprechen kann; mehr als ein Umdenkungsprozeß ist noch nicht in Gang gekommen.

Dieselbe Weltbankstudie berichtet, daß die von der Bevölkerung gewünschte Familiengröße Anfang der 80er Jahre im statistischen Durchschnitt immer noch bei 7,5 gelegen hat, während sie in Asien 4,0 und in Lateinamerika 4,3 betrug. Daß dieser Wunsch nach einer großen Kinderzahl nach wie vor ungebrochen ist, hat Odile Frank in der Juli/August-Ausgabe 1987 der Zeitschrift „Studies in Family Planning" berichtet.[14] Dem entspricht, daß der Anteil jener Frauen Schwarzafrikas, die empfängnisverhütende Methoden anwenden, sehr gering ist. Die Weltbank beziffert diese Gruppe auf 3–4 %, wohingegen derselbe Anteil in Asien durchschnittlich 50 (!) Prozent beträgt.[15] Gleichwohl haben einige schwarzafrikanische Staaten wesentlich höhere Raten erreicht. Mauritius: 78 %; Simbabwe: 40 %; Botswana 29 %; Benin: 18 %; Senegal 12 %; Kamerun: 11 % und Ghana 10 %.[16] Wie alle Maßnahmen erfordern auch Bevölkerungsprogramme Geld. Der Weltentwicklungsbericht *schätzte* die Aufwendungen Schwarzafrikas für das Jahr 1980 auf 112 Mio. $; hätten die Staaten den vorhandenen Bedarf – also den ganzen damals existierenden Wunsch nach Empfängnisverhütung – befriedigen wollen, hätten sie rund 300 Mio. $ ausgeben müssen. Will man die in der Standardprognose enthaltene Geburtenreduzierung erreichen, dann müßten bis zum Jahr 2000 die Ausgaben *real* um jährlich 16 % gesteigert werden; sie beliefen sich schließlich im Jahr 2000 auf rund 800 Mio. $ (in konstanten Preisen von 1980). Wollte man gar einen rascheren Geburtenrückgang realisieren, müßten die *realen* Aufwendungen bis zum Jahr 2000 auf 2,4 Mrd. $ steigen.[17] In einem Antwortschreiben an uns konstatierte die Weltbank im Sommer 1987, daß die Ausgaben für Bevölkerungsprogramme während der letzten Jahre praktisch nicht gestiegen seien und daß ferner die Mittel, um eine raschere Geburtenreduzierung zu erzielen, nicht zur Verfügung stünden. Von der öffentlichen Entwicklungshilfe fließt bis heute nur ein Prozent in Programme der Bevölkerungsplanung.[18]

Eines steht unverrückbar fest: Will man das prognostizierte, erschreckende Bevölkerungswachstum Schwarzafrikas vermeiden, dann sind Familienplanungsprogramme effizienter Art auf breiter Front erforderlich sowie eine erhebliche Steigerung der Geldmittel. *Ein anderes steht aber ebenso sicher fest*: Bevölkerungsprogrammen als isolierten Maßnahmen muß der Erfolg versagt bleiben. Wenn der Staat den Familien weniger Kinder vorschreibt, dann muß er in der Lage sein, den Eltern jene sozialen Sicherheiten zu bieten, die ihnen heute eine größere Zahl von Kindern garantiert. Und dazu wird er nur imstande sein, wenn nicht er alleine seine nationale Politik ändert, sondern wenn sich gleichzeitig die internationalen Rahmenbedingungen in Richtung ‚Soziale Weltwirtschaft' verändern.

Geburten- und Sterblichkeitsraten, Lebenssituation der unter 5jährigen

Geburtenraten 1985
Schwarzafrika: 48 pro 1000 Einw.   BRD: 10 pro 1.000 Einw.

Sterblichkeitsraten 1985
Schwarzafrika: 17 pro 1000 Einw.   BRD: 11 pro 1.000 Einw.

Kindersterblichkeit (1985, unter 5 Jahren)
Schwarzafrika: 122 pro 1000 Geburten   BRD: 10 pro 1.000 Geburten
somit Geburten insgesamt 1988:   22,18 Mio.
davon sterben, bevor sie 5 Jahre alt sind: 2,7 Mio.
wenn die Kindersterblichkeit derjenigen in der BRD entspräche,
würden sterben: 0,222 Mio.
das wären nur 8,2 % der tatsächlich Sterbenden

Anmerkung: Geburten- und Sterblichkeitsraten werden sich bis 1995 nur unwesentlich verändern

Quellen: Weltentwicklungsbericht 1987 und eigene Berechnungen.

Graphik 7: Prozentsatz und Zahl der Kinder unter 5 Jahren, die in absoluter Armut leben (1986)

Graphik 8: Die Müttersterblichkeit in den verschiedenen Entwicklungskontinenten

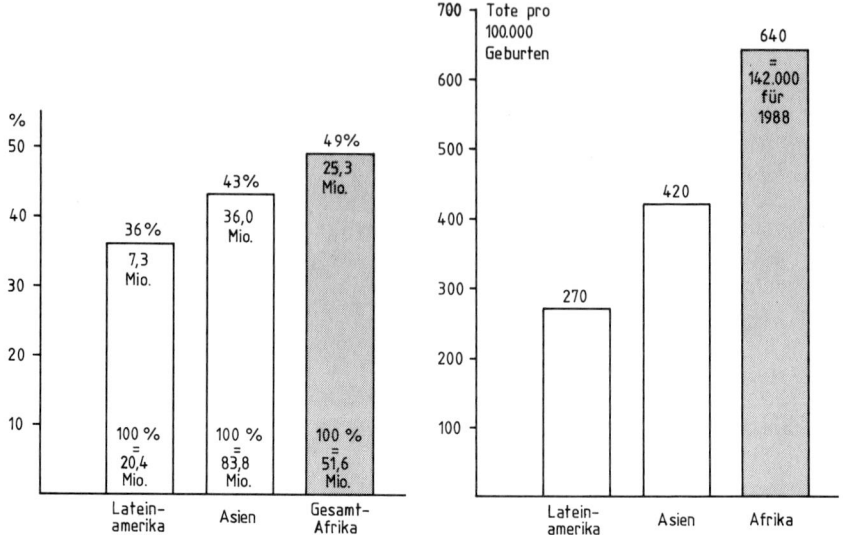

© Michler 1988, nach: The State of the World's Children, UNICEF 1987

Anmerkung zu Graphik 8: Angaben für 1983, Todesraten jedoch bis 1990 quasi unverändert

Literaturhinweise

1. Eine deutschsprachige Publikation zum Thema Bevölkerungswachstum in Afrika existiert nicht. Als Einführung in die Gesamtproblematik zu empfehlen: Ansgar Skriver, *Zu viele Menschen? Die Bevölkerungskatastrophe ist vermeidbar*, Piper Taschenbuch, München 1986.
2. Für speziell Interessierte: *Population Growth and Policies in Sub-Saharan Africa*, a World Bank Policy Study, Weltbank, Washington 1986. Außerdem: *Demographic Yearbook*; erscheint jährlich neu, wird von der UNO in New York herausgegeben und enthält bevölkerungsstatistische Angaben zu allen Ländern der Welt, die sich allerdings nicht auf das Erscheinungsjahr beziehen, sondern in der Regel zwei Jahre älter sind.
3. Für Journalisten hält der Bevölkerungsfonds der Vereinten Nationen speziell aufbereitete Materialien bereit: UNFPA, 220 East 42nd Street, New York, N.Y. 10017.

Forderungen und Empfehlungen

1. Eine Entemotionalisierung in der internationalen Diskussion ist notwendig: Betrachtet man einerseits die Bevölkerungsprognosen der Weltbank bis zum Jahr 2100 und andererseits die ökonomischen Entwicklungsperspektiven Schwarzafrikas, dann muß es als absurd erscheinen, wenn Vorschläge zur Geburtenreduzierung als ‚kolonialistische Eingriffe in die Souveränitätsrechte unabhängiger Staaten' bezeichnet werden. Die Fakten allein sind es, die eine Einschränkung des welthistorisch einmaligen Wachstumsprozesses in Afrika gebieten: Eigentlich müßte die Ein-Kind-Familie – zumindest in einigen Regionen und Staaten – sofort gesetzlich verordnet werden, um die Bevölkerungszunahme wirkungsvoll zu bremsen. Was freilich nur dann zu verantworten wäre, wenn die betreffenden Länder ihrer Bevölkerung in einer historischen Entwicklungsanstrengung die Befriedigung der Grundbedürfnisse garantieren würden.

2. Eine Entemotionalisierung der Berichterstattung ist ebenso erforderlich: „Bevölkerungsexplosion", „Bevölkerungsbombe", „Weltmeister im Kinderkriegen" – all dies ist lediglich geeignet, das komplexe Problem ‚rassistisch' zu verzerren, Vorurteile zu verfestigen, statt sie durch Wissen zu korrigieren.

3. Die Weltbank müßte ihre Prognosen breiter und besser aufbereitet als bisher veröffentlichen: Einige sehr grundsätzliche Studien liegen nicht einmal in gedruckter Form vor! Die Prognosen müssen vom ‚Geruch der statistischen Sandkastenspiele' befreit werden, nur dann besteht Aussicht, daß sie in die Entwicklungsplanung eingehen. Und vor allem müßte eines während des nächsten Jahrzehnts gelingen, nämlich Volkszählungen durchzuführen, die endlich Aufschluß darüber geben, wieviele Menschen tatsächlich in Afrika leben.

4. Die Bevölkerungsprognosen machen aber noch etwas anderes deutlich: die Dringlichkeit einer ‚Sozialen Weltmarktwirtschaft'. Denn die Bevölkerungskatastrophe in Afrika läßt sich nur vermeiden, wenn die internationalen Rahmenbedingungen (Rohstoffpreise, Verschuldung, Entwicklungshilfe) so umgestaltet werden, daß sie den nationalen Regierungen den notwendigen Handlungsspielraum und die Mittel zur Verfügung stellen, damit diese ihre Politik entsprechend verändern können. Doch während Probleme von welthistorischer Einmaligkeit zur Lösung anstehen, halten sich unsere Entwicklungspolitiker mit provinziellem Kleinkram auf, beispielsweise damit, ob ein Land keine Hilfe bekommen soll, weil es dem Ostblock nahe steht, oder ob man zu einem Zinssatz von zwei oder zweieinhalb Prozent umschulden soll.

Graphik 1: Landwirtschaftliche Ex- und Importe Schwarzafrikas 1986

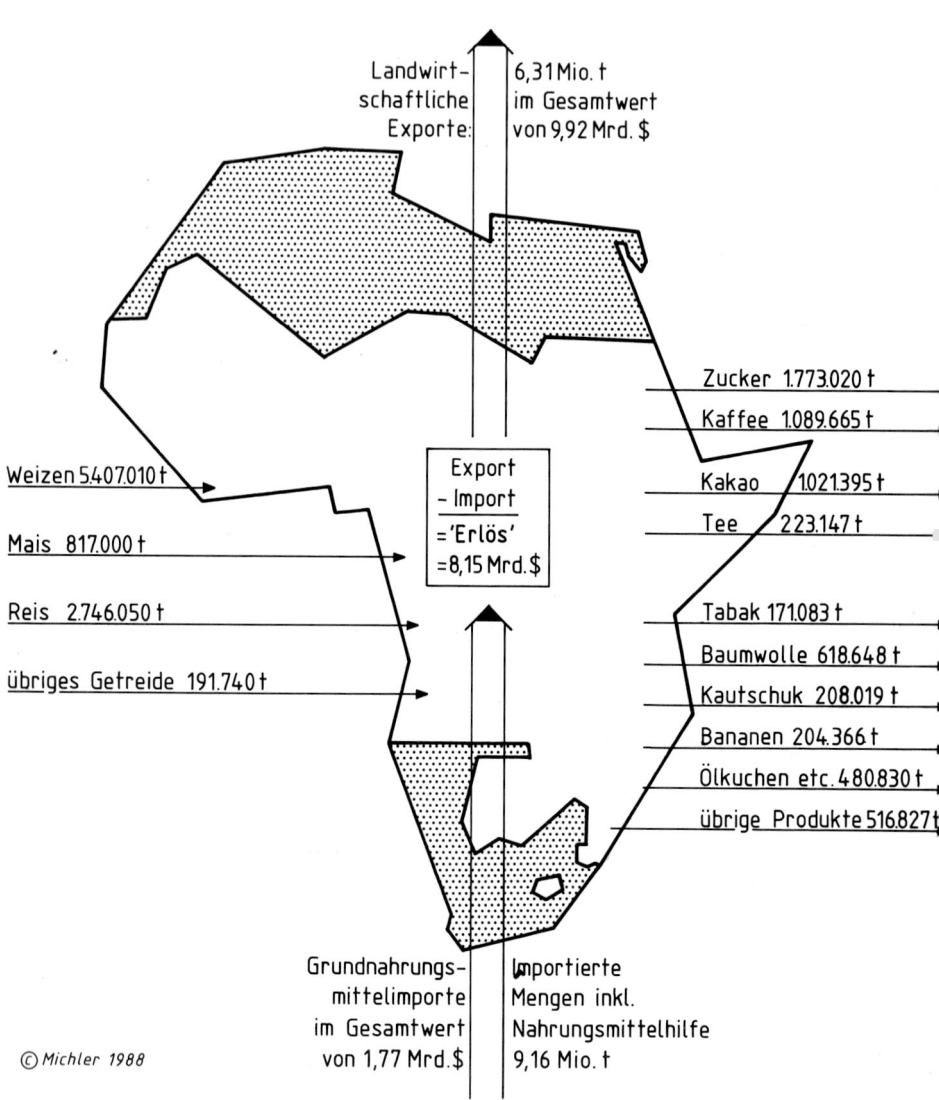

Landwirtschaftliche Exporte: 6,31 Mio. t im Gesamtwert von 9,92 Mrd. $

Zucker 1.773.020 t
Kaffee 1.089.665 t
Kakao 1.021.395 t
Tee 223.147 t

Weizen 5.407.010 t
Mais 817.000 t
Reis 2.746.050 t
übriges Getreide 191.740 t

Export - Import = 'Erlös' = 8,15 Mrd. $

Tabak 171.083 t
Baumwolle 618.648 t
Kautschuk 208.019 t
Bananen 204.366 t
Ölkuchen etc. 480.830 t
übrige Produkte 516.827 t

© Michler 1988

Grundnahrungsmittelimporte im Gesamtwert von 1,77 Mrd. $

Importierte Mengen inkl. Nahrungsmittelhilfe 9,16 Mio. t

Kapitel 3
Schwarzafrikas Landwirtschaft: Stiefkind der Politik – erstaunliche Leistungen und bedrohte Reformen

Das natürliche Potential: Vegetation, Klima, Niederschlag – Fluch oder Segen? · Die tatsächliche Leistung: die Bauern Schwarzafrikas ernähren den Kontinent · Reportage: Die Lebenssituation der afrikanischen Landbevölkerung oder das eigentliche Drama Afrikas · Von der verfehlten Prioritätensetzung zur Umorientierung der Politik · Notwendiger denn je: Grundbedürfnisbefriedigung · Traditionelle Wirtschaftssysteme, Ökologie und standortgerechter Landbau · Zusammenfassung · Forderungen und Empfehlungen

Das natürliche Potential:
Vegetation, Klima, Niederschlag – Fluch oder Segen

Hunger als Folge ‚ökologischer Benachteiligung'?

„Ein Kontinent, der sich nicht ernähren kann" heißt eine der Kapitelüberschriften in Andreas Bänzigers Buch „Die Saat der Dürre".[1] Und die Wissenschaftlerin Gudrun Lachenmann vom Deutschen Institut für Entwicklungspolitik beklagt „den Verlust der Überlebensfähigkeit" Schwarzafrikas.[2] Für Lloyd Timberlake schließlich ist der Umweltbankrott in Afrika als dauerhafte Hungersnot schon Wirklichkeit geworden: „In einem ‚normalen' Jahr ... sind jeweils 100 Millionen unterernährt und leiden bitteren Hunger. Die Frage muß deshalb lauten: Wann stellen wir eine ‚Hungersnot' fest?"[3]
Zitate renommierter Autoren, die sich jahrelang mit Afrika beschäftigt haben und denen man eine negative oder rassistisch geprägte Vorurteilshaltung bestimmt nicht nachsagen kann. Beginnen also auch diejenigen, den ‚schwarzen Kontinent' abzuschreiben, die ihm ursprünglich und lange Zeit die Stange gehalten haben? Wird auch für die Wissenschaftler Schwarzafrika immer mehr ein unter allen Aspekten „hoffnungsloser Sozialfall", was der Kontinent im Bewußtsein unserer Öffentlichkeit ja ohnehin schon ist, was die Medien immer mehr in die Köpfe der Bevölkerung hineintrommeln?
Daß es tatsächlich vielfachen Hunger in Afrika gibt, kann niemand bestreiten, und ob es wirklich stimmt, daß sich der *Kontinent* nicht selbst ernähren kann, will ich

später untersuchen. Zunächst zu den Ausgangsbedingungen, zu den Ressourcen Schwarzafrikas. Werden Hunger und Unterernährung etwa dadurch bedingt oder zumindest mitverursacht, daß *die Tropen agrarwirtschaftlich benachteiligt* sind? Schließlich gehörte die Behauptung von der ‚ökologischen Benachteiligung' Schwarzafrikas jahrzehntelang zu den Inhalten des agrarwissenschaftlichen Studiums[4], und für den bekannten progressiven Entwicklungsexperten Franz Nuscheler leiden die meisten Länder Schwarzafrikas „unter einem Mangel an fruchtbarem und ausreichend beregnetem Land"; außerdem seien die feucht-warmen Regenwaldzonen z.B. wegen ihrer nährstoffarmen Böden und Erosionsanfälligkeit für seßhaften Ackerbau ungeeignet.[5] Zwar bemerkt Nuscheler ausdrücklich, die ländliche Armut sei primär durch politische und gesellschaftliche Gründe bedingt, aber dennoch bleiben die ökologischen Benachteiligungen Schwarzafrikas im wohl besten deutschen Handbuch über die Dritte Welt eine wichtige Ursache für Unterernährung und Hunger.[6]

Die Fakten: Vegetations- und Agrarzonen

Graphik 2 zeigt die *Vegetationszonen* Schwarzafrikas, deren wichtigste Merkmale in Schaubild 1 skizziert werden. Schaubild 1 enthält darüber hinaus noch einen Überblick, welche Klima- und Wirtschaftsbedingungen (Vorteile/Nachteile) in den verschiedenen Vegetationszonen oder Landschaftsgürteln herrschen. Graphik 3 gibt Aufschluß über die durchschnittlichen jährlichen *Niederschlagsmengen,* während Graphik 4 die *agrar-ökologischen Zonen* darstellt, klassifiziert nach den jeweils zur Verfügung stehenden Wachstums- bzw. Reifungszeiten. Bei allen Graphiken (wie auch bei Schaubild 1) handelt es sich um *schematisierte Darstellungen.*

Dies heißt beispielsweise, daß der immergrüne Regenwald nicht unmittelbar in die Feuchtsavanne übergeht, sondern erst allmählich, in vielfältigen Mischformen, die unterschiedlich große Zonen einnehmen. Dies hat u. a. zur Folge, daß – je nachdem, wie man die Dominanz einer bestimmten Vegetationsform bewertet – man zu anderen Grenzverläufen – sprich zu einer *anderen Kartendarstellung* – gelangt. Außerdem gibt es innerhalb der Haupt-Vegetationszonen sog. *Sonderklimate* (z. B. durch Höhenlage bedingt) oder auch fleckenhaftes Auftreten anderer Landschaftstypen, die wegen der beschränkten graphischen Differenzierungsmöglichkeiten nicht immer dargestellt werden können. Ebenso stellen die angegebenen Niederschlagswerte in ihrer Zuordnung zu den Vegetationszonen *Richtwerte* dar; das heißt: die Koppelung von Vegetationszonen und Niederschlagsmengen ist nicht in allen Gebieten so strikt, wie dies das Schaubild 1 suggeriert, sondern sie trifft lediglich für die Mehrheit der Regionen zu. Um eine möglichst hinreichende Zahl wichtiger Merkmale des natürlichen Raumes darzustellen, haben wir die drei genannten verschiedenen Graphiken aus umfangreichem Material ausgewählt und unter den uns wichtig erscheinenden Aspekten präsentiert.

Eine vertiefende wissenschaftliche Erörterung der verschiedenen Landschaftsgürtel und Ökosysteme kann hier nicht erfolgen. Es ist in diesem Zusammenhang nur möglich, die wichtigsten Erkenntnisse und Schlußfolgerungen zu präsentieren,

Graphik 2: Afrika, Vegetationszonen und Landschaftsgürtel

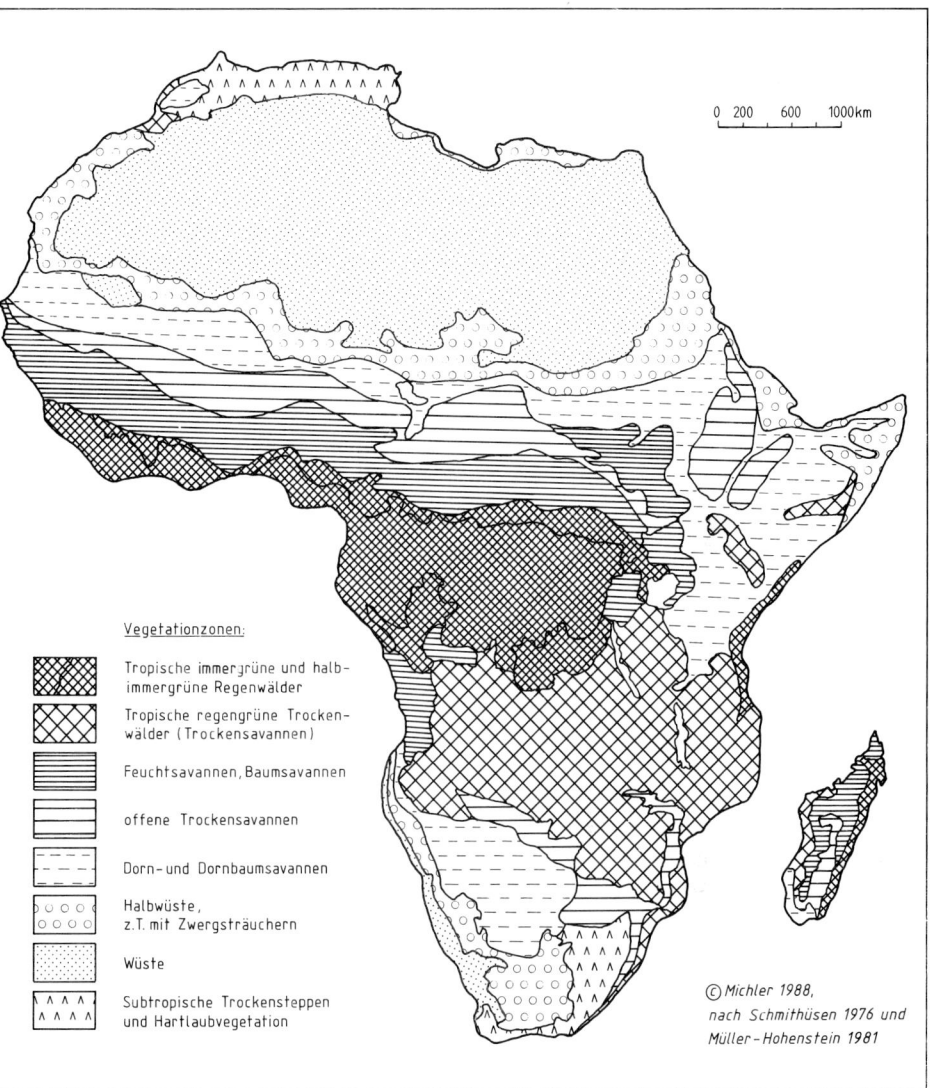

0 200   600   1000km

Vegetationzonen:

Tropische immergrüne und halb-
immergrüne Regenwälder

Tropische regengrüne Trocken-
wälder (Trockensavannen)

Feuchtsavannen, Baumsavannen

offene Trockensavannen

Dorn- und Dornbaumsavannen

Halbwüste,
z.T. mit Zwergsträuchern

Wüste

Subtropische Trockensteppen
und Hartlaubvegetation

© Michler 1988,
nach Schmithüsen 1976 und
Müller-Hohenstein 1981

Schaubild 1: Landschaftsgürtel, Klima- und Agrarzonen Schwarzafrikas

	Tropischer Regenwald	Feuchtsavanne
Durchschnittlicher Jahresniederschlag	über 1600 mm	ca. 1100-1600 mm
Länge der Trockenzeit	bis ca. 2 Monate	ca. 2-4 Monate
Besondere Merkmale	Wasserüberschuß; immergrün, kein Saison-bedingter Laubabwurf; ständig hohe Luftfeuchtigkeit; Temperatur gleichmäßig	einzelne Baumgruppen, an Flußläufen dichte Wälder, sogenannte Galeriewälder
	dreistockwerkige Wälder bis über 60 m Höhe	übermannshohes Gras
Wirtschaftsbedingungen	Niederschlag gleichmäßig verteilt, **ununterbrochener Anbau** möglich	Niederschlag während Regenzeit reichlich; in dieser Periode **meist zwei Ernten** möglich
Anbau von Grundnahrungsmitteln, bzw. Nutztierhaltung	Kassava (Maniok), Jams, Reis, Mais, ‚Koch-Banane‘, Zuckerrohr, vielfältige Gemüsearten	Mais, Hirse, Bohnen, Kassava (Maniok), Süßkartoffeln, Bananen, Erdnüsse, vielfältige Gemüsearten
Produktion vorwiegend für den Export	Bananen, Kakao, Kaffee (robusta), Kautschuk, Ölpalme, Kokospalme	Erdnüsse, Baumwolle; Im Hochland: Kaffee (arabica), Tee, auch Viehhaltung möglich
Besondere Erschwernisse und Risikofaktoren	Erhaltung der Bodenfruchtbarkeit schwierig, da hohe Nährstoffauswaschung durch heftige Niederschläge; Erosionsgefahr groß; Bedingungen für Groß-Viehhaltung äußerst ungünstig	in weiten Teilen Rindviehhaltung wegen Tsetse-Fliege nicht möglich; wird besser mit zunehmender Entfernung vom Äquator

daher Pflügen der Felder mit Tieranspannung nicht möglich

Trockensavanne	Dornsavanne	Wüste und Halbwüste
ca. 500-1100 mm	ca. 250-500 mm	unter 250 mm
ca. 4-8 Monate	ca. 8-10 Monate	ca. 10-12 Monate
scharfe Zäsur zwischen Regen- und Trockenzeit; lichter Wald; hauptsächlich südliche Halbkugel: sog. regengrüner Trockenwald, in der Trockenzeit laubabwerfend brusthohes Gras	Wassermangel; vereinzelte Baumgruppen, Dornbüsche und Dornsträucher; potentielle Verdunstung bis 1000 mm kniehohes Gras	z.T. Dornsträucher vorübergehend Gras
Jahreszeitabhängiger Ackerbau; während Regenperiode in normalen Jahren genügend Niederschlag	seßhafter Ackerbau mit trockenresistenten Hirsearten möglich; Weidewirtschaft	Oasenwirtschaft (Wüste); Weidewirtschaft (Halbwüste, pro Familie 10 qkm)
Hirse, Mais, Bohnen Großviehhaltung	dürreresistente Hirsen, Rinder, Schafe, Ziegen	Datteln Vieh: Kamele, Schafe, Ziegen
Erdnüsse, Baumwolle	Vieh (Nebenprodukte, Häute und Felle, Leder, Wolle); z.T. Erdnüsse, Baumwolle (bewässert)	Datteln
in Teilgebieten 20-30% Abweichung vom langjährigen Niederschlagsdurchschnitt, in diesem Fall Gefahr von Mißernten hoch	Niederschlagsschwankungen bis 40 %, daher hohes Mißernten-Risiko bis Totalausfall Erosionsgefahr durch Überweidung, bzw. Übernutzung des Bodens	Verwüstungsgefahr (Desertifikation) der z.T. Vegetationsbedeckten Randzonen durch Überweidung und Anlegung künstlicher Brunnen

Graphik 3: Afrika, Niederschlag – Menge, Variabilität und Risikozonen

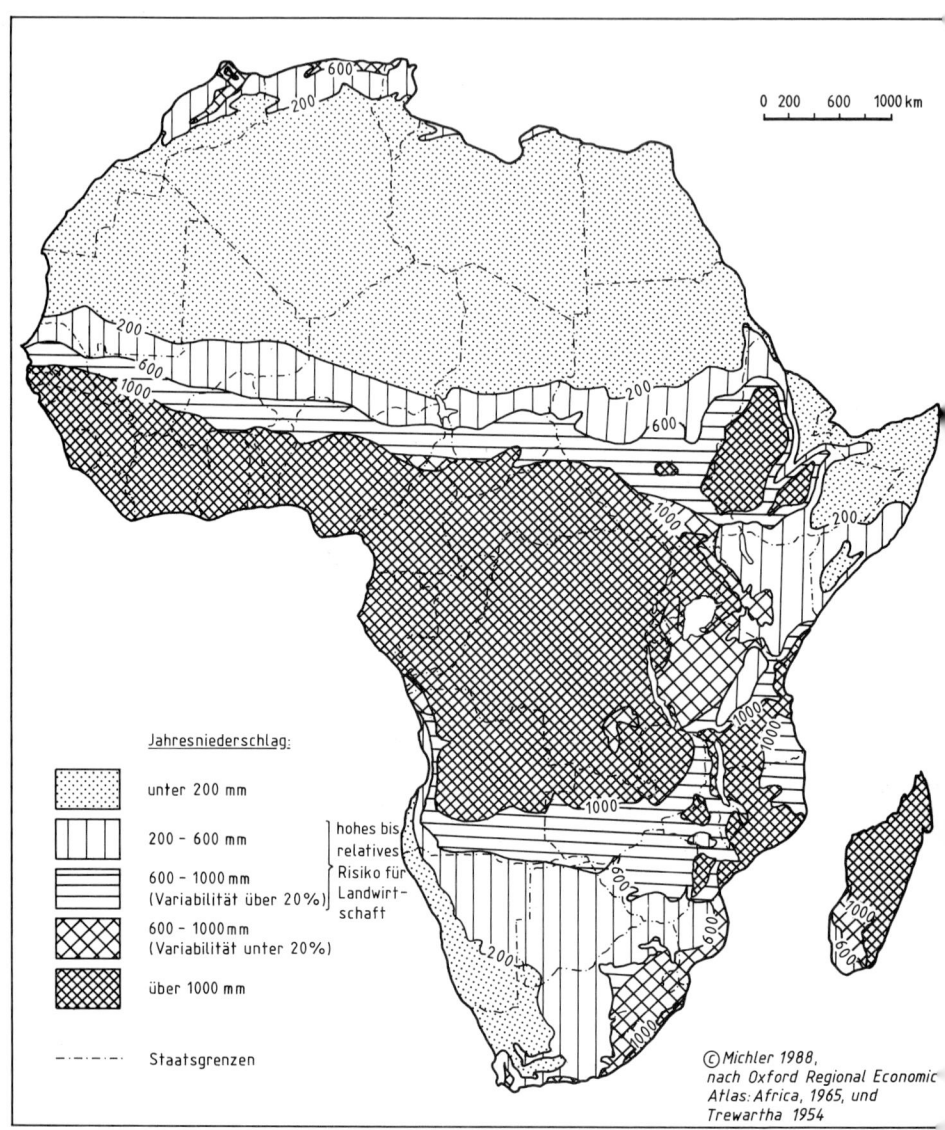

0 200 600 1000 km

Jahresniederschlag:

unter 200 mm

200 – 600 mm

600 – 1000 mm
(Variabilität über 20%)

600 – 1000 mm
(Variabilität unter 20%)

über 1000 mm

hohes bis relatives Risiko für Landwirtschaft

Staatsgrenzen

© Michler 1988,
nach Oxford Regional Economic
Atlas: Africa, 1965, und
Trewartha 1954

326

Graphik 4: Afrika, Wachstumszeiten und agrar-ökologische Nutzungszonen

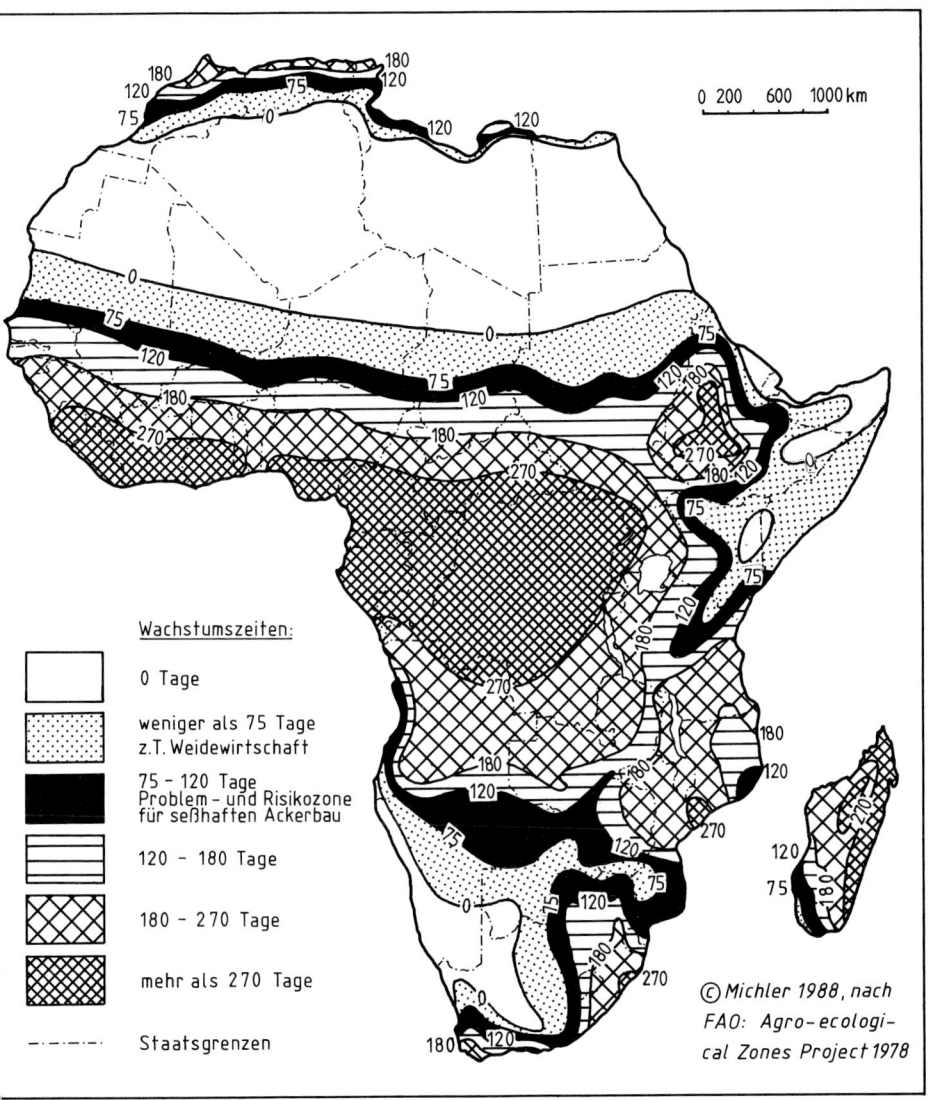

0   200   600   1000 km

Wachstumszeiten:

0 Tage

weniger als 75 Tage
z.T. Weidewirtschaft

75 – 120 Tage
Problem- und Risikozone
für seßhaften Ackerbau

120 – 180 Tage

180 – 270 Tage

mehr als 270 Tage

Staatsgrenzen

© Michler 1988, nach
FAO: Agro-ecologi-
cal Zones Project 1978

327

ohne detailliert zu begründen, warum dies im einzelnen so ist. So entbrannte schon vor langer Zeit in der Agrarwissenschaft ein regelrechter Glaubenskrieg darüber, ob die *immer-feuchten Tropen* (Zone: ‚tropischer Regenwald', Graphik 2) *intensiv* und *dauerhaft* landwirtschaftlich nutzbar seien.

Diese Frage ist beispielsweise von Prof. Wolfgang Weischet mit einem ‚Nein' beantwortet worden. Zahlreiche andere deutsche Wissenschaftler wie Hartge, Wiebe, Bruenig und im internationalen Bereich Sanchez haben dem jedoch widersprochen[7] und dafür hinreichende Belege geliefert: *ständige, intensive Landwirtschaft ist in der Regenwaldzone möglich; sie muß allerdings eine andere sein als diejenige in den Savannen oder gar bei uns,* in den gemäßigten Klimaten. Diese Andersartigkeit beinhaltet im wesentlichen, daß der Mensch die Mechanismen und Funktionsweisen des natürlichen Ökosystems bei seinen Wirtschafts- und Bebauungsmethoden *kopieren* muß, das heißt *beispielsweise* Anbau von Nutzpflanzen unter dem schützenden Kronendach großer Bäume. Freilich müssen diese Anbautechniken noch weiter erforscht und entwickelt, vor allem aber in die Tat umgesetzt werden.

Während das ‚Erkennungsmerkmal' der tropischen Regenwaldzone ihre *immergrüne* und dichte Vegetationsbedeckung ist, besteht das typische Kennzeichen aller Savannenlandschaften darin, daß sie mit einer durchgängigen *Grasnarbe* bedeckt sind. In der Feuchtsavanne wächst das Gras bis zu einer Höhe von vier Metern, wohingegen es in der Dornsavanne gerade noch kniehoch wird. Die Wissenschaftler haben sich mittlerweile darauf geeinigt, im tropischen Afrika die verschiedenen Vegetationszonen zwischen Regenwald und Halbwüste als Savannen zu bezeichnen. Weitere Merkmale dieser Landschaftsgürtel und dort mögliche Wirtschaftsformen enthält Schaubild 1. In erster Linie basierend auf Graphik 4, aber auch unter Berücksichtigung von Graphik 3 ergibt sich:

Tabelle 1: Wirtschaftliche Nutzungszonen Schwarzafrikas und ihre jeweilige Bevölkerungszahl (Mitte 1988)

	Mio. km^2	Mio. Menschen
<u>Schwarzafrika insgesamt:</u>	23,09	ca. 462
(45 Staaten sowie Namibia, jedoch ohne Südafrika)		
<u>Von Gesamtfläche Wüste und Halbwüste:</u>	8,1	
Im Bereich der Halbwüste zeitweise für ausgedehnte Weidewirtschaft nutzbar:	ca. 2 - 3	ca. 3,5 - 5 (= 0,7 - 1%)
<u>Von Gesamtfläche ackerbaulich nutzbar:</u>	rund 15	
(definiert als Zone, in der eine Reifungs- bzw. Wachstumszeit für die angebauten Nutzpflanzen von über 75 Tagen gegeben ist)		
<u>davon</u> - bezogen auf die Niederschläge (Mengen, Verläßlichkeit) - als anfällige bis relativ anfällige Krisenregion einzustufen:	2,16 (= 14,4%)	ca. 50 - 55 (= 11 - 12 %)
(definiert als Zone, in der die Reifungs- bzw. Wachstumszeit zwischen 75 und 120 Tagen beträgt)		
<u>davon</u> als relativ sichere bis sichere Nutzungszone einzustufen:	12,83 (= 85,6%)	ca. 400 - 410 (= 86 - 89%)
(definiert als Zone, in der die Reifungs- bzw. Wachstumszeit über 120 Tage beträgt)		

Quellen: Flächenberechnungen nach „Agro-ecological Zones Project", FAO, Rom 1978; jedoch eigene Definition der verschiedenen Nutzungszonen und eigene Berechnungen der Bevölkerungsgrößen.

Fazit: Somit leben von der 462 Mio. Menschen zählenden Gesamtbevölkerung Schwarzafrikas etwa 400 bis 410 Mio. (ca. 85–90 %) in Regionen, in denen die *natürlichen Bedingungen* gut bis relativ gut sind; lediglich 10 % oder etwas mehr besiedeln Gebiete, in denen die natürlichen Bedingungen ,instabil' sind. Diese Zusammenfassung läßt einige der Räume außer acht, in denen der Mensch durch unangepaßtes Verhalten die natürlichen Lebensgrundlagen zerstört oder schwer geschädigt hat.

Die Fakten: Niederschlag – Überfluß, Mangel und Variabilität

1. Die weitaus *größten Teile* des bewohnten Schwarzafrika erhalten für seßhaften Ackerbau *genügend bis überreichlichen* Niederschlag. In Graphik 3 sind diese Gebiete als eigene Regionen klassifiziert.

2. Mit Ausnahme der Gebiete ‚tropischer Regenwald' (Graphik 2) sind alle übrigen Regionen Schwarzafrikas von einem *typischen Klimarhythmus* ‚Regenzeit-Trockenzeit' geprägt, wobei die Trockenzeit – vereinfacht ausgedrückt – mit zunehmender Entfernung vom Äquator länger und die Zäsur zwischen beiden Perioden schärfer wird.

3. Nur in den Gebieten der sog. Dornsavanne (siehe Graphik 2) wird die *Niederschlagsmenge* zusammen mit der *Niederschlagsvariabilität* zu einem begrenzenden Faktor für die Landwirtschaft, und zwar besonders für deren Produktpalette. Graphik 3 (Niederschlagskarte) zeigt diese kritischen Regionen etwas weiter definiert, nämlich zwischen 200–600 mm; die Niederschlagsvariabilität beträgt in den meisten Teilen dieses Bereiches über 25 Prozent.

4. Die *Niederschlagsvariabilität* ist der *eigentliche Risikofaktor* für die Landwirtschaft. Eine Niederschlagsvariabilität von 25 % besagt, daß in einem Jahr die Regenmenge um 25 % nach oben (z. B. 600 mm + 150 mm = 750 mm) abweichen kann und im nächsten Jahr um den gleichen Prozentsatz nach unten (600 mm – 150 mm = 450 mm). Baut man in dem zuletzt genannten Jahr eine Kulturpflanze an, die zu ihrer vollen Reifung 600 mm benötigt, dann führt die Niederschlagsabsenkung entweder zu einem drastischen Ernterückgang oder gar zu einem Totalausfall. Nun gilt ferner der ‚verhängnisvolle' Zusammenhang, daß die Niederschlagsvariabilität mit abnehmender Regenmenge größer wird: Sie beträgt bei der 200 mm Niederschlagslinie meist 40 %, d. h. in einem ungünstigen Jahr fallen dann nur noch 120 mm Regen, eine Menge, bei der keine Getreideart mehr zur Reifung gelangen kann. Wobei noch zu ergänzen ist, daß solche ‚ungünstigen' Jahre zum normalen Klimageschehen dieser Region gehören.

5. Den Faktoren ‚geringe Niederschlagsmenge' und ‚hohe Niederschlagsvariabilität' kann man jedoch durch den Anbau *extrem trockenresistenter Hirsearten* begegnen. Mittlerweile wurden durch Züchtung Sorten entwickelt, die bei einer Regenmenge von 150 mm in nur 45 Tagen zur Reifung gelangen können. *Das heißt:* mit diesen Hirsearten ist unter Berücksichtigung der Variabilität seßhafter Ackerbau bis zu einer äußersten Grenze von 250 mm Niederschlag möglich. Diese Sorten sind jedoch bisher in Schwarzafrika nur in Versuchsprojekten eingesetzt worden (Problem der Saatguterzeugung).

6. Graphik 3 zeigt jene Gebiete Schwarzafrikas, die zwar mehr als 600 mm Niederschlag im langjährigen Durchschnitt erhalten, in denen die Niederschlagsvariabilität jedoch größer als 20 % ist. Diese Variabilität muß bei der Auswahl der angebauten Kulturen berücksichtigt werden. Variiert in einem Jahr die Regenmenge nach unten bei gleichzeitiger Veränderung der Verteilung (z. B.: zu spät einsetzend), dann kann es auch in diesen an sich günstigen Räumen zu Mißernten kommen.

Die Fakten: Klima und Böden –
Hemmnisse, aber keine Blockaden

1. Von einer *Klimaveränderung in Afrika* kann *nicht* gesprochen werden, und zwar allein schon deshalb nicht, weil der Beobachtungszeitraum dafür zu kurz ist. Wichtiger ist in diesem Zusammenhang, daß in weiten Teilen Afrikas *Klimaschwankungen* zum *normalen Naturgeschehen* dieser Räume gehören.
2. Die höheren Durchschnittstemperaturen in den Tropen bewirken, daß im Vergleich zum gemäßigten Klima Europas eine *beschleunigte Umsetzung organischer Nährstoffe* bzw. *Substanz* in den Böden stattfindet. *Das heißt:* die Bodenfruchtbarkeit geht einerseits schneller verloren, und sie ist andererseits wesentlich schwieriger aufrechtzuerhalten.
3. Da es *keinen Frost* gibt, entfällt diese natürliche Art der Schädlingsbekämpfung. *Das heißt:* Schädlinge sind ganzjährig aktiv, und der Pflanzenschutz gestaltet sich daher aufwendiger als in den gemäßigten Klimazonen.
4. Insbesondere in den Gebieten der Trocken- und Dornsavanne bedingen die *hohe Verdunstung* sowie die (relativ) langen Trockenzeiten, daß die Böden am Ende der Trockenzeit keine Feuchtigkeit mehr enthalten und oft ‚steinhart' sind. Die Bauern müssen infolgedessen mit der Bearbeitung der Felder warten, bis die Regenzeit eingesetzt hat. Das wiederum führt zu einer Arbeitsspitze, die den Umfang der bebauten Fläche einschränkt.
5. In den Gebieten mit mehr als 1.000 mm Niederschlag (Feuchtsavanne, tropischer Regenwald, siehe Graphik 2) droht – wenn die Böden ihrer natürlichen Vegetationsdecke beraubt sind – eine schnelle Nährstoffauswaschung und Erosion.
6. Die Böden der in Punkt 5 genannten Regionen sind nicht – wie lange Zeit behauptet – nur von schlechter Qualität, sondern ihre *Typenvielfalt ist sehr groß:* Es gibt Böden mit ausgesprochen hoher natürlicher Fruchtbarkeit und solche, die sehr nährstoffarm sind.
7. *Bewertung:* Zwar sind die genannten Faktoren ‚Hemmnisse' für die Landwirtschaft, jedoch – und dies ist das entscheidende – keine unüberwindlichen! Ohne Riesen-Investitionen lassen sich diese ungünstigen Bedingungen mit standortgerechtem Landbau überwinden, d. h. beispielsweise: keine Monokulturen, sondern sog. *Agroforstwirtschaft,* also Erhalt eines Teiles der natürlichen Vegetation oder Neuanpflanzung von Bäumen und Sträuchern in den landwirtschaftlich genutzten Gebieten (vgl. Schaubild S. 211).

Tabelle 2: Tragfähigkeit und landwirtschaftliches Potential Gesamtafrikas

Kultivierbare Fläche	7,89 Mio. km²
Genutztes Ackerland (ohne Weideflächen)	ca. 2,10 Mio. km²
= Anteil an kultivierbarer Fläche:	26,6 Prozent

Ernährungspotential/kultivierbare Fläche
(inklusive der kultivierten)

1. Ohne Mitteleinsatz (z.B. ohne Dünger und ohne Schädlingsbekämpfung, ausschließlich Handarbeit)	ca. 1,4 Mrd. Menschen
2. Mittlerer Mitteleinsatz (Düngung und Schädlingsbekämpfung auf 'bescheidenem' Niveau; Bodenerhaltungsmaßnahmen, z.T. Tieranspannung, Saatgutverbesserung)	ca. 5,1 Mrd. Menschen
3. Hoher Mitteleinsatz (Steigerung aller in Punkt 2 genannten Maßnahmen: z.B. Düngereinsatz ca. 150 kg/ha; volle Mechanisierung)	ca. 14,4 Mrd. Menschen

4. Ernährungspotential bezogen auf die im Jahr 2000 zu erwartende Bevölkerungsgröße

4.1. Ohne Mitteleinsatz	das 1,6 fache
4.2. Mittlerer Mitteleinsatz	das 5,8 fache
4.3. Hoher Mitteleinsatz	das 16,5 fache

Tatsächliche Nahrungsmittelproduktion

Laut FAO im Jahr 1986 pro Kopf der Bevölkerung	239,73 Mio. t 482,36 kg

Quellen: Eigene Berechnungen nach/sowie nach „FAO in Africa" FAO Rom 1986; FAO Trade Yearbook 1986; Population Growth and Policies in Sub-Saharan Africa, Weltbank, Washington 1986

Die Fakten: ‚Tragfähigkeit'

„Wieviele Menschen kann der Boden tragen?" Dieser Frage sind FAO und Weltbank in zahlreichen Studien nachgegangen. Einige Ergebnisse enthält Tabelle 2. *Erstens:* Wenn Schwarzafrika die noch unerschlossenen Gebiete nutzt, kann es wesentlich mehr Menschen ernähren, als es z. Z. besitzt. *Zweitens:* Schwarzafrika kann seine landwirtschaftliche Produktion wesentlich erhöhen, gesetzt den Fall, es würde die Anbaumethoden verbessern.

Weitergehende Aussagen über die Tragfähigkeit sind nach unserer Meinung *nicht möglich,* weil deren Größen im Detail bisher zu wenig erforscht sind.[8] Deshalb folgen wir der Weltbank nicht, wenn diese pauschal behauptet, einzelne Großräume (z. B. Horn von Afrika) hätten ihre Tragfähigkeit schon längst überschritten.[9]

Die tatsächliche Leistung: die Bauern Schwarzafrikas ernähren den Kontinent

„In den 70er Jahren blieb das Wachstum der Nahrungsmittelproduktion nicht nur unter dem Wachstum der Gesamtbevölkerung, sondern auch unter dem Wachstum der Landbevölkerung. Dies bedeutet im Klartext, daß die Bauern weder sich selbst noch die wachsende Stadtbevölkerung ernähren können"[10] heißt es im ‚Handbuch der Dritten Welt'. Die Welternährungsorganisation (FAO) konstatiert zwar eine gestiegene Nahrungsmittelproduktion, behauptet aber dennoch eine – wegen des Bevölkerungswachstums – sinkende Pro-Kopf-Versorgung[11]: eine ‚Feststellung', die mittlerweile schon zu einem *Dogma* in der internationalen Literatur geworden ist. Man muß also nicht in die Niederungen der Boulevardpresse oder wenig sachkundiger Journalisten hinabsteigen, um von Schwarzafrikas „Unfähigkeit zur Selbstversorgung" zu erfahren. Doch so renommiert die Autoren und Institutionen auch sein mögen, die derartige Auffassungen verbreiten, die Fakten sehen anders aus:

1. Die ‚tatsächliche' Produktionsmenge: Laut FAO produzierte Afrika (47 Staaten[12]) 1986 (Anfang 1988 das letzte statistisch dokumentierte Jahr) rund 240 Mio. t an Grundnahrungsmitteln; das waren 482 kg pro Jahr und pro Einwohner *oder* 1,32 kg pro Tag und pro Einwohner.[13] Hätte diese Menge tatsächlich zur Verfügung gestanden, wäre nicht ein einziger Mensch in Afrika unterernährt gewesen. Das ist aber nicht der Fall. Also trifft entweder die angegebene Produktionsmenge nicht zu, oder die Verteilung klappt nicht. Ich glaube, daß die Produktionsmenge – *zumindest in der Tendenz* – richtig ist, ja ich bin sogar der Auffassung, daß sie *in Wirklichkeit eher größer* als kleiner ist. Und schon hieraus folgt, daß das Ausmaß von Hunger und Unterernährung gar nicht so groß ist wie von den Medien und ‚Experten' behauptet.

2. Warum die angegebene Produktionsmenge halbwegs verläßlich ist: Die Daten aller internationalen Institutionen basieren im wesentlichen auf *nationalen* Statistiken. Letztere sind nicht nur völlig mangelhaft, sondern werden ‚politisch' manipuliert: Eine sinkende Pro-Kopf-Versorgung ist das beste Argument, um von der Gemeinschaft der Geber zusätzliche Entwicklungshilfe und vor allem kostenlose Nahrungsmittel zu erhalten. Da hieran alle afrikanischen Politiker interessiert sind, ist der Verdacht unbegründet, die eigene landwirtschaftliche Produktion könnte überhöht angegeben sein.

3. Sinkende Pro-Kopf-Versorgung seriös nicht begründbar: Auf die Statistik-Misere, die eher schon ein *Skandal* ist, habe ich im zweiten Kapitel von Teil 1 bereits hingewiesen. Die *Produktions*daten der meisten afrikanischen Staaten sind so unzuverlässig, daß aus ihnen ein ständig geringer werdendes Kalorienangebot *nicht* geschlossen werden kann. Die nigerianische Regierung beispielsweise weiß nicht einmal, wieviele Menschen in ihrem Land leben (die Angaben schwanken um mindestens 20 Mio.); wie will sie dann wissen oder berechnen, ob die Versorgung pro Kopf der Bevölkerung besser oder schlechter wird? *Um es ganz deutlich zu sagen:* Es ist wissenschaftlich nicht vertretbar, eine sinkende Pro-Kopf-Versorgung auf der Basis des heute vorliegenden statistischen Materials zu berechnen und zu behaupten. Ebenso unhaltbar ist, ganze Länder – im Falle von Kartendarstellungen – als Hungergebiete auszuweisen.

4. Subsistenzwirtschaft ‚absorbiert' Bevölkerungswachstum: Jene kleinbäuerliche Produktionsweise, die hauptsächlich nur für den eigenen Bedarf produziert, wird als Subsistenzwirtschaft bezeichnet. Nun ist es in den weitaus größten Teilen Afrikas bis heute so gewesen, daß diese Wirtschaftsform den Zuwachs der Bevölkerung verkraftet oder ausgeglichen hat. *Das heißt:* Mehr Menschen als bisher leben als Kleinbauern, produzieren auf ihren Feldern mehr oder weniger dasselbe, was schon die Vorfahren angebaut haben, und ihre Ernährungs- sowie Versorgungssituation ist im Prinzip ebenfalls die gleiche wie diejenige ihrer Vorgängergenerationen: weder schlechter noch besser!

5. Erhöhter Importbedarf ist ein Ergebnis der zunehmenden Verstädterung: Zwar stiegen die Getreideeinfuhren seit den 60er Jahren bis heute beträchtlich,[14] doch ist dies in erster Linie nicht dadurch bedingt, daß die Bauern weniger produzieren, sondern liegt vielmehr daran, daß die Importe in der Regel zur Versorgung der stark gewachsenen Stadtbevölkerung (ca. 80 Mio. während der letzten 25 Jahre) dienen.

6. Hunger und gravierende Unterernährung sind auf bestimmte Regionen begrenzt: Beide treten entweder in für seßhaften Ackerbau ökologisch problematischen Zonen (z. B. Teilen des Sahel) auf oder in Gebieten, in denen kriegerische Auseinandersetzungen keine geregelte Produktion mehr erlauben. Hunger und schwere Unterernährung (quantitativer Aspekt) sind somit kein typisches Merkmal für Schwarzafrika. Davon zu unterscheiden ist das Problem der *Fehl*ernährung (qualitativer Aspekt), was allerdings mit landwirtschaftlichen Produktionsbedingungen in der Regel nichts zu tun hat.

7. Viele Gebiete produzieren Überschüsse: Mitte 1987 bezifferte die FAO den in Schwarzafrika vorhandenen Getreideüberschuß auf 4,736 Mio. t, während sie zur gleichen Zeit den Bedarf an Nahrungsmittelhilfe mit 3,184 Mio. t angab.[15] Doch statt die Überschüsse vor Ort aufzukaufen, verschifften die westlichen Geber lieber ihr eigenes Getreide nach Afrika, das sie sich zuvor mit Entwicklungshilfegeldern selbst abgekauft hatten.

Produktion und Importe: Interpretation und Ergebnisse der Tabelle 3 (folgende Doppelseite)

1. Das Datenmaterial: Die Berechnungen basieren auf den FAO Trade Yearbooks. Deren Zahlen beruhen zwar auch in diesem Fall weitgehend auf den nationalen Statistiken der afrikanischen Länder, deren Im- und Exportdaten kommt aber eine *höhere Validität* (Zuverlässigkeit) zu als ihren Produktionsangaben. Denn die Aus- und Einfuhren durchlaufen den Zoll; es gibt Frachtpapiere, in denen die Mengen aufgeführt sind. Insofern steht hier – trotz vieler Ungenauigkeiten – die Statistik auf einem festeren Boden. Außerdem lassen sich die Angaben durch die Außenhandelsstatistik der Industrieländer überprüfen. Vor diesem Hintergrund entsprechen die folgenden Aussagen und Bewertungen zumindest im Trend tatsächlich der Wirklichkeit.

2. Die Exporte: Während alle Welt von Hunger in Schwarzafrika redet, verlassen jährlich sechs Millionen Tonnen landwirtschaftlicher Güter die schwarzafrikanischen Staaten (Details hierzu siehe Tabelle 3 im Ursachenkomplex I, Kap. 4). Diese Ausfuhren besaßen 1980–86 einen Wert von 8–10 Mrd. $ pro Jahr. In bezug auf Gesamtafrika stammen drei Viertel aller Exporte aus Schwarzafrika.

3. Die Importe: In den entsprechenden Rubriken der Tabelle ist nicht die gesamte Nahrungsmitteleinfuhr enthalten, sondern nur diejenige von Getreide (inklusive Reis). Denn faktisch importieren die afrikanischen Staaten aus Übersee keine anderen Grundnahrungsmittel. Selbst wenn man die wenigen anderen Güter hinzurechnete, ergäbe sich in der Gesamttendenz keine andere Aussage. Im einzelnen ist festzuhalten:

– Die Einfuhrkosten Gesamtafrikas für Grundnahrungsmittel liegen erheblich *unter* dem jährlichen Erlös, den der Export landwirtschaftlicher Produkte erbringt;

– größter Importeur ist nicht Schwarzafrika, sondern Nordafrika; 1986 führten fünf Länder dieser Region genau doppelt soviel ein wie die 45 schwarzafrikanischen Staaten.

4. Pro-Kopf-Analyse: Hier sind die Ergebnisse in der Tat äußerst überraschend; die wichtigsten seien kurz skizziert:

– Pro Kopf der Bevölkerung importieren die nordafrikanischen Länder etwa achtmal (!) soviel wie die schwarzafrikanischen Staaten.

– Während Nordafrika für die Einfuhr das Doppelte dessen aufwenden muß, was es im Export verdient, verbleiben in Schwarzafrika – trotz erheblicher Importe – immerhin 18 $ pro Kopf aus dem Erlös der Ausfuhr.

– Noch erstaunlicher ist der Vergleich Schwarzafrikas mit der Republik Südafrika: Im „Hungerjahr 1985" importierten die schwarzafrikanischen Staaten durchschnittlich knapp 25 kg an Grundnahrungsmitteln pro Kopf der Bevölkerung, während Südafrika in seinem Krisenjahr 1984 rund 105 kg pro Einwohner importieren mußte! Selbst im für beide Regionen normalen Jahr 1986 führte Südafrika pro Kopf der Bevölkerung *mehr* ein als Schwarzafrika.

5. Nahrungsmittelhilfe: Auch hier erhält Nordafrika mehr als der Durchschnitt der schwarzafrikanischen Länder, nämlich pro Kopf der Bevölkerung rund dreimal soviel (1986). Während die Berichterstattung suggeriert, ganz Schwarzafrika hänge am Tropf der Katastrophenhilfe, ist die wirkliche Bedeutung der Nahrungs-

Tabelle 3: Landwirtschaftliche Ex- und Importe der Großregionen Afrikas im Vergleich (1980–86)

	1980	1981	1982	1983	1984	1985	1986	Pro-Kopf 1986
Gesamtexport landwirtschaftlicher Produkte in Mio. $								
Afrika	14.123,1 (100 %)	12.467,0 (100 %)	11.373,2 (100 %)	10.341,4 (100 %)	11.334,1 (100 %)	10.867,4 (100 %)	12.452,2 (100 %)	21,72 $
Nordafrika	1.545,2 (10,9%)	1.524,0 (12,2%)	1.276,0 (11 %)	1.233,4 (11,9%)	1.254,7 (11,1%)	1.203,0 (11,1%)	1.293,0 (10,4%)	12,14 $
Schwarzafrika	10.061,0 (71,2%)	8.667,4 (69,5%)	8.267,2 (72,7%)	7.774,1 (75,2%)	8.949,2 (79 %)	8.585,9 (79 %)	9.920,2 (79,7%)	22,87 $
Südafrika	2.516,9 (17,8%)	2.275,6 (18,3%)	1.830,0 (16,1%)	1.333,9 (12,9%)	1.130,2 (9,9%)	1.078,5 (9,9%)	1.239,0 (9,9%)	37,60 $
Importe von Grundnahrungsmitteln in Mio. $ (1)								
Afrika	5.082,40	5.940,25	5.607,87	5.182,18	5.878,27	5.545,94	4.476,23	7,81 $
Nordafrika	2.755,62	3.306,04	3.210,85	2.822,90	3.261,70	3.271,24	2.594,74	24,37 $
Schwarzafrika	2.260,35	2.493,25	2.307,13	2.097,08	2.115,81	2.148,17	1.766,79	4,07 $
Südafrika	66,43	140,96	89,89	262,20	500,76	126,53	114,70	3,48 $
Schwarzafrika: Überschuß im Außenhandel (2)	7.800,65	6.174,15	5.960,07	5.677,02	6.833,39	6.437,73	8.153,41	18,80 $
insgesamt				47.036,42				

Importmengen Grund-nahrungsmittel in Mio. t (3)								
Afrika	21,8744	23,5405	24,5787	25,5421	30,2270	29,3089	28,1254	49,06 kg
davon Nahrungsmittelh.	4,0870	4,7250	4,7860	4,8760	5,7620	8,5530	6,4700	11,29 kg
Nordafrika	13,3362	14,2799	14,7890	15,8871	17,5864	18,1957	18,2297	171,20 kg
davon Nahrungsmittelh.	2,534(6)	2,378(6)	2,469(6)	2,418(6)	2,501(6)	2,663(7)	2,800(7)	26,30 kg
Schwarzafrika	8,3788	8,7802	9,4878	8,1381	9,3810	10,3498	9,1618	21,12 kg
davon Nahrungsmittelh.	1,5530	2,3470	2,3170	2,4580	3,261*	5,890*	3,670**	8,46 kg
Südafrika	0,1594	0,4804	0,3019	1,5169	3,2596 =104,95 kg/E	0,7634	0,7339	22,27 kg
Schwarzafrika: tatsächliche Ausgaben für Importe in Mio. $ (4)	1.841,40	1.826,79	1.743,71	1.463,69	1.380,32	925,66	1.059,06	2,44 $
Tatsächlicher Überschuß im Außenhandel (5)				1980-86: 51.984,37 Mio. $				

Anmerkungen zur Tabelle 3

1 Importwerte für Grundnahrungsmittel beinhalten die erhaltene Nahrungsmittelhilfe in Geldwert
2 Exportwert landwirtschaftlicher Produkte minus Importwert für kommerziell eingeführte Grundnahrungsmittel sowie abzüglich des Wertes der erhaltenen Nahrungsmitelhilfe
3 hauptsächlich Weizen, Mais, Reis, übrige Getreidearten sowie Mehl
4 bedeuten Ausgaben für kommerziell importiertes Getreide inklusive Reis und Getreidemehl; standardisierte Berechnung
5 Exportwert für landwirtschaftliche Produkte minus tatsächliche Aufwendungen für Importe nach standardisierter Berechnung
6 eigene standardisierte Berechnungen nach FAO-Angaben (siehe Quellen)
7 eigene Berechnung und Schätzung
* für 1984/85 bzw. 1985; je nach Haushaltsjahr des Empfängerlandes
** für 1985/86 bzw. 1986

Quellen: eigene Berechnungen basierend auf: FAO Trade Yearbook 1982, 83, 85, 86; Weltbank, Financing Adjustment with Growth in Sub-Saharan Africa, Washington 1986; Weltentwicklungsbericht 1987 und 1986; FAO, Food Supply Situation and Crop Prospects in Sub-Saharan Africa, special report, versch. Ausgaben; dies., food aid in figures, Nr. 3, 1985, Rom 1986.

mittelhilfe viel geringer: 1986 hätten damit etwa *vier Prozent* der Bevölkerung ernährt werden können. Daß Nahrungsmittelhilfe auch in der Republik Südafrika *notwendig* ist und *tatsächlich geleistet* wird, habe ich bereits im entsprechenden Kapitel über diese Region dargelegt.

6. Was Schwarzafrikas Bauern verdient haben: Trotz gefallener Rohstoffpreise erzielte Schwarzafrika (1980–86) einen Überschuß in seiner landwirtschaftlichen Handelsbilanz von 52 Mrd. $! Selbst wenn es die erhaltene Nahrungsmittelhilfe hätte bezahlen müssen, hätte der ,Gewinn' immer noch 47 Mrd. $ betragen. Die ausgezahlte Entwicklungshilfe belief sich netto ebenfalls auf rund 52 Mrd. $[16] (für Experten: net disbursements of ODA from all sources). Die Bauern Schwarzafrikas haben mehr für ihre Länder erwirtschaftet, als diese an Entwicklungshilfe erhielten. Denn ein Großteil der 52 Mrd. $ Hilfsgelder sind *Kredite,* die zurückgezahlt werden müssen.

7. Zusammenfassung: Somit ist mehr als hinreichend dargelegt, daß die Behauptung, die afrikanischen Bauern könnten weder sich selbst noch die Stadtbevölkerung ernähren, ein *Hohn* auf die tatsächliche Arbeitsleistung dieser Menschen ist. Was die Bauern an Devisen erwirtschaften, reicht nicht nur, die fehlenden Nahrungsmittel auf dem Weltmarkt einzukaufen, es wirft darüber hinaus noch eine beachtliche Summe für die Industrialisierung ab.

Daß die Unterversorgung in Teilen Afrikas generell nicht durch die Exportproduktion für den Weltmarkt bedingt ist, habe ich im Rohstoffkapitel (s. S. 123 ff, Ursachenkomplex I, Kap. 4) gezeigt.

Die Lebenssituation der afrikanischen Landbevölkerung oder das eigentliche Drama Afrikas

Der folgende Text ist ein Auszug aus meinem Rundfunkfeature „Die Städte töten das Land"; die Sendung gehörte zu einer Reihe, die ich anläßlich der 25jährigen Unabhängigkeit Nigerias für verschiedene Anstalten der ARD produziert habe.[17]

Die Regenzeit ist gerade zu Ende gegangen: auf Tausenden von Kilometern fahre ich durch grüne Landschaften, nicht nur im tropischen Süden, auch in den Savannen des Nordens... Immer wieder Felder, Felder kleiner Bauern links und rechts der Straße, manchmal so dicht gedrängt, daß ich glaube, durch eine riesige Plantage hindurchzufahren... Alles mit Hand, Hacke und gekrümmtem Rücken erarbeitet: 2.000 kleine Erdhügel muß ein Bauer aufschütten, wenn er genügend Kassava und Jams – diese Knollenfrüchte gehören zu den Hauptnahrungsmitteln Nigerias – für die eigene Familie ernten will.

Doch ich fahre oft auch Hunderte von Kilometern und komme nicht durch ein einziges Dorf mit fließendem Wasser, mit Elektrizitätsversorgung. Und die Häuser der Landbevölkerung sind die gleichen Lehmhütten, wie sie schon von ihren Großvätern bewohnt wurden. Die Dörfer Nigerias sehen genauso aus wie die im Sudan oder in den armen Ländern des Kontinents – und dies, obwohl Nigeria jenen weit, weit überlegen ist: eben durch die 160 Milliarden Dollar, die der Erdölverkauf ihm einbrachte.

In Bauchi, der Hauptstadt des gleichnamigen Bundesstaates, unterstützt die Evangelische Kirche Deutschlands eine Schreiner-Lehrlingswerkstatt: Amos Inossa ist 24 Jahre alt; er hat seine Ausbildung vor wenigen Monaten abgeschlossen und ist jetzt als Vorarbeiter in der Lehrlingswerkstatt beschäftigt. Sein Heimatdorf liegt 300 Kilometer von hier an der Grenze zu Kamerun; ein Landpfarrer hat ihn in dieses Projekt vermittelt, denn zwischen seinem Heimatdorf und dem Berufsschulzentrum in Bauchi gibt es nicht eine einzige Ausbildungsstätte für Schulabgänger. Amos' Eltern sind Bauern, nicht die allerärmsten: 25 Kühe und 30 Ziegen besitzen sie; trotzdem schickt er von den 180 Mark, die er monatlich verdient, 60 Mark nach Hause. Sechs Geschwister hat er noch, drei davon sind über 15; seit sie die primary school verlassen haben, die in Nigeria sechs Jahre dauernde Grundschule, helfen sie in der elterlichen Landwirtschaft: Amos wird der einzige bleiben, der eine Berufsausbildung erhalten hat. Doch wenn er in sein Dorf zurückkehrte, verdiente er dort kaum mehr als die, die nichts gelernt haben: denn dort besäße niemand genügend Geld, um die Möbel zu bezahlen, die er herstellen könnte.

Obwohl Nigeria seit der Unabhängigkeit 30.000 neue Grundschulen gebaut hat, besucht auf dem Lande nur die Hälfte aller Kinder eine Schule – in manchen Regionen sind es mehr, in anderen erheblich weniger. Genaue Zahlen darüber gibt es nicht, nicht einmal verläßliche Schätzwerte. Fest steht jedoch, daß nahezu alle Dorfschulen völlig unzureichend eingerichtet sind, und die mangelhaft ausgebildeten Lehrer werden schlecht bezahlt, 300 Mark pro Monat: ihre Motivation ist gleich Null.

Maarten Groot ist ein ‚Entwicklungshelfer' aus den Niederlanden, seit 1984 arbeitet er als Arzt am Lepra-Krankenhaus in Bauchi... er ist gleichzeitig Leiter des Hospitals, das 80 Patienten stationär aufnehmen kann und außerdem noch eine große Ambulanz besitzt, in der gegenwärtig 60 Leprakranke pro Tag behandelt werden... Issa, der Mann vor mir, ist knapp 40 Jahre alt, ein Fulani-Nomade... Eigentlich müßte er – wie Hunderttausende seines Volkes in Nordnigeria – mit seinen Ziegen und Rindern auf der Suche nach Weidegründen durchs Land ziehen, dreißig Kilometer und mehr pro Tag... doch das wird Issa nie mehr können: „Sieh' ihn dir an, er hat die typischen Verkrüppelungen aller Leprakranken" – Issa streckt mir, als ob er englisch verstünde, seine zerfressenen Fingerstümpfe entgegen – „er wird sie nie mehr strecken können, nie mehr wird er etwas greifen können."

Außer dem Holländer gibt es nur noch einen nigerianischen Arzt, der sein praktisches Jahr in der Klinik absolviert... Oft muß Maarten Groot ohne jegliche Assistenz operieren... Weil er nicht gleichzeitig eine Vollnarkose überwachen kann, betäubt er mit einer Rückenmarkspritze nur die unteren Extremitäten: Dann sägt er die lepraverfaulten Beinstümpfe ab, und die Patienten selbst sehen ihm dabei zu: „Das stört sie nicht, sie wollen nur erlöst werden."

14.000 Leprakranke seien im Bundesstaat Bauchi registriert. Und Maarten Groot schätzt, daß von der Gesamtbevölkerung Nigerias ein Prozent an Lepra erkrankt ist. Das sind eine Million Menschen. 260 Dorfkliniken gebe es in diesem Bundesstaat, die Betreuungsstruktur habe die Regierung eigentlich recht gut organisiert, aber es fehle an Ärzten: Er selbst kenne nur einen nigerianischen Arzt, der sich auf Lepra spezialisiert habe. Gerade auf den Außenposten fehlten immer wieder Medikamente, selbst hier, im Zentralkrankenhaus für den ganzen Bundesstaat, passiere das hin und wieder. Maarten Groot ist auch für die Betreuung der 260 Dorfkliniken zuständig; aber er hat weder die Zeit noch ein geländegängiges Fahrzeug, um sie zu besuchen. Seit über einem Jahr ist kein Arzt mehr in den Landregionen von Bauchi gewesen.

„Was kostet eigentlich die Behandlung eines Lepra-Kranken, mit wieviel Geld kann diese heimtückische Krankheit zum Stillstand gebracht werden?" „Also 6 Tabletten pro Woche. Und wenn du das für einen Patienten ausrechnen willst, dann ist das ungefähr ein Naira pro Jahr, etwa ein Dollar, ein US-Dollar." – Mir fällt die Haushaltsstatistik ein: 20 Milliarden Dollar hat der nigerianische Staat während der Boomzeiten jährlich am Erdöl verdient, pro Jahr 20.000 Millionen Dollar. Und es war nicht möglich, ein paar Millionen davon zur Ausrottung der Lepra abzuzweigen. Ähnlich desolat ist die Situation auch in den anderen Bereichen der Gesundheitsversorgung. Meist können die staatlichen Krankenpfleger oder Ärzte nur ein Medikament verschreiben, das der Bauer dann auf dem freien Markt teuer erstehen muß – gesetzt den Fall, er hat überhaupt das Geld dafür. In den ländlichen Kliniken gibt es oft nicht einmal Verbandszeug, geschweige denn die Möglichkeit, einen operativen Eingriff durchzuführen.

Die Nacht ist klar, das Leuchten der Sterne ein wenig heller, intensiver als zuhause in Deutschland... Gelegentlich, weit entfernt, Trommeln, das Bellen einiger Hunde... Wir sind nach Ugwu Aji, ins Elternhaus meines Freundes John, zurückgekehrt, Johns Heimatdorf schläft längst... Drinnen in der Lehmhütte habe ich es

nicht mehr ausgehalten: die Mauern atmen die Hitze des Tages aus, die Holzläden sind wegen der vielen Moskitos geschlossen: mehr als 30 Grad und dazu noch 95 Prozent Luftfeuchtigkeit. Mit John Okonkwo, der hier in Ugwu Aji geboren ist, bin ich durch den Süden Nigerias gereist... Er arbeitet bei einer Bohrfirma in Lagos, und da er im ganzen Land schon nach Wasser gebohrt hat, kennt er nicht nur die Städte, sondern vor allem die ländlichen Regionen... Dadurch bin auch ich an Orte gekommen, die sonst ein Besucher niemals sieht... In wenigen Tagen werde ich nach Deutschland zurückkehren, nur sieben Flugstunden, und ich bin wieder in einer anderen Welt, in einer Welt, die von Nigeria nicht einmal eine Ahnung besitzt, in einer Gesellschaft, die an der Entwicklung der Unterentwickelten hier kräftig verdient hat: 30 Milliarden DM verkaufte Waren, und zehn Milliarden der Profit...
Ich denke an die Nomaden in Ladin Buta, an ihren Überlebenskampf in den Halbwüsten des äußersten Nordens Nigerias... Ich denke an Emeka, Johns Vater, an seine Familie, seine Dorfgenossen..., an die Millionen Kleinbauern, die sich in einer Gluthitze auf den Feldern abrackern müssen, wie es ihre Väter und Großväter schon getan haben, wie es ihre Söhne und Enkel noch tun werden. Leele, die über 80jährige Bäuerin von nebenan, hat recht: „Ich glaubte oft, sterben zu müssen, so hart war die Arbeit auf unserem Stück Land."

Auf meinen Reisen durch Afrika habe ich oft halbverhungerte Menschen gesehen, bis aufs Skelett abgemagerte Kinder, Kranke ohne Überlebenschance... Trotzdem macht mich Emekas Schicksal, das Los der nigerianischen Landbevölkerung, eigenartig betroffen... Sie mühen und plagen sich mit all ihren Kräften, ohne doch einen Fortschritt, eine Besserung für sich und ihre Familie erzielen zu können... Freilich ist ihre Not nicht so spektakulär, nicht so Bild- und Schlagzeilen-geeignet wie die ausgemergelten Kindergestalten... Aber dennoch ist ihre Situation das eigentliche Elend, das eigentliche Drama Afrikas, eben weil sie nicht die Ausnahme, sondern der Normalzustand ist auf diesem Kontinent. Denn nicht nur in Nigeria sind die Bauern leer ausgegangen, auch in den anderen Staaten hat die Landbevölkerung nichts von den Früchten der Uhuru, der Unabhängigkeit genossen... Von der Politik vergessen, sind daher Großfamilie und Kinder ihre einzigen Wurzeln und ihr einziger Halt geblieben – die zahlreichen Hände der Verwandten sichern das Überleben, und eine große Anzahl Kinder muß die Altersversorgung ersetzen.
Nigerias Politiker haben die Abermilliarden Dollar aus dem Erdölverkauf in die Stadtentwicklung, in die rasche Industrialisierung des Landes investiert, von deren Segen die Masse der Bevölkerung nichts abbekommt; es ist schier unglaublich, wie sie die Landwirtschaft vernachlässigt haben: in den 80er Jahren mußte Nigeria – die Kornkammer Westafrikas – für mehr als eine Milliarde Dollar Nahrungsmittel importieren.

Von der verfehlten Prioritätensetzung zur Umorientierung der Politik

Unser Afrikabild krankt vor allem daran, daß es zu wenig differenziert ist. Die Berichterstattung, aber auch die Veröffentlichungen internationaler Organisationen ließen Hunger und Unterernährung sowie den Niedergang der Landwirtschaft zum alles dominierenden Merkmal, ja zum Wahrzeichen Schwarzafrikas werden. Tatsächlich ist die Wirklichkeit eine andere: Eigentlich müßte man *jedes Land gesondert analysieren,* denn die Situation der Bauern in Simbabwe sieht völlig anders aus als diejenige der Landbevölkerung im Südsudan. Aber nicht einmal die Differenzierung von Staat zu Staat genügt, vielmehr gibt es *innerhalb* etlicher Länder erhebliche Unterschiede, was die Lebenssituation und Ernährungsversorgung der kleinbäuerlichen Familien angeht. Letzteres trifft beispielsweise auf Äthiopien zu: Während die Menschen in weiten Gebieten des Nordens auf ruiniertem Boden ums Überleben kämpfen, strotzen die Gebiete im Südwesten geradezu vor Fruchtbarkeit.

Wäre die Situation quer durch Schwarzafrika nicht so gänzlich verschieden, würden ja nicht aus einigen Regionen horrende Überschüsse gemeldet, während in anderen Hunger und Not herrschen. Außerdem ging im Bewußtsein unserer Öffentlichkeit verloren, daß es -zig Länder gibt, aus denen *noch nie eine Hungersnot gemeldet worden ist,* so beispielsweise aus Kamerun, Kongo oder Zaire, um nur einige zu nennen.

Nicht nur die Gegenwart der afrikanischen Landwirtschaft hat verschiedene Gesichter, auch die Gründe, die zur heutigen Situation geführt haben, sind unterschiedlich. Nicht alle Regierungen vergeudeten die Ressourcen ihrer Länder im gleichen Ausmaß oder betrieben eine Politik, die nur auf das Wohl der Elite abgestellt war. Daher sind die folgenden Verallgemeinerungen auf dem Hintergrund dieses Appells zu notwendiger Differenzierung zu verstehen. Es soll versucht werden, einige gemeinsame Merkmale und Entwicklungslinien darzustellen, die mehr oder weniger für alle Länder zutreffen:

Allzu oft wird vergessen, wie *jung* die Staaten Schwarzafrikas sind. Die meisten existieren erst seit einem Vierteljahrhundert, manche erst seit gut einem Jahrzehnt. Und bei den oftmals angestellten Vergleichen mit asiatischen Ländern wird außer acht gelassen, daß beispielsweise die Völker Chinas und Koreas eine viel größere Homogenität (gemeinsame Geschichte, Religion, Kultur, Sprache) besitzen, während die in den Staaten Afrikas *zusammengewürfelten* Völker zwar jedes für sich über eine eigene Geschichte und Kultur verfügen, jedoch nicht über eine gemeinsame Identität. Die daraus folgenden *Entwicklungsblockaden* (Ursachenkomplex I, Kapitel 2) waren und sind folglich gänzlich andere als in Asien.

Der Start in die ‚Uhuru‘, in die lang ersehnte und viel versprechende Unabhängigkeit, war – objektiv gesehen – schwierig: Ausgebildetes Fachpersonal, das zum Aufbau eines Staatsapparates unerläßlich ist, gab es, gemessen an den Bedürfnissen, überhaupt nicht. Andererseits waren die Massen – und dies gilt insbesondere von der Landbevölkerung – nicht organisiert. Sie konnten folglich ‚die-da-oben‘

nicht zu einer Politik zum Wohle des Ganzen zwingen. Trotz Anerkennung dieser desolaten Startbedingungen bleibt festzuhalten, daß mit mehr gutem Willen wesentlich mehr hätte erreicht werden können.

Das Verhängnis nach der Uhuru begann mit einer verfehlten Prioritätensetzung. Die westlich gebildete junge Staatsbourgeoisie setzte auf Industrialisierung und Stadtentwicklung, glaubte über den Weg des Exports sich die notwendigen Devisen für die eigene Entwicklung verdienen zu können. Und in dieser verfehlten Prioritätensetzung wurde sie mit allem Nachdruck von den westlichen Politikern und Entwicklungsexperten bestärkt. *Skandalös* ist in diesem Zusammenhang, daß *die* Strategie vielfach immer noch als *Glaubensbekenntnis westlicher Entwicklungspolitik* verkündet wird, so beispielsweise im Weltentwicklungsbericht 1987. Dabei *lehrt* unsere eigene historische Entwicklung, daß *zunächst* die Landwirtschaft entwickelt werden muß [18] – jedenfalls bis zu einem gewissen Grad –, daß zunächst ein halbwegs funktionierender *Binnenmarkt* entstehen muß. [19] Erst *danach* ist eine Einkoppelung in den Weltmarkt sinnvoll und erfolgversprechend! Diesen Weg sind praktisch alle Schwellenländer (die weiterentwickelten Länder der Dritten Welt) gegangen. Die schwarzafrikanischen Regierungen *und* ihre weißen Berater ließen diese Grunderkenntnis jedoch – warum auch immer – außer acht. Sie waren überzeugt, die Rohstoffexporte würden genügend zur Industrialisierung abwerfen, und wo nicht, sollte der moderne Sektor durch Kredite von außen finanziert werden. Begünstigt wurde diese Gesamtentwicklung durch die ,Verachtung', mit der die schwarzafrikanischen Eliten auf die kleinbäuerliche Landwirtschaft herabblickten. Die Bauern galten als rückständig, unfähig zur Entwicklung aus eigener Kraft; ihre Wirtschaftsform war nicht zu reformieren, sondern nur durch etwas gänzlich Neues zu ersetzen.

Andererseits konzentrierten die Herrschenden auch deshalb die Ressourcen ihrer Länder auf die Städte, weil nur diese ihre Machtbasis bedrohen konnten: Also mußte die Stadtbevölkerung zufriedengestellt werden. Hierzu gehörten nicht nur enorme Infrastrukturausgaben, sondern Importe, um die *Konsumbedürfnisse* der modernen Zentren abzudecken. Durch diese Politik bedingt, wurde unter allen Gesichtspunkten die *Kluft zwischen Stadt und Land* immer größer.

Die *Bauern* waren die *Betrogenen*, und zwar in mehrfacher Weise: Häufig waren es die von ihnen erarbeiteten Devisen (Export landwirtschaftlicher Produkte), die Importe aus den Industriestaaten überhaupt erst ermöglichten. Diese Gelder setzten die Eliten jedoch nicht für eine an den Grundbedürfnissen orientierte Entwicklung auf breiter Front ein – von der die Bauern dann auch etwas abbekommen hätten –, sondern opferten sie ihren eigenen Konsumansprüchen sowie denjenigen der Stadtbevölkerung. Trotz immer weiter absinkender Rohstoffpreise hat die Landbevölkerung seit der Wiedergeburt Afrikas (1960) erheblich mehr als 100 Mrd. $ erwirtschaftet, hat aber dafür *meist nichts an Entwicklung* erhalten. Daß seit Jahren die Getreideimporte Schwarzafrikas steigen, hat verschiedene Gründe, einen aber nicht: *Die Einfuhren gehen nicht auf das Konto einer angeblichen Unfähigkeit der Bauern, für den Markt zu produzieren.*

Die Herrschenden fast aller Staaten hielten während der letzten Jahrzehnte die Preise für Grundnahrungsmittel künstlich niedrig. Und da außerdem staatliche Monopolgesellschaften das Entstehen effizienter Marktstrukturen blockierten, wurden die Bauern geradezu gezwungen, möglichst wenig über den eigenen Bedarf hinaus zu erzeugen.

Demgegenüber hat das 1980 unabhängig gewordene Simbabwe (zur positiven Entwicklung des Sahel-Staates Niger siehe Ursachenkomplex II, Kapitel 2) eine modellhafte Landwirtschaftspolitik betrieben[20]:
- die Regierung ließ die Großplantagenwirtschaft der weißen Siedler weiter bestehen und unterstützte sie auch;
- zusätzlich wurden die Kleinbauern gefördert: 1986 produzierten sie 800.000 t für den Markt, was eine Steigerung von rund 1.000 % (!) seit der Unabhängigkeit bedeutet;
- attraktive garantierte Ankaufpreise seitens der quasi staatlichen Vermarktungsbehörden machen es für die Bauern lohnend, über den eigenen Bedarf hinaus zu produzieren;
- außerdem verfügt Simbabwe über einen effizienten landwirtschaftlichen Beratungsdienst, der den Bauern wirkliche Kenntnisse und praktische Fähigkeiten vermittelt;
- ferner existiert ein Kreditwesen, an dem auch die Kleinbauern partizipieren können;
- Ende 1986 waren die Überschüsse an Mais derartig angewachsen, daß die Regierung per Dekret die Aussaat drosseln mußte.[21]

Doch auch im übrigen Afrika hat sich in jüngster Zeit Erstaunliches getan: So sprechen unterschiedliche Beobachter und Institutionen von einem *grundlegenden Wandel der Landwirtschaftspolitik* während der letzten fünf Jahre[22]:
- Anhebung der Preise für Getreide und Abbau von Verbraucher-Subventionen für Grundnahrungsmittel, d. h. Schaffung von Anreizen für die Bauern, um deren Marktproduktion zu steigern;
- Reduktion der Vermarktung durch staatliche Behörden zugunsten des privaten Handels;
- Importverbote für Grundnahrungsmittel (z. B. Nigeria) oder Zölle auf Getreideeinfuhren, um die inländische Wirtschaft vor sog. Dumping-Preisen des Weltmarktes (Niedrig-Preise durch Subventionen) zu schützen;
- Abwertung der einheimischen Währung: Dadurch erhalten die Bauern mehr Geld für jenen Teil ihrer Produkte, der auf den Weltmarkt geht, wodurch wiederum das Stadt-Land-Gefälle entschärft wird;
- verstärkte Förderung von Genossenschaften und Einführung von ‚Betriebskrediten' für die kleinbäuerliche Landwirtschaft.

All diese Maßnahmen waren Teil eines umfassenden Reform-Paketes, der sog. *„Strukturanpassung"*. Zu diesem Konzept gehören, über die genannten Bestandteile hinaus, vor allem die *Haushaltskonsolidierung* und eine durchgreifende *Revision des öffentlichen Sektors*. Die „Strukturanpassung" ist insbesondere seit 1985 zur neuen und nahezu alles dominierenden *Maxime* im Bereich der ‚internationalen Entwicklungszusammenarbeit' geworden. So wird diese Strategie vom Internationalen Währungsfonds (IWF), der Weltbank und allen westlichen Industrieländern vertreten. Unter zum Teil großen Opfern (drastische Einsparungen) mußten sich die Entwicklungsländer diesen Anpassungs-Auflagen beugen: Denn wer es nicht tat, erhielt praktisch keine Mittel aus den verschiedenen Sonderprogrammen, die für Afrika geschaffen wurden. Noch war mit einem Entgegenkommen der nationalen oder internationalen Finanzinstitutionen zu rechnen, wenn ein Staat seine Zahlungsverpflichtungen gegenüber dem Ausland nicht erfüllen konnte.

Mitte 1987 hatten 28 Staaten in Afrika Strukturanpassungsmaßnahmen eingeleitet. Niemand wird bestreiten wollen, daß in den schwarzafrikanischen Ländern Reformen notwendig waren und sind. Doch wenn sich die *internationalen Rahmenbedingungen* nicht ebenfalls ändern, darf man von den internen Reformen allein keinen allzu großen Entwicklungsfortschritt erhoffen. Die äußeren Faktoren aber waren während der letzten Jahre (vornehmlich 1985–87) so *ungünstig wie noch nie* für Schwarzafrika. So stellt der UN-Generalsekretär in seinem Rechenschaftsbericht ein Jahr nach der Sonderkonferenz der Vereinten Nationen über Afrika fest[23]:

- inflationsbereinigt stagnierte der Netto-Kapitalzufluß nicht nur, sondern er war 1980–85 sogar rückläufig, und zwar um *jährlich* fünf Prozent. Dieser Abwärtstrend konnte 1986 (und vermutlich auch 1987) nicht gestoppt werden. Für Experten: Die Zahlungsbilanzdefizite Afrikas verdreifachten sich von 1985 auf 1986;
- der Kapitalzufluß beträgt nur zwei Drittel dessen, was zu einer erfolgreichen Durchführung der Anpassungsprogramme notwendig wäre;
- inflationsbereinigt stagniert die öffentliche Entwicklungshilfe;
- nachdem die Anpassungsprogramme eingeleitet waren, wurde Afrika einerseits von einem erheblichen Rohstoffpreisverfall getroffen, andererseits stiegen gleichzeitig die Belastungen der Auslandsverschuldung.

Sollten die außenwirtschaftlichen Bedingungen so ungünstig bleiben und sollten die afrikanischen Staaten nicht wesentlich mehr an Hilfe erhalten, *dann könnten die Anpassungsprogramme* – so der Bericht des Generalsekretärs – *die Situation schlimmer machen,* als sie ohnehin schon gewesen ist. Bleibt also abzuwarten, was die Anpassungsprogramme an wirklichem Fortschritt für die Masse der Bevölkerung erbringen werden. Der erhoffte große Sprung nach vorne wird es nicht sein, denn ich sehe keine Anzeichen, daß die Industriestaaten zu einem historischen Hilfsprogramm für Afrika bereit wären.

Notwendiger denn je: Grundbedürfnisbefriedigung

Emeka Enejere, ein in Nigeria sehr bekannter Politikwissenschaftler, sagte mir: „Die Landbevölkerung kennt den Staat nur als Steuereintreiber, als einen Moloch, der immer und immer nur etwas bekommen will, selbst aber niemals etwas gibt." Damit ist ein Kernproblem, vielleicht sogar der alles und allein entscheidende Tatbestand benannt: Solange nicht *ein Minimum an Grundbedürfnissen* befriedigt

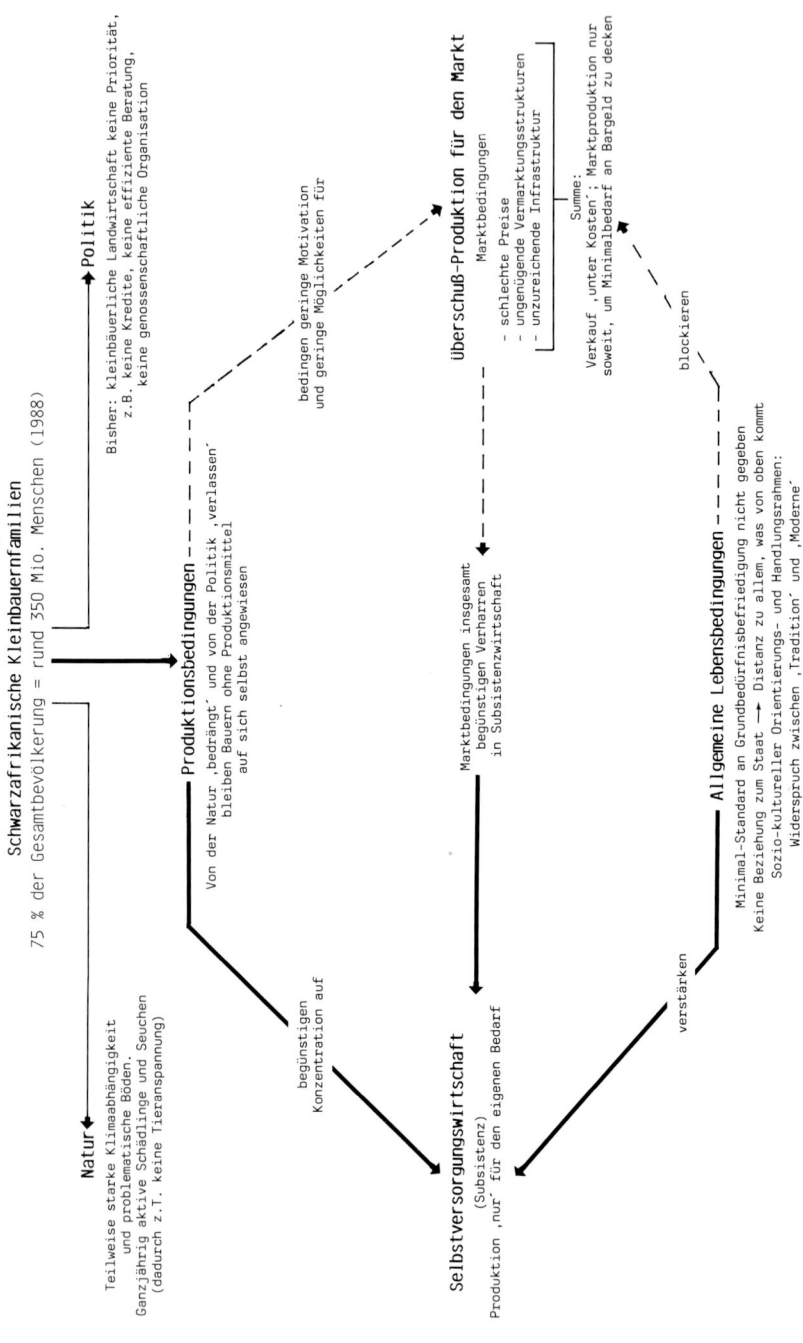

Schwarzafrikanische Kleinbauernfamilien

75 % der Gesamtbevölkerung = rund 350 Mio. Menschen (1988)

Natur

Teilweise starke Klimaabhängigkeit und problematische Böden. Ganzjährig aktive Schädlinge und Seuchen (dadurch z.T. keine Tieranspannung)

Politik

Bisher: kleinbäuerliche Landwirtschaft keine Priorität, z.B. keine Kredite, keine effiziente Beratung, keine genossenschaftliche Organisation

Produktionsbedingungen

Von der Natur ‚bedrängt' und von der Politik ‚verlassen' bleiben Bauern ohne Produktionsmittel auf sich selbst angewiesen

bedingen geringe Motivation und geringe Möglichkeiten für

Überschuß-Produktion für den Markt

Marktbedingungen
- schlechte Preise
- ungenügende Vermarktungsstrukturen
- unzureichende Infrastruktur

Summe:
Verkauf ‚unter Kosten'; Marktproduktion nur soweit, um Minimalbedarf an Bargeld zu decken

begünstigen Konzentration auf

Marktbedingungen insgesamt begünstigen Verharren in Subsistenzwirtschaft

Selbstversorgungswirtschaft
(Subsistenz)
Produktion ‚nur' für den eigenen Bedarf

verstärken

blockieren

Allgemeine Lebensbedingungen

Minimal-Standard an Grundbedürfnisbefriedigung nicht gegeben
Keine Beziehung zum Staat → Distanz zu allem, was von oben kommt
Sozio-kultureller Orientierungs- und Handlungsrahmen:
Widerspruch zwischen ‚Tradition' und ‚Moderne'

346

ist bzw. befriedigt werden kann, werden Agrarmarktreformen (z. B. bessere Preise) allein erfolglos bleiben müssen.[24] *Das heißt:* Wenn der Bauer für sein verdientes Geld keinen ‚Gegenwert' erhält, entfällt für ihn die Motivation, wesentlich über den eigenen Bedarf hinaus zu produzieren. Dieser ‚Gegenwert' kann nicht im Kauf von bislang nicht vorhandenen Konsumartikeln bestehen, sondern er muß in der Eröffnung und Schaffung einer *Lebensperspektive* liegen: So muß ein Schulsystem für alle geschaffen werden, das funktioniert und die tatsächlich notwendige Bildung vermittelt. Ein Basisgesundheitsdienst ist zu errichten, der die Landbevölkerung erreicht und ihr de facto hilft. Eine ganze Kette weiterer Maßnahmen ließe sich aufzählen: Es geht letztlich darum, *die Lebensqualität der Massen auf breiter Front in bescheidenen, aber sicheren Schritten zu verbessern.* Ich frage mich in diesem Zusammenhang ernstlich, warum weder die afrikanischen Politiker noch die westlichen ‚Entwicklungsexperten' in der Lage sind, aus dem Beispiel des chinesischen Entwicklungsweges *zu lernen;* warum sie es nicht vermocht haben, einige Aspekte dieses Modells auf die spezifisch afrikanische Situation zu übertragen.

Wenn der Bauer wirkliche Gegenleistungen vor Augen hat, dann wird er die notwendige Motivation zur Marktproduktion besitzen, und er wird erst danach eine Beziehung zu ‚seinem' Staat entwickeln können. Freilich wäre zu all dem eine *‚Revolution'* der afrikanischen Politik nötig, eine Kehrtwendung hin zur Ernstnahme der Landbevölkerung. Dies hieße auch: *Organisation der Bauern.* Beschleunigte Entwicklungsfortschritte – und die sind ja das Gebot der Stunde – können ohne derartige Massenbewegungen nicht erreicht werden. Und nur solche *‚Graswurzelorganisationen'* wären in der Lage, der Landbevölkerung zu helfen, damit sie einerseits die *kulturellen Transformationsprozesse*[25] verkraften kann und andererseits die Veränderungen der traditionellen Welt- und Lebensauffassung mitgestaltend zu beeinflussen vermag. Erste *Ansätze* solcher Bewegungen gibt es beispielsweise in Äthiopien, Burkina Faso und Simbabwe.

Traditionelle Wirtschaftssysteme, Ökologie und standortgerechter Landbau

Die traditionellen Anbaumethoden sind die *Landwechselwirtschaft* und der *Wanderfeldbau.* Beim Wanderfeldbau verlegen die Bauern ihre Siedlungen in periodischen Abständen an immer neue Orte, während im Falle der Landwechselwirtschaft nur neue Felder von Zeit zu Zeit erschlossen werden. In beiden Systemen werden die neuen Ackerflächen durch sog. *Brand-Rodung* erschlossen; die dabei entstehende Asche dient gleichzeitig als Dünger. In den meisten Gebieten sind die Nährstoffvorräte der Böden nach drei bis fünf Anbauperioden erschöpft. Dann läßt man die Felder brach liegen (Wechselwirtschaft) oder verlegt die Siedlung an einen anderen Ort, an dem der ganze Kreislauf erneut beginnt.

Ursprünglich waren beide Systeme *ökologisch angepaßt:* Denn die geringe Bevölkerungsdichte ließ genügend lange Brachezeiten zu, in denen die ursprüngliche Vegetation wieder entstehen konnte. Die stark anwachsende Einwohnerzahl führte jedoch in einigen Regionen – und nicht überall in Afrika – dazu, daß die Bracheperioden immer stärker verkürzt wurden; die Natur konnte sich nicht mehr regenerieren, ein schleichender Erosionsprozeß war die Folge.

Ist Afrikas Umwelt in weiten Teilen bankrott, wie Lloyd Timberlake in seinem Buch „Krisenkontinent Afrika"[26] behauptet? Und ist Afrikas Krise eine Umweltkrise, wie derselbe Autor meint? Daß Afrika Getreide importiert, hat – von wenigen Problemzonen abgesehen – überhaupt nichts mit einer geschädigten Umwelt zu tun. Hier führt Timberlake in die Irre. Und daß in weiten Teilen des Kontinents der Umweltbankrott bereits eingetreten ist, bestreite ich; in *begrenzten* Gebieten ist das sicherlich der Fall. Verallgemeinerungen, die das gesamte Ökosystem Schwarzafrikas schon im Untergang befindlich oder zerstört sehen, entsprechen nicht der Realität und helfen niemandem. In den Details ist Timberlake allerdings recht zu geben[27]:

– das ‚Entwaldungsproblem' ist in erster Linie durch den gestiegenen Brennholzbedarf und nicht durch den kommerziellen Holzeinschlag bedingt;
– es wird mehr Holz geschlagen, als auf natürlichem Weg oder durch Aufforstung nachwächst, was allerdings ‚nur' für die Gebiete außerhalb des Regenwaldes gilt;
– die Brennholzbeschaffung kostet die Landbevölkerung enorm viel Arbeitszeit und Arbeitskraft;
– baumlose Flächen umgeben nahezu alle afrikanischen Städte.

Die FAO hat in ihrer Studie „Tropical Forest Ressources Assessment Project" (1981) die Zerstörung weiter Regenwaldgebiete, insbesondere in Westafrika, dokumentiert. Es war die erste umfassende Untersuchung, die sich auf die Auswertung von Satellitenfotos stützen konnte und insofern auf einer relativ gesicherten Datenbasis stand. Neben den erschreckenden Informationen über die gravierende Dezimierung des Waldbestandes in einzelnen Ländern, wie beispielsweise der Elfenbeinküste, enthielt die Dokumentation auch gute Nachrichten: In Zentralafrika waren immerhin rund 1,5 Mio. km^2 tropischen Regenwaldes noch gänzlich unversehrt.[28] Einen weiteren Hoffnungsschimmer bietet die „Internationale Tropenholz-Organisation", die dem kommerziellen Raubbau einen Riegel vorzuschieben versucht.[29]

Die ökologischen Probleme Schwarzafrikas konnten hier nur kurz skizziert werden; im Sahel-Kapitel (siehe Ursachenkomplex II) sind sie im Sinne eines regionalen Fallbeispiels ausführlicher dargestellt. Im übrigen ist beim Thema Ökologie die Datenlage noch schlechter als in den bereits erwähnten Sektoren: Forschungsarbeiten werden jetzt verstärkt anlaufen, nachdem u. a. die Weltbank – als Folge ihrer 1987 erfolgten Reorganisation – diesem Komplex mehr Gewicht und finanzielle Mittel zukommen lassen wird. Parallel dazu hat bereits seit Jahren der *ökologisch angepaßte Landbau* nicht nur Eingang in die entwicklungspolitische Diskussion gefunden, sondern ist auch in zahlreichen Projekten erfolgreich praktiziert und demonstriert worden.[30] So positiv und hoffnungsgebend diese Entwicklungen auch sein mögen, sie können über einen Tatbestand nicht hinwegtäuschen: Ökologisch besser angepaßte Wirtschaftsformen auf breiter Front wird es in Afrika nur geben, wenn Staaten wie Individuen vom Kampf ums nackte Überleben befreit sind.

Zusammenfassung

1. Die natürlichen Voraussetzungen für eine ackerbauliche Landnutzung sind in Schwarzafrika *andere* als in den gemäßigten Breiten Europas und Nordamerikas. Das natürliche Potential ist groß genug, um wesentlich mehr als die gegenwärtige Bevölkerung zu ernähren. Selbst die vorhandenen ‚Problemzonen' lassen sich langfristig landwirtschaftlich nutzen, vorausgesetzt, es wird ein standortgerechter Anbau betrieben.

2. Die vorhandenen Produktionsdaten belegen, daß *erstens* viele Großräume genügend Nahrungsmittel für ihre Selbstversorgung produzieren und daß *zweitens* die Unterversorgung in anderen Gebieten vorwiegend ein Problem der Verteilung und der Agrarmarktpolitik ist.

3. Hunger und Unterernährung sind nicht *das* typische Merkmal Schwarzafrikas, sie sind vielmehr auf bestimmte Regionen *beschränkt,* in denen sie meist in *periodischen Abständen* auftreten und die Bevölkerung in einem *unterschiedlichen Ausmaß* betreffen. Wieviele Menschen unter Hunger und gravierender Unterernährung leiden, darüber läßt sich nur spekulieren. Halbwegs verläßliche Statistiken gibt es nicht. Ich würde ihre Zahl auf ‚irgendwo' zwischen einem und maximal fünf Prozent der Gesamtbevölkerung beziffern. *Eines steht jedoch fest:* Ein Massenelend, wie es in Kalkutta oder in den lateinamerikanischen Slums herrscht, kennt Schwarzafrika (noch) nicht.

4. Die Ernährungskrise Schwarzafrikas ist dort, wo sie existiert, das Ergebnis einer verfehlten politischen Prioritätensetzung nach der Unabhängigkeit. Nicht die Natur, sondern die Politik ist bis heute der eigentlich begrenzende Faktor für die Nahrungsmittelproduktion gewesen.

5. Schwarzafrikas Getreideimporte dienen vorwiegend der Ernährung der Stadtbevölkerung. Der Erlös aus dem Export landwirtschaftlicher Güter beträgt jedoch ein Vielfaches der Importkosten. Schwarzafrikas Bauern haben allein in den 80er Jahren mehr als 50 Mrd. $ an Devisen für die Entwicklung ihrer Länder erwirtschaftet.

6. Die meisten afrikanischen Staaten haben während der letzten Jahre durchgreifende Strukturreformen in ihren Ländern eingeleitet, deren Erfolge jedoch ausbleiben werden, wenn die außenwirtschaftlichen Bedingungen so schlecht bleiben, wie sie es in jüngster Zeit gewesen sind.

Forderungen und Empfehlungen

1. Die westlichen Entwicklungshilfepolitiker sowie die von ihnen dominierten internationalen Organisationen (hauptsächl. Weltbank und IWF) brüsten sich, mit ihren Konzepten der Strukturanpassung und des Anpassungsorientierten Wachstums das Richtige für Afrika und zur Genesung seiner

Landwirtschaft getan zu haben. Zweifellos enthalten diese Strategien viele sinnvolle Maßnahmen. Aber all diese Reformen werden nur dann einen spürbaren Entwicklungsfortschritt bewirken, wenn *erstens* die öffentliche Entwicklungshilfe pro Kopf der Bevölkerung real steigen wird, wenn *zweitens* für die Exporte Schwarzafrikas angemessene Preise gezahlt werden und wenn *drittens* das Problem der Überschuldung gelöst wird. Sollte dies nicht geschehen, wird sich die Ernährungskrise Schwarzafrikas bis zum Jahr 2000 extrem verschärfen und erst in Zukunft zur wirklichen Katastrophe werden.

2. Schwarzafrikas Politiker hoffen weiterhin auf entscheidenden Beistand von außen. Doch diese substantielle Hilfe im Sinne einer Totalreform der internationalen Politik – Soziales Weltwirtschaftssystem – wird nicht kommen. Die afrikanischen Entscheidungsträger müssen den Rettungsanker in veränderten internen Rahmenbedingungen sehen: Und das sind in erster Linie *Ernstnahme, Organisation und Mitbestimmung der Landbevölkerung.* Wer darin jedoch seinen eigenen Untergang sieht, ist unfähig, die Ernährungsprobleme seines Landes zu lösen, und den werden ferner die künftigen ‚Brotaufstände‘ umso gewaltsamer aus den Sesseln der Macht vertreiben.

3. Die Hilfswerke müssen zu einer langfristigen Strategie kommen. Sie müssen über das wichtige Tagesgeschäft ihrer Projektarbeit hinaus überlegen, wie sie auf die Politik der westlichen Industrieländer gestaltend Einfluß nehmen können. Ferner könnten sie einen wichtigen ersten Schritt in eine andere Richtung tun und damit ein Beispiel statuieren: Es gibt Tausende arbeitsloser afrikanischer Experten. Warum also nicht gänzlich darauf verzichten, weiße Fachkräfte nach Afrika zu entsenden? Das wäre ein entscheidender Beitrag zur Selbsthilfe, würden doch dadurch jene Kräfte gestärkt, die außerhalb des Regierungsapparates stehen.

4. „Eine Katastrophe verkauft sich besser als eine Krise." Die Journalisten müssen sich von diesem, zum größten Teil selbst auferlegten Korsett endlich befreien: Schwarzafrika benötigt eine wirklichkeitsbezogene Berichterstattung, das Ende der pauschalen Verunglimpfung als ‚Hungerkontinent‘. Die Medien dramatisieren das Hungerproblem – und dies mag gelegentlich zur Rettung vom Tod Bedrohter gerechtfertigt sein –, aber warum dann nicht auch jene Strukturen und Verhältnisse ‚dramatisieren‘, die dazu führen, daß die afrikanischen Bauern für ihre Exportprodukte nur einen Hungerlohn erzielen, daß der Weltmarkt – und wir als Profiteure – zu ihrer Verarmung beitragen?

5. Manche Wissenschaftler und renommierte Institutionen (z.B. das Deutsche Institut für Entwicklungspolitik, DIE, in Berlin) hätten besser daran getan, das Konzept des Anpassungs-orientierten Wachstums kritisch zu hinterfragen, als ihm zu huldigen und ihm noch eine ‚wissenschaftliche‘ Legitimation zu verleihen.[31]

Literaturhinweise und Informationsstellen

1. Eine allgemein verständliche, deutschsprachige Buchveröffentlichung speziell zum Thema Landwirtschaft in Schwarzafrika existiert nicht. Als Einführung in die generelle Problematik sei empfohlen: Peter von Blanckenburg, *Welternährung – Gegenwartsprobleme und Strategien für die Zukunft;* Beck-Verlag, München 1986. Ferner: J. Collins und F. M. Lappé, *Vom Mythos des Hungers – die Entlarvung einer Legende: Niemand muß hungern.* Fischer Taschenbuch, Frankfurt 1980.
2. Zum Problem der Produktion landwirtschaftlicher Erzeugnisse für den Weltmarkt: Dritte-Welt-Haus Bielefeld (Hrsg.), *Hunger durch Agrarexporte? Afrikas Landwirtschaft zwischen Selbstversorgung und Exportproduktion* (1986) zu beziehen beim: Dritte-Welt-Haus Bielefeld, August-Bebel-Str. 62, 4800 Bielefeld 1.
3. Standortgerechte Landwirtschaft: Peter Rottach (Hrsg.), *Ökologischer Landbau in den Tropen,* 2. durchgesehene Auflage Karlsruhe 1986. Außerdem: Alternative Konzepte, Bd 50, *Öko-Landbau: eine weltweite Notwendigkeit;* C. F. Müller-Verlag, Karlsruhe 1986.
4. Die grundsätzlich positive Entwicklung der Landwirtschaft Simbabwes sowie deren ungelöste Probleme (weiße Großplantagenwirtschaft und schwarze Kleinbauern) analysiert: Ruth Weiss, *Die Saat geht auf. Eine neue Politik gegen den Hunger in Afrika,* Hammer-Verlag, Wuppertal/Lünen 1987.
5. Für wissenschaftlich oder an tiefergehenden Informationen Interessierte: FAO (Hrsg.), *Report on the Agro-Ecological Zones Projekt, Vol. 1: Methodology and Results for Africa,* FAO, Rom 1978. Ausgezeichnete Querschnittsinformationen und zahlreiche Literaturhinweise zu den verschiedenen Problemkomplexen enthält die ‚Strukturmappe‘: *Ökologische Probleme in Afrika südlich der Sahara;* diese Mappe wurde von der Deutschen Stiftung für internationale Entwicklung (Institut für Auslandskunde, Lohfelderstraße, 5340 Bad Honnef) erstellt und kann von dort bezogen werden.
6. Als Zeitschrift: *entwicklung und ländlicher raum,* sechs Ausgaben pro Jahr, DLG-Verlags-GmbH, Rüsterstraße 13, 6000 Frankfurt 1. Mehrere Herausgeber, u. a. die Deutsche Stiftung für internationale Zusammenarbeit (DSE).
7. Zur weiteren Information, insbesondere für Dritte-Welt-Gruppen, Journalisten und Lehrer: 1. *BUKO-Agrokoordination,* Nernstweg 32–34, 2000 Hamburg 50; der ‚BUKO‘ ist der *Bundeskongreß entwicklungspolitischer Aktionsgruppen.* Die Initiative ‚Agrokoordination‘ hat u. a. zum Ziel, die Defizite der gegenwärtigen Agrarpolitik deutlich zu machen und Perspektiven für eine dringend notwendige neue Agrarpolitik zu entwickeln, die auch den Interessen der Dritten Welt Rechnung trägt. Zahlreiche eigene Publikationen, Pressematerialien, Seminare und Referentenvermittlung. – 2. *FIAN – Foodfirst Information & Action Network,* c/o Rolf Künnemann, Weidemaier 8, 6906 Leimen; FIAN ist eine internationale Menschenrechtsorganisation, die sich für die Verwirklichung des ‚Rechts auf Nahrung‘ einsetzt, unabhängig von Regierungen, politischen Parteien, Ideologien und Religionen. Grundlage ist die Allgemeine Erklärung der Menschenrechte. – 3. *Stiftung ökologischer Landbau,* Eisenbahnstraße 28–30, 6750 Kaiserslautern. Diese Institution will vornehmlich wissenschaftliche Vorhaben auf dem Gebiet des Öko-Landbaus unterstützen und zur Verbreitung entsprechender wissenschaftlicher Erkenntnisse beitragen; sie ist Herausgeberin der deutschsprachigen Ausgabe des *„ifoam-Bulletins",* der Zeitschrift der „International Federation of Organic Agriculture Movements".
8. Zum Problem der Zerstörung des tropischen Regenwaldes: Die AG Dritte Welt der Grünen im Bundestag hat hierzu einige Initiativen in jüngster Zeit entfaltet und auch eine Broschüre zu diesem Thema herausgegeben (März 1988). Diese ist zu erhalten von: Barbara Unmüßig, Die Grünen im Bundestag, Bundeshaus, 5300 Bonn 1, Tel. 0228/16-7362. Ferner: *Regenwälder Zeitung,* Pöseldorfer Weg 17, 2000 Hamburg 13 und *Arbeitsgemeinschaft Regenwald und Artenschutz e.V.,* Postfach 531, 4800 Bielefeld 1.

Weltwirtschaftssystem und Unterentwicklung

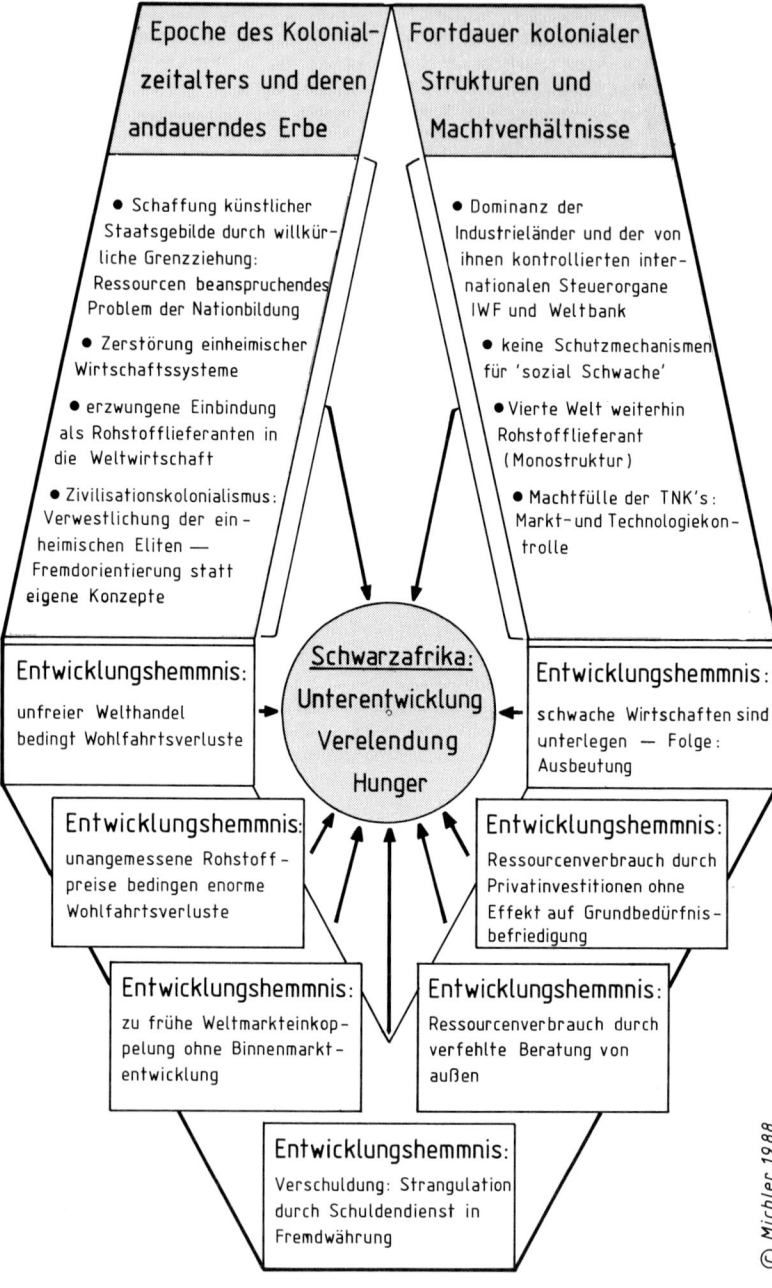

Epoche des Kolonialzeitalters und deren andauerndes Erbe

Fortdauer kolonialer Strukturen und Machtverhältnisse

- Schaffung künstlicher Staatsgebilde durch willkürliche Grenzziehung: Ressourcen beanspruchendes Problem der Nationbildung
- Zerstörung einheimischer Wirtschaftssysteme
- erzwungene Einbindung als Rohstofflieferanten in die Weltwirtschaft
- Zivilisationskolonialismus: Verwestlichung der einheimischen Eliten — Fremdorientierung statt eigene Konzepte

- Dominanz der Industrieländer und der von ihnen kontrollierten internationalen Steuerorgane IWF und Weltbank
- keine Schutzmechanismen für 'sozial Schwache'
- Vierte Welt weiterhin Rohstofflieferant (Monostruktur)
- Machtfülle der TNK's: Markt- und Technologiekontrolle

Schwarzafrika: Unterentwicklung Verelendung Hunger

Entwicklungshemmnis: unfreier Welthandel bedingt Wohlfahrtsverluste

Entwicklungshemmnis: schwache Wirtschaften sind unterlegen — Folge: Ausbeutung

Entwicklungshemmnis: unangemessene Rohstoffpreise bedingen enorme Wohlfahrtsverluste

Entwicklungshemmnis: Ressourcenverbrauch durch Privatinvestitionen ohne Effekt auf Grundbedürfnisbefriedigung

Entwicklungshemmnis: zu frühe Weltmarkteinkoppelung ohne Binnenmarktentwicklung

Entwicklungshemmnis: Ressourcenverbrauch durch verfehlte Beratung von außen

Entwicklungshemmnis: Verschuldung: Strangulation durch Schuldendienst in Fremdwährung

© Michler 1988

Ursachenkomplex IV
Die von außen gemachte Not –
Entwicklungsblockaden
der internationalen Politik

Kapitel 1
Weltwirtschaftssystem:
kein Entwicklungs-Motor, sondern
Handel auf Kosten der Armen

Historische Entwicklung, Strukturen und Machtverhältnisse · Entwicklungsländer: Opfer des unfreien Welthandels · Keine Schutzklauseln für Wirtschaftswinzlinge – Folge: Ausbeutung · Neue Weltwirtschaftsordnung,
Abkoppelung und Binnenmarktentwicklung

Historische Entwicklung, Strukturen und
Machtverhältnisse

„Der gegenwärtige Neokolonialismus repräsentiert in seiner vielleicht gefährlich-
sten Form die letzte Phase des Imperialismus ... Die Besonderheit dieses Neokolonialismus besteht darin, daß der afrikanische Staat theoretisch unabhängig ist
und alle äußerlichen Merkmale der internationalen Souveränität aufweist. In Wirklichkeit wird sein wirtschaftliches System, also auch seine Politik, von außerhalb
gelenkt ... Die ausländischen Unternehmen sind derart miteinander verflochten,
daß sie ein einziges und riesiges monopolistisches Kapital bilden. Unsere einzige
Möglichkeit, dieses wirtschaftliche Imperium zerstören zu können, besteht darin,
mittels einer kontinentalen Regierung nach einem panafrikanischen Maßstab zu
handeln ... Der Imperialismus überlebt nur dank unseres Infantilismus und unserer
Unreife."[1]
Mit diesen Worten appellierte vor mehr als einem Vierteljahrhundert Kwame
Nkrumah an die neuen politischen Führer des schwarzafrikanischen Kontinents.
Der „wind of change" hatte das Ende des europäischen Kolonialismus eingeleitet.
Nkrumah wurde erster Staatschef des unabhängigen Ghana und galt in ganz Afrika

als einer der Väter der Uhuru, der Wiedergeburt des Kontinents. Aber seine Worte verhallten ungehört. Zwar kam es zur Gründung der OAU, der Organisation für Afrikanische Einheit, aber der politische und, mehr noch, der wirtschaftliche Zusammenschluß der jungen Staaten blieb Vision. Ebenso war es mit der heiß ersehnten wirtschaftlichen Aufwärtsentwicklung, mit einem wenigstens bescheidenen Wohlstand für alle. Die ‚internen‘ Ursachen dieser Negativbilanz, jene Faktoren, die die afrikanischen Politiker zu verantworten haben, sind in den vergangenen Kapiteln dargestellt worden.

Stellt sich nun die Frage, welche *äußeren* Faktoren Unterentwicklung und Hunger in Afrika bedingt haben und immer noch bedingen. Oder noch prinzipieller: *Gibt es überhaupt einen derartigen Zusammenhang?* Von der amtierenden Bundesregierung beispielsweise wird ein solcher quasi bestritten. Sie und die meisten Ökonomen sehen in den außenwirtschaftlichen Beziehungen – sprich Weltwirtschaftssystem – eine Veranstaltung zum Wohle aller. Und nicht nur das; sie verkünden immer noch: „Wer sich entwickeln will, muß am Weltmarkt teilnehmen, muß sich dort seine Devisen verdienen, mit denen er dann seine Entwicklung finanzieren kann!" Warum also gelang es den afrikanischen Politikern nicht, aus der Teilnahme am Weltwirtschaftssystem das versprochene Kapital zu schlagen, mit dem sie ihre Länder von Not und Elend hätten befreien können? Um dies zu beantworten, sei auf einige wichtige Strukuren des Weltwirtschaftssystems kurz eingegangen.

Das Weltwirtschaftssystem als ‚System‘ gibt es eigentlich nicht. Jedenfalls nicht in dem Sinne, daß innerhalb dieses Systems nach stets gleichmäßigen Gesetzen gehandelt würde, die sich klar beschreiben ließen, und schon gar nicht in dem Sinne, daß ein Teilnehmer, der die Spielregeln verletzt, entsprechend bestraft würde. Ferner funktioniert dieses System keineswegs nur nach *rationalen* Prinzipien – wie man es bei Wirtschaftsfragen zunächst einmal annimmt –, sondern es sind eine ganze Menge Irrationalitäten im Spiel: So kann an der Börse die bloße Angst vor dem Verlust einen tatsächlichen Kursverfall provozieren bzw. einen Niedergang zur rasanten Talfahrt werden lassen.

Das Weltwirtschaftssystem umfaßt alle Normen und Institutionen, die den *Warenverkehr* und die *geldwirtschaftlichen Beziehungen* zwischen den Staaten (deren Körperschaften und Gesellschaften bis hin zu den Individuen) regeln, und es beschreibt die Abläufe, nach denen sich die Beziehungen gestalten; es ist „die Struktur und Funktionsweise der gesamten internationalen Ökonomie".[2]

‚Welthandel‘ gab es zwar auch schon im Mittelalter, aber im wesentlichen ist das Weltwirtschaftssystem ein Ergebnis der industriellen Revolution des 19. Jahrhunderts. Als der Druck im Dampfkessel der damals angeheizten Produktion zu groß wurde, drängte es die industrialisierten Länder verstärkt in den Außenhandel. Dabei sollten *neue Absatzmärkte* vor allem in den Kolonien entstehen, die die gelieferten Fertigprodukte mit Rohstoffen zu bezahlen hatten.

Somit ist die *internationale Arbeitsteilung* in *Fertigwarenproduzenten* und *Rohstofflieferanten* von Anfang an ein *wesentlicher Bestandteil* des Weltwirtschaftssystems gewesen. Da zu jener Zeit die aufsteigenden Industriemächte praktisch die gesamte übrige Welt kolonialisiert hatten, konnten sie dort die von ihnen erdachte und auf ihr Wohl hin konzipierte Arbeitsteilung durchsetzen. Daß die Einbindung der schwarzafrikanischen Länder in das Weltwirtschaftssystem als Rohstofflieferanten ein Ergebnis des Kolonialzeitalters gewesen ist, habe ich bereits im Rohstoff-Kapitel (Ursachenkomplex I, Kapitel 4) gezeigt. In den letzten beiden Jahrzehnten hat die traditionelle internationale Arbeitsteilung eine Veränderung erfahren: durch die Auslagerung von Produktionen in sogenannte Billiglohnländer. Betroffen waren vor allem solche Industriezweige, die eine relativ hohe Zahl von Arbeitskräften erfordern, aber nicht mit hohem Technologieaufwand verbunden sind. Das Ergebnis dieser Entwicklung wird als ‚neue internationale Arbeitsteilung‘ bezeichnet, die die überkommene allerdings nicht außer Kraft gesetzt hat.

Die Weltwirtschaftskrise von 1929–33 führte praktisch zum Zusammenbruch der internationalen Handelsbeziehungen, der ‚Motor der allgemeinen Wohlfahrtsentwicklung‘ stand still. Die Reparationszahlungen des ersten Weltkrieges hatten die Wirtschaft des Deutschen Reiches stranguliert, die Alliierten erdrückte die Kriegsschuldenbürde, Großbritannien und die USA koppelten sich aus der Weltwirtschaft aus, um ihre eigenen Länder vor dem Niedergang zu bewahren. Nach dem Zweiten Weltkrieg kam es zur Neugestaltung des Weltwirtschaftssystems; dessen Prinzipien waren und sind seitdem:

Freier Handel zwischen den Staaten: keine Verbote, keine Zölle oder sonstigen staatlichen Eingriffe, die die außenwirtschaftlichen Beziehungen beeinträchtigen könnten. Dazu gehört auch: Benachteiligung oder Bevorzugung bestimmter Partner sind verboten. Die neu belebte Theorie des klassischen Freihandels stammt aus dem 18. Jahrhundert (Adam Smith, Der Wohlstand der Nationen, 1776).

Grunddogma der komparativen Kostenvorteile (vergleichsweise existierende Produktionskostenvorteile): Bereits 1817 hatte David Ricardo die Theorie aufgestellt, die internationale Arbeitsteilung könne allen Beteiligten zum eigenen Vorteil gereichen.[3] Voraussetzung dafür sei, daß jedes Land sich auf die Produktion derjenigen Güter konzentriere, die es relativ kostengünstiger als andere Staaten zu erzeugen in der Lage sei. Anschließend könne es seine preiswert erzeugten Waren auf dem Weltmarkt gegen jene Dinge eintauschen, die die anderen Länder kostengünstig produziert hätten. *Solche* Handels- und Austauschbedingungen seien der *unverzichtbare* Grundstein für eine *globale Wohlfahrtsgemeinschaft.*

Weltweite Investitionsfreiheit: Dieses Prinzip wurde auf Drängen der USA hin als *neues* Element in das Weltwirtschaftssystem aufgenommen. Jeder Staat sollte es fremden Firmen ermöglichen, auf dem eigenen Territorium wirtschaftlich tätig zu werden und die dabei gemachten Gewinne nach außen zu transferieren.

Prinzip der Integration: alle Länder – *gleich welchen Entwicklungsstandes* – sollten sich in dieses Weltwirtschaftssystem einkoppeln; je intensiver und konsequenter sie das tun würden, je größer seien ihre eigenen Wohlfahrtsgewinne.[4]

Globale Kontrollinstanzen: Um diesen Spielregeln Gestalt und Kraft zu verleihen, wurden zwei globale Überwachungsinstitutionen eingerichtet: GATT und IWF. Das „Allgemeine Zoll- und Handelsabkommen" (GATT = General Agreement on Tariffs and Trade) sollte den internationalen Warenverkehr ordnen und kontrollieren, während der Internationale Währungsfonds (deutsch IWF, englisch IMF =

International Monetary Fund) ein Argusauge auf die geldwirtschaftlichen Beziehungen und das Finanzgebaren der Staaten haben sollte. Beides sind eigenständige *Sonderorganisationen der Vereinten Nationen* (GATT mit Sitz in Genf, IWF in Washington).

Tatsächlich sind die internationalen Waren- und Geldströme mittlerweile auf ein für den Laien kaum noch vorstellbares Ausmaß angewachsen: Die Exporte belaufen sich auf jährlich um die 2.000 Mrd. US-Dollar, und das Ausleihvolumen (pro Jahr) im internationalen Geldverkehr überschritt 1986 die stolze Summe von 320 Mrd. US-Dollar.[5] Von entscheidender Bedeutung jedoch ist, daß die Waren- und Geldströme äußerst ungleichmäßig verteilt sind und daß *Wirtschaftsgiganten* auf *Wirtschaftswinzlinge* treffen. Einige Beispiele:

– etwa zwei Drittel des gesamten ‚Welthandels' wickeln die Industriestaaten untereinander ab;
– der Anteil der Niedrig-Einkommens-Länder (Pro-Kopf-Einkommen 1986 unter 425 $) am Welthandel beträgt zwischen *zwei und drei Prozent*, obwohl in diesen Staaten, in der sogenannten Vierten Welt, mehr als *die Hälfte der Weltbevölkerung* lebt;[6]   ·   '
– auf den internationalen Handels- und Währungskonferenzen verhandeln die USA mit Schwarzafrika, dessen gesamte Wirtschaftskraft (45 Staaten) höchstens ein Zwanzigstel der amerikanischen beträgt;
– in ähnlicher Weise treten im Weltwirtschaftssystem Banken und Unternehmen als ‚Verhandlungspartner' auf, wobei schon die Bilanzsummen ihrer fünf größten das Bruttosozialprodukt der gesamten Vierten Welt, von 2,5 Mrd. Menschen, übertreffen;
– und letztendlich ‚vereint' das Weltwirtschaftssystem Spitzenökonomien, die schon die dritte industrielle Revolution (Schwerindustrie, Elektrizität, Technologie) vollzogen haben, mit Wirtschaften, die noch von der ersten weit entfernt sind.

Entwicklungsländer: Opfer des unfreien Welthandels

Fast ein halbes Jahrhundert nach der Etablierung und Neugestaltung des Weltwirtschaftssystems ist die *Kluft* zwischen armen und reichen Ländern *größer denn je zuvor*; die Zahl der Hungernden und Notleidenden ist – statt zu sinken – erheblich gewachsen. Das ist zweifellos nicht allein durch das Weltwirtschaftssystem und das ‚monopolistische Kapital' bedingt, wie manche Kritiker (z. T. die Dependencia-Vertreter[7]) glauben machen möchten. Aber die außenwirtschaftlichen Rahmenbedingungen haben bei etlichen Entwicklungsländern mit dazu beigetragen, daß sie im Kampf gegen die Massenarmut keine oder nur geringe Erfolge erzielen konnten.

Ein Versprechen haben die Industrieländer nicht eingelöst: Der Weltmarkt ist *nie frei* von dirigistischen Eingriffen gewesen, und er ist *heute unfreier denn je*. Schätzungen gehen davon aus, daß etwa 50 % des gesamten Welthandels irgendwelchen Beschränkungen unterliegen.[8] Dabei ist in unserem Zusammenhang unerheblich, welcher Art diese Restriktionen im Einzelfall sind, ob es sich um Zölle, nicht-tarifäre Handelshemmnisse oder um Selbstbeschränkungsabkommen handelt. Für die Entwicklungsländer heißt die wichtigste Konsequenz: Es gibt für sie *keinen freien Zugang* (jedenfalls nicht in allen Bereichen) zu den größten Märkten der Welt, nämlich zu denjenigen der Industrieländer; gäbe es ihn, könnten sie mehr verkaufen und damit mehr Mittel für den Kampf gegen die Unterentwicklung erwirtschaften.

So widerspricht beispielsweise der *EG-Agrarmarkt* in besonders drastischer Weise dem Glaubensbekenntnis der westlichen Industriestaaten zum freien Weltmarkt. Die EG hat ein ganzes Geflecht verschiedenster Schutzmaßnahmen entwickelt, um die Produkte der einheimischen Bauern vor der Weltmarkt-Konkurrenz zu schützen.[9] Kommt zum Beispiel relativ preiswertes Rindfleisch aus Argentinien oder Botswana auf den EG-Agrarmarkt, dann wird der Anbieterpreis auf den vergleichsweise teuren EG-Marktpreis angehoben. Damit sinken die Absatzchancen des importierten Rindfleisches, und der Verbraucher muß einen überhöhten Preis zahlen. Aber es kommt noch schlimmer: Die EG bringt ihr Rindfleisch auf den Weltmarkt, wo es wegen seines hohen Preises eigentlich keinen Käufer finden würde. Deshalb wird der hohe EG-Preis auf den Weltmarktpreis heruntersubventioniert – oftmals noch unter dessen Niveau (sog. Dumping-Effekt) – was nicht die Erzeuger, sondern die Bürger der EG mit ihren Steuergeldern finanzieren müssen.[10]

Durch diese Praktiken haben die Entwicklungsländer-Exporteure einen doppelten Schaden zu verbuchen: Der EG-Marktzugang wird ihnen erschwert, und es entsteht ihnen eine zusätzliche Weltmarktkonkurrenz, die eine künstliche, weil durch Subvention entstandene Konkurrenz ist. Die Handelshemmnisse auf dem Rindfleischmarkt verursachten für die Entwicklungsländer einen *Wohlfahrtsverlust*, der sich in den Jahren 1979–81 auf durchschnittlich 535 Mio. $ belief; bei Zucker waren es gar 1,3 Mrd. $.[11] Dehnt man den Berechnungszeitraum auf 20 Jahre aus, dann wachsen in der Tat die Ausfälle in eine horrende Höhe. Im Falle Schwarzafrikas dürften die Wohlfahrtsverluste[12] allein bei Zucker von 1980–87 nominal mindestens eine Millarde US-Dollar betragen haben: ein geradezu gigantischer Ausfall für die schwachen Wirtschaften der wenigen Zuckerexporteure. Leider waren wir wegen der mangelhaften Daten nicht in der Lage, die Wohlfahrtsverluste insgesamt zu bestimmen, die Schwarzafrika durch Marktzugangsbeschränkungen und Handelshemmnisse zugefügt werden. Für die Dritte Welt insgesamt würde der Wegfall dieser Blockaden einen Gewinn von 5–10 Mio. Arbeitsplätzen bedeuten.

Enorm sind ebenfalls die Beträge, welche die EG aufwenden muß, um ihre aus der Überschußerzeugung stammenden Agrarprodukte auf dem Weltmarkt loszuschlagen. Im Jahr 1986 beliefen sich diese Mittel auf über 16 Mrd. DM[13]. Bereits im September 1986 hatte die EG für jede Tonne Weizen, die in den Export außerhalb der Gemeinschaft ging, 196 DM an Preissubvention ausgeben müssen.[14] Die Selbstrechtfertigung der EG, die Entwicklungsländer würden von ihrer Subventionspolitik profitieren, weil dadurch billiges Getreide auf dem Weltmarkt zu haben sei, ist wenig stichhaltig. Auch ohne das von der EG exportierte Getreide würde auf dem Weltmarkt ein Überangebot bestehen. Der durch die EG bedingte preisdrükkende Effekt ist also gar nicht so groß. Würde die EG die Mittel, die sie für die Exportsubvention aufwendet, den Entwicklungsländern direkt zur Verfügung stellen, wäre der Wohlfahrtsgewinn ein weitaus größerer als der durch den Preisrückgang bei Getreide verursachte.

Keine Schutzklauseln für Wirtschaftswinzlinge – Folge: Ausbeutung

Mit Ausnahme weniger Schwellenländer blieb im Weltwirtschaftssystem eine *koloniale Erblast* erhalten: die internationale Arbeitsteilung in Fertigwarenproduzenten und Rohstofflieferanten.[15] Dies ist u. a. schon deshalb nicht sehr verwunderlich, weil das Weltwirtschaftssystem während einer Zeit neu entstand, in der beispielsweise in Afrika noch fast 50 Länder kolonialisiert waren. Eigentlich ist die internationale Arbeitsteilung als solche nicht das Schlimmste, sondern die an sie gekoppelte Preisbildung. Welch komplizierte Theorien und Analysen man über die Preisbildung bei Rohstoffen auch heranziehen mag, an einer Grundtatsache kommt man nicht vorbei: Die Industrieländer – oder genauer: die sie dominierenden Wirtschaftskräfte – bestimmen sowohl den Preis für die von ihnen produzierten Fertigwaren wie den Preis für die angekauften Rohstoffe, und daß sie dies zu ihren Gunsten tun, liegt auf der Hand. (Zum Gesamtproblem vgl. Ursachenkomplex I, Kapitel 4).

Die Theorie der komparativen Kostenvorteile (vergleichsweise existierende Produktionsvorteile) trifft auf eine ganze Palette von Agrarerzeugnissen (Kaffee, Kakao, Tee, Tabak, Baumwolle, bestimmte Öle, Zitrusfrüchte etc.) zu. Diese Produkte können in den Industriestaaten entweder gar nicht oder nur mit erheblich höherem Aufwand angebaut werden, weshalb bei einigen Erzeugnissen sogar ein absoluter Kostenvorteil für die Entwicklungsländer existiert, der auch in Zukunft bestehen bleiben wird. Nur konnte die Dritte Welt bis heute diese Fülle von Produktionsvorteilen nicht in einen angemessenen Gewinn umsetzen. Denn die Machtverhältnisse auf dem Weltmarkt sind so, daß die wirtschaftlich potenten Käufer die Anbieter gegeneinander ausspielen und letztlich den Preis diktieren können. Ein Wirtschaftswinzling, der zu 70 und mehr Prozent vom Kaffeeexport abhängig ist, wird zu jedem Preis verkaufen müssen; er besitzt keinen Verhandlungsspielraum. Und dies nutzen die Aufkäufer aus; die Entwicklungsländer, konkret: die Kleinbauern und Plantagenarbeiter sind die Leidtragenden.

Es gibt im Weltwirtschaftssystem keinen Regelmechanismus, der verhindert, daß die schwachen Volkswirtschaften von den Spitzenökonomien übervorteilt werden. Die Preisgestaltung an den Rohstoffbörsen läßt es eben zu oder hat zur Konsequenz, daß die Entwicklungsländer auf einem Niveau verkaufen, das die Löhne ihrer Bauern und Bergarbeiter unter das Existenzminimum absacken läßt. Ich behaupte nicht, daß jeder Börsianer oder Rohstoffhändler bewußt die Ausbeutung der Entwicklungsländer betreibt. Ein Teil des Problems liegt zumindest darin, daß ihnen die Folgen ihres Tuns gar nicht bekannt sind, daß dafür überhaupt keine Sensibilisierung vorhanden ist. Diese grundlegenden Tatsachen sollten endlich von den führenden Politikern der westlichen Industriestaaten sowie von ihren Parteien anerkannt werden, sollten Eingang in ihr Bewußtsein finden. Die Zeit dafür ist überreif.

Die Theorie der komparativen Kostenvorteile funktioniert in der Praxis nur da, wo relativ *gleichstarke* Geschäftspartner aufeinandertreffen. Nur in einem solchen Fall entspringt aus einem theoretisch gegebenen Kostenvorteil auch ein tatsächlicher Gewinn. Für mich ist es absolut unverständlich, warum eine solche Relativierung bzw. Modifizierung der vor nahezu zwei Jahrhunderten aufgestellten Theorie der komparativen Kostenvorteile noch nicht auf breiter Front Eingang in die Wirtschaftswissenschaften gefunden hat.

Neue Weltwirtschaftsordnung, Abkoppelung und Binnenmarktentwicklung

Substantielle Korrekturen am Weltwirtschaftssystem sind auch deshalb bisher unterblieben, weil in den entscheidenden Schaltstellen – und das sind nicht nur GATT und IWF, sondern auch die Weltbank und ihre Töchter – die westlichen Industrieländer das Sagen haben. Die Entwicklungsländer besitzen in diesen Institutionen de facto nur eine Statistenrolle. Deshalb mußten die Forderungen der Entwicklungsländer nach einer *„Neuen Weltwirtschaftsordnung"* (NWWO) ergebnislos bleiben.[16] Wobei noch anzumerken ist, daß diese Forderungen keineswegs auf die Umkehrung der bestehenden Machtverhältnisse hinauslaufen, sondern auf *mehr soziale Gerechtigkeit* in den internationalen Wirtschaftsbeziehungen abzielen (zum Integrierten Rohstoffprogramm als einem Hauptbestandteil der NWWO s. Ursachenkomplex I, Kp. 4). Ferner sind wegen der beschriebenen Machtverhältnisse weder vom IWF noch von der Weltbank *fundamental neue Ansätze* im Kampf gegen die zunehmende Verelendung in der Dritten Welt zu erwarten. (vgl. hierzu Graphik 1)

Wissenschaftler, ja ganze ökonomische Schulen haben schon seit langem gewarnt, daß der vom Westen propagierte Weg der vorbehaltlosen Weltmarktintegration für die Entwicklungsländer nicht zum gewünschten Erfolg und Fortschritt führen kann. Diese Kritik ist besonders von den Vertretern der *„Dissoziation"* und der *„autozentrierten Entwicklung"* umfassend begründet worden. Dissoziation heißt in diesem Zusammenhang *befristete Abkoppelung* eines Landes vom Weltmarkt. Autozentrierte Entwicklung meint eine Politik, die darauf ausgerichtet ist, der *Binnenmarktentwicklung* den Vorrang zu geben. Die Abkoppelung soll keineswegs radikal vollzogen werden, sondern *selektiv*, d. h. das Land nimmt am Weltmarkt nur insoweit teil, wie dieses für den Aufbau einer an den Grundbedürfnissen der Massen orientierten Binnenstruktur unerläßlich ist.

Diese Theorien haben einen enormen Streit innerhalb der Wirtschaftswissenschaften provoziert. Trotz mancher im Detail berechtigten Kritik[17] bleibt festzustellen, daß die Strategien der Dissoziation und autozentrierten Entwicklung in die *richtige Richtung* weisen. Dafür spricht u. a. unser eigener Entwicklungsweg. Auch die Industriestaaten verfügten, ehe sie forciert mit ihren Produkten auf den Weltmarkt

Graphik 1: Verteilung der Stimmrechte im Internationalen Währungsfonds (IWF) und in der Weltbank (IBRD) (Stand: Anfang 1988)

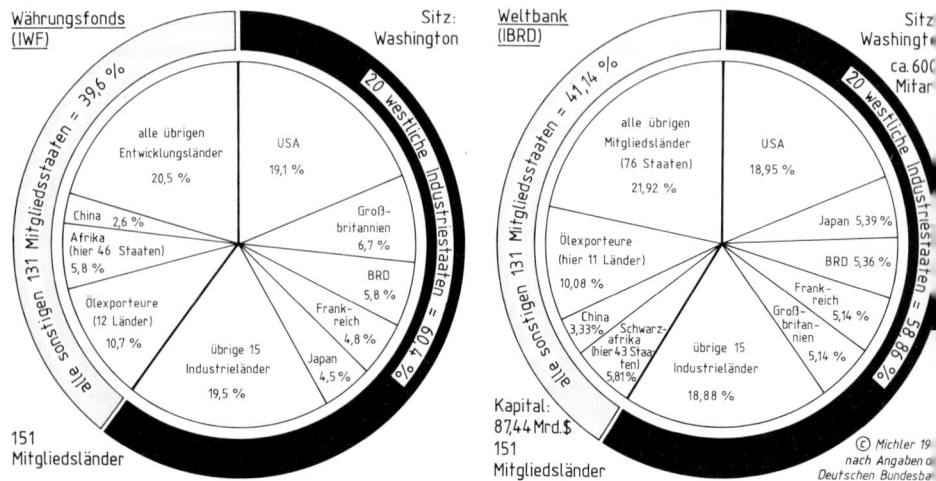

Währungsfonds (IWF)

Sitz: Washington

alle übrigen Entwicklungsländer 20,5 %
USA 19,1 %
China 2,6 %
Afrika (hier 46 Staaten) 5,8 %
Ölexporteure (12 Länder) 10,7 %
Großbritannien 6,7 %
BRD 5,8 %
Frankreich 4,8 %
Japan 4,5 %
übrige 15 Industrieländer 19,5 %

20 westliche Industriestaaten = 60,4 %
131 Mitgliedsstaaten = 39,6 %
alle sonstigen 131 Mitgliedsländer

151 Mitgliedsländer

Weltbank (IBRD)

Sitz Washingt
ca. 60C Mitar

alle übrigen Mitgliedsländer (76 Staaten) 21,92 %
USA 18,95 %
Ölexporteure (hier 11 Länder) 10,08 %
China 3,33 %
Schwarzafrika (hier 43 Staaten) 5,81 %
Japan 5,39 %
BRD 5,36 %
Frankreich 5,14 %
Großbritannien 5,14 %
übrige 15 Industrieländer 18,88 %

20 westliche Industriestaaten = 58,86 %
131 Mitgliedsstaaten = 41,14 %
alle sonstigen 131 Mitgliedsländer

Kapital: 87,44 Mrd. $
151 Mitgliedsländer

© Michler 19
nach Angaben d
Deutschen Bundesba

Die Verteilung der Stimmrechte wird sich in den nächsten zehn Jahren nur unwesentlich verändern; die westlichen Industriestaaten werden ihre absolute Mehrheit behalten. Die Verteilung der Stimmrechte bei den Weltbank-Töchtern IDA und IFC ähnelt der bei der Weltbank.

traten, über weitgehend entwickelte Binnenstrukturen: von der Verwaltung über die Landwirtschaft bis hin zum Bankensystem. Erst ein Land, das die elementarsten Grundbedürfnisse seiner Bevölkerung zu befriedigen in der Lage ist – so könnte man vereinfacht sagen –, besitzt im internationalen Verkehr die notwendige Verhandlungsstärke, nicht um jeden Preis verkaufen zu müssen, eben weil es bei jedem Geschäft nicht stets ums eigene Überleben geht. Außerdem führt die Binnenmarktentwicklung u. a. dazu, daß die Einkommen steigen. Damit können bei den Exportprodukten gewisse Preisgrenzen nicht mehr unterschritten werden.[18]

Die Integrationisten (Teilnahme am und Ausrichtung auf den Weltmarkt) verkennen, daß es ihre Theorie gewesen ist, die – zwar ungewollt – die verfehlte Prioritätensetzung in der Dritten Welt mit bedingt hat. Schwarzafrika, dessen Vernachlässigung der Binnenmärkte und kleinbäuerlichen Subsistenzwirtschaft im Landwirtschaftskapitel ausführlich dargestellt ist, liefert dafür einen überdeutlichen Beweis.

Dennoch dominieren in Lehre, Forschung und Politik die Vertreter der Integration und nicht diejenigen der Dissoziation bzw. der autozentrierten Entwicklung. Dies gilt vor allem für die Bundesrepublik. Der bekannteste Vertreter der zuerst genannten Position war in jüngerer Zeit Prof. Jürgen Donges. Sein Gegenpol ist Prof. Dieter Senghaas. Die Schlüsselpositionen in den Großforschungseinrichtungen, wie beispielsweise im Kieler Institut für Weltwirtschaft und im Hamburger HWWA-

Institut für Wirtschaftsforschung, sind mit Vertretern des Integrationskonzeptes besetzt. Sie üben einen bedeutenden Einfluß auf die Interessenverbände der Industrie und auf die Regierung aus. Auch in den internationalen Organisationen wie IWF und Weltbank dominieren die Integrationisten.

Aktualisierung: Ende April 1988 wurde das Kapital der Weltbank um rund 75 Mrd. Dollar aufgestockt und damit fast verdoppelt. Die Kreditvergabe (Zusagen) der Weltbank dürfte sich dadurch Anfang der 90er Jahre auf jährlich 20 Mrd. $ erhöhen (Auszahlungen 1980–87 durchschnittlich 7,43 Mrd. $).

Literaturhinweise

1. Als vertiefende Hintergrundinformation und zur historischen Entwicklung des Weltwirt-schaftssystems: Asit Datta, *Welthandel und Welthunger,* dtv-Taschenbuch, München 1984.
2. Zur ‚neuen internationalen Arbeitsteilung‘: Fröbel/Heinrichs/Kreye, *Umbruch in der Welt-wirtschaft,* Rowohlt-Taschenbuch, Reinbek bei Hamburg 1986. Die Autoren sind Mitarbei-ter des Starnberger Instituts zur Erforschung globaler Strukturen, Entwicklungen und Krisen e. V., Starnberg.
3. Volker Matthies, *Neue Weltwirtschaftsordnung: Hintergründe, Positionen, Argumente,* Opladen 1980. Obwohl schon etwas älteren Erscheinungsdatums, nach wie vor aktuell und als Grundsatzwerk zu empfehlen.
4. Zur autozentrierten Entwicklung und ihrer umfangreichen Begründung: U. Menzel und D. Senghaas, *Europas Entwicklung und die Dritte Welt,* Suhrkamp-Taschenbuch, Frank-furt 1986; außerdem: Dieter Senghaas, *Von Europa lernen – Entwicklungsgeschichtliche Betrachtungen,* Suhrkamp-Taschenbuch, Frankfurt 1982.
5. Zu den negativen Auswirkungen der EG-Agrarpolitik auf die Entwicklungsländer: 1. BUKO Agro-Koordination (Hrsg.), *Wer Hunger pflanzt und Überschuß erntet, Beiträge zu einer entwicklungspolitischen Kritik der EG-Agrarpolitik,* Hamburg 1987. 2. Harald Schumann, *Futtermittel und Welthunger, Agrargroßmacht Europa – Mastkuh der Dritten Welt,* Rowohlt-Taschenbuch. Reinbek bei Hamburg 1986.
6. Hilfswerke und EG-Agrarpolitik: Das NRO-Netzwerk, ein loser Zusammenschluß etlicher Hilfsorganisationen in der Bundesrepublik, hat sich in jüngster Zeit auf verschiedenen Tagungen mit den negativen Auswirkungen der EG-Agrarpolitik auf die Entwicklungsländer befaßt und entsprechende Vorträge dokumentiert; außerdem hat das NRO-Netzwerk seinen eigenen Standpunkt in Thesenpapieren formuliert. Die entsprechenden Publikatio-nen und weitere Auskünfte über den Stand der Debatte sind vom Pressereferenten der Deutschen Welthungerhilfe, Herrn Holger Baum, zu erhalten; Adenauerallee 134, 5300 Bonn 1.
7. Deutsche Bundesbank, *Internationale Organisationen und Abkommen im Bereich von Währung und Wirtschaft,* Frankfurt 1986.
8. Für sehr speziell Interessierte: R. J. Onwuka und O. Aluko, *The Future of Africa and The New International Economic Order,* New York 1986.

Im Armenviertel von Lagos, Nigeria

Kapitel 2
Transnationale Konzerne:
Schwarzafrikas
Wirtschaftswinzlinge ohne Chance

Umgestaltung der Weltwirtschaft durch multinationale Unternehmen ·
Transnationale Konzerne in Schwarzafrika: Wirtschaftsmacht auch ohne
Investitionen · Weltwirtschaftssystem und Transnationale Konzerne:
Zusammenfassung und Forderungen

Umgestaltung der Weltwirtschaft
durch multinationale Unternehmen

„Heute stehen wir in starrem Staunen vor der Macht der Multis. Beginnen zu
begreifen, daß der Kapitalismus einen gewaltigen Sprung vorwärts gemacht hat,
statt in Agonie zu verfallen – den Sprung auf eine neue Stufe seiner Entwicklung, in
eine neue Dimension."[1] Seit diesem Erstaunen von *Spiegel*-Kommentator Wilhelm
Bittorf sind nahezu anderthalb Jahrzehnte vergangen, und die Macht der Multis ist
weiter gewachsen: Mittlerweile haben die Transnationalen Konzerne das *Weltwirtschaftssystem* in wesentlichen Teilen *verändert*; verschiedene Experten sprechen
von einer neuen internationalen Arbeitsteilung.[2]
Die ersten Multis – international tätige Unternehmen mit ausländischen Töchtern
und Produktionsstätten – entstanden bereits im vergangenen Jahrhundert. Doch
ihr eigentliches Größenwachstum begann erst nach dem Zweiten Weltkrieg und
verstärkt seit 1970. Schon 1982 betrug der Umsatz der 20 größten Konzerne 1.854
Mrd. DM.[3] Heute beschäftigen die Multis etwa 50 Mio. Arbeitnehmer; sie besitzen
um die 100.000 Tochterfirmen, von denen sich etwa ein Viertel in den Entwicklungsländern befindet.[4] Schätzungen gehen davon aus, daß gegenwärtig 50 % des
Weltsozialproduktes von den Transnationalen Konzernen (TNK) erzeugt werden.[5]
Die TNK's haben das Weltwirtschaftssystem verändert,

– weil sie Produktionen aus den kostenintensiven Industrieländern in sogenannte
  Billiglohn-Länder ausgelagert haben: in vielen Entwicklungsländern („un-
  erschöpfliches Arbeitskräftereservoir') sind Enklaven entstanden, die nur für den
  Export produzieren;
– weil sich ein Großteil des Welthandels nicht mehr *zwischen* miteinander konkurrierenden Unternehmen abspielt, sondern *innerhalb* großer Konzerne;

- weil sich dieser sogenannte Intra-Handel – ca. ein Drittel des gesamten Welthandels – nicht nach den Gesetzen des freien Marktes abspielt;
- weil die Aktivitäten der TNK's sich mehr und mehr der Kontrolle der nationalen Regierungen entziehen und ihr Geschäftsgebaren von der Öffentlichkeit nicht mehr, bestenfalls in Ansätzen, kontrollierbar ist;
- weil sie eigenständige Wirtschaftsimperien geworden sind, gegen deren Machtfülle insbesondere die Regierungen der Entwicklungsländer nichts auszurichten vermögen (z. B. Umweltschutzauflagen, arbeitsrechtliche Verbesserungen).

Einer dieser ‚negativen Umgestaltungsmechanismen' sei kurz skizziert: Den Konzern-internen Handel kann die Muttergesellschaft (mehr als die Hälfte aller TNK's haben ihren Sitz in den USA) immer zu ihrem Vorteil gestalten. Sie kauft von der Tochtergesellschaft im Ausland (Entwicklungsland) unter Weltmarktpreis, verkauft der Tochter aber über Weltmarktpreis (z. B. Ersatzteile). Dadurch werden ‚Gewinne' transferiert, die in keiner Bilanz auftauchen und die sich darüber hinaus der Versteuerung im Herkunftsland entziehen. So kam eine Untersuchung des US-Rechnungshofes von 519 amerikanischen TNK's zu dem Ergebnis, daß nur bei 3 % (!) der Angaben der Unternehmen die Preise ihres Intra-Handels mit den jeweiligen Marktpreisen übereinstimmten.[6]

Die Umgestaltung des Weltwirtschaftssystems durch die Multis wird weiter voranschreiten, und deren wirtschaftliche und damit auch politische Macht wird noch größere Dimensionen annehmen. Das wird freilich nicht nur die Regierungen der Entwicklungsländer in eine aussichtslose ‚Verhandlungsposition' bringen, sondern auch die Politiker in den westlichen Industriestaaten ‚entmachten'. Während die Wirtschaft ihr Leben weltweit strukturiert und organisiert, hat die Politik dem nichts Vergleichbares entgegenzusetzen, sondern verharrt in nationalem Provinzaktionismus.[7] Zwar ist immerhin ein UN-Center on Transnational Corporations (UNCTC, UN-Zentrum über Transnationale Konzerne) zustande gekommen, aber der seit Jahren in den Vereinten Nationen diskutierte Verhaltenskodex für die TNK's[8] konnte bisher nicht verabschiedet werden, weil sich die wichtigsten westlichen Industrieländer dem widersetzten.[9]

Transnationale Konzerne in Schwarzafrika: Wirtschaftsmacht auch ohne Investitionen

Über die Tätigkeit Transnationaler Konzerne in Schwarzafrika schreibt Al Imfeld, der sich seit Jahrzehnten mit den Entwicklungen dieses Kontinents beschäftigt: „Da sich jedoch diese Welt derart verschlüsselt und geheimnisvoll gibt und darstellt, ist eine Konkretisierung nicht nur ab und zu ein bißchen spekulativ, sondern auch riskant ... Denn das muß jeder Leser ... wissen, daß diese Geschäftswelt wie ein Wildbach im Fluß ist und sich täglich etwas ändert ... In dieser Skylla und Charybdis kann der außenstehende Forscher und Publizist immer nur hinten nachhinken und im Unrecht sein."[10] Den Dschungel der TNK-

Aktivitäten in Schwarzafrika konnten auch wir nicht durchdringen. Trotz intensiver Bemühungen gelang es uns nicht, beispielsweise eine Liste aller in Schwarzafrika tätigen Multis zu erstellen, die Höhe ihrer Direktinvestitionen zu beziffern sowie ihre Gewinne zu bestimmen. Literatur und Forschungsberichte, mit Hilfe derer das möglich wäre, existieren nicht. Zu folgenden Haupterkenntnissen sind wir dennoch gelangt:

1. Im Vergleich zu Lateinamerika und Asien ist das direkte Engagement von TNK's in Schwarzafrika sehr gering; im Zeitraum 1980–85 gingen nur zwei bis drei Prozent aller Direktinvestitionen, die von den westlichen Industrieländern im Ausland getätigt wurden, nach Schwarzafrika.[11]
2. 1985 waren nur 45.500 Schwarzafrikaner in sog. *Exportproduktionsbetrieben* multinationaler Unternehmen beschäftigt, während es in Asien rund 950.000 und in Lateinamerika 760.000 waren.[12]
3. Wesentlich bedeutsamer ist das Engagement der TNK's in *Südafrika* und *Namibia*; in den achtziger Jahren waren dort etwa 1.000 ausländische Konzerne (aus der Bundesrepublik ca. 140) präsent, deren Direktinvestitionen sich auf 15–17 Mrd. $ beliefen.
4. Eine empirische Untersuchung kommt zu dem Schluß, daß die in Schwarzafrika getätigten Direktinvestitionen – im Gegensatz zu Asien und Lateinamerika – nicht zu einem Wachstum der Industrieproduktion geführt haben.[13]
5. Auf dem Agrarsektor gehen die Multis dazu über, den *Handel* und das *Produktions-know-how* zu kontrollieren, statt auf eigenen Plantagen in den Entwicklungsländern zu produzieren.
6. Verstaatlichungen, wie beispielsweise in Nigeria, haben die Macht der Multis nicht beschnitten: So stellen bzw. besetzen die Muttergesellschaften nach wie vor das Top-Management, oder sie können durch den Stopp von Ersatzteillieferungen ‚nicht-gefügige' Töchter zum Einlenken auf die erwünschte Geschäftspolitik bewegen.
7. Die Eliten fast aller schwarzafrikanischen Staaten *bestehen* geradezu darauf, daß TNK's in ihren Ländern tätig werden. Sie profitieren einerseits persönlich davon (u.a. durch Vergabe von Management-Positionen), und andererseits können sie ohne TNK's kaum am Weltmarkt oder an der Technologie-Entwicklung partizipieren.
8. Grundbedürfnisbefriedigung heißt in Schwarzafrika das Gebot der Stunde. Dieses aber ist nicht Angelegenheit der TNK's und kann auch gar nicht ihre Aufgabe sein.

Die Tatsache, daß multinationale Unternehmen im Agrarbereich überwiegend nicht mehr direkt auf eigenen Plantagen in den Entwicklungsländern produzieren, bedeutet nicht, daß die Agrarexporteure von ihnen unabhängig wären. So wird der Kaffeeexportmarkt mit einem jährlichen Volumen von über 10 Mrd. US-Dollar weitgehend von den Konzernen Nestlé (Schweiz) und General Foods (USA) beherrscht. Als es Tansania nach jahrelangen Bemühungen gelang, endlich eine geregelte Instant-Kaffeeproduktion aufzunehmen, fand es im Ausland keine Absatzmöglichkeiten, weil der Marktname unbekannt war und ein entsprechendes Vertriebssystem fehlte. Um die Schließung des Werkes zu verhindern, wurden

Tabelle 1: Transnationale Konzerne, die den Weltmarkt für Afrikas wichtigste Agrarerzeugnisse beherrschen

Export-erzeugnis	Unternehmen	Rolle der Unternehmen
Kakao	Cadbury-Schweppes, Nestlé, Gill & Duffus, Rowntree;	Diese vier TNK kontrollieren zusammen 60-80 % des Welt-kakohandels;
Tee	Unilever,Cadbury-Schweppes, J. Lyons (jetzt Tochter von Allied Breweries), Nestlé, Standard Brands, Kellog's, Coca-Cola;	Über sie läuft ca. 90 % des in Westeuropa und Nordamerika vertriebenen Tees;
Kaffee	Nestlé, General Foods, Rothfos, Jacobs-Suchard, Cargill;	
Zucker	Tate & Lyle, Sucden, Philip Brothers, Booker McConnell, Lonhro, Sopex, Technip, Redapth Sugar Ltd.;	
Melasse	Tate & Lyle;	40 % des Welthandels
Palmöl	C. Itoh, Unilever, Lesieur;	
Tabak	BAT, R.J. Reynolds, Phillip Morris, Imperial Group, American Brands, Rembrandt Group (Rothmans: Südafrika);	Kontrollieren zusammen 89-95% des Rohtabakhandels;
Baumwolle	Verkart, Cargill, Bunge, Ralli Brothers,Soga Shosho, Bambax, Blanchard;	Diese TNK kontrollieren zusam-men mit 9 anderen Mischkonzer-nen 85-90 % des Weltbaumwoll-handels;
Ananas	Del Monte;	
bei Afrikas Agrarimporten:		
Getreide	Cargill, Continental Grain, Bunge y Born, Louis Dryfus, André et Cie.;	Zusammen 87 % des Weltgetrei-dehandels (im Jahr 1983)

Quellen: B. Dinham und C. Hines; Hunger und Profit, Heidelberg 1986; Al Imfeld, Zucker, Zürich 1986; J. Becker, Agrobusiness in Afrika, AIB Sonderheft, Köln 1987.

Management und Vertrieb an Nestlé übertragen. Der Multi setzte jedoch offensichtlich alles daran, die tansanische Instant-Kaffeeproduktion niedrig zu halten, um die Position des eigenen Produktes (Nestlé-Café) auf dem ostafrikanischen Markt nicht zu gefährden. Ähnliche Beispiele[14] ließen sich für die anderen Agrarprodukte Schwarzafrikas aufzählen. Wo immer die afrikanischen Staaten die Chance hätten, durch Weiterverarbeitung ihrer Produkte den Gewinn zu steigern, stoßen sie auf das Problem, daß die Verarbeitungstechnologien in Händen der TNK's liegen, die die Weitergabe zu ihren Konditionen bestimmen. Ähnliche Barrieren bestehen beispielsweise im Saatgut-Zuchtbereich, der ebenfalls von Multis beherrscht wird. Die TNK's agieren nach der Maxime ‚Je mehr Gewinn, desto besser'. Dem müssen sich die schwarzafrikanischen Wirtschaftswinzlinge beugen, *zum Beispiel* durch Gewährung langfristiger Steuerbefreiungen oder großzügige Regelung des Gewinntransfers.

Abschließend sei noch auf einen besonders skandalösen Negativaspekt hingewiesen: Die TNK's haben in den Entwicklungsländern zur Verbreitung und Steigerung der Korruption in z.T. astronomische Größen wesentlich beigetragen. Um ihre Ziele zu erreichen, waren und sind sie zur Zahlung von Schmiergeldern in Millionen-Dollar-Höhe bereit. Die Korruptionspraktiken westdeutscher Konzerne liegen völlig im Dunkeln, da in der Bundesrepublik – *anders als in den USA* – keine systematischen Untersuchungen durch das Parlament oder die Regierungsbehörden stattfinden. Unerträglich ist, daß sogar die Finanzbehörden Schmiergelder in Höhe bis zu 20 % des Auftragswertes als steuermindernde Kosten anerkennen.[15]

Literaturhinweise

1. Zur allgemeinen Hintergrundinformation: Volker Kasch u. a., *Multis und Menschenrechte in der Dritten Welt.* Lamuv-Taschenbuch, Bornheim-Merten 1986 sowie ergänzend Gerald Braun, *Nord-Süd-Konflikt und Entwicklungspolitik,* Opladen 1985.
2. Barbara Dinham und Colin Hines, *Hunger und Profit-Agrobusiness in Afrika.* Heidelberg 1983. Eine der wenigen Studien, wenn nicht die einzige, die ausschließlich das Agieren der TNK's in Afrika untersucht; allerdings stammen die Daten und Fallbeispiele aus den 60er und 70er Jahren; sie sind jedoch insoweit noch aktuell, als daß sich an den Geschäftspraktiken der TNK's seitdem wenig geändert hat.
3. Kiflemariam Gebre Wold, *Der internationale Agrarhandel und die Bekämpfung des Hungers,* Verlag Dienste in Übersee, Stuttgart 1986; enthält zwei Kapitel zu Schwarzafrika.
4. Pat Roy Mooney, *Saat-Multis und Welthunger,* Rowohlt-Taschenbuch, Reinbek bei Hamburg 1981.
5. Al Imfeld, *Zucker,* Zürich 1986.
6. Weitere und aktuelle Informationen sind zu erhalten bei: United Nations Centre on Transnational Corporations, Room DC2-1220, 2 United Nations Plaza, New York, N. Y. 10017. Das UN-Zentrum gibt die zweimal jährlich erscheinende Zeitschrift *The CTC Reporter* heraus.

Weltwirtschaftssystem und Transnationale Konzerne: Zusammenfassung

1. Der weitaus größte Teil der Entwicklungsländer sowie Schwarzafrika haben sich vom Weltmarkt nicht abgekoppelt, sondern versprachen sich von der Teilnahme am internationalen Handel den entscheidenden Wohlfahrtsgewinn für die eigene Entwicklung.

2. Im Weltwirtschaftssystem und seinen Kontrollinstanzen (IWF, GATT, Weltbank) dominieren die Industriestaaten und die in ihnen beheimateten Transnationalen Konzerne; sie allein bestimmen die Bedingungen, unter denen Handel und Geldwirtschaft stattfinden.

3. Im gegenwärtigen Weltwirtschaftssystem profitieren im Sinne eines echten Wohlfahrtsgewinnes nur die wirtschaftlich starken Partner, und dies sind in erster Linie die Industriestaaten und die Transnationalen Konzerne sowie – mit Abstrichen – einige wenige Schwellenländer.

4. Da es im Weltwirtschaftssystem keine Mechanismen zum Schutz ökonomisch schwacher Handelspartner gibt, können insbesondere die sogenannten Niedrig-Einkommens-Länder (sog. Vierte Welt: Pro-Kopf-Einkommen: unter 425 $ jährlich; Mehrheit der schwarzafrikanischen Staaten) aus den theoretisch existierenden komparativen Kostenvorteilen keinen wirklichen Gewinn ziehen; vielmehr werden ihre Produkte von den ökonomisch starken Wirtschaften auf ein Preisniveau gedrückt, das Ausbeutung statt Entlohnung bedeutet.

5. Die Transnationalen Konzerne haben während der letzten beiden Jahrzehnte das Geschehen und die Prozesse im Weltwirtschaftssystem nachhaltig verändert. Ihre ökonomische Macht wird auch weiterhin wachsen. Ihnen gegenüber befinden sich die Regierungen der Vierten Welt (hierzu gehört praktisch ganz Schwarzafrika) in einer aussichtslosen Kontroll- und Verhandlungsposition. Allerdings entziehen sich die TNK's auch immer mehr der politischen Steuerbarkeit durch die nationalen Regierungen der Industrieländer.

6. Dies heißt: Für die Vierte Welt besteht auf dem Wirtschaftssektor die koloniale Situation de facto unverändert fort. Trotz ihrer formalen politischen Unabhängigkeit ist und bleibt sie ökonomisch fremdbestimmt: Ihre wirtschaftliche Ausbeutung dauert an.

7. All dies gilt in besonderer Weise für Schwarzafrika: Nach wie vor sind seine 45 Staaten zu mehr als 90 Prozent vom Rohstoffexport abhängig. Obwohl sie diese Rohstoffe z. T. mühsam erzeugen müssen (z. B. Agrarprodukte), können die afrikanischen Produzenten die Preisgestaltung weder bestimmen noch beeinflussen. Allein der Rohstoffpreisverfall in den Jahren 1980–87 bedingte für Schwarzafrika einen Einnahmeausfall von über 100 Mrd. $ (Details siehe Ursachenkomplex I, Kapitel 4); das ist mehr als das Doppelte der Nettoleistungen an Entwicklungshilfe.

8. In Schwarzafrika führten das Engagement der TNK's sowie die Direktinvestitionen der Privatwirtschaft zu keinem meßbaren industriellen Fortschritt. Sie bedingten ein ‚perverses Wachstum': Die getätigten Investitionen und die dafür verbrauchten Ressourcen ergaben keine Verbesserung des Lebensstandards der Masse der Bevölkerung.

Weltwirtschaftssystem und Transnationale Konzerne: Forderungen

1. Ein Bewußtwerdungsprozeß ist notwendig: Unsere ‚Entscheidungsträger' in Politik und Wirtschaft sowie die Öffentlichkeit müssen erkennen, daß das Kolonialzeitalter – Fremdbestimmung und Ausbeutung – für die überwiegende Mehrheit der Entwicklungsländer noch nicht beendet ist. Aber gerade solche Einsichten werden von den dominierenden Kräften in den Industrieländern mit aller Macht verdrängt und verhindert: Wie hoch müssen die Berge der Verhungerten eigentlich noch werden, bis sie Anlaß geben, bestimmte ökonomische Grundpositionen und Praktiken zu hinterfragen?

2. Es geht um Soziale Weltmarktwirtschaft: Das bestehende Weltwirtschaftssystem bedeutet für die Vierte Welt eine ungezügelte Marktwirtschaft, die nicht nach den Opfern fragt, die sie verursacht; die sich im Falle der Rohstoffpreise keinen Deut um den Zusammenhang zwischen Marktpreis und Menschenwürde schert.

3. Zwar reden alle Entscheidungsträger in Politik und Wirtschaft von Sozialer Marktwirtschaft, aber offensichtlich haben sie vergessen oder auch nie gewußt, was deren *geistige Väter* darunter verstanden. Denn würden sie sich den Prinzipien einer Sozialen Marktwirtschaft verpflichtet fühlen, dann könnten sie sich nicht mehr länger *substantiellen Korrekturen am Weltwirtschaftssystem* verschließen. Deshalb seien einige Prinzipien der Sozialen Marktwirtschaft kurz skizziert:
  – die Politik muß da korrigierend eingreifen, wo das freie Spiel der Marktkräfte zu sozial unerwünschten Folgen führt: Entgelte für ‚Rohstoffe' (bzw. angebliche Rohstoffe), die die Verelendung der Produzenten bewirken, erfüllen sicherlich diesen Tatbestand der sozial unerwünschten Folgen;
  – Sicherung des Wettbewerbs gegen Monopole, Kartelle und Absprachen: die TNK's haben dieses Prinzip in weiten Teilen der Weltwirtschaft bereits außer Kraft gesetzt. Insbesondere aber wird diese Grundregel schon dadurch verletzt, daß es zwar global agierende Industriefirmen und Banken gibt, aber kein Weltkartellamt und kein Weltwirtschaftsministerium, die als das notwendige Pendant fungieren könnten;

- soziale Gerechtigkeit gegenüber Schwachen: das heißt u. a. Schutz-
  vorschriften sowie umfangreicher Beistand, der ein menschwürdiges
  Überleben garantiert;
- weiterhin: Korrektur der Verteilung von Einkommen und Vermögen,
  Hilfen bei langfristigen und fundamentalen Marktveränderungen,
  Forschungsförderung, etc.;
- vor allem aber: *Primat der Politik* gegenüber der Privatwirtschaft,
  d. h. rücksichtslose Entmachtung der Privatwirtschaft, wenn diese
  beginnt, Märkte zu beherrschen und die Entscheidungsgewalt der
  politischen Verantwortungsträger zu unterlaufen. Wird dieser
  Moment verpaßt, kommt es zu einer *unkontrollierten Verdichtung*
  der Märkte und zum *Zerfall* der sozialwirtschaftlichen Ordnung.

4. Es kann hier nicht darum gehen, die Prinzipien einer neuen Weltwirtschaftsordnung zu entwerfen. Vielmehr kommt es darauf an, deutlich zu
   machen, daß im Sinne einer sozialen Marktwirtschaft Korrekturen am
   Weltwirtschaftssystem dringend erforderlich sind, und aufzuzeigen, in
   welche Richtung diese Veränderungen erfolgen sollen.

5. Vor allem aber muß die Diskussion über eine neue Weltwirtschaftsordnung versachlicht werden: jeder Korrekturforderung begegnen die führenden Politiker des Westens und insbesondere der Bundesrepublik mit
   dem Argument, die Kritiker würden einer *bürokratischen Weltplanwirtschaft* das Wort reden. Etwas besseres ist ihnen in der Tat noch nicht
   eingefallen. Dies beweist jedoch nur ihre intellektuelle wie auch moralische Unfähigkeit, sich den vorliegenden Erkenntnissen und den vorhandenen Problemen zu stellen. Nicht ein Mehr an sozialer Gerechtigkeit im Weltwirtschaftssystem wird unseren eigenen Wohlstand und
   Frieden gefährden, sondern ein Zuwenig, wenn alles so bleibt, wie es
   ist.

6. Forschungsarbeiten umfangreicher Art sind notwendig. Ziel: Klärung
   der Frage, wie es möglich ist, die Prinzipien der ‚nationalen Sozialen
   Marktwirtschaft' auf die weltwirtschaftlichen Beziehungen und Strukturen zu übertragen. Hier sind konkrete und detaillierte Modelle notwendig, die auch Wege für die Realisierbarkeit aufzeigen müssen. Es zeugt
   letztlich nur von erkrankter Vernunft, wenn Milliarden für Zukunftspro-
   jekte der ‚Verteidigung' (SDI) ausgegeben werden, aber keine Millionen
   vorhanden sind, um neue Konzepte und Systeme des wirtschaftlichen
   Miteinander in der Weltgemeinschaft aller Staaten zu entwerfen und zu
   etablieren.

7. Wegen der zunehmenden Expansion der Transnationalen Konzerne
   und internationalen Großbanken ist ein *Weltkartellamt* und eine *Weltbe-
   hörde* zur Kontrolle ihrer Geschäftspraktiken dringend erforderlich.
   Sollten diese unterbleiben, werden eines Tages gerade die Vertreter
   der liberalen, jedoch sozialen Marktwirtschaft am meisten über ihr
   eigenes Versäumnis erschrocken sein.

8. Für die Länder der Vierten Welt, und dazu gehören die meisten
   schwarzafrikanischen Staaten, stellt sich mit Ernst die Frage, ob hier

nicht *ökonomisch* neu nachgedacht werden muß, ob hier nicht neue ökonomische Konzepte und detaillierte Strategien zu erfinden sind. Die praktizierten Rezepte haben drei Jahrzehnte lang nicht zum Erfolg geführt. Dies lag gewiß auch am innenpolitischen Versagen der herrschenden Eliten. Aber selbst wenn diese die von außen erhaltenen Mittel (Exporterlöse, Kredite, Hilfe) optimal eingesetzt hätten, wäre die Unterentwicklung in ihren Ländern nicht beseitigt, denn dazu waren diese Ressourcen einfach zu gering. Wie also und wodurch soll es in Zukunft anders werden, wenn man bei den alten Strategien bleibt?

9. Medien, Hilfswerke, Dritte-Welt-Gruppen, Schule und Universität haben eine wichtige Funktion zu erfüllen. Erstens müssen mehr Fakten über die Ungerechtigkeiten des existierenden Weltwirtschaftssystems bekannt werden, und zweitens muß ein *Klima der Veränderungsbereitschaft* geschaffen werden.

10. Es ist völlig klar, daß auch die Eliten in der Dritten Welt ihre Politik verändern müssen, und wenn sie es nicht tun, müssen die Bauern und Arbeiter sie aus den Sesseln der Macht vertreiben. Das ist ein Prozeß, der nicht von uns geleistet werden kann. Was wir tun können, das ist die Schaffung *gerechter internationaler Rahmen- und Außenbedingungen*, damit eine sozial gerechte Innenpolitik die Chance erhält, zum Erfolg zu führen.

Graphik 1: Schwarzafrika: Entwicklungshilfe, Verschuldung und Rohstoffpreisverfall (1978–87)*

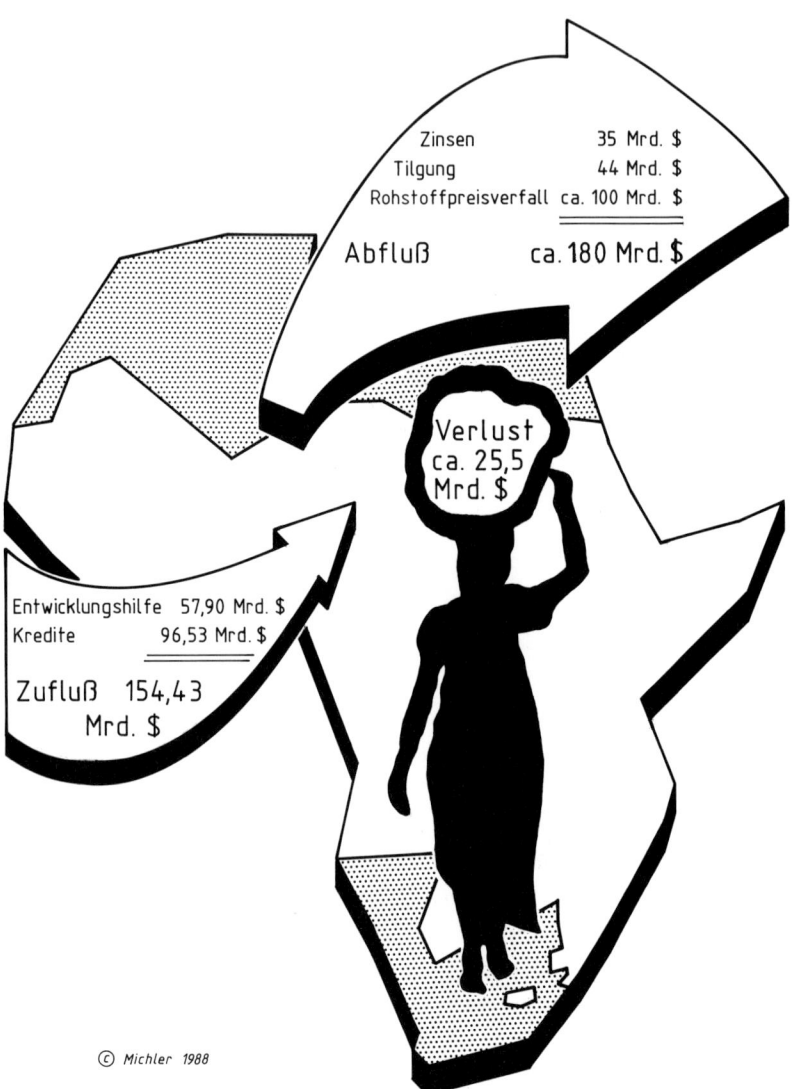

Zinsen 35 Mrd. $
Tilgung 44 Mrd. $
Rohstoffpreisverfall ca. 100 Mrd. $

Abfluß ca. 180 Mrd. $

Verlust ca. 25,5 Mrd. $

Entwicklungshilfe 57,90 Mrd. $
Kredite 96,53 Mrd. $

Zufluß 154,43 Mrd. $

© Michler 1988

* Entwicklungshilfe: tatsächlich ausgezahlte Gelder
Rohstoffpreisverfall: alle Rohstoffe, inklusive Erdöl, untere Schätzgrenze für Zeitraum 1980–87 (Details siehe Ursachenkomplex I, Kapitel 4)
Angaben beziehen sich auf alle 45 Staaten Schwarzafrikas

Quellen: nach Weltbank- und OECD-Angaben

Kapitel 3
Die Schuldenbürde: Ruin der Wirtschaft, Verarmung der Massen – keine Lösung in Sicht

Die globale Dimension: Von der Entwicklungsfinanzierung zum neuen Geld-
kolonialismus · Die Überschuldung Schwarzafrikas: Fakten und Perspektiven · Kredite und ‚perverses Wachstum': keine Fortschritte, aber Lasten für
alle. Das Beispiel Nigeria · Sonderprogramme von IWF und Weltbank:
Anspruch und Realität · Wegweiser aus der Katastrophe: Die Lehren der
Geschichte · Statistische Verwirrspiele: Eine Katastrophe für sich · Zusammenfassung · Forderungen und Empfehlungen

Die globale Dimension:
Von der Entwicklungsfinanzierung zum neuen
Geldkolonialismus

Das Problem Nr. 1 zwischen Nord und Süd, zwischen den Industrie- und Entwicklungsländern heißt im ausgehenden 20. Jahrhundert: Verschuldung! Und daran,
wie es gelöst wird, hängt das Schicksal ganzer Staaten, daran entscheidet sich, ob
der Verelendungsprozeß von Abermillionen Menschen noch schlimmer wird oder
wenigstens gestoppt werden kann. Die viel beschworene Schuldenbombe ist zur
historischen Herausforderung unserer Zeit geworden: Durch sie droht der Bevölkerung in der Dritten Welt *mehr Gefahr* als durch Dürren oder sonstige Naturkatastrophen. Die Schuldenbürde stranguliert die Wirtschaften nahezu aller Entwicklungsländer; schätzungsweise *zwei Milliarden Menschen* sind betroffen, *in Afrika
der gesamte Kontinent.* Doch zunächst einige Grundinformationen zur Verschuldung der Dritten Welt insgesamt, denn nur auf ihrem Hintergrund läßt sich die
Situation der afrikanischen Länder angemessen beurteilen.
Anfang 1988 war die Auslandsverschuldung aller Entwicklungsländer auf 1.245
Milliarden US-Dollar[1] angewachsen, auf mehr als das Doppelte dessen, was die
Dritte Welt seit dem Zweiten Weltkrieg an Entwicklungshilfe erhielt. Aber welchen
Vergleich man auch wählt, *die Begrifflichkeit reicht kaum aus,* das Problem der
Realität entsprechend zu beschreiben. Erschreckend ist nicht nur die – für Laien
wie Volkswirte – astronomische Höhe des Schuldenberges, sondern auch die
Geschwindigkeit, mit der dieser Berg herangewachsen ist.

1970 war das Problem praktisch noch nicht existent: die Auslandsverschuldung der Dritten Welt betrug gerade 100 Mrd. Dollar. Doch schon ein Jahrzehnt später war die erste historische Hürde von 500 Mrd. überschritten und nur fünf Jahre später (1985) bereits die zweite von 1.000 Milliarden, und dies, obwohl bereits 1982 die ersten Zahlungsunfähigkeiten großer Schuldnerländer das gesamte internationale Finanzsystem bedrohten. Denn nicht nur die Kreditnehmer waren in eine von ihnen nicht mehr beherrschbare Krise geschlittert, auch die mit allem Instrumentarium modernster Wirtschaftswissenschaft und internationaler Datenbanken gerüsteten Bankiers standen konsterniert vor der Tatsache, daß sie *zu viel* Geld *zu schnell* ausgeliehen hatten.

Ob der befürchtete Zahlungsstopp tatsächlich zum Zusammenbruch des internationalen Finanzsystems geführt hätte, ist heute eine müßige Frage. Mit Sicherheit wäre es zu schweren Krisen in den Industrieländern gekommen. Banken wie staatliche Kreditgeber erkannten den Ernst der Stunde und standen zusammen, praktizierten gemeinsam das Krisenmanagement *‚Umschuldung'.* Dies hieß im wesentlichen: *Streckung der anstehenden Verbindlichkeiten,* also Verlängerung der Laufzeiten, und *Gewährung neuer Kredite,* mit denen die alten Darlehen zumindest teilweise bedient wurden.

Eigentlich mußte schon zu jener Zeit jedem, der wirklich etwas von Welt-Ökonomie sowie derjenigen der Entwicklungsländer versteht, klar sein, daß man mit dieser Strategie das Problem nicht würde lösen können. Denn die Gewährung immer neuer Kredite, um die alten Forderungen nicht abschreiben zu müssen, vermochte kurzfristig zwar eine Atempause zu verschaffen, mußte aber langfristig das Problem verschärfen. Und so ist es denn auch gekommen: Die abermalige Verdoppelung der Verschuldung von 500 auf 1.000 Mrd. $ ist überwiegend *eine Folge* der Umschuldungsstrategie. Aus der Perspektive der Entwicklungsländer war das Krisenmanagement ökonomisch deshalb verfehlt, weil sie gar nicht in der Lage sein konnten, ihre Wirtschaften so zu reformieren, um die heute anstehenden Zins- und Tilgungsverpflichtungen zu leisten.

Immerhin nutzten die Großbanken einiger westlicher Länder die Umschuldungsphase, um Rückstellungen zu bilden oder Wertberichtigungen vorzunehmen, d. h. ein Teil der Forderungen – wieviel, weiß niemand – ist abgeschrieben, was über Steuerausfälle auch der jeweilige Staat bezahlt hat. Während insbesondere die US-amerikanischen Großbanken (neben den deutschen) an Handlungsspielraum gewonnen haben (dessen wirkliches Ausmaß freilich niemand anzugeben vermag), gab es für die Seite der Kreditnehmer keine Atempause. Sie stecken tiefer in der Schuldenmisere denn je zuvor.

Mit der Gesamtverschuldung wuchsen auch die Tilgungs- und Zinszahlungsbelastungen (beide zusammen: Schuldendienst). Im Jahr 1986 mußten die Entwicklungsländer 30 % ihrer Ausfuhrerlöse an Waren und Dienstleistungen für den Schuldendienst aufwenden;[2] jeder dritte im Export verdiente Dollar floß in die Kassen der westlichen Kreditgeber. Das alles sind Durchschnittswerte, die im Falle etlicher Länder wesentlich überschritten werden: Einige müßten ihre gesamten Exporterlöse aufwenden, wollten sie ihre Verpflichtungen erfüllen; d.h. sie dürften nur noch exportieren und überhaupt nichts mehr importieren: absurde ökonomische Tatbestände.

Zur Beurteilung des *Verschuldungsgrades* eines Landes ist das *Verhältnis* von *Schuldendienst* und *Exporterlösen* (immer: Waren und Dienstleistungen) von entscheidender Bedeutung. Wirtschaftswissenschaftler halten eine Zahlungsbelastung von 15 % der Exporte für ‚gesund‘, 20 % seien zwar kritisch, aber noch vertretbar.[3] Ein Schuldendienst, der längere Zeit *über* einem Fünftel der Exporterlöse liegt, entzieht somit dem betreffenden Land zu viele Mittel, die es für seine eigene Entwicklung benötigen würde. Der wirtschaftliche Niedergang ist die notwendige Konsequenz, zumal bei ohnehin nur schwach entwickelten Volkswirtschaften, was besonders für die sog. Vierte Welt (Niedrig-Einkommens-Länder) zutrifft.

Nach Angaben der OECD (Zusammenschluß der westlichen Industrieländer, 24 Mitglieder, Sitz in Paris) und der Weltbank zahlten die Entwicklungsländer in den Jahren 1980–87 allein 391,1 Mrd. $ an Zinsen! Hinzu kamen 415,4 Mrd. $ an Tilgungen.[4] Rechnet man zu den Zinszahlungen der achtziger Jahre noch diejenigen des vorangegangenen Zeitraums hinzu, so hat der Westen insgesamt während der letzten 25 Jahre *mindestens* 500 Mrd. Dollar an *Zinsen* aus der Dritten Welt erhalten, etwa *ebensoviel,* wie er an *Entwicklungshilfe* gegeben hat. Laut Prognose der Weltbank werden von 1988–1994 weitere 240 Mrd. Dollar an Zinsen in die Kassen der Geber fließen,[5] was nochmals den zu erwartenden Aufwendungen der OECD-Länder für Entwicklungshilfe entspricht.

Aber nicht nur die, *gemessen an ihrer Wirtschaftskraft,* viel zu hohen Schuldendienstraten verschärften den ökonomischen Niedergang in der Dritten Welt, sondern es kam noch schlimmer, nämlich zur *Umkehrung des Kapitalflusses.* Seit 1984 ist der Geldstrom *in* die Entwicklungsländer kleiner als die Beträge, die von dort an die Geber *zurück*fließen: Auf 88 Mrd. $ belief sich diese Differenz bis Ende 1987 (siehe Graphik 2).[6] Kein ernstzunehmender Kenner der Verhältnisse in der Dritten Welt wird behaupten, die zunehmende Verelendung der Bevölkerungsmehrheit sei *allein* durch die Schuldenbürde bestimmt. Aber ebenso kann kein seriöser Ökonom leugnen, daß die enormen Schuldendienstbelastungen eine extrem negative Wirkung auf die Einkommensverhältnisse und Lebensbedingungen der Bevölkerung ausüben.

Fest steht, daß die Entwicklungsländer ihre Importe und ihre Staatsausgaben stark gedrosselt haben. Auch hier stößt unsere Begrifflichkeit wieder an die Grenze, das zu vermitteln, was tatsächlich geschehen ist. Denn ‚drosseln‘ und ‚einsparen‘ heißt für viele Länder der Dritten Welt, daß aus wenig noch weniger oder gar nichts wird: Entlassung von Staatsangestellten, Erhöhung der Brotpreise, Steigerung der Inflation auf mehrere hundert Prozent, Niedergang sozialer Dienste (beispielsweise Zusammenbruch der Gesundheitsversorgung in ländlichen Bereichen). Ich will nicht bestreiten, daß es schwierig ist, die Negativ-Wirkungen – verursacht durch die Zins- und Tilgungszahlungen – zu quantifizieren. *Doch eines läßt sich mit Sicherheit sagen:* Sie sind in jedem Fall so hoch, daß die Belastungen ethisch und ökonomisch nicht mehr zu vertreten sind.

Euphorie machte sich Ende 1987/Anfang 1988 breit: Etliche Kommentatoren sprachen von einer Entspannung an der Schuldenfront, das rettende Ufer sei für alle Beteiligten in Sicht.[7] Gefeiert wurden die neugeborenen Strategien im Schuldenmanagement. „Debt-equity-swap“ und „buy-back“ sind nur zwei Schlagworte

Graphik 2: Die Umkehrung des Kapitalflusses
Ausgezahlte Kredite und Schuldendienst (alle Entwicklungs-
länder, 1983–87)*

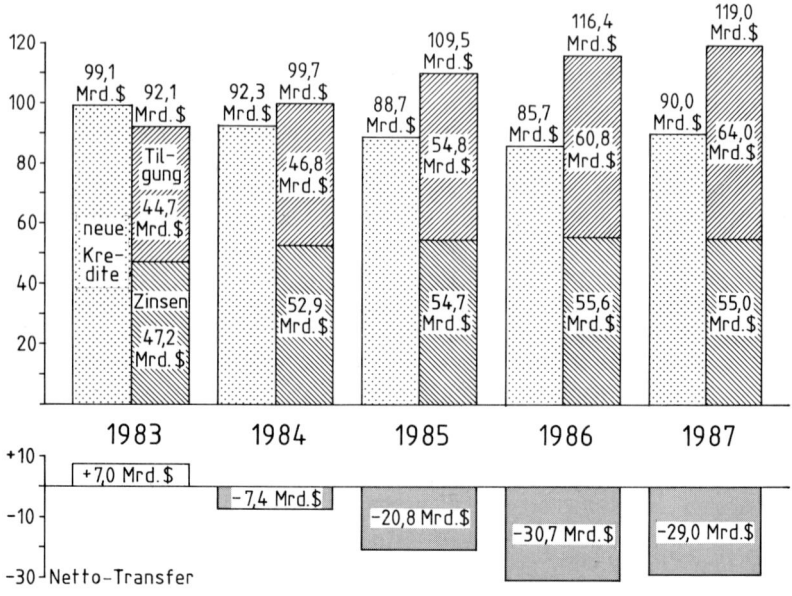

Ⓒ *Michler 1988, nach Weltbank-Angaben (World Debt Tables, Jan. 1988)*

* Darstellung bezieht sich auf „long term debts" (langfristige Kredite, nach Weltbankdefinition: Laufzeiten länger als ein Jahr); Summen aus Zinsen und Tilgung enthalten z.T. geringfügige Rundungsfehler.

aus einer ganzen Fülle vielbeschworener Zukunftskonzepte. Gemeinsam ist ihnen, daß für die *Forderungen der Banken* ein sogenannter *Sekundärmarkt* entstanden ist. Dort bestimmt das freie Spiel der Kräfte, was eine auf dem Papier stehende Bankforderung gegenüber einem bestimmten Entwicklungsland tatsächlich noch wert ist, d.h. wieviel ein Käufer für den Erwerb eines bestimmten Schuldentitels zahlen würde.

So kann zum Beispiel eine Bank, die gegenüber Nigeria eine Forderung von 100 Mio. $ hat, das Interesse besitzen, diese gegen einen *Barbetrag* von 50 Millionen zu verkaufen. VW wiederum könnte ein Interesse haben, diese Forderung, die *nominal* immer noch 100 Millionen wert ist, zu erwerben, weil es sein Zweigwerk in Nigeria erweitern möchte und dafür auch nigerianische Landeswährung benötigt. Das Volkswagenwerk würde also im nächsten Schritt dem nigerianischen Staat seine Forderung zum Aufkauf und zum Tausch gegen Landeswährung anbieten. Wenn der nigerianische Staat geschickt verhandelt, könnte er VW dazu bringen, ihm die auf 100 Millionen US-Dollar lautende Forderung gegen 60 Millionen Dollar

376

zu überlassen. Nigerias Gewinn wäre ein zweifacher: Seine Auslandsverschuldung ist nach der Transaktion um 100 Millionen Dollar kleiner geworden, und für diese 100 Millionen hat es nur 60 Millionen gezahlt, allerdings in *einheimischer* Währung, was wesentlich einfacher ist als in *ausländischer*. Der Investor VW hat ebenfalls ein Geschäft gemacht: den Gegenwert von zehn Millionen Dollar in nigerianischen Naira.

So und z. T. wesentlich komplizierter funktionieren die neuen Problemlösungsstrategien[8] – oder besser gesagt, so sollen sie funktionieren. Dabei beschreitet „debt-equity-swap" im Prinzip den gleichen Weg, jedoch wird die Restforderung in Aktienkapital umgewandelt; beim „buy-back" kauft das Entwicklungsland selbst seine Schulden zum Marktpreis auf. Diese Strategien sind nicht nur komplexer und variantenreicher als das alte Umschuldungsmodell, sondern sie enthalten eine wirkliche Entlastung für die Schuldnerländer.

Dennoch ist Euphorie völlig fehl am Platze, denn diejenigen, die sie verbreitet haben, übersahen Grundsätzliches. Zunächst ein Blick auf die Kreditgeber. Etwa 60 Prozent der Außenstände von 1.245 Mrd. $ sind Forderungen privater Banken, die übrigen 40 % verteilen sich auf staatliche Geber und internationale Organisationen wie IWF (Internationaler Währungsfonds) und Weltbank.[9] Für den geschilderten Handel von Schuldentiteln über den Sekundärmarkt kommen nur die Bankforderungen in Frage, und von ihnen auch nur ein vergleichsweise bescheidener Teil, im günstigsten Fall 20 Prozent der Bankkredite. Denn größer ist das Kaufinteresse nicht, und außerdem ist wohl die Mehrheit der Banken immer noch nicht bereit, ihre Forderungen mit hohen Abschlägen zu vermarkten.[10] Deshalb ist also eine wirkliche Lösung der Verschuldungsproblematik gegenwärtig nicht in Sicht. Kommt es nicht zu fundamental neuen Schritten, wird der durch den zu hohen Schuldendienst bedingte Verelendungsprozeß in der Dritten Welt andauern und aller Voraussicht nach noch *größere Dimensionen* annehmen.

Ein *Schuldenerlaß* in Höhe der Hälfte der Forderungen, also von rund 600 Milliarden US-Dollar, käme wertmäßig etwa dem gleich, was die Geber bereits an *Zinsen* kassiert haben: Sie würden damit nur den bereits gemachten Gewinn wieder an die Dritte Welt zurückgeben – makroökonomisch also weder ein wirklicher Verzicht noch eine historische Tat. Bleibt noch anzumerken, daß die 1.245 Mrd.$ an Schulden zu 95 % gegenüber *westlichen*(!) Industrieländern oder den von ihnen dominierten internationalen Institutionen bestehen.

Die Überschuldung Schwarzafrikas: Fakten und Perspektiven

Für die Medien wie auch für das internationale Krisenmanagement war Schwarzafrikas Verschuldung lange Zeit kein Thema. Denn, gemessen an den Außenständen aller Entwicklungsländer, ist die Schuldenhöhe der 45 schwarzafrikanischen Staaten sehr gering. Sie belief sich zum 1.1. 1987 nach OECD-Angaben auf 118 Mrd. US-Dollar[11] und dürfte zu Beginn des Jahres 1988 knapp 130 Milliarden betragen haben. Das waren und sind rund *zehn Prozent* der Gesamtverschuldung

Tabelle 1: Afrikas Auslandsverschuldung nach Regionen
(absolut und im Vergleich; ohne Schulden aus Rüstungskäufen)

	Verschuldung[1] per 31. 12. 1986 in Mrd. $	Pro-Kopf-Verschuldung 1986 in $	Bruttosozialprodukt pro Kopf 1986 in $[2]	Prozentanteil der Pro-Kopf-Verschuldung am BSP pro Kopf	Bevölkerung 1986 in Mio.[3]
Schwarzafrika (45 Staaten)	118,000	272	365[4]	74,5 %	433,8
‚Ärmste Länder' Schwarzafrikas (31 Staaten)	60,260	211	235	89,8 %	285,88
Nordafrika (5 Staaten)	90,266	848	1.361[5]	62,3 %	106,48
Südafrika	19,813	601	1.800[6]	33,4 %	32,95
Zum Vergleich: Brasilien	115,418	832	1.947	42,7 %	138,68
Zum Vergleich: alle Entwicklungsländer	1.177,000	314	670	46,9 %	3.744,51

Schwarzafrika überdurchschnittlich verschuldet: Die Spalte 4 („Prozentanteil der Pro-Kopf-Verschuldung am Bruttosozialprodukt") ist ein Maßstab für das Ausmaß der Verschuldung und geeignet, den Verschuldungsgrad der einzelnen Regionen bzw. Länder zu vergleichen. Obwohl Schwarzafrika sowie seine ärmsten Länder – in Dollar betrachtet – die niedrigste Pro-Kopf-Verschuldung aller Gruppen in der Tabelle aufweisen, sind sie, gemessen an ihrer Wirtschaftskraft, weit höher verschuldet als die übrigen. Der Verschuldungsgrad der 31 ärmsten Länder Schwarzafrikas ist sogar um gut 100 % größer als derjenige Brasiliens.

Die ärmsten Länder Schwarzafrikas: Offizielle Bezeichnung „low-income africa", auf deutsch: „Gruppe der Länder mit niedrigem Einkommen"; 1986 definiert als jene Staaten, in denen das Bruttosozialprodukt pro Kopf weniger als 425 $ beträgt. Dieser Gruppe gehörten 1986 und auch Anfang 1988 die folgenden 31 Staaten (Weltbank zählte bisher nur 30, ohne Mosambik, da dieses Land nicht Mitglied der Weltbank war) an: Benin, Burkina Faso, Burundi, Zentralafrikanische Republik, Tschad, Komoren, Äquatorial-Guinea, Äthiopien, Gambia, Ghana, Guinea, Guinea-Bissau, Kenia, Lesotho, Madagaskar, Malawi, Mali, Mauretanien, Mosambik, Niger, Ruanda, São Tomé und Principe, Senegal, Sierra Leone, Somalia, Sudan, Tansania, Togo, Uganda, Zaire, Sambia.

Anmerkungen und Quellen:
1 nach OECD, External Debt Statistics, Paris 1987
2 BSP pro Kopf eigene Berechnung nach World Debt Tables, Jan. 88 und OECD, Geographical Distribution on Financial Flows to Developing Countries, Paris 1988
3 eigene Berechnung nach UN Demographic Yearbook, New York 1987
4 Quellen unter 2 enthalten keine Angaben zu Angola, BSP für 1986 auf 9 Mrd. $ geschätzt
5 Quellen unter 2 enthalten keine Angaben zu Libyen, BSP für 1986 auf 25 Mrd. $ geschätzt
6 vorläufig

der Dritten Welt oder genau soviel, wie Brasilien im Ausland aufgenommen hat. Folglich konnte die Zahlungsunfähigkeit einzelner Staaten das internationale Finanzsystem nicht tangieren, weshalb es auch kein Aufsehen gab, als sie tatsächlich eintrat.

Aus der Perspektive Schwarzafrikas sah und sieht die Situation allerdings völlig anders aus. Erstens stieg seine Verschuldung in einem geradezu atemberauben-den Tempo: Der Zuwachs von 1970 (ca. 7,5 Mrd. $) bis Anfang 1987 belief sich auf rund 1.500 Prozent! Zweitens ist nicht die absolute Höhe der Verschuldung der entscheidende Faktor, sondern ihr Verhältnis zur Wirtschaftskraft. Durchschnittlich mußten die schwarzafrikanischen Länder im Jahr 1986 nach OECD-Angaben[12] gut 40 % ihrer Exporterlöse für den Schuldendienst aufwenden, prozentual wesentlich mehr als die Dritte Welt insgesamt (vgl.auch Tabelle 2). *Das heißt:* In bezug auf seine Wirtschaftskraft ist Schwarzafrikas Verschuldungssituation eine noch bedrohlichere als diejenige der meisten anderen Entwicklungsländer (Einzelheiten dazu weiter unten sowie Tabelle 1).

Eine weitere Sonderrolle ergibt sich aus der sogenannten *Geberstruktur:* Während für die Dritte Welt insgesamt der Anteil der Bankkredite – wie erwähnt – etwa 60 % beträgt und bei den ‚Hochschuldnerländern' Lateinamerikas auf 90 Prozent und darürber klettert, ist Schwarzafrika *zu gut zwei Dritteln bei öffentlichen Gebern* verschuldet. Betrachtet man nur die Ärmsten der Armen, die 30 Staaten (Bevölke-rung 290 Mio., Mitte 1988) mit einem jährlichen Pro-Kopf-Einkommen von unter 425 $, dann steigt der Anteil öffentlicher Kreditgeber auf 87 Prozent.[13] Dies hat u. a. zur Konsequenz, daß die oben dargestellten neuen Krisenstrategien für eine Lösung der Verschuldungsproblematik Schwarzafrikas *nicht* in Frage kommen.

Zur Begriffserklärung: Öffentliche Kreditgeber sind entweder Staaten (auch staat-lich verbürgte Darlehen) oder internationale Organisationen wie IWF und Weltbank (sowie deren Töchter). Sie gewähren ihre Darlehen meist staatlichen Institutionen des Empfängerlandes, seltener dort ansässigen Privat-Unternehmen, und wenn, dann muß die Zentralbank des Entwicklungslandes dafür haften. Nun ist in der Öffentlichkeit und sogar in entwicklungspolitisch informierten Kreisen die Meinung vorherrschend, Kredite der öffentlichen Hand an Entwicklungsländer würden prak-tisch *nur* zu *Vorzugsbedingungen* (niedrige Zinssätze, lange Laufzeiten) ver-geben.

Dem aber ist im Falle Schwarzafrikas nicht so: Die vergünstigten Darlehen belau-fen sich lediglich auf etwa 45 Prozent aller von der öffentlichen Hand ausgeliehener Gelder *oder:* der Anteil von Krediten zu Vorzugsbedingungen an der Gesamtver-schuldung Schwarzafrikas beträgt nicht mehr als 30 Prozent.[14] Dadurch ist der Durchschnittszinssatz ziemlich hoch: 1986 lag er bei 5,26 Prozent.[15]

Daß der Anteil der vergünstigten Kredite relativ gering ist, hat zwei verschiedene Gründe. Einmal beinhalten viele Kredite der internationalen Geberinstitutionen kein Vorzugselement, und zum anderen bestehen die Darlehen der nationalen Geber zu einem hohen Prozentsatz aus Exportkrediten. Exportkredite werden gewährt, damit das Empfängerland im Geberland Waren einkaufen kann. *Volkswirtschaft-lich ein doppelter Gewinn:* das Industrieland verdient an den exportierten Gütern und zudem noch an den Zinsen. In den Jahren 1980–86 lagen die Zinssätze für Exportkredite der OECD-Staaten zwischen 7,1 und 8,6 Prozent.[16]

Graphik 3: Schwarzafrikas Überschuldung (45 Staaten, Stand 1986)

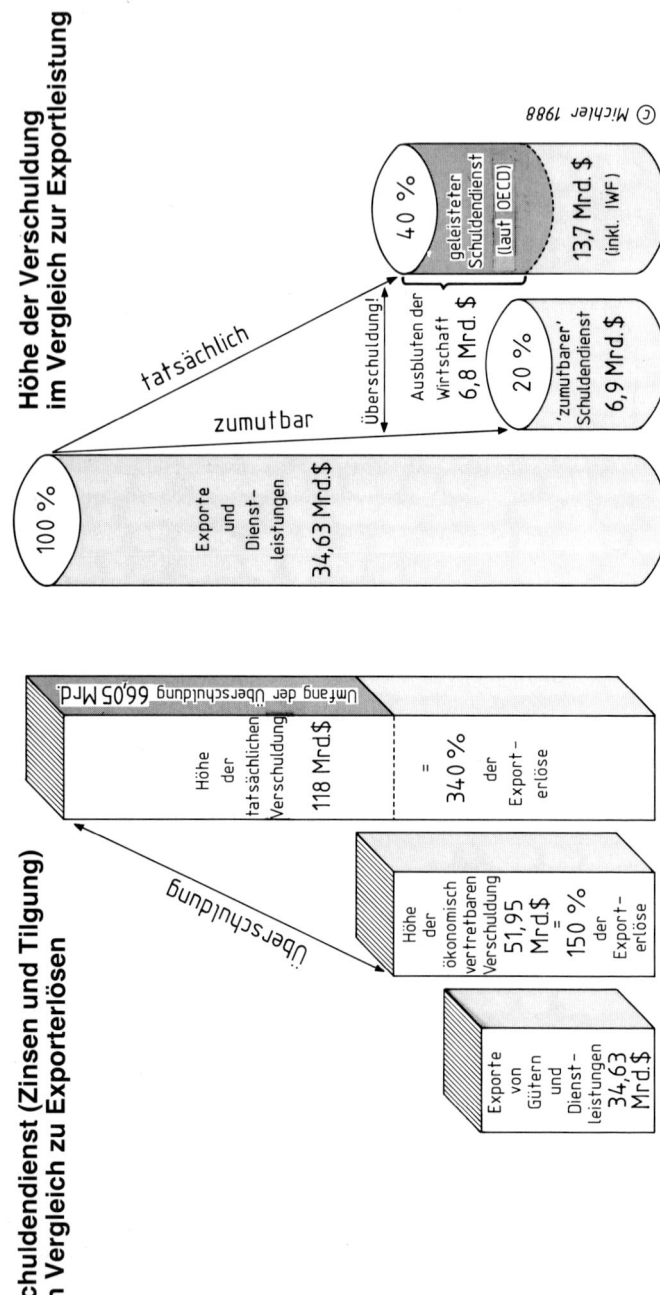

Höhe der Verschuldung im Vergleich zur Exportleistung

100 %

Exporte und Dienst-leistungen 34,63 Mrd.$

tatsächlich

zumutbar

40 %

geleisteter Schuldendienst (laut OECD)

13,7 Mrd. $ (inkl. IWF)

Überschuldung!

Ausbluten der Wirtschaft 6,8 Mrd. $

20 %

'zumutbarer' Schuldendienst 6,9 Mrd.$

© Michler 1988

Schuldendienst (Zinsen und Tilgung) im Vergleich zu Exporterlösen

Umfang der Überschuldung 66,05 Mrd.

Höhe der tatsächlichen Verschuldung 118 Mrd.$

= 340 % der Export-erlöse

Höhe der ökonomisch vertretbaren Verschuldung 51,95 Mrd.$ = 150 % der Export-erlöse

Exporte von Gütern und Dienst-leistungen 34,63 Mrd.$

Überschuldung

Eigene Berechnungen nach OECD- und Weltbank-Angaben, vgl. auch Tabelle 2 und Graphik 5

Graphik 4: Überschuldung einzelner Länder gemessen an ihren Exporterlösen (1988)*

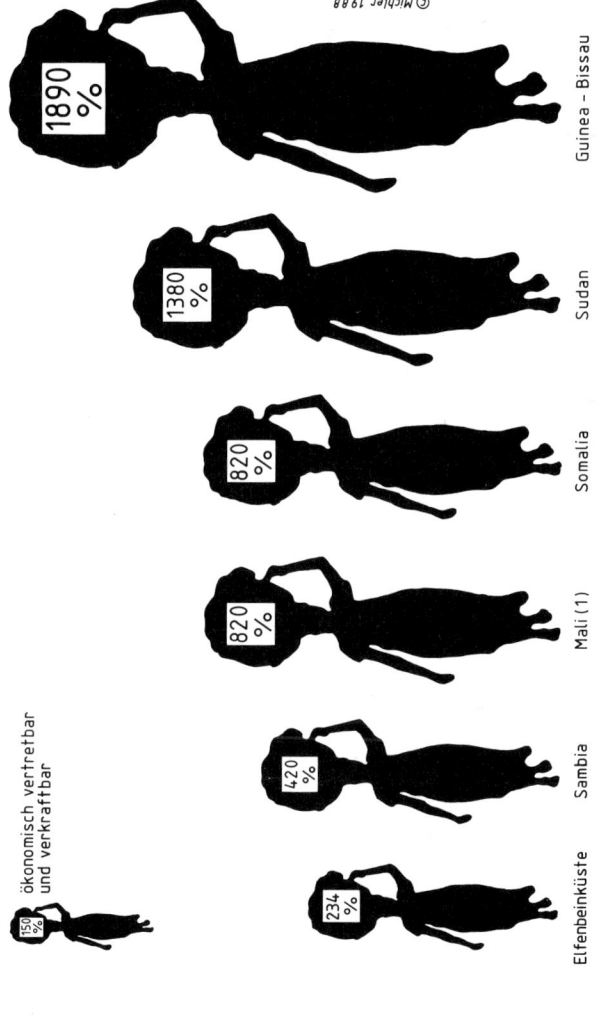

ökonomisch vertretbar
und verkraftbar

150 %

Elfenbeinküste

234 %

420 %

Sambia

820 %

Mali (1)

820 %

Somalia

1380 %

Sudan

1890 %

Guinea – Bissau

© Michler 1988

* Schuldenstand vom 1. 1. 1988, gemessen an den Exporten von Gütern und Dienstleistungen, und zwar an deren Durchschnitt während der Jahre 1980–85; damit ist der angegebene Verschuldungsprozentsatz aussagefähiger als derjenige, der nur auf die Exporte eines Jahres bezogen errechnet wird.

(1) Schuldenstand von Mali 1. 1. 87

Quellen: nach Weltbank (World Debt Tables 1986/87) und anderen Angaben

381

Konkret: Kauft das kriegsruinierte, bitterarme Mosambik im Westen beispielsweise Entladekräne für seine Häfen im Wert von 100 Mio. $ und nimmt dafür einen Exportkredit für ein Jahr in Anspruch, dann hat es acht Millionen $ an Zinsen zu zahlen, obwohl die westlichen Lieferanten an dem Geschäft ohnehin mehr als 20 Mio. $ verdienen. Bleibt noch anzumerken, daß die per Exportkredit gekauften Waren oftmals – entwicklungspolitisch gesehen – unsinnige Ausgaben darstellen. Es ist unentschuldbar und verantwortungsloser Journalismus, wenn die Medien, vorzugsweise beim Thema Afrika, nur davon berichten, wieviel dieser Kontinent an Spenden und Entwicklungshilfe erhält, aber eigentlich niemals darüber informieren, welche Ströme von Geld aus diesen Ländern an uns wieder zurückfließen. Wie Tabelle 2 zeigt, hat Schwarzafrika in den Jahren 1978–87 mindestens 35 Mrd. $ allein an Zinsen gezahlt. Obwohl die Bundesrepublik mehr als zwanzig afrikanischen Ländern die aus Entwicklungshilfekrediten stammenden Schulden 1978 erlassen hat, haben die schwarzafrikanischen Staaten nach Angaben der Kreditanstalt für Wiederaufbau 500 Mio. DM als Zinsen für ‚Entwicklungshilfedarlehen' an die Bundeskasse gezahlt (Zeitraum 1960–87).[17]

Betrachtet man nur den Kreditsektor, dann betrug der Zufluß im genannten Zehnjahreszeitraum 96,53 Mrd. $ und der Rückfluß (Schuldendienst) 82,62 Mrd. $; der Nettotransfer war mit 14 Mrd. $ sehr gering (Angaben ohne IWF-Kredite). Wie alle Entwicklungsländer haben auch die schwarzafrikanischen seit 1984 auf dem Kreditsektor mehr an die Geber zurückgezahlt, als sie an neuen Geldern erhalten haben. Es ist in diesem Zusammenhang durchaus begründet, die in der Tabelle ausgewiesenen Zuschüsse außer acht zu lassen. Diese nicht-rückzahlbaren Entwicklungshilfeleistungen werden zu anderen Zwecken als die Kredite gegeben und können damit keine ‚Amortisation' für den Schuldendienst abwerfen. Aber selbst wenn man diese Zuschüsse in die Beurteilung einbezieht, bleibt festzustellen, daß der Netto-Kapitalfluß während der letzten Jahre auf 3–4 Mrd. $ gesunken ist – zu wenig, um ein Gebiet von der 100fachen Größe der Bundesrepublik zu entwickeln. Der seit Jahren spürbar über 20 Prozent der Exporterlöse liegende Schuldendienst (vgl. Tabelle 2) macht vor allem eines deutlich: *Schwarzafrika ist nicht nur verschuldet, sondern überschuldet.* Bei einer ganzen Reihe von Ländern ist die Situation geradezu katastrophal. Nach Angaben der Bundesstelle für Außenhandelsinformation (bfai) hatten 1986 bzw. 1987 zehn Staaten *mehr als die Hälfte ihrer Exporterlöse* für den Schuldendienst aufzuwenden.[18] Absurd ist die Situation Mosambiks. Seine Schuldendienstverpflichtung betrug 1987 rund 250 % seiner Exporterlöse. Betroffen machen muß das Verhalten der Geber im Falle Madagaskars. Es hätte 1986 99,5 % seiner im Auslandsgeschäft verdienten Devisen für die Zins- und Tilgungszahlungen ausgeben müssen; um es zu entlasten, wurde ihm eine Umschuldung eingeräumt, aber danach lagen die Verpflichtungen immer noch bei 51,3 %, überstiegen mehr als das Doppelte des ökonomisch Zumutbaren.[19]

Wie viele Länder ihre Zahlungen teilweise eingestellt haben und wie hoch die Rückstände sind, ist offiziell nicht zu erfahren. Vor allem aber schweigen sich die Geber darüber aus, *welche Sanktionen* sie wegen der aufgelaufenen Zahlungsverpflichtungen verhängen. So stoppte 1987 die Bundesregierung Entwicklungshilfezahlungen an Mosambik, weil das Land auf dem Exportkreditsektor in Zahlungsverzug geraten war.

Tabelle 2: Schwarzafrika: Kapitalzu- und -rückflüsse 1978–87[1] (in Mrd. $)

	1978	1979	1980	1981	1982	1983	1984	1985	1986	1987	1978–87 Summen
Kredite (2)	8,0	9,13	10,89	10,91	12,98	12,33	7,97	7,76	8,56	8,0*	96,53
Zuschüsse (EH) (3)	4,0	4,5	5,8	5,9	5,5	5,4	5,8	7,0	7,0*	7,0*	57,90
Summe	12,0	13,63	16,69	16,81	18,48	17,73	13,77	14,76	15,56	15,0*	154,43
Tilgung (4)	(2,2)	(2,6)	(3,0)	(3,3)	3,5	4,0	4,9	6,5	7,3	6,38**	43,68
Zinsen (5)	(1,2)	(1,6)	(2,6)	(2,9)	4,5	4,2	4,2	4,5	5,0	4,14**	34,84
Schuldendienst (4)	4,5*	5,6*	6,3*	7,2*	8,1	8,2	9,0	10,9	12,3	10,52**	82,62
Netto-Zufluß (5)	7,5	8,03	10,39	9,61	10,38	9,53	4,77	3,86	3,26	4,48*	71,81
Schuldendienst in % der Exporterlöse	jährlich unter 20 Prozent	"	"	"	21,1%	22,9%	22,8%	27%	35,5%	./.	./.
dito inkl. IWF	"	"	"	"	22,6%	25%	25%	29,7%	39,6%	./.	./.

Anmerkungen:

1 Alle Daten ohne Kredite des IWF und ohne Schulden aus Rüstungskäufen

2 alle Kreditarten, inklusive Exportkredite sowie Kredite mit kurzen Laufzeiten

3 Zuschüsse sind nicht-rückzahlbare Finanzmittel aus der Entwicklungshilfe, jedoch unklar, ob diese Beträge insgesamt transferiert wurden; möglicherweise sind u. a. Expertengehälter nicht-afrikanischer Staatsbürger zumindest teilweise enthalten

4 Tilgung, Zinsen, Schuldendienst beziehen sich auf alle Kreditarten; Schuldendienst ist stets die Summe aus Zinsen und Tilgung; in Tabelle ergeben sich Summenfehler durch Rundungen; Zahlen in Klammern beziehen sich nur auf Zins- und Tilgungsleistungen für Kredite mit längeren Laufzeiten

5 Differenz aus Summe der Zuflüsse (Kredite und Zuschüsse) minus Schuldendienst

* Schätzungen aufgrund von Berechnungen

** Prognosedaten der Weltbank

Quellen: eigene Berechnungen nach World Debt Tables (Summary), Weltbank, Jan. 1988; Financing Adjustment with Growth in Sub-Saharan Africa, Weltbank 1986; Financing and External Debt of Developing countries, OECD 1987; ferner Auskünfte des OECD-Büros, Paris

Für den Tatbestand der Überschuldung und damit für die Bedrohlichkeit der Situation spricht auch, daß nach Weltbankangaben von 1980–87 insgesamt 90 multilaterale Umschuldungsabkommen mit schwarzafrikanischen Staaten vereinbart wurden, hinzu kommen noch die bilateralen.[20] Die Weltbank hat auf die verfahrene Lage u. a. insofern reagiert, daß sie seit 1987 von der Gruppe der „debt-distressed-countries" spricht. Der nun auch offiziell als „Schulden-zerrüttete Länder" anerkannten Kategorie gehören 22 Staaten an; ihre Bevölkerung zählt rund 200 Millionen Menschen (Mitte 1988). In diesen Staaten sank während der achtziger Jahre das Pro-Kopf-Einkommen um fast ein Fünftel und die Exporterlöse um die Hälfte. Außerdem bleibt ihre Situation auch künftig desolat. Denn selbst nach den konservativen Prognosen der Weltbank haben sie in den Jahren 1988–90 mehr als 30 % ihrer Exporterlöse für den Schuldendienst aufzuwenden.[21] Auch im Falle Gesamtschwarzafrikas bleiben die Schuldenbelastungen hoch. Allein bei den langfristigen Krediten klettern die Zins- und Tilgungsverpflichtungen 1988 auf über 14 Mrd. $, und sie bleiben in einer Höhe von über 10 Mrd. bis einschließlich 1991 bestehen (Weltbank-Angaben). Obwohl es sich hierbei um Prognosen handelt (die freilich auf Berechnungen beruhen), steht doch eines fest: nämlich, daß die Verschuldungsproblematik des schwarzafrikanischen Kontinents künftig *größer* statt *kleiner* werden wird, wenn man die gegenwärtige Strategie – ‚Erleichterungen durch Umschuldungen' – beibehält.

Kredite und ‚perverses Wachstum': keine Fortschritte, aber Lasten für alle Das Beispiel Nigeria

„Let them eat fly-overs" – laßt sie doch die Autobahnbrücken essen, hieß eine der Schlagzeilen in der nigerianischen Tagespresse, als die einheimische Elite sich anschickte, die 25jährige Unabhängigkeit des Landes zu feiern. Die Masse der Bevölkerung freilich hatte nichts zu jubeln. Denn ‚ein Vierteljahrhundert Uhuru' bescherte ihnen Gehaltskürzungen und eine Verteuerung der Grundnahrungsmittel. Und dies, obwohl schon zuvor die Löhne der kleinen Angestellten und der Arbeiter unter dem Existenzminimum gelegen hatten. Im Jahr 1985 war es endgültig aus mit dem Ölboom, und die schwindenden Petromilliarden zwangen den Wirtschaftsgiganten und das OPEC-Land Nigeria in die Knie.

Um Zinsen und Tilgungen für die Auslandsschulden wenigstens teilweise bezahlen zu können, verfügte die Militärregierung ein drastisches Sanierungs- und Sparprogramm. So verhängte sie beispielsweise ein Importverbot für Mais und Reis. Entwicklungspolitisch war dies eine durchaus sinnvolle Maßnahme, um der Landwirtschaft in der potentiellen Kornkammer Westafrikas nach jahrelanger Vernachlässigung endlich unter die Arme zu greifen. Aber der abrupt verfügte Zwang zur Selbstversorgung ließ die Preise für die Alltagskost der Armen in die Höhe schnellen, und das sind allein in Lagos mindestens zwei Millionen Menschen. Im Jahr 1985, zum Silberjubiläum seiner Unabhängigkeit, belief sich die Verschuldung Nigerias auf etwa 20 Mrd. $; Anfang 1988 war dieser Betrag gar auf 24 Mrd. $

angewachsen. Dabei hätte das Land genug Ressourcen gehabt, um sich aus eigener Kraft zu entwickeln: Von 1970 bis 1988 exportierte es Erdöl im Wert von ca. 180 Mrd. Dollar; zeitweise lagen die Ausfuhrerlöse sogar *über* denen des ‚reichen' Südafrika.[22] Die herrschende Elite, aber auch die Kreditgeber hatten nicht damit gerechnet, daß der Strom der Öl-Gelder einmal versiegen könnte.

Als die Front des OPEC-Kartells durch das Billigöl aus Großbritannien und Norwegen zerbrach, traf der Sparkurs der nigerianischen Regierung die gesamte Bevölkerung, obwohl sie vom Ölboom und den per Auslandskredit finanzierten Investitionen nicht profitiert hatte. Die verdienten wie geliehenen Gelder waren in ehrgeizige Industrialisierungsprojekte (z.B. Stahlwerke, Autofabriken) und in kostspielige Infrastrukturmaßnahmen geflossen. So verfügt allein der Großstadtbereich von Lagos (Einwohnerzahl: sechs bis acht Millionen) über ein Autobahnnetz von gut 200 Kilometer Länge. Wieviele Milliarden dessen Errichtung auf dem sumpfigen Lagunengrund verschlungen hat, ist unbekannt: es müssen astronomische Summen gewesen sein.

Im Fieber des Ölrausches verlor die nigerianische Elite jeden Bezug zu den Realitäten ihres Landes. Die Korruption blühte in einem nie gekannten Ausmaß, die Vergeudung nahm abstruse Formen an: Als Ende der 70er Jahre der Hafen von Lagos hoffnungslos verstopft war – 300 bis 400 Schiffe lagen im Meer vor Anker – wurden die Teile für die Produktion im Peugeotwerk per Luftfracht ins Land geholt. Noch kurioser allerdings ist der Bau der neuen Hauptstadt Abua. Die soll im Herzen des Landes liegen, im ethnischen Vakuum zwischen den Siedlungsgebieten der dominierenden Völker Nigerias, und nicht wie Lagos im Yoruba-Land. Eigentlich kein schlechter Gedanke, um die Nationbildung der mehr als 250 verschiedenen Völker zu fördern, wäre da nicht die Gigantomanie des Projektes. Am grünen Tisch geplant, soll eine Stadt für zwei Millionen Menschen aus dem Boden gestampft werden: im Zentrum mit einer kreuzungsfreien dreizehnspurigen (!) Verkehrsführung und einem unterirdischen Schnellbahnsystem.

Dies sind nur wenige Beispiele für die technokratische Großmannssucht in der bereits im Bau befindlichen Hauptstadt. Nicht einmal die Bundesrepublik könnte ein solches Projekt finanzieren. Realisiert aber wird es in einem Staat, in dessen ländlichen Regionen es weder fließendes Wasser noch Elektrizität gibt, wo die Lepra noch wütet, weil ein paar Millionen Dollar zu ihrer Bekämpfung fehlen. Wie soll denn eine neue Hauptstadt der Nationbildung dienen können, wenn die Masse der Bevölkerung den Staat nur als Steuereintreiber kennt, nicht aber als eine Institution, auf deren Dienstleistungen sie sich verlassen kann; nicht als ein Organ, das sich die Verbesserung der Lebenssituation der Armen auf die Fahnen geschrieben hat?

Oft wird argumentiert, Großprojekte wie der Autobahnbau oder die Errichtung von Fahrzeugfabriken würden Arbeitsplätze und dadurch Einkommen für vorher Mittellose schaffen. Das ist in gewisser Weise zutreffend. *Nur:* In Nigeria steht die geringe Zahl der neu entstandenen Arbeitsplätze in keinem Verhältnis zu der Höhe der Investitionsausgaben. *Vor allem aber:* Die Arbeitskräfte erhalten Löhne, mit denen ein menschenwürdiges Leben nicht zu bestreiten ist. Die Situation der Arbeiterfamilien ist eben nicht besser – oftmals eher schlechter – als diejenige der Kleinbauern auf dem Lande.

Dies ist nicht nur in Nigeria der Fall, sondern praktisch in allen Ländern Schwarz-afrikas. Von den per Exporterlös oder per Kredit finanzierten Investitionen hat die Masse der Bevölkerung im Sinne eines Entwicklungsfortschrittes nichts abbekom-men. Sie wird aber dennoch von den Sparmaßnahmen hart getroffen, die aufgrund der gestiegenen Zins- und Tilgungszahlungen in ganz Schwarzafrika von den Regierungen verfügt bzw. von außen – sei es durch IWF oder Weltbank – den Ländern auferlegt worden sind.

Sonderprogramme von IWF und Weltbank: Anspruch und Realität

Beide Institutionen haben in jüngster Zeit spezielle Kreditprogramme für die ärmsten Länder und insbesondere für Schwarzafrika initiiert (u. a. Strukturanpas-sungsfazilität, Sonderfazilität Afrika).[23] Diese Maßnahmen sind von vielen Journali-stenkollegen äußerst positiv beurteilt worden, wie überhaupt die beiden Organisa-tionen oftmals als bewährte Steuerinstanzen von Weltwirtschaft und Weltwährung hohen Respekt, ja eine geradezu mystische Verehrung genießen. In der Tat stellen manche Programme dieser Organisationen eine gewisse Hilfe für die Schuldner-länder dar, und manche ihrer Auflagen, die sie zur Voraussetzung für eine Kreditgewährung machen, sind ökonomisch durchaus sinnvoll. Doch die folgenden entscheidenden Tatbestände bleiben in der Regel unberücksichtigt, wenn Journali-sten wie Politiker von den IWF- und Weltbankprogrammen annehmen, sie könnten einen wirklich ausschlaggebenden Beitrag zur Lösung der Verschuldungsproble-matik leisten:

1. Die Mittel aller neu aufgelegten Kreditprogramme sind viel zu gering (die Sonderfazilität Afrika der Weltbank wurde am 1. 7. 1985 mit 1,3 Mrd. $ gestar-tet), um einerseits die Belastungen aus den hohen Schuldendienstverpflichtun-gen substantiell zu entschärfen und andererseits einen beschleunigten Wachs-tumsprozeß einzuleiten, dessen Früchte die Schuldner in die Lage versetzen würden, ihren Zahlungsverpflichtungen ohne Strangulation der Wirtschaft nach-zukommen.

2. Außerdem soll der überwiegende Teil der per Sonderprogramm vergebenen Mittel für neue Projekte, beispielsweise für die Entwicklung der kleinbäuerlichen Landwirtschaft oder für elementare Grundbedürfnisbefriedigung – sauberes Trinkwasser – eingesetzt werden. Diese Projekte können aber keine Mittel für den Schuldendienst erwirtschaften und wenn, dann höchstens nach ein oder zwei Generationen.

3. Nun ließe sich einwenden, durch die Außenfinanzierung von Entwicklungsmaß-nahmen spare die jeweilige Regierung Gelder, die sie zur Begleichung der Auslandsschulden einsetzen könne. Dem ist entgegenzuhalten, daß die Mehr-zahl der mit ausländischem Geld finanzierten Projekte ohne diese Mittel gar nicht zustande käme. So betrachtet, entsteht also gar kein Spareffekt. Außer-dem sind die Volkswirtschaften Schwarzafrikas vom Rohstoffpreisverfall derart immens getroffen, daß den IWF- und Weltbank-Sonderprogrammen lediglich die Funktion von Trostpflastern zukommt.

Graphik 6: Auswirkungen der Sparprogramme auf die arme Bevölkerung

Maßnahmen, die der IWF mit den Schuldnerländern vereinbart

Löhne blockieren
senkt Kaufkraft

Staatsausgaben senken
trifft den Sozialbereich:
Schulen, Krankenhäuser,
Entwicklungsprojekte

Nahrungsmittelsubventionen streichen
Grundnahrungsmittel werden
für die Ärmsten
unerschwinglich teuer

Währung abwerten, Exporte fördern, Außenhandel liberalisieren
exportieren statt konsumieren

Importe reduzieren
trifft z. B. Ersatzteile
für einheimische Industrie:
Produktion fällt,
Arbeitslosigkeit steigt

Quelle: Misereor 1987

Graphik 5: Netto-Transfer zwischen IWF und Schwarzafrika 1981–87
(in Mio. US-Dollar*)

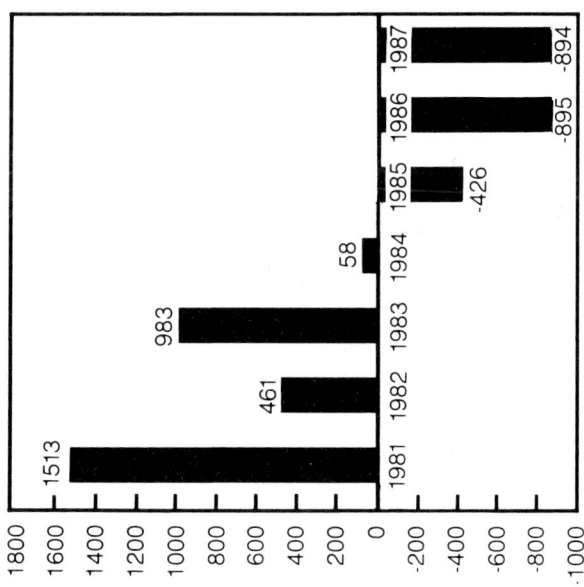

1981: 1513
1982: 461
1983: 983
1984: 58
1985: -426
1986: -895
1987: -894

* Netto-Transfer = IWF-Kredite aller Art abzüglich der Rückzahlungen und Zinsen; Minus-Zahlen besagen, daß der Rückfluß im betreffenden Jahr größer war als die neu gewährten Kredite.

Quelle: Report of the UN Secretary-General's Advisory Group on Financial Flows for Africa, New York, Febr. 1988

„Zuerst den Strick, dann den Kredit. Entweder du kletterst, oder du hängst."

4. Ferner kranken die Programme daran, daß die ausgeliehenen Mittel in US-Dollar verzinst und zurückgezahlt werden müssen. Da derzeit keine Aussicht besteht, daß sich die außenwirtschaftliche Leistungskraft der schwarzafrikanischen Staaten innerhalb der nächsten beiden Jahrzehnte wesentlich verbessern wird, fehlen diesen Ländern auch in Zukunft die notwendigen Mittel, um die heute aufgenommenen Darlehen, selbst diejenigen zu ‚weichen' Konditionen, zu bedienen.

5. Mit den Sonderkreditprogrammen von Weltbank („Adjustment with Growth": Anpassungs-orientiertes Wachstum) und IWF sind stets *Auflagen* verbunden, die auf wirtschaftliche Strukturreformen im Empfängerland abzielen. Einige wichtige Elemente dieser „Anpassungs-Konzepte" sind bereits im Landwirtschaftskapitel (vgl. S. 344 f.) dargestellt worden. Der Auflagenpolitik ist vorzuwerfen, daß sie sich nur an – z. T. abstrakten – ökonomischen Kriterien orientiert und die Auswirkungen auf die armen Schichten der Bevölkerung überhaupt nicht oder zu wenig berücksichtigt hat. Insbesondere von den Kreditbedingungen des IWF gilt, daß sie primär darauf ausgerichtet sind, die Zahlungsbilanzdefizite eines Landes zu beheben. Alle ökonomischen Kräfte sollen u. a. darauf konzentriert werden, daß das jeweilige Land seine Auslandsschulden wieder bedienen kann: „Von der Erreichung entwicklungspolitischer Ziele, wie der Erhöhung der inländischen Beschäftigung und der Realeinkommen, der landwirtschaftlichen und industriellen Produktion für den Inlandsbedarf usw., ist in den Anpassungsprogrammen des IWF nicht einmal die Rede. Unverhohlen wird gefordert, die Armen sollten den Gürtel noch enger schnallen, um Zinszahlungsfähigkeit und Kreditwürdigkeit ihrer Länder zu verbessern,"[24] heißt es in einer von der Deutschen Welthungerhilfe in Auftrag gegebenen Studie des Starnberger Instituts zur Erforschung globaler Strukturen, Entwicklungen und Krisen.

Damit ist hinreichend dargelegt, daß die bis Anfang 1988 von IWF *und* Weltbank aufgelegten Sonderkreditprogramme die Verschuldungskatastrophe Schwarzafrikas nicht werden meistern können. Deshalb erübrigt sich auch die Erörterung der Programme im Detail. Generell haftet allen Darlehenstypen der beiden Institutionen ein Erschwernis besonderer Art an: Sie können nicht umgeschuldet werden. Anfang 1987 bestanden 23 % aller Verbindlichkeiten Schwarzafrikas aus solchen nichtumschuldungsfähigen Krediten.

Zur Rolle des Internationalen Währungsfonds ist noch anzumerken, daß dessen Bedeutung nicht durch die Höhe der Kredite bestimmt ist, die er an Staaten in Zahlungsnöten zu vergeben hat. Vielmehr liegt seine Machtposition in dem schicksalsentscheidenden Urteil begründet, das er in der Regel über die Schuldnerländer verhängt. Der IWF entscheidet nämlich, ob ein Staat ‚Bonität' (Kreditwürdigkeit) genießt oder nicht. Denn ist ein Land in Zahlungsverzug geraten, werden ihm seine Gläubiger nur dann Erleichterungen beim Schuldendienst einräumen, wenn es für seine Wirtschaft ein vom IWF ausgearbeitetes Sanierungsprogramm akzeptiert. Ein solches Abkommen wird von den Gebern *und* Investoren als eine gewisse Garantie dafür betrachtet, daß es künftig mit dem Schuldnerland wirtschaftlich bergauf gehen wird. Die vom IWF verfügten Auflagen erzwingen enorme Sparprozesse im Schuldnerland, deren Auswirkungen – beispielsweise die Erhöhung der Brotpreise (Subventionsverbot) – die armen Schichten unmittelbar treffen.

Über die IWF-Auflagen ist nicht nur ein heftiger politischer Streit zwischen den Industrie- und Entwicklungsländern entbrannt, sondern auch eine Kontroverse unter Wirtschaftswissenschaftlern. Letztere krankt vor allem daran, daß ein entscheidender Tatbestand völlig außer acht gelassen wird: Das IWF-Auflagen-Konzept ‚paßt' nämlich nur für entwickelte Volkswirtschaften (letztlich nur für Industrieländerökonomien), nicht aber für die Verhältnisse in der Vierten Welt. Die IWF-Sanierungskonzepte haben weder die Strukturen noch die Ressourcen noch die außenwirtschaftlichen Perspektiven der Entwicklungsländer auch nur halbwegs angemessen berücksichtigt. Den Schuldnerländern haben die Auflagen nur Opfer, jedoch nicht den verheißenen Weg aus ihrer Krise beschert. Gänzlich anders waren die Folgen für die Kreditgeber: Ihnen haben die Auflagen mit dazu verholfen, wenigstens einen Teil der Außenstände zu erhalten. Und weil im IWF die westlichen Gläubigerländer die Stimmenmehrheit besitzen, wird die Auflagenpolitik weiter praktiziert, obwohl sie bisher in mehr als 90 Prozent der Fälle statt Entlastung nur Belastung gebracht hat, statt Entwicklung noch mehr Verelendung.

Wegweiser aus der Katastrophe:
Die Lehren der Geschichte

Der ökonomisch falsche Ansatz:
„Entwicklung durch Verschuldung"

Eine ganze Kette sehr unterschiedlicher Ursachen hat zu jenem Schuldenberg geführt, der schon längst vor der Anfang 1988 erreichten Höhe von 1.250 Mrd. $ eine ökonomische Wendemarke überschritt: Jenen Scheidepunkt nämlich, wo der Pfad der Verschuldung in die Überschuldung mündete. Wären die Entwicklungsländer private Unternehmen, hätten sie längst *Konkurs* anmelden müssen, so desolat ist die Situation der meisten von ihnen, vor allem diejenige Schwarzafrikas. Wie sehr sich auch die Motive der Geber und Nehmer unterschieden haben mögen, letztlich glaubten sie alle irgendwie an die im Westen geborene *„growth-cum-debt-Entwicklungsphilosophie"*, an jene bis heute beschworene Schlüsselstrategie, die einen *beschleunigten Wachstumsprozeß* in der Dritten Welt *mit Krediten von außen* bewirken will.[25]

Auf den ersten Blick erscheint vieles an diesem Konzept plausibel: Den Entwicklungsländern fehlt es an eigenen Mitteln, um eine rasche Industrialisierung und eine zügige Entwicklung ihrer Landwirtschaft zu realisieren. Folglich schließt man diese Ressourcenlücke durch Kredite von außen. Sind die Gelder investiert, wird der ausgelöste Wachstumsprozeß die notwendigen Devisen für den Schuldendienst abwerfen. Die Wirtschaftswissenschaftler haben dieses hier nur im Prinzip dargestellte Konzept mit einem Theorie- und Formelgebäude abzusichern versucht. So gut begründet diese Überlegungen im einzelnen auch waren, in der Praxis sind sie – mit Ausnahme einiger ‚Musterländer' (z. B. Singapur, Taiwan, Südkorea) – fehlgeschlagen, aus zugegebenermaßen vielen Gründen, auf die hier im Detail nicht eingegangen werden kann. Es sei nur kurz bemerkt, daß sich die Akteure, Geber und Nehmer, vielfach nicht an die Spielregeln des Modells hielten (Öffnung der Märkte, Verwendung der Gelder für produktive statt für konsumtive Zwecke).

Aber dies waren nicht die Hauptgründe des Scheiterns. Denn die entscheidende Grundfrage, der sich die überwiegende Mehrheit unserer westlichen Politiker immer noch nicht stellen will, lautet: *Ist der ökonomische Grundsatz generell richtig, ein Entwicklungsland durch Auslandskredite entwickeln zu wollen, deren Zinsen und Tilgungen in Devisen zu zahlen sind?* Wobei zu berücksichtigen ist, daß diese außenfinanzierte Entwicklungsbeschleunigung unter den Bedingungen des nach dem Zweiten Weltkrieg etablierten Weltwirtschaftssystem stattfinden hat, in dem die Dritte Welt das Marktgeschehen nur erleiden, aber dieses nicht der eigenen Interessenlage gemäß mitbestimmen kann.

Mit Ausnahme einiger an nicht mal zwei Händen abzuzählender Länder sprechen alle historischen Erfahrungen gegen die Richtigkeit der *„Wachstum-durch-Verschuldung-Strategie"*: Alle Industrieländer haben ihre Entwicklung aus eigenen Kräften vollzogen, wenn man einmal von jener ‚Außenfinanzierung' absieht, die sie durch die Ausbeutung ihrer Kolonien erhielten; aber die war sicherlich nicht – trotz aller berechtigten Kolonialismuskritik – der entscheidende Faktor. Meiner Meinung nach hat die Entwicklung der letzten Jahrzehnte folgendes bewiesen:

1. Nur in ganz wenigen Ausnahmefällen können Kredite zu Marktbedingungen (relativ hohe Zinssätze; Laufzeiten meist zwischen 3 und 10 Jahren, neuerdings auch länger; wenn überhaupt, dann nur kurze tilgungsfreie Zeiträume) einen wirklichen Entwicklungsfortschritt auslösen. Die aus solchen Darlehen resultierenden *hohen* Schuldendienstraten kann das Entwicklungsland im Normalfall nicht erwirtschaften; es muß in die Krise geraten, wenn es, wie die lateinamerikanischen Länder oder wie Nigeria, eine Fülle derartiger Kredite aufnimmt. Ein Beispiel aus einem anderen Bereich mag dies erhärten: Auch *Existenzgründungsdarlehen* werden bei uns nicht zu Marktbedingungen vergeben, sondern zu vergünstigten Bedingungen, weil nur vergünstigte Konditionen eine Starthilfe bedeuten können. Um so mehr ist dies bei den Entwicklungsländern der Fall, denn dort kommen noch die ungünstigen Umfeld- und Rahmenbedingungen erschwerend hinzu.

2. Die Ressourcen der Entwicklungsländer sind nicht nur ‚ökonomisch‘ zu definieren, sondern auch kulturelle, religiöse, ethnische, historische Aspekte sowie der jeweilige Entwicklungsstand sind zu berücksichtigen. *Konkret:* In den gegenwärtigen Niedrig-Einkommens-Ländern, in der sog. Vierten Welt (Pro-Kopf-Einkommen unter 425 $) sind beschleunigte Entwicklungsfortschritte nicht durch Auslandskredite zu bewirken, selbst nicht durch solche mit ‚weichen‘ Konditionen, deren Schuldendienst *in Devisen* zu leisten ist. Zum Schuldendienst in Fremdwährung sind diese kaum existenten Volkswirtschaften nicht in der Lage.

3. Daß einer Volkswirtschaft, die am Boden liegt, nur durch Kredite *einer ganz bestimmten Art* – wenn überhaupt – zu helfen ist, wurde in der Marshallplanhilfe schon vor rund 40 Jahren realisiert. Die Wiederaufbauhilfe, die das kriegszerstörte Westeuropa von den USA erhielt, mußte es nicht in Dollar zurückzahlen, sondern in *einheimischer* Währung, und zwar in einen Fonds, aus dem dann wieder neue Projekte finanziert wurden. Dies löste gewissermaßen einen *Schneeballeffekt* für die inländische Wirtschaftsentwicklung aus. Die Marshallplanhilfe trug zwei Grunderkenntnissen Rechnung: *Erstens* ist es für eine Volkswirtschaft wesentlich einfacher, einen Schuldendienst in der eigenen Währung zu leisten als in einer fremden, zumal dann, wenn die Exportproduktpalette begrenzt ist und Handelshemmnisse den Zugang zu den Außenmärkten erschweren. *Zweitens* lernte man aus den Entwicklungen nach dem Ersten Weltkrieg. Damals hatte ein zu hoher ‚Schuldendienst‘ (Reparationszahlungen) den Niedergang der deutschen Wirtschaft und die Einstellung des gesamten Zahlungsverkehrs durch das Deutsche Reich bewirkt, was eine der Ursachen für die Weltwirtschaftskrise Anfang der dreißiger Jahre war. Um die darniederliegende deutsche Wirtschaft nach dem Zweiten Weltkrieg nicht abermals mit einem ruinösen Schuldendienst zu belasten, verzichtete die Marshallplanhilfe auf Zins- und Tilgungsleistungen an den Geldgeber USA. Entscheidend ist in diesem Zusammenhang, daß diese historisch einmaligen Darlehensbedingungen nicht primär aus humanitären Gründen gewährt wurden, sondern weil sie

das *ökonomische Gebot der Stunde* waren. Außerdem erhielt Deutschland Dünger, Saatgut, Getreide und sonstige Lebensmittel im Wert von über 3 Mrd. US-Dollar; eine Überlebenshilfe, die von den Alliierten rückzahlungsfrei gewährt wurde (GARIOA- und CARE-Hilfe, UK-Contribution-Fund).

Umschuldungsabkommen der Vergangenheit: Maßstäbe für die Probleme der Gegenwart

Die Wiederauferstehung des Weltwirtschaftssystems – „Wohlfahrt durch globalen Freihandel" – sowie die beginnende Aufwärtsentwicklung in Deutschland erforderten, wollte man beide nicht gefährden, eine Regelung der deutschen Auslandsschulden. Diese erfolgte im *Londoner Schuldenabkommen*, das 1953 nach längeren Verhandlungen besiegelt wurde. Dessen wichtigsten Elemente seien kurz dargestellt, wobei jedoch nur diejenigen herausgegriffen werden, die für eine Lösung der gegenwärtigen Verschuldung der Dritten Welt einen beispielhaften Aspekt enthalten.[26]

1. De facto verzichteten die Siegermächte auf Reparationszahlungen durch die Bundesrepublik für die vom Deutschen Reich verursachten Kriegsschäden, und zwar nicht so sehr aus humanitärem Großmut, sondern aus *ökonomischer Einsicht;* die Alliierten sahen also von Forderungen ab, obwohl sie einen rechtmäßigen Anspruch besaßen.
2. Die Bundesrepublik akzeptierte ihre Zahlungsverpflichtung für die vom Deutschen Reich verursachten Kreditschulden.
3. Die Verhandlungsführer der Bundesrepublik konnten gegenüber den Gläubigern durchsetzen, daß sich der Schuldendienst an der *Zahlungsfähigkeit* ihres Landes (sogenannte Transferfähigkeit, außenwirtschaftliche Leistungskraft) zu orientieren habe. Deshalb enthielt das Abkommen *Schutzklauseln* für den Fall von Transferschwierigkeiten.
4. Unter Berücksichtigung der geschwächten wirtschaftlichen Leistungskraft wurden 51,5 % der Schulden erlassen. Außerdem vereinbarte man niedrige Zinssätze und lange Tilgungszeiten.
5. Schließlich erfolgten die Vereinbarungen im Kontext der Marshallplanhilfe: Man konnte bei der Festsetzung der Rückzahlungsbedingungen die wirtschaftlichen Effekte dieser zusätzlichen Unterstützung einkalkulieren.

Das Abkommen – *insgesamt eine den ökonomischen Tatbeständen angepaßte Regelung* – trug ganz wesentlich die Handschrift des deutschen Delegationschefs Hermann Josef Abs, des späteren Aufsichtsratsvorsitzenden der Deutschen Bank. Abs sollte 17 Jahre später nochmals eine entscheidende Weichenstellung gelingen, nämlich beim Umschuldungsabkommen mit Indonesien (1970). Schon 1966 war das Land mit einem Außenstand von 2,1 Mrd. $ in Zahlungsverzug gegenüber den westlichen Gläubigern geraten, die Abs mit der Ausarbeitung eines Lösungsvorschlages beauftragten. Die wichtigsten Elemente der von Abs vorgeschlagenen Regelung waren:[27]

- Gleichbehandlung aller Schulden und Gläubiger
- Erlaß aller Zinszahlungsverpflichtungen
- Tilgung der Altschulden über einen Zeitraum von 30 Jahren in gleichen Beträgen
- Basis für die Rückzahlungsbelastung: diese darf 20 % der Exporterlöse nicht überschreiten.

Nach heftigem Streit im Pariser Club (Zusammenschluß der staatlichen Geber des Westens) wurde das Abs-Modell mit einigen Abstrichen realisiert. Als andere Schuldnerländer mit durchaus vergleichbaren ökonomischen Gesamtbedingungen ebenfalls in Zahlungsschwierigkeiten gerieten, kehrte der Pariser Club jedoch wieder zu seiner alten Umschuldungspraxis zurück: Keine substantielle Neuregelung wie im Falle Indonesiens, sondern Gewährung neuer Kredite, um die alten bedienen zu können.

Sowohl das Londoner Abkommen wie dasjenige mit Indonesien kamen u. a. nur deshalb zustande, weil eine relativ *kleine* Verhandlungsgruppe die Federführung übernommen hatte und weil man sich auf einige wenige, überschaubare Grundprinzipien einigte. Zu denken geben muß, daß der Ökonom und im internationalen Bankengeschäft erfahrene Abs bei der von ihm vorgeschlagenen Indonesien-Umschuldung zunächst weit über das hinausging, was die Politiker an Erleichterungen zugestehen wollten.

Statistische Verwirrspiele: Eine Katastrophe für sich

Eigentlich hatte ich gedacht, beim Thema Verschuldung sicheren statistischen Boden zu betreten – eine Hoffnung und ein Glaube, die als Seifenblase zerplatzt sind. Es mag ja noch verständlich sein, daß die afrikanischen Staaten nicht in der Lage sind, verläßliche Daten über das Geschehen in ihren Ländern zu präsentieren, obwohl auch hier manches – ein Vierteljahrhundert nach der Unabhängigkeit – nicht mehr zu entschuldigen, sondern schlicht auf Schlampigkeit und verfehlte Prioritätensetzung zurückzuführen ist. Dies ist auch von den westlichen Entwicklungshilfegebern oft kritisiert worden. Doch glaubwürdig wäre deren Kritik nur, wenn sie selbst bessere Daten präsentieren würden: Im Bereich der Verschuldung tun sie dies nicht.

Alle Kredite gegenüber Afrika sowie die damit zusammenhängenden Geldbewegungen durchlaufen die westlichen Statistiken. Man sollte also annehmen, daß im angebrochenen Computerzeitalter ein Knopfdruck genügen würde, um wenigstens die wichtigsten Basisdaten verläßlich dokumentiert zu erhalten. Weit gefehlt! Wegen der Bedeutung dieses Statistik-Skandals einige Beispiele und Hinweise, die auch als Warnungen für den Umgang mit dem präsentierten Zahlenmaterial gedacht sind; ich beziehe mich im folgenden auf die *World Debt Tables* der Weltbank (‚Weltschuldentabellen') und auf die vom Zusammenschluß der westlichen Industrieländer, der OECD, vorgelegten Daten *(Financing and External Debt of Developing Countries,* jährlich erscheinend):

1. Schon über die *Höhe der Verschuldung* herrscht *keine Einigkeit.* Die OECD gibt die gesamten Außenstände Schwarzafrikas zum 1. 1. 1987 mit rund 118 Mrd. $ an, während sie von der Weltbank auf 102,03 Mrd. beziffert werden; ein Unterschied von 16 Milliarden oder von 50 % der Exporterlöse bezogen auf das Jahr 1986.

2. Die Zinszahlungen Schwarzafrikas sollen nach den Weltbankdaten im Jahr 1986 insgesamt 2,78 Mrd. $ betragen haben, während sie von der OECD mit 5 Mrd. $ angegeben werden: für die schwachen Wirtschaften des Kontinents ein geradezu astronomischer Unterschied.

3. Ähnliche Differenzen ergeben sich bei den Tilgungsleistungen: Die OECD weist sie für 1986 mit 7,3 Mrd. $ aus, die Weltbank mit 4,25 Mrd. Dollar. Für frühere Jahre ergeben sich ebenfalls gravierende Abweichungen, wobei die Weltbankangaben immer unter denen der OECD liegen. *Konsequenz:* Die Weltbankdaten zeichnen ein *wesentlich günstigeres* Bild der Schuldendienstbelastung Schwarzafrikas als diejenigen der OECD (genannte Zins- und Tilgungszahlungen jeweils ohne IWF-Kredite).

4. Die Weltbank präsentiert auch graphische Darstellungen zum Verhältnis von Schuldendienst und Exporterlösen, um die wirtschaftliche Belastung des jeweiligen Landes zu verdeutlichen. Diese sind letztlich *unbrauchbar,* weil sie sich nur auf die langfristigen und öffentlich garantierten Schulden beziehen: Während die Weltbank die Schuldendienstbelastung Schwarzafrikas für 1986 mit 19,1 % angibt, betrug sie, wenn man sie aufgrund der OECD-Daten selbst berechnet, rund 40 Prozent. Gemäß den Weltbankdaten ist die durchschnittliche Belastung somit noch erträglich, während sie der OECD zufolge das zumutbare Maß um 100 % übersteigt.

5. Erhebliche Unterschiede ergeben sich auch im Bereich der Zuflüsse. Hier hat die OECD ein ganz merkwürdiges Verständnis über den sogenannten Netto-Ressourcen-Fluß („net resource flows"). Während gemeinhin der Netto-Zufluß die Differenz zwischen der Summe aller erhaltenen Gelder abzüglich des geleisteten Schuldendienstes darstellt (deshalb ‚netto'), läßt die OECD die Rückflüsse unberücksichtigt, wodurch der ausgewiesene Zufluß größer wird, als er in Wirklichkeit ist. *Aber es kommt noch schlimmer:* Die Netto-Zuflußbeträge der OECD enthalten auch die Aufwendungen für die sog. Technische Zusammenarbeit (TZ) und die administrativen Kosten der Entwicklungshilfe.[28] Unter die TZ fallen z. B. die relativ hohen Gehälter der ausländischen Entwicklungshilfeexperten sowie deren gesamten Nebenkosten, außerdem die Kosten für die Projektberatung; von dieser lukrativ bezahlten Consulting-Tätigkeit leben etliche Firmen in Deutschland. Von all dem hat sicherlich auch Afrika in der Regel einen Gewinn, aber diese Aufwendungen kann man nicht zu hundert Prozent als Netto-Zufluß bezeichnen. Zu den administrativen Aufwendungen gehören u. a. die anteiligen Kosten der mehr als 500 Mitarbeiter im Bundesministerium für wirtschaftliche Zusammenarbeit. All dies wird als Netto-Ressourcen-Transfer für den afrikanischen Kontinent verbucht. Da die Leistungen aller westlichen Geber auf diese Weise berechnet werden, fällt der ausgewiesene ‚Zufluß' *um einige Milliarden Dollar* höher aus als die tatsächlichen monetären Transaktionen.

6. Generell kranken alle Daten daran, daß sie nicht aktuell genug sind. Weltbank und OECD-Angaben beziehen sich auf einen Zeitpunkt, der *mindestens* ein Jahr vor dem jeweiligen Veröffentlichungsdatum liegt. Innerhalb eines solch relativ langen Zeitraums kann sich aber die Situation eines einzelnen Landes durch die Aufnahme neuer Kredite oder durch Umschuldungen wesentlich verändert haben. Mit Hilfe der modernen Datentechnik und durch eine gut strukturierte Organisation müßte es möglich sein, Schuldentabellen zu präsentieren, deren Zahlen höchstens einen Monat alt sind.

Stellt sich abschließend noch die Frage, auf welche Zahlen sich bei dieser unterschiedlichen Datenlage unsere Entscheidungsträger stützen. Ferner: Was hält sie eigentlich davon ab, dafür zu sorgen, daß Faktenmaterial vorliegt, welches diesen Namen verdient? Oder ist es so, daß sie an den wirklichen Fakten – die sich nicht so einfach beiseite schieben lassen – gar nicht interessiert sind? Eine andere Schlußfolgerung bietet sich dem logisch denkenden Menschenverstand jedenfalls nicht.

Insbesondere bei der Berechnung der Schuldendienstbelastung Schwarzafrikas sind wir in der Regel den Angaben der OECD gefolgt, weil die Gläubiger wohl kein Interesse daran haben, die erhaltenen Zinsen und Rückzahlungen überhöht anzugeben. Im Falle der Zuflüsse haben wir uns bemüht, jene Geldbeträge zu errechnen, die tatsächlich an die afrikanischen Staaten ausgezahlt wurden.

Tabelle 3: Die Auslandsverschuldung der schwarzafrikanischen Staaten (Stand 1. 1. 1987)

	Gesamt-verschuldung in Mio. $	Verschuldung in % der Exporterlöse (1)	Anteil der Verschuldung bei öffentl. Gebern in % (2)
1) Äqua.-Guinea	164	k.A.	91,6
2) Äthiopien	2.246	334	86,2
3) Angola	3.071	153	k.A.
4) Benin	1.073	479*	55,3
5) Botswana	578	62	88,9
6) Burkina Faso	689	361	94,2
7) Burundi	563	408	94,9
8) Dschibuti	250	k.A.	95,9
9) Elfenbeinküste	11.250	340	45,8
10) Gabun	2.191	119	35,7
11) Gambia	314	353	88,1
12) Ghana	3.312	472	95,1
13) Guinea	1.530	295	85,7
14) Guinea-Bissau	318	1.767	71,9
15) Kamerun	3.600	143	80,6
16) Kapverden	113	k.A.	97,6
17) Kenia	4.836	288	81,4
18) Komoren	161	805	99,9
19) Kongo	3.589	330	44,0
20) Lesotho	194	58	95,6
21) Liberia	1.553	326	81,8
22) Madagaskar	2.958	802*	86,2
23) Malawi	1.122	378	92,9
24) Mali	1.790	758	96,5
25) Mauretanien	1.807	453	90,8
26) Mauritius	695	106	78,8
27) Mosambik	3.400	1.000	k.A.
28) Niger	1.458	445	80,3
29) Nigeria	29.100	269	39,0
30) Ruanda	457	233	97,7
31) Sambia	5.158	450	83,7
32) Sao Tomé und Principe	83	692*	99,2
33) Senegal	3.478	498*	88,4
34) Seschellen	144	123	84,0
35) Sierra Leone	641	377	64,3
36) Simbabwe	2.375	158	47,8
37) Somalia	1.777	1.346	95,2
38) Sudan (3)	12.985	1.564	87,0
39) Südafrika	19.813	113	k.A.
40) Swasiland	270	81	95,2
41) Tansania	4.232	943	89,4
42) Togo	1.212	322	90,5
43) Tschad	179	153*	80,0
44) Uganda	1.191	285	92,6
45) Zaire	6.876	333	86,5
46) Z.afrik.Republik	435	274	94,0

Zur weiteren Gültigkeit und Aktualität der Daten: Angaben über den Schuldenstand zum 1.1.1988 werden frühestens im Februar 1989 vorliegen. Da die gegenwärtige Entlastungsstrategie „Umschuldung" die Höhe der bestehenden Verbindlichkeiten nicht vermindert, sondern in der Regel vergrößert, werden die in Spalte 2 (Verschuldung in Prozent der Exporterlöse) enthaltenen Angaben als Trendwerte weiterhin gültig bleiben. *Das heißt:* Alle Staaten, die einen Verschuldungsgrad von über 300 % ihrer Exporterlöse aufweisen, werden auch innerhalb der nächsten *zehn Jahre* überschuldet bleiben; aller Voraussicht nach wird ihre Schuldenbelastung eher größer als kleiner werden. Ferner spielt es bei einer extremen Überschuldung keine Rolle mehr, ob diese sich auf 700, 800 oder 1.000 % der Exporterlöse beläuft.

Anmerkungen:

(1) 150 % werden als ökonomisch vertretbar angesehen; für die Berechnung wurde der Durchschnittswert der Exporterlöse im Dreijahreszeitraum 1984–86 zugrunde gelegt; bei Zahlen mit * die Jahre 1983–85.
Zur Graphik 4 ergeben sich Abweichungen, weil dort ein anderer Berechnungszeitraum und die nur für diese Länder vorhandenen aktuelleren Daten zugrunde gelegt wurden.

(2) Der Anteil der öffentlichen Geber bezieht sich nur auf die langfristigen Kredite; diese machen ca. 80 % der Gesamtverschuldung aus.

(3) Gesamtverschuldung des Sudan bezieht sich auf den 1.1.1988.

k.A. Quellen enthalten keine Angaben.

Quellen:
OECD, External Debt Statistics, Paris 1987; Weltbank, World Debt Tables, 1987–88 Edition, Vol. I und II, Washington 1988; Bundesstelle für Außenhandelsinformation, Wirtschaftsdaten aktuell, versch. Ausgaben zu versch. Ländern, Köln; UNO, Handbook of international trade and development statistics, supplement 1986, New York 1987.

Zusammenfassung

1. Schwarzafrika ist nicht bloß verschuldet, sondern überschuldet. Der Schuldendienst liegt seit Jahren über der als zumutbare Obergrenze angegebenen Marge von 20 % der Exporterlöse. Trotz einer Vielzahl von Umschuldungen sind die Rückzahlungsbelastungen zu hoch geblieben.

2. Konsequenz der zu hohen Schuldendienstbelastung ist ein Ausbluten und ein ruinöser Niedergang der Wirtschaft sowie eine zunehmende Verelendung der breiten Bevölkerung, insbesondere der unteren Schichten in den Städten. Eine größer werdende Zahl von Unterernährten und Verarmten steht damit *in einem direkten Zusammenhang* zu den Schuldendienstbelastungen.

3. Im Unterschied zu Lateinamerika sind die 45 schwarzafrikanischen Staaten zu einem weitaus höheren Prozentsatz bei *öffentlichen Gebern* verschuldet, durchschnittlich zu mehr als zwei Dritteln. Bei den 30 ärmsten Ländern beträgt der Anteil der öffentlichen Geber knapp 90 Prozent. Die Darlehen der öffentlichen Hand sind entweder *Exportkredite* (Wareneinkauf im Westen) oder *Entwicklungshilfekredite* zu unterschiedlichen Bedingungen. Insgesamt hat der schwarzafrikanische Kontinent nur 30 % seiner aufgenommenen Mittel zu *vergünstigten* Bedingungen erhalten.

4. Da heute schon die Schuldendienstraten für die kommenden Jahre feststehen, lassen sich die künftigen Belastungen relativ sicher voraussagen. Sie werden erheblich über der kritischen Marge von 20 % der Exporterlöse liegen, auch wenn oder gerade wenn die gegenwärtige Umschuldungspraxis fortgesetzt wird.

5. Der Netto-Kapitalzufluß in die schwarzafrikanischen Staaten hat während der letzten Jahre – trotz gegenteiliger Behauptungen der Entwicklungshilfepolitiker – drastisch abgenommen. Auf dem Kreditsektor (also ohne die Zuflüsse der nicht-rückzahlbaren Zuschüsse aus der Entwicklungshilfe) hat sich der Kapitalfluß seit 1984 umgekehrt, d. h. die Rückflüsse übersteigen die Zuflüsse.

6. Der stark gesunkene Netto-Kapitalzufluß und die im Vergleich zu den siebziger Jahren sprunghaft gestiegenen Schuldendienstbelastungen trafen Schwarzafrika zu einer Zeit, in der seine Wirtschaften unter dem tiefsten Rohstoffpreisniveau seit dem Zweiten Weltkrieg zu leiden hatten und etliche Staaten vor immensen ökologischen Problemen standen oder von Dürreperioden heimgesucht sowie durch kriegerische Konflikte ausgezehrt wurden.

7. Allein der Rohstoffpreisverfall bescherte Schwarzafrika in den Jahren 1980–87 einen Einnahmenausfall von 100 Mrd. $. Der Netto-Kapitalzufluß im gleichen Zeitraum, und zwar die nicht-rückzahlbaren Zuschüsse aus der Entwicklungshilfe miteingerechnet, belief sich auf rund 72 Mrd.

Dollar. Hätten die Industriestaaten die 1980 gültigen Preise für Schwarzafrikas Weltmarktprodukte auch während der folgenden Jahre gezahlt,
hätte man sich – zynisch gesprochen – das ganze Kredit- und Entwick-
lungshilfespektakel ersparen können, und Schwarzafrika wäre immer
noch um rund 28 Mrd. $ reicher gewesen. Oder umgekehrt ausgedrückt:
Hätte es den Rohstoffpreisverfall nicht gegeben, wären die schwarzafrikanischen Staaten nicht derart tief in die Schuldenfalle geraten, wie es
gegenwärtig der Fall ist.

8. Die Entwicklungen der letzten Jahre haben gezeigt, daß Schwarzafrikas
Verschuldungsproblem mit den bisher verfolgten Umschuldungsstrate-
gien und durch Sonderkreditprogramme des IWF und der Weltbank zu
herkömmlichen Bedingungen nicht zu lösen ist. Derartige Strategien
führen nur dazu, daß das Problem auch weiterhin bestehen bleibt, zumal
es derzeit keine berechtigten Hoffnungen für die Verbesserungen der
außenwirtschaftlichen Situation Schwarzafrikas gibt. Seine Staaten werden bis zum Ende unseres Jahrhunderts und darüber hinaus ihre Devisen mit Rohstoffen verdienen müssen; und zwar mit Rohstoffen, bei
denen alle Prognosen eher für einen weiteren Preisverfall als für einen
dauerhaften Preisanstieg sprechen. Dies bedeutet, daß sich Schwarzafrika die notwendigen Devisen nicht wird verdienen können, um seinen
Schuldendienst ohne weitere Wohlfahrtsverluste – sprich Verelendung –
zu leisten. Somit wird die Masse der Bevölkerung unter den Folgen der
Verschuldung weiter zu leiden haben, obwohl sie von den Krediten nicht
profitiert hat.

Forderungen und Empfehlungen

1. Schwarzafrika hatte während der letzten Jahre einen Schuldendienst
zu leisten, dessen Höhe weder ökonomisch noch politisch, geschweige
denn ethisch zu vertreten und zu rechtfertigen ist. Bleibt es bei der
gegenwärtigen Strategie der Geber, wird die ruinöse Schuldendienstbelastung in den kommenden Jahren andauern. Ein Großteil der Schulden (mindestens ein Drittel) stammt aus Entwicklungshilfekrediten. Die
bisherige Umschuldungspraxis hat gezeigt, daß sich so die katastrophale Verschuldungsproblematik nicht lösen läßt, ganz im Gegenteil:
sie verschärft die Situation, indem sie künftige Zahlungsunfähigkeiten
vorprogrammiert. Daher sind substantiell neue Strategien erforderlich.

2. Eine *Rückbesinnung auf die Humanität und ökonomische Vernunft* ist
notwendig und *das Gebot der Stunde*. Wer immer die gegenwärtige
Situation verschuldet hat, ist letztlich gleichgültig angesichts der Tatsache, daß die Wirtschaften Schwarzafrikas durch die Schuldendienstbelastungen ausbluten. Die Menschen in diesen Ländern können die

Gürtel um ihre Hungerbäuche nicht mehr enger schnallen. Dennoch werden die westlichen Industriestaaten sie dazu zwingen, wenn es nicht zu gänzlich neuen Regelungen kommt. Es widerspricht allen Grundwerten der westlichen Demokratie und der Sozialen Marktwirtschaft, daß die Armen- und Hungerhäuser der Welt *Milliarden Dollar an Zinsen* für die erhaltene *Überlebenshilfe* zahlen müssen.

3. Die westlichen Entscheidungsträger – von den Entwicklungshilfepolitikern bis hin zu den Bankiers – haben sich von den Realitäten in Schwarzafrika und den übrigen Ländern der Vierten Welt mehr denn je entfernt. Sie besitzen kein Gespür dafür, was ihre in den noblen Tagungsräumen des Pariser Clubs verabschiedeten Schuldendienst-Bestimmungen in den Entwicklungsländern an Elend bewirken. Sie verkennen, daß ihr unerbittliches Bestehen auf Zahlung der ausstehenden Verbindlichkeiten eine *kolonialistische Politik in Reinkultur* darstellt.

4. Die westlichen Staaten könnten auf die Zins- und Tilgungszahlungen Schwarzafrikas (wie auch der anderen armen Länder) verzichten, ohne daß dies nennenswerte Wohlfahrtsverluste für sie selbst bedeuten würde. Vergleichbares gilt von den internationalen Geberorganisationen. Aber selbst wenn Forderungsverzichte ökonomische Auswirkungen hätten (im Falle einer Entschuldung der gesamten Dritten Welt), so gilt, daß im Sinne einer *Weltsolidargemeinschaft* bzw. einer *Sozialen Weltmarktwirtschaft* die Reichen diese Einbußen hinnehmen müssen, da den Armen weitere Opfer nicht mehr zugemutet werden können.

5. Sofortiges Handeln ist erforderlich: In einem ersten Schritt sind die Schuldendienstbelastungen so zu reduzieren, daß sie bei jedem Land *20 Prozent* der Exporterlöse *nicht* mehr übersteigen. Wenn die renommiertesten Ökonomen eine höhere Marge für nicht zumutbar halten, was berechtigt dann einen Entwicklungshilfepolitiker – und diese Frage muß in aller Deutlichkeit und immer wieder gestellt werden –, einen höheren Prozentsatz selbst per Umschuldungsvereinbarung zu diktieren?

6. Die schwarzafrikanischen Staaten *müssen entschuldet* werden: Das gebietet die moralische und ökonomische Vernunft. Es gibt auch genügend Vorschläge und praktikable Wege, wie dies geschehen könnte. Aber diese können *erst dann* im Detail ausgearbeitet werden, nachdem der Westen seine Bereitschaft zu Verzicht und zu substantiellen Neuregelungen erklärt hat. Es geht nicht darum, die Schulden ohne Wenn und Aber zu erlassen. So wäre beispielsweise zu prüfen, ob die in ausländischer Währung bestehenden Forderungen in Zahlungsverpflichtungen umgewandelt werden können, die in *einheimischer* Währung zu begleichen sind. Sollte dies möglich sein, ist den Gebern ein Mitbestimmungsrecht über die weitere Verwendung dieser Inlandsmittel einzuräumen. Mit der Ausarbeitung eines Entschuldungskonzeptes sowie mit der notwendigen Verhandlungsführung ist ein relativ kleiner Kreis von Experten zu beauftragen, in dem Gläubiger und Schuldner *paritätisch* vertreten sein sollten.

7. Neugestaltung der bi- und multilateralen Entwicklungshilfe (bilateral: von Staat zu Staat, multilateral: internationale Organisationen wie IWF und Weltbank): Künftig wird keine Entwicklungshilfe mehr als Kredit vergeben, dessen Schuldendienst vom Empfängerland in ausländischer Währung zu leisten ist. Entweder sollte Entwicklungshilfe nur noch als nicht-rückzahlbarer Zuschuß (Subvention) gewährt werden oder als Darlehen, dessen Tilgung und Zinsen in einheimischer Währung zu zahlen sind, und zwar in einen Fonds, aus dem dann unter Mitsprache der Geber neue Projekte finanziert werden.

8. Die *Exportkreditvergabe* ist ebenfalls neu zu gestalten. Bei Wareneinkäufen, die einer entwicklungspolitischen Zielsetzung dienen, ist bei den Niedrig-Einkommens-Ländern auf Zinsen ganz zu verzichten. Es ist zu prüfen, ob diese Zinsen aus dem Entwicklungshilfeetat zu bestreiten sind.

9. Ein *internationales Aufsichtsamt für den Geschäftsverkehr der Banken* ist zu gründen; entsprechende *Kontrollgesetze* sind zu erarbeiten und zu erlassen. Es müssen Margen verbindlich festgelegt werden, bis zu denen sich ein Land verschulden darf. Dies ist im Interesse der Geber und Nehmer. Hätte es eine solche internationale Bankenaufsicht gegeben, wäre es nicht zur Verschuldungskatastrophe der Dritten Welt gekommen, die auch für das westliche Bankensystem eine Gefahr gewesen ist. Wer sich einer derartigen *Kontrollbehörde mit Durchsetzungsbefugnis* widersetzt, plädiert für eine *zügellose* Marktwirtschaft, die langfristig zum Schaden aller gedeihen muß.

10. Die Glaubwürdigkeit des Westens steht auf dem Spiel. Wenn all die Grundwerte seiner Rechtsordnung wie soziale Wohlfahrt, Menschenwürde, Brüderlichkeit tatsächlich global gelten sollen, dann muß er in der Verschuldungsfrage endlich einen anderen Weg einschlagen. Die Umkehrung des Kapitalflusses bei gleichzeitigem Verfall der Rohstoffpreise auf einen historischen Tiefststand ist in mancher Hinsicht ein *schlimmerer Kolonialismus* als derjenige längst vergangener Jahrzehnte.

11. Daß sich die Politik in Afrika verändern, verbessern muß, ist an zahlreichen Stellen dieses Buches gefordert worden. Aber dies müssen in erster Linie die Afrikaner selbst bewerkstelligen. Und wenn irgendwo Eliten ihr Volk ausbeuten, kann dies keine Rechtfertigung für uns sein, eine ähnlich skrupellose Politik zu betreiben. Was wir tun können – und hier sind *nur wir* gefordert –, das ist die Schaffung äußerer Rahmenbedingungen für Afrika und die anderen Entwicklungsländer, die dem Anspruch *sozialer Gerechtigkeit* genügen. Das gegenwärtige Bestehen auf Forderungen, die aus ökonomischen Gründen nicht mehr zahlbar sind, hat mit sozialer Grechtigkeit nichts mehr zu tun.

12. Hilfswerke, Dritte-Welt-Gruppen, Journalisten sind in besonderer Weise gefordert: Sie müssen die Verschuldungskatastrophe Schwarzafrikas und der anderen schwer getroffenen Staaten zu ihrem Thema machen, in einer deutlichen, unüberhörbaren Sprache, damit niemand

sagen kann: „*Wir haben nichts gewußt.*" Die Geschichte ist erneut dabei, sich zu wiederholen: Als vor 100 Jahren Abertausende aus Europa auswanderten, um den afrikanischen Kontinent zu ‚zivilisieren‘, wurde dies als historischer Auftrag des Abendlandes verklärt. Niemand erregte sich darüber, daß den Einheimischen ihr Land geraubt wurde, niemand nahm Anstoß, als man jene hinmordete, die sich gegen die weißen Eindringlinge zur Wehr setzten. So nimmt auch heute unsere Gesellschaft keinen Anstoß daran, daß wir Milliarden an Zinsen aus den Armenhäusern der Welt kassieren, daß wir die von ihnen produzierten Waren, die sogenannten Rohstoffe, mit Hungerlöhnen entgelten. *Im Gegenteil:* Man brüstet sich noch als Wohltäter, glaubt mit dem ‚Afrika-tag‘ Enormes geleistet zu haben, mokiert sich darüber, daß jene 125 Mio. DM an Spenden den Kontinent noch nicht nach oben gebracht haben. *Übrigens:* Für die Ernährung und Pflege ihrer Haustiere geben die Bundesdeutschen pro Jahr fünf Milliarden DM aus.

13. Zwar haben führende Politiker, wie der französische Staatspräsident Mitterrand, wiederholt davon gesprochen, der schwarzafrikanische Kontinent müsse entschuldet werden. Aber bis Anfang 1988 hatte sich nichts Entscheidendes getan, außer der Verlängerung von Laufzeiten, was angesichts der anstehenden Probleme eine Farce ist. Wenn das Thema Entschuldung, wenn der Zusammenhang von Hunger und Verschuldung in der Öffentlichkeit nicht stärker thematisiert wird, wird es bei der gegenwärtigen Strategie kosmetischer Korrekturen bleiben. *Lautstarker Protest ist notwendig,* denn ohne diesen werden unsere Politiker nicht zu substantiellen Neuregelungen bereit sein. Bleiben diese aus, heißt das für Schwarzafrika: *Das Elend der Bevölkerung wird auch in Zukunft von außen mitverursacht.*

Literaturhinweise

1. Als Einführung in das Problem und als allgemeine Hintergrundinformation: Alexander Schubert, *Die internationale Verschuldung. Die Dritte Welt und das transnationale Bankensystem;* Suhrkamp Taschenbuch, Frankfurt 1985. Bundeskongreß entwicklungspolitischer Aktionsgruppen (BUKO), *Elende Schuld – unverschuldetes Elend,* Verschuldung und Verelendungspolitik als Herausforderung an die bundesdeutsche Solidaritätsbewegung, Hamburg April 1986; Direktbezug von BUKO, Nernstweg 32–34, 2000 Hamburg 50. Elmar Altvater, Kurt Hübner, Jochen Lorentzen, Raul Rojas (Hg.), Die Armut der Nationen – Handbuch zur Schuldenkrise von Argentinien bis Zaire; Rotbuch Verlag, Westberlin 1987.
2. Die ‚Fakten‘ der Verschuldung und die laufenden Entwicklungen werden in den folgenden Publikationen dokumentiert: 1) OECD, *External Debt Statistics,* the debt and other external liabilities of developing, CMEA and certain other countries and territories, Paris 1987. Erscheint jährlich und eignet sich zur raschen Orientierung; enthält die aktuellsten Daten

zum Schuldenstand eines jeden Landes (Summe und Gliederung nach Gebern) sowie einige zusammengefaßte Tabellen, allerdings keine Angaben zur Schuldendienstbelastung. 2) Weltbank, *World Debt Tables, External Debt of Developing Countries,* Washington, jährlich neu. Erscheint jeweils zu Beginn des Jahres, die Ausgabe 1988/89 dokumentiert den Schuldenstand per 31.12. 1986. Die leider über 200,– DM teuren Debt Tables bestehen aus einem ca. 500 Seiten starken Grundband und einer Kurzfassung. Die präsentierten Zahlen stützen sich im wesentlichen auf Angaben des jeweiligen Schuldnerlandes; damit sind die ausgewiesenen Verbindlichkeiten als Untergrenze der tatsächlichen Verschuldung zu betrachten, die durchschnittlich gut zehn Prozent mehr beträgt. 3) OECD, *Financing and External Debt of Developing Countries,* 1986, Survey, Paris 1987. Ist eine notwendige Ergänzung zu den World Debt Tables der Weltbank, da die jährlich erscheinenden OECD Surveys ‚alle' Kredite auflisten. Die Surveys dokumentieren den Schuldenstand des jeweiligen Jahres zum 31.12., dessen Jahreszahl sie tragen. Journalisten wenden sich am besten direkt an die Büros der beiden Organisationen in Paris, von dort sind zahlreiche Materialien zur Verschuldung kostenlos zu erhalten: OECD, Head of Publication Service; 2 rue André Pascal, 75775 Paris Cedex 16; Weltbank, 66 avenue d'Iéna, 75116 Paris.

3. Zur Rolle des IWF: Körner/Maaß/Siebold/Tetzlaff, *Im Teufelskreis der Verschuldung. Der Internationale Währungsfonds und die Dritte Welt,* Junius Verlag, Hamburg 1984. Enthält Fallstudien zum Sudan und zu Zaire.

4. Wege aus der Verschuldungskatastrophe und Entschuldungskonzepte finden sich bei: Wilhelm Hankel, *Gegenkurs, Von der Schuldenkrise zur Vollbeschäftigung,* Siedler Verlag, Berlin 1984. Thomas Kampffmeyer, *Die Verschuldungskrise der Entwicklungsländer, Probleme und Ansatzpunkte für eine Lösung auf dem Vergleichswege,* Deutsches Institut für Entwicklungspolitik, Berlin 1987; direkt von dort zu beziehen: DIE, Fraunhoferstr. 33–36, 1000 Berlin 10. Zum Verständnis beider Publikationen sind gute volkswirtschaftliche Grundkenntnisse erforderlich.

5. Als Zeitschrift empfiehlt sich: *Finanzierung & Entwicklung,* Vierteljahresheft des Internationalen Währungsfonds und der Weltbank in Zusammenarbeit mit dem HWWA-Institut für Wirtschaftsforschung Hamburg. Berichtet zwar aus der Perspektive der genannten Institutionen, ist aber unerläßlich, wenn man die Geschehnisse auf dem Gebiet der ‚internationalen Entwicklungsfinanzierung' und Auslandsverschuldung verfolgen will. Das Abonnement ist kostenlos, unter Angabe des Bezugswunsches wenden an: Finance & Development, IWF, Washington, DC 20431, USA. Erscheint in mehreren Sprachen, auch in Deutsch.

6. Weitere Informationen zur Verschuldung Schwarzafrikas sowie graphisch aufbereitetes Material (meist) kostenlos zu erhalten von: Africa Recovery, Department of Public Information United Nations, New York 10017.

Die Entwicklungshilfe staatlicher und privater Geber:
Grundsätze, Fakten, Perspektiven

Hinter den sieben Bergen, bei den zwölf Zwergen

Kapitel 1
Nahrungsmittelhilfe – stets Rettung vor dem Hungertod?

> Die vermeintlich unmittelbare Hilfe – notwendige Klarstellungen · Nahrungsmittelhilfe: die Fakten · Nahrungsmittelhilfe der EG: Bezahlung trotz Überschüssen – skandalöse Abwicklungspraktiken · Die ‚institutionalisierte' Nahrungsmittelhilfe: eine Entwicklungsblockade · Forderungen und Empfehlungen

Die vermeintlich unmittelbare Hilfe – notwendige Klarstellungen

Mangel und Überschuß ließen während der letzten Jahrzehnte einen neuen Weltmarkt eigener Art entstehen: den der Nahrungsmittelhilfe. Von 1970 bis 1987 verließen rund 170 Mio. t Getreide[1] die Häfen der westlichen Geberländer, um die Unterernährten in den Entwicklungsländern vor dem Hungertod zu retten oder um doch wenigstens eine ‚*Überbrückungshilfe*' zu leisten, solange nämlich, bis die Bauern in der Dritten Welt für sich selbst und auch für die Stadtbevölkerung ihrer Länder genügend produzieren. Diesen Beistand haben die Industriestaaten stets als einen besonders deutlichen Beweis ihrer solidarischen Humanität gegenüber den Notleidenden in den Entwicklungsländern verstanden: Weltweit wandten sie dafür seit 1970 gut 35 Mrd. $ auf.[2] Doch nur zwei Drittel dieser ‚Überlebenshilfe' erhielten die Empfängerländer geschenkt; zumindest bis 1986 wurden zwischen 30 und 40 % der Nahrungsmittelhilfe nur gegen Kredite gewährt.[3]

Freilich gehen bei keiner anderen Form der sogenannten *Entwicklungszusammenarbeit* zwischen Nord und Süd die Meinungen so auseinander wie im Falle der Nahrungsmittelhilfe. Während sie von Experten und Hilfsorganisationen zunehmend härter kritisiert wird, während einige gar für einen Einstellungsstopp plädieren, glauben weite Teile der Öffentlichkeit – wie von den Politikern suggeriert –, durch diese Hilfe würden in der Tat Millionen Notleidende vor noch Schlimmerem bewahrt. Ihrer Meinung zufolge beweist die Nahrungsmittelhilfe, wie sehr die Entwickelten zu uneigennützigem Teilen bereit sind. Ferner sei sie ein überdeutlicher Beleg dafür, daß die Unterentwickelten noch nicht einmal ihr physisches Überleben aus eigener Kraft bewerkstelligen können. So gesehen hat die Nahrungsmittelhilfe das Verhältnis zwischen Nord und Süd ‚*karitarisiert*': Nicht grundlegende politische Reformen der internationalen Beziehungen sind notwendig, um den Hunger zu besiegen, sondern mehr direkte Hilfen, Sozialfürsorge.

Die sehr unterschiedlichen Bewertungen von Experten und Öffentlichkeit haben ihre Ursache vor allem darin, daß es völlig verschiedene Arten der Nahrungsmittelhilfe gibt, die immer wieder durcheinander gebracht werden. Deshalb zunächst einige grundsätzliche Klärungen:

1. **Die Geber:** Nahrungsmittelhilfe wird sowohl von verschiedenen *staatlichen Körperschaften* wie von *privaten Spendenorganisationen* gewährt und durchgeführt. Der Anteil staatlicher Institutionen an der weltweit gewährten Nahrungsmittelhilfe liegt bei über 95 Prozent. *Konkret:* Während sich 1986/87 die Zusagen staatlicher Geber für die 45 schwarzafrikanischen Staaten auf 3,85 Mio. t Getreide beliefen, betrug die von den Hilfswerken offiziell gemeldete Menge nur 9.000 Tonnen.[4]

2. **Staatliche Geber:** Dies sind entweder einzelne Staaten (bilaterale Hilfe) oder internationale Organisationen (multilaterale Hilfe) wie die EG oder das Welternährungsprogramm (World Food Programme = WEP). Auf seiten der UN-Organe ist das mit der FAO eng kooperierende Welternährungsprogramm der mit Abstand bedeutendste Lieferant von Nahrungsmittelhilfe. Insgesamt wird etwa ein Viertel dieser Hilfe über multilaterale Organisationen abgewickelt.

3. **Verschiedene Formen der Nahrungsmittelhilfe:** Zu unterscheiden ist zwischen der ‚institutionalisierten' Nahrungsmittelhilfe (Food Aid Convention) und der Sofort- oder Katastrophenhilfe. Erstere wird an *„Getreide-Defizit-Länder"* vergeben, und zwar *unabhängig* von einer aktuellen Notlage in diesen Staaten! *Konkret:* Ägypten erhielt während der letzten Jahre durchschnittlich 1,8 Mio. t Getreide, obwohl dieses Land weder von einer Dürre noch von einer anderen Katastrophe heimgesucht wurde. Mindestens *drei Viertel* aller Nahrungsmittelhilfe werden in dieser institutionalisierten Dauerform, also unabhängig von Katastrophenfällen, vergeben.

4. **„Food Aid Convention" – Internationales Nahrungsmittelhilfe-Übereinkommen:** Die Getreide-Hilfe, die unabhängig von akuten Notlagen gewährt wird, ist in einem internationalen Vertrag, der Food Aid Convention (FAC), festgeschrieben. Erstmals wurde dieses Abkommen 1968 über eine Mindestmenge von jährlich 4,26 Mio. t Getreide vereinbart; mittlerweile ist die pro Kalenderjahr garantierte Menge auf 7,52 Mio. t angewachsen, die von den westlichen Industriestaaten und der EG den Entwicklungsländern zur Verfügung gestellt werden. Bangladesch und Ägypten erhalten jährlich weit über eine Million Tonnen aus diesem Abkommen. Die „Food Aid Convention" sollte die bereits erwähnte Überbrückungshilfe sein, sollte *nur vorübergehend* eingerichtet werden, bis die traditionellen Defizit-Länder in der Lage sind, ihren Bedarf aus der eigenen Produktion zu decken. Dieses Abkommen wäre freilich einerseits nie ohne die horrenden *Überschüsse* in den Industriestaaten zustande gekommen, andererseits spielten ideologische Motive eine ausschlaggebende Rolle: Viele amerikanische Parlamentarier wollten den *Weizen als politische Waffe* einsetzen. Die Entwicklungsländer sollten durch überlebenswichtige Lieferungen bleibend an den Westen gebunden werden, denn kostenlosem oder per Vorzugskredit gewährtem Getreide hätte der Ostblock nichts Vergleichbares entgegenzusetzen.[5]

5. **Vergabeformen und -bedingungen:** Der weitaus größte Teil (über 75 %) der Nahrungsmittelhilfe öffentlicher Geber wird den Regierungen der Empfängerländer zur weiteren Verwendung überlassen. Sie können das Getreide *entweder* an Notleidende verteilen *oder* auf dem Markt *verkaufen*. Letzteres gilt insbesondere für die Mengen, die aus der Food Aid Convention bestritten werden. Wird das Getreide verkauft, dann ist der Erlös auf ein *inländisches Gegenwertkonto* einzuzahlen, aus dem die Regierung dann zusätzliche Entwicklungsmaßnahmen finanzieren soll. Auch die als Katastrophenhilfe gewährten Nahrungsmittel staatlicher Geber werden den Regierungen der betroffenen Länder zur Verfügung gestellt, die in der Regel die Verteilung an die Hungernden übernehmen müssen, was einerseits von den Gebern kaum kontrolliert wird und wozu die Empfängerstaaten andererseits wegen der bestehenden Transportprobleme nur unzureichend in der Lage sind.

6. **Die Nothilfe der nicht-staatlichen Spendenorganisationen:** Erstens gewähren diese Institutionen Nahrungsmittelhilfe nur in Katastrophenfällen oder auch – zu einem geringeren Teil – als Entlohnung für Arbeitsleistungen in Entwicklungsprojekten, an denen sie beteiligt sind (food for work). Generell gilt, daß bei den Hilfswerken die Empfängergruppe der Nahrungsmittelhilfe ziemlich genau bestimmt ist. Ferner *überwachen* ausländische oder einheimische Mitarbeiter die Abwicklung vor Ort. Die Katastrophenhilfe der Spendenorganisationen erreicht also die Notleidenden direkt und stellt – von wenigen Ausnahmen abgesehen – tatsächlich eine *unverzichtbare Überlebenshilfe* dar. Die vielen Mißstände bei der staatlichen Nahrungsmittelhilfe geben damit keine Rechtfertigung dafür, in Katastrophenfällen den privaten Hilfswerken nichts zu spenden. *Vielmehr sollte das Gegenteil der Fall sein:* Wegen der Unzulänglichkeiten der staatlichen Nahrungsmittelhilfe verdienen die Anstrengungen der privaten Hilfsorganisationen besondere Unterstützung.

7. **Der Informationsstand der Öffentlichkeit:** Daß der weitaus überwiegende Teil der Nahrungsmittelhilfe unabhängig von aktuellen Notlagen vergeben wird und meist auf den Märkten der Empfängerländer an die städtische Bevölkerung verkauft wird, blieb der breiten Öffentlichkeit hierzulande verborgen, ebenso der entscheidende Unterschied zwischen der Nahrungsmittelhilfe staatlicher Geber und derjenigen der Spendenorganisationen.

Nahrungsmittelhilfe: die Fakten

Weltweit wurden seit 1970 etwa 10 Mio. t jährlich an Nahrungsmittelhilfe vergeben, eine Menge, mit der sich rund 50 Mio. Menschen ernähren ließen. Obwohl die Zahl der Unterernährten und Hungerleidenden erheblich gestiegen ist, blieb die als Nahrungsmittelhilfe gelieferte Getreidemenge relativ konstant. Bereits 1970/71 belief sie sich auf 12,5 Mio. t, ein Spitzenwert, der Mitte der 80er Jahre erneut erreicht worden ist. Der wertmäßige Anteil der gesamten Nahrungsmittelhilfe (neben Getreide z. B. auch Magermilchpulver, Öle und Zucker) an der Entwicklungshilfe schwankte im Zeitraum von 1970 bis heute zwischen 9 und 15 Prozent.

Tabelle 1: Nahrungsmittelhilfe (NMH)
Getreidelieferungen weltweit und an Afrika nach Regionen
(Angaben in 1.000 t)*

Jahr(1)	NMH weltweit (2)	davon an Nafrika	davon an Safrika (3)	NMH der EG weltweit	NMH der EG an Safrika	NMH der BRD weltweit
1972/73	9.964,1	678,7	442,5	479,0	131,0	206,1
1973/74	5.818,7	584,4	1.134,8	736,0	188,0	226,0
1974/75	8.399,4	831,9	901,9	717,0	128,5	140,0
1975/76	6.847,0	1.230,4	715,9	264,0	108,0	159,0
1976/77	9.022,4	2.335,2	833,7	937,0	106,0	165,2
1977/78	9.215,5	2.139,8	1.250,9	886,0	225,7	149,6
1978/79	9.499,7	2.397,0	1.137,5	656,0	124,2	140,7
1979/80	8.887,0	2.112,4	1.549,7	625,0	205,5	141,5
1980/81	8.942,2	2.176,6	2.335,3	969,0	301,4	178,6
1981/82	9.140,2	2.597,8	2.339,8	852,0	294,4	197,4
1982/83	9.198,0	2.163,3	2.471,9	686,0	177,3	172,0
1983/84	9.831,0	2.525,4	2.591,3	1.340,0	654,3	160,6
1984/85	12.463,0	2.662,2	5.890,0	1.087,0	533,6	347,4
1985/86	10.804,9	2.009,8	3.670,0	916,0	416,0	196,0
1986/87	12.097,0	2.161,8	3.323,0	947,0	568,0[7]	k.A.
1987/88	k.A.	k.A.	4.614,0[6]	k.A.	564,1[7]	k.A.

Spalte 1: Kommerzielle Importe aller Entwicklungsländer 1980–86: durchschnittlich 92,5 Mio. t Getreide

Spalte 3: Der durchschnittliche Wert der Nahrungsmittelhilfe[4] an Schwarzafrika betrug 1980–86 rund 920 Mio. $

Spalte 5: Der durchschnittliche Wert der EG Nahrungsmittelhilfe[4] an Schwarzafrika betrug 1980–86 rund 110 Mio. $

Spalte 6: Der durchschnittliche Wert der gesamten Nahrungsmittelhilfe der Bundesrepublik betrug 1980–86 223 Mio. $, ihr Anteil an den Ausgaben für Entwicklungshilfe belief sich auf 7 %. Die Nahrungsmittelhilfe der Bundesrepublik an Schwarzafrika belief sich 1980–86 auf durchschnittlich 41,57 Mio. $; das sind 18,6 % der insgesamt von der Bundesrepublik gewährten Nahrungsmittelhilfe.

Anmerkungen zu nebenstehender Tabelle

* vgl. auch Tabelle 3 im Kapitel Landwirtschaft

1 jeweils von Jahresmitte zu Jahresmitte, also 12-Monats-Zeitraum

2 insgesamt an Entwicklungsländer vergebene Hilfe, bilateral und multilateral

3 Schwarzafrika bis inklusive 1983/84 nur 37 Staaten, ab dann vollständig alle 45 Staaten; die zuvor nicht enthaltenen 8 Staaten, haben nur geringfügige Mengen an Nahrungsmittelhilfe erhalten (unter 3 % der Gesamtmenge an Schwarzafrika)

4 Wertangabe bezieht sich nicht nur auf das gelieferte Getreide, sondern auf alle per NMH gelieferten Produkte

5 vorläufig

6 offiziell gemeldeter Bedarf

7 Zusagen

k.A. angegebene Quellen enthalten dazu keine Informationen

Quellen: FAO, food aid in figures, Ausgaben 1983, 1985 und 1987; dies., Food Aid Bulletin, Rom Januar 1987; dies., Food Outlook, Statistical Supplement, Rom Februar 1988; dies., Food Supply Situation and Crop Prospects in Sub-Saharan Africa, special report, Ausgaben Juni 1986, Oktober 1987, Dezember 1987, Februar 1988; dies., Trade Yearbooks, Ausgaben 1981, 1983, 1985, 1986; OECD, development co-operation, 1987 report, Paris 1988; EG, Nahrungsmittelhilfe der Europäischen Gemeinschaft, Mitteilungen zur gemeinsamen Agrarpolitik Nr. 216, Brüssel und Luxemburg 1986

Um die Bedeutung der Nahrungsmittelhilfe beurteilen zu können, muß man jedoch auch die *kommerziellen* Importe der Entwicklungsländer berücksichtigen. Hier ergibt sich die erstaunliche Tatsache, daß die Dritte Welt *weit mehr* an Getreide beim Westen *einkauft,* als sie von diesem ‚geschenkt' erhält. Die kommerzielle Einfuhr aller Entwicklungsländer lag 1980–86 bei durchschnittlich 93 Mio. t Getreide. Der Anteil der Nahrungsmittelhilfe am Gesamtimport beträgt also ziemlich genau 10 Prozent. Somit werden in der Dritten Welt – statistisch gesehen – etwa 500 Mio. Menschen durch Getreideimporte ernährt, etwa ein Achtel ihrer Gesamtbevölkerung.[6] Obwohl in Afrika[7] nur 15 % der Einwohner aller Entwicklungsländer leben, erhielt der Kontinent in den 80er Jahren *die Hälfte* des per Nahrungsmittelhilfe insgesamt gelieferten Getreides. *Oder: Je ein Viertel* der Gesamthilfe gingen nach *Nordafrika* bzw. nach *Schwarzafrika.* Dies heißt aber auch, daß die Nahrungsmittelhilfe pro Kopf der Bevölkerung für Nordafrika *wesentlich höher* liegt als für die schwarzafrikanischen Staaten (vgl. hierzu die entsprechenden Daten in Tabelle 3 des Landwirtschaftskapitels). Aus Tabelle 1 dieses Kapitels ergibt sich für Schwarzafrika:

1. Die Nahrungsmittelhilfe für Schwarzafrika ist in den letzten 15 Jahren erheblich gestiegen: Sie macht heute die dreifache Menge im Vergleich zu den 70er Jahren aus. Man kann davon ausgehen, daß sie künftig nicht mehr unter drei Mio. t Getreide pro Jahr liegen wird.

2. Von den für das Haushaltsjahr 1987/88 bzw. 1988 beantragten 4,61 Mio. t wurden 2,03 Mio. t mit einer *außergewöhnlichen Notlage* begründet.[8] Mehr als 50 Prozent der Hilfe waren durch *strukturelle Defizite* bedingt.

3. Zwar importierte auch Schwarzafrika kommerziell immer mehr Getreide, als es per Nahrungsmittelhilfe erhielt, aber während der letzten Jahre hat sich dieses Verhältnis verändert. Der Anteil der Nahrungsmittelhilfe am Gesamtimport stieg auf 40, z. T. sogar über 50 Prozent. Damit ist Schwarzafrika einerseits *mehr* als der Durchschnitt der Entwicklungsländer von der Nahrungsmittelhilfe abhängig, und andererseits gelangen größere Getreidemengen als in den übrigen Empfängerländern zu einem niedrigen Preis auf den Markt.

4. Zahlreiche Details zum Problembereich Ein- und Ausfuhr von Agrarprodukten sind im Landwirtschaftskapitel dargestellt. Die Hauptergebnisse jener Analyse sind:
   - die Nahrungsmittelhilfe dient – außer in Katastrophenfällen – hauptsächlich dazu, die *Stadtbevölkerung* zu ernähren,
   - der Wert der exportierten Agrarprodukte liegt weit über demjenigen der importierten Grundnahrungsmittel (kommerziell und Hilfe).

Die Nahrungsmittelhilfe der EG: Bezahlung trotz Überschüssen – skandalöse Abwicklungspraktiken

Die Europäische Gemeinschaft (EG) leistet Nahrungsmittelhilfe sowohl als Gemeinschaft (finanziert aus dem EG-Etat) wie auch über ihre Mitgliedsstaaten (finanziert aus den nationalen Haushaltsbudgets). Mit der Food Aid Convention haben sich die EG *und* ihre Mitgliedsstaaten zu einer jährlichen Liefermenge von 1,67 Mio. t Getreide verpflichtet, wovon etwa eine Million Tonnen aus dem Gemeinschaftshaushalt finanziert werden. Viele Statistiken und Berichte unterscheiden nicht zwischen der eigentlichen EG-Hilfe und derjenigen der Mitgliedsstaaten; die folgenden Darlegungen beziehen sich ausschließlich auf die erstere.

Viele Bürger glauben, die Nahrungsmittelhilfe der EG würde den vorhandenen Überschußbergen entnommen und an die Empfängerländer verschenkt. *Dem ist aber nicht so!* Ein Beispiel: Gewährt die EG 100.000 t Getreide als Nahrungsmittelhilfe an Äthiopien, dann werden aus dem Entwicklungshilfeetat der Gemeinschaft die entsprechenden Gelder für den Ankauf aus den EG-Überschußbeständen zur Verfügung gestellt. Die EG kauft sich also selbst ihr eigenes Getreide ab; wobei es sich um Getreide handelt, das wegen der Sättigung des Weltmarktes kommerziell niemals mehr abgesetzt werden könnte.

Da nun das EG-Getreide erheblich über dem Weltmarktpreis liegt, wird folgendermaßen verfahren: Der EG-Entwicklungshilfeetat bezahlt den Weltmarktpreis für die 100.000 t, und der Agrarfonds die Differenz zwischen EG- und Weltmarktpreis. Dieses haushaltstechnische Verfahren hat natürlich einen tieferen Sinn: Durch den Abkauf der Überschüsse wird der EG-Agraretat um jährlich eine Milliarde DM entlastet, nicht viel bei den enormen Kosten dieses Sektors, aber doch eine optische Korrektur.

Die aus dem EG-Haushalt finanzierten Mengen an Nahrungsmittelhilfe (Getreide) sind aus Tabelle 1 ersichtlich, während aus Tabelle 2 der Wert der gesamten

Tabelle 2: Entwicklungszusammenarbeit und Nahrungsmittelhilfe (NMH) der EG 1980–86
(in Mio. US-Dollar)

	1980	1981	1982	1983	1984	1985	1986	**Summe**
Entwicklungshilfe insgesamt[1]	1.294	1.676	1.339	1.386	1.476	1.510	1.849	**10.530**
davon NMH (alle Produkte)	436	672	499	351	554	428	407	**3.347**
Prozentanteil der NMH an EG-Entwicklungshilfe	34 %	40 %	37 %	25 %	38 %	28 %	22 %	**32 %**
NMH der EG an Schwarzafrika	80	129	101	57	191	114	97	**769**
			durchschnittlich 23 % der gesamten EG NMH					

Der Anteil der EG-Entwicklungshilfe an der weltweiten Entwicklungshilfe aller Geber betrug 1986 4,84 %.

Anmerkung:
1 alle Aufwendungen der Gemeinschaft an Entwicklungsländer (also inklusive AKP-Mittel etc.)

Quellen: Handbuch für Internationale Zusammenarbeit (HIZ), Die Nahrungsmittelhilfe der EG, 243. Lieferung September 1987; OECD, development co-operation, 1987 report, Paris 1988; OECD, Geographical Distribution of Financial Flows to Developing Countries, Paris 1988.

Nahrungsmittelhilfe sowie derjenigen für Schwarzafrika hervorgeht. Was den Anteil der Nahrungsmittelhilfe an der insgesamt geleisteten Entwicklungshilfe angeht, hält die EG einen Rekord eigener Art: Ihr Anteil lag in den 80er Jahren bei durchschnittlich über 30 %, wohingegen er bei den Entwicklungshilfeetats der Mitgliedsstaaten nur 5–8 % ausmachte. *Das heißt:* Ein Drittel jener Mittel, die eigentlich für *strukturelle* Entwicklungsmaßnahmen gedacht sind, wird für Nahrungsmittelhilfe aufgewandt, für eine Hilfe, die unzulängliche Strukturen kaschiert, statt sie zu beseitigen. Hinzu kommt ja noch, daß der überwiegende Teil der EG-Getreidehilfe in der ,institutionalisierten Form', *also unabhängig von akuten Notlagen,* vergeben wird. Übrigens müssen bei dieser Form die Empfänger in der Regel die Transportkosten ab EG-Hafen selbst bezahlen, während die Nahrungsmittel als solche von der EG *und* ihren Mitgliedsländern (in diesem Fall bilaterale Hilfe) kostenlos abgegeben werden (Schenkung).

Der EG-Rechnungshof hat die Qualität der Nahrungsmittelhilfe der Gemeinschaft (1981–85) untersucht.[9] Er dokumentiert in seinem Bericht eine erschreckende Fülle gravierender Mißstände. Beispielsweise stellt er fest, daß mindestens

103.000 t Nahrungsmittel geliefert wurden, deren Qualität schon beim Versand so schlecht gewesen ist, daß sie für den menschlichen Verzehr nicht mehr geeignet waren.[10] Ferner kritisiert der Rechnungshof mangelhafte Verpackungen, die zu erheblichen Verlusten führten; und zur zeitlichen Abwicklung von *Sofort*hilfemaßnahmen − einige Lieferungen benötigten 15 Monate − bemerkt er abschließend: „Alle diese Fälle sind insoweit beunruhigend, als sie den Schluß nahelegen, daß die Verfahren für die Durchführung der gemeinschaftlichen Nahrungsmittelhilfe nicht geeignet sind, den bisweilen akuten Bedarf, der aus Notsituationen und unvorhersehbaren Katastrophen erwächst, zu befriedigen."[11]

Bleibt nur noch die Frage, ob wir angesichts solch skandalöser Abwicklungspraktiken immer noch die Überheblichkeit besitzen, von ‚afrikanischer Ineffizienz' in Entwicklungsprojekten zu sprechen. Weiteren Anlaß zu mehr Bescheidenheit in der Beurteilung unserer eigenen Großmut geben die in Tabelle 3 präsentierten *Daten zum Nachdenken*.

Tabelle 3: Daten zum Nachdenken

EG-Agrarmarkt-Kosten   **23,10 Mrd. ECU**
(Aufkauf von Überschüssen, Lagerhaltung, Subventionen für Export, Vernichtung überlagerter Produkte)
Das sind rund 60 Prozent der weltweit vergebenen Entwicklungshilfe.

Kosten für den Abbau des Butterberges 1987/88   **6,6 Mrd. DM**
(verbilligter Verkauf, Verarbeitung zu Viehfutter, verbilligte Abgabe an Industrie zwecks Weiterverarbeitung zu Seifen und Farben etc.)
Das entspricht dem Gesamthaushalt der Bundesregierung für Entwicklungshilfe.

Gesamte Überschußbestände   **18 Mio. t**
(bei Getreide, Magermilchpulver, Butter, Rindfleisch, Olivenöl)

Kosten für gesamte Lagerhaltung   **4,75 Mrd. ECU**
Das ist ungefähr soviel, wie Schwarzafrika von allen Gebern an Entwicklungshilfe (netto) erhielt.

Vernichtete Nahrungsmittel 1986/87   **2,56 Mio. t**
(hauptsächlich Tomaten, Orangen, Pfirsiche)
Was vernichtet wurde, besaß einen weitaus höheren Wert als die an Schwarzafrika vergebene Nahrungsmittelhilfe.

Gesamte EG-Entwicklungshilfe   **1,83 Mrd. ECU**
Das waren 7,9 % aller direkten Kosten, die durch die Überschußproduktion in der EG entstanden.

Anmerkungen:
1 ECU = 2,14459 DM (1986)
Alle Angaben, sofern nicht anders vermerkt, für 1986

Schaubild 1: Die ‚institutionalisierte' Nahrungsmittelhilfe der EG

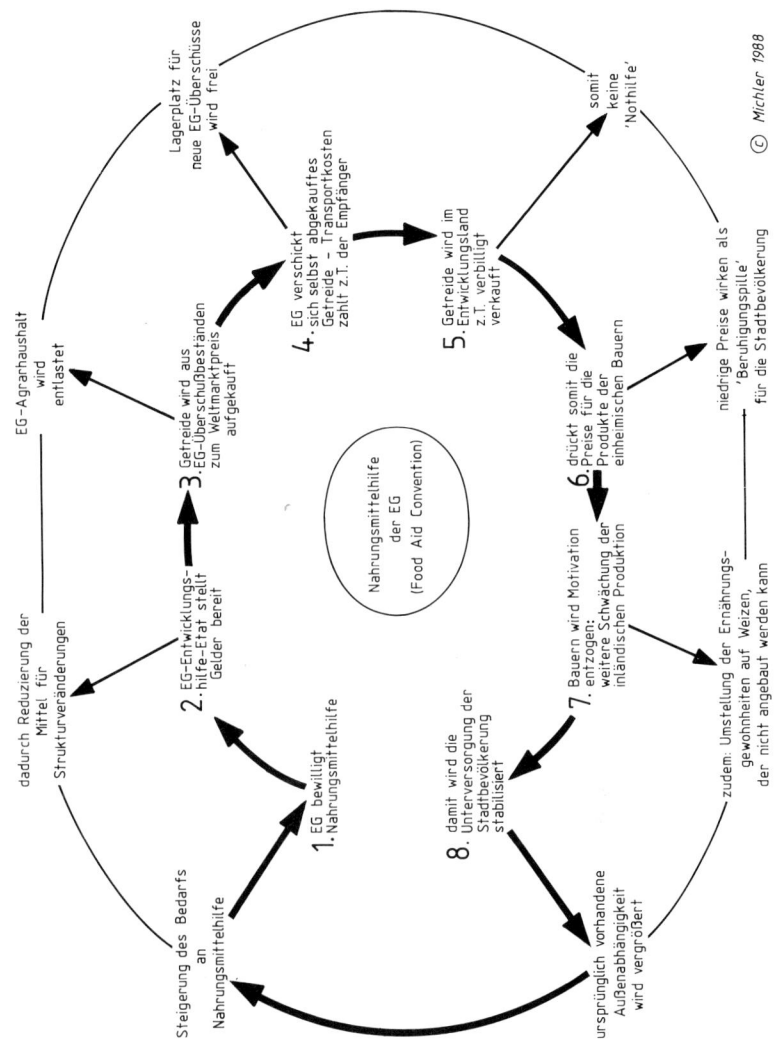

Steigerung des Bedarfs an Nahrungsmittelhilfe

dadurch Reduzierung der Mittel für Strukturveränderungen

EG-Agrarhaushalt wird entlastet

Lagerplatz für neue EG-Überschüsse wird frei

1. EG bewilligt Nahrungsmittelhilfe

2. EG-Entwicklungshilfe-Etat stellt Gelder bereit

3. Getreide wird aus EG-Überschußbeständen zum Weltmarktpreis aufgekauft

4. EG verschickt sich selbst abgekauftes Getreide – Transportkosten zahlt z.T. der Empfänger

5. Getreide wird im Entwicklungsland z.T. verbilligt verkauft

somit keine 'Nothilfe'

Nahrungsmittelhilfe der EG (Food Aid Convention)

6. drückt somit die Preise für die Produkte der einheimischen Bauern

niedrige Preise wirken als 'Beruhigungspille' für die Stadtbevölkerung

7. Bauern wird Motivation entzogen: weitere Schwächung der inländischen Produktion

zudem: Umstellung der Ernährungsgewohnheiten auf Weizen, der nicht angebaut werden kann

8. damit wird die Unterversorgung der Stadtbevölkerung stabilisiert

ursprünglich vorhandene Außenabhängigkeit wird vergrößert

© Michler 1988

415

Die ‚institutionalisierte' Nahrungsmittelhilfe: eine Entwicklungsblockade

Unter institutionalisierter Nahrungsmittelhilfe verstehe ich jene Nahrungsmittelhilfe, die unabhängig von akuten Notlagen und Katastrophen vergeben wird und die per Vertrag (Food Aid Convention) auf Jahre hin im voraus etlichen Entwicklungsländern garantiert wird. So kann schon heute die ägyptische Regierung fest darauf bauen, daß sie auch 1992 etwa zwei Mio. t Getreide von den westlichen Überschußproduzenten als ‚Hilfe' erhalten wird. Die institutionalisierte Hilfe macht den *weitaus größten Teil* der insgesamt gewährten Nahrungsmittelhilfe aus. Die folgende Kritik bezieht sich in erster Linie auf *diesen* Typus der Nahrungsmittelhilfe.

1. Es ist hinreichend dargelegt (vgl. Ursachenkomplex IV, Kap. Landwirtschaft), daß die Unterversorgung Schwarzafrikas nicht ein Ergebnis ‚natürlicher' Benachteiligungen' oder Beschränkungen ist, sondern eine Konsequenz verfehlter Politik. Es müssen jene unsinnigen Strukturen beseitigt werden, die Afrikas Bauern daran hindern, über sich selbst hinaus auch die Stadtbevölkerung ihrer Länder zu ernähren.

2. Die institutionalisierte Nahrungsmittelhilfe kaschiert die verfehlte Landwirtschaftspolitik nicht nur, sondern trägt auch dazu bei, daß sie weiterhin praktiziert wird. Sie befreit die herrschenden Eliten von dem notwendigen Druck, endlich eine Kurskorrektur vorzunehmen, auf eine Politik umzustellen, die die Masse der Kleinbauern in den Mittelpunkt rückt.

3. Die Nahrungsmittelhilfe ist vielfach eine Hilfe an die Regierenden. Versetzt sie diese doch in die Lage, die Märkte ihrer Städte mit billigem Getreide zu versorgen. Da gegenwärtig nur die städtische Bevölkerung die Herrschaftsbasis der Regierenden bedrohen kann, werden die Städter durch preiswerte Grundnahrungsmittel mit der Staatsbourgeoisie ‚versöhnt': Kritik kann nicht entstehen oder wird zumindest eingedämmt, weil die Unzulänglichkeiten der Politik nicht mehr spürbar sind. Hieraus folgt auch, daß Nahrungsmittelhilfe vielfach *eine Budgethilfe* an das Empfängerland ist. Und weil dies so ist, verfolgen die Regierungen der Entwicklungsländer die Strategie: „Je mehr Nahrungsmittelhilfe, desto besser." Deshalb kann – nur aufgrund von ‚Bedarfsmeldungen' – *nicht* auf das *tatsächliche* Ausmaß der Unterversorgung in dem betreffenden Land geschlossen werden (Details hierzu siehe Teil I, Kapitel 2).

4. Die Nahrungsmittelhilfe schafft unüberwindliche Abhängigkeiten: Die gelieferten Grundnahrungsmittel bestehen weltweit zu mehr als 70 Prozent aus Weizen. Durch die langjährigen Lieferungen hat die Stadtbevölkerung vieler Länder ihre Ernährungsgewohnheiten auf dieses Produkt umgestellt. Weizen kann aber nur in wenigen Regionen Schwarzafrikas angebaut werden, in ganz Westafrika, das erhebliche Mengen erhält, gedeiht er nicht (vgl. hierzu Graphik 1).

5. In diesem Zusammenhang ist die Argumentation fehl am Platz, Afrika könne mit jenen Devisen, die es mit dem Export tropischer Agrarerzeugnisse verdient, mehr als genug an Weizen auf dem Weltmarkt einkaufen, wenn die

Graphik 1: Weizenanbaugebiete in Afrika und Weizenimporte Schwarzafrikas

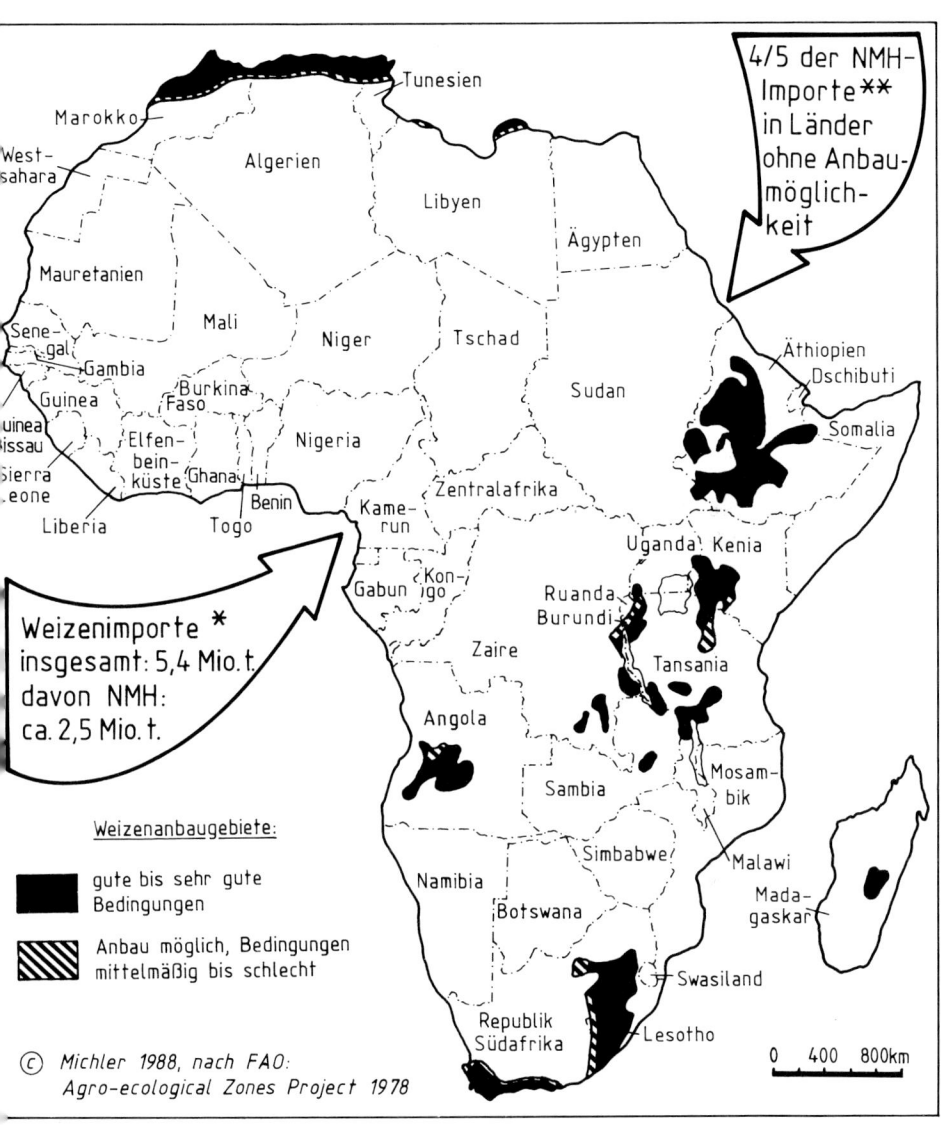

4/5 der NMH-Importe** in Länder ohne Anbau-möglich-keit

Marokko
Tunesien
West-sahara
Algerien
Libyen
Ägypten
Mauretanien
Mali
Niger
Tschad
Sudan
Äthiopien
Dschibuti
Sene-gal
Gambia
Guinea
Burkina Faso
Somalia
uinea issau
Elfen-bein-küste
Nigeria
Zentralafrika
Sierra .eone
Ghana
Benin
Kame-run
Uganda Kenia
Liberia
Togo
Gabun
Kon-go
Ruanda Burundi

Weizenimporte *
insgesamt: 5,4 Mio. t.
davon NMH:
ca. 2,5 Mio. t.

Zaire
Tansania
Angola
Sambia
Mosam-bik
Simbabwe
Malawi
Namibia
Mada-gaskar
Botswana
Swasiland
Republik Südafrika
Lesotho

Weizenanbaugebiete:

■ gute bis sehr gute Bedingungen

▨ Anbau möglich, Bedingungen mittelmäßig bis schlecht

© Michler 1988, nach FAO:
Agro-ecological Zones Project 1978

0   400   800km

Anmerkungen:
* Weizenimporte insgesamt: kommerzielle Einfuhr zuzüglich Nahrungsmittelhilfe; alle Import-Angaben für 1986.
** bezogen auf den insgesamt als Nahrungsmittelhilfe gelieferten Weizen

417

Nahrungsmittelhilfe einmal eingestellt werden sollte. Eine Agrargesellschaft braucht ihre Devisen zu anderen Zwecken als zum Import von Grundnahrungsmitteln!

6. Die Nahrungsmittelhilfe hat in vielen Ländern die Preise für einheimische Grundnahrungsmittel gedrückt; damit wurde die Motivation der Bauern untergraben, für die städtischen Märkte zu produzieren. So gesehen, bedingt diese ‚Hilfe' Einkommensverluste für die Masse der Landbevölkerung.

7. Der Öffentlichkeit und den Verantwortungsträgern in den Geberländern muß endlich klar werden, daß mit der Nahrungsmittelhilfe primär die Stadtbevölkerung ernährt wird. Oft besteht überhaupt nicht die notwendige Infrastruktur, um das geschenkte Getreide in den ländlichen Regionen zu verteilen.

8. Die Bereitwilligkeit im Westen zu großzügigen Nahrungsmittelhilfespenden resultiert aus den eigenen Überschußbeständen und nicht aus dem ehrlichen Interesse, der Dritten Welt in ihrer Entwicklungsproblematik beizustehen.

9. Es ist kein Zufall, daß Ägypten jährlich 1,8 Mio. t an „institutionalisierter" Nahrungsmittelhilfe erhält. Der Westen setzt diese Hilfe als politisches Instrument ein. Anfang 1985 proklamierte der amerikanische Präsident Ronald Reagan das Programm „Lebensmittel für den Fortschritt". Verstärkte Hilfe soll demzufolge an Entwicklungsländer gegeben werden, die einen marktwirtschaftlichen Kurs verfolgen und mehr Privatinitiative, ausländische wie einheimische, in ihren Ländern ermöglichen.

10. Das ursprüngliche Ziel, mit der Nahrungsmittelhilfe nur jene Zeit zu überbrücken, bis die betreffenden Länder in der Lage sind, sich selbst zu ernähren, ist in den zwei Jahrzehnten seit Bestehen der Food Aid Convention nicht erreicht worden. Damit hat sie sich als ein *verfehltes Instrument* der Entwicklungspolitik erwiesen.

Forderungen und Empfehlungen

1. Nahrungsmittelhilfe ist auf aktuelle Notlagen (Dürre, Kriege, Flüchtlinge, Naturkatastrophen) zu beschränken. Die Soforthilfe muß dahingehend reorganisiert werden, daß sie ihre Bestimmungsorte kurzfristig erreichen kann. Hierzu gehört auch, die Abwicklung der Soforthilfe in die Hände *einer* internationalen Organisation zu legen.
2. Die Nahrungsmittelhilfe in ihrer institutionalisierten Form ist einzustellen. Dies kann nicht von heute auf morgen geschehen. Aber ebenso wie die Zusagen dieser Hilfe vertraglich vereinbart wurden, muß jetzt ihr Ende in einem Abkommen fixiert werden. Selbst die politischen Verantwortungsträger in den Geberländern beteuern immer wieder, Nahrungsmittelhilfe könne nur in Katastrophenfällen eine wirkliche Hilfe sein. Dennoch haben sich die Liefermengen der institutionalisierten Form seit Anfang der 70er Jahre um Millionen von Tonnen erhöht.
3. Die Gelder, die durch die Einstellung der institutionalisierten Nahrungsmittelhilfe eingespart werden und sich auf schätzungsweise eine Milliarde US-Dollar pro Jahr belaufen, sind für die Entwicklung der kleinbäuerlichen Landwirtschaft zur Verfügung zu stellen.
4. Zahlreiche Staaten Schwarzafrikas produzieren Überschüsse bei Grundnahrungsmitteln. Bevor diese nicht mit Entwicklungshilfegeldern aufgekauft und erschöpft sind, sollten aus Übersee keinerlei Grundnahrungsmittel geliefert werden, die mit Steuergeldern bezahlt worden sind.
5. Das NRO-Netzwerk, ein Zusammenschluß bedeutender Hilfsorganisationen in der Bundesrepublik, hat Anfang 1987 im Prinzip dieselben Forderungen[12] beschlossen und ist mit diesen an die Öffentlichkeit wie auch an die Entwicklungspolitiker herangetreten. Diese Strategie muß fortgesetzt werden: Die Politiker müssen sich darauf festlegen, wann sie ihre Lippenbekenntnisse in die Tat umsetzen wollen.
6. Die Medien haben zwar den Verfehlungen afrikanischer Politiker viel Platz eingeräumt, aber nicht den Mißständen bei der Nahrungsmittelhilfe. Die institutionalisierte Nahrungsmittelhilfe muß endlich als das entlarvt werden, was sie ist: keine Hilfe, sondern Entwicklungsblockade – nicht Unterstützung, sondern Untergrabung der vorhandenen Selbsthilfekräfte in der Dritten Welt. Ferner müssen die vielfach unhaltbaren Zustände bei der Abwicklung staatlicher Soforthilfemaßnahmen aufgedeckt werden. Daß ungenießbare Nahrungsmittel, und zudem noch mit Entwicklungshilfegeldern finanzierte, in Krisen- und Katastrophengebiete geliefert werden, das ist nicht nur Schludrigkeit, sondern kriminelle Skrupellosigkeit.

Literaturhinweise am Ende von Teil 3

Schaubild 1: Die sogenannte Selbstlosigkeit der öffentlichen Entwicklungshilfe

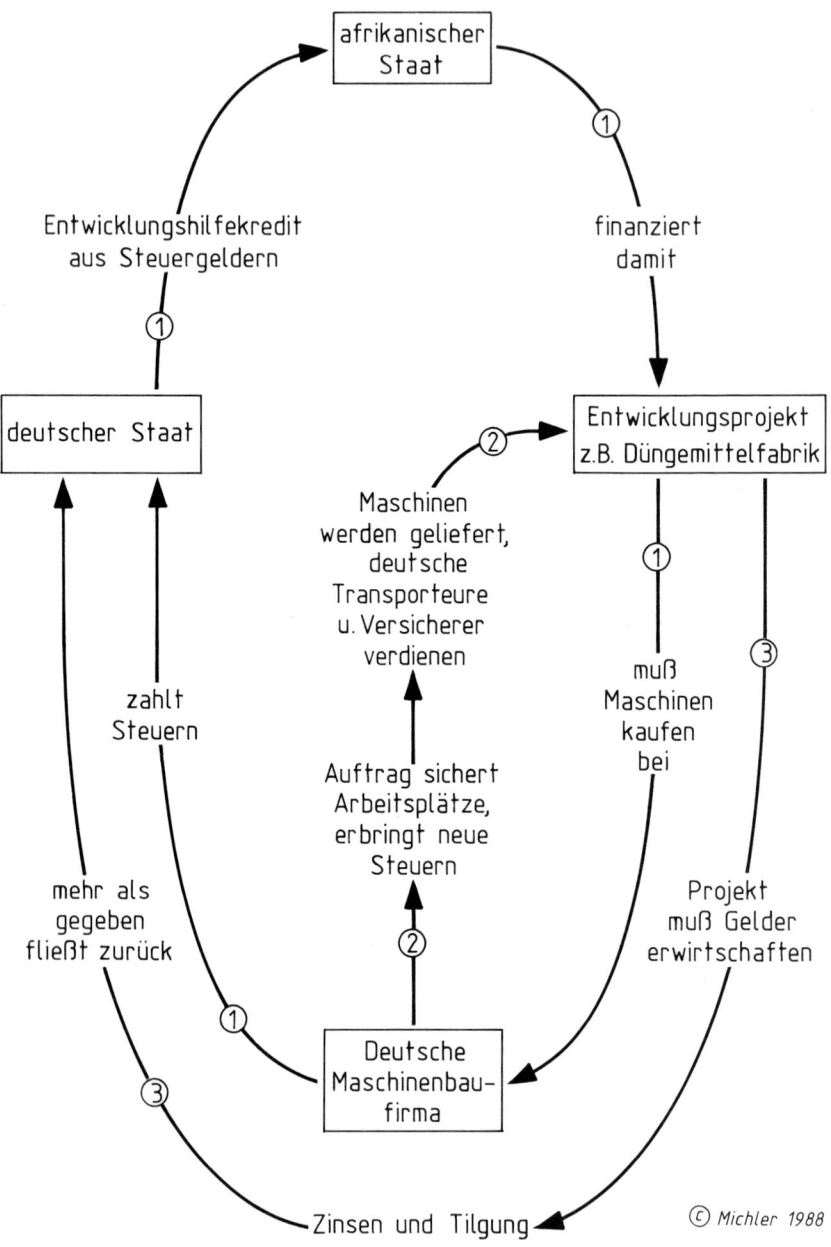

© Michler 1988

Kapitel 2
Öffentliche Entwicklungshilfe: Basisinformationen, Aufwendungen, Wirkungen und verfehlte Neuorientierung

Entwicklungshilfe-Einmaleins: Entwirrung eines komplizierten Geflechts ·
Entwicklungshilfe der EG – ein Meilenstein im Nord-Süd-Verhältnis? ·
Entwicklungshilfe aller Geber: Daten und Fakten · Die Neuorientierung der
deutschen Entwicklungspolitik – eine Hilfe für Schwarzafrika? · Die ‚neue‘
Entwicklungshilfe-Doktrin des Westens: Strukturanpassung

Entwicklungshilfe-Einmaleins: Entwirrung eines komplizierten Geflechts

„Deutsche Entwicklungspolitik ist vorrangig auf die armen Bevölkerungsschichten ausgerichtet. Wo Menschen in Hunger und Armut leben, leistet die Bundesregierung *unmittelbar wirkende Hilfe* zur Befriedigung der Grundbedürfnisse und stärkt Willen und Fähigkeit der Armen zur Selbsthilfe ... Die Entwicklungspolitik der Bundesregierung unterliegt ebenso wie die anderen Politikbereiche dem grundgesetzlichen Auftrag, dem deutschen Volk zu nützen und Schaden von ihm zu wenden"[1] heißt es in den „Grundlinien der Entwicklungspolitik der Bundesregierung".

Um diese sehr verschiedenen Ziele zu erreichen, bedient sich die Entwicklungspolitik unterschiedlicher Instrumente, hat sie eine ganze Fülle von Formen und Strategien der Entwicklungszusammenarbeit hervorgebracht. Obwohl es „glasnost" in unserer Demokratie angeblich schon so lange gibt, wie diese existiert, sind ganz entscheidende Tatbestände der Entwicklungshilfe in der breiten Öffentlichkeit *unbekannt* geblieben. Andererseits ist es sehr wohl gelungen, *die Wirklichkeit verzerrende* Informationen an die Masse der Bevölkerung zu vermitteln: beispielsweise jene, die die Vorstellung entstehen ließen, die afrikanischen Politiker würden die Entwicklungsgelder überwiegend für den ‚Kauf goldener Betten‘ oder ähnlich unsinniger Dinge verwenden. Daher zunächst einige Basisinformationen über die Entwicklungszusammenarbeit der westlichen Industrieländer:

1. Entwicklungshilfe als Kredit: Die beiden wichtigsten Formen der Entwicklungshilfe sind die *„Finanzielle Zusammenarbeit"* (= **FZ**) und die *„Technische Zusammenarbeit"* (= **TZ**). Vereinfacht ausgedrückt stellt die FZ Kapital zur Verfügung und die TZ Wissen im weitesten Sinn des Wortes. Die Finanzmittel werden stets für *genau definierte* Projekte (z. B. Straße von A nach B) oder für *bestimmte* Programme (z. B. Aufbau eines landesweiten Genossenschaftswesens) gewährt, deren Durchführung die Geber *überwachen*. Den Regierungen in der Dritten Welt wird also *kein* Geld überlassen, über das sie ‚frei' verfügen können. Während der 80er Jahre wurden 35 Prozent[2] der insgesamt vergebenen Entwicklungshilfe in Form von Krediten gewährt; in den 60er und 70er Jahren jedoch lag dieser Kredit-Anteil *wesentlich höher*. Die Bundesrepublik hat von 1950 bis 1986 zwei Fünftel ihrer Hilfe – *das waren 45 Mrd. DM* – als Darlehen bewilligt.[3] Die Entwicklungshilfe-kredite werden zu ‚*weichen*' Konditionen verliehen, d. h. die *Zinssätze* liegen erheblich unter dem Niveau von Bankkrediten, die *Laufzeiten* (Rückzahlungspe-riode) sind wesentlich länger, und außerdem werden *tilgungsfreie* Jahre einge-räumt. Die gegenwärtige Verschuldung der Dritten Welt resultiert zu mindestens einem Viertel aus Entwicklungshilfekrediten; bei einzelnen schwarzafrikanischen Ländern ist dieser Anteil noch erheblich größer. – Gegenwärtig gibt es zwei Formen der FZ: Kredite und Schenkungen (= nicht-rückzahlbare Zuschüsse). Die gesamte FZ der Bundesregierung wird von der Frankfurter Kreditanstalt für Wiederaufbau (KfW, bundes- und ländereigene Körperschaft des öffentlichen Rechts) abgewik-kelt.

2. Entwicklungshilfe und Lieferbindung: Ein Großteil der Entwicklungshilfekre-dite und der nicht-rückzahlbaren Zuschüsse sind an sogenannte Lieferbindungen geknüpft, d. h. das Empfängerland *muß* für das erhaltene Geld die benötigten Waren (z. B. Maschinen für eine Düngemittelfabrik) *im* Geberland einkaufen. Nur 55 % der gesamten Hilfe werden z. Z. *ungebunden* gewährt.[4] Dies bedeutet, daß während der 80er Jahre die Dritte Welt verpflichtet wurde, durchschnittlich für 10 bis 15 Milliarden US-Dollar ‚Waren und Wissen' beim Westen einzukaufen – ein Geschäft, das die Entwicklungshilfe finanzierte.

3. Die Technische Zusammenarbeit (TZ): Sie soll technische, wirtschaftliche und organisatorische Kenntnisse und Fähigkeiten vermitteln. Zur TZ gehört vor allem die *Entsendung von Fachkräften* aus den Geberländern in die Entwicklungs-länder, aber auch die *Ausbildung einheimischer Fachkräfte* vor Ort oder im Geberland. Ferner finanziert die TZ *Ausrüstung und Material* für die Projekte, in denen die entsandten Fachkräfte tätig sind (z. B. Laboreinrichtungen). Die TZ wird – von wenigen Ausnahmen abgesehen – als nicht-rückzahlbarer Zuschuß gewährt. Die in Eschborn (Taunus) ansässige Deutsche Gesellschaft für Technische Zusammenarbeit (GTZ) realisiert die von der Bundesregierung bewilligten TZ-Maßnahmen. In der Eschborner Zentrale sind rund 1.150 Mitarbeiter beschäftigt, und in den Entwicklungsländern arbeiten etwa 1.650 entsandte GTZ-Fachkräfte. Die Personalkosten für alle GTZ-Mitarbeiter werden aus Entwicklungshilfegeldern bezahlt; sie erscheinen in der Statistik als *Netto-Leistungen* an die Dritte Welt. Die TZ macht ein Viertel der weltweiten Entwicklungshilfe aus, und die Zahl der entsandten Fachkräfte beläuft sich auf ca. 80.000 (westliche Industriestaaten).

4. Bilaterale und multilaterale Hilfe: Entwicklungshilfe wird entweder direkt zwischen Geber- und Nehmerstaat (bilateral) oder über internationale Organisationen (multilateral) abgewickelt. Die multilaterale Hilfe bezeichnet allerdings zwei verschiedene Formen der Entwicklungszusammenarbeit: Einerseits wird der Vorgang, wenn die Bundesrepublik der EG oder den UN-Organen Geld für Hilfsprojekte zur Verfügung stellt, als multilaterale Hilfe bezeichnet, andererseits wird auch die Arbeit der internationalen Organisationen selbst multilaterale Zusammenarbeit genannt. Wichtigste Schaltstelle der multilateralen Hilfe ist heute die *Weltbank* und deren *Töchter*, die eigenständige UN-Organisationen sind und ‚Entwicklungshilfe‘ fast ausschließlich gegen Kredite gewähren. Die Darlehen der Weltbank (IBRD = International Bank for Reconstruction and Development, Auszahlungen 1980–87: durchschnittlich 7,43 Mrd. $) werden zu ‚harten‘, also marktnahen, Bedingungen vergeben; ihre Zinssätze beliefen sich 1982 auf 11,4 % und Mitte 1987 auf 7,76 Prozent. Wegen ihrer nur sehr geringen Vergünstigungen zählen die Weltbank-Darlehen *nicht* zur Öffentlichen Entwicklungshilfe (ODA) im eigentlichen Sinne. Demgegenüber gewährt die Weltbank-Tochter IDA (International Development Association, Auszahlung 1980–87: durchschnittlich 2,4 Mrd. $) ihre Kredite zu ‚weichen‘ Konditionen (Laufzeit 35–40 Jahre, Zinssatz 0,75 %) und nur an solche Entwicklungsländer, deren Pro-Kopf-Einkommen unter 835 $ (1986) liegt. Die übrigen UN-Organisationen (z. B. Welternährungsorganisation, Weltkinderhilfswerk, Weltentwicklungsprogramm) vergeben ihre Hilfe in Form nichtrückzahlbarer Zuschüsse. Die Bundesrepublik wickelt etwa 70 % ihrer Hilfe bilateral und 30 % multilateral ab.

5. Rückzahlungen und Schuldenerlasse: Der Schuldendienst (Zinsen und Tilgung) aus Entwicklungshilfekrediten, den die Dritte Welt während der Jahre 1980–86 zu leisten hatte, belief sich auf 79,6 Mrd. $.[5] Das waren 35 % der im gleichen Zeitraum neu ausgezahlten Entwicklungshilfemittel. – Von den 45 Mrd. DM, die die Bundesrepublik an Entwicklungshilfekrediten (1950–86) gewährte, hat die Dritte Welt bereits 9,7 Mrd. DM zurückgezahlt; außerdem mußte sie 8,7 Mrd. DM an Zinsen entrichten (jeweils bis 31. 12. 1986).[6] Diese Zahlungsverpflichtungen sind während der letzten Jahre erheblich angestiegen; 1987 beliefen sie sich bei den Zinsen auf 510 Mio. DM und bei den Tilgungsleistungen auf 815 Mio. DM.[7] Die Gelder aus dem Schuldendienst fließen nicht erneut – im Sinne eines Kreislaufes – in Entwicklungsmaßnahmen, sondern in die Bundeskasse. Im Haushaltsjahr 1987 machten die Rückflüsse ein Fünftel der im Bundesetat neu veranschlagten Mittel für Entwicklungshilfe aus. Den meisten der ärmsten Länder (Kategorie „LLDC") hat die Bundesregierung 1978 ihre Schulden aus Entwicklungshilfekrediten erlassen; sie verzichtete damit auf Tilgungszahlungen in einer Höhe von 3,6 Mrd. DM und auf Zinsen in einem Umfang von rund 600 Mio. DM. In Schwarzafrika kamen 20 Staaten in den Genuß dieses Schuldenerlasses. Ab 1978 erhielten die am wenigsten entwickelten Länder (LLDC's; derzeit 39 Staaten) von der Bundesrepublik Entwicklungshilfe praktisch nur noch in Form nicht-rückzahlbarer Zuschüsse. Im März 1988 gab die Bundesregierung Pläne bekannt, weitere 2,5 Mrd. DM an Schulden aus Entwicklungshilfekrediten der Dritten Welt zu erlassen. Die beabsichtigte Entschuldung betraf etwa sieben Prozent der gesamten Außenstände zum damaligen Zeitpunkt.

6. Entwicklungshilfe – ein erhebliches Geschäft für die deutsche Wirtschaft:
Anfang der 80er Jahre gab des Bundesministerium für wirtschaftliche Zusammenarbeit **(BMZ)** eine Studie in Auftrag, die die Rückwirkungen der Entwicklungshilfe und des Handels mit der Dritten Welt auf die Wirtschaft der Bundesrepublik untersuchen sollte. Das Gutachten wurde vom Deutschen Institut für Wirtschaftsforschung in Berlin erstellt. Von den Hauptergebnissen[8] gilt noch immer: „Nichts ist verblüffender als die Wahrheit" (Egon Erwin Kisch), denn:

1980 erhielt die deutsche Wirtschaft aus der weltweit vergebenen Entwicklungshilfe Aufträge im Wert von 8 Mrd. DM.

Damit stand jeder DM, die der deutsche Staat an Entwicklungshilfe vergab, 1,25 DM gegenüber, die an die deutsche Wirtschaft zurückfloß.

Die Aufträge aus Entwicklungshilfemitteln sicherten 110.000 Arbeitsplätze.

Während durch den Handel mit Entwicklungsländern zwei Arbeitsplätze in der Bundesrepublik verlorengingen (z. B. Textilindustrie), entstanden durch die Ausweitung des Exportes fünf neue Arbeitsplätze; der Handel mit den Entwicklungsländern sicherte 1,3 Mio. Arbeitsplätze in der Bundesrepublik.

Diese Tatbestände dürften auch heute im Prinzip dieselben sein. Es kommt in diesem Zusammenhang nicht darauf an, ob der Rückfluß pro Entwicklungshilfe-Mark 1,25 DM oder nur 0,90 DM beträgt: Auf jeden Fall profitiert die deutsche Wirtschaft in ganz beträchtlichem Ausmaß, weit, weit mehr als es die Öffentlichkeit aufgrund der Berichterstattung vermuten würde und oftmals mehr als das Empfängerland der Hilfe.

7. Entwicklungshilfe nicht-staatlicher Träger: Hierzu gehören die kirchlichen Hilfswerke (Brot für die Welt, Misereor) und alle übrigen als gemeinnützig anerkannten Spendenorganisationen, aber auch die politischen Stiftungen sowie der Deutsche Entwicklungsdienst **(DED)** und zahlreiche ‚Spezialinstitute' wie die Deutsche Stiftung für Internationale Zusammenarbeit **(DSE)**. Die meisten dieser Organisationen verfügen über eigene Mittel, werden aber auch mit Geldern des BMZ finanziert. Letzteres gilt auch für die Arbeit der Spendenorganisationen. So kann beispielsweise die Deutsche Welthungerhilfe für ein bestimmtes Projekt eine Teilfinanzierung durch das BMZ beantragen, was im Falle einer Bewilligung jedoch nichts daran ändert, daß die Welthungerhilfe für die Durchführung des Projektes die Verantwortung behält. Wie bereits im Kapitel Nahrungsmittelhilfe kurz dargelegt, gilt von der Hilfe der *Nicht-Regierungsorganisationen* **(NRO),** daß diese die Notleidenden meist *unmittelbarer* erreicht als jene der staatlichen Geber. In der Regel arbeiten die NRO mit *einheimischen* Partnerorganisationen zusammen, beispielsweise mit der Bauerngenossenschaft eines Dorfes. Im Jahr 1986 wurde die Arbeit der NRO mit rund 270 Mio. DM von der Bundesregierung unterstützt.

8. Weitere Basisinformationen in Stichworten:
– Bereits 1964 verabschiedete die UNO das sogenannte 0,7-Prozent-Ziel; demzu-

folge sollen die Industriestaaten 0,7 % ihres Bruttosozialproduktes für Entwicklungshilfe aufwenden. Obwohl alle Bundesregierungen dieses Ziel anerkannten, ist es bisher nicht erreicht worden. In den Jahren 1980–86 schwankten die Entwicklungshilfeausgaben der Bundesrepublik zwischen 0,43 und 0,48 % des Bruttosozialproduktes, während die Aufwendungen Schwedens und der Niederlande das 0,7 -Prozent-Ziel deutlich überschritten.

- Die gesamten *Verwaltungskosten* der Entwicklungshilfe, beispielsweise die Gehälter der etwa 500 Beschäftigten im BMZ, werden aus den Mitteln der Entwicklungshilfe finanziert.
- Bei den Aufwendungen für Entwicklungshilfe ist zwischen den *Zusagen* und den *tatsächlichen Auszahlungen* strikt zu unterscheiden.
- Das BMZ führt in seinen Statistiken auch die ‚Leistungen' der Privatwirtschaft zu Marktbedingungen auf. Dies suggeriert zumindest, diese hätten etwas mit Entwicklungshilfe zu tun. Tatsächlich handelt es sich aber um *Geschäfte,* bei denen die Gewinnspannen oft *über* denen des Inlands liegen.
- Ähnliches gilt von den *öffentlich verbürgten Exportkrediten.* Hier übernimmt der Bund die Bürgschaft für Darlehen, mit denen Ausfuhrgüter der deutschen Wirtschaft finanziert werden. Auch dieser Bereich hat mit Entwicklungshilfe nichts zu tun.
- Die westlichen Industrieländer haben sich auf die Kriterien verständigt, welche eine Leistung erfüllen muß, um als „Öffentliche Entwicklungshilfe" zu gelten. Diese wird in der Statistik als **ODA**-Leistung (Official Development Assistance) ausgewiesen; nur ODA-Aufwendungen sind – wenn überhaupt – Entwicklungshilfe.

Schon diese Grundtatbestände machen überdeutlich, daß die Entwicklungshilfe der westlichen Industriestaaten *nur zu einem Teil* – häufig zu einem sehr geringen – eine uneigennützige Leistung an die Länder der Dritten Welt darstellt. Ein Faktum, das eine erste Erklärung dafür ist, warum trotz ‚Hilfe' Not und Elend in den Entwicklungsländern größer geworden sind.

Entwicklungshilfe der EG – ein Meilenstein im Nord-Süd-Verhältnis?

Weltweit hat die EG im Zeitraum von 1980 bis 1986 10,53 Mrd. $ an Entwicklungshilfe geleistet, und zwar als Staatenbund, ohne die Aufwendungen der einzelnen Mitgliedsländer. Von diesem Betrag flossen 3,35 Mrd. $ in die Nahrungsmittelhilfe. *Das heißt:* Nur eine Milliarde Dollar stellte die EG pro Jahr für *strukturelle* Entwicklungsmaßnahmen in der Dritten Welt zur Verfügung: Das war ein *Dreißigstel* der weltweit vergebenen ODA-Mittel (weitere Details siehe Tabelle 2, Kapitel Nahrungsmittelhilfe). Schon dieser Stellenwert macht deutlich, daß von der EG-Hilfe – so gut sie im einzelnen auch sein mag – keine durchgreifende Veränderung in der Dritten Welt ausgehen kann.

Die Entwicklungshilfegelder der EG kommen keineswegs nur – wie man vermuten würde – aus dem Haushalt der Gemeinschaft. Dieser finanziert hauptsächlich die

Nahrungsmittelhilfe, während die Entwicklungshilfe im eigentlichen Sinne überwiegend aus dem *Europäischen Entwicklungsfonds* **(EEF)** und von der *Europäischen Investitionsbank* **(EIB)** bestritten wird. In den Entwicklungsfonds, der jeweils auf fünf Jahre angelegt ist, zahlen die Mitgliedsstaaten der EG Beiträge ein, die sie ihren nationalen Entwicklungshilfeetats (!) entnehmen. *Das heißt:* Bei dem überwiegenden Teil der EG-Entwicklungshilfe handelt es sich *nicht* um *zusätzliche* Mittel, sondern um Gelder, die die Mitgliedsstaaten ohnehin für diesen Zweck einsetzen würden. Der von 1985 bis 1990 laufende EEF hat ein Volumen von 7,5 Mrd. ECU (1 ECU rund 2 DM).

Die Verträge von Lomé

Wichtigstes Instrument der EG-Entwicklungshilfe sind die nach der Hauptstadt Togos benannten *Lomé-Verträge,* die auch als *AKP-Abkommen* bezeichnet werden.[9] **AKP steht für die drei Regionen – A**frika, **K**aribik und **P**azifik – mit denen diese Verträge abgeschlossen wurden. Die seit 1975 jeweils für einen Zeitraum von fünf Jahren geschlossenen Lomé-Vereinbarungen galten lange als *das* Modell, nach dem die Beziehungen zwischen Nord und Süd neu gestaltet werden könnten. Von diesem Glanz hat Lomé zwischenzeitlich das meiste eingebüßt, dennoch ist nach wie vor bei diesem Abkommen manches besser als in der übrigen Entwicklungszusammenarbeit.

Lomé III (1985–1990) hat ein Volumen von 8,5 Mrd. ECU und erstreckt sich auf 66 Entwicklungsländer: 8 im Pazifik, 13 in der Karibik und 45 in Schwarzafrika, d. h. alle schwarzafrikanischen Staaten sind über das Abkommen mit der EG ,assoziiert'. Drei Kernbereiche stehen im Mittelpunkt des Lomé-Vertrages: die Handelspolitik, die Rohstoffe und die finanzielle Zusammenarbeit.

Freier Marktzugang für die AKP-Staaten

Die Entwicklungshilfepolitiker haben gerade diesen Teil als Meilenstein eines neuen Verhältnisses zwischen Nord und Süd gefeiert. Die Lomé-Verträge räumen den Ausfuhrprodukten der AKP-Staaten freien Zugang zum EG-Markt ein, d. h. ihre Waren sollen zollfrei zum Verkauf gelangen und dadurch besonders gute Absatzchancen besitzen.[10] Jedoch sind alle Produkte von dieser Regelung ausgenommen, die unter die gemeinsame Agrarpolitik der EG fallen (z. B. Zitrusfrüchte, Zucker, Fleisch). Außerdem bestehen bei zahlreichen anderen Erzeugnissen *Importbeschränkungen* (Mengenbegrenzung). Die Handelspräferenzen (Vergünstigungen) wurden den AKP-Staaten gewährt, weil man glaubte, sie könnten damit ihre Exporte steigern und sich auf diese Weise mehr Geld für die eigene Entwicklung verdienen.

Tatsächlich sind seit 1975 die Exporte der AKP-Länder in die EG gestiegen. Betrachtet man nur diesen Aspekt, muß man den eingeräumten Handelspräferenzen einen Erfolg bescheinigen. Untersucht man jedoch die Exporte der AKP-Länder in die Nicht-EG-Staaten, also in jene Länder, die *keine* Präferenzen einräumten, so ergibt sich, daß diese Ausfuhren im gleichen Umfang wie diejenigen in die EG gewachsen sind. Hinzu kommt ferner, daß jene Entwicklungsländer, die nicht unter das AKP-Abkommen fallen, ihre Exporte in die EG ebenfalls gesteigert haben.[11] *Fazit:* Auch ohne die im Lomé-Abkommen garantierten Handelsvorzüge hätten die AKP-Staaten ihre Warenausfuhr in die EG gesteigert, eben weil die Märkte insgesamt gewachsen sind.

Exporterlösstabilisierung bei Rohstoffpreisverfall

Da einerseits die AKP-Staaten vom Rohstoffexport abhängig sind und da andererseits die Rohstoffpreise einem langfristigen Abwärtstrend unterliegen, sollen die dadurch bedingten Einnahmeverluste durch Gelder aus dem Lomé-Vertrag ausgeglichen werden, und zwar aus dem STABEX-Fonds (landwirtschaftliche Rohstoffe) und dem SYSMIN-Fonds (Mineralien). Details hierzu finden sich im Rohstoffkapitel auf Seite 140. Ob das EG-Verfahren der Exporterlösstabilisierung als solches einen Schritt in die richtige Richtung darstellt, ist gegenwärtig von zweitrangiger Bedeutung. Ausschlaggebend ist, daß die zur Verfügung gestellten Mittel bei weitem nicht ausreichen, den Rohstoffpreisverfall auszugleichen. Pro Jahr können rund 270 Mio. ECU für die Exporterlösstabilisierung aller AKP-Staaten eingesetzt werden. Allein der Rohstoffpreisverfall der schwarzafrikanischen Staaten (*ohne* Nigeria) betrug in den Jahren 1985–87 jeweils mehr als das Zehnfache.[12] In den EG-Staaten besteht jedoch *keine* Bereitschaft, die Mittel für die Exporterlösstabilisierung so zu erhöhen, daß sie ausreichen würden, den Rohstoffpreisverfall aufzufangen.

Finanzielle Zusammenarbeit

Für Entwicklungsmaßnahmen stellt die EG den 66 AKP-Staaten 7,16 Mrd. ECU (1985–90) zur Verfügung; gut zwei Drittel dieses Betrages werden als nicht-rückzahlbare Zuschüsse vergeben.[13] Während sich die Mittel von Lomé I (ab 1975) auf 3,5 Mrd. ECU beliefen, hat das gegenwärtige Vertragswerk, Lomé III, ein Volumen von 8,5 Mrd. ECU (obige 7,16 Mrd. plus 1,34 Mrd. für die Exporterlösstabilisierung). Dies erscheint zunächst als eine erhebliche Steigerung der Mittel. *Inflationsbereinigt* fällt der Zuwachs jedoch bedeutend geringer aus. Ferner ist die Zahl der Vertragsstaaten um zwanzig gestiegen, so daß die Gelder, die pro Kopf der Bevölkerung vorhanden sind, um 20 % gesunken sind.[14] Daß die Mittel viel zu gering sind, um in den 66 AKP-Staaten eine Veränderung auf breiter Front bewirken zu können, ist bereits gesagt. Dennoch ist folgendes positiv hervorzuheben:

– Die EG-Hilfe fördert nicht mehr einzelne Projekte, sondern langfristige Programme; die Mittel sollen sektoral eingesetzt werden: nicht *ein* Krankenhaus wird gebaut, sondern der Bereich der Gesundheitsversorgung insgesamt wird gefördert.

- Die Entwicklungsländer können mehr als bei den anderen Gebern gestaltend mitbestimmen (z. B. paritätisch besetzte gemeinsame Kommissionen).
- Die Mittel werden langfristig und rechtlich verbindlich zugesagt.
- Etwa zwei Drittel der Mittel werden für die Entwicklung des ländlichen Raumes eingesetzt.
- Die EG hat zahlreiche Projekte gefördert, bei denen die bilateralen Geber eine Unterstützung untersagten.
- Mit jährlich etwa 100 Mio. DM unterstützt die EG die Arbeit der nicht-staatlichen Hilfsorganisationen.

Von den EG-Geldern fließt – wie bei der Entwicklungshilfe insgesamt – das meiste wieder zurück: Wenn Lomé III 1990 zu Ende geht, werden die EG-Mitgliedsstaaten für fünf Milliarden ECU (1 ECU ca. 2 DM) Bauaufträge, Warenbestellungen und TZ-Anforderungen aus den AKP-Staaten erhalten haben.[15] – Von der allgemeinen Finanzmisere der EG blieb auch der Entwicklungshilfeetat nicht verschont. Die Gesamtaufwendungen sanken 1987 gegenüber dem Vorjahr um 16 Prozent und sollen 1988 um weitere sechs Prozent sinken.[16]

Entwicklungshilfe aller Geber: Daten und Fakten

Entwicklungshilfe gestiegen?

Betrachtet man die Entwicklungshilfe *nur* in laufenden Preisen (Höhe der Dollar-ausgaben im jeweiligen Jahr; Spalte 1 der Tabelle 1), dann ist sie im Vergleich von 1970 zu 1986 auf 550 % gestiegen; inflationsbereinigt, d. h. in konstanten Preisen (Spalte 2) jedoch nur auf 175 Prozent. Nur die Betrachtung in konstanten Preisen gibt Aufschluß darüber, ob die Aufwendungen *real* steigen oder sinken. Dies zeigt insbesondere der Vergleich der Jahre 1985 und 1986. Während die laufenden Preise einen erheblichen Anstieg der Entwicklungshilfe suggerieren (um 6 Mrd. oder um knapp 20 %), ist sie *inflationsbereinigt* sogar um eine Milliarde *gefallen!* Dies zeigt, wie die Statistik völlig falsche Sachverhalte vermitteln kann: Die Politiker und die ‚Entwicklungshilfeministerien' operieren in der Regel nur mit Angaben in laufenden Preisen.

Aber selbst die Darstellung in konstanten Preisen verrät nicht die ganze Wahrheit. Denn auch sie legt den Schluß nahe, die westlichen Industrieländer hätten ihre Aufwendungen beträchtlich gesteigert. Um dies zu beurteilen, muß man die Entwicklungshilfeausgaben mit der Wirtschaftskraft der Geber (Bruttosozialprodukt, BSP) vergleichen. Und hier zeigt sich erneut Erstaunliches: Während 1965 die westlichen Industrieländer 0,48 % ihres BSP für Entwicklungshilfe zur Verfügung stellten, schwankte der Anteil 1980–86 zwischen 0,34 und 0,37 Prozent (Weltbank-Angaben). Gemessen an ihrem Einkommen, geben die westlichen Staaten heute weniger für die Dritte Welt aus als vor 20 Jahren; dabei hatte sich der Westen eigentlich verpflichtet, seine Aufwendungen auf 0,7 % des BSP zu

Tabelle 1: Entwicklungshilfe (ODA) weltweit und an Schwarzafrika 1970–86
(in laufenden und konstanten Preisen; Angaben in Millionen US-Dollar)

	weltweit laufende Preise(1)	weltweit konstante Preise(2)	an Safrika laufende Preise(3)	an Safrika konstante Preise(4)	DAC bilateral an Safrika laufende Preise(5)	Multilateral an Safrika laufende Preise(6)	OPEC bilateral an Safrika laufende Preise(7)	zum Vergleich Weltbank-Daten(8)
1970	7.116	18.375	1.248	3.222	940	306	3	1.046
1971	8.045	19.278	1.449	3.472	1.078	367	4	1.224
1972	8.592	18.502	1.579	3.400	1.199	348	32	1.385
1973	11.097	20.686	1.965	3.663	1.429	501	35	1.538
1974	15.104	25.700	2.766	4.706	1.756	655	275	2.333
1975	19.179	28.240	3.693	5.438	2.237	931	392	3.216
1976	18.330	26.187	3.578	5.112	2.229	908	330	3.169
1977	19.045	25.007	4.134	5.429	2.549	1.007	462	3.566
1978	25.828	29.137	5.540	6.249	3.319	1.593	520	4.729
1979	29.098	29.636	6.889	7.016	4.203	1.868	715	6.133
1980	34.585	32.194	8.077	7.518	5.018	2.260	650	6.919
1981	33.595	32.437	8.118	7.838	5.110	2.225	610	6.933
1982	30.434	30.008	8.174	8.060	5.105	2.108	790	7.103
1983	30.073	29.766	7.962	7.881	4.999	2.102	707	6.877
1984	31.182	31.524	8.226	8.316	5.216	2.449	486	7.140
1985	33.307	33.307	9.540	9.540	5.949	2.926	614	8.168
1986	39.590	32.281	11.538	9.408	7.482	3.527	442	·/·
	394.198	462.264	94.476	106.269	59.819	26.082	7.066	71.479

Anmerkungen: Safrika = Schwarzafrika (45 Staaten) – 1 weltweite Entwicklungshilfe aller Geber (bilateral und multilateral), ohne Ostblock – 2 wie Nr. 1, jedoch in konstanten Preisen und Wechselkursen von 1985 – 3 Entwicklungshilfe insgesamt an Schwarzafrika, ohne Ostblock – 4 dito Nr. 3, jedoch in konstanten Preisen und Wechselkursen von 1985 – 5 bilaterale Hilfe der westlichen Industriestaaten – 6 multilaterale Hilfe durch Weltbank und deren Töchter sowie andere UN-Organe, ohne multilaterale Hilfe der OPEC und EG – 7 darüber hinaus leistet OPEC auch multilaterale Hilfe an Schwarzafrika (hier nicht erfaßt) – 8 Entwicklungshilfe insgesamt an Schwarzafrika in laufenden Preisen nach Weltbank-Angaben (für 39 Länder, ohne Kleinstaaten unter 500.000 Einwohnern in 1983) – 9 Die Leistungen der Ostblock-Staaten beliefen sich laut OECD in den 80er Jahren auf jährlich 200–264 Mio. $

Quellen: Computerausdruck des OECD-Büros Paris (Datenstand 15.3.1988) sowie Weltbank-Berichte zu Schwarzafrika 1981, 1984 und 1986.

steigern. Hätten alle Geber 1986 wie 1965 0,48 % ihres BSP für Entwicklungshilfe aufgewendet, wären statt 32 Mrd. $ immerhin 43 Mrd. $ zur Auszahlung gelangt (in konstanten Preisen zu 1985).

Entwicklungshilfe an Schwarzafrika: Sie stieg von 1970 bis 1986 auf rund 300 Prozent (in konstanten Preisen). Pro Kopf der Bevölkerung erhielt Schwarzafrika 1986 knapp 27 $, während dieser Betrag sich bei allen Entwicklungsländern nur auf 0,01 $ belief. Mit diesen Mitteln sind erhebliche Erfolge beispielsweise im Gesundheits- und Erziehungsbereich erzielt worden: Zwischen 1960 und 1983 hat sich die Zahl der Schüler verfünffacht, und die Einschulungsquote erhöhte sich von 36 auf 75 Prozent. Die Zahl der Studenten stieg von 21.000 im Jahr 1960 auf 437.000 im Jahr 1983. Der Anteil Schwarzafrikas an der weltweit vergebenen Hilfe betrug 1986 29 Prozent, obwohl nur ein Neuntel der gesamten Entwicklungsländerbevölkerung in diesen Staaten lebt.

Die Angaben der Weltbank über die an Schwarzafrika geleistete Hilfe (Tabelle 2, Spalte 8) liegen unter denen der OECD (vgl. Spalte 4); im Jahr 1985 belief sich diese Differenz auf 14,4 %. Der Widerspruch läßt sich nicht dadurch auflösen, daß sich die Angaben der OECD auf alle 45 schwarzafrikanischen Staaten beziehen, die der Weltbank aber nur auf 39; die von der Weltbank nicht berücksichtigten sechs Kleinstaaten erhielten 1985 keine 1,37 Mrd. $ an Entwicklungshilfe (Differenzbetrag zwischen OECD- und Weltbank-Angaben).

Die Verwendung der Gelder

Mit den Entwicklungshilfegeldern sind seit der Unabhängigkeit Afrikas mehr als 50.000 Projekte finanziert worden, um nur eine ungefähre Größenvorstellung zu geben. Die geförderten Maßnahmen reichten vom Straßenbau über die Errichtung von Häfen und Druckereien bis hin zur Agrarforschung und zum Bau von Krankenhäusern und Universitäten. Über all diese sehr unterschiedlichen Projekte das Pauschalurteil „Tödliche Hilfe" zu verhängen, wie es die ehemalige Mitarbeiterin des BMZ Brigitte Erler mit ihrem gleichnamigen Buchtitel zumindest suggeriert hat, ist weder zutreffend noch hilfreich. Viele Maßnahmen haben der Masse der Bevölkerung nicht gedient, das stimmt. Aber deshalb kann nicht alles als Mißerfolg deklariert werden. Geber und Empfänger stimmen heute darin überein, daß ein Großteil der Gelder in Prestigeprojekte investiert oder nicht effizient genug eingesetzt wurde. Hier wird das „Strukturanpassungskonzept" (Details s. u.) hoffentlich Verbesserung bringen. Wenn schon, dann hat es ‚tödliche Einflüsse' gegeben, beispielsweise den Zivilisationskolonialismus (Ursachenkomplex I, Kapitel 3), der durch die europäische Fremdherrschaft im 19. Jahrhundert begann und nach der Unabhängigkeit andauerte. Auch dies war und ist primär nicht durch die Entwicklungshilfe verursacht, die gleichwohl den Ausbau der Städte zu modernen Inseln westlichen Fortschritts und Konsums oftmals begünstigt hat, auf deren Altären dann die Zukunft der Landbevölkerung geopfert wurde.

Die Geschichte läßt sich nicht zurückdrehen. Aus diesem Grund ist es müßig, die Frage zu diskutieren, ob man Entwicklungshilfe besser einstellen oder fortsetzen sollte. *Makaber* wirkt diese rhetorische Problemstellung angesichts des gewachsenen Elends in der Dritten Welt. Die Frage muß vielmehr lauten: Wie können wir die Entwicklungshilfe einschließlich der internationalen Politik und des Weltwirtschaftssystems so gestalten, daß erstere eine wirkliche Hilfe im umfassenden Sinn des Wortes für die Masse der Bevölkerung darstellt und die beiden anderen positive Auswirkungen auf deren Lebenssituation haben? Deshalb erscheint es mir angebrachter, im folgenden auf die aktuellen Grundlinien der Entwicklungspolitik einzugehen statt auf die schier unzähligen einzelnen Projekttypen der staatlichen Geber. Zwei Aspekte seien abschließend noch kurz skizziert: Seit 1960 hat der gesamte afrikanische Kontinent schätzungsweise 140 Mrd. $ an Entwicklungshilfe erhalten, Riesensummen an Verwaltungskosten und Expertengehältern mit eingerechnet. Das ist auf den ersten Blick ein erstaunlicher Betrag, doch bei weitem nicht genügend, eine Region von der 120fachen Größe der Bundesrepublik zu entwickkeln. Zweitens kann Hilfe von außen nur dann fruchten, wenn sie sich in ein nationales Entwicklungsprogramm einreihen kann, das nicht nur auf dem Papier steht, sondern das im Sinne einer *Graswurzelbewegung* die Masse der Bevölkerung erfaßt und durch deren Engagement zur Wirklichkeit wird.

Die Neuorientierung der deutschen Entwicklungspolitik – eine Hilfe für Schwarzafrika?

Von 1950 bis einschließlich 1986 hat die Bundesregierung *bilaterale* Hilfe in einer Höhe von rund 25 Mrd. DM an den afrikanischen Kontinent (Schwarzafrika inklusive Nordafrika) ausgezahlt. Die *Zusagen* beliefen sich im gleichen Zeitraum auf nahezu 35 Milliarden. Diese erhebliche Differenz macht deutlich, wie wichtig es ist, zwischen tatsächlich ausgezahlten Beträgen und bloß zugesagten Mitteln zu unterscheiden („Zusagen" enthalten abgeflossene und während der nächsten Jahre zur Auszahlung anstehende Gelder).

Von den ausgezahlten Beträgen wurden *zwei Drittel* als *nicht-rückzahlbare* Zuschüsse vergeben. Da die Statistik erst in jüngster Zeit getrennte Angaben zu Schwarzafrika enthält, war nicht zu ermitteln, wieviel die schwarzafrikanischen Länder seit 1950 von der Bundesrepublik erhalten haben. Im Haushaltsjahr 1986 belief sich die bilaterale Entwicklungshilfe für diese Staatengruppe auf 1,675 Mrd. DM; das waren 29,2 % der insgesamt vergebenen bilateralen Mittel. Dieser Anteil dürfte in etwa der gleichen Höhe auch während der nächsten Jahre bestehen bleiben. Weitere Angaben zu Art und Umfang der Hilfe an Afrika enthält die Tabelle 2.

Tabelle 2: Die Entwicklungshilfe der Bundesrepublik Deutschland 1950–86 und 1986
(Angaben in Mio. DM)

1.Entwicklungshilfe (ODA) insgesamt (1950-86)	111.688,3	100 %
1.1 davon bilateral	79.289,5	71 %
1.2 davon multilateral	32.398,8	29 %
1.3 davon Zuschüsse	64.167,8	57,5%
1.4 davon Kredite und Kapitalleistungen	47.520,5	42,5%

2.Die bilaterale Hilfe (1950-86)	insgesamt	davon Zuschüsse	davon Kredite und Kapital-leistungen
2.1 an alle Entwicklungsländer	79.289,5	46.195,9	33.093,6
2.2 an Afrika	25.278,8	16.489,0	8.789,8
2.2.1 davon TZ		10.096,2	
2.3 an Afrika/Exportkredite	8.555,9		

3.Entwicklungshilfe 1986	insgesamt		an Afrika	
3.1 an alle Länder	8.317,5	100 %		(1)
3.2 davon bilateral	5.736,2	69 %	2.083,6	36,3%
= pro Kopf der Bevölkerung	1,53 DM		3,63 DM	
3.3 davon multilateral	2.581,3	31 %		
3.4 davon TZ	2.670,5	32,1%	873,3	32,7%
3.5 davon Zuschüsse	5.375,9	64,6%	1.544,4	28,7%

Anmerkung:
1 Prozentangaben beziehen sich auf die insgesamt geleistete Hilfe der jeweiligen Rubrik

Quellen: Handbuch für Internationale Zusammenarbeit (HIZ), 248. Lieferung, Februar 1988; BMZ, Journalisten-Handbuch Entwicklungspolitik 1987, Bonn 1987.

„Das Bundeskabinett hat am 19. März 1986 neue ‚Grundlinien der Entwicklungspolitik der Bundesregierung‘ beschlossen. Sie sind Ergebnis und Ausdruck der entwicklungspolitischen Neuorientierung in den letzten Jahren.
Diese Neuorientierung war notwendig und möglich, weil sich das entwicklungspolitische Umfeld in der ersten Hälfte der 80er Jahre verändert hat durch

– die Verschuldung zahlreicher Entwicklungsländer;
– die wirtschaftliche Dauerkrise in Afrika südlich der Sahara;
– die internationale Ernüchterung, zunehmende Skepsis gegenüber globalen Lösungsmöglichkeiten bei der Bewältigung der Probleme der Entwicklungsländer, aber auch die wachsende Bereitschaft der Entwicklungsländer zu wirtschaftspolitischen Reformen.

Kern der Neuorientierung ist erstens die Klarstellung: Wir leisten Entwicklungshilfe aus moralischer Verantwortung wie aus politischer und wirtschaftlicher Weitsicht, nicht aber – wie dies auch der Wissenschaftliche Beirat des Bundesministeriums für wirtschaftliche Zusammenarbeit formuliert hat – als Tributpflicht. Entwicklungspolitik ist keine Politik des schlechten Gewissens."[17]

Seit Übernahme der Regierungsgeschäfte durch die CDU/CSU-FDP-Koalition wird das von der CSU geführte Bundesministerium für wirtschaftliche Zusammenarbeit (BMZ) nicht müde, von einer *Neuorientierung* der deutschen Entwicklungshilfepolitik zu sprechen. In bewußter Abgrenzung zu den Vorgängerregierungen suggerieren die Verlautbarungen des BMZ seitdem, daß jetzt Entwicklungshilfe mit größerem Sachverstand ‚gemacht' wird: Der schon lange gesuchte Stein der Weisen – so muß man annehmen – ist nun gefunden. Im Mittelpunkt der neuen Strategie stehen gesteigerte *„Effizienz"* und verbesserte *„Koordinierung"* der Hilfe, was den Regierungen der Empfängerländer durch den *„Politikdialog"* vermittelt wird und wodurch bei den Ärmsten der Armen endlich die *„Hilfe zur Selbsthilfe"* in Gang kommen soll.

Die Bundesregierung hat sicherlich recht, wenn sie sagt, entscheidend sei nicht nur, daß Entwicklungshilfe gegeben, sondern auch *wie* sie eingesetzt werde. Etliche Mittel flossen in ‚falsche' Projekte, unterstützten eine verfehlte Prioritätensetzung oder wurden in der Tat nicht effizient genug verwendet. Auch die bessere Koordinierung von Hilfsmaßnahmen – verstärkte Absprache der Geber untereinander – war und ist zweifellos dringend notwendig. Nur, so wichtig beides ist, darf man sich davon keine Kehrtwendung der Verhältnisse in der Dritten Welt erhoffen: Einerseits sind die Möglichkeiten einer wirksameren Verwendung sehr begrenzt; wären sie es nicht, wären die Länder nicht unterentwickelt. (Im übrigen ist nicht zu vergessen, daß auch bei uns viele Steuergelder ‚ineffizient' verwendet werden). Andererseits sind die vorhandenen Mittel viel zu gering, als daß sich allein durch ihren besseren Einsatz und die bessere Koordinierung die Situation auf breiter Front verändern ließe.

Welche *inhaltlichen* Erkenntnisse hat nun die Bundesregierung aus drei Jahrzehnten internationaler Entwicklungshilfe gezogen? Denn Effizienz und Koordinierung betreffen schließlich nur die technische Abwicklung. Zu welchen *neuen* Grundpositionen hat die Bundesregierung gefunden? Wie lauten die Maximen ihrer *Neuorientierung*, die – wie sie selbst sagt – vornehmlich durch die wirtschaftliche Dauerkrise in Schwarzafrika notwendig wurde? Insgesamt 114 Einzelpunkte enthalten die neuen Grundlinien der Bundesregierung (unten abgekürzt als GL). Auf die wichtigsten sei im folgenden kurz eingegangen.[18] Eine Auseinandersetzung mit den zentralen Positionen lohnt auch deshalb, weil diese nicht nur die bilaterale Hilfe der Bundesregierung beeinflussen. Sie bestimmen vor allem ihr Agieren und ihr Abstimmungsverhalten in den internationalen, für die Dritte Welt schicksalsentscheidenden Schaltzentralen IWF und Weltbank, in denen die Bundesrepublik als wichtiger Geber entscheidendes Gewicht besitzt (vgl. hierzu auch die Stimmrechte in Graphik 1, Ursachenkomplex IV, Kapitel Weltwirtschaft).

1. Weltwirtschaftssystem: Die Bundesregierung plädiert für die *Integration* der Entwicklungsländer in die arbeitsteilige Weltwirtschaft (GL Nr. 21). Sie begrüßt, daß der sogenannte Nord-Süd-Dialog nicht mehr von Forderungen nach globaler Umgestaltung der Weltwirtschaft beherrscht ist, sondern daß pragmatische Lösungsansätze die Diskussion bestimmen (GL Nr. 11).

Schwarzafrika: Daß seine nur rudimentär existierenden Volkswirtschaften im gegenwärtigen Weltwirtschaftssystem (Details siehe Kapitel Weltwirtschaft und Transnationale Konzerne) Unterlegene sind, wird mit keinem einzigen Wort erwähnt. Die Bundesregierung sieht *keine* Notwendigkeit, daß das bestehende System dringender Korrekturen bedarf: eine *Soziale Marktwirtschaft* liegt sowohl *außerhalb ihres Denkhorizontes* wie auch *fernab ihres politischen Handelns.* Tatsächlich sind bis heute *alle* Bundesregierungen in den internationalen Verhandlungen als *„hard-liner"* aufgetreten: Sie haben jegliche Veränderung des bestehenden Weltwirtschaftssystems kategorisch abgelehnt.

2. Die Außenverschuldung der Dritten Welt: Immerhin erkennt die Bundesregierung an, daß viele Entwicklungsländer nicht nur *verschuldet,* sondern *überschuldet* sind (GL Nr. 13–20). Aber sie zieht aus dem substantiellen Unterschied zwischen Verschuldung und Überschuldung keine Konsequenz: Sie will an der *alten* Lösungsstrategie der Umschuldung festhalten, obwohl gerade durch jene die heutige Überschuldung maßgeblich verursacht ist. Daß es zu dieser Situation gekommen ist, lastet die Bundesregierung *allein* den Verantwortungsträgern in den Entwicklungsländern an. Kein Wort davon, daß auch die Geber – ob staatliche oder private – leichtsinnig gehandelt haben, daß sie zuviel Geld zu schnell ausgeliehen haben.

Schwarzafrika: Obwohl zahlreiche Länder eigentlich Konkurs anmelden müßten und obwohl keinerlei Hoffnung auf eine Steigerung ihrer außenwirtschaftlichen Leistungskraft besteht, bleibt die Bundesregierung auch hier bei der Lösungsstrategie ‚Umschuldung'. Zwar hat sie selbst einigen Ländern die Schulden aus Entwicklungshilfekrediten erlassen, aber dennoch plädiert sie nicht für eine generelle Entschuldung (die durchaus mit ‚Auflagen' verknüpft sein könnte). Die Bundesregierung spricht zwar von moralischer Verantwortung und wirtschaftlicher Weitsicht, denen sie sich verpflichtet fühlt, *erkennt aber nicht,* daß die Schuldenbelastung des schwarzafrikanischen Kontinents längst jedes moralisch und ökonomisch noch vertretbare Ausmaß überschritten hat.

3. Weitere Kapitalhilfe: Die Dritte Welt – so die Position der Bundesregierung – benötigt zu ihrer Entwicklung auch Kredite zu Marktbedingungen (GL Nr. 26). Sie sieht keine Notwendigkeit für ein *global agierendes Aufsichtsamt,* um dem internationalen Geldverkehr verbindliche Spielregeln zu geben und das Geschehen in diesem Bereich zu überwachen.

Schwarzafrika: Die Grundlinien – wie auch die sonstigen Positionspapiere – enthalten nichts über eine Neuregelung der Kreditvergabe an diese besonders schwachen Volkswirtschaften. Obwohl renommierte Ökonomen schon seit langem dafür plädieren, diesen Ländern eine Bedienung der erhaltenen Kredite in ihrer *eigenen* Währung zu ermöglichen, sieht die entwicklungspolitische Neuorientierung der Bundesregierung dafür keinen Handlungsbedarf.

4. Steigerung der Exporte: Nach Auffassung der Bundesregierung müssen die Entwicklungsländer ihre Exporte steigern, um ihre Verschuldungskrise zu überwinden (GL Nr. 20). Darüber hinaus soll der Export Devisen für die Entwicklung aus eigener Kraft erwirtschaften.

Schwarzafrika: Die Staaten verdienen ihre Devisen praktisch nur mit dem *Rohstoff*export. Bei nahezu all ihren Rohstoffen sind die Weltmärkte gesättigt. Eine Steigerung der Exporte würde den ohnehin ruinösen Preiskampf auf den Weltmärkten noch weiter verschärfen. Eine Umstrukturierung der Wirtschaft – Ausfuhr von Fertigwaren – benötigt aber mindestens zwei bis drei Jahrzehnte. Außerdem *fehlt* für eine solche Umstrukturierung jegliche Perspektive, weil dafür nicht die erforderlichen Mittel vorhanden sind. *Wie* also soll das Rezept der Bundesregierung für die Volkswirtschaften Schwarzafrikas zum Erfolg führen?

5. Rohstoffpreise: Die Bundesregierung akzeptiert nicht nur die extremen Preisschwankungen als ein unbeeinflußbares Marktgeschehen, sondern sieht darüber hinaus weder eine Möglichkeit noch eine Notwendigkeit, den *weiteren* (!) Preisverfall zu stoppen (GL Nr. 24).

Schwarzafrika: 25 Jahre ‚Unabhängigkeit' haben nicht ausgereicht, die Bedeutung der Rohstoffexporte auch nur um *einen* Prozentpunkt zu senken. Und es besteht keine Aussicht, daß sich daran innerhalb der nächsten 25 Jahre etwas ändern könnte. Warum also nicht etwas für bessere, für ‚gerechtere' Rohstoffpreise tun, statt wider alle Realitäten die Veränderung der Exportstruktur zu fordern? Außerdem kann eine moralische und wirtschaftlich vernünftige Politik nicht dafür eintreten, daß beispielsweise Kaffee immer billiger und damit die Entlohnung der Produzenten immer geringer wird.

6. Privatwirtschaftliche Zusammenarbeit: Damit ist die Tätigkeit deutscher Industrieunternehmen in Entwicklungsländern gemeint (GL Nr. 91–95). Der Förderung dieser privatwirtschaftlichen Zusammenarbeit mißt die Bundesregierung großes Gewicht bei: Sie ist *eines* von insgesamt nur vier Aktionsfeldern ihrer Entwicklungspolitik. Privatwirtschaftliches Engagement als solches ist schon ein Gewinn für das Entwicklungsland: Dies ist gewissermaßen der Tenor der Grundlinien.

Schwarzafrika: In Nigeria beispielsweise haben etliche privatwirtschaftliche Tätigkeiten (Brauereien, Bonbonfabriken, Autobahnbau) zur Vergeudung der Ressourcen geführt und zu einer verfehlten Entwicklung beigetragen. Kein Wort in den Grundlinien dazu, die Förderung privatwirtschaftlicher Zusammenarbeit strikt auf solche Projekte beschränken zu wollen, die auf die Befriedigung der Grundbedürfnisse der Bevölkerung abzielen.

Diese zentralen Positionen verdeutlichen, daß von einer *inhaltlichen Neu*orientierung der Entwicklungspolitik *nicht* die Rede sein kann. Obwohl die Bundesregierung beteuert, selbstkritisch dazulernen zu wollen, hat sie in ihren Grundlinien das Gegenteil unter Beweis gestellt. Sie hat zwar *neu* formuliert, aber damit lediglich die seit drei Jahrzehnten praktizierte Politik bekräftigt. Schon gar nicht vermag ich zu begreifen, inwiefern die ‚neuen' Grundlinien auf die *spezifischen* Bedürfnisse Schwarzafrikas eingehen sollen. Die Kluft zwischen Anspruch und Wirklichkeit könnte kaum größer sein. Denn die Maximen und Strategien der Grundlinien sind kein außenwirtschaftlicher Steigbügel, den Schwarzafrika doch so dringend benötigt, um aus seiner Krise herauszufinden. Vielmehr werden die aufs neue beschworenen alten Konzepte dazu beitragen, daß die Misere bestehen bleibt, möglicherweise noch schlimmere Dimensionen annimmt.

Mir geht es weder um partei-politisch motivierte Kritik noch in erster Linie um Schuldzuweisungen. Ich sage dies ganz bewußt, weil ich die Reaktion unserer Amtsträger kenne. Sie werden diese Ausführungen als Kritik aus der ‚linken Ecke' abzuqualifizieren versuchen, oder sie werden erneut aufzählen, was sie alles unternommen haben, um den Afrikanern beizustehen. Beides ist verfehlt, denn es geht am *Eigentlichen* vorbei. Und dieses Eigentliche ist nicht der Meinungs- oder Strategiestreit, sondern das ist die Lebenssituation der Masse der Bevölkerung in Afrika. Diese ist zu weit aus dem Blickfeld gerückt, sie ist es, die uns im Grunde genommen nicht berührt. Denn wäre der im Vergleich zu Schwarzafrikas Ländern superreiche Staat Bundesrepublik wirklich berührt, wären seine Verantwortungsträger wirklich betroffen, würden sie noch über Sym-pathie verfügen, über die Fähigkeit des Mit-Leidens, dann würden sie gewissermaßen automatisch eine Kehrtwendung, eine wirkliche Neuorientierung der Politik, einleiten.
Die Entrückung unserer Entscheidungsträger von den Realitäten in der Dritten Welt ist eine der vielen Blockaden, die eine soziale Umgestaltung unserer Außenwirtschaftspolitik verhindern. Ich habe manche Kinder in Afrika sterben sehen, nur weil ein einfaches Medikament zu ihrer Rettung nicht vorhanden war, weil der Dollar, den die Tabletten gekostet hätten, in den Schuldendienst geflossen war. Nicht alle Kinder-Tode in Afrika sind dadurch verursacht, aber viele. Und deshalb ist diese Konkretisierung sowohl erlaubt wie notwendig. Die abstrakte Darstellung der Weltbank, die außenwirtschaftlich bedingten Sparmaßnahmen hätten zu einer Einschränkung der Gesundheitsdienste geführt, ist da wenig hilfreich.[19] Entwicklungshilfeminister, Weltbankdirektor, Abteilungsleiter in den für die Dritte Welt zuständigen Ministerien dürfte man eigentlich nicht werden, ohne vorher in einem Entwicklungsprojekt gearbeitet, ohne einige Jahre im Slum oder im Busch gelebt zu haben, ohne daß man sich durch eben solche Erfahrungen auf die Seite der massenhaft in Armut Lebenden geschlagen hat.
Ich bin mir der Begrenzung des Machbaren sehr wohl bewußt. Wir können das Leiden in Afrika nicht beenden, aber wir können – um mit Albert Camus zu sprechen – das Ausmaß des Leidens verringern. Und dieses Entscheidende zu tun, darum geht es mir, um nichts sonst. Das aber versäumt die Politik, wenn sie beispielsweise ökonomisch nicht mehr vertretbare Schuldendienstbelastungen bestehen läßt. Eine Neuorientierung der Politik hätte darin bestanden, die überschuldeten schwarzafrikanischen Länder wenigstens soweit zu entschulden, daß die Belastungen jene Margen nicht übersteigen, die Ökonomen für vertretbar halten. Ferner: Es ist doch auch unsere Kreditvergabepraxis gewesen, die zur gegenwärtigen Verschuldungskatastrophe geführt hat. Warum also immer noch die beharrliche Weigerung, dafür die politische Verantwortung zu übernehmen? Und die kann bei Schwarzafrika nur heißen: Entschuldung.
Ich kann ja noch verstehen, daß man in der allgemeinen Aufbruchstimmung des

‚Afrikanischen Jahres' (1960) glaubte, den Kontinent mit Geld von außen auf den Pfad von Wachstum und Entwicklung zu bringen, daß man ihm zur Industrialisierung und zur Erweiterung seiner Exportpalette riet. Aber daß man heute noch immer bei diesen Konzepten bleibt, vermag ich nicht mehr nachzuvollziehen. Gewiß, das Patentrezept zur Entwicklung Schwarzafrikas gibt es nicht. Ebenso steht zweifelsfrei fest, daß sich die afrikanische Politik verändern muß. Aber das größer gewordene Elend dieses Kontinents müßte doch auch unseren Entscheidungsträgern die Frage aufdrängen: Haben die Industriestaaten in der Vergangenheit das Ihrige getan, und sind sie heute bereit, die außenwirtschaftlichen Rahmenbedingungen so zu verändern, daß diese den Entwicklungsprozeß in Afrika beschleunigen, statt ihn zu belasten? Ein erster Teil der Tragik Afrikas liegt darin, daß das Weltwirtschaftssystem – gegen alle Beteuerungen – nicht entkolonialisiert wurde, und ein weiterer, daß Hunger und Not nicht ausgereicht haben, ein *neues* Denken und ein *neues* Handeln der Industriestaaten gegenüber den Ärmsten der Armen zu bewirken.

Die ‚neue' Entwicklungshilfe-Doktrin des Westens: Strukturanpassung

Von „enormen Aufgaben, die nach neuen Strategien verlangen", spricht auch die OECD, der Zusammenschluß der westlichen Industrieländer.[20] Der OECD-Ausschuß für Entwicklungshilfe (**DAC;** Development Assistance Committee) ist letztlich – obwohl selten so gesehen – die entscheidende Schaltstelle der globalen Nord-Süd-Zusammenarbeit. Denn hier sind nicht nur die mit Abstand wichtigsten Entwicklungshilfe-Geber vereint, sondern in diesem Club sind sie auch unter sich, können anders als in Weltbank, IWF und UN-Organen unter Ausschluß der Betroffenen tagen, ihre Positionen und Strategien formulieren. *Und dies hat zur Konsequenz:* Was im DAC nicht geht, beispielsweise Entschuldung, das geht auch anschließend nicht, weder in Weltbank noch im IWF.

Eigentlich kann es kaum überraschen, daß zwischen der „Neuorientierung" der Entwicklungspolitik der Bundesregierung und den „neuen Strategien" des DAC kein Dissens besteht. Die Grundpositionen des Entwicklungsausschusses der OECD, insbesondere was die entscheidenden weltwirtschaftlichen Kernprobleme angeht, sind die gleichen wie diejenigen der Bundesregierung. *Doch nicht nur das:* Der DAC hat offensichtlich *noch weniger* dazugelernt als die Entwicklungshilfepolitiker der Bundesrepublik. Hierzu nur stichwortartig einige Beispiele aus dem Jahresprüfungsbericht 1986[21]:

– Es wird bedauert, daß die Leistungen des privaten Sektors (Bankkredite, Direktinvestitionen) sowie die Höhe der Exportkredite auf einem niedrigen Niveau verharren.[22] *Doch:* Würden die Banken zu einer stärkeren Kreditvergabe zurückkehren, hätte dies zur Folge, daß die Verschuldung der Dritten Welt noch astronomischere Ausmaße annähme; dasselbe gilt von den Exportkrediten. Deshalb ist es nur zu begrüßen, daß bei den kommerziellen Krediten das Ausleihvolumen rückläufig ist.

- Der Bericht betont den *„Entwicklungswert"* von Krediten zu nicht-vergünstigten Bedingungen, wie sie auch von der Weltbank vergeben werden.[23] *Doch:* Daß sich aus Darlehen zu kommerziellen Bedingungen wieder neue, schwere Rückzahlungsbelastungen der überschuldeten Entwicklungsländer ergeben, wird weder erwähnt noch problematisiert. Auch ist an der OECD die Erkenntnis vorbeigegangen, daß *Kredite zu Marktbedingungen,* deren Schuldendienst in *harter* Währung zu leisten ist, ein immer untauglicheres Mittel werden, Grundbedürfnis-orientiertes Wachstum in der Dritten Welt zu bewirken.
- Ein eigenes Kapitel wird der zukünftigen Entwicklung Schwarzafrikas gewidmet. Bei dem für diese Staaten alles entscheidenden Thema ‚Landwirtschaft und Steigerung der Agrarproduktion' rät der Vorsitzende des OECD-Entwicklungshilfeausschusses zu „intensivem Technologie-Einsatz". Er glaubt sogar, „eine solchermaßen arbeitsintensive, technisch fortschrittliche, einkommensorientierte Agrarpolitik könnte bis zum Jahre 2015 *voll* verwirklicht sein".[24] *Doch:* In Schwarzafrika gibt es derzeit etwa 50–60 Millionen kleinbäuerlicher Familien, die von der Subsistenzwirtschaft leben. Woher sollen denn die enormen Mittel kommen, um diese kontinentale Familienlandwirtschaft – ihre Angehörigen zählen 350 Millionen Menschen – in eine technologie-intensive Produktionsweise zu überführen? Denn kein Wort steht in dem Bericht dazu, daß die westlichen Industrieländer die notwendigen Mittel bereitstellen wollen. Außerdem: Zeigt nicht die Agrarentwicklung in der EG, daß ein *solcher* technologie-intensiver Entwicklungsweg gar nicht wünschenswert sein kann?
- Der Bericht geht davon aus, daß bis einschließlich 1990 die Entwicklungshilfe der DAC-Mitglieder um *real* nur zwei Prozent steigen wird. *Doch:* Die Weltbank beziffert die jährliche Finanzierungslücke (1986–90) allein für die *ärmeren* Staaten Schwarzafrikas (für Experten: IDA-eligible countries) auf 2,5 Mrd. Dollar. Um sie zu schließen, müßte die bilaterale Hilfe um 20 % gesteigert werden.[25] Diese Mittel, die zur Rückkehr auf den Wachstumspfad notwendig wären, werden die Industriestaaten, ihrer eigenen Prognose gemäß, nicht zur Verfügung stellen.

Trotz dieser konzertierten Beschwörung alter Konzepte gibt es dennoch eine Neuorientierung, freilich eine Wende zum Negativen: Die Entwicklungspolitik ist während der letzten Jahre immer mehr zu einem *internationalen Ordnungs- und Disziplinierungsinstrument* im zentralen Krisenbereich der Weltwirtschaft verkommen, nämlich demjenigen der Verschuldung. Als Zahlungsunfähigkeiten großer Schuldnerländer das internationale Finanzsystem und die auf Gewinn orientierten Interessen der Gläubiger bedrohten, als nicht mehr solvente kleine Kreditnehmerländer sich anschickten, zu ‚gefährlichen' Präzedenzfällen zu werden, rückten Weltbank und IWF, die Finanz-, Wirtschafts- und Entwicklungshilfeminister der westlichen Industriestaaten zusammen, konzipierten eine Krisenlösung in ihrem Sinne: *„Anpassungsorientiertes Wachstum"* oder einfacher *„Strukturanpassung"* heißt in jüngster Zeit die beherrschende Doktrin im Verhältnis der ‚Entwickelten' zu den ‚Unterentwickelten'. Kein Staat in der Dritten Welt hat während der letzten Jahre ‚Beistand' im Falle von Zahlungsschwierigkeiten erhalten, ohne sich ganz oder teilweise den Auflagen der Strukturanpassung beugen zu müssen, die von den Gebern verfügt wurden. Die betroffenen Entwicklungsländer besaßen keine

Wahl: Hätten sie das Strukturanpassungskorsett nicht akzeptiert, wären sie durch Lieferstopps und ein völliges Abdrehen der Geldhähne von der Weltwirtschaft gänzlich ausgeschlossen worden.

Die Strukturanpassung im einzelnen zu erörtern, ist aus zwei Gründen nicht möglich. Erstens würde dies zu weit in die volkswirtschaftliche Theoriediskussion führen, und zweitens sind viele Maßnahmen – obwohl alle Welt davon redet – im Detail gar nicht bekannt. Deshalb sei hier nur auf wenige Kernpunkte eingegangen:[26]

Verwaltungs- und Politikreformen sollen einerseits dazu führen, daß die Entwicklungsländer ihre eigenen Ressourcen und die von außen erhaltenen Mittel besser nutzen. Zu viele Entwicklungsgelder flossen in Prestigeprojekte oder wurden nicht effizient eingesetzt. Außerdem fehlte es an Koordinierung bei Gebern und Empfängern. Diese Mißstände durch eine internationale Strategie zu beseitigen, gebietet schon der allgemeine Menschenverstand, und daß Druck von außen heilsam sein kann, lehrt die Menschheitsgeschichte ebenfalls. Solcherart Reformen waren längst überfällig, auch ohne Zahlungsunfähigkeiten.

Ferner war die **Korrektur überhöhter Wechselkurse** bei vielen Ländern ein Schritt in die richtige Richtung. *Konkret:* Würde die Bundesbank den Wechselkurs der DM zum US-Dollar mit 1 : 10 festsetzen, dann hätte sie die eigene Währung erheblich überbewertet. Für die Entwicklungsländer hatten die überhöhten Wechselkurse zur Folge, daß sie einerseits preiswert importieren konnten und daß andererseits ihre für den Export arbeitenden Produzenten wenig erlösten. Dadurch erhielten beispielsweise die Bauern für den von ihnen ausgeführten Kaffee zu wenig an inländischer Währung. Insgesamt begünstigten diese ‚unrealistischen‘ Wechselkurse die Stadt- und benachteiligten die Landbevölkerung. Deshalb waren ‚Anpassungen‘ auf diesem Sektor der Währungspolitik sicherlich notwendig. Viele andere Bestandteile der Strukturanpassung sind jedoch wesentlich kritischer zu beurteilen oder ganz abzulehnen:

- **Haushaltskonsolidierung:** Die generelle Beschränkung der Staatsausgaben führte dazu, daß nicht nur ‚verfehlte‘ Ausgaben (Prestigeprojekte) gedrosselt wurden, sondern auch diejenigen für Gesundheit und Erziehung. Da diese ohnehin unzureichende Dienste anboten, haben die Strukturanpassungsauflagen deren weitere Verschlechterung bis hin zur konkreten Lebensbedrohung bedingt. Außerdem führten die drastischen Einsparungen dazu, daß Gelder für Instandhaltung von Maschinen und Straßen nicht mehr vorhanden waren.[27]

- **Importdrosselung:** Diese wirkte sich nicht nur auf die Einfuhr verzichtbarer Konsumartikel aus, sondern auch auf Güter des notwendigen Bedarfs, beispielsweise Ersatzteile.

- **Subventionen für Grundnahrungsmittel:** Diese entfielen, so daß die Preise drastisch anstiegen. Die armen Schichten in den Städten wurden unmittelbar getroffen. Zwar waren und sind diese Maßnahmen nicht grundsätzlich falsch, sie wurden jedoch zu schnell realisiert.

- **Revision des staatlichen Sektors:** Neben vielen durchaus begrüßenswerten Maßnahmen (Reduktion des Staatsengagements in der Wirtschaft) sieht dieser Teil des Auflagenkonzeptes auch vor, die Löhne der Staatsangestellten zu verringern und ihre Zahl zu verkleinern. Die meisten Beschäftigten im öffentlichen Sektor verdienten jedoch schon vorher zu wenig, um ein menschenwürdiges Leben führen zu können, um wenigstens ihre Grundbedürfnisse zu befriedigen. Die *Unter*bezahlung ist in vielen Staaten Schwarzafrikas eine entscheidende Ursache für die geringe Motivation der Beamten und damit für die Ineffizienz der Verwaltung gewesen.

Fazit

Ohne die Verschuldungskatastrophe, ohne den befürchteten Verlust der ausgeliehenen Milliardenbeträge und ihrer Zinsen hätte es die Strukturanpassung als Auflagenkonzept *nicht* gegeben. Die erzwungenen Sparmaßnahmen und insbesondere die Ausrichtung der Entwicklungsländer auf die Export*steigerung* sollten nicht nur die Wirtschaften in der Dritten Welt sanieren, sondern vor allem dafür sorgen, daß die Geber möglichst viele ihrer Außenstände zurückerhalten würden. Dies hat der Vorsitzende des OECD-Entwicklungshilfeausschusses sogar selbst bekundet: „Außerdem stellen Strukturanpassungsmaßnahmen ... nicht nur die Kreditwürdigkeit ... wieder her, sondern *fördern* auch den Kapitalrückfluß".[28]

Es mag ja noch verständlich sein, daß der Internationale Währungsfonds darauf drängt, gewisse Spielregeln im internationalen Geldverkehr („Kredite müssen bedient werden") nicht zu verletzen und deshalb – wo er es kann – entsprechende Auflagen verfügt. Allerdings muß auch hier schon eingewendet werden, daß nicht einsichtig ist, warum er Auflagen *nur* über die Nehmer und nicht ebenfalls über die Geber verhängt. Unentschuldbar aber bleibt, daß sich die Entwicklungspolitik zum Handlanger der Geldgeber-Interessen machen ließ, wobei freilich ihre eigene Verstrickung schon damit beginnt, daß sie selbst Darlehen vergibt, auf deren Rück- und Zinszahlungen sie nicht glaubt verzichten zu können. So wurde die Auszahlung von Entwicklungshilfegeldern gestoppt, wenn Länder in der Dritten Welt ihre kommerziellen Exportkredite nicht mehr bedienten. Allerdings hat sich die Entwicklungspolitik nicht nur an die Finanzinteressen verkauft, sondern sich auch zur Dienstmagd der Industrie gemacht. Denn die Strukturanpassung soll der ausländischen Wirtschaft Tor und Tür in den Entwicklungsländern weiter öffnen.

Im übrigen haftet der Strukturanpassung ein *kapitaler Denkfehler* an, der sie in entscheidenden Bestandteilen zunichtemacht: Strukturanpassung geht nämlich davon aus, daß die Schuldner prinzipiell in der Lage sind, ihren Zahlungsverpflichtungen nachzukommen. Es ist nur ihre *eigene Miß*wirtschaft, die sie daran hindert, und wenn man sie von dieser Fessel befreit, können sie die Außenstände begleichen. Dies mag in einigen Fällen tatsächlich zutreffen. Doch bei einer Vielzahl von Staaten hat die *Über*schuldung ein derartiges Ausmaß erreicht, daß auch ein weltmeisterliches Wirtschaften sie nicht aus der Krise herausführen kann. Überschuldung im eigentlichen Sinne bedeutet ja gerade, daß der Schuldenstand, gemessen an der *vorhandenen* und *potentiellen* Wirtschaftskraft, zu hoch ist. Ist eine solche Krisensituation eingetreten, dann ist das einzige Mittel ihrer Lösung der *Vergleich*. Das bedeutet in der Regel Erlaß des größten Teils der Außenstände und *danach* Sanierung, um eventuelle Restforderungen zu begleichen bzw. um wirtschaftlich zu genesen.

Obwohl also die Strukturanpassung in weiten Teilen eine Neuauflage kolonialistischer Welt- und Wirtschaftspolitik ist, betrachten die Betreiber dieser verhängnisvollen Weichenstellung ihre Arbeit unter dem Motto der *„Entwicklungshilferevolution"*, die „als eine der bedeutenden Neuentwicklungen der zweiten Hälfte des 20. Jahrhunderts anzusehen" sei.[29] In gänzlicher Verblendung ihres Tuns verkünden sie: „Die derzeit geltende Strategie soll eine ‚Revolution' zugunsten des Überlebens der Kinder auslösen".[30] Außerdem betrachte die internationale Gemeinschaft seit 1960 die vielfältigen wirtschaftlichen und sozialen Probleme der afrikanischen Länder als eine große Herausforderung.[31] Nur hat man sich dieser Herausforderung nicht mit dem notwendigen und möglichen Engagement gestellt. Schon deshalb nicht, weil die *europäische Vergangenheitsbewältigung*, was Afrika angeht, nie in Angriff genommen wurde, weil eine Politik der *Wiedergutmachung* von den ‚ehemaligen' Kolonialmächten kategorisch abgelehnt wird.

Literaturhinweise am Ende von Teil 3

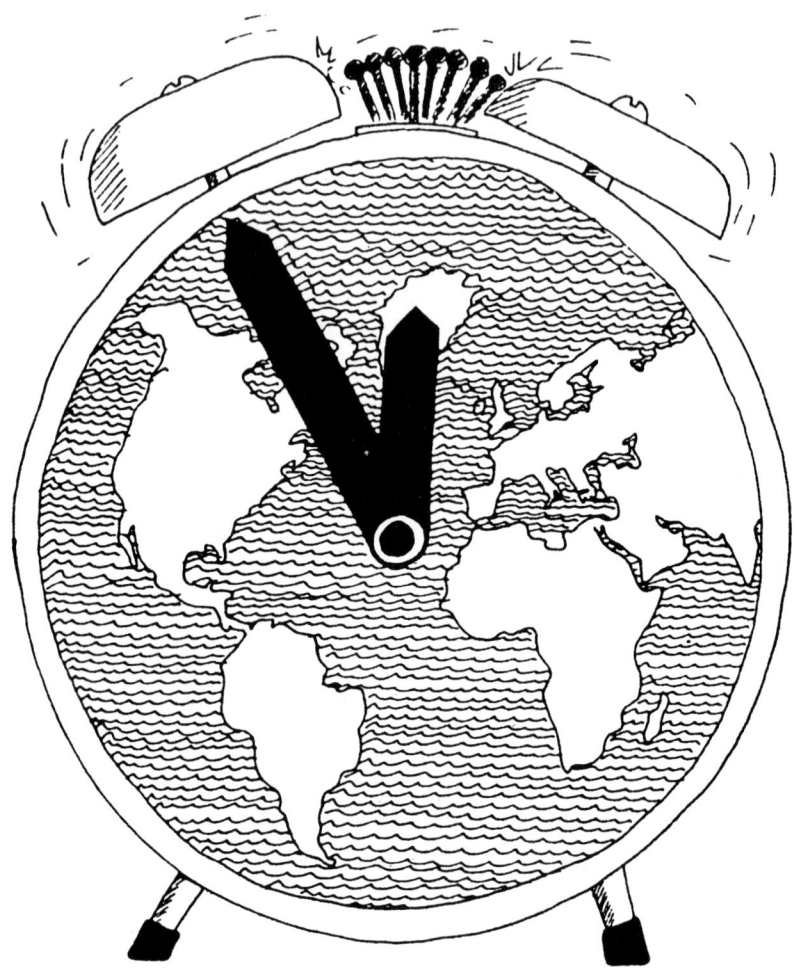

Zeichnung: Guy W. Stoos, edition Kontext

Kapitel 3
Die Nicht-Regierungs-Organisationen –
letzte Hoffnungsträger für die Armen
Schwarzafrikas

Die **NRO,** die Nicht-Regierungsorganisationen, sind zu einem bedeutsamen Faktor in der internationalen Entwicklungszusammenarbeit geworden: Spendenorganisationen, Stiftungen, Dritte-Welt-Gruppen und sonstige private Träger mobilisieren gegenwärtig etwas über drei Milliarden US-Dollar pro Jahr, das sind rund zehn Prozent der weltweit vergebenen Entwicklungshilfe. Hinzu kommen noch über eine Milliarde Dollar, die sie von der öffentlichen Hand für ihre Arbeit erhalten.

Die ‚Hilfsprojekte‘ der NRO – ich habe es bereits mehrfach angesprochen – sind anderer Natur als diejenigen der staatlichen Geber. Die NRO bauen keine Häfen, Autobahnen oder Staudämme, sondern arbeiten in ländlichen Entwicklungsprojekten für die Bauern im Busch, errichten Gesundheitsdienste, Schulen, Lehrlingswerkstätten, Kooperativen in den Slums der Städte. Sie verhandeln, wenn es um Projekte geht, nicht mit Regierungsvertretern und Diplomaten (die von den Realitäten ihrer Länder genauso entfernt sind wie unsere politischen Entscheidungsträger); ihre Partner sind vielmehr die direkten Repräsentanten der Armen: Dorfbürgermeister, Genossenschaftsvorsitzende, Gewerkschafter – Menschen, die aufgestanden sind gegen das Elend in ihrer Heimat.

Die NRO wissen um den aussichtslosen Kampf der Kleinbauern Schwarzafrikas, die sich auf ihren Feldern abrackern, um die Früchte ihrer Arbeit aber von der nationalen und internationalen Politik betrogen werden. Sie wissen durch ihre Erfahrung vor Ort, wie in diesen Ländern gelitten und gestorben wird, wissen, daß manche Armut und Qual nicht sein müßte. Verantwortlich für Projekte von Terre des Hommes in Afrika, habe ich diese Erfahrungen selbst gemacht. Daher weiß ich auch, daß die Hilfe der Spendenorganisationen – von ganz wenigen Ausnahmen abgesehen – tatsächlich ‚ankommt‘. Nicht nur das – sie verbessert ganz konkret die Lebenssituation der Armen, wandelt Chancen- und Ausweglosigkeit wenigstens in Hoffnung um. Die NRO machen oftmals durch ihr eigenes Engagement, vor allem aber durch dasjenige ihrer einheimischen Mitarbeiter, aus einer gegebenen Mark ein Vielfaches davon. Vertrauen und nicht Skepsis des Spenders in die Arbeit der Organisationen ist angebracht.

So gesehen haben die meisten NRO ihres erste Herausforderung – Umwandlung von Geld in konkrete Hilfe – erfolgreich bestanden. Aber jetzt steht eine weitere an, eine historische: Die Armen in der Dritten Welt benötigen nicht nur Unterstützung vor Ort, sondern dringender denn je ‚Beistände‘ *in* den Industriestaaten. Seitdem sich die Entwicklungspolitik endgültig und primär auf die Seite der Wirtschafts- und Finanzministerien (sowie der hinter ihnen stehenden Interessengruppen) geschlagen hat, und in einer Situation, wo die Wähler in den westlichen Demokratien ihren

Politikern in Sachen Entwicklungshilfe *nichts* abverlangen, bleiben den hoffnungslos Verlassenen in der Dritten Welt nur noch die NRO als mögliche Fürsprecher
und eventuelle Lobby. Korrekturen in der internationalen Politik könnten ihre
Leiden verkürzen und ihre Entwicklung beschleunigen, das ist hinreichend dargelegt. Aber ebenso klar ist auch, daß die Politik nicht ohne Druck die notwendige
‚Neuorientierung‘ über Nacht beschließen und realisieren wird.

1. „Game su" – es ist Zeit: So lautet ein Spruch der Ewe in Togo und der Name
einer dort erscheinenden Bauernzeitung. Drei Jahrzehnte Entwicklungszusammenarbeit, die sprunghaft eskalierten Probleme Afrikas, die Umkehrung des Kapitalflusses – all dies müßte Grund und Anlaß für die Hilfswerke sein, ihre Aufgaben
und ihre Arbeit *neu* zu überdenken und *neu* zu gestalten. Entscheidendes und
konsequentes Handeln ist *jetzt* gefordert, nicht das behutsame und vorsichtige
Verändern bisheriger Positionen, eben weil *die Politik* nicht jene schicksalsentscheidende Entlastung für Schwarzafrika bereitstellt, zu der sie durchaus in der
Lage wäre.

2. Die Hilfswerke als Anwälte: Dringlicher denn je sind die Hilfswerke gefordert
zu entscheiden, welche Interessen sie eigentlich vertreten. Die weltanschaulichen
ihrer Spender, die wirtschaftlichen ihres Staates? Oder diejenigen – und *nur* die –
der verarmten Massen in Schwarzafrika und in den übrigen Ländern der Dritten
Welt? Die Antwort ist naheliegend, und die Hilfswerke werden sagen: „Wir haben
diese Entscheidung längst getroffen, unsere Position ist auf seiten der Armen."
Doch die Situation ist zu ernst, als daß man sich mit Worthülsen aus der Verantwortung stehlen könnte. Denn wo beispielsweise ist das gemeinsame Plädoyer der
Hilfswerke für eine Entschuldung jener Volkswirtschaften, die von den Zins- und
Tilgungsbelastungen zugrunde gerichtet werden? Wann haben sie die Öffentlichkeit gegen die unerträglichen Härten der Strukturanpassung mobilisiert?
Zum Hintergrund: Im Herbst 1987 versandte ich einen umfangreichen Fragebogen
an dreizehn größere Hilfswerke in der Bundesrepublik, die alle zu den Organisatoren des „Afrika-Tages" vom 23. 1. 1985 gehörten. Die Beantwortung eines detaillierten Fragerasters zu den zentralen Krisenpunkten des Weltwirtschaftssystems
sowie den daraus zu ziehenden Konsequenzen sollte eine vergleichbare Standort-
bestimmung der NRO ermöglichen. Nur sieben der angeschriebenen dreizehn
Organisationen beantworteten die gestellten Fragen. Wegen dieser geringen Zahl
verzichte ich auf eine Wiedergabe der Ergebnisse. Daß so viele nicht geantwortet
haben, ist zumindest ein Indiz dafür, welchen Stellenwert man der gesamten
Thematik und einer ‚Neuorientierung‘ beimißt. Immerhin sprachen sich die sieben
antwortenden Hilfsorganisationen für eine Entschuldung Schwarzafrikas aus –
einige allerdings nur im Fragebogen, nicht in den Publikationen, die sie herausge-
ben. Und schon gar nicht forderten sie die Entschuldung in einer gemeinsamen
Initiative.
Bezeichnend ist auch, daß die großen kirchlichen Hilfswerke „Brot für die Welt" und
„Misereor" den Frageraster nicht ausfüllten, weil er ihnen zu „simplizistisch" war
und weil sie sich zu „pauschalen und plakativen" Antworten gedrängt sahen. Nicht
„simplizistisch" sind die Fragen gewesen, sondern *sehr präzise;* beispielsweise ob

die Hilfswerke für eine Entschuldung Schwarzafrikas plädieren oder nicht, ob sie für die Rückzahlung von Krediten in Landeswährung eintreten oder nicht usw. *So genau* wollte man sich nun doch nicht festlegen lassen.

Aus zahlreichen Gesprächen mit Vertretern der Hilfswerke weiß ich, daß ihre Vorstände bzw. Leitungsorgane davor zurückschrecken, dezidierte politische Forderungen an unsere Verantwortungsträger zu richten oder gar den Konflikt mit diesen zu riskieren. Vielfach wird ein derartiges politisches Engagement gar nicht als zu den Aufgaben einer Hilfsorganisation gehörig betrachtet. Ich will in keinster Weise bestreiten, daß etliche NRO, und insbesondere die kirchlichen, eine sachgerechte wie engagierte entwicklungspolitische Informationsarbeit geleistet haben. Nur, exzellente Analysen allein genügen nicht, den Erkenntnissen muß *mehr* und *anderes* Handeln folgen. Denn ich glaube, die Situation in der Dritten Welt und im Nord-Süd-Verhältnis hat sich so verschlechtert, daß die Hilfswerke gefordert sind, zu einer *neuen Qualität* ihres Agierens in unserer Gesellschaft zu finden.

3. Eine gemeinsame Strategie der Hilfswerke ist notwendig: Die NRO haben es gemeinsam mit der ARD vermocht, einen bundesweiten *Spenden*tag für Afrika zu organisieren. Aber Gemeinsamkeit im politischen Handeln, in *inhaltlichen* Positionen, fällt ihnen schwer. Einerseits wissen sie, daß die Menschen in der Dritten Welt eine Lobby in unserer Welt benötigen; andererseits muß ihnen aber auch klar sein, daß ein einzelnes Hilfswerk diese Lobbyfunktion nicht leisten kann. Es geht bei dieser Lobbyarbeit zum Beispiel darum, ‚Öffentlichkeit' zu schaffen, eine Öffentlichkeit, vor und in der unsere Entwicklungshilfepolitiker ihre Positionen und ihre Aktionen legitimieren müssen. Dies heißt im übrigen auch, *mehr Demokratie realisieren,* mündiges Bürgersein in diesen Bereich der Politik übertragen. Denn daß unsere Politiker weltverändernde Strukturanpassungskonzepte entwerfen und durchsetzen, ohne dafür denen Rede und Antwort stehen zu müssen, die sie nur repräsentieren sollen, ist ein demokratisch unhaltbarer Zustand.
Oft wurde mir von Vertretern der Hilfswerke gesagt: „Wir sind, was das Verschuldungsproblem angeht, nicht sachkundig genug. Wir können den Streit der Ökonomen, wie dieses Problem gelöst werden soll, nicht entscheiden." Diese Entschuldigung ist wenig stichhaltig. Denn die Hilfswerke haben sich auch über das Thema Landwirtschaft in der Dritten Welt sachkundig gemacht. Natürlich ist es keine leichte Aufgabe, zu gemeinsamen Positionen zu finden. Aber kann dies – angesichts des Sterbens in der Dritten Welt – ein Freibrief dafür sein, sich nur millimeterweise zu bewegen? Es geht, und ich sage dies mit allem Nachdruck, um *die Glaubwürdigkeit der Hilfswerke.* Wenn sie wirkliche Anwälte der Notleidenden sein wollen, müssen sie zu einer gemeinsamen inhaltlichen Plattform finden. Warum ist es nicht möglich, daß zumindest die größeren NRO jeweils einen Mitarbeiter mit dieser inhaltlichen Koordinierungs- und Positionsarbeit betrauen?
Ich weiß auch hier um die Grenzen des Machbaren und des Möglichen. Aber die Hilfswerke unterschätzen ihre eigenen Chancen, wenn sie glauben, sie könnten an diesem Punkt nichts Entscheidendes bewegen und bewirken. Ich will nicht verschweigen, daß erste Schritte getan sind. Ein NRO-Netzwerk ist gegründet, ein kleines Büro für diese Arbeit eingerichtet. Doch gemeinsame Positionen, was die

brennenden Themen Verschuldung und Strukturanpassung angeht, sind noch nicht gefunden, und es sieht auch nicht so aus, als ob dies in absehbarer Zeit der Fall sein könnte. Wenn ich von „Positionen" spreche, dann meine ich nicht die Verständigung auf gemeinsame Worthülsen, sondern klipp und klar formulierte Handlungsschritte.

4. Konflikte gehören zum Anwaltsein: Wenn die Hilfswerke stärker und unnachgiebiger auf eine Veränderung der Entwicklungs- und Weltwirtschaftspolitik drängen, werden sie mehr als bisher in Konflikte geraten, mit unseren Entscheidungsträgern, mit ihren Spendern. Diese Auseinandersetzungen scheuen sie noch zu sehr. Doch wer eindeutig Partei ergreift für die Unterdrückten und Notleidenden, gerät notwendigerweise in Konflikt. Wenn unsere Entwicklungshilfepolitiker der Dritten Welt mehr an Belastung zumuten, als es der Weltverbesserungsträumerei unverdächtige Ökonomen (wie Hermann Josef Abs) tun, ist dann nicht berechtigter Anlaß genug vorhanden, den Streit zu riskieren? Wenn geldgierige Spekulanten an den Rohstoffbörsen die Preise drücken, daß den produzierenden Bauern nur noch Hungerlöhne bleiben, muß man dann nicht ohne Wenn und Aber deutlich werden? Es geht angesichts solcher Verhältnisse für die Hilfswerke auch um ihre Integrität. *Ferner:* Für eine Nicht-Regierungs-Organisation gehört *Distanz gegenüber der staatlichen Politik* zur Natur der Sache. Einige Hilfswerke haben sich in eine ‚gefährliche Abhängigkeit' begeben: Für viele ihrer Projekte erhalten sie Zuschüsse des Staates. Kritisieren sie nun diesen etwas zu forsch, müssen sie mit Mittelkürzungen rechnen (die dann natürlich anders begründet werden). Also bremst dies ihren kritischen Elan, ihre anwaltliche Unbeirrbarkeit. Die Verantwortlichen im Ministerium bis hin zu seiner Spitze müssen sich fragen lassen, wie es an diesem Punkt um ihr Demokratieverständnis bestellt ist. Es ist eben ein großer Unterschied, demokratische Meinungsfreiheit zu fordern (sie der Dritten Welt zu predigen) und sie zu ertragen. Müßten unsere Politiker nicht glücklich darüber sein, daß sich Bürger und Verantwortungsträger ihres Staates für die Menschen in der Dritten Welt existentiell engagieren? Kritik an der Entwicklungs- und Wirtschaftspolitik mit Mittelkürzungen für Projekte zu sanktionieren, zeigt allzu deutlich, was die Urheber solchen Tuns unter „Politdialog" verstehen.

5. Es bedarf des ‚veränderten' Spenders: Viele Spender sind nur daran interessiert, daß ‚ihr Geld ankommt'. Politische Arbeit, so argumentieren sie, gehöre nicht zu den Aufgaben einer Hilfsorganisation. Als sei Schweigen nicht auch Politik! Wer *nur* karitativ helfen will, wer die Strukturen, die Elend produzieren, nicht bekämpfen will oder vor ihnen die Augen verschließt, ist kein *humanitärer* Spender. Diejenigen, die die Arbeit der Hilfsorganisationen mit Geld unterstützen, sollten nicht nur Rechenschaft über dessen Verwendung verlangen, sondern auch darüber, was die Organisationen in Sachen Veränderung unsozialer internationaler Rahmenbedingungen getan haben. Allen, die irgendwelche Aktionen starten, ‚um der Dritten Welt zu helfen', sollte und darf die Beantwortung der letzten Frage nicht gleichgültig sein.

Literaturhinweise zu Teil 3

1. Zur Entwicklungshilfeproblematik insgesamt: Franz Nuscheler, *Lern- und Arbeitsbuch Entwicklungspolitik,* Verlag Neue Gesellschaft, Bonn, 2. Auflage 1987. In Form eines Nachschlagewerkes gestaltet, sehr zu empfehlen, enthält umfangreiche Literaturangaben. Ferner H. C. F. Mansilla, *Die Trugbilder der Entwicklung in der Dritten Welt,* Paderborn 1986. *Entwicklungspolitik,* hsg. von D. Oberndorfer und T. Hanf, Kohlhammer, Taschenbuch, Stuttgart 1986. Gerald Braun, *Nord-Süd-Konflikt und Entwicklungspolitik,* Westdeutscher Verlag, Opladen 1985. Sehr kritisch, aber als Denkanstoß zu empfehlen: Brigitte Erler, *Tödliche Hilfe,* Dreisam Verlag, Freiburg 1985.
2. Für die rasche Orientierung empfiehlt sich sehr: Dieter Nohlen (Hg.), *Lexikon Dritte Welt, Länder, Organisationen, Theorien, Begriffe, Personen,* Rowohlt-TB, Reinbek bei Hamburg 1984. Enthält über 700 Stichworte; als Nachschlagewerk – neben Nuschelers Buch (s. o.) – für Journalisten und Lehrer unerläßlich.
3. Zur Entwicklungspolitik der Bundesregierung: *Journalisten-Handbuch Entwicklungspolitik,* jährlich neu (zur Jahresmitte) hrsg. vom Bundesministerium für wirtschaftliche Zusammenarbeit und vom Pressereferat dieses Ministeriums kostenlos zu beziehen. Empfiehlt sich auch für Lehrer. Bedarf jedoch der kritischen Zusatzinformation, da es die Entwicklungspolitik ausschließlich aus Sicht der Regierung darstellt, enthält eine Fülle aktueller Zahlen und Adressen nationaler wie internationaler Organisationen.
4. Zur Politik und den Leistungen der westlichen Industriestaaten ist der jährlich erscheinende *„Prüfungsbericht"* des DAC-Entwicklungshilfeausschusses zu empfehlen. Er präsentiert Zahlen und Tendenzen, jedoch nur aus Perspektive der Geber. Journalisten können diese Berichte in der Regel *kostenlos* erhalten bei: OECD, Publication and Information, 2, rue André Pascal, 75775 Paris Cedex 16. Von dort sind auf Anfrage noch andere Statistische Jahrbücher zu erhalten: Publikationsverzeichnis anfordern.
5. Als entwicklungspolitische Adressen-Verzeichnisse mit Nachdruck zu empfehlen: *Entwicklungspolitik, Organisationen, Medien, Journalisten,* epi-Taschenbuch, Saarbrücken, erscheint jährlich neu. Wesentlich umfangreicher: Dieter Danckwortt, *Institutionenverzeichnis für internationale Zusammenarbeit der Bundesrepublik Deutschland und Berlin (West) – IVIZ –,* Nomos Verlagsgesellschaft Baden-Baden 1985. Enthält ca. 3.500 Adressen entwicklungspolitischer Institutionen, deren Aufgaben und Fachgebiete kurz beschrieben werden; ein ausgezeichnetes Register führt schnell zu den Organisationen, die zum jeweiligen Thema besonders kompetent sind. Umfang ca. 500 Seiten. Hinweise für die Organisation entwicklungspolitischer Aktionen und Veranstaltungen enthält das im Peter Hammer Verlag erschienene *Aktionshandbuch Dritte Welt;* in diesem Buch finden sich ferner ein Vielzahl kurzkommentierter Literaturhinweise sowie ein umfangreiches Adreß-Verzeichnis entwicklungspolitischer Informationsstellen und Aktionsgruppen.
6. Zur Strukturanpassung: Weltbank, *Financing Adjustment with Growth in Sub-Saharan Africa: 1986–90,* Washington 1986. Gibt Auskunft über das Konzept, ohne es hinreichend zu problematisieren.
7. Nahrungsmittelhilfe: Statistische Angaben enthält die jährlich erscheinende FAO-Publikation *food aid in figures,* die allerdings zwei Jahre ‚hinterherhinkt'. Aktuellere Informationen zu Schwarzafrika enthalten die „special reports" der FAO, die in unregelmäßiger Folge mehrmals pro Jahr erscheinen, ihr Titel: *Food Supply Situation and Crop Prospects in Sub-Saharan Africa.* Die Publikationen enthalten überwiegend Zahlenmaterialien und Bewertungen nur aus der jeweils regierungsnahen FAO-Sicht.
8. Entwicklungshilfe der EG: Deutsche Welthungerhilfe, Lomé III, *Kritische Analysen zum Verhältnis der Europäischen Gemeinschaft gegenüber der Dritten Welt,* Bonn 1984. Wesentlich kritischer: BUKO Agro-Koordination, *Wer Hunger pflanzt und Überschuß*

447

erntet, *Beiträge zu einer entwicklungspolitischen Kritik der EG-Agrarpolitik*, Hamburg 1987.

9. Ein Beispiel für entwicklungspolitische Erfolge und die dennoch ungelöste Problematik: Weltbank, *Education in Sub-Saharan Africa, Policies for Adjustment, Revitalization and Expansion*, Washington 1988. Zu beziehen von: World Bank, Information Section; 66, avenue d'Iéna, 75116 Paris.

10. Arbeit der Nicht-Regierungsorganisation (NRO): Auskünfte über Publikationen und gemeinsame Positionen der Hilfswerke erteilt das Büro der Organisationen: NRO-Netzwerk, Haus Humboldtstein, Am Humboldtstein, 5480 Remagen-Rolandseck. Eine erste Dokumentation der Arbeit des NRO-Netzwerkes finden sich in epd Entwicklungspolitik, Materialien VI/87, *Auswirkungen der EG-Nahrungsmittelhilfe und EG-Agrarpolitik auf die „Dritte Welt": Analyse – Thesen – Forderungen,* auch direkt von epd zu beziehen: epd Entwicklungspolitik, Friedrichstr. 2, 6000 Frankfurt.

Aktuelle Informationen zur weiteren Entwicklung

1. *Internationales Afrikaforum,* erscheint viermal jährlich; enthält in einem Chronik-Teil Informationen zu den Entwicklungen in allen Ländern Afrikas sowie zum Geschehen in den Staaten-übergreifenden Institutionen, darüber hinaus noch zwei bis drei Grundsatzartikel zu einem jeweils anderen Schwerpunktthema. Bestelladresse: Weltforum Verlagsgesellschaft mbH, Marienburger Str. 22, 5000 Köln 51. Jahresabonnement: 90,– DM.

2. Das *Institut für Afrika-Kunde* gibt den 14tägig erscheinenden *Aktuellen Informationsdienst Afrika* heraus, der Artikel aus der afrikanischen Tagespresse (meist französisch oder englisch) enthält. Die Auswahl „orientiert sich an aktuellen und längerfristigen politischen und sozio-ökonomischen Problemen der einzelnen Länder, wie sie sich aus nationaler bzw. regionaler Sicht darstellen. Sie berücksichtigen ferner die entwicklungspolitischen Aktivitäten des Auslandes hinsichtlich ihrer Wirkung und ihrer Beurteilung". Jahresabonnement: 145,– DM. Bestelladresse: Institut für Afrika-Kunde, Neuer Jungfernstieg 21, 2000 Hamburg 36. Das Institut gibt auch zwei verschiedene Buchreihen zu ausschließlich afrikanischen Themen und Problemstellungen heraus (bisher ca. 80 Titel); aktuelles Publikationsverzeichnis anfordern.

3. Zahlreiche Informationen zur Entwicklung in Afrika enthält auch die ebenfalls 14tägig erscheinende Zeitschrift *epd-Entwicklungspolitik.* Das erweiterte Jahresabonnement, welches auch die *Aktuellen Vorausinformationen* und die *Materialien* umfaßt, kostet 87,– DM. Bestelladresse: epd Entwicklungspolitik, Friedrichstr. 2, 6000 Frankfurt.

4. Aktuelle Länderinformationsmappen sind bei der Deutschen Stiftung für internationale Entwicklung (DSE), Zentralstelle für Erziehung, Wissenschaft und Dokumentation, Hans-Böckler-Straße 5, 5300 Bonn 3, zu erhalten; Preis pro Mappe ca. 20,– DM. Umfangreicher und für wissenschaftliche Recherchen zu empfehlen sind die Ländermappen des ebenfalls zur DSE gehörenden Instituts für Auslandskunde in 5340 Bad Honnef, Lohfelderstr. 160; der Preis für die Mappe im Umfang eines Leitz-Ordners beträgt etwa 300,– DM, Kontaktperson: Dr. Ingeborg Reisch.

5. Publikationen der UN-Organe (u. a. Weltbank und IWF) sind zu erhalten bei: UNO-Verlag, Vertriebs- und Verlags GmbH, Poppelsdorfer Allee 55, 5300 Bonn 1, oder bei: Alexander Horn, Internationale Buchhandlung, Postfach 3340, 6200 Wiesbaden. Journalisten können zahlreiche Veröffentlichungen kostenlos *direkt* von den Vertretungsbüros der UN-Organe erhalten; Adressen: BMZ-Journalisten-Handbuch.

6. Mit Fragen aller Art kann man sich an die Vereinigung von Afrikanisten in Deutschland e. V. wenden; wissenschaftliches Sekretariat: Dipl.-Soz. Klaus von Freyhold, Überseemuseum, Bahnhofsplatz 13, 2800 Bremen 1.

Resümee und Ausblick

Schwarzafrikas ‚dreifaches Drama'

Erstens: Schwarzafrika ist nicht *der* Hungerkontinent; es gibt ‚katastrophale Not',
aber die ist auf wenige Regionen beschränkt, und zwar überwiegend auf solche, in
denen kriegerische Auseinandersetzungen herrschen. Wir müssen unser Afrikabild vom armseligen Neger – das nur unseren eigenen Analphabetismus verrät,
nichts jedoch über die Menschen dieses Kontinents – gründlich revidieren:
Schwarzafrikas Bauern können sich aus eigener Kraft ernähren, von wenigen
ökologischen Krisengebieten abgesehen. *Mehr noch:* Mit ihrem Fleiß haben sie für
die Entwicklung ihrer Länder (Exportproduktion) ebensoviel erwirtschaftet, wie
diese an ausländischer Hilfe erhielten. Das Zerrbild vom faulen Afrikaner sollte ein
für allemal in der kolonialistischen Rumpelkammer verschwinden. *Dennoch ist all
dies kein Grund zur Beruhigung:* Schwarzafrikas Bauernfamilien – 350 Millionen
Menschen – sind um die Früchte der Uhuru, der Unabhängigkeit, betrogen worden.
Auf dem Land hat es während der letzten drei Jahrzehnte ‚keine' Entwicklung
gegeben, jedenfalls nicht diejenige, die potentiell möglich gewesen wäre. Die
Situation der Masse der Bevölkerung, ihre ohne eine Totalreform der Politik
perspektivlose Zukunft – das ist weit mehr als die ausgemergelten Hungergestalten
die *eigentliche Katastrophe* dieses Kontinents.

Zweitens: Schwarzafrikas Staaten – und damit auch seine Bewohner – sind in eine
schicksalhafte außenwirtschaftliche Verstrickung geraten. Ihre ohnehin kläglichen
Volkswirtschaften sind dabei, bis zum völligen Kollaps auszubluten: durch eine
strangulierende Schuldenbelastung, durch einen ruinösen Rohstoffpreisverfall.
Dieses Drama ist von außen gemacht, von den Industriestaaten zu verantworten.

Drittens: Schwarzafrikas Drama liegt nicht zuletzt darin, daß die Industriestaaten
seine wirklichen Probleme nicht zur Kenntnis nehmen. Die ‚Entwickelten' bewegen
sich nicht, sie glauben, mit ihren Konzepten von einst dem Kontinent beistehen zu
können. Sie erkennen nicht, daß sie damit zum weiteren Niedergang in die dann
tatsächlich kontinentale Katastrophe beitragen.

Worauf Schwarzafrika angewiesen ist

Die afrikanische „Hungerkatastrophe" der Jahre 1984/85 hat viele Bürger und
auch zahlreiche Verantwortungsträger in unserem Land betroffen gemacht. Ihr
emotionales Mitgefühl und Erschrockensein stellten sie mit Spenden und neuen
Hilfsaktionen („Afrika-Tag") unter Beweis. An Hungergerippe geknüpfte Caritas
genügt nicht. Erweiterung unserer Sensibilität tut not: Die Alltagssituation der
afrikanischen Bevölkerung, unser Anteil daran – muß uns betroffen machen, muß
eine Wiederverknüpfung des Emotionalen mit dem Intellekt provozieren. Denn was

bis heute aussteht, ist das *Erschrockensein unserer Vernunft,* deren Antwort auf die afrikanische Krise ist das Gebot der Stunde. Es kann doch nicht sein, daß wir an diesem Punkt nichts anderes zustande bringen als das noch beharrlichere Beschwören alter Konzepte, die zu nichts anderem als der heutigen Misere geführt haben.

Diese intellektuelle Bankrotterklärung ist es, die mich erschrocken, freilich auch zornig macht. Naturwissenschaft und Technik erfinden täglich Neues, vollziehen einen ‚qualitativen Sprung' nach dem anderen. Und in der Politik soll alles bei den Spielregeln und dem Instrumentarium der vergangenen Jahrzehnte, wenn nicht des 19. Jahrhunderts, bleiben. Das ist es, was ich beklage: die Phantasielosigkeit der Politik, ihre Mut- und Kraftlosigkeit, wirklich neue Wege zu gehen. Wenn Kreativität und Erfindergeist nicht in die internationale Politik, von der Entwicklungshilfe bis hin zu den Grundfragen der Weltwirtschaft, zurückkehren, dann werden Katastrophen und Revolutionen neuer Art die Vierte Welt heimsuchen, die auch uns nicht unverschont lassen. Unsere bisherigen Antworten auf Schwarzafrikas *Überlebenskrise des Menschenwürdigen* ist nicht nur ein geistiges Versagen, sondern auch eine moralische wie ethische Bankrotterklärung. Da rühmt sich das Abendland seiner mehr als 2000jährigen philosophischen Tradition und verrät die darin festgeschriebenen Grundwerte, indem es letztlich tatenlos zusieht, wie Millionen in Schwarzafrika und überall in der Vierten Welt immer mehr verelenden. Es muß erschrecken, wie wenig die ‚zivilisierte Welt' an Sozialer Gerechtigkeit bisher zustande gebracht hat.

„Die wahre Politik kann also keinen Schritt tun, ohne vorher der Moral gehuldigt zu haben" – und der Vernunft, müßte Immanuel Kants Maxime noch ergänzt werden. Der Appell ist an alle in unserer Gesellschaft gerichtet, die eingetretene ‚Erstarrung' aufzubrechen, Träger eines veränderten Bewußtseins und eines neuen Denkens zu werden. Schwarzafrika hofft *darauf.*

Schreiben Sie in diesem Sinne an die Hilfswerke. Viele Briefe – da bin ich mir sicher – werden etwas bewirken. Aber ‚klopfen' Sie nicht nur einmal an, langfristige Mitbestimmung ist notwendig.

Anhang

Anmerkungen

Teil 1

Kapitel 1: Afrika – der entwürdigte Kontinent

1 Joseph Ki-Zerbo, Die Geschichte Schwarzafrikas, Frankfurt 1981, S. 24 (Fischer TB)
2 Joseph Ki-Zerbo, Die Aufgaben der Geschichtswissenschaft in Afrika, in: Afrika – Texte, Dokumente, Bilder, Wuppertal 1979, S. 30/31
3 Michael Paeffgen, Das Bild Schwarzafrikas in der öffentlichen Meinung der Bundesrepublik Deutschland 1949–1972, München 1976, S. 108 f.
4 Mickel/Kampmann/Wiegand, Politik und Gesellschaft, Grundlagen und Probleme der modernen Welt, Lehr- und Arbeitsbuch für den historisch-politischen Lernbereich (Sekundarstufe II), 2 Bände, Hirschgraben-Verlag, Frankfurt, 1981
5 Zeiten und Menschen, Ausgabe G, 2 Bände, Schöningh-Schroedel, Paderborn, 1970
6 Jörg Becker, Es ging spazieren vor dem Tor ein kohlpechrabenschwarzer Mohr, Die Dritte Welt im Spiegel von Kinder- und Jugendbüchern, Bundesministerium für wirtschaftliche Zusammenarbeit, Heft 48, Bonn 1976; Beitrag von Brigitta Benzing, in: Die Dritte Welt im Kinder- und Jugendbuch 1967–1977, hrsg. von Jörg Becker und Rosemarie Rauter, Wiesbaden 1978
7 Peter Scholl-Latour, Mord am großen Fluß, Ein Vierteljahrhundert afrikanische Unabhängigkeit, Stuttgart 1986, S. 61

Kapitel 2: Afrikas Jahrhundertkatastrophe

1 Die Berichte hießen zunächst: *International Emergency Assistance Required in Food Supplies, Agriculture and Animal Husbandry for African Countries, Compiled by FAO and WFP Special Task Force;* dann: *Food Situation in African Countries Affected by Emergencies, special report;* anschließend wurde die Bezeichnung nochmals geändert in: *Food Supply Situation and Crop Prospects in Sub-Saharan Africa, special report;* der letztgenannte Titel galt auch 1988 noch; die Berichte werden von der FAO in Rom herausgegeben und erscheinen in unregelmäßiger Folge; sie enthalten die aktuellsten *offiziellen* Informationen zur Ernährungs- und Versorgungslage in allen 45 schwarzafrikanischen Staaten. Zu beziehen von: FAO, Via delle Termi di Caracalla, 00100 Rom, Tel. 0 03 96/5 79 71
2 Über eine umfangreiche Artikelsammlung (ca. 720 versch. Zeitungsberichte) zum Afrikatag 1985 verfügt die Deutsche Welthungerhilfe. Kontakt: Angela Tamke, Dt. Welthungerhilfe, Adenauerallee 134, 5300 Bonn 1
3 Zitiert nach einer noch unveröffentlichten Studie von Jürgen Horlemann, Zum Thema Fernsehberichterstattung über die Hungerkatastrophe in der Dritten Welt am Beispiel von Afrika, Januar 1986, S. 00101 f. (Adresse s. Literaturhinweise am Ende des Kapitels)
4 Ebenda, S. 00133 f.

5 Vgl. hierzu: The Image of Africa, Das Afrika-Bild der Deutschen. Eine internationale Studie anläßlich des „Tag für Afrika" im Auftrag der Food and Agriculture Organization (FAO) der Vereinten Nationen, der Europäischen Gemeinschaft (EG) sowie der Deutschen Welthungerhilfe, erstellt von: isoplan, Institut für Entwicklungsforschung, Wirtschafts- und Sozialplanung GmbH, Saarbrücken und Bonn 1987, S. 10 ff.; zu beziehen über die Dt. Welthungerhilfe, Adenauerallee 134, 5300 Bonn 1

6 Deutsches Institut für Entwicklungspolitik (DIE), Voraussetzungen und Ansatzpunkte zur Stärkung der Ernährungsbasis schwarzafrikanischer Länder, Zusammenfassung der Ergebnisse einer BMZ/DSE Fachtagung in Bonn am 15./16. Mai 1984, Berlin Mai 1984, S. 21

7 Walter Michler, Wer hungert wirklich in Afrika? Die Katastrophe und die Probleme der kirchlichen Hilfswerke, Hörfunkfeature, Hessischer Rundfunk (Abt. Kirchenfunk), 13.11.1984

8 The Image of Africa... (Anm. 5), S. 7 f.

9 Ebenda, S. 5 ff.

10 Walter Michler, Dürre, Geschäft und Katastrophe, Zur gegenwärtigen Versorgungskrise in Afrika, Hörfunkfeature, WDR, Sendereihe Ruhestörung, 31. 5. 1984

11 Nach FAO, Food Situation in African Countries Affected by Emergencies, special report, vom 16. 12. 1985

12 Alle Daten nach: FAO, Food Supply Situation and Crop Prospects in Sub-Saharan Africa, special report, Ausgaben April 1987 und Juni 1987

13 The Image of Africa... (Anm. 5)

14 Ebenda, S. 6

15 Jürgen Horlemann, Zum Thema... (Anm. 3)

16 Ebenda, S. 00266 f.

17 Weltbank, Weltentwicklungsbericht 1984, dt. Ausgabe, Washington 1984, S. 191

18 Selbst die Weltbank verfügt über keine diesbezüglichen Informationen, so in einem Schreiben vom 24. 8. 1987 auf eine entsprechende Anfrage des Autors.

19 Eigene Berechnungen nach FAO Production Yearbook 1985, Rom 1986, S. 100

20 FAO, Food Supply Situation and Crop Prospects in Sub-Saharan Africa, special report, Ausgabe Juni 1987

21 Ebenda, S. 51

22 Ausführlich belegt in: Walter Michler, Nigeria, Begleitmaterialien zur gleichnamigen Sendereihe im gemeinsamen Schulfunkprogramm von SDR/SR/SWF, Saarbrücken und Stuttgart 1986, S. 77 ff.; zu beziehen über den Saarländischen Rundfunk, Abt. Schulfunk.

23 Interviewaussage von Günter Hassold (Brot für die Welt), in: Walter Michler, Wer hungert... (Anm. 7)

Kapitel 3: Basisinformationen

1 Okwudiba Nnoli, Tribalismus oder Ethnizität: Ideologie gegen Wissenschaft, in: Rüdiger Jestel (Hrsg.), Das Afrika der Afrikaner, Frankfurt 1982, S. 99 ff.

2 Nach Eberhard Stahn, Das Afrika der Vaterländer, Entwicklung und Bilanz nach 25 Jahren Unabhängigkeit, Frankfurt 1985; letzte Umschlagseite

3 Franz Nuscheler/Klaus Ziemer, Politische Herrschaft in Schwarzafrika, Geschichte und Gegenwart, München 1980

Teil 2

Ursachenkomplex I

Kapitel 1: Hunger kein Dauerzustand im vorkolonialen Afrika

1 Zitiert nach Joseph Ki-Zerbo, Die Geschichte Schwarzafrikas, Frankfurt 1981, S. 24
2 Geringfügig redigiert nach Joseph Ki-Zerbo, ebenda, S. 167 f.
3 Nach: Ekpo Eyo und Frank Willet, Kunstschätze aus Alt-Nigeria, Mainz 1983, S. 9
4 Heinrich Barth, Die große Reise – Forschungen und Abenteuer in Nord- und Zentralafrika 1849–1855, Thienemann, Edition Erdmann, Stuttgart und Wien, 1986
5 Die frühe Besiedlung des südlichen Afrika und auch des Gebietes der heutigen Republik Südafrika ist im Ursachenkomplex III, Kapitel 3, ausführlich dargestellt.
6 Vgl. hierzu: Thea Büttner, Afrika – Geschichte von den Anfängen bis zur Gegenwart, Köln 1979
7 Detailliert belegt bei: Peter Garlake, Simbabwe – Goldland der Bibel oder Symbol afrikanischer Freiheit? Bergisch Gladbach 1975
8 Sehr dezidiert vertreten von Walter Rodney, Afrika – Geschichte einer Unterentwicklung, Berlin 1975

Kapitel 2: Der europäische Kolonialismus und dessen Spätfolgen

1 Immanuel Geiss, Afrika auf dem Weg zur Selbstbestimmung, in: Meyers Enzyklopädisches Lexikon, Bd. 1, Mannheim/Wien/Zürich 1971, S. 411
2 Bettina Decke, a terra é nossa, Koloniale Gesellschaft und Befreiungsbewegung in Angola, Bonn 1981, S. 23
3 Michel Kayoya, Das Selbstbewußtsein des Kolonisierten, in: Lesebuch Dritte Welt, Wuppertal 1982, S. 316 f.; stark gekürzte Wiedergabe
4 Joseph Ki-Zerbo, Die Geschichte Schwarzafrikas, Frankfurt 1981, S. 444 f.
5 Anschaulich mit Hilfe zeitgenössischer Dokumente beschrieben in: Helgard Patemann, Lernbuch Namibia, Bremen 1984; zu beziehen über terre des hommes, Postfach 41 26, 4500 Osnabrück
6 Zitiert nach: Henning Melber, Namibia, Kolonialismus und Widerstand, Bonn 1981, S. 60; das Buch enthält zahlreiche Dokumente zur deutschen Kolonialherrschaft in Namibia, die vom Autor in den zeitgeschichtlichen Zusammenhang eingeordnet und interpretiert werden; insgesamt und speziell für Unterrichtszwecke sehr zu empfehlen.
7 Stefan Brüne, Äthiopien – Unterentwicklung und radikale Militärherrschaft, Institut für Afrika-Kunde, Hamburg 1986, S. 34
8 Jomo Kenyatta, Facing Mount Kenia, London 1983, in: Al Imfeld (Hrsg.), Verlernen, was mich stumm macht, Zürich 1980, S. 69/70
9 Frantz Fanon, Die Verdammten dieser Erde, Frankfurt 1966, S. 35
10 Zum Gesamtproblem: Karl Hammer, Weltmission und Kolonialismus, München 1981
11 Beispielhaft sehr detailliert belegt von Johannes Lucas de Vries, Namibia, Mission und Politik 1880–1918, Neukirchen-Vluyn 1980
12 Zum Gesamtkomplex: Heinrich Loth, Apartheid und Kirchen, Köln 1977
13 Siehe dazu die entsprechenden Beiträge von Jamil M. Abun Nasr, Ernst Damann und Johannes Reissner, in: Ende/Steinbach (Hrsg.), Der Islam in der Gegenwart, München 1984

14 Geringfügig redigiert nach Al Imfeld (Hrsg.), Verlernen, was mich stumm macht, Zürich 1980, S. 37 ff.

15 Zitiert nach: Afrikanische Schriftsteller im Gespräch, hrsg. von Karsten Garscha und Dieter Riemenschneider, Wuppertal, 1983, S. 47

16 Zum Gesamtkomplex: Joachim Fiebach, Literatur der Befreiung in Afrika, München 1979

17 Zu den Inhalten dieser Bewegung: Donald Woods, Steve Biko – Stimme der Menschlichkeit, München 1978

18 Albert Wirz, Krieg in Afrika – Die nachkolonialen Konflikte in Nigeria, Sudan, Tschad und Kongo, Wiesbaden 1982

19 Zur Situation in Nigeria: Walter Michler, Nigeria, Begleitmaterialheft zur gleichnamigen Sendereihe im Schulfunkprogramm des SDR/SR/SWF, 1986; zu beziehen über die Schulfunkredaktion des Saarländischen Rundfunks. Für Lehrer und Journalisten sehr zu empfehlen.

Kapitel 3: Weiße Herrscher mit schwarzer Maske

1 Okot p'Bitek zitiert nach Rüdiger Jestel (Hrsg.), Das Afrika der Afrikaner, Frankfurt 1982, S. 253 f.

2 Zur Entwicklung Nigerias bis Mitte 1986: W. Michler, Nigeria, Begleitmaterialheft zur gleichnamigen Sendereihe im gemeinsamen Schulfunkprogramm von SDR/SWF/SR; 107 Seiten mit zahlreichen Abbildungen und Tabellen; zu beziehen über die Schulfunkredaktion des Saarländischen Rundfunks.

3 Ulrich Menzel und Dieter Senghaas, Europas Entwicklung und die Dritte Welt, eine Bestandsaufnahme, Frankfurt 1986, insbes. S. 31 ff.

4 Jean Ziegler, Afrika: die neue Kolonisation, Darmstadt und Neuwied 1980, insbes. S. 222 ff.

5 Mongo Beti zitiert nach Al Imfeld, Vision und Waffe, afrikanische Autoren, Themen, Traditionen, Zürich 1980, S. 80

6 Zum Gesamtkomplex beispielhaft: Günter Trenz, Die Funktion englischsprachiger westafrikanischer Literatur, eine Studie zur gesellschaftlichen Bedeutung des Romans in Nigeria, Berlin 1980

7 Okot p'Bitek in: Afrika – Bilanz nach einem Vierteljahrhundert Unabhängigkeit, Hörfunkfeature von Walter Michler, RIAS Berlin, 21. 9. 1985

8 Zum Werk Soyinkas siehe: Günter Trenz, Die Funktion... (Anm. 6)

9 Nach: Schwarzer Mann, du bist auf dich gestellt, Hörfunkfeature von Walter Michler, Erstsendung: SDR/SR/SWF, 22. 2. 1984; zum Selbstverständnis Soyinkas vgl. auch Al Imfeld, Vision und Waffe... (Anm. 5), S. 191–209; dort weitere Ausführungen in der zitierten Richtung zur Rolle der afrikanischen Schriftsteller in ihrer eigenen Gesellschaft. Das direkt anschließende Zitat von René Philombe ist entnommen: Al Imfeld (Hrsg.), Verlernen, was mich stumm macht, Zürich 1980, S. 187

10 Ayi Kwei Armah, Die Schönen sind noch nicht geboren, Roman, Ullstein TB, Frankfurt/ Berlin/Wien 1982

11 Mongo Beti, Von der Gewalt des Imperialismus zum schleichenden Chaos, in: Rüdiger Jestel (Hrsg.), Das Afrika der Afrikaner, Frankfurt 1982, S. 76. Jestels kleiner Sammelband (Suhrkamp Taschenbuch) ist zur Gesamtproblematik dieses Kapitels im Sinne der Gewinnung einer afrikanischen Perspektive sehr zu empfehlen. Ich selbst habe das Problem noch etwas erweitert in zwei größeren Sendereihen (insgesamt 16 Hörfunkfeatures à 30 Minuten) „Afrika 1884–1984" und „Nigeria – Bilanz nach einem Vierteljahrhundert Unabhängigkeit" dargestellt. Die Skripten nebst zwei umfangreichen Begleitmaterialheften sind über den Verlag beim Autor zu erhalten.

Kapitel 4: Rohstoffe

1 Zum Gesamtproblem vgl. die beiden Grundsatzartikel von Franz Nuscheler und Klaus Ziemer in: Handbuch der Dritten Welt, Bd. 4, hrsg. von Dieter Nohlen und Franz Nuscheler, Hamburg 2. Auflage 1982

2 Weltbank, Accelerated Development in Sub-Saharan Africa, Washington 1981, S. 21

3 Daten nach: UNO, *Handbook of International Trade and Development Statistics,* 1986 Supplement, New York 1987

4 Weltbank, *Weltentwicklungsbericht 1987,* Washington 1987; Südafrika-Daten nach einer Auskunft des Statistischen Bundesamtes, Wiesbaden, aufgrund einer diesbezüglichen Anfrage des Autors.

5 Vertretung und Verkaufsbüro für Deutschland: Datastream, Liebigstraße 20, 6000 Frankfurt 1, Tel. 0 69/72 64 80

6 So beispielsweise: Rolf J. Langhammer, Schwarzafrikas wirtschaftliche Malaise, Kieler Diskussionsbeiträge Nr. 104, Kiel 1984; außerdem ist dies dem Tabellenteil („Struktur der Warenausfuhr") des jährlich erscheinenden Weltentwicklungsberichtes zu entnehmen.

7 Umfangreiche Daten zum Gesamtproblem enthält: Shamsher Singh, Sub-Saharan Agriculture, Synthesis and Trade Prospects, World Bank Staff Working Papers Nr. 608, World Bank, Washington 1983

8 Eigene Berechnungen nach: *FAO Trade Yearbook 1986,* Rom 1987

9 Siehe hierzu die Tabelle 2 im gleichen Kapitel und die dort vermerkten Quellenangaben.

10 Walter Michler, Aktuelle Entwicklungen im Südlichen Afrika und die Rolle der Weltmächte, Arbeitsmaterialien für den landeskundlichen Unterricht, Deutsche Stiftung für Internationale Entwicklung, Institut für Auslandskunde, Bad Honnef 1984, S. 118–131

11 Vgl. hierzu: Ernst Otto Czempiel, Friedenspolitik im Südlichen Afrika, eine Strategie für die Bundesrepublik Deutschland, München 1976; Günter Verheugen, Apartheid, Südafrika und die deutschen Interessen am Kap, Köln 1986

12 Nach: UNO, *Handbook of International Trade . . .* (Anm. 3), S. 228 f.

13 Vgl. hierzu: Weiter niedrige Rohstoffpreise, in: *ifo-Schnelldienst,* Nr. 7/87, München 1987

14 Zum Gesamtproblem der Austauschbedingungen zwischen „Nord" und „Süd": Raul Prebisch, Die Rohstoffexporte und die Verschlechterung der Terms of Trade, in: M. Bohnet (Hrsg.), Das Nord-Süd-Problem, München 1971

15 Report of the Secretary-General on the economic crisis in Africa a year after the U. N. Special Session, UNO, New York 1987; beziffert die allgemeinen Terms of Trade für 1986 bereits auf 63,2 (1980 = 100); seitdem – zumindest bis inklusive 1987 – weiter gefallen.

16 Bezogen auf die Netto-Auszahlungen (net disbursements) an Entwicklungshilfe, und zwar nach den Angaben der Weltbank; jährlich neu im Weltentwicklungsbericht (Tabellenteil) für eine größere Zeitreihe wiedergegeben. Es sei an dieser Stelle nachdrücklich darauf verwiesen, daß die Weltbank-Angaben unter denen der OECD (z. B. jährliche DAC-Prüfungsberichte) liegen. Die Ursache für diesen Tatbestand war nicht zu klären. Ich beziehe mich in der Regel – auch in den folgenden Kapiteln – auf die Angaben der Weltbank über die Höhe der tatsächlich geleisteten Entwicklungshilfe. Netto-Auszahlungen sind die Abflüsse im jeweiligen Jahr vermindert um die Tilgungszahlungen auf fällige Entwicklungshilfekredite.

17 Zum Hintergrund: Veronika Büttner, Ressourcentransfer und externe Verschuldung, in: J. Opitz (Hrsg.), Die Dritte Welt in der Krise, München 1984

18 Zu den verschiedenen Strategien, Konzepten und Positionen: Volker Matthies, Neue Weltwirtschaftsordnung, Opladen 1980. Trotz älteren Datums immer noch aktuell und mit Nachdruck zu empfehlen, denn die zentralen Positionen haben sich seitdem praktisch nicht verändert.

19 Zu UNCTAD VII, Sommer 1987 in Genf, siehe *epd Entwicklungspolitik* Nr. 12/13-1987, Frankfurt 1987; außerdem: UNCTAD VII – Chancen für einen neuen Stil? Bundesministerium für wirtschaftliche Zusammenarbeit, Entwicklungspolitik Materialien Nr. 78, Bonn 1988

20 Zur Rolle und Position der Bundesrepublik in den internationalen Verhandlungen: Joachim Betz, Kooperation statt Konflikt? in: R. Steinweg (Red.), Hilfe + Handel = Frieden? Suhrkamp TB, Frankfurt 1982, S. 176 ff.

21 G. Schirmer und G. Meyer-Wöbse, Internationale Rohstoffabkommen, Vertragstexte mit einer Einführung und Bibliographie, München, New York, London und Paris 1980

22 Zu Lomé III und STABEX siehe: Deutsche Welthungerhilfe (Hrsg.), Lomé III, Band 1 und 2, Bonn 1984

23 Rudolf Strahm, Warum sie so arm sind, Wuppertal 1985, S. 121

Ursachenkomplex II

Kapitel 1: Äthiopien

1 Alle Geschichtsdaten in diesem Unterkapitel im wesentlichen nach: Der Große Ploetz, Auszug aus der Geschichte, Freiburg und Würzburg 1980

2 Zur Geschichte insgesamt: Eike Haberland, Untersuchungen zum äthiopischen Königtum, Wiesbaden 1965

3 Eigene Übersetzung nach: Stefan Brüne, Äthiopien – Unterentwicklung und radikale Militärherrschaft, Hamburg 1986, S. 7

4 Stefan Brüne, Äthiopien – Unterentwicklung und radikale Militärherrschaft, Zur Ambivalenz einer scheinheiligen Revolution, Institut für Afrika-Kunde, Hamburg 1986

5 Ebenda, S. 9

6 André Glucksmann und Thierry Wolton, Politik des Schweigens, Hintergründe der Hungerkatastrophe in Äthiopien, Stuttgart 1987, S. 35

7 So beispielsweise auch Andreas Bänziger in der *Frankfurter Rundschau* vom 24. 11. 1984; *Le Monde* vom 23. 5. 85 spricht von maximal zwei Millionen und verneint ausdrücklich die Zahl von acht Millionen.

8 Komitee Cap Anamur/Deutsche Notärzte, „Resettlement"/Umsiedlung in Äthiopien – ein menschenfreundliches Programm? Hektographierter Bericht vom 28. 1. 1986, S. 8

9 Stefan Brüne: Die äthiopische Agrarreform, Wirtschaftliche und soziale Folgen radikaler Agrarpolitik, in: *afrika spectrum*, 18. Jg., Nr. 2/1983, Hamburg 1983, S. 117 ff.

10 Zur Landwirtschaft und den natürlichen Bedingungen: Äthiopien – Grundlagen zum Verständnis eines aktuellen Problems, hrsg. vom Arbeitskreis Äthiopien am Geographischen Institut der Universität Bonn, ca. 84 Seiten mit umfangreichen Literaturangaben, ohne Jahresangabe, vermutlich 1985

11 Berechnet nach: bfai, Äthiopien, Wirtschaftliche Entwicklung 1986, Köln, August 1987, S. 4

12 Staatschef Mengistu nennt 4 % (in versch. Reden), während mehrere Wissenschaftler noch geringere Zahlen nennen, so beispielsweise Assefa Kuru 3,1 %, in: Digging one hole to fill another, Department of Environmental Science, University of Helsinki, 1985

13 Nach Stefan Klein, Die Zukunft wird hinweggeschwemmt, in: *Süddeutsche Zeitung* vom 7. 3. 1985, S. 3

14 Ebenda

15 Günter Krabbe, Bevölkerungspolitik statt Geburtenbeschränkung, in: *Frankfurter Allgemeine Zeitung* vom 29. 4. 1987

16 Komitee Cap Anamur/Deutsche Notärzte, „Resettlement" ... (Anm. 8), S. 2

17 *Le Monde* vom 26. 3. 1986; J. Clarke, Ethiopia's Campaign against Famine, London 1987, S. 161/62; die Äthiopische Botschaft in Bonn nennt in einer Erklärung vom 18. 2. 1986 rund 510.000 bis Juli 1985.

18 Komitee Cap Anamur/Deutsche Notärzte, „Resettlement" ... (Anm. 8), S. 5

19 Peter Niggli, Äthiopien: Deportation und Zwangsarbeitslager, epd Dokumentation Nr. 25/85, Frankfurt Mai 1985, S. 70

20 Ebenda, S. 74

21 Ebenda, S. 22

22 Ebenda, S. 26

23 Ebenda, S. 70

24 André Glucksmann und Thierry Wolton, Politik ... (Anm. 6), S. 165; Zwangsumsiedlungen in Äthiopien, in: ARD-Fernsehen, „Report"-Sendung (Baden-Baden) vom 16. 12. 1986

25 So beispielsweise von Survival International (England) und Cultural Survival (Harvard University, USA); Adressen und weitere Auskünfte über die Studien: Gesellschaft für bedrohte Völker, Postfach 20 24, 3400 Göttingen, Tel. 05 51/5 58 22

26 André Glucksmann und Thierry Wolton, Politik ... (Anm. 6), S. 102

27 Mengistu, Report to WPE Central Committee, vom 28. 3. 1987, *Summary of World Broadcast,* hrsg. vom BBC London, März 1987 (SWB ME/8528)

28 Helmut Falkenstörfer, Äthiopien, Tragik und Chancen einer Revolution, Stuttgart 1986, S. 87

29 Rupert Neudeck, Afrika – Kontinent ohne Hoffnung?, Bergisch Gladbach 1985, S. 145

30 So Generaldirektor D. Frisch von der Kommission der Europäischen Gemeinschaften, Generaldirektion Entwicklung, in einem Brief vom 19. 6. 1987 an die Gesellschaft für bedrohte Völker (Adresse Anm. 25)

31 Walter Michler, Hunger in Afrika, Deutsche Welthungerhilfe, Bonn 1985

32 Mengistu, Report to WPE ... (Anm. 27), S. 6

33 *Ethiopian Herald* vom 5. 6. 1987

34 Mengistu, Report to WPE ... (Anm. 27), S. 4; ähnlich Peter Niggli in: *taz* (Die Tageszeitung, Berlin) vom 10. 11. 1987

35 Rupert Neudeck, Die weiße Haut ist immer wertvoller, in: *Die Zeit,* Nr. 17 vom 17. 4. 87

36 François Houtart, Soziale Aspekte der Eritreischen Revolution, Reihe Internationalismus Informationen Nr. 8, Initiative für ein Sozialistisches Zentrum, Selbstverlag, Gießen 1980 (Adresse s. Anm. 46)

37 Zum geschichtlichen Hintergrund bis zur Annektion empfehlen sich die Aufsätze von Richard Greenfield und Bereket Habte Selassie, in: B. Davidson u. a. (Hrsg.), Behind the War in Eritrea, Nottingham 1980

38 Zu den Grundsätzen der Verträge und der eritreischen Verfassung sowie zu deren Zustandekommen: Final Report of the United Nations Commissioner in Eritrea, UNO, General Assembly, Seventh Session, Supplement Nr. 15 (A/2188), New York 1952

39 Daß die Resolution 390 (V) der Generalversammlung – im Unterschied zu sonstigen Beschlüssen – Völkerrechtscharakter besitzt, hat neben anderen Experten Albert Strick dargelegt: Eritrea, Provinz Äthiopiens oder unabhängiger Staat? in: *Internationales Afrikaforum,* 13. Jg., 4. Quartal 1977

40 Zum Schicksal der Föderation vgl. Walter Michler, in: *Frankfurter Rundschau* vom 5. 3. 1979

41 Zum langjährigen Kampf um den Widerstandswillen der Eritreer vgl. die zahlreichen Dokumente in: Eritrea – die hartnäckige Revolution 1975–80, hrsg. von Günter Schröder, Selbstverlag der Initiative für ein Sozialistisches Zentrum, Gießen 1979 (Adresse Anm. 46)

42 Zum Programm, den Zielen und Strategien der EPLF siehe den Artikel von Alain Fenet, in:

Colin Legum u. a. (Hrsg.), La Corne de l'Afrique, Editions L'Harmattan, Paris 1986. Weitere Informationen insbesondere über die humanitäre Situation und Hilfsmaßnahmen sind zu erhalten bei: Eritrea Hilfswerk, Hohenstaufenring 39, 5000 Köln.

43 Zur Entwicklung in den 80er Jahren sowie zur Behandlung des Konflikts im deutschen Bundestag siehe: Den Krieg beenden, Dokumentation der Öffentlichen Anhörung zum Eritrea-Äthiopien-Konflikt 27.–29. 4. 1986, Die Grünen im Bundestag (Hrsg.), Bonn 1987
44 Zur Begrifflichkeit: „Tigre" ist die offizielle Bezeichnung für den entsprechenden staatlichen Verwaltungsbezirk; „Tigray" ist einerseits das historische Fürstentum gleichen Namens, welches größer war als die heutige Provinz Tigre und ist andererseits in etwa das Siedlungsgebiet derjenigen, die sich selbst als Tigray bezeichnen und von den Amharen (in deren eigener Sprache) Tigre genannt werden. Zur Bezeichnung des Volkes verwende ich den Begriff „Tigray"; den gleichen Namen gebrauche ich, wenn vom Gebiet die Rede ist, das die TPLF für sich beansprucht; „Tigre" meint immer die staatliche Provinzeinteilung, wie sie bis zum Herbst 1987 gegeben war. – Weitere Informationen sind zu erhalten bei: Hilfsorganisation für Tigray, Heumarkt 48, 5000 Köln 1.
45 Tamene Bitima und Jürgen Steuber, Die ungelöste Nationale Frage in Äthiopien; Studie zu den Befreiungsbewegungen der Oromo und Eritreas, Frankfurt/Bern 1983
46 Gute Informationen zu den verschiedenen ‚nationalen' und politischen Widerstandsgruppen sowie zu den Strukturen des äthiopischen Herrschaftsapparates enthält ein Manuskript von Günter Schröder: Stichworte zu politischen Institutionen und Parteien in Äthiopien, Februar 1987, direkt beim Autor zu erhalten: Alicenstr. 18, 6300 Gießen.
47 Ebenda, S. 13
48 Mittlerweile muß man wohl davon ausgehen, daß Äthiopien nicht in der Lage sein wird, die Kredite zurückzuzahlen. Früher oder später wird die UdSSR auf ihre Forderungen verzichten müssen. Was bisher zurückgezahlt wurde und wie sehr Äthiopien gegenwärtig durch weitere Zahlungen belastet ist, war aus seriösen Quellen nicht in Erfahrung zu bringen.
49 Zu dieser Auffassung gelangt neben anderen der in internationaler Konfliktforschung renommierte Wissenschaftler Volker Matthies, beispielsweise in: Genesis und Ursachen des Eritrea Konfliktes, abgedruckt in: Den Krieg beenden... (Anm. 43), S. 16 ff.

Kapitel 2: Sahel

1 Wissenschaftliche Informationen zur Geographie des Großraums: Heinrich Schiffers, Die Sahara und ihre Randgebiete, 3 Bände, München 1971–73
2 J. S. Trimingham, The influence of Islam in Africa, London 1968; ders., Islam in West-Africa, Oxford 1959
3 Rudolf Fischer, Gold, Salz und Sklaven, Die Geschichte der großen westafrikanischen Sudanreiche, Tübingen 1982, S. 38
4 Ebenda, S. 43
5 Zur vorkolonialen Geschichte des Sahel: Joseph Ki-Zerbo, Geschichte Schwarzafrikas, Frankfurt 1981
6 Rudolf Fischer, Gold, Salz... (Anm. 3), S. 109
7 Ebenda, S. 126
8 Wie afrikanische Gesellschaften es geschafft haben, jahrhundertelang aus eigenen Kräften zu überleben zeigt: Afrikanische Ernte, Trickster Nr. 15, Trickster Verlag, München 1987
9 Heinrich Barth, Reisen und Entdeckungen in Nord- und Centralafrika in den Jahren 1849 bis 1855, 5 Bände, J. Perthes, Gotha 1857/58
10 Stefan Brüne, Hungerkrise im Sahel: Natur- oder Sozialkatastrophe? in: Die Erde, Jg. 116, Heft 2–3, 1985, S. 190

11 Klaus Ziemer, West- und Zentralafrika: Grundstrukturen und länderübergreifende Problemstellungen, in: Handbuch der Dritten Welt, hrsg. von Dieter Nohlen und Franz Nuscheler, Bd. 4, Hamburg 1982, S. 100

12 Andere Sahelexperten – wie beispielsweise Ibrahim – definieren den Raum flächenmäßig größer; wir haben nach umfangreichen Berechnungen zu dieser Definition gefunden.

13 Von solchen Sorten (45 bis 75 Tage Reifungszeit) berichtet R. Jätzold (1985). Daß diese Hirsearten im Sahel noch nicht zum Einsatz kommen, liegt an ihrem „Hybrid-Charakter": Die geernteten Körner können nicht zur Aussaat genutzt werden. Das Saatgut muß unter bestimmten Bedingungen gezüchtet werden. Über diese Kenntnisse und Techniken verfügen die Sahel-Bauern noch nicht und der Ankauf dieses Saatgutes ist für sie zu teuer.

14 Stefan Brüne, Hungerkrise... (Anm. 10), S. 190

15 Zu dieser Problematik siehe: P. Frankenberg, Vegetationskundliche Grundlagen der Sahelproblematik; in: Die Erde, Jg. 116, Heft 2–3, S. 121–135, Berlin 1985

16 Zum Klimageschehen: D. Klaus, Klimatologische und klima-ökologische Aspekte der Dürre im Sahel, Wiesbaden 1981, sowie D. Anhuf, Klima und Ernteertrag – eine statistische Analyse an ausgewählten Beispielen nord- und südsaharischer Trockenräume, Bonn 1988

17 Vgl.: H. Flohn, Das Problem der Klimaveränderung in Vergangenheit und Zukunft, Erträge der Forschung Bd. 220; Darmstadt 1985; außerdem M. H. Glantz, Dürre in Afrika, in: Spektrum der Wissenschaft, Heft 8/1987, S. 108 ff.

18 Andreas Bänziger, Die Saat der Dürre, Bornheim-Merten 1986

19 D. Klaus, Desertifikation im Sahel – Ökologische und sozialökonomische Konsequenzen, in: Geographische Rundschau, Jg. 38, Heft 11/1986, Braunschweig, S. 577 ff.

20 F. Ibrahim, Sahel: Kampf gegen die Ausbreitung der Wüste, in: Entwicklung und Zusammenarbeit, Heft 10/1983, Bonn, S. 26 ff.

21 Zur Kultur und Lebensweise der Nomaden im allgemeinen siehe: H. Ritter, Sahel – Land der Nomaden, München 1986

22 Zu diesem Komplex sehr empfehlenswert und eine notwendige Ergänzung: Gudrun Lachenmann, Ökologie und Sozialstruktur im Sahel, in: afrika spectrum, Jg. 19, Heft 3/1984, Hamburg, S. 209 ff.

23 Zum Problem des Holzverbrauchs beispielhaft: H. Mensching und F. Ibrahim, Desertifikation in der Sahelzone der Republik Sudan, in: afrika spectrum, Jg. 13, Heft 1/1978, S. 5 ff.

24 So beispielsweise H. Flohn, Das Problem der Klimaveränderung in Vergangenheit und Gegenwart, Darmstadt 1985

25 Nach: Stefan Brüne, Hungerkrise... (Anm. 10), S. 187/88

26 Gerd Meuer, Sahel aktuell: Ernteaussichten gut – Wird Nahrungsmittelhilfe zur Bedrohung? in: epd Entwicklungspolitik, Vorausinformation 16/85, Frankfurt 1985

27 Nach: Ministry of Agriculture, Food and Natural Ressources, Sudan 1984

28 Im wesentlichen gestützt auf die Daten der entsprechenden FAO-Jahrbücher („Production" und „Trade", versch. Jahrgänge) sowie auf die jeweiligen Länderberichte des Statistischen Bundesamtes und die Berichte zur wirtschaftlichen Entwicklung in den Sahel-Staaten der Bundesstelle für Außenhandelsinformation (bfai) Köln.

Kapitel 3: Südliches Afrika

1 Einen kurzen Überblick zur Geschichte gibt auch Christina Oberst-Hundt in: E. Runge, Südafrika – Rassendiktatur zwischen Elend und Widerstand, Reinbek bei Hamburg 1986, nicht aktualisierter Neudruck der 1. Auflage von 1974.

2 Heinrich Jaenecke, Die weißen Herren, 300 Jahre Krieg und Gewalt in Südafrika, ein

Stern-Buch, Hamburg, 5. Auflage 1986, S. 36 ff.; ferner: Karl Mauder, Bantu, Buren und Briten sind schon früh die Hauptakteure der Geschichte, in: *Südafrika-Zeitung;* Nr. 1/1988, Medien-Konzept-Verlagsgesellschaft, Frankfurt, S. 7; nennt für das Jahr 1806: 26.568 Siedler.

3 Kurz dokumentiert in: Fischer Weltgeschichte, Bd. 32, Afrika, Frankfurt 1966, S. 160

4 Heinrich Jaenecke, Die Weißen... (Anm. 2), S. 40

5 So Marianne Cornevin, Apartheid – Mythos und Wirklichkeit, Wuppertal 1981; dort weitere detaillierte Ausführungen, insbes. zur Besiedlungsgeschichte Südafrikas durch die schwarzafrikanischen Völker.

6 *South Africa 1980/81,* Official Yearbook of the Republic of South Africa, hrsg. vom Department of Foreign Affairs and Information, Johannesburg 1981; S. 26; dort auch weitere Zahlen für die Folgezeit.

7 Die Eroberung Südafrikas durch die Buren hat in Romanform dargestellt: James A. Michener, Verheißene Erde, München 1981

8 Werner W. M. Eiselen, Das Regierungsprogramm der getrennten Entwicklung, in: F. Duve (Hrsg.), Kap ohne Hoffnung, Reinbek bei Hamburg 1965. Eiselen gilt als einer der geistigen Väter der Apartheidideologie.

9 Dies wird selbst von pro-südafrikanischen Autoren mittlerweile nicht mehr geleugnet, so beispielsweise: L. H. Gann/P. Duignan, Südafrika geht seinen Weg, Stuttgart 1982, S. 57; ferner Karl Mauder, Bantu, Buren und Briten... (Anm. 2)

10 Hans D. Laß, Der burische Nationalismus, in: F. Duve, Kap ohne... (Anm. 8), S. 98 ff.

11 Zu ähnlichen Ergebnissen kommt u. a. Theodor Hanf in einer bereits 1978 veröffentlichten empirischen Studie: Südafrika, friedlicher Wandel?, München und Mainz 1978, insbes. S. 220 ff.

12 So der südafrikanische und ‚pro-burische' Politikwissenschaftler André du Toit, in: Ortlieb/ Lösch (Hrsg.) Südafrika im Umbruch, Hamburg 1980, S. 355 ff.

13 L. H. Gann/P. Duignan, Südafrika... (Anm. 9), S. 37

14 Bis in unsere Tage hinein kommt es immer wieder zu Todesfällen, weil Krankenhäuser die Behandlung von Mitgliedern einer ‚Rasse' verweigern, für die sie nicht zuständig sind; so beispielsweise berichtet in der *Frankfurter Rundschau* vom 25. 3. 1986.

15 In einem Schaubild dargestellt bei: Walter Michler, Aktuelle Entwicklungen im Südlichen Afrika und die Rolle der Weltmächte, Arbeitsmaterialien für den landeskundlichen Unterricht, Heft 1, Deutsche Stiftung für Internationale Entwicklung, Bad Honnef 1984, S. 44.

16 Internationales Übereinkommen über die Bekämpfung und Ahndung des Verbrechens der Apartheid, in: Menschenrechte, Ihr internationaler Schutz, Beck-Texte im dtv, 1979, S. 92 ff.

17 Gerry Maré, African Population Relocation in South Africa, Johannesburg 1980; M. Nash, Black Uprooting from ‚White' South Africa, Braamfontein 1980

18 *Südafrika-Zeitung:* Zwangsumsiedlungen; hrsg. vom Evang. Missionswerk Hamburg, Hamburg 1985; nennt von 1960 bis 1980 eine Umsiedlerzahl von 3,372 Millionen; seitdem sind weitere Umsiedlungen erfolgt, so daß es bis Mitte 1988 mindestens 3,5 Millionen gewesen sind.

19 Eine detaillierte Analyse findet sich bei Helmut Orbon, Die Lage der Schwarzen in Südafrika/Azania, Berlin 1980

20 Lloyd Timberlake, Krisenkontinent Afrika, Der Umwelt-Bankrott: Ursachen und Abwendung, Wuppertal 1986, S. 211

21 Karl-Günther Schneider und Bernd Wiese, Südafrika, Fakten und Probleme, Stuttgart 1983, S. 34 ff.

22 Eigene Berechnungen aufgrund von Angaben des Statistischen Bundesamtes Wiesbaden, Länderbericht Südafrika 1985 und Race Relations Survey 1985, Johannesburg 1986

23 Walter Michler, Südafrika – Kap ohne Hoffnung, Hörfunk-Feature, Sendung: NDR 3, 18. 7. 1987, Skriptum über Kirchenfunk-Redaktion des NDR in Hannover zu erhalten.

24 Zum Widerstand und seinen Hintergründen empfehlen sich u. a. die Materialien des Evangelischen Missionswerkes in Hamburg; beispielsweise: Unterdrückung im Südafrika der Reform, *materialdienst* Nr. 60, Hamburg 1985, sowie: Südafrika Reader, Sonderausgabe des *materialdienstes,* Hamburg 1986; zu beziehen über EMW, Mittelweg 143, 2000 Hamburg 13. Der Widerstand aus kirchlicher Sicht sowie die Rolle der Kirchen: C. F. Beyers Naudé/Al Imfeld, Widerstand in Südafrika, Edition Exodus, Freiburg/Schweiz 1986, und: Bekenntnis und Widerstand, Kirchen Südafrikas im Konflikt mit dem Staat, hrsg. vom EMW, Hamburg 1983

25 Mary Benson: Nelson Mandela – die Hoffnung Südafrikas, Reinbek bei Hamburg 1986; Nelson Mandela – Ausgewählte Texte, hrsg. von H. C. Meiser, München 1986

26 Eigene Übersetzungen des Autors von Tonband-Redemitschnitten, Deutsches Rundfunkarchiv Frankfurt, DOK 1863/7 sowie Band-Nr. 77 U 3549/5

27 Zum ANC: Die Geschichte des African National Congress 1912–1987, ANC (Hrsg.), Bonn 1987; zur Programmatik des ANC: *Amandla* Nr. 1; Sept. 1986; beide sowie weitere Materialien und Periodika zu beziehen von der ANC-Vertretung in Bonn, Postfach 19 01 40, 5300 Bonn 1. Umfassender: Dokumente der südafrikanischen Befreiungsbewegungen, hrsg. von der Informationsstelle Südliches Afrika, Bonn 1977.

28 Nach Gerald Braun, Pretorias Prätorianer, in: *Der Überblick,* 23. Jg., Nr. 4/1987, Hamburg, S. 41 ff.

29 Zur Einordnung Angolas und Mosambiks in den Ost-West-Konflikt und die daraus resultierenden Folgen siehe: Martin Schümer, Die amerikanische Politik gegenüber dem südlichen Afrika, Forschungsinstitut der dt. Gesellschaft für Auswärtige Politik e. V., Bonn 1986; darin auch Motive und Strategie Südafrikas dargestellt.

30 Zum Gesamtproblem des Namibia-Konfliktes vgl.: Helga und Ludwig Helbig, Mythos Deutsch-Südwest, Namibia und die Deutschen, Weinheim und Basel 1983

31 Umfangreich belegt in: Phyllis Johnson und David Martin (Hrsg.), Destructive Engagement, Southern Africa at War, Harare (Simbabwe) 1986

32 Zur südafrikanischen Militär- und Sicherheitsstrategie siehe auch: W. Kühne, Krieg in der Großregion südliches Afrika – Eine Gefahr für den Weltfrieden?, in: R. Steinweg (Redaktion), Kriegsursachen, Suhrkamp TB, Frankfurt 1987

33 Bericht der Südafrikanischen Bischofskonferenz zur Lage in Namibia, in: *Stimmen der Weltkirche* Nr. 14 vom 14. 5. 1982, Sekretariat der Deutschen Bischofskonferenz (Hrsg.), Bonn 1982, S. 18

34 Ebenda, S. 22/23

35 Zur Entwicklung und zum Programm der SWAPO: Axel Harneit-Sievers, SWAPO of Namibia, Institut für Afrika-Kunde, Hamburg 1985; Franz Ansprenger, Die SWAPO, Mainz und München 1984

36 Ergänzend hierzu das Fazit von Axel Harneit-Sievers (vgl. Anm. 35), die SWAPO sei eine primär nationalistische Bewegung geblieben.

37 Zu den Ressourcen des Landes: Namibia – Perspectives for National Reconstruction and Development, hrsg. vom United Nations Institute for Namibia, Lusaka 1986

38 An der Ausbeutung sind auch deutsche Firmen beteiligt, vgl.: Im Brennpunkt: Namibia und die Bundesrepublik Deutschland, eine Dokumentation der Öffentlichen Anhörung der Fraktion Die Grünen im Bundestag, issa, Bonn 1987

39 Gerd Berens, Ein Land gerät auf das Abstellgleis, in: *Süddt. Zeitung* vom 23./24. 8. 1986

40 Walter Michler: A luta continua: Krieg ohne Ende – Mosambik, der Weg in den Untergang, Hörfunk NDR 3, 19. 3. 1987; vollständiges Skriptum bei der Schulfunkredaktion des NDR in Hamburg zu erhalten.

41 Umfassend dokumentiert in: P. Johnson und D. Martin, Destructive . . . (Anm. 31); ferner

hat die südafrikanische Regierung im Nichtangriffspakt von Nkomati mit Mosambik ihre Unterstützung an die MNR eingestanden.

42 Zur problematischen Ausgangslage und zur Entwicklung während der ersten Jahre nach der Unabhängigkeit siehe: Peter Meyns, Befreiung und nationaler Wiederaufbau von Mosambik, Hamburg 1979

43 Zur Gesamtentwicklung vgl. auch: Winrich Kühne, Südafrika und seine Nachbarn, Baden-Baden 1985

44 Detailliert belegt in einer Expertise des Autors für die Deutsche Welthungerhilfe vom 7. 4. 1987

45 Zur Entwicklung bis 1984 empfiehlt sich das Buch des langjährigen BBC-Korrespondenten: Joseph Hanlon, Mosambik – Revolution im Kreuzfeuer, Bonn 1986

46 Standardwerk zur Geschichte und zur Entwicklung bis 1980: Bettina Decke, a terra é nossa, Koloniale Gesellschaft und Befreiungsbewegung in Angola, Bonn 1981

47 Botha heimlich in Angola, in: *Frankfurter Rundschau* vom 16. 11. 1987; am gleichen Tag (Montag 16. 11.) sprach Außenminister ‚Pik‘ Botha auf der erwähnten Tagung.

48 Noch Anfang 1988 kämpften 6.000 südafrikanische Soldaten in Angola, so die *Frankfurter Rundschau* vom 16. 1. 1988. Die Übergriffe seit 1975 sind kurz dokumentiert in: Walter Michler, Aktuelle Entwicklungen... (Anm. 15), S. 112 ff.

49 Ruth Weiss, Die Saat geht auf, Eine neue Politik gegen den Hunger in Afrika, Das Beispiel Simbabwe, Wuppertal/Lünen 1987

50 Ronald Meinardus, Die Afrikapolitik der Republik Südafrika, Bonn 1981

Ursachenkomplex III

Kapitel 1: Kriege und Rüstung

1 Joseph Ki-Zerbo, Die Geschichte Schwarzafrikas, Frankfurt 1981, S. 677 (Fischer TB)

2 Zu diesem Aspekt vgl. die Literaturangaben des Sahel-Kapitels; dort mehrere Titel zur Nomaden-Kultur und -Gesellschaft.

3 Berichte arabischer Reiseschriftsteller sind umfangreich wiedergegeben in: Rudolf Fischer (Hrsg.), Gold, Salz und Sklaven, Die Geschichte der großen westafrikanischen Sudanreiche, Tübingen 1982; dort auch Literaturhinweise zu diesem Aspekt.

4 Dies berichtet u. a. Joseph Ki-Zerbo, Die Geschichte... (Anm. 1), S. 162

5 Afrikanische Religionen kennen keine Bekehrung und Missionierung; vgl. hierzu John S. Mbiti, Afrikanische Religion und Weltanschauung, Berlin 1974

6 *Der Spiegel,* Nr. 47 vom 16. 11. 1987, S. 156 ff.

7 Peter Scholl-Latour, Mord am großen Fluß, ein Vierteljahrhundert afrikanische Unabhängigkeit, Stuttgart 1986. Bewertungen dieser Art ziehen sich durch das gesamte, über 500 Seiten umfassende Buch, das beansprucht, die Entwicklung in Schwarzafrika seit 1960 zu bilanzieren.

8 Karl Breyer, Chaos Afrika, Geht ein Kontinent verloren? Esslingen und München 1986. Die Zitate sind dem Klappentext entnommen.

9 Dokumentiert in: R. Steinweg (Red.), Kriegsursachen, Suhrkamp TB, Frankfurt 1987, S. 98 ff.; eine quantitativ-empirische Untersuchung zum Gesamtproblem hat Beat Moser vorgelegt: Ethnischer Konflikt und Grenzkriege, Ursachen innen- und außenpolitischer Konflikte in Afrika, Züricher Beiträge zur Politischen Wissenschaft Band 7, CH-Diessenhofen 1983

10 Nach Auskunft von Prof. Klaus Jürgen Gantzel, Mitglied der Arbeitsgemeinschaft Kriegs-ursachenforschung, Universität Hamburg, auf eine Anfrage des Autors.

11 Selbst die umfangreiche Studie der bereits erwähnten Arbeitsgemeinschaft Kriegs-ursachenforschung enthält nur zu einzelnen Konflikten Angaben über die Opfer; vgl.: K. J. Gantzel/J. Meyer-Stamer, Die Kriege nach dem Zweiten Weltkrieg bis heute, Welt-forum Verlag, München, Köln und London 1986

12 Weitere Details zur Datenproblematik siehe: Peter Körner, Rüstung und Unterentwicklung in Afrika, Institut für Afrika-Kunde, Hamburg 1980, insbes. S. 12 ff.

13 Robin Luckham, Militarization in Africa, in: *SIPRI Yearbook* 1985, Stockholm 1985, S. 295–325

14 Pat McGowan/Thomas H. Johnson, African Military Coups d'État and Underdevelopment: a Quantitative Historical Analysis, in: *The Journal of Modern African Studies,* Jg. 22, Nr. 4 (1984), Cambridge 1984, S. 663–666

15 Nach F. Nuscheler/K. Ziemer, Politische Herrschaft in Schwarzafrika, München 1980, S. 131

16 Eberhard Stahn, Das Afrika der Vaterländer, Entwicklung und Bilanz nach 25 Jahren Unabhängigkeit, Frankfurt 1985

17 Joachim Krause, Sowjetische Militärhilfepolitik gegenüber Entwicklungsländern, Baden-Baden 1985, S. 309

18 Winrich Kühne, Die Politik der Sowjetunion in Afrika, Bedingungen und Dynamik ihres ideologischen, ökonomischen und militärischen Eingreifens, Baden-Baden 1983, S. 165

19 Zum Gesamtkomplex: Konrad Melchers, Die sowjetische Afrikapolitik von Chruschtschow bis Breschnew, Berlin 1980

20 Geroge E. Moose, French Military Policy in Africa, in: Arms and the African, Military Influences on Africa's International Relations, hrsg. von W. J. Foltz und H. S. Bienen, New Haven and London 1985, S. 59 ff. Letzte Zahlenangabe nach Franz Ansprenger in: K. Kaiser und H.-P. Schwarz (Hrsg.), Weltpolitik, Stuttgart 1985, S. 633

21 Im wesentlichen nach W. Kühne, Die Politik... (Anm. 18), S. 163–187

22 Ebenda S. 172

23 J. Krause, Sowjetische Militärhilfepolitik... (Anm. 17), S. 288

Kapitel 2: Bevölkerungsentwicklung

1 *Der Spiegel* Nr. 47 vom 16. 11. 1987, S. 156 f.

2 Ansgar Skriver, Zu viele Menschen, München 1986, S. 185

3 Weltbank, *Weltentwicklungsbericht 1984,* Washington 1984, dt. Ausgabe, S. 191

4 Weltbank, *Weltentwicklungsbericht 1987,* Washington 1987, engl. Ausgabe, S. 255

5 Zum Prognoseproblem insbesondere zu empfehlen: Weltbank, Fertility and Mortality Transition, Staff Working Papers Nr. 681, Washington 1985. Eigene Analyse stützt sich wesentlich auf diese Studie. Umfangreiche Prognosedaten – auch zu den einzelnen Staaten Afrikas – enthält: K. C. Zachariah und My T. Vu, World Population Projections, 1987–88 Edition, Short and Long-Term Estimates, Weltbank Washington 1988

6 Ebenda, S. 17 ff.

7 *Weltentwicklungsbericht 1984...* (Anm. 3), S. 132

8 Ebenda, S. 67

9 Ebenda, S. 68

10 Zur Entwicklung in Deutschland vgl.: Bevölkerung – gestern, heute und morgen, hrsg. vom Statistischen Bundesamt, Wiesbaden 1985

11 So auch Josef Schmid, Bevölkerungswachstum und Entwicklung, in: *Jahrbuch Dritte Welt 1985,* München 1985, S. 52

12 Josef Schmid, Bevölkerungsprobleme, in: Peter J. Opitz, Die Dritte Welt in der Krise, München 1984, S. 45 ff.
13 Weltbank, Financing Adjustment with Growth in Sub-Saharan Africa: 1986–90, Washington 1986, S. 26
14 O. Frank, The demand for Fertility Control in Sub-Saharan Africa, in: *Studies in Family Planning,* Nr. 4, July–August 1987, S. 181
15 Weltbank, Financing . . . (Anm. 13), S. 27
16 Zur diesbezüglichen Entwicklung in Simbabwe siehe: Zimbabwe – Reproductive Health Survey, hrsg. vom Zimbabwe National Family Planning Council, Harare 1985
17 *Weltentwicklungsbericht 1984* . . . (Anm. 3), S. 177
18 Ebenda, S. 178

Kapitel 3: Landwirtschaft

1 Andreas Bänziger, Die Saat der Dürre, Afrika in den achtziger Jahren, Bornheim-Merten 1986
2 Gudrun Lachenmann in: *africa spectrum,* 18. Jg., Nr. 1/1983, Hamburg 1983, S. 5 ff.
3 Lloyd Timberlake, Krisenkontinent Afrika, Der Umwelt-Bankrott: Ursachen und Abwendung, Wuppertal 1985, S. 15 und S. 21
4 So Erwin Welte in: *Umschau* 78 (1978) Heft 20, S. 634
5 Franz Nuscheler, Struktur- und Entwicklungsprobleme Schwarzafrikas, in: Handbuch der Dritten Welt, hrsg. von Dieter Nohlen und Franz Nuscheler, Bd. 4, Hamburg 1982, S. 18.
6 Dieter Nohlen und Franz Nuscheler (Hrsg.), Handbuch der Dritten Welt, Unterentwicklung und Entwicklung, Theorien – Strategien – Indikatoren, 8 Bände, Hamburg, 2. Auflage 1982
7 Sehr dezidiert vertreten von Bruennig, in: Nutzbarmachung des tropischen Regenwaldes: Eldorado oder Pandora?, in: *Geographische Rundschau,* 36 (1987), Heft 7, S. 352 ff.
8 So vertreten von W. Manshard, in: *Geographische Rundschau,* 30 (1978) H 2, S. 42
9 Beispielsweise in: Population Growth and Policies in Sub-Saharan Africa, Weltbank, Washington 1986, S. 26–27
10 Nohlen/Nuscheler (Hrsg.), Handbuch der Dritten Welt, Bd. 4, Hamburg 1982, S. 24
11 So beispielsweise im 1987 erschienenen FAO *Production Yearbook 1986*
12 ,Gesamtafrika' ohne Ägypten, Sudan, Libyen und Südafrika
13 Eigene Berechnungen nach FAO *Production Yearbook 1986,* S. 60
14 Von durchschnittlich 2,753 Mio. t während der Jahre 1965–73 auf durchschnittlich 6,389 Mio. t im Zeitraum 1973–84; nach Weltbank, Financing Adjustment with Growth in Sub-Saharan Africa, 1986–1990, Washington 1986, Tabellenteil im Anhang
15 *Food Supply Situation and Crop Prospects in Sub-Saharan Africa,* special report, June 1987, FAO, Rom
16 Daten 1980–85 nach: Weltbank, *Weltentwicklungsbericht 1987,* Washington 1987; Summe für 1986 auf 8,5 Mrd. $ geschätzt (net disbursements)
17 Erstsendung: 1. 10. 1986 im 2. Programm von SWF/SDR/SR; vollständiges Skriptum der Reihe bei der Schulfunkabteilung des SR zu erhalten.
18 Sehr überzeugend belegt von U. Menzel und D. Senghaas: Europas Entwicklung und die Dritte Welt, Frankfurt 1986, insbes. S. 21–72
19 Die Binnenmarktentwicklung muß im Falle der meisten Länder Schwarzafrikas Vorrang gegenüber der Außenverflechtung, d. h. der Einkoppelung in den Weltmarkt, besitzen; mit allem Nachdruck von den international renommierten Wissenschaftlern H. Priebe und W. Hankel vertreten in ihrem Buch: Der Agrarsektor im Entwicklungsprozeß, mit Beispielen aus Afrika, Frankfurt und New York 1980

20 Zur Landwirtschaftspolitik Simbabwes und ihren Erfolgen: Ruth Weiss, Die Saat geht auf, eine neue Politik gegen den Hunger in Afrika, Hammer TB, Wuppertal und Lünen 1987

21 Die Bestände beliefen sich damals auf 2 Mio. t; das hätte ausgereicht um 10 Mio. Menschen ein Jahr lang zu ernähren, mehr als das Land an Einwohnern zählte.

22 So beispielsweise H.-J. Mittendorf, Reformen der Agrarmarktpolitik in Afrika, in: *Agrarwirtschaft,* 36. Jg., Heft 7/8, 1987, Frankfurt/M., S. 264–270; der Autor ist Leiter der Unterabteilung für Markt- und ländliches Bankwesen der FAO in Rom. Außerdem: Africa: One year later, Report of the Secretary-General on the economic crisis in Africa a year after the U. N. Special Session, UNO, New York Okt. 1987

23 One year later, Report of . . . (Anm. 22)

24 Hartmut Sangmeister, Produktivitätsentwicklung und Grundbedürfnisbefriedigung in Afrika südlich der Sahara, in: *afrika spectrum,* 21. Jg., Nr. 3/86, Hamburg 1986

25 Ausführlicher zu diesem Aspekt: Gudrun Lachenmann, Die Destabilisierung der ländlichen Produktions- und Sozialsysteme in Schwarzafrika, in: *africa spectrum,* 18. Jg., Nr. 1/83, Hamburg 1983

26 Lloyd Timberlake, Krisenkontinent Afrika, Der Umwelt-Bankrott: Ursachen und Abwendung, Wuppertal 1986

27 Ebenda, insbes. S. 147 ff.

28 Angaben nach: C. Martin, West- und Zentralafrikanische Regenwälder: Kaum genutzt und doch zerstört, in: P. E. Stüben (Hrsg.), Kahlschlag im Paradies, Gießen 1985, S. 103 ff.

29 Zum Gesamtproblem: Bundesministerium für wirtschaftliche Zusammenarbeit BMZ (Hrsg.), Erhaltung und nachhaltige Nutzung tropischer Regenwälder, Köln 1986 (Forschungsberichte des BMZ, Bd. 74)

30 Vgl. hierzu die Aufsätze: Versuch einer Systematisierung ökologischer Landbauformen an tropisch-subtropischen Standorten, und: Methoden des Ecofarming in Ruanda, beide in: *Der Tropenlandwirt,* Nr. 10/1983; ferner: Das Bamenda-Modell – Entwicklung eines Systems permanenter Landnutzung im Hochland von Kamerun, in: *Entwicklung + Ländlicher Raum,* Nr. 3/1985

31 Deutsches Institut für Entwicklungspolitik (DIE), Strukturverzerrungen und Anpassungsprogramme in den Armen Ländern Afrikas, Herausforderung an die Entwicklungspolitik, Berlin 1985

Ursachenkomplex IV

Kapitel 1: Weltwirtschaft

1 K. Nkrumah nach Jean Ziegler, Afrika: Die neue Kolonisation, Darmstadt und Neuwied 1980, S. 91 f.

2 Dieter Senghaas, Weltwirtschaftsordnung und Entwicklungspolitik, Plädoyer für Dissoziation, Frankfurt 1977, S. 10

3 David Ricardo, Grundsätze der politischen Ökonomie und Besteuerung (1817), hrsg. von Fritz Neumark, Frankfurt 1972

4 Erneut mit großem Nachdruck betont im *Weltentwicklungsbericht 1987,* Weltbank, Washington 1987, insbesondere im Hauptkapitel „Industrialisierung und Außenhandel".

5 Zum Welthandel siehe Teil I, Kapitel 3 dieses Buches; ‚Geldverkehr' nach OECD, Pressemitteilung, Press/A (87) 52 Paris, 7. 10. 1987

6 Handelsdaten nach *Weltentwicklungsbericht 1987;* nach OECD-Angaben betrug die Bevölkerung aller low-income-economies (= Vierte Welt) bereits 1986 rund 2,74 Mrd.

Menschen, in: OECD, Geographical Distribution of Financial Flows to Developing Countries, Paris 1988, S. 279

7 Zur raschen Orientierung siehe Stichwort „Dependencia-Theorien" in: Lexikon Dritte Welt, hrsg. von D. Nohlen, Reinbek bei Hamburg 1984

8 Vgl. *Fischer Weltalmanach 1988;* Spalte 892

9 Eine kurzgefaßte vorzügliche Analyse bietet: Richard Jacob, Die Auswirkungen der EG-Agrarpolitik auf die Entwicklungsländer, in: *Wirtschaftliches Studium* (WiSt) Heft 7, Juli 1987, Frankfurt und München, S. 362 ff.

10 Zum erweiterten Hintergrund vgl.: Unsere Agrarentwicklung: Sackgasse für die Dritte Welt, epd Entwicklungspolitik Materialien I/80, Frankfurt 1980

11 Daten nach *Weltentwicklungsbericht 1985,* Weltbank Washington 1985, S. 47

12 Die Wohlfahrtsverluste sind nicht mit den Einnahmeausfällen zu verwechseln. Die Wohlfahrtsverluste sind nominal geringer als die Einnahmerückgänge (Devisenerlöse) und geben den ‚tatsächlichen Schaden' an, der durch Handelshemmnisse bei dem entsprechenden Produkt entsteht.

13 Errechnet nach Angaben im *Handelsblatt* vom 8. 7. 1987

14 Angabe nach: BUKO Agro-Koordination (Hrsg.), Wer Hunger pflanzt und Überschuß erntet, Hamburg 1987, S. 159

15 Zum Hintergrund: Ekkehard Bechler, Internationale Arbeitsteilung und Dritte Welt, Handelsbeziehungen auf Kosten oder im Dienste der Entwicklungsländer? Köln 1976.

16 Zur jüngeren Entwicklung vgl.: Bundesministerium für wirtschaftliche Zusammenarbeit, BMZ (Hrsg.), UNCTAD VII, Entwicklungspolitik Materialien Nr. 78, Bonn, Febr. 1988. Dokumentiert die Welthandelskonferenz vom Sommer 1987

17 El-Shagi, Weltwirtschaftliche Dissoziation zwischen Industrieländern und Entwicklungsländern? Eine kritische Auseinandersetzung mit der These von Senghaas, in: *List Forum,* Bd. 10 (1979–1980), S. 112 ff.

18 Das Primat der Binnenmarktentwicklung wird auch von zahlreichen Ökonomen vertreten, die nicht zum Lager der Dissoziationisten gehören; vgl. hierzu: Hermann Priebe und Wilhelm Hankel, Der Agrarsektor im Entwicklungsprozeß, Frankfurt und New York 1980

Kapitel 2: Transnationale Konzerne

1 Wilhelm Bittorf: Solange wir groß sind, in: *Der Spiegel,* Nr. 23/1974, S. 59

2 Fröbel, Heinrichs, Kreye, Umbruch in der Weltwirtschaft, Reinbek bei Hamburg 1986.

3 Multinationale Konzerne in: Aktuell, das Lexikon der Gegenwart, Dortmund 1984

4 Im wesentlichen nach Rainer Tetzlaff, Multinationale Konzerne/Transnationale Unternehmen, in: Pipers Wörterbuch zur Politik, Bd. 6, München 1987, S. 367

5 Vgl. hierzu: Hjalmar Heinen, Ziele multinationaler Unternehmen, Wiesbaden 1982

6 Zitiert nach Kasch u. a., Multis und Menschenrechte in der Dritten Welt, Bornheim-Merten 1985, S. 66

7 Eine Einführung in die Gesamtproblematik der TNK's liefert Gerald Braun, Nord-Süd-Konflikt und Entwicklungspolitik, Opladen 1985, S. 161 ff. Außerdem: Uwe Holtz, Europa und die Multis – Chancen für die Dritte Welt? Baden-Baden 1978

8 Patrick Robinson, The Question of a Reference to International Law in the United Nations Code of Conduct on Transnational Corporations, UNCTC-Current Studies, New York 1986

9 Karl Wohlmuth, Die Kontrolle transnationaler Konzerne in Entwicklungsländern als ordnungspolitisches Problem, in: Ordnungspolitische Fragen zum Nord-Süd-Konflikt, hrsg. von der Gesellschaft für Wirtschafts- und Sozialwissenschaften, Berlin 1983

10 Al Imfeld, Vorwort zu B. Dinham und C. Hines, Hunger und Profit, Agrobusiness in Afrika, Heidelberg 1985
11 Berechnet nach Angaben in: *The CTC Reporter,* No. 21 (Spring 1986), Centre on Transnational Corporations, New York 1986, S. 66 und S. 42
12 Fröbel u. a., Umbruch in der ... (Anm. 2), S. 442
13 J. P. Agarwal, Ausländische Direktinvestitionen und industrielle Entwicklung in der Dritten Welt, in: *Die Weltwirtschaft,* 1/1987
14 Diese haben wir dokumentiert; einige liegen 10, 15 Jahre und mehr zurück; wir waren jedoch aufgrund des lückenhaften Einzelmaterials nicht in der Lage, den gesamten Schaden für ein Land oder gar für Schwarzafrika zu dokumentieren. Wer sich – eventuell aufgrund einer Forschungsarbeit – für die Fallbeispiele interessiert, mag sich über den Verlag an den Autor wenden.
15 *Der Spiegel,* Nr. 19/1976, S. 38 nach: K. P. Kisker, Multinationale Konzerne – ihr Einfluß auf die Lage der Beschäftigten, Köln 1982, S. 145

Kapitel 3: Verschuldung

1 Weltbank, *World Debt Tables,* Volume I, Analysis and Summary, Washington Jan. 1988, S. viii
2 Eigene Berechnung nach Angaben von: *World Debt Tables* ... (Anm. 1) und OECD, *Financing and External Debt of Developing Countries, 1986 Survey,* Paris 1987
3 Dieter W. Beneke, Die Auslandsverschuldung der Entwicklungsländer, in: *Internationales Afrikaforum,* 21. Jg., Nr. 1/1985, S. 59 ff.; außerdem von H. J. Abs beim Umschuldungsab-kommen mit Indonesien als obere Belastungsgrenze vertreten.
4 Berechnungen nach: Weltbank, *World Debt Tables* ... (Anm. 1) und OECD, 1986 Survey ... (Anm. 2)
5 Weltbank, *World Debt Tables* ... (Anm. 1), S. 3
6 Ebenda, S. xii
7 Beispielsweise in: *Der Spiegel* vom 8. 2. 87
8 Hans-Gert Braun, „Schulden-Swap" und „Grip" – Instrumente zur Entschärfung der internationalen Verschuldungskrise?, *ifo-Schnelldienst,* Nr. 1–2/1987, München 1987
9 Eigene Berechnungen nach: Weltbank, *World Debt Tables* ... (Anm. 1) und OECD, *External Debt Statistics,* the debt and other external liabilities of developing, CMEA and certain other countries and territories, Paris 1987
10 „Modell Mexiko – kein Patentrezept für das Schuldenproblem" in: *Süddt. Zeitung* vom 24. 2. 1988, S. 4; „Banken steigen nur zögernd auf Mexiko-Modell ein ... Deutsche Gläubiger zurückhaltend", in: *Frankfurter Rundschau* vom 29. 2. 1988 S. 15
11 OECD, *External Debt Statistics* ... (Anm. 9)
12 Schuldendienstangaben der OECD in *1986 Survey* ... (Anm. 2) bezogen auf die von Weltbank, *World Debt Tables* ... (Anm. 2) angegebenen Ausfuhrerlöse von Waren und Dienstleistungen.
13 Vgl. hierzu Tabelle: Low-income Africa in: Weltbank, *World Debt Tables* ... (Anm. 1) S. 34 ff.
14 Eigene Berechnungen nach: OECD, *1986 Survey* ... (Anm. 2) und: OECD, *External Debt Statistics* ... (Anm. 9)
15 Bezogen auf die in Tabelle 2 dieses Kapitels ausgewiesene Zinszahlung und den Schuldenstand von 118 Mrd. $
16 OECD, *1986 Survey* ... (Anm. 2), S. 76
17 Auskunft der Kreditanstalt für Wiederaufbau auf eine Anfrage des Autors.

18 Bundesstelle für Außenhandelsinformation (Köln), *Wirtschaftsdaten aktuell,* Ausgaben zu allen afrikanischen Ländern, soweit diese Ende 1987/Anfang 1988 erschienen waren.

19 Ebenda, Ausgabe Mosambik vom 30.12.1987 und Madagaskar vom 15.10.1987

20 Detaillierte Liste der multinationalen Abkommen in: Weltbank, *World Debt Tables* ... (Anm. 1), S. xxxvi ff.

21 Vgl. Striving for Solutions in Low-income Africa, in: *World Debt Tables* ... (s. Anm. 1) S. xix ff.

22 Zum Gesamtproblem: W. Michler, Nigeria, Begleitmaterialien zur gleichnamigen Sendereihe im gemeinsamen Schulfunkprogramm von SDR/SWF/SR, Saarbrücken/Stuttgart 1986, insbesondere S. 77 ff.; zu beziehen über den Saarländischen Rundfunk, Abt. Schulfunk.

23 Die Fakten dieses Kapitels sind den einschlägigen Veröffentlichungen der beiden Institutionen entnommen, insbesondere ihren Jahresberichten (versch. Ausgaben).

24 Schuldenkrise, Anpassungsprogramme und Hunger in der Dritten Welt, Starnberger Institut im Auftrag der Deutschen Welthungerhilfe, Bonn August 1987, Erstausgabe, S. 12

25 Erneut bekräftigt im *IWF-Jahresbericht 1987* (dt. Ausgabe), S. 68 f.

26 Darstellung des Abkommens stützt sich im wesentlichen auf: Thomas Kampffmeyer, Die Verschuldungskrise der Entwicklungsländer, Probleme und Ansatzpunkte für eine Lösung auf dem Vergleichswege, Deutsches Institut für Entwicklungspolitik, Berlin 1987, S. 46 ff. (Zitierung erfolgt nach Seitenzählung der Erstfassung)

27 Ebenda, S. 53 ff.

28 Vgl. OECD, *1986 Survey* ... (Anm. 2) „Defining the ‚Net Flow of Ressources'", S. 82

Teil 3

Kapitel 1: Nahrungsmittelhilfe

1 Eigene Berechnungen nach: FAO, *food aid in figures,* Ausgaben 1983 und 1985, Rom 1984 und 1986; letzte Jahre eigene Schätzung.

2 Wie Anm. 1

3 Siehe hierzu: FAO, *food aid in figures,* No. 3, Rom 1986, S. 30

4 FAO, *Food Supply Situation and Crop Prospects in Sub-Saharan Africa,* special report, Rom Okt. 1987, S. 10

5 Vgl. hierzu auch: J. Collins und F. M. Lappé, Vom Mythos des Hungers, Frankfurt 1980, insbes. das Kapitel: „Food Power" zur Rettung der Wirtschaft? S. 252 ff.

6 Berechnet nach FAO-Standardformel: 180 kg Getreide pro Mensch pro Jahr; pro Tonne können somit – statistisch gesehen – 5,5 Menschen ein Jahr lang ernährt werden. Verlust (Beschädigung durch Transport) bei den Zahlen im Text auf 10 % beziffert; liegt aber wahrscheinlich höher.

7 Nordafrika und Schwarzafrika ohne Republik Südafrika, bezogen auf 1988

8 FAO, *Food Supply Situation and Crop Prospects in Sub-Saharan Africa,* special report, Rom Dez. 1987, Tabelle 1, S. 9

9 EG-Rechnungshof, Sonderbericht Nr. 1/87 über die Qualität der Nahrungsmittelhilfe, in: *Amtsblatt der Europäischen Gemeinschaften,* Mitteilungen und Bekanntmachungen, 30. Jg., Nr. C 219, vom 17.8.1987

10 Ebenda, Nr. 24–29, S. 28/29

11 Ebenda, Nr. 100, S. 33

12 Vgl. hierzu: NRO-Netzwerk: „Thesen zur Agrarpolitik und Nahrungsmittelhilfe der EG";
Bad Boll II, 1987; zu erhalten bei der Deutschen Welthungerhilfe, Bonn.

Kapitel 2: Entwicklungshilfe

1 Bundesministerium für wirtschaftliche Zusammenarbeit (BMZ), Grundlinien der Entwicklungspolitik der Bundesregierung, Bonn 1986, S. 20 f.

2 Eigene Berechnungen nach: OECD, *Financing and External Debt of Developing Countries,* 1986 Survey, Paris 1987, S. 34

3 Exakt 40,29 %; eigene Berechnung nach BMZ-Angaben

4 Nach: OECD, *development co-operation,* 1987 report, Paris 1988, S. 193

5 Eigene Berechnung nach: OECD, *Financing and External Debt of Developing Countries,* 1986 Survey, Paris 1987, S. 61

6 BMZ, *Journalistenhandbuch Entwicklungspolitik 1987,* Bonn 1987, S. 146

7 Siebenter Bericht zur Entwicklungspolitik der Bundesregierung; Erstausgabe (masch.), Bonn März 1988, S. 133 (erhältlich vom BMZ)

8 Ergebnisse nach BMZ-Pressemitteilung Nr. 108/82 vom 24. 9. 1982

9 Vgl. hierzu: Peter J. Opitz, Die Verträge von Lomé, in: Mir A. Ferdowsi, Die Verträge von Lomé zwischen Modell und Mythos, Zur Entwicklungspolitik der EG in der Dritten Welt, München 1983, S. 33–61; Dieter Frisch, Lomé III – Das neue Abkommen zwischen der Europäischen Gemeinschaft und den AKP-Staaten, in: BMZ-Materialien, Nr. 75, Lomé III, Bonn 1986, S. 19–22; Kommission der Europäischen Gemeinschaften, Europa – Dritte Welt, Ein Dialog, Broschüre „Geschichte", 1985; dies.: Zehn Jahre Lomé, Geschichte der Partnerschaft AKP-EWG 1976–1985, Brüssel 1986; Hella Gerth-Wellmann, Die „Lomé-Politik" der Europäischen Gemeinschaft: Entstehungsbedingungen, Ergebnisse und Perspektiven, München, Köln, London 1984, S. 102–177

10 Siehe hierzu besonders: Martin Kaiser/Norbert Wagner, Entwicklungspolitik: Grundlagen – Probleme – Aufgaben, Heidelberg/Wien 1986, S. 379 ff.; Kommission der EG, Zehn Jahre Lomé ... (Anm. 9); Katharina Focke, Das Dritte Abkommen von Lomé: Fortschritt mit Fragezeichen, in: *Integration,* 4/85, S. 143–147; Lomé III: Kritische Analysen zum Verhältnis der EG gegenüber der Dritten Welt, Reihe „Problem" der Deutschen Welthungerhilfe, Bd. I, Bonn 1984, S. 118–131

11 Wir haben entsprechende Ausfuhrstatistiken erstellt, die wir aus Platzgründen nicht präsentieren konnten. Wer sich für die Ergebnisse im einzelnen interessiert, mag sich über den Verlag an den Autor wenden.

12 Der Rohstoffpreisverfall wird auf jährlich 2,9 Mrd. $ beziffert, in: Financing Africa's Recovery, Report and Recommendations of the Secretary-General's Advisory Group on Financial Flows for Africa, United Nations, New York, Febr. 1988.

13 Zum Gesamtproblem der finanziellen Zusammenarbeit vgl.: EIB: *Jahresbericht 1986,* S. 69–72; *EIB-Informationen,* No. 52, Febr. 1987; Europäischer Rechnungshof: *Jahresbericht zum Haushaltsjahr 1985,* Amtsblatt der EG, C 321 vom 15. Dezember 1986; Otto Schmuck: Entwicklungshilfe, in: Werner Weidenfeld/Wolfgang Wessels (Hrsg.): *Jahrbuch der Europäischen Integration 1986/87,* Bonn 1987, S. 232–239; Kommission der EG: Die Europäische Gemeinschaft und die Dritte Welt, Stichwort Europa 15/87, Oktober 1987

14 Franz Nuscheler, Der Europäische Entwicklungsfonds (EEF): Europas Marshall-Plan oder ultraimperialistische Agentur? in: Mir A. Ferdowsi, Die Verträge ... (Anm. 9)

15 Berechnet nach entsprechenden Prozentangaben im Siebenten Bericht zur Entwicklungspolitik der Bundesregierung, Bonn März 1988, S. 365

16 „Im Chaos der EG-Finanzen geht die Entwicklungspolitik baden", in: *Frankfurter Rundschau* vom 7.7.1987

17 Vorwort zu den „Grundlinien der Entwicklungspolitik der Bundesregierung", hrsg. vom Bundesministerium für wirtschaftliche Zusammenarbeit, Bonn 1986, S. 5

18 Grundlinien der Entwicklungspolitik ... (Anm. 1)

19 Weltbank, Financing Adjustment with Growth in Sub-Saharan Africa 1986–90, Washington 1986, S. 22

20 OECD, *Zusammenarbeit im Dienst der Entwicklung, Politik und Leistungen der Mitglieder des Ausschusses für Entwicklungshilfe,* Jahresprüfung 1986, Paris 1987, S. 65

21 Ebenda

22 Ebenda, S. 17

23 Ebenda, S. 20

24 Ebenda, S. 55 und S. 56

25 Weltbank, Financing Adjustment ... (Anm. 19), S. 41–43; die Beratungsgruppe des UN-Generalsekretärs für Finanzfragen (Advisory Group on Financial Flows for Africa) beziffert den jährlichen Bedarf an zusätzlicher Hilfe auf 5 Mrd. $ (bezogen auf Gesamtafrika), in: *Africa Recovery,* March 1988, Vol. 2, No. 1, United Nations, New York, S. 1

26 Zum Gesamtproblem: Weltbank, Financing Adjustment ... (Anm. 19), insbesondere S. 15–24

27 Ebenda, S. 22

28 OECD, *Zusammenarbeit* ... (Anm. 20), S. 20

29 Ebenda, S. 29

30 Ebenda, S. 30

31 OECD, Rückblick auf 25 Jahre der Zusammenarbeit im Dienst der Entwicklung, Bericht 1985, Paris 1985, S. 31

Der Autor

Walter Michler, geb. 1949, Studium der Philosophie, Theologie und Erziehungs-
wissenschaft; 1977 bis 1984 Mitglied des Bundesvorstands der Hilfsorganisation
Terre des Hommes; in dieser Eigenschaft Initiierung und Betreuung zahlreicher
Hilfsprogramme in Asien und Afrika, beispielsweise für die eritreische Zivilbevölkerung und die Flüchtlinge aus der umkämpften Westsahara; seit 1978 hauptberuf-
lich Journalist, ausschließlich Dritte-Welt-Berichterstattung, zunächst für *Frankfurter Rundschau, Die Zeit, Vorwärts* etc., ab 1980 hauptsächlich für *alle Rundfunk-
anstalten der ARD;* zahlreiche Auslandsaufenthalte – davon etwa zwei Jahre in 20
afrikanischen Staaten –; Referent in der Ausbildung von Fachkräften der Entwicklungszusammenarbeit, Berater nichtstaatlicher Hilfsorganisationen; Buchpublika-
tionen für die Deutsche Welthungerhilfe und die Deutsche Stiftung für internationale Entwicklung.
Für seine Sendung zum Afrikatag 1985 erhielt Walter Michler 1986 den vom
Bundespräsident verliehenen *Journalistenpreis Entwicklungspolitik.* Mit diesem
– jährlich mehrfach verliehenen – Preis werden Leistungen ausgezeichnet, „die
durch ihre außergewöhnliche Qualität dazu beitragen, das Bewußtsein der deutschen Öffentlichkeit für die Notwendigkeit der partnerschaftlichen Zusammenarbeit
zwischen Industrie- und Entwicklungsländern zu fördern".

CIP-Titelaufnahme der Deutschen Bibliothek

Michler, Walter:
Weißbuch Afrika / Walter Michler. – Berlin ; Bonn : Dietz, 1988
ISBN 3-8012-0123-6